UNIKUM

Gerhard Pilgram

NÄHER RÜCKEN

Wandern und Einkehren auf der Sattnitz/Gure

Herausgeber: Universitätskulturzentrum UNIKUM Klagenfurt
Kulturni center univerze v Celovcu

DRAVA

NÄHER RÜCKEN ist ein Projekt des Universitätskulturzentrums
UNIKUM Klagenfurt | Kulturni center univerze v Celovcu

Koordination: Emil Krištof, Gerhard Pilgram

Für die finanzielle Unterstützung dankt das UNIKUM:
dem Bundeskanzleramt Österreich, Sektion II Kunst
der Kulturabteilung des Landes Kärnten/Koroška
der Kulturabteilung der Stadt Klagenfurt/Celovec
der Alpen-Adria-Universität Klagenfurt/Celovec

Kontakt:
Universitätskulturzentrum UNIKUM Klagenfurt
Kulturni center univerze v Celovcu
Universitätsstraße 65–67 | A-9020 Klagenfurt/Celovec
0043 463 2700 9712, 9713
unikum@aau.at | www.unikum.ac.at

Titelfoto: Hauseingang in Sabuatach/Zablate

1. Auflage 2021

Drava Verlag – Založba Drava, Klagenfurt/Celovec
www.drava.at
ISBN 978-3-85435-978-4

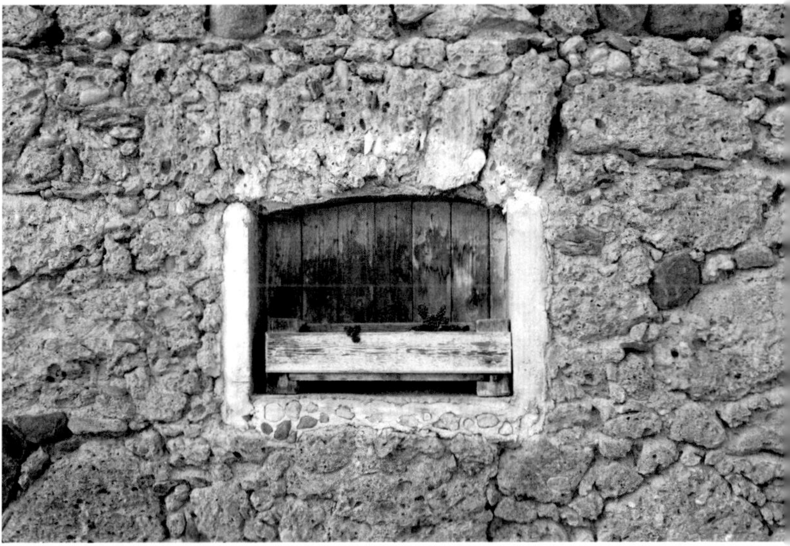

Stallfenster bei Kreuth/Rute

INHALT

Vorwort 9

I. VOR DER HAUSTÜR
Wanderung von Viktring/Vetrinj nach Ebenthal/Žrelec 13

II. KURZFILM
Wanderung bei Maria Rain/Žihpolje 43

III. HOCHGEFÜHLE
Wanderung bei Obertöllern/Zgornje Dole 60

IV. STEILSTÜCK
Wanderung bei Göltschach/Golšovo 71

V. IM AUFWIND
Wanderung bei Rottenstein/Podgrad 83

VI. ÜBER DIE SENKE
Wanderung bei Kohldorf/Vogle.. 95

VII. VOM WALD VERSCHLUCKT
Wanderung bei Gurnitz/Podkrnos 111

VIII. RANDSTÜCK
Wanderung bei Sand/Prod 139

IX. SEITENWECHSEL
Wanderung von Viktring/Vetrinj nach Keutschach/Hodiše ... 149

X. FISCHERRAST UND WALDESRUH
Wanderung bei Unterschlossberg/Pod Gradom 221

XI. BUSSGANG
Wanderung bei Köttmannsdorf/Kotmara vas 231

XII. LEICHTE ÜBUNG
Wanderung bei Tschrestal/Črezdol 243

XIII. SCHREITTANZ
Wanderung bei Ludmannsdorf/Bilčovs 253

XIV. GLÜCK UND KUNST
Wanderung bei Selkach/Želuče 269

XV. TORLAUF
Wanderung bei Rupertiberg/Na Gori 279

XVI. NICHTS ALS WEG
Wanderung bei Alpen/Planina 290

XVII. WECHSELBAD
Wanderung bei Reifnitz/Ribnica 299

XVIII. ZEITSPRUNG
Wanderung bei Augsdorf/Loga vas 317

Ortsregister 332
Quellen und Literaturangaben 334
Autoren, Ko-AutorInnen und MitarbeiterInnen 336
Erläuterungen zu den Wegbeschreibungen 338

Übersichtskarten Umschlagklappe vorne und hinten

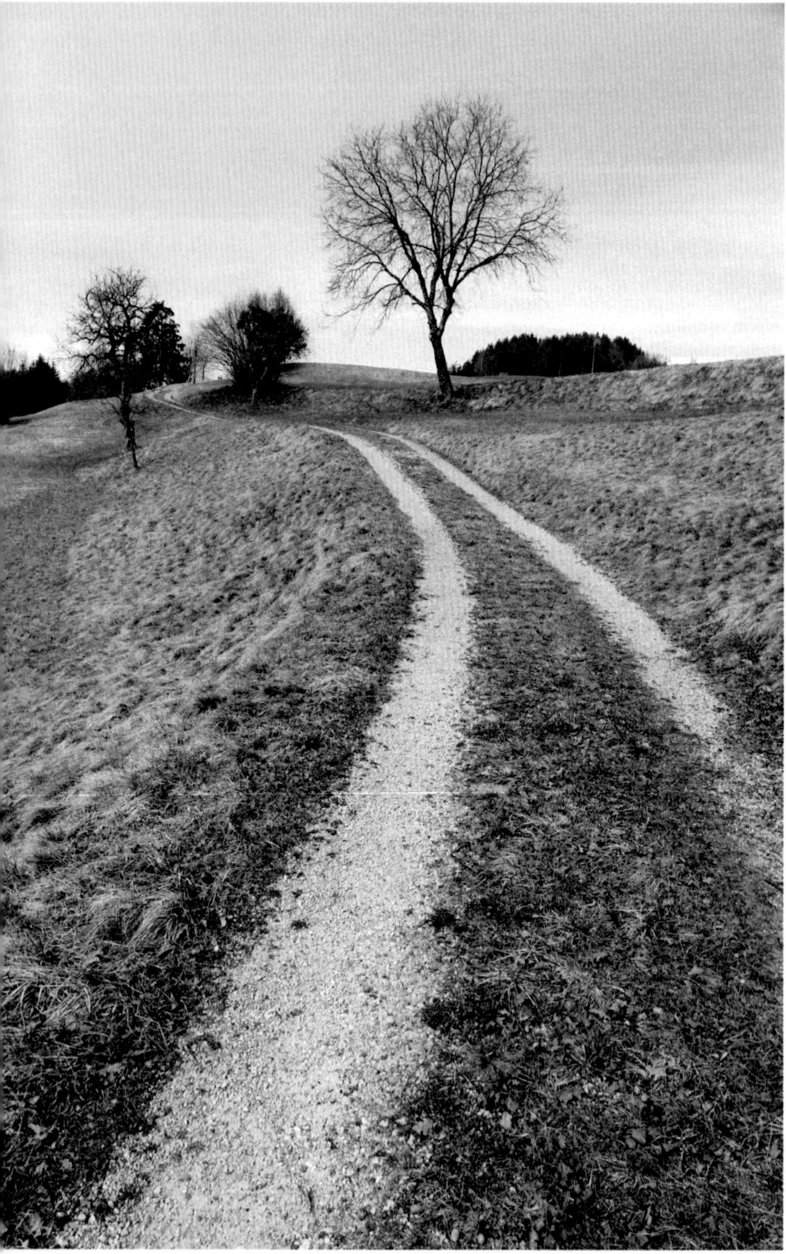

VORWORT

Wer über die Dauer eines ganzen oder auch nur halben Sommertages bestimmen kann, der versäume nicht, einige Stunden desselben auf den Höhen der Sattnitz zuzubringen. Gänzlich getrennt und abgeschieden von dem Treiben in der Stadt, findet er auf dem breiten Rücken derselben tausendfach wechselnde Bilder ländlicher Stille. Es bedarf wirklich keiner sentimentalen Schwärmerei, um bei dieser Gelegenheit Momente des reinsten Genusses der vollsten Befriedigung zu finden.

Joseph Wagner: Klagenfurt und seine Umgebungen.
Ein Wegweiser für Fremde und Einheimische, Klagenfurt 1849

Dieses Buch entstand in den ersten eineinhalb Jahren der Corona-Pandemie. Da während der Lockdowns Wanderungen im Ausland kaum möglich waren, lag es nahe, wieder einmal die engere Heimat zu Fuß zu erkunden und damit an die ersten Wander-Reise-Lesebücher des UNIKUM anzuknüpfen. Die Wahl fiel auf den Sattnitzrücken, der buchstäblich vor den Toren von Klagenfurt/Celovec liegt und schwerlich als Terra inkognita bezeichnet werden kann. Es wurde dennoch eine Entdeckungsreise. Mehrmals wöchentlich war ich auf dem schmalen Gebirgszug zu Fuß unterwegs, und jedesmal kam ich mit neuen Eindrücken zurück. Eine vermeintlich bekannte Gegend erwies sich als Schule der Wahrnehmung, der Mangel an Bewegungsfreiheit als Anstoß zur Horizonterweiterung. Und so ist aus dem geplanten »schmalen Bändchen« doch wieder ein üppiges Buch geworden.

Die Vorzüge der Sattnitz/Gure für Wanderungen sind mannigfaltig. An erster Stelle steht ihre landschaftliche Schönheit, die sie den besonderen geologischen Gegebenheiten und der kleinteiligen Kulturlandschaft verdankt. Vorherrschende Elemente sind schroffe Felswände, bewaldete Steilhänge und schattige Gräben sowie stark gegliederte Hochplateaus mit weitläufigen Rodungsinseln. Letztere bezeichnen offene Flächen, die vor

Feldweg bei Tschrestal/Črezdol

Jahrhunderten geschaffen wurden, um als Weide- oder Ackerland genutzt zu werden. Zu Recht zählt man die Trocken- und Streuobstwiesen der Sattnitz/Gure zu den schönsten ihrer Art in Kärnten. Von ihnen bieten sich, wie auf Almen über der Baumgrenze, wunderbare Fernblicke in alle Himmelsrichtungen. Romantische Gemüter (zu denen auch ich mich zähle) erfreuen sich zudem an sprudelnden Quellen, murmelnden Bächen und stillen Gewässern.

Besondere Aufmerksamkeit verdient die Sattnitz/Gure als zweisprachiges Siedlungsgebiet. Die Orts- und Flurnamen sind uraltes slowenisches Kulturgut und bereits für sich eine Bereicherung. Zudem gibt es slowenische »Sprachinseln«, in denen die Kultur der Kärntner SlowenInnen besonders lebendig geblieben ist, sei es im Vereinswesen, sei es in der Alltagskultur. Um die nationale Identität wurde hier besonders heftig gerungen, über Generationen Widerstand gegen den Deutschnationalismus geleistet. Dazu kommt der bewaffnete Kampf gegen den Nationalsozialismus, der – was wenig bekannt ist – auch nördlich der Drau/Drava geführt wurde. Zeugnisse dieser Ereignisse finden sich in vielen Ortschaften auf der Sattnitz/Gure. Auch das ist ein Anliegen dieses Buches (und soll nicht zuletzt sein Titel andeuten): einsprachigen KärntnerInnen die Geschichte und Kultur der »Minderheit« näher zu bringen. Denn mögen alte Feindbilder mittlerweile überwunden sein, ist die Ignoranz gegenüber der Volksgruppe immer noch groß.

Ein ganz anderes, nämlich trauriges Kapitel ist die Baukultur auf der Sattnitz/Gure. Durch seine Nähe zur Landeshauptstadt ist das Gebiet von Zersiedelung besonders in Mitleidenschaft gezogen. Alte bäuerliche Architektur verschwindet von der Bildfläche, stattdessen nehmen gesichtslose Einfamilienhäuser überhand. In beängstigendem Tempo werden Keller ausgehoben, brutale Böschungsmauern aufgetürmt und schauderhafte »Festungen« hochgezogen. Stimmige Ortsbilder sind eine Seltenheit geworden. Architektur, die Bedacht auf ihre Umgebung nimmt und traditionelle Baufomen zeitgenössisch transformiert, ist nur in Spurenelementen vorhanden. Politische Maßnahmen gegen Landschaftsfraß und Bodenversiegelung wären von enormer Dringlichkeit.

Die 18 in diesem Buch vorgeschlagenen Wanderungen erschließen die Sattnitz nahezu flächendeckend. Die thematischen Schwerpunkte ergeben sich aus den jeweiligen Ortsgeschichten. Manche gehen ins Detail, um ein möglichst lebendiges Bild zu zeichnen. In anderen Fällen wurde mit Alltagslegenden oder Ausschmückungen nachgeholfen. Johann Weichard von Valvasor und Baron Münchhausen standen dabei Pate. Der Anspruch auf Wissenschaftlichkeit wird nicht erhoben, wohl aber der auf subjektive Wahrheiten. Ob die Texte den Orten tatsächlich gerecht werden, mögen die BewohnerInnen beurteilen. Dass sich die Recherchefehler in Grenzen halten und das Urteil der LeserInnen nachsichtig ausfällt, bleibt zu hoffen.

Das Ziel der Routenauswahl bestand darin, die schönsten Gegenden und interessantesten Ortschaften der Sattnitz/Gure möglichst abwechslungsreich miteinander zu verbinden. Wo sich Asphaltabschnitte und öde Siedlungen nicht völlig vermeiden ließen, wurde umso mehr auf die Dramaturgie Wert gelegt. Weitere Kriterien waren die Qualität der Wege, die Erreichbarkeit mit öffentlichen Verkehrsmitteln sowie die Einbeziehung der Einkehrmöglichkeiten. Jede Gaststätte habe ich aufgesucht, und keine einzige möchte ich missen.

Dass auf der Sattnitz/Gure zu jeder Jahreszeit gewandert werden kann, ist ein weiterer Pluspunkt. Selbst im Tiefschnee sind die meisten Wege rasch ausgetreten. Mit den Wegbeschreibungen und den Übersichtskarten sollte die Orientierung kein Problem sein. Wer sich trotzdem verirrt, freue sich über den Erlebnisgewinn. Voraussetzung sind festes Schuhwerk, robuste Kleidung und Regenschutz. Gegen Dornenranken auf verwachsenen Wegen hilft eine Gartenschere.

Großer Dank gebührt meinen Koautoren Wilhelm Berger, Werner Koroschitz und Emil Krištof, weiters den Lektorinnen Tina Hofstätter und Annemarie Pilgram, dem Korrektor Bruno Taxenbacher sowie allen WegbegleiterInnen, Testwanderinnen und -wanderern, die im Anhang namentlich genannt werden. Auch der vierbeinigen Frieda, die mich vor Wölfen und Bären beschützt hat, bin ich zu Dank verpflichtet.

Gerhard Pilgram,
Klagenfurt/Celovec im Herbst 2021

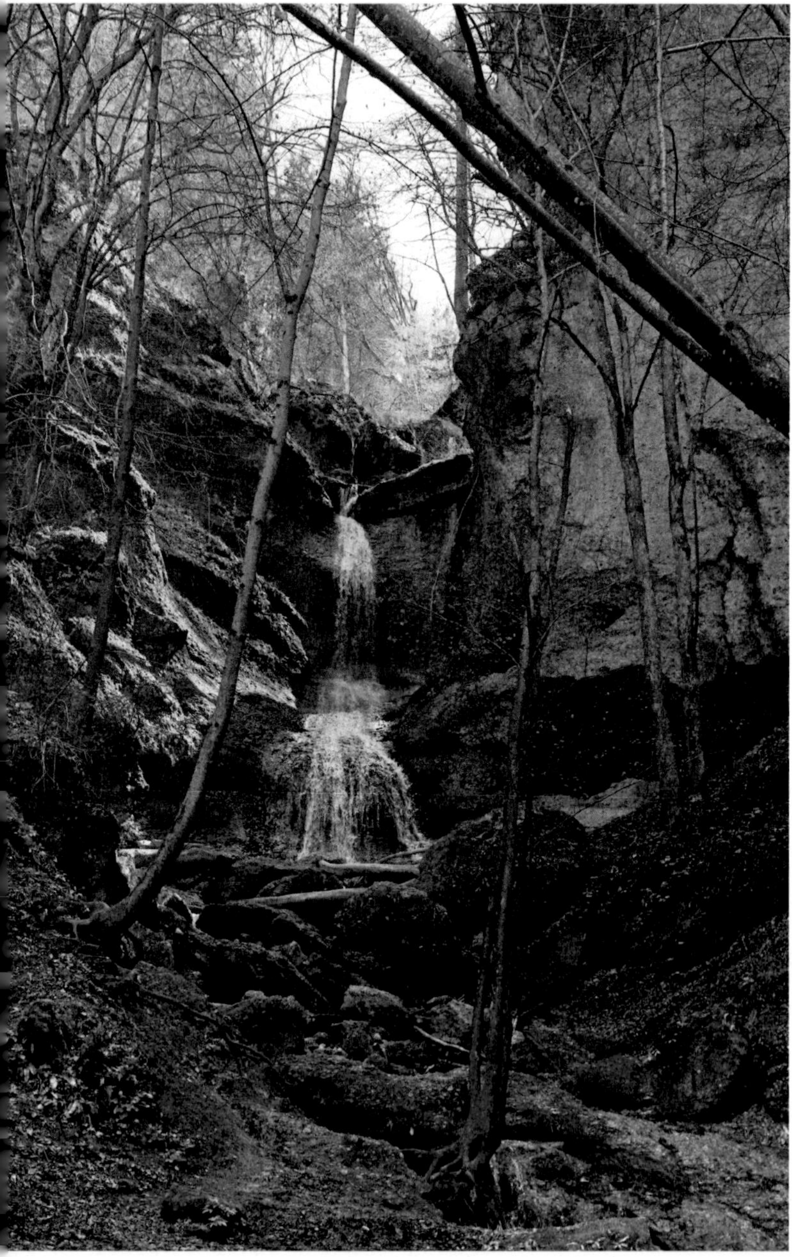

I. STREIFZUG
Wanderung von Viktring/Vetrinj nach Ebenthal/Žrelec

Für KlagenfurterInnen hat Sattnitz eine doppelte Bedeutung. Die meisten denken zunächst an den Abfluss des Wörthersees (der eigentlich Glanfurt heißt, aber von niemandem so genannt wird) und dann erst an den Sattnitz-Rücken, der Gegenstand dieses Buches ist. Sowohl das Gewässer als auch der Berg sind aus der Geschichte der Stadt nicht wegzudenken und tragen zum besonderen Reiz des südlichen Stadtbilds bei. Trotz der Nähe zum Industriegürtel hat die Landschaft ihren bäuerlichen Charakter bewahrt. RadfahrerInnen schätzen die brettlebenen Radwege; Wanderinnen und Wanderer kommen an den Abhängen der *gure* auf ihre Rechnung.

Von Viktring/Vetrinj, wo sich einst die Mönche breit machten und heute die Bauwut grassiert, gelangt man rasch in ländliches Gefilde. Ein Pferdehof (mit einer Schar gescheckter Katzen) und eine Getreidemühle setzen bunte Akzente. Schwer gestraft ist Lambichl/Ilovje mit dem Jörg-Haider-Denkmal an der Bundesstraße. Vergleichsweise weltabgewandt sind Kreuth/Kopanje und Berg/Gora unter dem Stifterkogel. Ein Panoramaweg führt ins Offene, zum Greifen nah scheint plötzlich die Stadt. Birnbäume und Hochspannungsmasten stehen Spalier. Wie aus der Zeit gefallen ist die Schisprungschanze im Dschungel am Fuße des Hügels. Gleich um die Ecke hängt Unterwäsche aus dem Jahre Schnee im Wind. Teils im Freien, teils im Mischwald mäandert der Weg nach St. Ruprecht/Blače, wo man einen Buchenhain zum Urnenfriedhof umgewidmet hat. Ein schöner Waldpfad und eine kurze Durststrecke (bei der man sich an einer »rechtsdrehenden« Quelle laben kann) leiten zum Höhepunkt des Tages über: der Einkehr im Kalmusbad, dem wohl stimmungsvollsten Ort am Sattnitzfluss. Bilderbuchbäume beschatten das Ufer, schwarzbraun sind die Badekabinen, vom Feinsten die belegten Brote. Nicht minder harmonisch verläuft der letzte

Ebenthaler Wasserfall

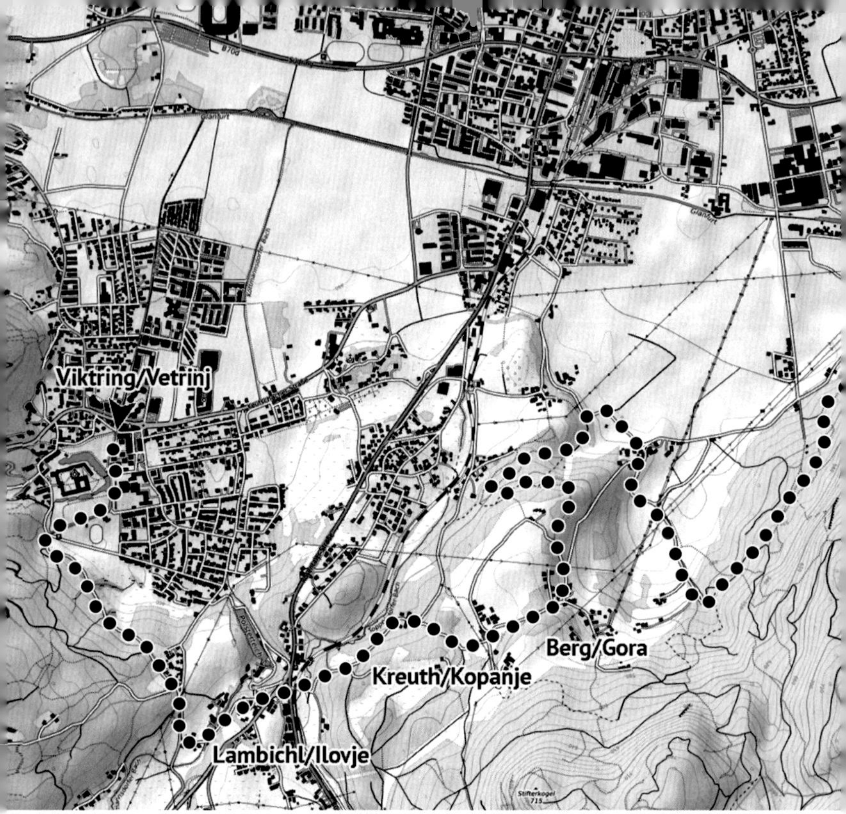

Abschnitt. Erst folgt man dem Zwanzgerberger Bach taleinwärts, dann steht man vor einem Naturdenkmal. Auf der Hinterbühne ergießt sich das Wasser aus der Schlucht, im Vordergrund beleuchtet die Sonne den Fels. Zwei Maulbeerbäume und ein moosweicher Feldweg runden den Einmarsch nach Ebenthal/Žrelec ab. Schrebergärten ziehen vorbei, der Mühlbach rauscht, seelenruhig wartet die Pfarrkirche auf den Autobus.

INFORMATIONEN ZUR WANDERUNG

LÄNGE: 17,5 km

ANSTIEGE: 340 m

GEHZEIT: 5:30 Std.

ANFORDERUNGEN: Ausdauer

KARTE: Kompass-Karte Nr. 65, Klopeiner See, Karawanken Ost

ORIENTIERUNG: einfach

GASTSTÄTTEN: Viktring/Vetrinj, Kalmusbad, Ebenthal/Žrelec

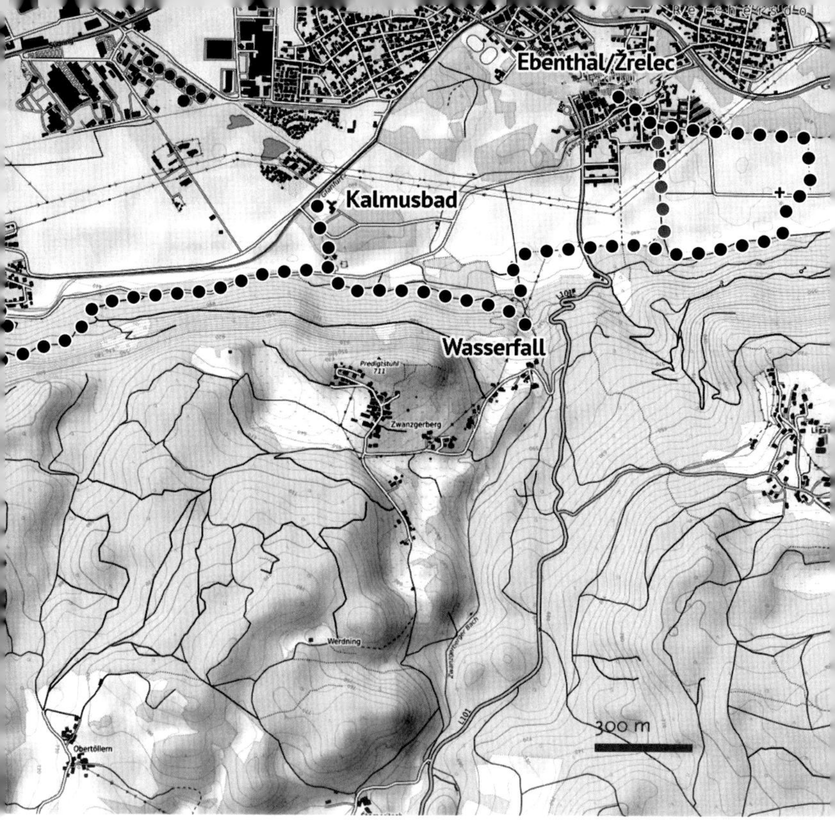

BUSVERBINDUNG: Linienbus Nr. 80 vom Heiligengeistplatz (Stadtzentrum Klagenfurt) nach Viktring/Vetrinj; Linie 21/22 von Ebenthal/Žrelec zum Heiligengeistplatz

WEGBESCHREIBUNG

Ausgangspunkt ist die **Bushaltestelle** Siebenbürgengasse in Viktring/Vetrinj (stadtauswärts). Man steigt zu einer **Unterführung** ab, unterquert die Keutschacher Straße und folgt einem Gehweg bis zum **Stift Viktring**, das man südwestlich umgeht. Man verlässt die Parkanlage an der Südseite, wendet sich auf der **Koschatpromenade** nach rechts und folgt sogleich dem **Kanonhofweg** nach links (Wegweiser »Lambichl«). Sanft ansteigendes Sträßlein am Waldrand mit Blick auf das Viktringer Feld/Vetrinjsko polje bis zu einer **Kreuzung**; man geht geradeaus. Nach 250 m folgt man der **Mühlenstraße** nach links, der man bis zum **Kanonenhof** an der **L99** folgt. Man quert dieselbe, geht links und folgt einem Gehweg bis zur **geregelten Kreuzung** an der **B91**.

[**Abstecher**: Man folgt der **Bundesstraße** bei der Ampel nach links und erreicht nach 300 m die **Dr.-Jörg-Haider-Gedenkstätte**.]

Man überquert erst die **Bundesstraße,** dann einen **Bahnübergang** und folgt dem **Ziegeleiweg** bis zu einer Gabelung. Hier geht man links (Wegweiser »Bach«) und folgt der ansteigenden Straße, eine Abzweigung nach rechts ignorierend, bis zur Häusergruppe **Kreuth/Kopanje**, welche man durchschreitet. Gleich darauf ignoriert man die Bergstraße nach links. Weiter bis zur Häusergruppe **Berg/Gora**, wo sich die Straße beim Haus Nr. 4 gabelt. Hier geht man links. Der Asphalt endet kurz darauf. Weiter auf einem schönen **Feldweg** mit weiten Blicken bis zu einem einzeln stehenden **Haus**. Vor dem Grundstück wendet man sich in einen abschüssigen **Pfad**, der über eine Wiese in den Wald führt und nach links dreht. Der Pfad vereinigt sich mit einem breiteren **Weg**; man geht geradeaus. Abstieg bis zu einer **Mehrfachkreuzung**; man nimmt die **erste Abzweigung** scharf nach rechts und folgt dieser bis zur **Sattnitz-Schanze**. Besichtigung. Weiter auf dem Zufahrtsweg bis zu einer **Straße**. Man geht rechts bis zu einer **Gabelung** unterhalb einer **Häusergruppe** (1:30 Std.).

Man hält sich rechts und hält sich bei der darauffolgenden **Gabelung** links. Das Sträßlein senkt sich wieder, dreht bald nach links und gabelt sich bei einem **Wegkreuz**. Man geht rechts und steigt sanft zum **Waldrand** an, wo der Asphalt endet. Eine **Abzweigung** nach rechts wird ignoriert. Weiter auf einem **Fahrweg**; eine zweite **Abzweigung** nach rechts wird ignoriert. Der Weg steigt an und dreht nach links; eine weitere **Abzweigung** nach rechts wird ignoriert. Blick auf Klagenfurt. Sanfter Anstieg auf dem **Hauptweg** bis zu einer **Gabelung**; man geht links (Wegweiser »St. Ruprecht«, Markierung). Angenehmer Weg in leichtem Auf und Ab, untergeordnete Abzweigungen werden ignoriert. Bei einer **Gabelung** geht man geradeaus, die Markierung verlassend. Der Weg verjüngt sich, dreht nach einiger Zeit nach links, vereinigt sich mit einem von rechts kommenden und senkt sich zu einem **Querweg**; man geht rechts. Schöner Weg, der bald an einem **Anwesen** vorbeiführt und sich gabelt. Man hält sich links, trifft auf einen **Fahrweg**, geht rechts und gelangt zum **Friedensforst** (2:00 Std.).

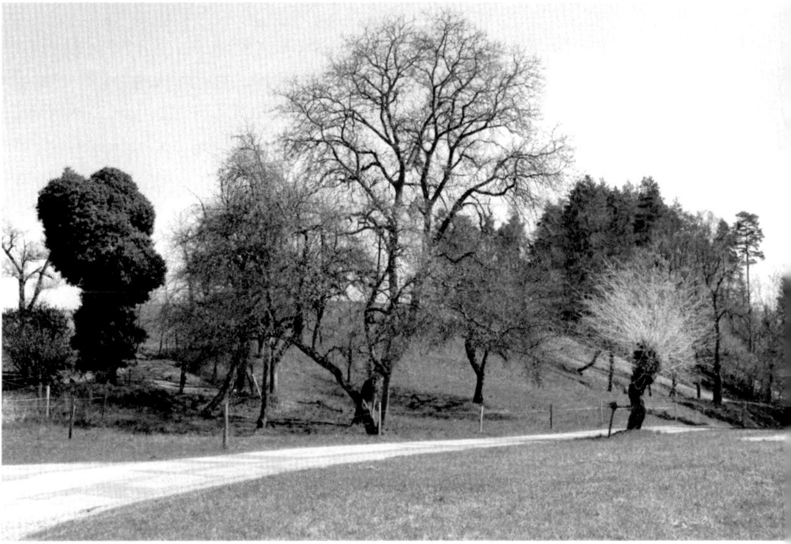

Bei Berg/Gora

Man betritt den **Waldfriedhof** auf einem absteigenden Weg, durchschreitet das Gelände in östlicher Richtung und steigt nach links zu einer **Straße** ab; auf dieser nach rechts. Kurz darauf eine **Gabelung**; man bleibt rechts auf einer breiten **Schotterstraße**. Nach 200 m (**Schranken**) folgt man einem **Forstweg** nach rechts. 10minütiger Anstieg bis zu einer **Gabelung**. Man geht scharf links. Bequemer Weg, der sich bald zum Pfad verjüngt und auf einen breiten **Querweg** trifft; auf diesem nach links. Bequemer Abstieg zur **Schotterstraße**; auf dieser nach rechts. Man passiert kurz darauf die **Goëssquelle**. Nach 15 Min. verlässt man die Straße nach links, durchschreitet die **Schieberstation** einer Gasleitung und betritt am Waldrand einen **Pfad**, der sich sofort gabelt. Man geht links und trifft kurz darauf auf ein **Sträßlein**, das man quert, um zum **Kalmusbad** zu gelangen (3:00 Std.). Einkehr. Stimmungsvoller Rastplatz am Ufer der Glanfurt.

Vom Kalmusbad zurück zur **Schieberstation**. Man quert die **Schotterstraße** und folgt einem **Pfad** in den Wald, der sogleich auf einen **Querweg** trifft; auf diesem nach links. Beim darauffolgenden breiten **Querweg** geht man rechts und folgt diesem bis zum **Zwanzgerberger Bach**, welchen man quert und taleinwärts bis zum **Ebenthaler Wasserfall** begleitet (3:45 Std.).

Bei der Rückkehr aus der Schlucht hält man sich bei der ersten **Gabelung** rechts, bei einer weiteren wieder rechts und folgt dem **Hauptweg** bis zu einer **Rastbank** bei zwei alten Maulbeerbäumen (Infotafel). Hier geht man rechts und folgt einem **Wiesenweg** bis zur **L101**, welche man quert. Weiter am Waldesrand bis zu einer **Wegkreuzung**; man geht geradeaus bis zu einem Querweg (**Rastbank**). Hier wendet man sich nach rechts.

> [**Abkürzung**: Man wendet sich nach links und folgt einem **Feldweg** bis zu den ersten Häusern von Ebenthal/Žrelec. Weiter auf der **Sattnitzstraße** bis zu einer Kreuzung. Man geht geradeaus in die **Oremusgasse**. Fortsetzung wie unten.]

Nach 100 m nimmt man eine **Abzweigung** nach links und wandert 300 m am Waldrand bis zu einer weiteren **Abzweigung** nach links, welcher man folgt. Man trifft auf eine **Makadamstraße** und geht rechts, um sich nach 200 m nach links in einen **Feldweg** zu wenden, dem man bis zu den ersten Häusern von **Ebenthal/Žrelec** folgt. Man passiert, die Richtung beibehaltend, eine **Kleingartensiedlung**, dann ein paar Häuserblocks und wendet sich nach rechts in die **Oremusstraße**. Bei der nächsten **Querstraße** geht man links und überquert kurz darauf den **Mühlbach** und geht halblinks bis zur **Pfarrkirche**. Besichtigung. **Bushaltestelle** 200 m östlich (5:30 Std.).

AM WEGE

Viktringer Feld/Vetrinjsko polje

Das Feld rund um das Stift Viktring bei Klagenfurt/Celovec nimmt in der slowenischen antikommunistischen Erinnerungskultur eine bedeutende Rolle ein, waren doch im dortigen Lager im Mai und Juni 1945 hauptsächlich Domobranzen, Angehörige der slowenischen Heimwehr und zivile Flüchtlinge aus Slowenien untergebracht. Sie waren vor den Kommunisten aus Jugoslawien ins grenznahe Kärnten geflüchtet.

Bis Kriegsende tobte auf dem ehemaligen jugoslawischen Staatsgebiet bzw. dem heutigen Slowenien neben dem Partisanenkampf gegen das NS-Regime auch ein innerslowenischer Bürgerkrieg, der zwischen den antikommunistischen Domobranzen und kommunistischen Partisanen mit unerbittlicher Härte geführt wurde. Selbst nach Kriegsende am 8. Mai 1945 nahmen die Auseinandersetzungen kein Ende. Aus Angst vor kommunistischen Repressalien versuchten bewaffnete antikommunistische Einheiten, in die britische Zone nach Österreich zu flüchten. Eine der bevorzugten Fluchtrouten zu den Westalliierten führte über den Loiblpass/Ljubelj durch das Rosental/Rož nach Viktring/Vetrinj. Beim Versuch, die Barrieren der Partisanen zu durchbrechen und auf britisch verwaltetes Gebiet zu gelangen, kam es auf Kärntner Boden auch nach Kriegsende zu Kampfhandlungen zwischen antikommunistischen Militärverbänden und Partisaneneinheiten.

Aus Sicht der siegreichen Partisanen waren die Domobranzen NS-Kollaborateure, die keinerlei Gnade verdienten. In Slowenien schürten antikommunistische Politiker, Militärs und Geistliche gezielt Panik in der Bevölkerung. Ihre geschickte Propaganda richtete sich gegen die »Gefahr des roten revolutionären Terrors« und die »gottlosen, kommunistischen Partisanen«. Mit flammenden Appellen sollten so viele Zivilisten wie möglich zum Verlassen ihrer Heimat bewegt werden. Schlussendlich befanden sich unter den Flüchtlingsströmen nach Norden neben Uniformierten auch tausende Zivilisten, darunter Greise, Frauen und Kinder. Über das Elend der über den Loiblpass ziehenden Flüchtlinge berichteten u. a. Überlebende des KZ-Nebenlagers Loibl: »Die Loiblstraße war voll von Autos, Lastwagen, Pferde- und Ochsengespannen, die mit den unterschiedlichsten Gütern beladen waren, wie Kleider, Bettwäsche, Haushaltsgeräte, landwirtschaftliche Maschinen, Räder, Hühner in Körben, Schweine und Vieh, das an den Fuhrwerken hinten angebunden war. Der Zug bewegte sich langsam über die schmale Straße hin zum Loibl und dann durch den Tunnel weiter nach Kärnten.«

Laut Aufzeichnungen der Pfarre Viktring-Stein lagerten im gesamten Mai 1945 rund 53.000 Zivilisten, Wehrmachtssoldaten und Angehörige der Waffen-SS in Viktring/Vetrinj. In der Mehrheit beherbergte das Viktringer Flüchtlingslager aber slowenische Staatsangehörige. Schätzungen zufolge waren ca. 8.000 slowenische Zivilisten und rund 12.000 Domobranzen dorthin geflüchtet. Daneben schlugen auch Russen, Serben, Montenegriner und Kroaten ihre provisorischen Zelte im Flüchtlingslager Viktring auf.

Bevor die uniformierten Flüchtlinge unter dem Schutz der Briten zur Internierung zum Viktringer Feld/Vetrinjsko polje abmarschierten, wurden sie von britischen Truppen nahe der Hollenburg entwaffnet. Eine Zeitzeugin erinnerte sich an die Entwaffnung der Soldaten: »[...] Der Zug nahm kein Ende. Aber nach den Soldaten kamen erst die Zivilisten. Zum Teil führten sie Wagen mit, auf denen sich Haustiere befanden. Den ganzen Nachmittag kroch der Heerwurm des Elends die Straße herauf. Es müssen viele Tausende gewesen sein. Die Deutschen und die Soldaten in den fremden Uniformen schichteten ihre Waffen zu mächtigen Stapeln auf. Auf einem Feld stellten sie die Panzerspähwagen ab.«

Die Briten wiesen die Menschenmassen an, sich auf das Feld um Viktring/Vetrinj zu begeben. Die slowenischen zivilen Flüchtlinge lagerten rings um das Stift Viktring in Unterkünften aus Zweigen und Baumrinden, die militärischen Verbände verteilten sich auf das gesamte umliegende Feld und die angrenzenden Wälder.

Während Partisaneneinheiten der jugoslawischen Armee mit ihren Fahrzeugen um das Lager kreuzten, patrouillierten britische Wachorgane entlang des Lagers und forderten die Flüchtlinge auf, trotz Partisanenpräsenz Ruhe zu bewahren.

Zwei Monate davor hatte die kommunistische militärische und politische Führung Jugoslawiens eine eindeutige Strategie entworfen: Die Partisanenarmee sollte bewaffnete Konflikte vermeiden und gleichzeitig den Zugang zu den Grenzen Italiens und Österreichs schließen. Das Ziel war, den besiegten Armeen und antikommunistisch gesinnten Zivilisten das Verlassen des jugoslawischen Territoriums zu erschweren. Gleichzeitig sollten Partisanendivisionen das südliche Kärnten besetzen, auch, um die Entwaffnung und Rückführung der antikommunistischen Flüchtlinge nach Jugoslawien zu gewährleisten.

In Kärnten waren nach Kriegsende die beiden Besatzungsarmeen wohl oder übel in Verhandlungen getreten. Die Briten hatten mit der Tito-Armee vereinbart, dass die jugoslawischen

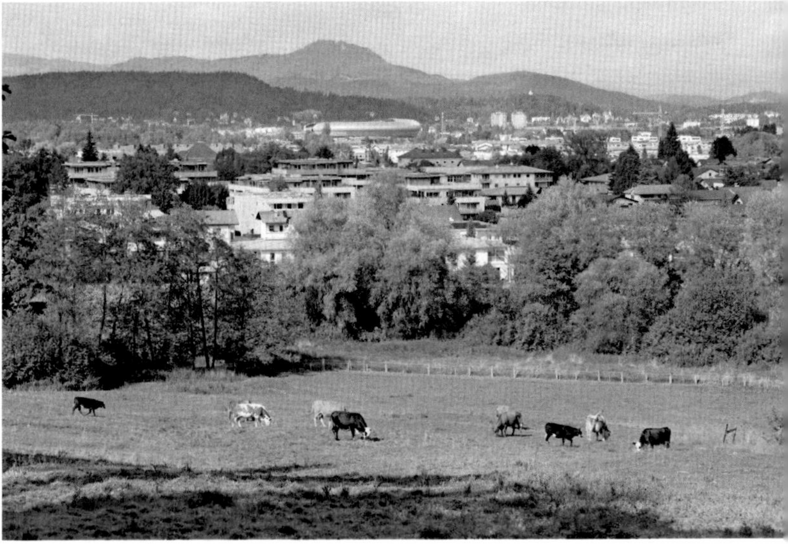

Viktringer Feld: einst Flüchtlingslager, heute Bau- und Weideland

antikommunistischen Flüchtlinge an die neuen Machthaber Jugoslawiens übergeben würden, im Gegenzug verpflichtete sich die jugoslawische Armee zum Rückzug aus Kärnten. Letztendlich ebnete das britische Militär mit der Auslieferung antikommunistischer slowenischer Flüchtlinge an die Partisanenarmee vom 27. bis 31. Mai den Weg für die darauffolgenden Massentötungen und Vergeltungsmaßnahmen. Laut britischen Angaben wurden alleine am 27. Mai 1945 weit über 1.000 Slowenen in Rosenbach/Podrožca »evakuiert«. Zwei Tage später folgten noch einmal über 3.000 Slowenen. Die Briten wiegten die Flüchtlinge in Sicherheit, indem sie ihnen glaubhaft machten, dass sie nach Italien geschickt würden. Tatsächlich wurde nur eine geringe Anzahl der Flüchtlinge dorthin gebracht. Im Nachhinein wurde das Täuschungsmanöver seitens der Briten damit gerechtfertigt, dass die Flüchtlinge in Unkenntnis ihres Schicksals leichter zu bewachen gewesen wären und so eine Massenpanik verhindert werden konnte.

Ab den 1990er Jahren erschien in Slowenien die »Tragödie von Viktring« in der nationalen Erinnerungskultur in einer neuen Perspektive. Gerne werden dabei zu Recht die Verbrechen der Partisanen-Selbstjustiz verurteilt; häufig aber die Kriegsverbrechen antikommunistischer Kampfeinheiten verschwiegen. Der slowenische OZNA-Mann (OZNA = Oddelek za zaštito naroda/Abteilung für Volksschutz), Zdenko Zavadlav, vermerkte in seinem Tagebuch über die Repatriierung slowenischer Domobranzen am Bahnhof in Maribor/Marburg: »In jedem Waggon befinden sich etwa fünfzig gewöhnliche Domobranzen in Uniformen, hie und da ein Offizier, ein Zivilist, eine Frau, aber auch ein Kind. Alle stehen völlig unter Schock. Die Waggons sind voll mit menschlichen Exkrementen. Ich versuche mit ihnen zu reden. Sie teilen mir mit, dass sie von den Engländern schon am Vortag aus dem Lager Viktring bei Klagenfurt, wo sie als Domobranzen freiwillig Zuflucht gesucht hatten und damit Kriegsgefangene waren, auf Lastwägen irgendwohin auf einen Bahnhof gebracht worden seien, von wo sie in ein Lager in Italien hätten gebracht werden sollen.

Einige hätten schon beim Einsperren in die Waggons bemerkt, dass Soldaten mit einem roten Stern an der Uniform in der Nähe herumgeistern. Sonst wüssten sie nichts mehr, außer dass es furchtbar lange Aufenthalte der Waggons, Durst, Hunger und alles erdenklich Schlimme gegeben habe.

Wir kommen mit den Eisenbahnern überein und organisieren mit ihrer Hilfe ein wenig Sauberkeit in den Waggons und vor allem Wasser. Nach den Erzählungen der Domobranzen handelt es sich, wie es scheint, um einen Teil des sogenannten Rupnik-Bataillons. Die Partisanen wissen zu berichten, dass dieses Bataillon gegenüber uns, den Partisanen, furchtbar aggressiv und unmenschlich gewesen war.«

Werner Koroschitz

EINKEHR:

Rhodos. Das griechische Restaurant ist im Umkreis der Bushaltestelle in Viktring/Vetrinj das mit Abstand beste Essenslokal. Wer nach der langen Wanderung hierher zurückkehrt, wird sich auf der türkisblauen Terrasse wie zuhause fühlen. Selbst der Verkehrslärm hat etwas Heimeliges. Das Lammfilet, der Fischteller und das Gyros können ruhigen Gewissens empfohlen werden. Auch der Retsina ist sein Geld wert. Ferdinand-Wedenig-Straße 2, 0043 463 281879, 0043 664 5447953

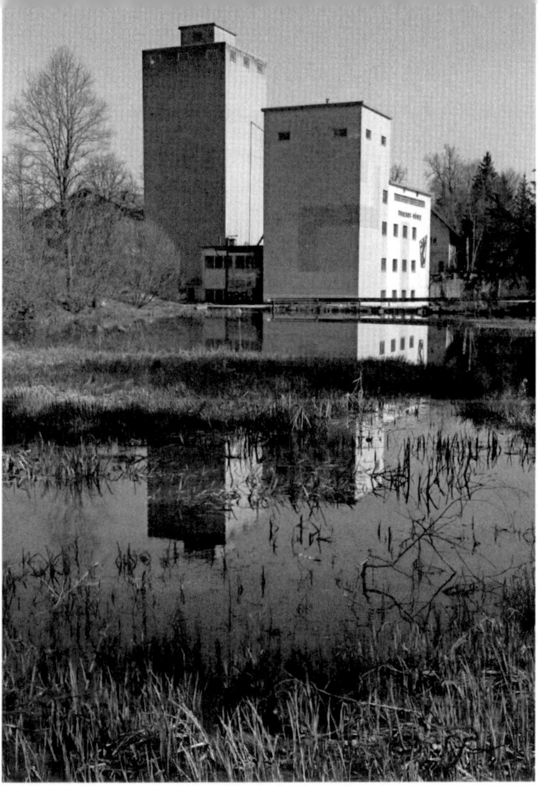

Thalhofmühle bei Lambichl/Ilovje

Lambichl/Ilovje

Wer sich Lambichl/Ilovje von Viktring/Vetrinj her nähert, gerät zunächst in eine typische, nicht unsympathische Vorstadtidylle. An einem Reitplatz vorbei gelangt man an einen romantisch anmutenden Teich, zu dem der Köttmannsdorfer Bach vor der Thalhofmühle aufgestaut ist. Dass der Bach auch heute noch die Kraft hätte, Mühlen anzutreiben, zeigen Berichte von einem Feuerwehreinsatz am 5. Oktober 2020: Die Schleusen mussten geöffnet werden, um das Wasser eines Starkregens abzuleiten, und zwar über den sonst ebenfalls romantischen Polsterteich in Richtung Sattnitzfluss, in den der Bach schließlich mündet. Die Thalhofmühle, als Gebäude ein kleiner Industriebau im Stil der 1950er Jahre, wird heute von verlässlicher elektrischer Energie angetrieben und produziert hauptsächlich biologische Produkte. Sie ist, neben der Kropfitschmühle bei Viktring/Vetrinj, der Weinländermühle und den Mühlen in Ebenthal/Žrelec ein Beispiel

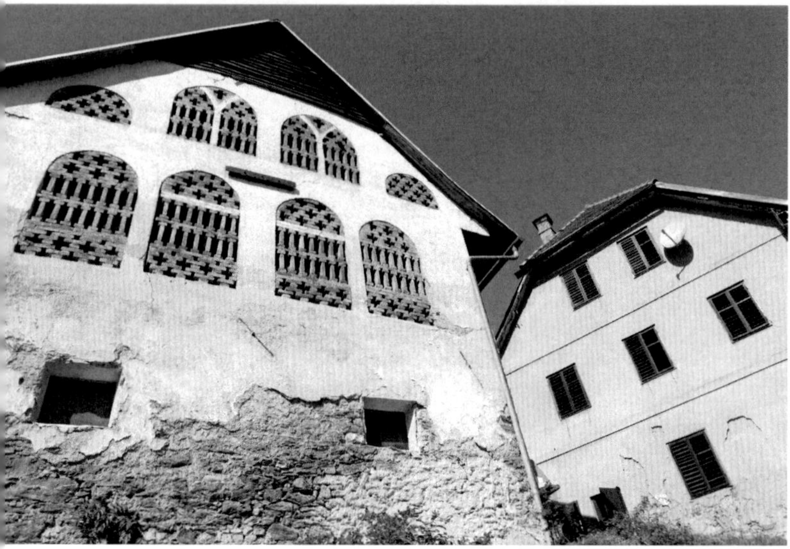

Gehöft bei Bach/Potok

von Betrieben mit langer Tradition, in denen das Getreide und der Mais vor allem von Bauern verarbeitet wurden, die stadtnah oder sogar in der Stadt ansässig waren. Heute findet man kaum noch eine der isoliert auf den Feldern stehenden Scheunen der ehemaligen Stadtbauern. Die ältere Generation nannte sie »Kupfermuckn« (Schlafplatz oder Unterschlupf im alten Slang von Wohnungslosen), weil dort häufig Obdachlose Zuflucht suchten.

Schon bei der Mühle hört man den Lärm der Loiblpass-Bundesstraße, deren Kreuzung mit der Straße nach Köttmannsdorf/Kotmara vas beim Gasthof Kanonenhof – der Name geht auf die Jahre 1809/1810 zurück, als hier napoleonische Truppen Kanonenkugeln und Pulver gelagert hatten – ab 2021 zum Mobilitätsknotenpunkt Lambichl/Köttmannsdorf mit Schnellbahnhaltestelle umgebaut wird. Der Anblick der von den Baggern aufgewühlten Erde setzt auf eine Spur zur Bedeutung des Ortsnamens: Dass *Lam* vom mittelalterlichen *Lahm* für Lehm kommt, wird auch durch den slowenischen Ortsnamen Ilovje bestätigt, was von *ilovica* kommt, das heißt eben Lehm. Aus diesem wurden hier von 1864 bis 1962 Mauerziegel erzeugt, deren Qualität und Herkunft früher durch Ziegeleizeichen dokumentiert wurde. Die Ziegel aus Lambichl/Ilovje trugen das Zeichen »GetH« für den Stadtbaumeister Georg Horčička, der die Ziegelei 1901 als Pächter übernommen hatte und auch für die Bauausführung des Stadttheaters und des Künstlerhauses in Klagenfurt verantwortlich gewesen war.

Etwas weiter Richtung Klagenfurt/Celovec findet man an der Bundesstraße eine Stelle, die den Namen Lambichl/Ilovje nicht nur im Internet bekannt gemacht hat. Am 11. Oktober 2008 verunglückte hier Jörg Haider tödlich, von 1989 bis 1991 und dann wieder ab 1999 bis zu seinem Tod Kärntner Landeshauptmann. Ein Bildstock zeigt den Drachentöter Georg, mit dem seine Hinterbliebenen den Toten immer noch vergleichen. Bis 2017 sind laut Bericht des Landtages über 25.000 Euro in die Gedenkstätte rund um den Drachentöter geflossen. Ob die 2021 schon ein wenig verblichenen Gedenkfotografien die Umbauten am Mobilitätsknoten überleben oder irgendwohin übersiedelt werden, ist wohl noch nicht ausgemacht.

Die Gedenkstätte erzählt eine komplexe Geschichte, ihre Formensprache lohnt festgehalten und erläutert zu werden: »This land is so empty without you«, kann man da lesen. Tatsächlich endete mit dem Unfall das Leben eines Mannes, der, 1950 im oberösterreichischen Salzkammergut geboren, das Bundesland Kärnten politisch und emotional lange dominiert hatte. Nach einigen Umwegen wanderte er ein, um sich im Kärntneranzug, in dem er hier abgebildet ist, auf die deutschnationale Seite zu stellen und gegen jene, die sehr viel länger schon da waren: die slowenischsprachige Minderheit, deren Spuren einige der Wanderungen in diesem Buch sichtbar machen. Dass Haider sich auch im Kärntneranzug mit Kilt, also knielangem (schottischem) Rock, zeigte, deutet auf den letztlich ironischen Charakter dieser Positionierung.

Selbst Großgrundbesitzer im Bärental/Rute, zu dem er in der Unfallsnacht unterwegs war (das Tal war von einem »Wahlonkel« geerbt, der es im Zuge von Arisierungen günstig in seinen Besitz gebracht hatte), gelang es Haider, sich zum Anwalt der Benachteiligten zu stilisieren. So kann man hier lesen: »Mit dem Hirn gegen die Großen, mit dem Herz für die Kleinen«. Überdimensionierte lächelnde Lippen aus Marmor verraten die Methode:

Haider hatte die Begabung, den von ihm so titulierten »kleinen Mann«, ob beim Kirchtag oder in der Disko, in eine Vision zu vereinnahmen, die er selber ganz offen »Dritte Republik« nannte, zum Beispiel in seinem Buch *Die Freiheit, die ich meine* (1993).

Als sein damaliger Stellvertreter und späterer Nachfolger im Amt des Landeshauptmanns nach dem Unfall im Radio verkündete, in Kärnten sei »die Sonne vom Himmel gefallen«, muss er vielen aus dem Herz gesprochen haben. Wie anders ist es zu erklären, dass bei Haiders Verabschiedung am 18. Oktober 2008 in Klagenfurt 25.000 bis 30.000 Menschen gezählt wurden? Die Teilnahme zahlreicher Politiker aller Parteien dokumentiert die Geiselhaft, in der Haider die gesamte österreichische Politik lange gehalten hatte.

Unzählige Beiträge sind über das »Phänomen« Haider verfasst worden, am empfehlenswertesten ist noch immer die des Sozialpsychologen Klaus Ottomeyer, der schon früh die Haider-Show (2000) analysiert hat. Die Angriffe, denen Ottomeyer und viele andere in Kärnten politisch engagierte Personen ausgesetzt waren, zeigen, dass der Show eine handfeste und bedrohliche Realität entsprach: Haider vernichtete durch falsche Anschuldigungen Karrieren und übte vielfach massiven juristischen Druck aus.

In den Magazinen der Bibliotheken haben zahlreiche andere Beiträge inzwischen Staub angesetzt. Das Buch *Haider light. Handbuch für Demagogie* (2000) von Walter Ötsch dagegen hat aus gegenwärtiger Sicht einen fast prophetischen Charakter. Noch heute bezeichnen Rechtsextremisten Haider als ihren Lehrmeister. Andere – in dieser Hinsicht klügere – haben stillschweigend seine Methoden weiterentwickelt, im Vorbeigehen die politische Gesprächskultur beschädigt und es damit bis in höchste Ämter geschafft.

Kann man an diesem Ort an der Loiblpass-Bundesstraße etwas anderes empfinden als ein Gefühl der Melancholie? Lastwagen donnern an dem vorbei, was einst im Mittelpunkt stand. Es ist, als ob der Ort die vielen Unsäglichkeiten, an die er denken lässt, in sich aufgesogen und ins Banale transformiert hätte. Schon mit Haiders Nachfolgern in Kärnten ist jedenfalls die Oberflächlichkeit einer identitätspolitischen Mobilisierung, die ihre Inhalte allein aus der Differenz zu den Anderen bezieht (»die

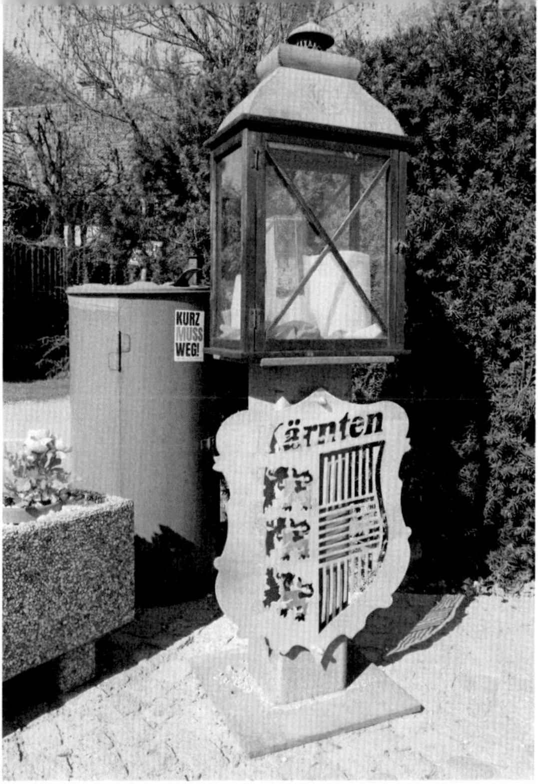

An der Jörg-Haider-Gedenkstätte in Lambichl/Ilovje

Slowenen« und »die Kärntner«, »die Migranten« und »Wir«), quasi szenisch zu Tage getreten. Landeshauptmann Dörfler, der noch öffentlich »Negerwitze« erzählt und, mit seinem Finanzreferenten Dobernig an einem Tisch sitzend, jeweils einen Hunderter Heizkostenzuschuss an die davor anstehenden Menschen verteilt und sie damit erst recht zu »kleinen Leuten« gemacht hatte, wurde von einem Gericht »Naivität der Amtsführung« mildernd angerechnet. Andere, wie der ehemalige Vorstandsvorsitzende der Hypo Alpe Adria Bank, die Teile des Haiderschen Größenwahns (»Kärnten ist reich«) vorfinanziert hatte und Pleite gegangen war, landeten überhaupt im Gefängnis. Und Haiders »Lebensmensch« (österreichisches Wort des Jahres 2008, ursprünglich von Thomas Bernhard), Stefan Petzner, mit dem er in seiner Todesnacht noch zusammen war, ehe er zuletzt in einer Klagenfurter Szenekneipe vor einer Flasche Wodka gesehen wurde, landete in der ORF-Show Dancing Stars 2019 auf dem vierten Platz. Schon eine Sonderausstellung zum Gedenken an Jörg Haider, die im Oktober 2009 im Bergbaumuseum Klagenfurt eröffnet wurde, erreichte nur mehr geringe Besucherzahlen.

Die Figur einer blinden Justitia an der Gedenkstelle aber hat aktuelle Relevanz. Manche wollen es immer noch nicht wahrhaben, dass ihr Idol mit 1,8 Promille Alkohol im Blut durch den Nebel in den Tod raste. Von der Witwe Haiders bis zu Heinz-Christian Strache reicht die Liste derer, die öffentlich Verschwörungsthesen vertreten haben, vom israelischen Geheimdienst Mossad bis zur »amerikanischen Ostküste« reichen die ins Auge gefassten Täter. Der Slogan »Sie sind gegen ihn, weil er für Euch ist«, wie es auf einem Wahlplakat mit Haider 1994 geheißen hat, wird mit diesen Verschwörungstheorien in die Trauer und den Totenkult integriert. Der VW Phaeton, Haiders Dienstwagen, dessen aufgerissenes Wrack sich hier in Lambichl/Ilovje quergestellt hatte, wird von seinen Nachfolgern im Geiste noch immer für allfällige genauere Nachuntersuchungen aufbewahrt. Der Phaeton der antiken Mythologie hat aus Selbstüberschätzung beinahe die ganze Welt in Brand gesetzt. Aber das ist eine ganz andere Geschichte.

Wilhelm Berger

EINKEHR:

Kanonenhof. Wer mit dem PKW von Klagenfurt auf die Sattnitz zum Wandern fährt, kommt – zumindest am Rückweg – an diesem geschichtsträchtigen Gasthof kaum vorbei. Das Angebot umfasst Balkanspezialitäten, Fischgerichte und traditionelle Speisen. Alles schmeckt und sieht aus wie auf der Speisekarte abgebildet. Nichts auszusetzen gibt es am Wein. Ein Alleinstellungsmerkmal ist der Plastik-Lavendel auf den Tischen. 0043 463 55665, www.kanonenhof.at

Sattnitzschanze

Gut versteckt im Wald liegt die Schanze der Schisprunggemeinschaft Klagenfurt. Schon Mitte Mai beginnt hier der Nachwuchs mit dem Training für die Wintersaison. Beherzt werfen sich Mädchen wie Buben in die Anlaufspur und setzen Sprünge von 30 Metern und mehr auf die Matte. Wanderinnen und Wanderer sollten ihnen beim Auslauf in der Wiese nicht in die Quere kommen.

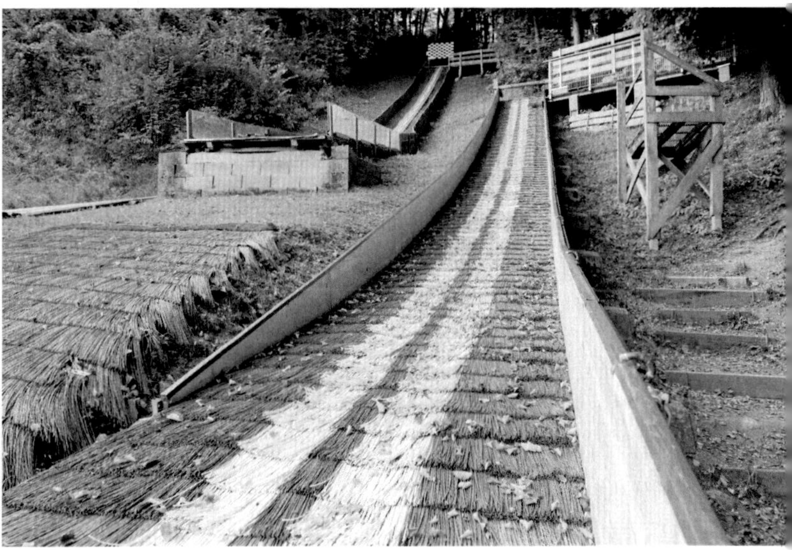

Sattnitzschanze bei Straschitz/Stražišče

Errichtet wurde die Sportanlage vor 100 Jahren; ein Jahr später, 1922, fanden die ersten Landesmeisterschaften im Schisprung statt. Anfänglich für 40-Meter-Sprünge konzipiert, wurde sie zweimal umgebaut, um Weiten von über 60 Metern zu ermöglichen. Damit konnten internationale Wettkämpfe in Form eines jährlichen »Länderspringens« durchgeführt werden, erst unter der Fahne der Austrofaschisten, dann im Zeichen des Hakenkreuzes. Der letzte Bewerb vor dem »Anschluss« 1938 geriet zum politischen Skandal. Illegale Nazis nutzten die Veranstaltung zur Demonstration für Hitlerdeutschland, indem sie die »reichsdeutschen« Springer besonders anfeuerten und die Leistungen der Österreicher sowie der jugoslawischen (!), Schweizer und japanischen Sportler mit demonstrativem Schweigen oder Buh-Rufen quittierten. *Der Morgen*, eine Wiener Tageszeitung, widmete dem Vorfall eine Titelseite und berichtete, dass »nach Beendigung des Springens illegale Elemente verbotene nationalsozialistische Lieder sangen, wobei es zu kleinen Reibungen mit anderen Zuschauern kam. Die Zwischenfälle waren planmäßig vorbereitet, da sich unter den etwa 5.000 Besuchern [...] bekannte Nationalsozialisten aus ganz Kärnten befanden.« In der Folge wurden zwei sympathisierende Funktionäre des Klagenfurter Schiverbandes verhaftet und die Siegerehrung unter Ausschluss der Öffentlichkeit vorgenommen. »Auch die österreichische Geduld hat irgendwo ihre Grenze«, lautete das Resümee des Artikels.

Die Tradition der grenzüberschreitenden Veranstaltungen fand 1949 ihre Fortsetzung und gipfelte in mehreren Weltcup-Wettbewerben, zuletzt Anfang der 1990er Jahre. Gesprungen wurde auf einer 90-Meter-Normalschanze, von der heute nur noch eine verwachsene Schneise im Wald zu erkennen ist. Ein junger Mann, der am Fuß der Schanze mit dem Rasenmäher zugange ist, erzählt, dass hier auch die Olympiasieger Toni Innauer und Karl Schnabl ihr Können gezeigt haben. Ihre Spur verliert sich im Unterholz.

Sattnitzquellen

Seit Jahrhunderten sind große Teile Klagenfurts auf das Trinkwasser aus den Sattnitzquellen angewiesen. Versorgten sich die BewohnerInnen im Mittelalter noch aus zahlreichen Brunnen, wurde 1583 die erste Wasserleitung gebaut. In Holzrinnen und -rohren floss das Wasser von der Georgsquelle nahe der heutigen Sattnitzsiedlung zu einem Wasserturm nördlich der Glanfurt. Von dort führte ein Bleirohr entlang der St. Ruprechter Straße ins Stadtzentrum, wo sich die BürgerInnen an sechs öffentlichen Auslaufbrunnen mit Trinkwasser versorgen konnten. Auch der Lindwurmbrunnen gehörte dazu. Anfang des 19. Jahrhunderts hatten die alten Holzrohre ausgedient, sie wurden durch oberirdisch verlaufende Metallrohre ersetzt. Das sollte sich im extrem kalten Winter 1832/33 rächen, als das Eis die Leitungen sprengte und die StadtbewohnerInnen wochenlang vom Sattnitzwasser abgeschnitten waren. 1870 wurden die Sattnitzquellen und umliegenden Gründe unter Schutz gestellt, fünf Jahre später die Leitungen von Grund auf modernisiert. So konnte ab der Jahrhundertwende ein Stadtviertel nach dem anderen mit fließendem Wasser versorgt werden. Nach dem 1. Weltkrieg kam es wiederholt zu Engpässen und mussten neue Ressourcen erschlossen werden. Als besonders ergiebig erwies sich das Grundwasser, das bei Straschitz/Stražišče von der Sattnitz ins Klagenfurter Becken strömt. Es stammt, kaum zu glauben, aus dem Keutschacher

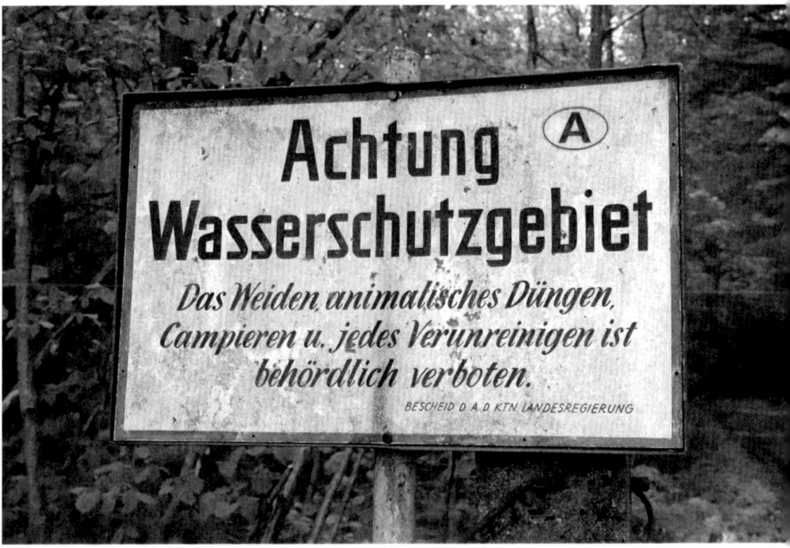

In Straschitz/Stražišče

Seental, dem Raum Köttmannsdorf/Kotmara vas und der Senke von Maria Rain/Žihpolje. Seine Qualität verdankt es der guten Filterwirkung des Konglomerats. Das 1930 unweit der Sattnitzschanze erbaute Wasserwerk versorgte einst knapp 1.400 Haushalte und versieht bis heute seinen Dienst. Eine weitere Aufbereitungsanlage, Straschitz II, entstand um 1960. Das Wasser wird in Hochbehälter gepumpt und fließt von dort – ohne jegliche chemische Behandlung – in die Wohnungen der KlagenfurterInnen. Nach demselben Prinzip funktionieren die Ebenthaler Wasserspeicher südwestlich des Kalmusbades.

Ungeachtet dessen versorgen sich manche BürgerInnen lieber mit dem »rechtsdrehenden« Wasser aus der Goëssquelle unter dem Predigtstuhl. Es sprudelt neben einer Schotterstraße aus dem porösen Felsen und ist, glaubt man den Eingeweihten, von heilsamer Wirkung. Von früh bis spät parken hier Autos und stellen sich Leute an, um kistenweise Flaschen abzufüllen. Manche erzählen ihre Krankheitsgeschichte, andere geben ihr Wissen über Wasseradern und Erdstrahlen weiter; auch Verschwörungstheorien dürfen nicht fehlen. Nicht selten geht es dabei zweisprachig zu, zumal sich immer wieder Menschen aus Slowenien hinzugesellen. Könnte es sein, dass das Wunderwasser bei den Einheimischen die Erinnerung an die Sprache ihrer Vorfahren weckt? Damit wäre die Einspeisung in das städtische Leitungssystem ein Gebot der Stunde.

Glanfurt/Jezernica

Wie seine Gestalt, änderte der Fluss auch mehrmals seinen Namen. Bis ins 16. Jahrhundert wurde er *Lanquart* (das ist der krumme Bach) genannt, was auf seinen ursprünglich mäandrierenden Verlauf verweist. Daraus wurde später *Langfart* oder *Langfurt* und schließlich die amtliche Glanfurt, eine im Grunde widersinnige Bezeichnung. Einheimische sprechen bis heute fast ausschließlich von der Sattnitz, was ebenfalls fragwürdig ist, weil es auf das slowenische Sotnica zurückgeht, das »Gebirgsweg« bedeutet. Wie es scheint, wurde für den einzigen natürlichen Abfluss des Wörthersees noch immer kein passender (deutscher) Name gefunden. »Fluss vom See« wäre die wörtliche Übersetzung der slowenischen Bezeichnung.

Bis vor dreieinhalbtausend Jahren reichte der Wörthersee noch bis zum Fuße des östlichen Sattnitzrückens, um sich allmählich zurückzuziehen und einen riesigen Sumpf zu hinterlassen, der von einem verzweigten Flusslauf durchzogen war. Aus dieser Zeit stammen zwei bronzezeitliche Einbäume, die 1939/40 im Zuge von Entwässerungsarbeiten durch den deutschen Reichsarbeitsdienst gefunden wurden. Gut möglich, dass die ersten »KlagenfurterInnen« vom Fischfang lebten und – wie ihre KollegInnen in Keutschach/Hodiše, siehe dort – in Pfahlbauten hausten. Die slowenischen Ortsnamen der Stadtteile St. Ruprecht und Waidmannsdorf, nämlich Blače (Moor) und Otoče (Insel), unterstreichen den Stellenwert, den das Wasser und seine Begleiterscheinungen für die BewohnerInnen hatten. Überschwemmungen waren bis Mitte des 19. Jahrhunderts gang und gäbe; auch in der Zwischenkriegszeit sind Hochwässer dokumentiert.

Erst 1853 begann man mit der Regulierung der Glanfurt und ging damals noch behutsam vor. Bis in die 1930er Jahre durchzog sie mit mehreren Seitenarmen eine Aulandschaft und zeigte der Stadtplan im Südosten von St. Ruprecht (das damals noch eine eigenständige Stadtgemeinde war) ein dichtes Netz

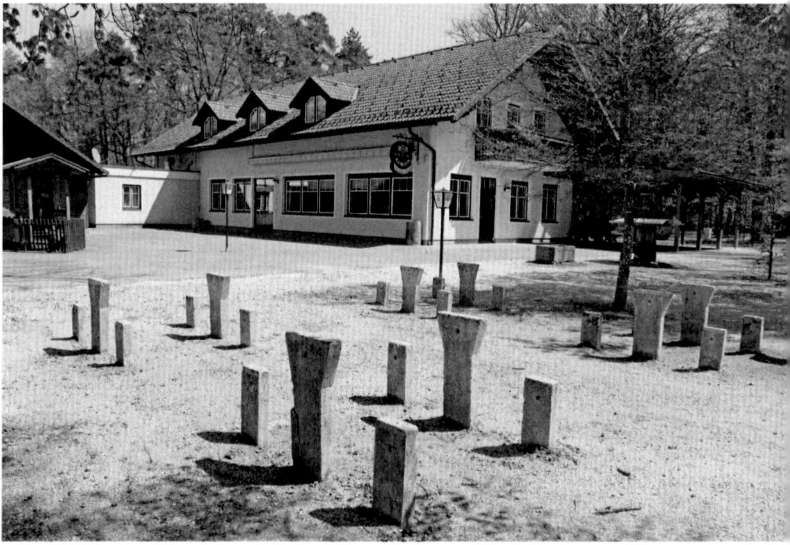

Kalmusbad im Frühjahr

von Wassergräben. ZeitzeugInnen erinnern sich an eine Flusslandschaft mit mehreren Inseln und schwärmen von romantischen Badeplätzen. Im Winter konnte man angeblich von der Sattnitz bis zum heutigen Einkaufszentrum südlich des Hauptbahnhofes Schlittschuhlaufen. Die endgültige Regulierung, d. h. Begradigung des Flusses, wurde 1948 in Angriff genommen. Das Ergebnis ist ein weitgehend kanalartiges Gewässer, das nur in wenigen Abschnitten annähernd natürlich verläuft bzw. entsprechend rückgebaut wurde.

Von 1918 bis 1920 bildete die Glanfurt die Demarkationslinie zwischen den SHS-Truppen und den österreichischen Verbänden. Hätten die KärntnerInnen 1920 für den Anschluss an Jugoslawien gestimmt, verliefe die Staatsgrenze heute in der Flussmitte und wäre die Sotnica aus strategischen Gründen vermutlich nie reguliert worden. Dann führte heute die Wanderung von Viktring/Vetrinj nach Ebenthal/Žrelec durch ein nahezu menschenleeres Naturschutzgebiet und wäre die Rückfahrt über Klagenfurt ein grenzüberschreitendes Abenteuer. So betrachtet war der Volksentscheid vielleicht doch ein Fehler.

Kalmusbad

»Ein kluger Kopf, Herr Valentin Ehart in Ebental, hat unter dem malerischen Predigtstuhl auf seinem Wald- und Wiesengürtel die Welt mit Brettern verschlagen«, schrieben die *Freien Stimmen* 1932 anlässlich der Eröffnung des Kalmusbades bei Ebenthal/Žrelec. »Und so ist«, heißt es weiter, »für die Analphabeten der Überkultur, die keine Zeitung mehr lesen, kein Jazzgequatsch hören wollen, aber noch Freude haben an Pirols- und an Kuckucksrufen, ein stilles Glück im Winkel und ein völlig staubfreies Natursanatorium in der Nähe von Klagenfurt ganz unbemerkt entstanden, eine ganz große Arena im Wald- und Wiesenplan, viel größer als die weltbekannten Zirkusse Hagenbeck, Renz und Krone zusammengenommen. [...] Losgelöst von den Sorgen des Alltags und von dem abscheulichen Daseinskampf der Gegenwart, wird man unter Bienensummen und Hummelbrummen eingewiegt in paradiesische Träume. Man vergisst ein Weilchen allen Gram und allen Schmerz [...]. Freuet Euch des Lebens! Kommet an die Brüste der Natur! Badet euch in der Sonne, im Sande und im Kalmuswasser!«

Trotz einiger Neuerungen hat das Kalmusbad bis heute den Charme eines klassischen »ArbeiterInnenbades« bewahrt. Zwar musste die ehemalige »Bretter-Erfrischungsbude« einem Neubau weichen, doch blieb das seinerzeitige Angebot von »Roggenbrot, Butter und Käse, Haussalami, Bauerngeselchtes und Most, Spezi-Kracherl, Milch und Honig« nahezu unverändert. Die Brettljause gehört zum Besten ihrer Art. Nicht zu vergessen den gesunden Kalmusschnaps, der aus der gleichnamigen Wurzel gewonnen wird, die am Ufer der Glanfurt gedeiht.

Herzstück der Anlage ist ein langgestreckter Kabinentrakt, dem der Zahn der Zeit sichtlich zugesetzt hat und gerade deshalb eine besondere Aura anhaftet. Familien zahlten einst 40 Groschen pro Tag, für Arbeitslose gab es ermäßigte Tarife. Heute sind die meisten Kabinen verwaist. Türen drohen aus den Angeln zu fallen, Böden einzubrechen, Winkelspinnen die Herrschaft zu übernehmen. Ehe der Holzbau (wie die Badehütten vis-à-vis) saniert wird, sollte er unter Denkmalschutz gestellt werden. Täglich geöffnet von Mai bis September, außer bei Schlechtwetter. Gemütliche Gästezimmer im ersten Stock. 0043 463 332251

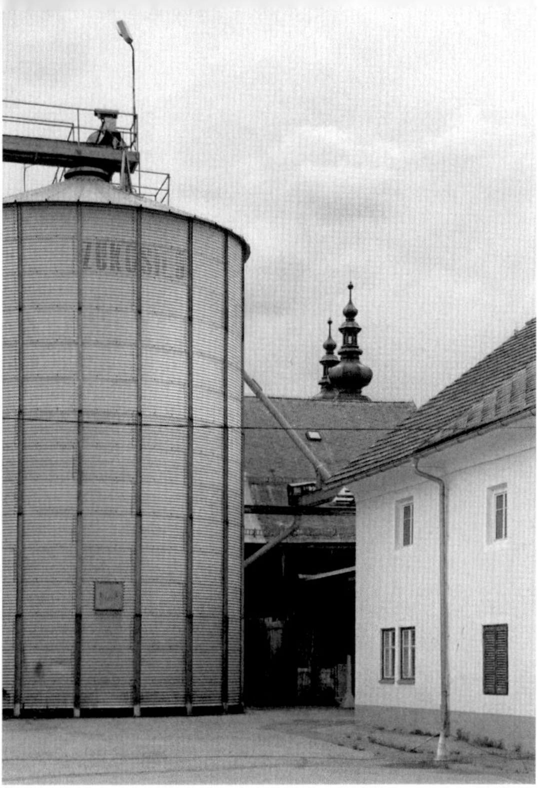

Getreidesilo in Ebenthal/Žrelec

Ebenthal/Žrelec

1973 drohte der Gemeinde das Aus. Klagenfurt/Celovec plante die feindliche Übernahme, wogegen sich aber die EbentalerInnen (damals noch ohne »h«) zu wehren wussten. Stattdessen gelang ihnen die Einverleibung von Radsberg/Radiše und Mieger/Medgorje, womit die mit Abstand größte Sattnitzgemeinde entstand. Das Territorium reicht von der Trasse der Jauntalbahn im Norden bis zum Drauufer im Süden. Gut 8.000 EinwohnerInnen verteilen sich auf 34 Ortschaften und leiden unter der Zersiedelung, die sie selbst verursacht haben.

Der Hauptort zerfällt in zwei Teile. Nördlich der Glanfurt wähnt man sich an der Peripherie einer beliebigen Stadt, südlich ist der dörfliche Charakter erhalten geblieben. Das »urbane Zentrum« wird von einem Kreisverkehr markiert, den ein fast 100 Meter langer geschwungener Multifunktionsbau, Medcenter genannt, mit weit auskragenden und spitz zulaufenden Oberge-

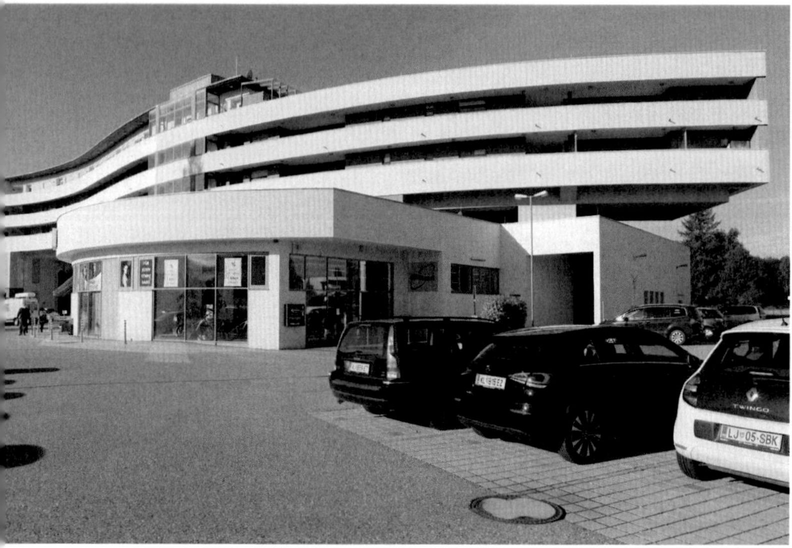

»Dorfplatz« von Ebenthal/Žrelec

schoßen flankiert. Was manche als großen Wurf betrachten (nämlich die Architekten selbst), halten andere für ein deplatziertes Monstrum. Es wurde 2005 in nur zehn Monaten errichtet und hat an der Westseite bereits reichlich Schimmel angesetzt. Ob der vorgelagerte Parkplatz, wie von den Erbauern behauptet, »optisch und funktionell die Aufgaben eines Dorfplatzes übernimmt«, sei dahingestellt.

Der ursprüngliche Dorfplatz zwischen Pfarrkirche, Pfarrhaus und Schlosswirt wurde ebenfalls in eine Asphaltwüste verwandelt. Ein Großteil der Fläche ist den Autos vorbehalten; fast bis zum Kirchenportal reichen die Parkplätze. Dazu kommt eine Umkehrschleife für den städtischen Bus, in deren Mitte man einen trostlosen Steinhaufen gesetzt hat.

Umso reizvoller ist Ebenthal/Žrelec entlang des alten Mühlkanals, an dem vor Jahrhunderten mehrere Mühlen, Schmieden und Sägewerke entstanden. Einige dieser Bauten sind noch erhalten, manche sogar noch in Betrieb (wie die turmhohe Kunstmühle Vest), andere in eigenwillige Wohnhäuser mit heimeligen Gärten und Hinterhöfen umfunktioniert. Das wohl schönste

Ensemble bildet die Mühle der Familie Ehart, die auch das Kalmusbad betreibt (siehe dort). Dazu kommen ehrwürdige Bauernhöfe wie der Matschnighof der Familie Oremus, die 1848 den ersten demokratisch gewählten Bürgermeister der Gemeinde stellte. Was fehlt, ist eine Einkehrmöglichkeit am Ufer des Baches.

Ein Kulturdenkmal von Rang ist das Schloss Ebenthal; allerdings finden laut Webseite nur »Freunde der Kammermusik und angemeldete Brautpaare Einlass«. Der Barockbau mit wertvollen Wandmalereien von Josef Ferdinand Fromiller befindet sich seit 1704 im Besitz der Familie Goëss. Das alte Adelsgeschlecht stammt aus Portugal und hat im Lauf der Geschichte in Österreich unzählige Besitztümer angehäuft. Aktuell wird das Schloss von Leopold Goëss, Gemeindeparteiobmann der Neuen Volkspartei, und seiner Familie bewohnt. Der Schlosspark war im 19. Jahrhundert beliebtes Ausflugsziel der KlagenfurterInnen; heute steht man vor verschlossenen Toren.

Stets geöffnet ist hingegen die Pfarr- und Wallfahrtskirche Maria Hilf. Außen scheinbar seelenlos, überrascht sie mit einem prallen Innenleben, vor allem aufgrund der illusionistischen Wandmalereien und des gelungenen Farbkonzeptes. Einem Kunstführer zufolge »handelt es sich um einen der schönsten und in der Gesamtkomposition überzeugendsten Kirchenräume Kärntens, in dem sich die unterschiedlichsten Kunstdisziplinen zu einem harmonisch zusammenklingenden Gesamtkunstwerk verbinden.«

Einen slowenischen Kreuzweg oder slowenische Inschriften sucht man in der Kirche vergeblich, auch am Friedhof wird man, vom Partisanendenkmal und einem einzigen Grabstein abgesehen, nicht fündig – ein untrügliches Zeichen für den verlorenen Kulturkampf der slowenischen Volksgruppe. Bis zum 1. Weltkrieg hatte die Gemeinde einen hohen Slowenenanteil und lautete ihr ursprünglicher deutscher Name Schrelz, das dem slowenischen Žrelec entspricht. Ausgetragen wurde der Volksgruppenkonflikt zwischen »liberalen« deutschnationalen Kräften und konservativen katholischen Slowenen, die sich unter dem politischen Druck zunehmend radikalisierten.

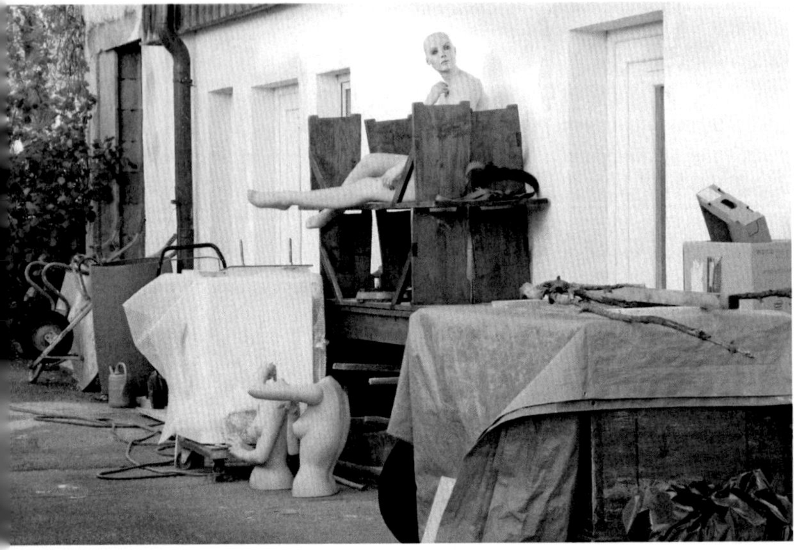

In Ebenthal/Žrelec

Eine der Schlüsselfiguren war Pfarrer Janko Arnejc, der 1906 seinen Dienst antrat. Er gehörte zu einer Riege von Geistlichen in Südkärnten, die in dieser Zeit Partei für die slowenische Sprache und Kultur ergriffen und damit zu den Gegenspielern der »Deutschen« wurden. Laut Pfarrchronik ging Arnejc dabei einigermaßen kompromisslos vor. So predigte er fast ausschließlich auf Slowenisch, ersetzte den deutschsprachigen Kirchenchor durch einen slowenischen und weigerte sich beharrlich, den Religionsunterricht zweisprachig abzuhalten. Das führte zu Protesten der »deutschen« Schäfchen sowie zu bischöflichen Weisungen, über die sich der Pfarrer meist hinwegsetzte. Als Mitbegründer des Bildungsvereins Kočna und Leiter der Slowenischen Jungfrauenvereine förderte er nicht nur die slowenische Kultur, sondern engagierte sich auch zunehmend politisch, indem er öffentlich für die (staatliche) Vereinigung aller Südslawen eintrat. Einer Verhaftung im Jahr 1914 aufgrund »nationaler Umtriebe« entkam Arnejc durch Intervention des Grafen Goëss, eine seiner Mitarbeiterinnen wurde jedoch wegen »Serbenpropaganda« verurteilt. Spätestens nach Kriegsende und dem Einmarsch von SHS-Truppen in Kärnten galt der Pfarrer als Volksfeind. Im

Dezember 1918 belagerten Abwehrkämpfer das Pfarrheim und forderten die Auslieferung des »Verräters«, um ihn »auf Bajonetten nach Klagenfurt zu tragen«. Arnejc entkam ihnen knapp, indem er aus dem Fenster sprang und sich bei einem Bekannten in einem Holzfass versteckte. Um einer Gefangennahme zu entgehen, floh er nach Slowenien, wo er sich (während des Waffenstillstands) für eine neuerliche militärische Offensive Jugoslawiens stark machte.

Das Blatt wendete sich im Juni 1919 mit der Rückkehr der SHS-Truppen nach Kärnten. Arnejc übernahm nicht nur wieder die Pfarre, sondern wurde von den Besatzern auch als »Gerent«, eine Art Bürgermeister, eingesetzt. Laut Festschrift zum 100. Jubiläum der Pfarre ging er in dieser Funktion nicht immer zimperlich vor. So soll er jugoslawische Soldaten zu Übergriffen auf »deutsche« Wirtshausbesucher aufgewiegelt und »kärntnerisch Gesinnten« mit Verhaftungen gedroht haben. Und tatsächlich wurden drei Gemeindebürger wegen »jugoslawienfeindlicher Äußerungen« inhaftiert. Auf sein Betreiben hin wurden außerdem Pachtverträge mit missliebigen Leuten »von heute auf morgen« gekündigt, wie etwa der einer »Pächterin mit 14 unversorgten Kindern und einem kranken Schwiegersohn.« Arnejc löste außerdem die deutsche Feuerwehr auf und ließ alle privaten Telefonanschlüsse nach Österreich stilllegen.

Ein besonderer Tag war der 6. Juni 1920. Gefeiert wurde die Fertigstellung der Straße von Viktring/Vetrinj nach Ebenthal/Žrelec, auch der jugoslawische König war angekündigt. Erwartet wurden 5.000 BesucherInnen, die tatsächliche Anzahl ist nicht dokumentiert. Für die Begleitmusik sorgten eine jugoslawische Eisenbahnerkapelle sowie Mörsergranaten; als einer der Hauptredner sollte Arnejc auftreten. »Ein großer Teil der Klagenfurter«, schrieb die Zeitung *Slovenec*, »die des Terrors der deutschnationalen Führer überdrüssig sind, vernahm mit froher Erwartung das Krachen der Böller und Singen der jugoslawischen Lieder vor den Toren Klagenfurts, dem nur unter Jugoslawien eine Zukunft blüht«.

Arnejc soll sich außerdem für eine Verschiebung der provisorische Staatsgrenze bei Ebenthal/Žrelec nach Norden eingesetzt haben. »Es wurde in Erfahrung gebracht«, hieß es in einer Kärnt-

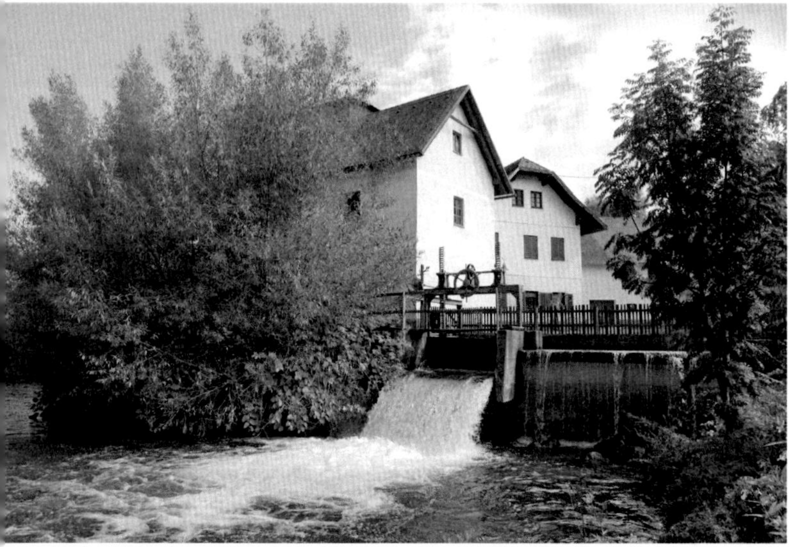

Ehart-Mühle in Ebenthal/Žrelec

ner Tageszeitung, »dass der als slowenischer Hetzapostel sattsam bekannte Pfarrer von Ebental, welcher schon einmal vor der Wut seiner deutschen und slowenischen Pfarrinsassen nach Jugoslawien flüchten musste, [...] tatsächlich nach Paris gefahren [ist] und dort die Abänderung der früher festgesetzten Demarkationslinie durchgesetzt haben [dürfte].« Kirche, Pfarrhaus und Schule befanden sich damit auf jugoslawischem Territorium.

Bekanntlich endete die Volksabstimmung 1920 mit einer Niederlage des SHS-Staates. In Ebenthal/Žrelec stimmte eine deutliche Mehrheit, nämlich 67,3 Prozent, für den Verbleib bei Österreich. Damit war klar, dass Arnejc endgültig das Feld räumen musste. Er übersiedelte nach Jugoslawien, wo er bis zum 2. Weltkrieg verschiedene Pfarren betreute. Nach dem Einmarsch der deutschen Wehrmacht im Jahr 1941 kam er bei Bischof Gregorij Rožman in Ljubljana/Laibach unter, der mit den faschistischen *domobranci* und Nazis kollaborierte. Während Rožman nach Kriegsende über Kärnten in die USA flüchten konnte (und damit 18 Jahren Zwangsarbeit entging), verbüßte Arnejc 14 Monate in kommunistischer Haft. Er starb 1967 in Ljubljana/Laibach.

Nicht wenige slowenische Familien in Kärnten verbinden »Ebenthal« mit einem traumatischen Ereignis. Im Morgengrauen des 14. und 15. April 1942 wurden auf Befehl Heinrich Himmlers über 1.000 Angehörige der Volksgruppe von Polizei-Einheiten und SS-Männern aus den Betten geholt und zur Übergabe ihrer Höfe an die Deutsche Ansiedlungsgemeinschaft gezwungen. Auch Ebenthaler Familien waren von den Zwangsmaßnahmen betroffen. Einige Stunden später fanden sie sich – mit den wenigen Habseligkeiten, die man ihnen gelassen hatte – in einer Sammelstelle am Bahnhof Ebenthal wieder. Von hier erfolgte der Abtransport in verschiedene Lager in Deutschland, wo sie bis Kriegsende Zwangsarbeit leisten mussten. Nicht alle überlebten die Deportation. Die in die Heimat zurückkehrten, mussten oft jahrelang um die Rückgabe ihres Besitzes sowie um Entschädigung kämpfen (vgl. Kapitel VII). Erst seit 2012 erinnert unweit der Bahnstation ein von Valentin Oman gestaltetes Mahnmal an die Geschehnisse. Es steht auf Klagenfurter Gemeindegebiet, obwohl sich das Sammellager im Bereich der heutigen Philips-Fabrik in Ebenthal/Žrelec befand. Jahrzehntelang war eine Gedenkstätte politisch verhindert worden, bis sich ausgerechnet ein Bürgermeister der deutschnationalen Freiheitlichen Partei Kärntens (FPK) der Sache annahm und die Errichtung des Denkmals auf seine Fahne heften konnte.

EINKEHR:

Café Woschitz. Seit der traditionelle Schlosswirt seine Pforten geschlossen hat, ist es die einzige Gaststätte im Umkreis der Bushaltestelle. (Man begibt sich von der Umkehrschleife zur westlich gelegenen Schlossstraße und geht auf dieser 200 m nach links.) Schattig ist der Gastgarten, etwas schummrig aber nicht ungemütlich der Gastraum mit Kachelofen und Eichentheke. Gegen den Durst gibt's die bekannten Schmerzmittel, zum Essen lediglich Fertigbaguettes. 0043 660 8145404

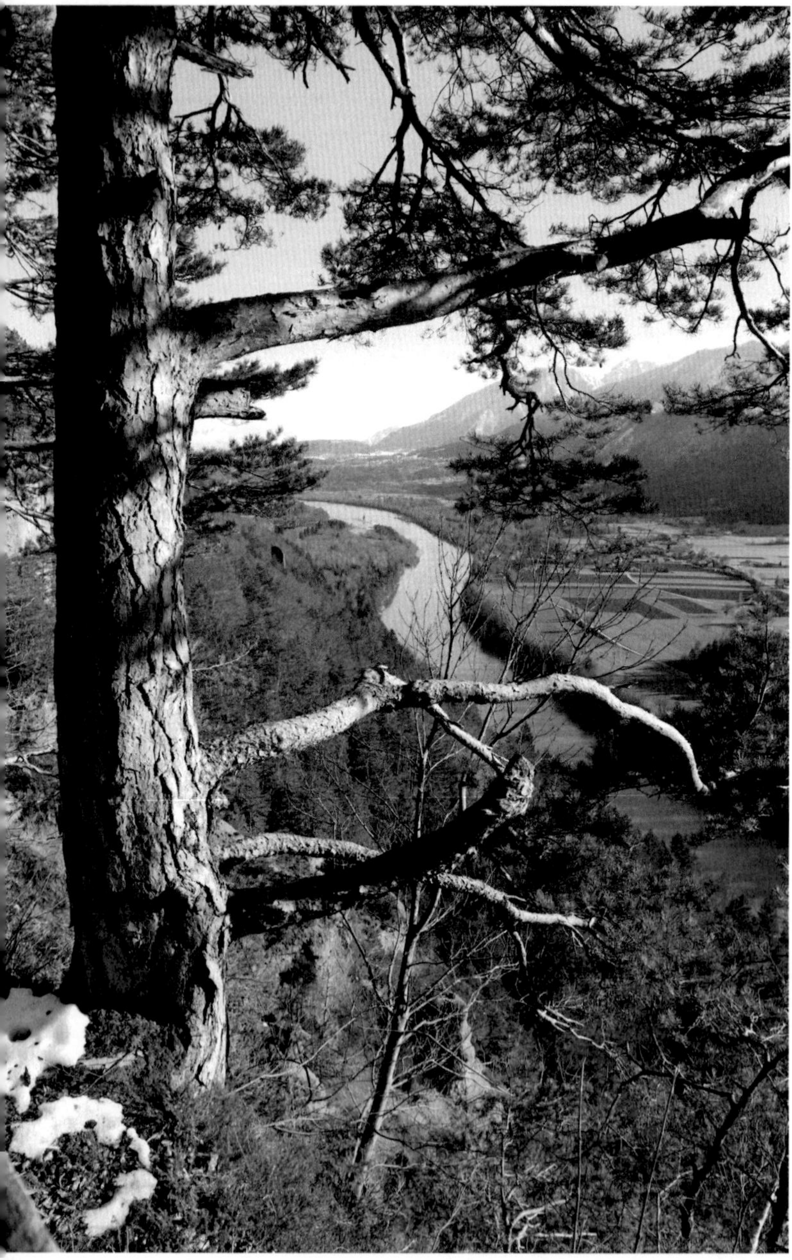

II. KURZFILM
Wanderung bei Maria Rain/Žihpolje

Bei diesem ausgedehnten Spaziergang klappert man auf verschlungenen Wegen die schönsten Plätze im Osten von Maria Rain/Žihpolje ab. Dabei ist man zum Teil auf Trampelpfade angewiesen (was dem landschaftlichen Reiz keinen Abbruch tut), nützt aber auch Schleichwege, die selbst am Wochenende wenig begangen sind. Am lohnendsten ist die Wanderung in der kalten Jahreszeit, wenn die Vegetation immer wieder Ausblicke ins Rosental/Rož und auf das grüne Band der Drau/Drava erlaubt.

Abgestiegen von der Wallfahrtskirche zum Ortsrand, hat man von den Behausungen in Maria Rain/Žihpolje genug gesehen, um sich dem Walde zuzuwenden. Fast schlagartig ändert sich das Bild. Ein Bächlein plätschert, eine verfallene Mühle erscheint, wie ein Fjord schimmert der Ferlacher Stausee durch die Buchenstämme. Ein Abstecher zum Kraftwerk eröffnet den Blick auf den malträtierten Fluss. Bequem ist der Anstieg zum Bischofskreuz, wo man die erste Rast einlegt. Vier Marien und der Gekreuzigte leisten Gesellschaft. Jenseits der Drau/Drava wuchern die Häuser von Unterferlach/Medborovnica wie Unkraut aus den Äckern. Umso erhebender ist die Aussicht vom Petelinz, den man nach einem kurzen, steilen Anstieg erreicht. Links schieben sich schroffe Felsen ins Bild, tief unten halten sich Glainach/Glinje und Guntschacher Au/Humški log die Waage; Hochobir/Ojstrc und Petzen/Peca bleiben im Hintergrund. Ein Hauch von Wachau umweht den Ort. Am Rückweg mäandert man noch einmal durch den Wald, ehe man bei der ehemaligen Kaiserhütte ins Freie tritt. Über das westliche Rosental/Rož bis zu den Karnischen Alpen reicht nun der Blick. Wie die Faust aufs Auge passt die Ausstattung der Aussichtsterrasse.

Blick vom Petelinz nach Glainach/Glinje und zur Drau/Drava

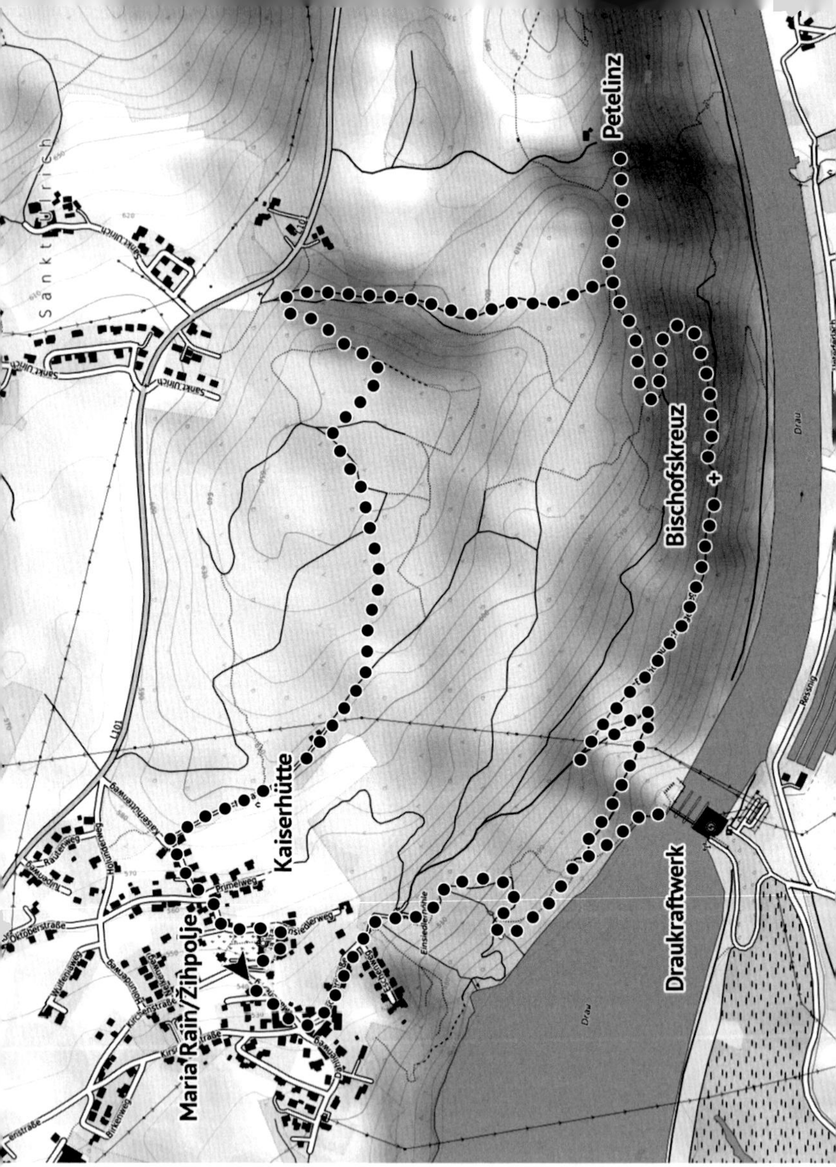

INFORMATIONEN ZUR WANDERUNG

LÄNGE: 7 km

ANSTIEGE: 380 m

GEHZEIT: 2:15 Std.

ANFORDERUNGEN: gering

KARTE: Kompass-Karte Nr. 65, Klopeiner See, Karawanken Ost
ORIENTIERUNG: leicht
GASTSTÄTTEN: Maria Rain/Žihpolje
ANFAHRT: Bahnstation in Maria Rain/Žihpolje; 20minütiger Fußweg bis zur Kirche. Mit dem PKW auf der B91 bis Maria Rain/Žihpolje; ab Ortsmitte Wegweiser Richtung »Kirche«

WEGBESCHREIBUNG

Ausgangspunkt ist der **Parkplatz** unterhalb der **Kirche** von Maria Rain/Žihpolje, von wo man über den **Marienweg** zu einer **Kreuzung** absteigt und der **Kürschnerstraße** nach links folgt (Wegweiser »Bischof-Paulitsch-Pilgerweg«). Man gelangt in den **Wald**. Gleich danach eine leicht versetzte **Dreifachgabelung**; man geht rechts bergab, den Hauptweg verlassend. Zwei Abzweigungen nach links werden kurz darauf ignoriert. Bei einer **Gabelung** unterhalb eines Fischteiches hält man sich links und passiert eine verfallene **Mühle**. Weiter talwärts bis zur Einmündung in den **Hauptweg**; auf diesem bis zum **Draukraftwerk** (0:20 Std.). Besichtigung und Umkehr.

Bequemer Anstieg auf dem **Hauptweg** in mehreren Kehren bis zu einem breiten **Querweg**; auf diesem scharf nach rechts (Wegweiser »Zur Geburtskapelle«). Bequemer Weg bis zum besagten **Bildstock** (0:45 Std.). Rastplatz mit Blick auf Ferlach/Borovlje.

Weiter auf dem bisherigen Weg, der sich bald **gabelt**; man hält sich links. Steiler Anstieg, bis der Weg nach einer **Kehre** wieder abflacht. Gut 50 m danach folgt man einem ansteigenden **Pfad** halbrechts. Man trifft auf einen **Querpfad** und geht scharf rechts. Moderater Anstieg auf schönem **Hangweg** bis zu einem breiten **Querweg**. Man geht rechts und ignoriert nach wenigen Metern (vorläufig) eine **Abzweigung** nach links. Man folgt dem Wegweiser »Rosentalmarsch« und passiert bald eine **Rastbank**. Weiter auf einem Pfad, der sich zum Aussichtsplatz **Petelinz** senkt (1:15 Std.).

Man kehrt zur vorhin erwähnten **Abzweigung** zurück und geht rechts. Der Weg senkt sich und gabelt sich bald; man hält sich links und geht bei der nächsten **Einmündung** geradeaus. Bequemer Weg, der sich bald der **Hauptstraße** nähert. Gut 20 m vor einer **Lichtung** (in Sichtweite eines Bildstockes) wendet man sich scharf links in einen ansteigenden **untergeordneten Weg**. Schöner **Hangweg**, der am Kamm auf einen **Querpfad** tritt; man geht links und nimmt kurz

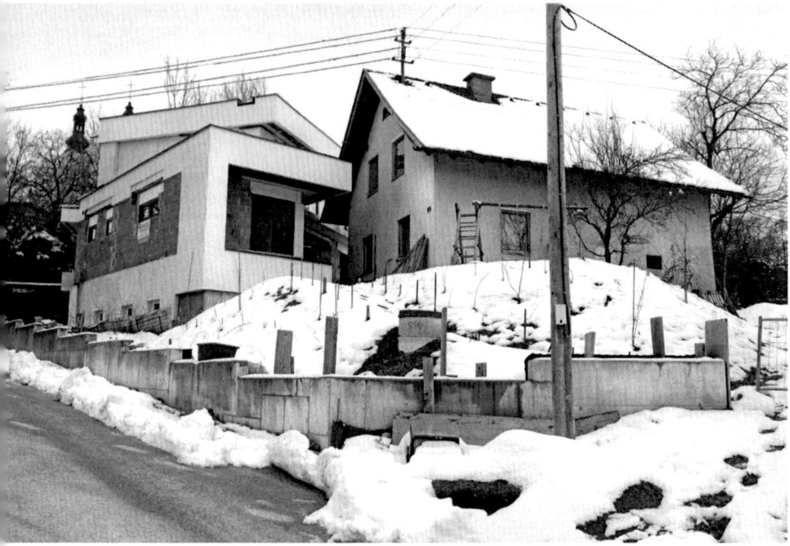

Ewige Baustelle in Maria Rain/Žihpolje

darauf eine **Abzweigung** nach rechts. Der Pfad trifft auf einen breiten **Querweg**; man geht rechts und nimmt die nächste **Abzweigung** scharf nach links. Gleich darauf ignoriert man eine **Einmündung** von rechts; bei der darauffolgenden **Gabelung** hält man sich rechts. Angenehmer, fast ebener Weg. Bei einer **Wegkreuzung** geht man geradeaus. Eine Abzweigung nach links wird bald darauf ignoriert. Der Weg senkt sich zu einem **Forstweg**; auf diesem nach rechts. Man passiert einen **Wasserspeicher** und erreicht die **Kaiserhütte** (2:00 Std.). Aussichtsplattform mit schönem Blick auf Maria Rain/Žihpolje.

Abstieg auf dem Zufahrtsweg bis zu einem **Quersträßchen**; auf diesem nach links bis zur **Pfarrkirche**, welche man links umgeht (2:15 Std.). Lohnende Besichtigung. Einkehr beim Kirchenwirt.

AM WEGE

Maria Rain/Žihpolje

Auf der 20-Schilling-Banknote aus dem Jahr 1959 steht die Wallfahrtskirche von Maria Rain/Žihpolje einsam und allein vor dem Hintergrund der Karawanken. Kein einziges Haus drängt sich ins Bild, lediglich ein paar Laubbäume leisten Gesellschaft. Zu dieser Zeit hatte der Ort knapp 1.000 EinwohnerInnen, die sich auf eine kleine Siedlung unterhalb des Kirchenhügels und eine Häusergruppe beim Bahnhof sowie auf die umliegenden Weiler verteilten. »Die Beschaffenheit der Bevölkerung«, heißt es in einem Gendarmeriebericht von 1905, »ist gutmütig zu nennen, sie ist arbeitsam, findet zumeist im Singen, Tanzen sowie Karten- und Kegelspielen ihre Hauptunterhaltung und ist mit wenigen Ausnahmen nicht eigentumsgefährlich.«

Heute zählt die Gemeinde fast 2.600 BürgerInnen, Tendenz steigend. Die Bevölkerungsexplosion ging und geht mit einer hemmungslosen Zersiedelung einher, die Seigbichl, so der alte Ortsname, jeglichen Charakters beraubte. Weder ist ein Ortskern auszumachen, noch gibt es historische Bauten, die eine Besichtigung lohnen. Ausnahmen stellen der denkmalgeschützte Bahnhof aus dem Jahr 1906 sowie das jüngst renovierte, ehemalige Gasthaus Kirschnerhof dar. »Unter den Kastanien seines Gastgartens«, schrieb ein Reiseführer aus dem Jahr 1928, »ist gut weilen. Hinter der alten Hollenburg [...], versinkt der Sonnenball und wirft grelle Lichter auf die Drau, die tief im Tale reißend durch die Erlen flutet.«

Unter den Neubauten ragen die aufgelassene Postfiliale sowie das Feuerwehrhaus, beide an der Göltschacher Straße, in puncto Hässlichkeit heraus. LiebhaberInnen morbider Baukultur sei das heruntergekommene Personalhaus der Firma Skrabl & Söhne am Akeleiweg, der desolate Bauernhof am Dahlienweg und der stillgelegte Rohbau am Marienweg ans Herz gelegt. Es sind sogenannte Schandflecken, in Wahrheit aber die eigentlichen Sehenswürdigkeiten Maria Rains/Žihpolje.

Lohnend ist auch der Besuch der Pfarrkirche. Auf den ersten Blick düster und mit barockem Prunk überladen, wartet sie mit einigen Kostbarkeiten auf. Prominent sind eine gotische Madonna aus dem 15. Jahrhundert im Zentrum des Hauptaltars sowie eine (erst seit 2019 öffentlich ausgestellte) Reliquien-Monstranz mit einem Stachel der Dornenkrone und einer Ampulle mit Heiligem Blut. Sie sind ein Mitbringsel des Abtes von Viktring von einem Kreuzzug ins Heilige Land. Hat man sich an die Dunkelheit gewöhnt, wird man in der nördlichen Eingangshalle eine Darstellung des Stammbaumes Christi aus dem 17. Jahrhundert entdecken, der bis Adam und Eva zurückreicht, oder im hinteren Kirchenschiff ein schmiedeeisernes Gitter aus dem Jahr 1658 finden, in das die Wundmale Jesu eingearbeitet sind. Um die Ecke kann ein in die Wand eingelassener Stein mit der Aufschrift »Ecce homo mensura Christi« besichtigt werden – er markiert die exakte Körpergröße des Gottessohnes, nämlich 185 Zentimeter.

Von Interesse sind auch die Seitenkapellen. Links hinten befindet sich die barocke Maria-Grab-Kapelle, in der unter dem Altar eine wohlgenährte Madonna sanft entschlafen ist (nicht zu verwechseln mit der Heiligen Rosalia schräg gegenüber, die in lasziver Pose und poppigem Blumenkleid aufgebahrt wurde), rechts die Heilig-Grab-Kapelle samt kleiner Galerie, in der naive Votivbilder aus dem 18. Jahrhundert (darunter ein dramatisches Gemälde von Schiffen in Seenot, sowie ein heiteres Gruppenbild mit 15 Heiligen beiderlei Geschlechts) ausgestellt sind.

Das könnte eingefleischte Katholiken zu einem Such- und Ratespiel animieren. Neben Maria, die mit dutzenden Standbildern und Gemälden vertreten ist, wird rund 30 weiteren Heiligen und Märtyrern gehuldigt, Kreuzwegstationen und Gruppenbilder nicht eingerechnet. Es sind dies: Agatha, Agnes, Anna, Antonius, Barbara, Benedikt, Bernhard, Blasius, Christophorus, Franz Xaver, Isidor, Johannes der Evangelist, Johannes der Täufer, Johannes Nepomuk, Josef, Judas Thaddäus, Katharina, Lucia, Maria Magdalena, Notburga, Paulus, Petrus, Rosalia, Ursula, Valentin, Veronika. Gewonnen hat, wer all den Statuen, Reliefs und Bildern die meisten Namen zuordnen kann. Verraten sei, wer in der zweiten rechten Seitenkapelle dargestellt ist: Es handelt sich um Apollonia, der im 3. Jahrhundert von heidnischen Römern alle Zähne gezogen wurden. Ihr Martyrium illustriert das Altarbild auf drastische Weise. Angeblich soll die Heilige nach der Tortur freiwillig auf den Scheiterhaufen gesprungen sein, was ihr später von katholischen Dogmatikern als Suizid angekreidet wurde. Ungeachtet dessen hilft sie bei Zahnschmerzen und ist Schutzpatronin aller ZahnärztInnen und -technikerInnen. Auch Heinz Christian Strache trug stets ein Apollonia-Medaillon mit sich, bis es ihm bei einer Flughafenkontrolle auf Ibiza verloren ging.

In ihrer heutigen Form existiert die Kirche erst seit 1909, da sie nach einem verheerenden Brand bis auf die Grundmauern

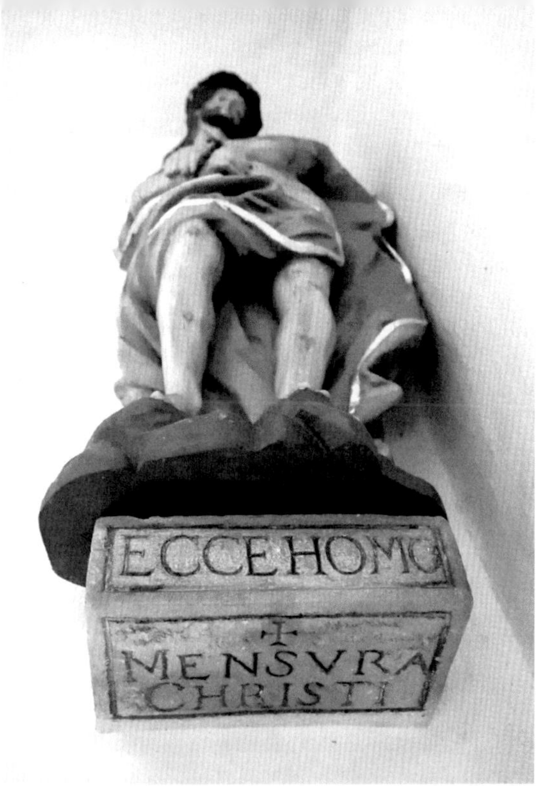

In der Pfarrkirche Maria Rain/Žihpolje

einstürzte und fast zur Gänze wieder aufgebaut werden musste. Ihre Vorgängerinnen sind mutmaßlich ein 927 n. Chr. *santa maria ad dravum* genanntes Kirchlein sowie ein spätgotischer Bau aus dem 15. Jahrhundert. Dessen Nordturm wurde in den Barockbau von 1729 integriert. Zu dieser Zeit war Maria Rain/Žihpolje bereits ein beliebter Pilgerort. Die Viktringer Mönche hatten vom Papst die Erlaubnis zum »maßstabgetreuen« Nachbau des Grabes Christi erhalten, der von der Todesangst-Christi-Bruderschaft betreut wurde. Bald war der Ansturm der Gläubigen so groß, dass täglich bis zu 20 Messen gelesen werden mussten. Entsprechend hoch waren die Einnahmen durch Spenden und den Verkauf von Devotionalien. Heute wird Maria Rain/Žihpolje gelegentlich von WallfahrerInnen der fundamentalistischen Legio Mariae heimgesucht, ansonsten ist es recht still um das Marienheiligtum geworden. Auch der Kameradschaftsbund, der 1990 eine Friedens- und Freiheitsglocke »zum Gedenken an die Kärntner Abwehrkämpfer und in Erinnerung an die Gefallenen, Vermissten und Verschleppten« stiftete, marschiert nur mehr zu allen heiligen Zeiten auf.

Drau/Drava

Dass die Drau/Drava, im Mittelalter *Traa* genannt, einst eine wichtige Wasserstraße war, ist heute kaum mehr vorstellbar. Von Paternion bis Lavamünd/Labot reiht sich ein Stauwerk an das andere; zehn Kraftwerke mit Stauhöhen bis zu 25 Metern stellen für Schiffe ein unüberwindliches Hindernis dar. Bis Anfang des 20. Jahrhunderts sorgte jedoch die Flößerei für regen Verkehr auf dem Fluss. Neben Holz wurden auch Kohle und landwirtschaftliche Produkte auf dem Wasserweg transportiert. Eisenwaren und Blei beförderte man bis Ende des 19. Jahrhunderts ebenfalls auf der Drau/Drava. Als Transportmittel wurden sogenannte Plätten verwendet, lange, flache Holzkähne, die auch bei geringem Wasserstand eingesetzt werden können. Ihre Nutzlast betrug bis zu 30 Tonnen.

Bei guten Bedingungen dauerte eine Floßfahrt von Spittal an der Drau bis Maribor/Marburg nur zweieinhalb Tage. Die Rückreise der Flößer erfolgte per Stellwagen oder später mit der Eisenbahn, die gleichzeitig zum Niedergang der Flussschifffahrt beitrug. Das Material für den Schienenbau wurde zum Teil noch mittels Floß in die Untersteiermark gebracht. Drauschifffahrt und Flößerei waren ein gefährliches Geschäft. So gab es – wie zwischen Guntschach/Humče und Glainach/Glinje – etliche Steilstrecken oder Engstellen mit unberechenbaren Stromschnellen. Manches Floß zerschellte, nicht selten mit tödlichen Folgen. Angeblich wurden hauptsächlich Nichtschwimmer als Flößer engagiert, weil man von ihnen einen besonders vorsichtigen Umgang mit der Fracht erwartete.

Mitte des 19. Jahrhunderts wurden erste Pläne zum Ausbau der Drau/Drava für Dampfschiffe mit einer Nutzlast bis zu 800 Tonnen entwickelt. Auf diese Weise wollte man der drohenden Konkurrenz durch die Eisenbahn begegnen. Im Dritten Reich griff man die Idee noch einmal auf. Eintiefungen, Regulierungen und Schleusen sollten die Drau/Drava von Villach/Beljak bis zur Donaumündung durchgehend schiffbar machen. Mit dem

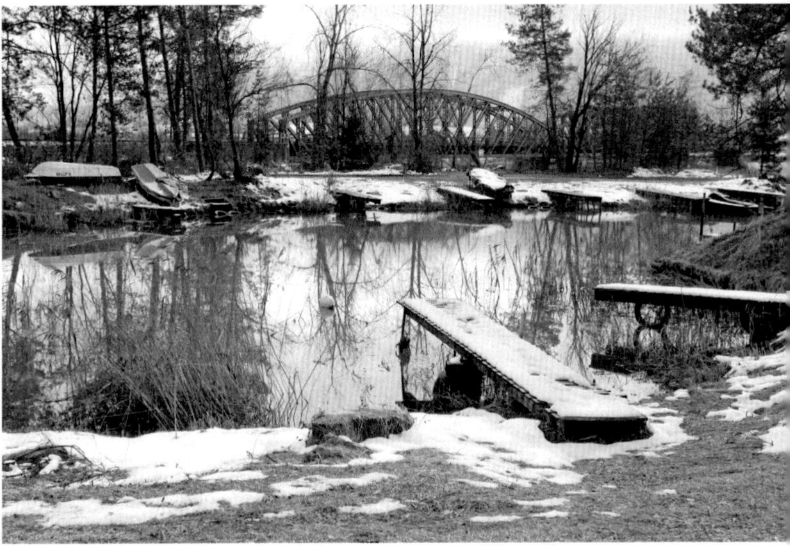

Bootshafen bei Maria Rain/Žihpolje

Bau der Kraftwerke Schwabeck/Žvabek, Lavamünd/Labot und Dravograd/Unterdrauburg wurde das Projekt endgültig ad acta gelegt. Das erste, 1918 in Betrieb genommene Draukraftwerk bei Maribor/Marburg, war noch mit einer 14 Meter hohen Floßschleuse ausgestattet.

Die ersten beiden Draubrücken in Unterkärnten entstanden im 13. Jahrhundert, ein Übergang befand sich unterhalb der Hollenburg/Humberk, die andere bei Völkermarkt/Velikovec. (Die Villacher Draubrücke wurde hingegen bereits 878 n. Chr. urkundlich erwähnt.) Erst im 18. Jahrhundert baute man weitere Brücken. Die 1836 errichtete Annabrücke überspannte die dreifache Flussbreite, um eventuellen Veränderungen des Flusslaufes Rechnung zu tragen. Erst im 20. Jahrhundert übernahm das Land Kärnten die meisten privat erhaltenen Mautbrücken.

Bei niedrigem Wasserstand erlaubten einige wenige Furten die Drauüberquerung zu Fuß, ansonsten war man vielerorts auf Fähren angewiesen. Sie dienten vorwiegend dem regionalen Verkehr. Für die Mautfähren galten fixe Tarife, auch waren die Betreiber zur Erhaltung der Zufahrtswege verpflichtet. Auf

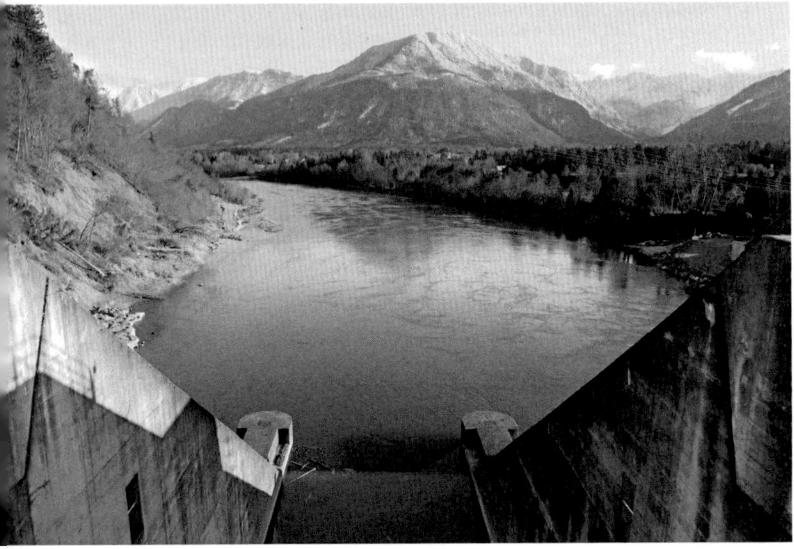

Staustufe bei Maria Rain/Žihpolje

speziellen Doppelfähren konnten Fuhrwerke und sogar Automobile transportiert werden. Mehrere Personenfähren waren bis nach dem 2. Weltkrieg in Betrieb. Eine davon spielte im Partisanenkampf eine wichtige Rolle. 1943 ermöglichte Rupert Jesenko, Fährmann in Niederdörfl/Spodnja vesca bei Ludmannsdorf/Bilčovs, durch gewagte nächtliche Überfahrten die Ausweitung des bewaffneten Widerstandes auf die Nordseite der Drau/Drava.

Als militärische Grenze spielte die Drau/Drava wiederholt eine Rolle. Schon die letzten Römer im heutigen Kärnten errichteten entlang des *Dravus*, so der lateinische Name, von dem sich die slowenische Bezeichnung ableitet, mehrere Festungen zum Schutz gegen einfallende Germanenstämme. Der Kathreinkogel ist ein Beispiel dafür (siehe Kapitel XVIII). Während der Franzosenkriege zerstörten die Österreicher alle Brücken und Fähren im unteren Rosental/Rož, um den napoleonischen Truppen den Einfall nach Klagenfurt/Celovec zu erschweren. Auch im Abwehrkampf nach dem 1. Weltkrieg bildete der Fluss abschnittsweise die Demarkationslinie. Eine Sprachgrenze war die Drau/Drava hingegen nie.

Verheerende Hochwässer machten den AnrainerInnen jahrhundertelang zu schaffen. Die alte Redewendung »Die Drau ist ihre eigene Frau« verweist auf die ständigen, von den Einheimischen als »typisch weiblich« empfundenen Launen des Flusses. Dokumentiert sind 30 schwere Flutkatastrophen seit dem Jahr 1502. In deren Folge veränderte der Fluss in flachen Talabschnitten häufig seinen Lauf, was den Grundbesitzern Probleme bescherte. Bauern wurden von ihren Feldern abgeschnitten; natürliche Gemeindegrenzen verschoben sich. Ende des 19. Jahrhunderts wurde die Ortschaft Fresnach/Brežnje vis-à-vis von Selkach/Želuče fast zur Gänze hinweggeschwemmt.

Die ersten umfangreichen Regulierungen erfolgten um 1870. Infolge mehrerer Durchstiche und Befestigungen verkürzte sich die Drau/Drava in Kärnten um rund zwölf Kilometer. Die Altarme füllten sich bei Hochwasser mit Sedimenten und verlandeten. 1966 bäumte sich die Drau/Drava ein letztes Mal gegen ihre Domestizierung auf. Ein gewaltiges Hochwasser zerstörte die Baustelle des Kraftwerks bei Feistritz/Bistrica. Die Wassermassen rissen sämtliche Brücken zwischen Villach/Beljak und Stein im Jauntal/Kamen mit sich und forderten mehrere Todesopfer. Der Verkehr der Loiblpass-Bundesstraße, damals noch die wichtigste Verbindung von Kärnten nach Jugoslawien, musste monatelang über eine provisorische Brücke bei Feistritz/Bistrica umgeleitet werden. Mit zehn Staustufen zwischen Paternion/Špatrjan und Lavamünd/Labot lässt sich heute (fast) jedes Hochwasser unter Kontrolle halten. Im Ernstfall werden – in Kooperation mit den Kraftwerksbetreibern in Slowenien und Kroatien – alle Wehre geöffnet, und die Flutwellen rasch Richtung Donau abgeleitet. Geschieht dies zu spät, wie zuletzt 2012, kommt es zu folgenschweren Überflutungen.

Im Zuge der Kraftwerksbauten änderte sich das Landschaftsbild erheblich. Kilometerlange Dämme wurden aufgeschüttet, die asphaltierten Böschungen stellenweise erst in den 1980er Jahren begrünt. Während das Nordufer weitgehend naturnah geblieben ist, bieten die Dämme bei Feistritz/Bistrica, Ferlach/Borovlje oder Linsendorf/Lečna vas ein trauriges Bild. Wie mit dem (Kurven-)Lineal gezogen und gleichförmig im Profil sind die Böschungen. Der Linsendorfer Deich war zudem nicht immer stabil: Der Untergrund wies aufgrund tektonischer Verschiebungen Hohlräume auf, die sich in einer Tiefe von bis zu 100 Meter mit Wasser füllten, was den 20 Meter hohen Damm zu unterspülen drohte. Mittels Betoninjektionen wurde die Gefahr (hoffentlich) gebannt; was bei einem starken Erdbeben passieren würde, weiß niemand zu sagen.

Trotz problematischer geologischer Voraussetzungen war Linsendorf/Lečna vas in den 1970er Jahren als Standort für ein Atomkraftwerk vorgesehen. Aufgrund der Volksabstimmung im Jahr 1978 über das AKW Zwentendorf und des daraufhin beschlossenen Atomsperrgesetzes mussten die Pläne begraben werden – gegen den Willen der KärntnerInnen, die mehrheitlich für die »friedliche Nutzung der Atomkraft« gestimmt hatten.

Bischofskreuz

Der große Kapellenstock steht am einstigen Verbindungsweg zwischen der Draufähre und Maria Rain/Žihpolje. An dieser Stelle wurde im Jahr 1751 Helena Hafner aus Glainach/Glinje auf dem Weg zum Klagenfurter Wochenmarkt von den Wehen überrascht. Unter freiem Himmel gebar sie einen Knaben. Der Vater, ein Ferlacher Drahtzieher, soll dabei mitgeholfen haben. Der Bub namens Jakob Peregrin Paulitsch machte eine erstaunliche Karriere. Überdurchschnittlich begabt, besuchte er in Klagenfurt/Celovec das Gymnasium und wurde bereits mit 18 Jahren zum Priester geweiht. 40 Jahre später übernahm er das Amt des Bischofs von Gurk/Krka – der erste nicht-adelige Oberhirte der Diözese seit dreieinhalb Jahrhunderten. In der Zwischenzeit hatte er u. a. als Gymnasiallehrer, Theologie-Professor, Rektor des Klagenfurter Lyzeums, Stadtpfarrer, Generalvikar und Dompropst gewirkt. Außerdem war er von Erzherzogin Marianna, der Schwester Josef II., zum Hofpfarrer berufen sowie von Kaiser Franz I. zum Ritter geschlagen worden. In dieser Rolle gehörte er auch der Kärntner Ständeversammlung an. Das ist insofern bemerkenswert, als Paulitsch der erste slowenischsprachige Bischof Kärntens war, was gerne verschwiegen wird. Außerdem hat er sich – so wollen wir es glauben – Zeit seines Lebens als Freund der Armen und Waisen hervorgetan. Der Bildstock wurde von ihm selbst zu Ehren seiner Mutter gestiftet.

Petelinz/Petelinec

Der Name leitet sich vom slowenischen *petelin*, dt. Hahn oder Hähnchen, ab, eine häufige Flurbezeichnung im Südkärntner und slowenischen Raum. Fast immer ist damit ein markanter Kamm oder Grat gemeint, in diesem Fall ein Felssporn hoch über der Drau/Drava. Unweit des spektakulären Aussichtspunktes erhob sich einst eine Burg, deren Grundmauern sich bestenfalls erahnen lassen. Es ist unklar, ob es sich um eine Fliehburg handelte oder doch der Sitz der Familie Göltschacher, halb Grundherren, halb Raubritter, war. Das amtliche Ortsrepetitorium von 1860 vermutete gar eine »urgeschichtliche Wehranlage«. Gelegentlich tauchen hier Leute mit Metalldetektoren auf. Vielleicht sind sie auf der Suche nach einem legendären Goldschatz, der nach einer alten Sage von einem schwarzen Hund mit Schlüsselbund um den Hals bewacht wird. Wer auf dem Weg bleibt, braucht die verdammte Seele nicht zu fürchten. Keine Belege gibt es für die Überlieferung, dass auf dem Petelinz einst eine Kirche stand, die beim Erdbeben des Jahres 1348 in die Tiefe stürzte. Waldarbeiter sollen aber am Fuße des Felsens einen steinernen Engelskopf gefunden haben.

Kaiserhütte

Angeblich hat Kaiser Franz Josef I. von hier aus das Panorama genossen und seine Truppen beim Manöver beobachtet. Ihm zu Ehren wurde 1907 ein einfacher Holzpavillon errichtet. Er galt als besondere Sehenswürdigkeit der Gemeinde, bis man 2009 auf die Idee kam, den Aussichtspunkt zu modernisieren. Herausgekommen ist eine Komposition aus zwei Holzplattformen mit Nirosta-Geländer, mehreren nutzlosen Betonsäulen, Drahtkörben und einer Art Wartehäuschen mit einer zweifelhaften Inschrift. Dazu kommen ein gelbstichiger Bildstock und ein grauer Stromkasten, die sich feindselig gegenüberstehen.

Gestiftet wurde die Anlage vom 1880 gegründeten Kärntner Schulverein Südmark, der sich ganz dem Deutschtum verschrieben hat. Seine politische Zielrichtung bestand darin, die slowenische Sprache und Kultur in Südkärnten zurückzudrängen, insbesondere in den Schulen. Heute gilt der Kampf den »Privilegien« der Kärntner SlowenInnen, insbesondere der angeblichen

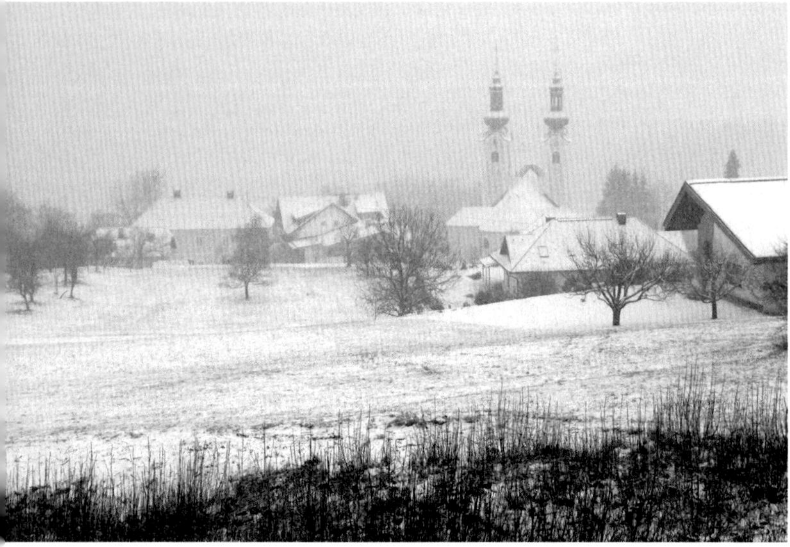

Blick von der Kaiserhütte auf die Pfarrkirche Maria Rain/Žihpolje

Bevorzugung »nationalslowenischer« LehrerInnen. Jede Form der Zweisprachigkeit wird als Slowenisierung und Verrat am Ergebnis der Volksabstimmung im Jahr 1920 abgelehnt. Dazu gehört eine Portion Geschichtsrevisionismus einschließlich der Theorie, dass es sich bei den »verräterischen Slowenen« und den »heimattreuen Windischen« um zwei verschiedene Volksgruppen handle. »Kein einziger Slowene hat für Österreich gestimmt«, kann Michael Berger, ein langgedienter Funktionär und eifriger Leserbriefschreiber, nach dieser Logik behaupten. Von Robert Lutschounig, Bauer in Maria Rain/Žihpolje und Obmannstellvertreter des Vereins der Kärntner Windischen, ist folgende Aussage überliefert: »Wir lehnen nicht nur das Recht der Slowenenführer ab, uns Windische als Slowenen zu zählen und zu vereinnahmen, wir protestieren auch energisch dagegen. Wir Windische sind keine Erfindung der ersten oder der zweiten Nachkriegszeit, sondern unsere Existenz, unsere grundlegende Einstellung und auch unsere Bezeichnung waren lange vor dem Ersten Weltkrieg nicht anders als sie heute sind. Unsere Kinder bevorzugen die deutsche Sprache, weil sie die wachsende Gefahr erkennen, dass man sie statistisch zu Slowenen machen will.«

Müßig zu erwähnen, dass der Schulverein mit anderen deutschnationalen und rechtsextremen Organisationen, wie dem Abwehrkämpferbund oder dem Traditionsverband-AV, der Plattform für heimattreue Verbände und Vereine, bestens vernetzt ist.

Eine ähnliche Schlagseite weist die einzige bisher publizierte Ortschronik *Maria Rain im Wandel der Zeit* auf, indem sie die slowenischen MitbürgerInnen und ihre Kultur weitgehend ausblendet. So wird betont, »wie wichtig es war, dass man sich im Jahr 1848 bei der Gründung der Schule für Deutsch als Unterrichtssprache entschieden hatte«, und nobel unterschlagen, dass bei der Volksabstimmung 1920 nicht wenige SlowenInnen für den Verbleib Südkärntens bei Österreich stimmten. Als »harte Probe für das Deutschtum« stellt der Autor die Zeit der jugoslawischen Besatzung nach dem 1. Weltkrieg dar: »Von da an stand die deutschgesinnte Bevölkerung von Maria Rain unter einer Gewalt- und Willkürherrschaft. Die Einwohner wurden bedroht, es kam zu Hausdurchsuchungen und anderen Schikanen durch die SHS-Gendarmen und Soldaten. [...] Der Unterricht durfte nur mehr in slawischer Sprache abgehalten werden und die Aufschrift der Schule zuerst in ›Narodna sola‹ [sic!] und dann in ›Ludska skola‹ [sic!] geändert [sic!].« Im nächsten Absatz finden die einheimischen SlowenInnen dann doch noch Erwähnung, und zwar als »slawische Hetzer«, die erst Jahre nach der Volksabstimmung »ihr Treiben einstellten«, sodass »Ruhe in Maria Rain einkehren konnte«. Mehr Verständnis zeigt der Verfasser für die Lehrkräfte in der Nazi-Zeit, denn sie »mussten einen Eid auf den Führer leisten und waren dadurch gezwungen, nationalsozialistisches Gedankengut in den Unterricht einzubringen«.

EINKEHR:

Kirchenwirt. »Sauf di on und friss di dick / und holt's Maul von der Politik« steht über dem Stammtisch zu lesen. Ähnlich dezent ist die Einrichtung, ein Relikt aus der brachial-rustikalen Epoche. Dass damals alles besser war, erfährt man von der Wirtin. Sorgten früher KirchgängerInnen und WallfahrerInnen für Umsätze, sind heute nur noch Begräbnisse eine sichere Bank. Stammgäste loben die gute Küche wie den gefüllten Kalbsbraten und das Hirschragout. Vegetarier haben eher schlechte Karten. 0043 4227 84237, www.kirchenwirt-edlmann.at

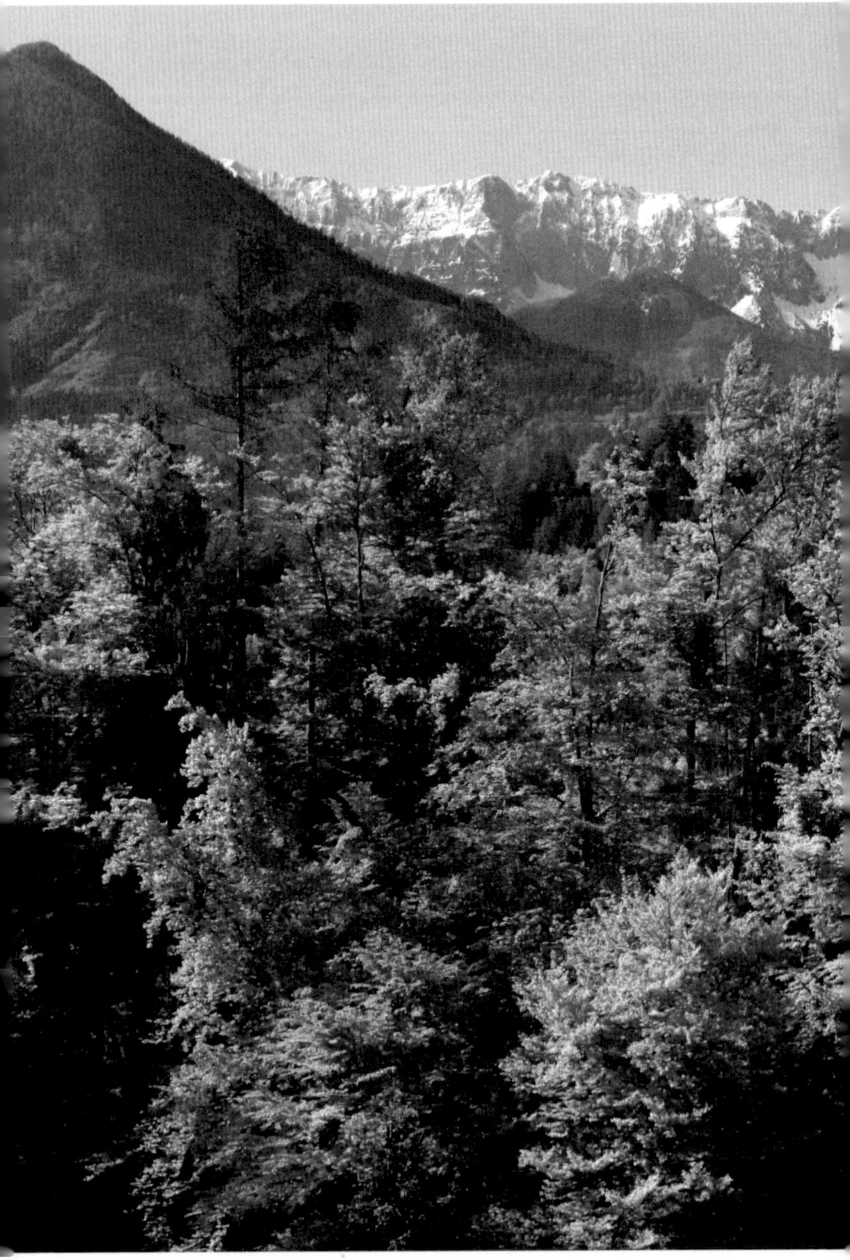

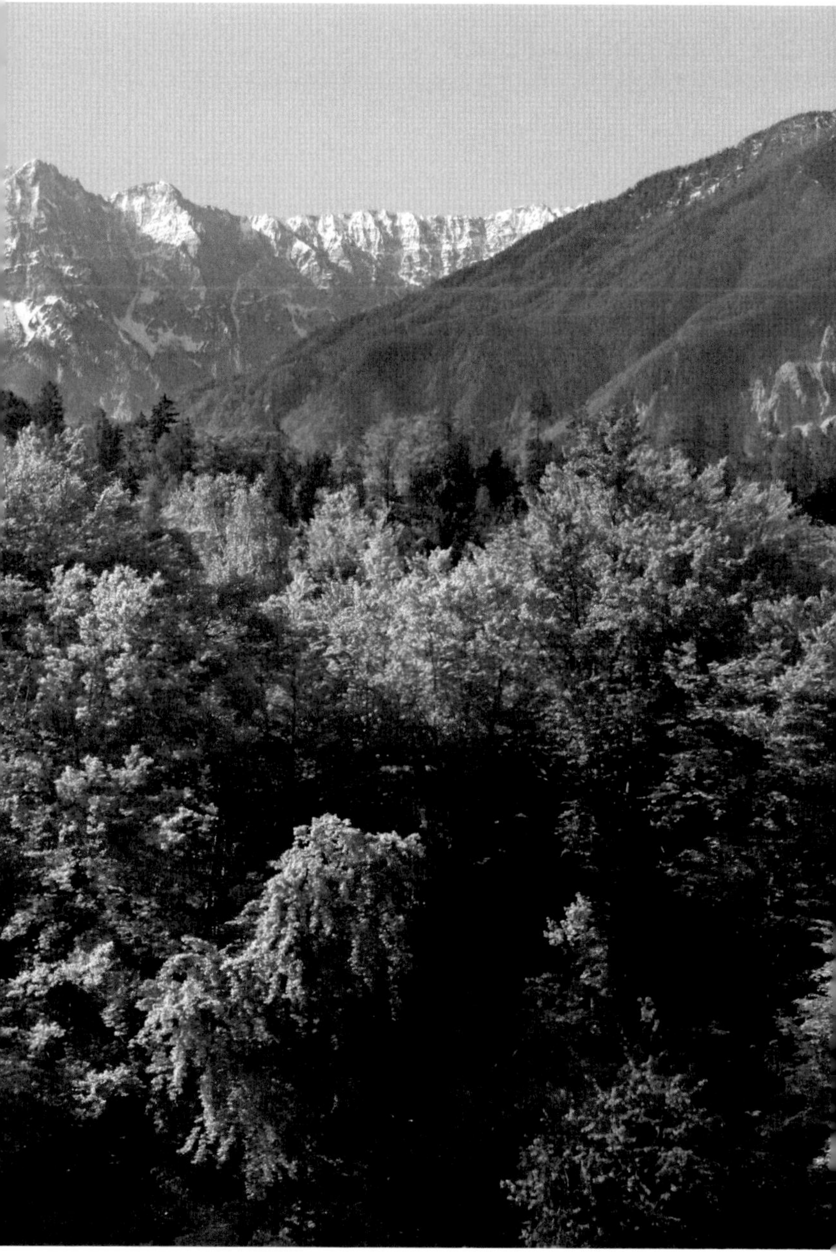

III. HOCHGEFÜHLE
Wanderung bei Obertöllern/Zgornje Dole

Auf dieser Wanderung rückt ein Ort ins Blickfeld, den man eigentlich geheimhalten sollte: es ist ein Weiler namens Obertöllern/Zgornje Dole, der hart an der Stadtgrenze zu Klagenfurt/Celovec die Anmutung eines einschichtigen Bergbauerndorfes bewahrt hat. Wie durch ein Wunder hat hier die Bauwut noch keinen großen Schaden angerichtet und findet man ein fast unversehrtes, bäuerlich kultiviertes Hügelland vor. Das wunderbare Panorama wird am Wendepunkt des Weges womöglich noch übertroffen: mit dem Blick vom Predigtstuhl auf die Landeshauptstadt und ihre Bergkulisse im Norden.

Von Angern/Ingarje legt man zunächst ein kurzes Straßenstück zurück, ehe man sich in Obertöllern/Zgornje Dole von der Thermik höher tragen lässt. Wie von einem Berggipfel überblickt man den Westen Kärntens, sogar Sloweniens Triglav lässt grüßen. Es folgt ein Blindflug im Wald mit einer Zwischenlandung auf einer einsamen Lichtung. Zwei rostige Gestalten bewirtschaften die alte Hube. Ein Genuss ist der Abstieg nach Zwanzgerberg/Osojnica, eine Ehrenrunde verdient der Skulpturengarten eines passionierten Kunsthandwerkers. Man weicht den schlimmsten Bausünden aus, erklimmt den beliebten Aussichtspunkt und labt sich im urigen Wirtshaus. Historisch ist auch der nächste, besonders bequeme Wegabschnitt, einst Fuhrweg der Bauern zum Klagenfurter Wochenmarkt. Da und dort haben sich ihre Wagenräder ins Konglomerat geschrieben. Ein Schlenker im Wald und ein verwitterter Weidezaun leiten zum Anstieg zur Bayerhütte über. Gut abgehangen sind die Gäste, umso frischer ist der Most. Entsprechend verklärt nimmt man das Schlussbild am Ortsrand von Nadram/Nadrom wahr: die Sattnitz/Gure als Postkartenidyll, aus dem man jedes störende Detail herausretuschiert hat.

« Blick von Obertöllern/Zgornje Dole zur Koschuta/Košuta

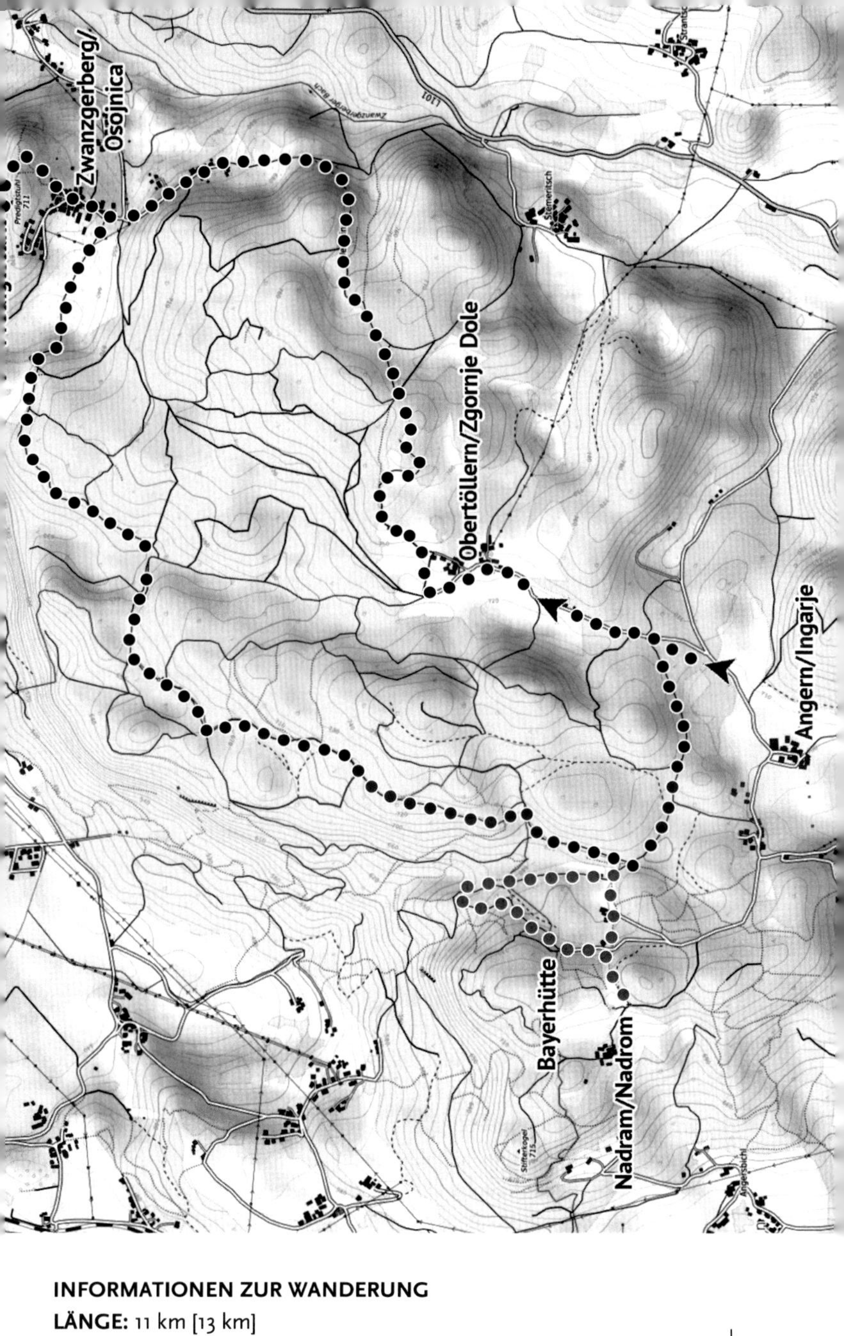

INFORMATIONEN ZUR WANDERUNG

LÄNGE: 11 km [13 km]

ANSTIEGE: 400 m [460 m]

GEHZEIT: 4:00 Std. [4:30 Std.]
ANFORDERUNGEN: mittel
KARTE: Kompass-Karte Nr. 65, Klopeiner See, Karawanken Ost
ORIENTIERUNG: anspruchsvoll
GASTSTÄTTEN: Zwanzgerberg/Osojnica
ANFAHRT: von Maria Rain/Žihpolje über Toppelsdorf/Dolča vas nach Angern/Ingarje (Wegweiser »Toppelsdorf« bei der Raiffeisenbank)

WEGBESCHREIBUNG

Ausgangspunkt ist die **Straße** von Angern/Ingarje nach Obertöllern/Zgornje Dole, wo man (von Angern kommend) den PKW 100 m vor der **Abzweigung** Richtung Obertöllern/Zgornje Dole am **Waldrand** abstellt (mehrere Abstellplätze). Hier verlässt man die **Straße** nach links und folgt einem **breiten Weg** bis zu einem **Hochsitz**. Gleich darauf eine **Gabelung**, Man hält sich rechts und geht beim nächsten **Querweg** wieder rechts. Man trifft bald wieder auf die **Straße**, geht links und erreicht kurz darauf **Obertöllern/Zgornje Dole** (0:20 Std.).

Man durchschreitet die Häusergruppe bis zu einem **Bildstock**. Hier geht man halbrechts und steigt zu einem **Gehöft** an, welches man durchschreitet. Weiter auf einem sanft ansteigenden **Karrenweg** bis zu einem **Holzhaus**, welches man passiert. Schöne Aussicht. Man taucht kurz in den Wald, wo man eine **Abzweigung** nach links ignoriert. Man folgt dem **Hauptweg**, der kurz darauf ein weiteres **Wäldchen** quert und endet. Hier steigt man am linken Rand einer Wiese bis zu einem **Hochsitz** an. Weiter am **Wiesenrand**, bis man nach knapp 100 m einem kaum sichtbaren **Pfad** links bergab folgt [zuvor lohnt sich ein kurzer Anstieg nach rechts zur **Hügelkuppe**]. Abstieg entlang eines bewaldeten Rückens. Der Weg verliert sich. Man behält die Richtung ungefähr bei und steigt zu einer **Lichtung** ab. Am **Wiesenrand** geht man nach links und trifft auf einen deutlichen **Querweg**. Hier wendet man sich nach rechts und nimmt nach 30 m eine undeutliche **Abzweigung** nach links.

Schmaler **Pfad**, der sich bald mit einem **breiten Weg** vereinigt; auf diesem nach links. Man gelangt zu einer **Wegkreuzung**, folgt dem **Hauptweg** nach links und betritt eine große **Lichtung**. Man passiert das ehemalige **Gehöft** vulgo Werdning und folgt dem **Zufahrtsweg** stets bergab bis zu den ersten Häusern von **Zwanzgerberg/Osojnica** (1:30 Std.). [Lohnende Umrundung des Hauses Nr. 36]

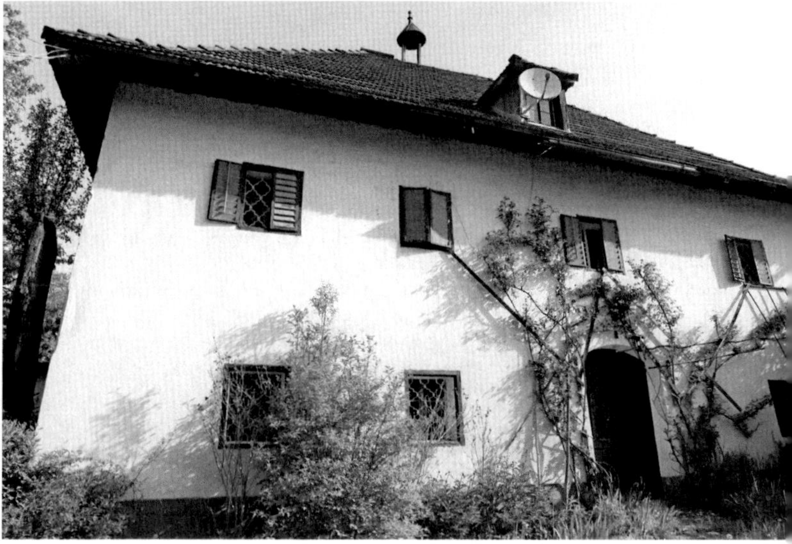

Altes Gehöft in Obertöllern/Zgornje Dole

Weiter auf einem **Sträßlein**, eine **Abzweigung** nach rechts (Richtung Tal) wird ignoriert. Man geht geradeaus und ignoriert kurz darauf die **Abzweigung** eines Wanderweges nach links (Weg Nr. 44 Richtung »St. Ruprecht«). Man passiert das **Gasthaus Piber** und folgt kurz darauf dem Wegweiser »Predigtstuhl«. 15minütiger Anstieg zum betreffenden **Aussichtspunkt** (2:00 Std.). Anschließend Einkehr im Gasthaus Piber.

Zurück zur **Abzweigung** des Wanderweges Nr. 44, welchem man folgt. Gut 20 Min. auf fast ebenem schönen Weg bis zu einem breiten **Querweg**; auf diesem nach rechts. Nach weiteren 10 Min. nimmt man eine **Abzweigung** nach links (Wegweiser »Angern, Stifterkogel bzw. Bayerhütte«, Weg Nr. 32). Man folgt der Markierung anfangs bergwärts, dann fast eben und quert nach 40 Min. ein **Bächlein**. Man geht geradeaus und quert den **Bach** erneut (weiterhin Weg Nr. 32).

[**Abstecher** zur **Bayerhütte**: Man wendet sich nach dem Bächlein scharf nach rechts und gelangt auf eine große **Lichtung**, wo sich der Weg **gabelt**. Man hält sich rechts und folgt einem schönen **Wiesenweg** entlang eines **Weidezaunes**. Der Weg führt bald wieder in den Wald, senkt sich und verbreitert sich deutlich. Nach gut 5 Min. beschreibt der Forstweg eine markante **Linkskurve**. Hier nimmt man eine **Abzweigung** scharf nach links und steigt auf einem untergeordneten Weg zur **Bayerhütte** an (3:30 Std.). Einkehr. Weiter auf dem **Zufahrtsweg** bis zu einem Haus. Hier geht man links [zuvor empfiehlt sich ein **Abstecher** rechts bergauf bis zu einem Bildstock mit schönem Panorama] und steigt zur Gabelung beim bereits bekannten **Bach** ab.]

Der ausgeschilderte Weg dreht bei einer **Lichtung** nach rechts. 30 m danach wendet man sich scharf nach links und verlässt damit die Markierung. Weiter auf **breitem Weg** bis zu einer großen **Lichtung** mit dem bereits bekannten **Hochsitz**. Gleich danach nimmt man eine **Abzweigung** nach rechts und kehrt zum Ausgangspunkt zurück (4:00 Std.).

AM WEGE

Obertöllern/Zgornje Dole

Mit einer Seehöhe von 735 Metern ist es die höchstgelegene Ansiedlung der Gemeinde Maria Rain/Žihpolje. Nur fünf Kilometer Luftlinie vom Klagenfurter Stadtzentrum entfernt, liegt sie dennoch weit vom Schuss. Umständlich und holprig ist die Zufahrt, reine Glückssache der Handyempfang, umso prächtiger das Panorama. Ende des 18. Jahrhunderts lebten hier noch neun Familien mit bis zu zehn Mitgliedern. Sie bewirtschafteten sieben Huben, sprich Gehöfte, von denen heute noch zwei in Betrieb sind. Fast herrschaftlich wirkt die (verwaiste) Karuhube im Ortskern, in den falschen Farbtopf ist Hof Nr. 6 gefallen. Die hübsch adaptierte Keusche Nr. 5 trägt die Aufschrift »Apothekerhube« – eine »Eindeutschung« des 1652 erstmals erwähnten Vulgonamens Patekher, später Potegger.

Zwanzgerberg/Osojnica

Im Internet finden sich, von geschmalzenen Immobilienpreisen abgesehen, wenig relevante Informationen über den Ort. Selbst das traditionsreiche Dorfgasthaus ist bisher unter dem Radar diverser Bewertungsplattformen geblieben. Auch in den verfügbaren Chroniken von Radsberg/Radiše (der einsti-

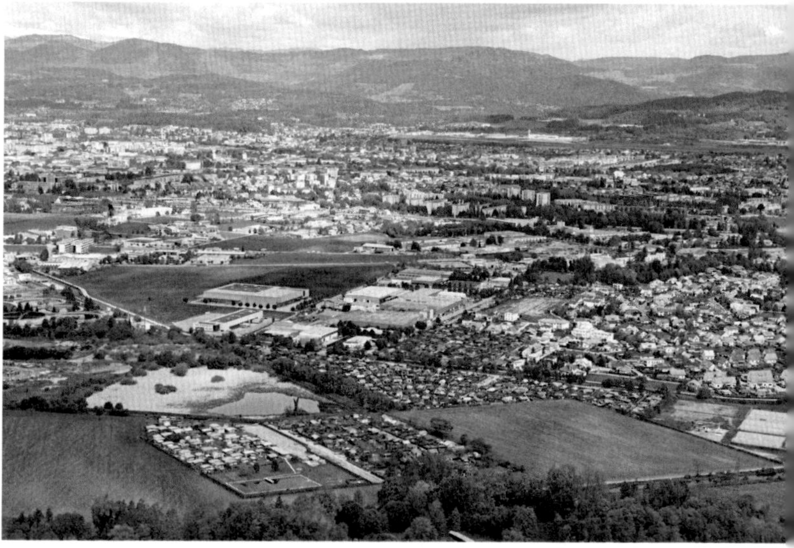

Blick vom Predigtstuhl auf das Klagenfurter Becken

gen Gemeinde von Zwanzgerberg/Osojnica) und Maria Rain/Žihpolje (zu dem es heute gehört) erfährt man nichts von seiner Geschichte.

Der Name, soviel scheint sicher, geht auf das slowenische Dialektwort Svojnica zurück, das ist die Gegend des (freien Bauern) *svojen*, woraus im 13. Jahrhundert das deutsche Zweinsperge und später Zwainzgerberg wurde. Osojnica, die heutige slowenische Bezeichnung, bedeutet Schattseite, was nur für den unteren Ortsteil zutreffend ist. Denn mittlerweile wurden die einst bewirtschafteten Sonnenhänge in Bauland umgewidmet und von den Häuslbauern ohne Rücksicht auf Verluste in Beschlag genommen. Besonders weh tut der Häuserbefall unterhalb des Predigtstuhls, eines beliebten Ausflugsziels im Südosten Klagenfurts.

1849 geriet Josef Wagner in seinem Büchlein *Klagenfurt und seine Umgebungen – Ein Wegweiser für Einheimische und Fremde* ins Schwärmen: »Nach einer guten Stunde nicht allzu mühsamen Anstieges ist das Ziel erreicht, und wahrlich! Der schönste Lohn wird in überraschender Weise dem Wanderer zu Theil. In unabsehbarer Ausdehnung liegt die ganze große Fläche, in der Klagenfurt liegt, bis zu den entferntesten Gränzen des Landes

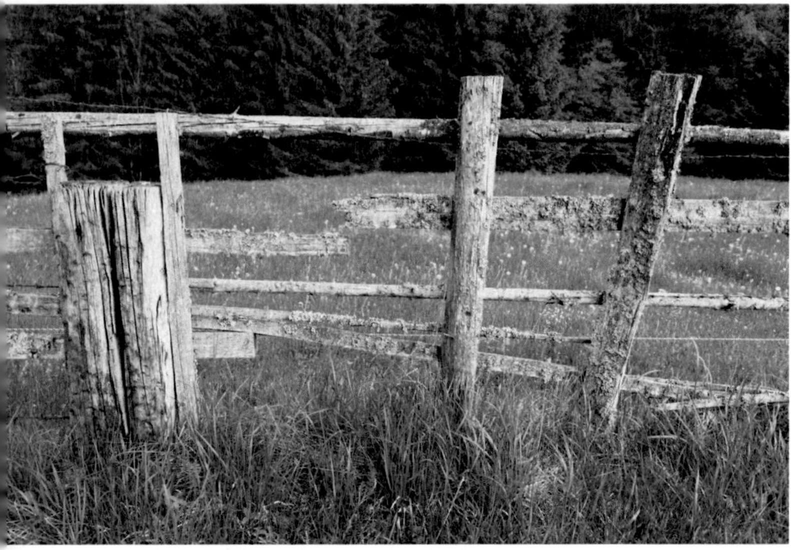

Weidezaun bei Nadram/Nadrom

vor seinen erstaunten Blicken ausgebreitet, aus dessen zahllosen Hügeln, Bergen, Alpenspitzen, Schlössern, Dörfern und Kirchen derselbe sich nur an der Hand eines Kundigen zurechtfinden kann. Keine Beschreibung ist im Stande, die Klarheit der unmittelbaren Anschauung zu ersetzen, und nur Eines ist gewiß, daß Schauder und Entsetzen uns ergreifen bei dem Gedanken, daß ein unvorsichtiger Schritt am Rande des senkrechten Absturzes uns rettungslos dem schrecklichsten Tode entgegenführen würde. Bei dieser so naheliegenden Gefahr, und bei dem Umstande, daß der Predigerstuhl alljährlich von Einheimischen und Fremden häufig besucht wird, ist es in der That zum Wundern, daß noch Niemand sich gefunden hat, der die Errichtung eines schützenden Geländers, sowie die Erbauung eines geschmackvollen Daches veranlaßt hätte, unter dessen Schatten die ruhige Betrachtung jenes prachtvollen Gemäldes stattfinden könnte, während bisher Jedermann dort entweder dem stechenden Strahle der Sonne oder dem plötzlich einbrechenden Regengusse bloßgestellt bleibt.«

Wenigstens eine Sitzgelegenheit hätte man seither aufstellen können.

Augenfällig ist der ungezügelte Gestaltungswille einiger DorfbewohnerInnen. Vorbote ihres kreativen Schaffens ist eine überlebensgroße Figurengruppe aus Eisen vor dem Haus vulgo Werdning mitten im Wald. Ein Mann mit Kuhglocke um den Hals zieht einen schweren Pflug, der von (s)einer Frau gelenkt wird – vielleicht als Idealbild einer Ehe gedacht. Das Werk stammt von Kurt Jerak, der in Zwanzgerberg/Osojnica Nr. 36 einen fantastischen Skulpturenpark errichtet hat. Ausgestellt sind unzählige Plastiken und Installationen aus Alteisen, Beton, Industrieabfällen, Stacheldraht, Holz, Wurzelwerk, Steinen und Fundstücken aller Art. Neben Tier- und Menschengestalten finden sich abstrakte Objekte sowie Imitationen von Werken von Kiki Kogelnik oder Niki de Saint Phalle. Jerak hat erst nach seiner Pensionierung mit dem »Basteln« begonnen und erhebt mit seinen Arbeiten keinen Kunstanspruch. Vielmehr geht es ihm um den Zeitvertreib und die Verschönerung seiner Welt. Ähnliches hat seine Gattin im Sinn, die sich der Keramik verschrieben hat. Eine Umrundung des Grundstücks entlang des Gartenzauns lohnt sich unbedingt und ist ausdrücklich gestattet.

Hübsch anzusehen ist auch die »Zwanzger Berghütte« am südlichen Ortsrand. Ein vertrauensseliger Mensch hat das kleine Blockhaus samt Garten rundum mit Krimskrams bestückt und damit ein heiteres Idyll geschaffen, in dem es für Passanten jedes Mal etwas Neues zu entdecken gibt. Besonders einladend – aber leider nicht zugänglich – ist das Freiluftklo mit Blick ins Grüne. Den Charme des Vergänglichen besitzt der Gastgarten der Buschenschenke Piber. Auch hier hat man 1.000 Dinge auf abenteuerliche Weise kombiniert und dabei die Grenze zwischen Dekor und Sperrmüll kurzerhand aufgehoben.

EINKEHR:

Gasthof Piber. Die Landwirtschaft macht viel Arbeit, da läuft der Gasthof nur nebenbei. Most und Brettljause sind dennoch tadellos, vielleicht etwas überwürzt die Dekoration. Am WC darf sogar geraucht werden. Montag Ruhetag. 0043 664 5347267

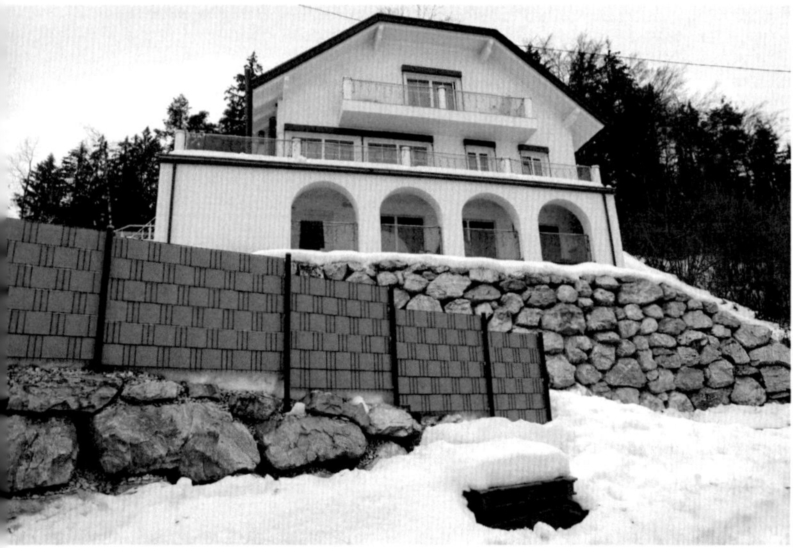

Neubau bei Angern/Ingarje

Nadram/Nadrom

Bis 1848 wurde der Ort von neun verstreuten Gehöften gebildet, die sich allesamt im Besitz des Klosters Viktring befanden. Die Untertanen waren unter anderem zur Abgabe von Most verpflichtet, der von den Mönchen angeblich in Messwein »verwandelt« wurde. Auch der Name des benachbarten Stifterkogels (ehemals Stiftkogel), der heute von einem Sendeturm markiert wird, verweist auf die ehemaligen Grundherren.

EINKEHR:

Bayerhütte. Ursprünglich eine Holzbaracke, wurde das beliebte Gasthaus in den 1940er Jahren im Stil eines alpinen Schutzhauses neu errichtet. Auf der Wiese unterhalb des Hauses wurden alljährlich Schirennen ausgetragen, die hunderte ZuschauerInnen anlockten. 2010 fand hier die »Einstimmungsfeier zum Fest der Kärntner Freiheit« statt. Hauptakteure waren Markus Dolinar, Funktionär der FPÖ, weiters Christian Lautischer, Obmann des Dachverbandes der deutschsprachigen Minderheit in Slowenien, und Manuel Jug, Vorsitzender des Zentralverbandes slowenischer Organisationen/Zveza slovenskih organizacij na Koroškem in Kärnten. Letzterer gab

dazu folgendes Statement ab: »In Zukunft muss das Verbindende vor das Trennende gestellt werden, denn nur der Dialog bringt zusammen, was lange Jahre gespalten war. Es ist unser aller Auftrag, dafür zu sorgen, dass wir in Frieden zusammen leben sowie aufeinander zugehen.« Darüber lässt sich trefflich streiten, zum Beispiel bei einem guten Most.
Der gut gelaunte Wirt offeriert dazu wohlschmeckende Jausenbrote und bodenständige Gerichte, gelegentlich wird auch gegrillt. Wie das Publikum ist auch die Einrichtung in die Jahre gekommen – und wohltuend spartanisch. Ein alter Meller-Kaminofen, ein (»bargeldloser«) Sparvereinskasten und ein patriotisches Gemälde (mit etwas kryptischem Text) reichen aus, um Atmosphäre zu schaffen. Besonders kuschelig ist das Pissoir. 0043 4227 84906, www.bayerhuette.at

Angern/Ingarje
Vier Bauernhöfe bilden den ansprechenden Ortskern und stehen auffallend eng zusammen. Angeblich war die Siedlung einst von einem Zaun zum Schutz gegen Wölfe umgeben; ein Schutzwall gegen Baulöwen wäre heute angebracht. Nur einen Steinwurf weiter wuchern stillose Einfamilienhäuser aus dem Boden und wurde der ehemalige Hanswirt zu Tode renoviert.

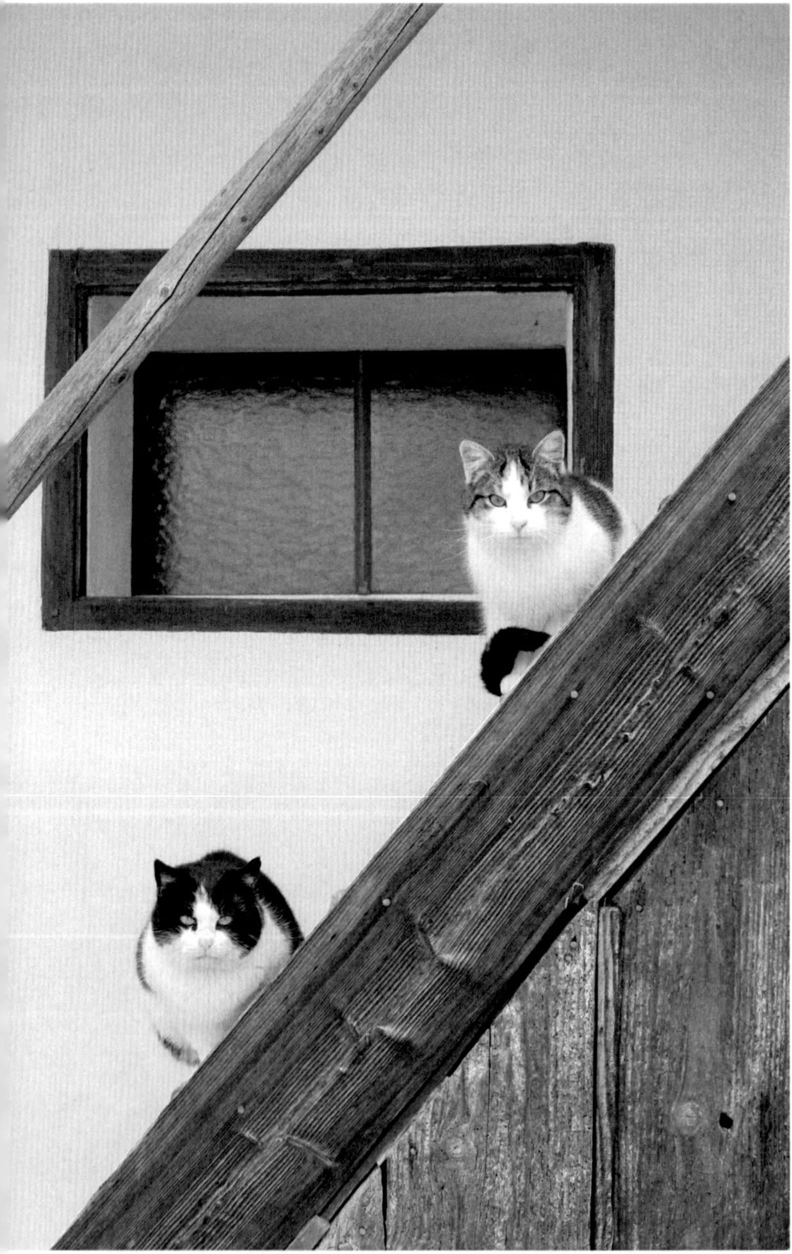

IV. STEILSTÜCK
Wanderung bei Göltschach/Golšovo

Die anspruchsvolle Wanderung verbindet einen der schönsten Uferwege der Drau/Drava mit einem nur dünn besiedelten Abschnitt des Sattnitzplateaus östlich von Maria Rain/Žihpolje. Dazwischen liegen rund 300 Höhenmeter, die talwärts im Sturzflug und bergwärts auf allen Vieren bewältigt werden müssen. Der Rest der Wege ist leicht zu finden und so bequem, dass einem unbeschwerten Landschaftserlebnis nichts entgegensteht.

Von Göltschach/Golšovo, um dessen Kirche sich ein paar nette Keuschen gruppieren, sticht man zügig ins Tal und genießt dabei die Aussicht auf die Guntschacher Au/Humški log. Ein stimmungsvoller Rastplatz findet sich beim Kirchlein über dem Wasser. Es folgt ein sanfter Wellengang entlang des Flusses mit ständig neuen Postkartenmotiven. Fischerboote tuckern vorbei, eine Rastbank kommt gerade recht. Beim Bauern Brodnik, der wie aus der Zeit gefallen ist, hat man den ersten Wendepunkt erreicht. Ein Holzkreuz weist den Weg, der sich im bewaldeten Steilhang bald verliert. Mit etwas Spürsinn entdeckt man die Fortsetzung und folgt einem gewundenen Pfad über die Geländestufe. Rabenschwarze Rinderherden bevölkern die Wiesen von Kossiach/Kozje. Wunderbar ist der Blick über die Wiesen zur Drau/Drava. Zurück im sturmzerzausten Wald verliert man noch einmal an Höhe, ehe man bei Saberda/Zabrda wieder ins Freie tritt. Strohgedeckt sind die Häuser am Rande der Lichtung. Eine Straßenkehre weiter sind akkurate Brennholzstapel und die ausgedienten Gerätschaften eines Bauern ausgestellt. Zwei gescheckte Katzen gehören zum Inventar. Mit einem Schlenker Richtung Stemeritsch/Smeriče weicht man der Landstraße auf angenehmen Feldwegen aus. Erst auf den letzten Metern holt man sich heiße Füße auf dem Asphalt. Umso gemütlicher sitzt man im alten Landgasthaus. Ein Flur wie im Theater, eine Stube wie im Heimatroman und die Küche wie zu Großmutters Zeiten – da schmeckt der weiße Spritzer wie ein Kracherl.

Kater Kyrill und Katze Method in Saberda/Zabrda

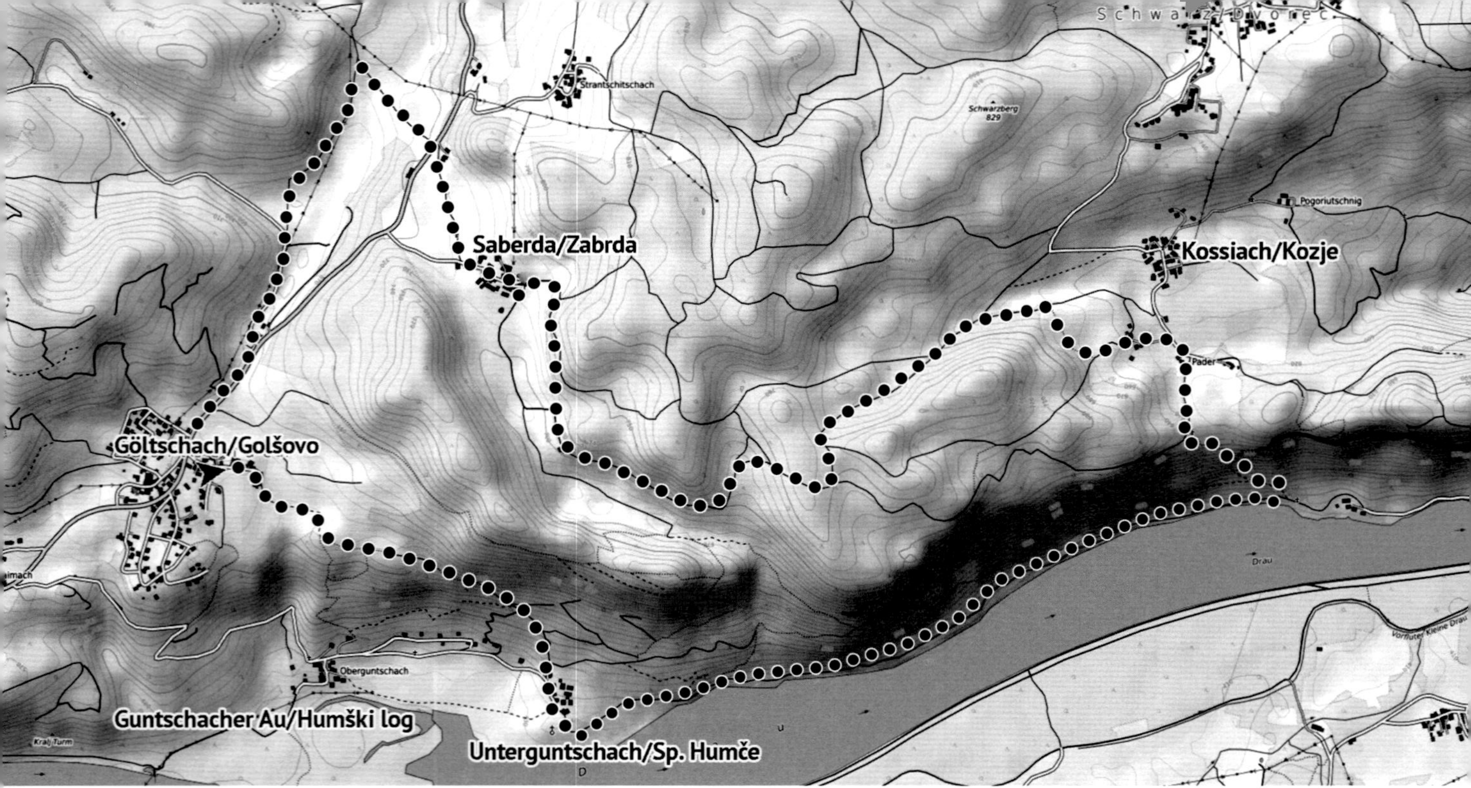
Schwarz/Dvorec
Strantschitschach
Schwarzberg
829
Pogoriutschnig
Saberda/Zabrda
Kossiach/Kozje
Pader
Göltschach/Golšovo
Drau
Vorfluter Kleine Drau
Oberguntschach
Guntschacher Au/Humški log
Unterguntschach/Sp. Humče
Kralj Turm

INFORMATIONEN ZUR WANDERUNG
LÄNGE: 13 km
ANSTIEGE: 530 m
GEHZEIT: 4:30 Std.
ANFORDERUNGEN: Trittfestigkeit, gute Kondition
KARTE: Kompass-Karte Nr. 65, Klopeiner See, Karawanken Ost
ORIENTIERUNG: anspruchsvoll
GASTSTÄTTEN: Göltschach/Golšovo
BUSVERBINDUNG: keine
ANFAHRT: mit dem PKW von Klagenfurt/Celovec auf der B91 nach Maria Rain/Žihpolje, weiter auf der L101 Richtung Ebenthal/Žrelec
ANMERKUNG: Bei Nässe ist von der Wanderung abzuraten.

WEGBESCHREIBUNG

Ausgangspunkt ist der **Gasthof Moser** in Göltschach/Golšovo. Man begibt sich zur **Kirche**, geht rechts an dieser vorbei und wendet sich bei der **Aufbahrungshalle** nach links in ein **Sträßlein**, dem man, ein paar Keuschen passierend, bis zum letzten **Haus Nr. 19** folgt; an diesem links vorbei. Weiter auf einem abschüssigen **Karrenweg**, der sich nach 100 m gabelt; man geht links, dem **Hauptweg** folgend. Nach 50 m geht man geradeaus und folgt einer undeutlichen **Fahrspur** entlang eines Bächleins. Bei der darauffolgenden **Gabelung** vor einem Weidezaun hält man sich rechts. Der Weg taucht kurz in den Wald ein und führt wieder ins Freie. Weiter auf einem undeutlichen **Pfad** am rechten Rand einer Wiese. Der **Weg** senkt sich in den Wald. Man erreicht bald einen **Aussichtspunkt** mit schönen Blicken auf die Guntschacher Au/Humški log. Weiter auf dem **Hauptweg**, der nun jäh abfällt und nach 15 Min. zu den ersten Häusern von **Unterguntschach/Spodnje Humče** führt. Man geht geradeaus und steigt beim Haus Nr. 5 nach rechts zur **Kirche St. Leonhard** an. Schöner Rastplatz (0:45 Std.).

Zurück zum Haus Nr. 5, hier auf einem breiten **Karrenweg** nach rechts. Sehr schöner und bequemer Weg, erst entlang eines Ackers, dann im sanften Auf und Ab oberhalb des **Drauufers**. Nach gut 1 Std. gelangt man zu einer **Rastbank** am Ufer (2:00 Std.).

Weiter bis zu einem **Wegkreuz**, hier scharf nach links in einen **ansteigenden Weg**. Eine erste Abzweigung nach rechts sowie zwei weitere nach links werden ignoriert. Gleich darauf dreht der **Haupt-**

weg nach rechts. Wenige Schritte danach wendet man sich **scheinbar weglos** nach links und steigt **20 m fast vertikal** bis zur (undeutlichen) **Fortsetzung** des Weges an. Sehr steiler Anstieg auf **kaum sichtbarem Pfad**, der in einem Abschnitt von **umgestürzten Bäumen** verlegt ist, bis zu einem verfallenen **Bildstock** an der Geländeschulter (2:30 Std.).

Nach wenigen Metern ein **Querweg**; man geht rechts und trifft bei den ersten Häusern von **Kossiach/Kozje** auf ein **Quersträßchen**; auf diesem nach links. Man passiert drei **Häuser** und folgt einer **Abzweigung** nach links. Kurzer Anstieg bis zu einer **Häusergruppe**, dann links einer Scheune auf einem **Karrenweg** weiter bergauf. Man erreicht den **Waldrand** und wendet sich auf einem **Querweg** scharf nach rechts. Schöner Weg, der sogleich eine große **Wiese** quert. Der Weg dreht nach links und vereinigt sich am Ende einer langgestreckten Weide mit einem von rechts kommenden **Forstweg**. Man geht geradeaus und gelangt in den **Wald**. Bei der darauffolgenden **Gabelung** bleibt man links auf dem **Hauptweg**. Anfänglich sanfter, dann etwas steilerer Anstieg bis zu einer **Wegkreuzung** auf einer Kuppe; man geht geradeaus. Der Weg **gabelt** sich alsbald, man geht rechts. Kurzer Anstieg bis zu einem kleinen **Sattel**, wo man eine Abzweigung nach links ignoriert. Abstieg bis zu einer **Gabelung**; man geht geradeaus, weiter bergab. Die **Fahrspur** senkt sich zu einer **Mehrfachkreuzung**. Man geht geradeaus und folgt einem fast ebenen **Forstweg**, der bald an einer langgestreckten Rodungsinsel (Lichtung) vorbeiführt. Schöne Rastplätze am Wiesenrand. Weiter bis zu einem strohgedeckten **Haus**, wo man den Fahrweg verlässt und am **Waldrand** einer **Fahrspur** Richtung Saberda/Zabrda folgt. Der **Weg** steigt etwas an und vereinigt sich im **Wald** mit einem breiteren. Man geht geradeaus und nähert sich in einem großen Bogen **Saberda/Zabrda** (4:00 Std.).

Man passiert zwei **Holzhütten** und trifft auf ein **Sträßlein**; auf diesem nach rechts. Man durchschreitet die Ortschaft und wendet sich beim letzten Haus Nr. 2 nach rechts in einen **Feldweg**. Schöner **Panoramaweg** bis zur **L101**; auf dieser wenige Schritte nach links, dann nach rechts in einen weiteren **Feldweg**. Abstieg in eine Senke, wo man sich auf einem **Querweg** scharf nach links wendet. Der Weg verbreitert sich bald, führt an einem kleinen **Biotop** vorbei und trifft auf ein **Sträßlein**. Man geht links und trifft neuerlich auf die **L101**; auf dieser 500 m nach rechts bis zum Ausgangspunkt (4:30 Std.).

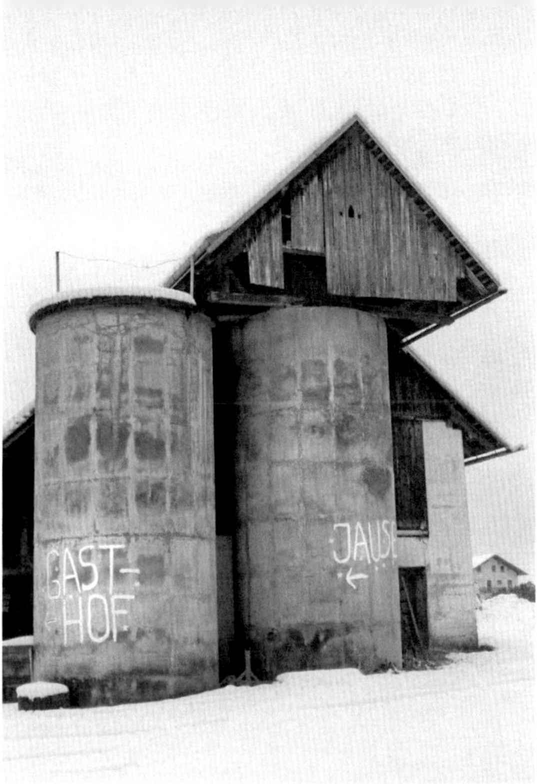

In Göltschach/Golšovo

AM WEGE

Göltschach/Golšovo

Ein Reiseführer aus dem Jahr 2004 lässt an dem Dorf kein gutes Haar: »Geldschach oder Geldsack nennen es manche Einheimische, versuchen sich doch ein paar wohlhabende Häuselbauer in puncto Geschmacklosigkeit gegenseitig zu übertreffen. Besonders protzig sind einige Neubauten nördlich der Hauptstraße, wo der Preis manches Garagentores wohl den eines fabriksneuen Kleinwagens übersteigt.« Ganz anders nimmt man die Ortschaft südlich der Straße wahr, wo mehrere hübsche Keuschen erhalten geblieben sind.

Wanderinnen und Wanderer erfreuen sich außerdem an einem anmutigen Kirchlein und dem ehrwürdigen Pfarrhof mit einem schönen Wandbild über dem Portal. Es stellt Jesus als guten Hirten dar, der jedoch im Sommer 2017 etwas unaufmerk-

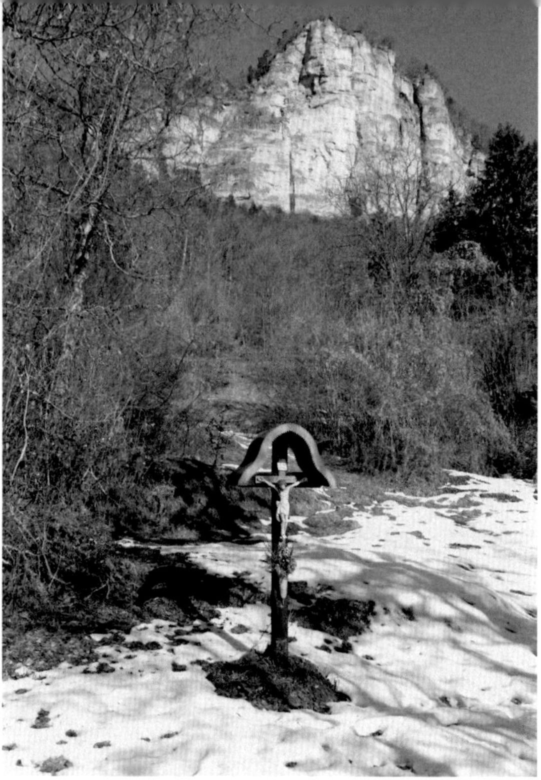

Vor dem Anstieg vom Brodnik nach Kossiach/Kozje

sam gewesen sein dürfte: Ein hungriger Braunbär riss in der Umgebung ein Schaf, plünderte einen Bienenstock und machte sich über mehrere Siloballen her. Es war nicht die erste Sichtung eines »Sattnitzbären« in der Umgebung. Alle paar Jahre finden Jäger Spuren oder Losungen vom größten Raubtier Europas, so auch bei Ludmannsdorf/Bilčovs, am Pyramidenkogel/Jedvovca oder in Obertöllern/Zgornje Dole, unmittelbar an der Klagenfurter Stadtgrenze. Die scheuen Tiere sind Weitwanderer und ziehen zumeist über die Karawanken nach Kärnten, einige wenige stammen aus dem Friaul. Auf die Sattnitz/Gure kommen sie nur zur Stippvisite, zu klein sind die zusammenhängenden Waldgebiete, um länger Fuß zu fassen. Wie bzw. wo die Bären über die Drau/Drava gelangen, ist nicht restlos geklärt. Man vermutet, dass sie an einer schmalen Stelle über den Feistritzer Stausee schwimmen oder den Fluss bei Glainach/Glinje queren. Dass sie mit der Valentinsfähre übersetzen, ist eher unwahrscheinlich.

Als Spaziergänger wird man den Braunbären kaum zu Gesicht bekommen, auch wenn da und dort Warnschilder angebracht sind. Er ist meist in der Nacht unterwegs und geht den Menschen mit List aus dem Weg. Sollte es doch zu einer Begegnung kommen, empfiehlt es sich, den *Ratgeber zum Verhalten in Bärengebieten* der Tiroler Landesregierung zu beherzigen: »Nicht umdrehen und wegrennen, denn Bären sind immer schneller als Menschen (auch beim Klettern und Schwimmen).« Stattdessen solle man »mit ruhiger Stimme reden und sich als Mensch zu erkennen geben.« Das hat noch jeden Braunbären in die Flucht geschlagen.

EINKEHR:

Gasthof Moser. Hier einzukehren ist ein Erlebnis. Wo sonst wird man noch in einer Küche mit Sparherd und Eckbank bewirtet? Auch die separate Gaststube empfiehlt sich als Kulisse für einen Heimatfilm. Gelegentlich versammelt sich hier die Jägerschaft und sorgt für etwas Umsatz. Von ihr erfährt man, dass auch Gämsen über die Drau schwimmen können. Kaum zu bewältigen sind die Schweinsbratenbrote, was der freundliche Hofhund zu schätzen weiß. Abhilfe schafft auch der hausgemachte Obstler. Einziges Manko: die unregelmäßigen Öffnungszeiten. 0043 4227 84051

Guntschach/Humče

2012 war Guntschach/Humče in Folge eines Erdrutsches mehrere Tage von der Außenwelt abgeschnitten, und das nicht zum ersten Mal. Wer die Stichstraße von Göltschach/Golšovo aus benützt, kann ermessen, wie instabil hier das Gelände ist. Senkrechte Konglomeratfelsen und zwei Sturzbäche wirken, trotz Steinschlagsicherung, wenig vertrauenerweckend. Vielleicht ist Guntschach/Humče aus diesem Grund von Zersiedelung lange verschont geblieben, obwohl es sich aufgrund der schönen Lage dazu anbietet. Bis vor wenigen Jahren teilten sich zwei kleine Weiler das langgestreckte Plateau über der Drau/Drava – mit gebührendem Abstand und, wie erzählt wird, einst in inniger Feindschaft verbunden. Der Zwist ging angeblich auf einen Raufhandel bei einer Hochzeitsfeier im 19. Jahrhundert zurück, den ein Jungbauer aus Oberguntschach/Zgornje Humče mit dem Verlust eines Auges

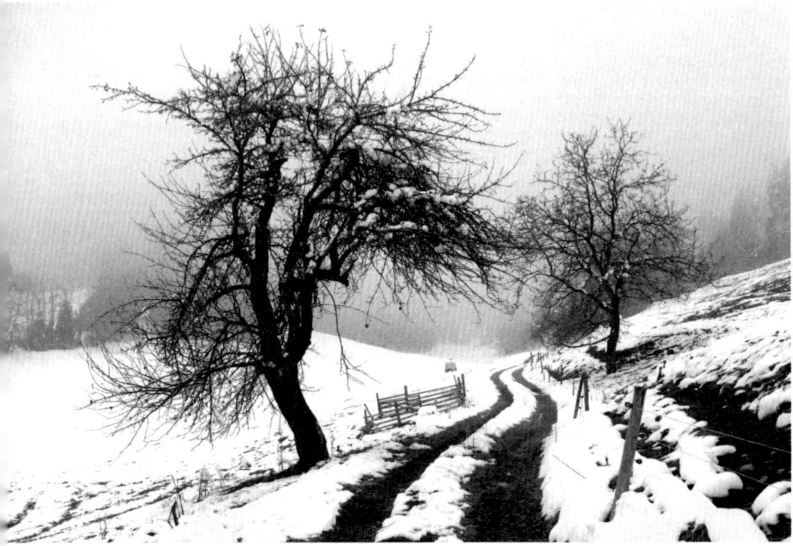

Feldweg bei Kossiach/Kozje

bezahlte, während dem Kontrahenten aus Unterguntschach/Spodnje Humče die Schneidezähne abhanden kamen. In der Folge häuften sich da wie dort unglückliche Zufälle. So fiel eines Tages ein Stapel Brennholz um und erschlug dabei ein Huhn, worauf im Handumdrehen ein Fenster zu Bruch ging. Als dann über Nacht ein Schwein aus einem Stall verschwand, war buchstäblich Feuer am Dach. Ein Plumpsklo ging in Flammen auf und mit ihm um ein Haar die benachbarte Scheune. Aus dem 20. Jahrhundert sind ein gelockertes Traktorrad, eine angesägte Hochsitzleiter sowie eine leckgeschlagene Zille überliefert. Konflikte soll es außerdem um die Nutzung des Trinkwassers gegeben haben, das unter den Steilwänden der Sattnitz/Gure hervorquillt.

Inzwischen ist längst Friede eingekehrt und hat man mit dem Verkauf von Grundstücken begonnen. Die ersten achtlos hingeworfenen Neubauten verheißen nichts Gutes. Auch die Alteingesessenen leisten ihren Beitrag zur Beschädigung des Ortsbildes, wie sich beim Aufstieg zur Kirche schmerzlich zeigt. Und nicht genug des Frevels hat man auch noch die alte Keusche am Dorfrand, ein Kleinod bäuerlicher Baukultur, dem Verfall anheim gestellt.

Guntschacher Au/Humški log

Das rund 50 Hektar große Naturschutzgebiet ist ein Werk der Österreichischen Draukraftwerke. Es entstand 1981 mit dem Bau der Staustufe Annabrücke, einem von insgesamt zehn Laufkraftwerken an der Drau/Drava in Kärnten/Koroška. Nach dem Dammbau stieg der Wasserspiegel bei Guntschach/Humče um knapp zwei Meter – hoch genug, um einen Fichtenwald zu fluten. Einige abgestorbene Stämme ragen bis heute aus dem Wasser und bieten ein bizarres Bild. Die Kernzone des Biotops bildet ein Bruchwald aus Erlen und Eschen mit hohem Totholzanteil, dazu kommen Verlandungszonen, die von dichtem Röhricht geprägt sind. Die künstliche Wildnis ist von stillen Tümpeln, Altarmen und Kanälen durchzogen und bildet bei Unterguntschach/Spodnje Humče eine Art Lagune. Über 100 Vogelarten wurden hier beobachtet, darunter der eitle Eisvogel, die schüchterne Zwergdommel und das schlaue Tümpelsumpfhuhn. SpaziergängerInnen werden hauptsächlich den arroganten Schwan und die biedere Stockente zu Gesicht bekommen. Wer auf leisen Sohlen kommt, könnte auch dem unermüdlichen Biber oder der polygamen Würfelnatter begegnen.

Kossiach/Kozje

Die Siedlung liegt auf einer sogenannten Teilscholle der Sattnitz/Gure und somit auf halber Höhe zwischen dem Drauufer und der Ortschaft Schwarz/Dvorec. Sanft steigen die Wiesen im Westen an und eröffnen am Waldrand wunderbare Blicke ins untere Rosental/Rož. Die offenen Flächen gehen auf Rodungen im 13. Jahrhundert zurück. Schon sehr früh war der Verkauf von Brennholz an die BürgerInnen von Klagenfurt eine wichtige Einnahmequelle. Außerdem unterhielt man für das Stift Viktring eine Köhlerei, wovon die Bezeichnung Pfaffenwald noch heute zeugt.

Heute setzt man vor allem auf die Viehzucht, jedenfalls am großen Petekhof der fünfköpfigen Familie Privasnig. Bis zu 200 Aberdeen Angusrinder weiden von Frühjahr bis Spätherbst auf den umliegenden Wiesen. Im Winter steht ihnen ein riesiger Freilaufstall zur Verfügung. Die Tiere besitzen von Natur aus keine Hörner und gelten als besonders friedfertig. Auch die Bullen

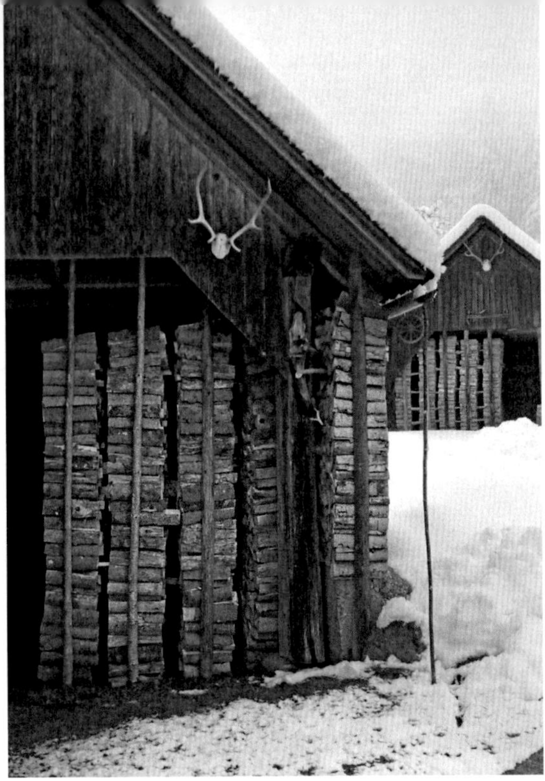

In Saberda/Zabrda

sind weniger gefährlich als sie aussehen. Dafür tragen sie klingende Namen wie Otto von Ottokar von Friedrich Weber oder Napoleon. Im übrigen wird »internationale Genetik« betrieben, indem die Zucht mit Zukäufen (von Stieren, Kalbinnen und Embryonen) aus Deutschland, Schottland, Kanada und der USA »veredelt« wird. Etliche Champions bei Fleischrindermessen gingen daraus hervor. Abnehmer des Fleisches sind gehobene Gastronomiebetriebe, ein kleiner Teil wird ab Hof oder per Internet vermarktet.

EINKEHR:

Petekhof. Der Hofladen ist an jedem ersten Donnerstag und Freitag des Monats sowie bei Voranmeldung geöffnet und bietet BesucherInnen neben Angusfleisch aller Art auch ausgezeichneten Speck, Salami oder Verhackertes. 0043 463 740059, www.petekhof.at

Saberda/Zabrda

Der Weiler ist noch immer bäuerlich geprägt, wenngleich nicht im romantischen Sinn. Die wenigen noch bewirtschafteten Höfe pfeifen aus dem letzten Loch, entsprechend heruntergekommen sind die einst stattlichen Wohnhäuser. Eine Ausnahme stellt das Gehöft im Zentrum des Ortes dar. Kurzerhand hat man das Stammhaus durch einen überdimensionierten Haufen aus Glas, Stahl und Beton ersetzt und das Anwesen – einschließlich der alten Wirtschaftsgebäude – mit einem Aluminiumzaun eingefriedet. Es wirkt, als wäre ein Nebenerwerbsbauer über Nacht zum Lottomillionär geworden.

Davon abgesehen, besitzt Saberda/Zabrda einigen Charme. Hübsch anzusehen ist eine Sammlung landwirtschaftlicher Gerätschaften, die in einer alten Scheune aufbewahrt werden. Es sind Restbestände eines kleinen Bauernmuseums, das vom einstigen Hausherrn eingerichtet wurde. Unter Denkmalschutz sollte man die beiden benachbarten Holzhütten stellen. Selten sieht man so kunstvoll geschlichtete Scheite – Menschen mit viel Zeit haben hier wahre Millimeterarbeit geleistet. Zwei Häuser weiter rühren zwei unbeholfene Wandgemälde von Sveta Marija und Sankt Florian ans Herz. Auffallend klein sind die beiden Heiligen geraten, vielleicht, weil sich der Künstler seiner Sache selbst nicht ganz sicher war. Nicht viel professioneller wirkt das Hainschkreuz am nördlichen Ortsrand. Der schindelgedeckte Bildstock wurde zur Erinnerung an einen Verkehrsunfall errichtet, der von einem Pferd verursacht wurde. Die Malerei stammt von Josef Stefan, einem der fleißigsten Bildstockmaler Kärntens. Der 1945 geborene Bergbauernsohn gestaltete weit über 100 Flurdenkmäler in Kärnten/Koroška. Auch am bekannten »Kärntner Kreuzweg« in Stein im Jauntal/Kamen wirkte er mit, und das immerhin in Gesellschaft von Kiki Kogelnik, Valentin Oman und anderen Größen.

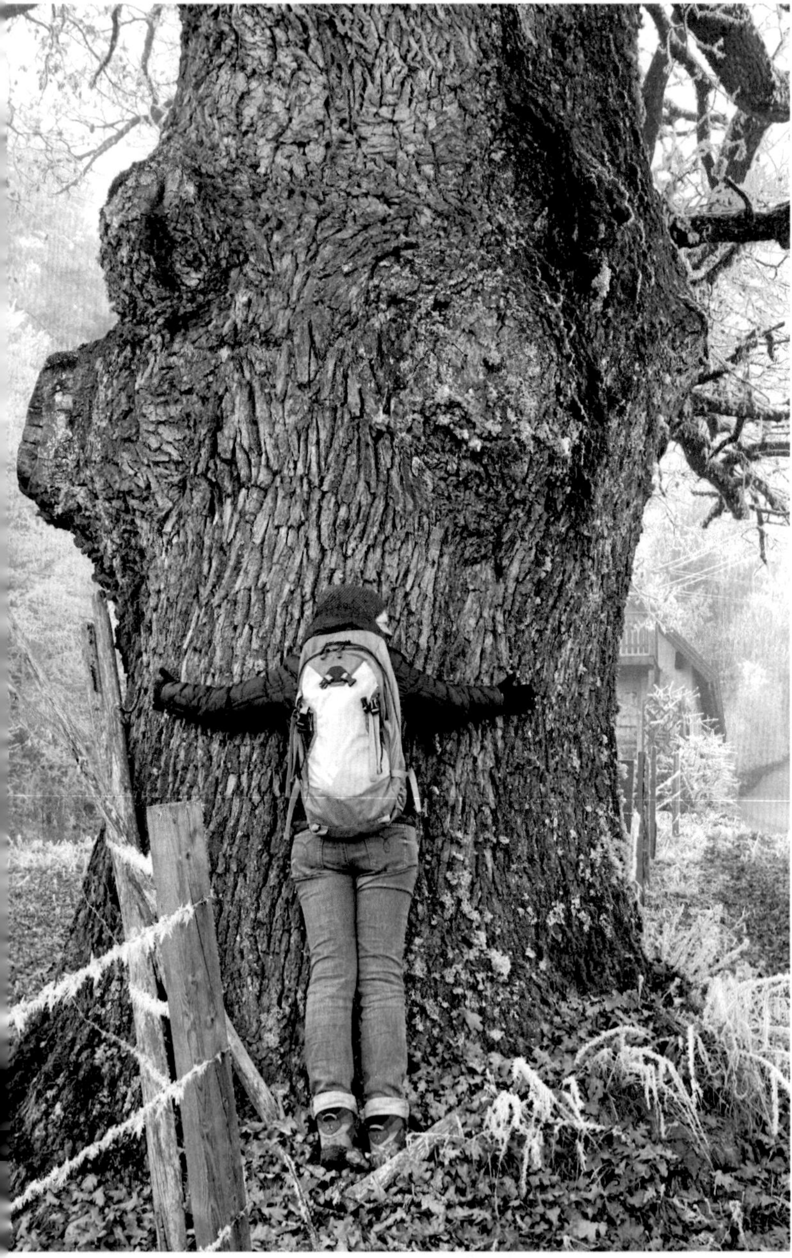

V. IM AUFWIND
Wanderung bei Rottenstein/Podgrad

Viel bequemer als bei dieser Wanderung ist der Aufstieg vom Unteren Rosental/Rož zum Sattnitzrücken/Gure kaum zu haben. Auch sind wenige Routen des Buches so abwechslungsreich wie diese. Im Halbstundentakt wechseln Bild und Charakter der Landschaft; perfekt auch die Einkehrmöglichkeiten auf halber Strecke. Über einen längeren Straßenabschnitt im zweiten Teil lässt sich bei dem schönen Panorama leicht hinwegsehen.

Von Rottenstein/Podgrad ist es nur ein Katzensprung nach Goritschach/Goriče, von wo man einem alten Hohlweg zu einem windschiefen Bildstock folgt. Zwei Häuser belegen ohne viel Aufhebens den Platz auf halber Höhe. Man besichtigt die Kinderstube eines Mischwaldes, durchschreitet einen Haselstrauchtunnel und findet sich in Schwarz/Dvorec wieder, das auf einer sanft gewellten Hochebene liegt. Kein Idyll ohne die Zerstörungswut seiner AnrainerInnen. Man schlägt einen großen Bogen zum Höfleinmoor, wo die Natur noch in Ordnung ist. Das trifft für Kreuth/Rute nur teilweise zu. Traumhaft ist der Ausblick, angenehm die Einkehr, ein Jammer die Bauwut am Sonnenhang. Noch aber gehört die Schokoladenseite einer Herde Schafe. Vom guten Most versöhnlich gestimmt, schraubt man sich ein aussichtsreiches Sträßlein talwärts, um bald über einen vergessenen Weg nach Unterkreuth/Spodnje Rute zu stolpern. Eine uralte Eiche, wie aus dem Sagenbuch, markiert die letzte Wende. In keiner Wanderkarte ist der Schleichweg durch den Wald verzeichnet. Er führt in einen dunklen Graben, an dessen Ausgang ein Hexenhaus steht. In Fetzen hängst ein Wahlplakat vom Wartehäuschen. Bleibt ein letzter Kilometer Asphalt als monotoner Nachspann mit nervtötendem Soundtrack. Motorräder heulen, eine Säge kreischt, unaufhörlich bellt ein Hund. Selbst dem Schmerzensmann am Straßenrand vergeht da Hören und Sehen.

Tausendjährige Eiche in Unterkreuth/Spodnje Rute

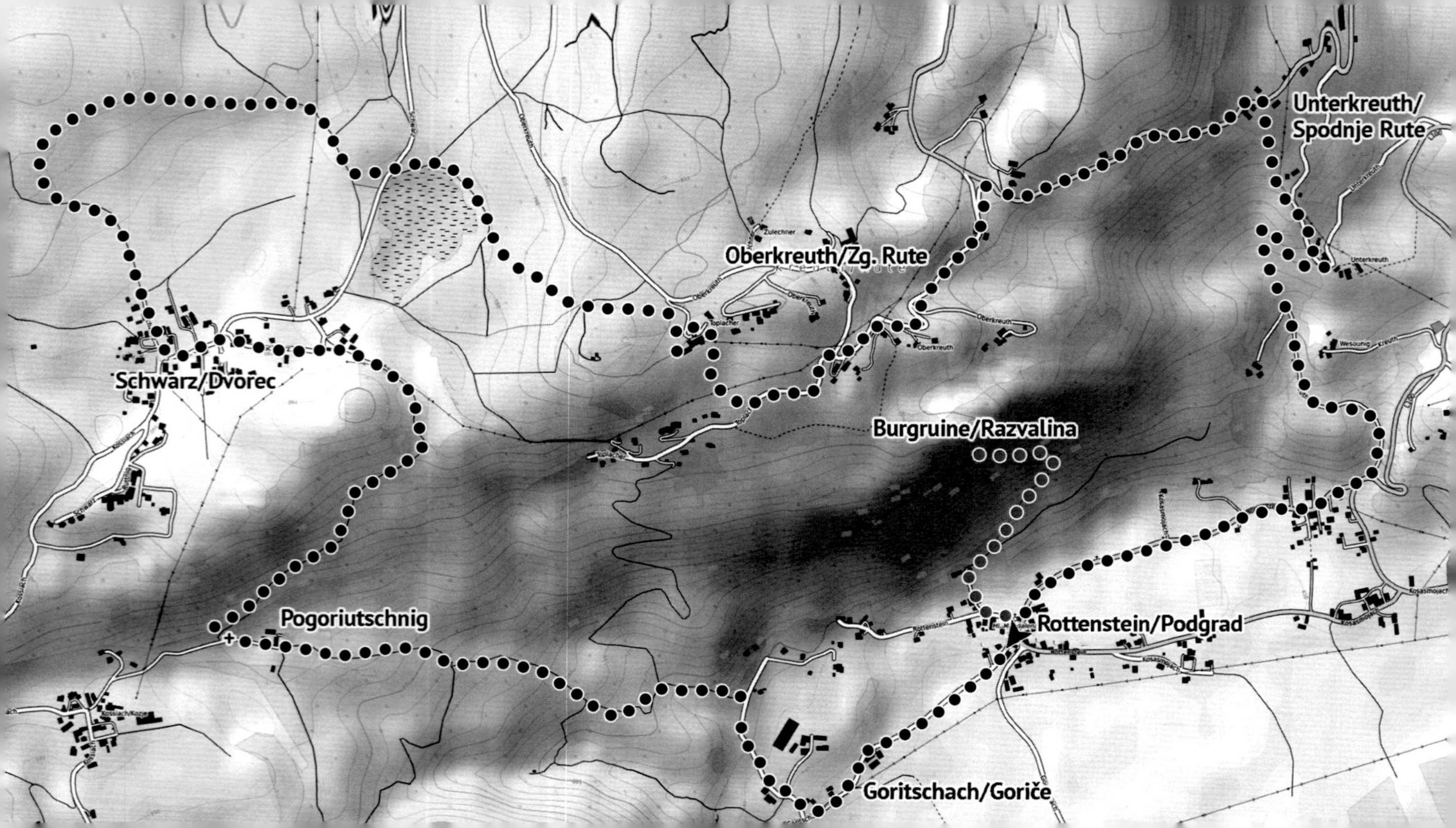
Unterkreuth/
Spodnje Rute
Oberkreuth/Zg. Rute
Schwarz/Dvorec
Burgruine/Razvalina
Pogoriutschnig
Rottenstein/Podgrad
Goritschach/Goriče

INFORMATIONEN ZUR WANDERUNG
LÄNGE: 12 km
ANSTIEGE: 540 m
GEHZEIT: 4:15 Std.
ANFORDERUNGEN: Ausdauer
KARTE: Kompass-Karte Nr. 65, Klopeiner See, Karawanken Ost
ORIENTIERUNG: anspruchsvoll
GASTSTÄTTEN: Kreuth/Rute
BUSVERBINDUNG: Linienbus Nr. 22 von Klagenfurt, Heiligengeistplatz bis Gurnitz/Podkrnos, Mehrzweckhaus; weiter mit dem Bus Nr. 54 Richtung Kohldorf/Vogle
ANFAHRT: mit dem PKW von Ebenthal/Žrelec auf der Miegerer Straße über Mieger/Medgorje nach Rottenstein/Podgrad

WEGBESCHREIBUNG
Ausgangspunkt ist die **Kirche** von Rottenstein/Podgrad, von wo man der **Straße** Richtung **Goritschach/Goriče** folgt (Wegweiser). Nach knapp 1 km geht man bei einer **Kreuzung** nach rechts bergauf. Die **Straße** gabelt sich sogleich; man hält sich links, passiert ein **Gehöft** und folgt einem ansteigenden **Sträßlein** bis zu einem weiteren **Haus**. Hier wendet man sich scharf nach links in einen breiten ansteigenden **Weg**. Man gelangt in den **Wald** und geht bei der ersten **Gabelung** links. Gut 15minütiger moderater Anstieg auf dem breiten, stellenweise tief eingeschnittenen **Hauptweg**; eine Abzweigung nach links, sowie eine nach rechts werden ignoriert. Man gelangt zu einer großen **Gabelung** (in lichtem Gelände) und geht rechts. Der Weg verzweigt sich sofort wieder (**Wegkreuz**); man hält sich wieder rechts. Weiter angenehm bergwärts bis zur **Häusergruppe Pogoriutschnig**, welche man passiert (0:50 Std.).

Kurz nach dem darauffolgenden **Bildstock** wendet man sich nach rechts in einen ansteigenden **Weg**. Man folgt dem breiten **Hauptweg** (der bald links an einem großen eingezäunten **Jungwald** vorbeiführt) über eine unbewaldete **Geländekuppe** und erreicht die ersten Häuser von **Schwarz/Dvorec** (1:15 Std.).

Bei der ersten **Kreuzung** (nach dem Haus Nr. 28) wendet man sich nach links und folgt dem **Sträßchen** bis zu einem **Gehöft**, welches man durchschreitet. Nun wendet man sich auf einer **Querstraße** nach links und folgt dieser (ein ehemaliges Gasthaus links liegen

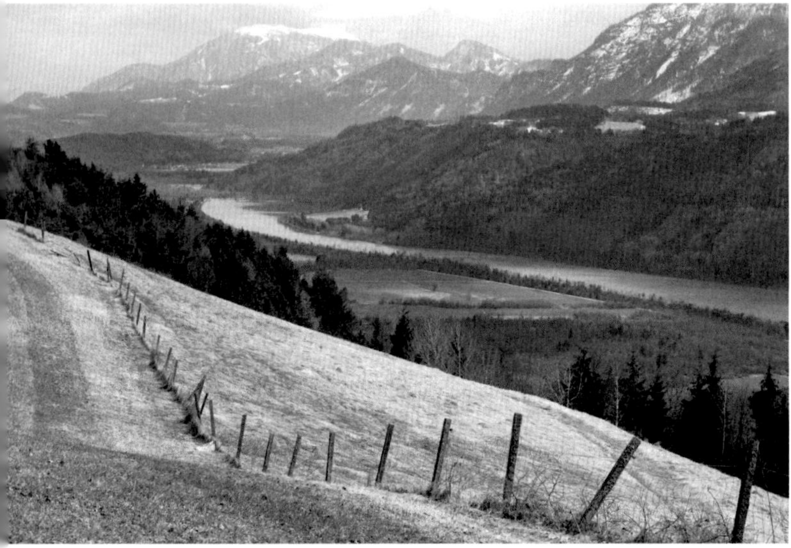

In Oberkreuth/Zgornje Rute

lassend) bis zum alten **Feuerwehrhaus**. Hier geht man rechts und gelangt zu einem **Pferdehof**. Der Asphalt endet, geradeaus weiter auf einem ansteigenden **Feldweg**, der bald nach links dreht. 100 m danach nimmt man eine **Abzweigung** nach rechts. Eine Abzweigung nach links wird ignoriert. Bei der nächsten **Gabelung** folgt man dem rechten, untergeordneten Weg in den **Wald**. Der Weg führt kurz darauf wieder ins Freie und gabelt sich nach 30 m. Man hält sich rechts und bleibt damit weiter am **Wiesenrand**, um nach 100 m erneut in den **Wald** einzutauchen. Nach einer **Futterkrippe** ignoriert man eine Abzweigung nach links. Man gelangt wieder ins Offene und folgt dem **Pfad** bis zur **Einmündung** in einen breiteren **Weg**, welchem man bis zu einer **Rastbank** folgt (2:00 Std.).

Von hier steigt man nach links zu einer **Straße** ab; auf dieser nach links und nach wenigen Schritten nach rechts in den **Uferweg** des **Höfleinmoors**. Bei der ersten **Gabelung** geht man rechts, bald darauf werden eine **Einmündung** von links sowie eine **Abzweigung** nach links ignoriert. Bei der nächsten **Gabelung** hält man sich links (und entfernt sich damit vom Ufer des Moores). Sanfter Anstieg im Wald bis zu einem **Querweg**. Man geht links. Der **Weg** vereinigt sich sofort mit einem von rechts kommenden und mündet in einen breiten

Forstweg; auf diesem scharf nach rechts. Nach 20 m wendet man sich nach links in einen undeutlichen **Pfad**, der sich bald mit einem von links kommenden **Pfad** vereinigt und zur **Jausenstation Mickl** in Kreuth/Rute führt. Man begibt sich zum westlich gelegenen **Glaspavillon** (2:30 Std.). Einkehrmöglichkeit.

Zurück zum **Gasthaus**, von wo man über den Parkplatz auf das **Haus Nr. 11** zuschreitet. Kurz davor wendet man sich nach rechts und folgt einem kaum sichtbaren **Wiesenpfad** links eines **Weidezaunes** steil bergab. Schönes Panorama. Man passiert ein **Haus** und trifft auf ein **Quersträßlein**; auf diesem nach links bis zu einer **Querstraße**. Hier geht man halbrechts [200 m links der Mostheurige Raunjak] und folgt der **Straße** drei Kehren talwärts (drei Hauszufahrten nach rechts ignorierend). Nach einem Haus mit »verglaster« **Scheune** schneidet man eine weitere Kehre der Straße auf einem **Karrenweg** ab. Man trifft wieder auf die Straße und geht rechts; die Straße senkt sich. 1 km Asphalt bis zu einem Gehöft in **Unterkreuth/Spodnje Rute** (3:00 Std.).

Unmittelbar danach steigt man nach rechts (anfänglich scheinbar weglos) entlang eines **Zaunes** ab (Durchgang erlaubt; öffentlicher Weg). Steiler Abstieg durch ein **Wäldchen**, dann rechts vorbei an einem **Haus** bis zu einem **Sträßlein**; auf diesem geradeaus bis zu einer »tausendjährigen« **Eiche**. Wenige Schritte davor wendet man sich scharf nach rechts in einen **Waldweg**. Der Weg gabelt sich bald; man hält sich links und wendet sich in der nächsten **Kehre** in einen **Pfad** nach links. Kurzer Abstieg bis zur einer **Dreifachgabelung**; man geht geradeaus, quert kurz darauf ein **Bächlein** und trifft auf einen **Fahrweg**. Auf diesem weiter talauswärts bis zur **Hauptstraße**. Man geht rechts und folgt gleich darauf der **Abzweigung** Richtung **Rottenstein/Podgrad** nach rechts. 1 km Asphalt bis zum Ausgangspunkt (4:15 Std.).

AM WEGE

Rottenstein/Podgrad

Der slowenische Ortsname verweist auf eine ehemalige Höhlenburg in einer Felswand oberhalb des Ortes. Sie entstand Mitte des 12. Jahrhunderts, befand sich abwechselnd im Eigentum der Salzburger Bischöfe und der Patriarchen von Aquileia, um dann regionalen Grundherren zuzufallen. Nach 400 Jahren verfiel die

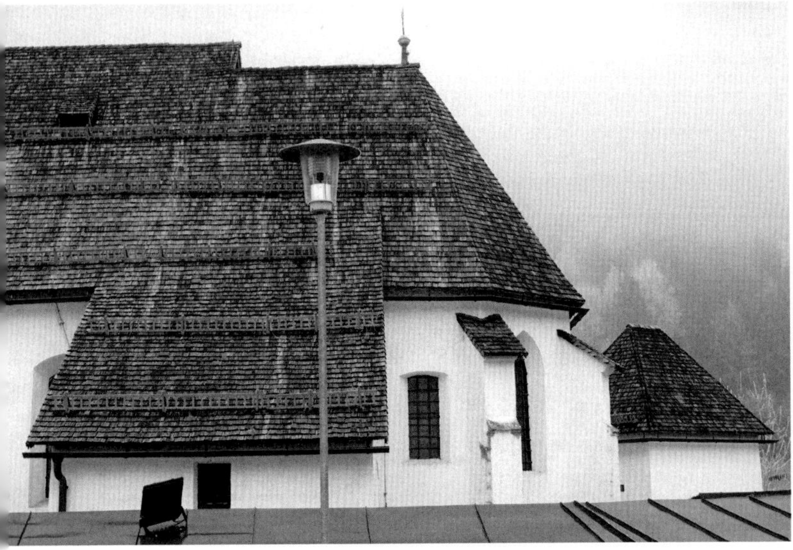

Kirche von Rottenstein/Podgrad

Anlage, wohl weil sie ihre Funktion als Fliehburg verloren hatte. Heute sind nur noch drei ins Gestein gehauene Gemächer und ein paar Balkenlöcher zu erkennen, was den Eindruck steinzeitlicher Wohnhöhlen vermittelt. Die vorgesetzten Mauern sind längst eingestürzt und unter dem Humus verschwunden. Kaum zu glauben, dass hier einst Adelige hausten. [Der halbstündige steile Anstieg zur Ruine beginnt beim Haus Nr. 21 am Waldrand nordwestlich der Kirche, siehe Kartenskizze.]

Boten die Steilwände der Sattnitz/Gure den Rittern einst Schutz, wurden sie im Jahr 1984 Soldaten des österreichischen Bundesheeres zum Verhängnis. Im Zuge einer Luftlandeübung des Jägerbataillons 25 zerschellte die Transportmaschine am senkrechten Felsen. Sechs Wehrdiener und der Pilot kamen ums Leben, gefolgt von einem Feuerwehrmann, der bei den Bergungsarbeiten verunglückte. Die Kameraden errichteten an der Unfallstelle einen Gedenkstein und schilderten einen 42 Kilometer langen Rundkurs zwischen Maria Rain/Žihpolje und St. Margarethen/Šmarjeta südlich der Drau/Drava aus. Der jährlich veranstaltete »Rosentalmarsch« ist mittlerweile eingeschlafen, auch die Wegweiser verschwinden allmählich von der

Bildfläche. Es lohnt sich trotzdem, die schöne Route zumindest in Teilabschnitten auszuprobieren.

Kein Ruhmesblatt der Erinnerungskultur ist das Kriegerdenkmal vor der Kirche von Rottenstein/Podgrad. »Sie starben ohne zu klagen«, steht wie zum Hohn über den Namen der Gefallenen geschrieben. Zur Illustration hat man ihren »Heldentod« auf einer Art Triptychon festgehalten: Zwei Frontkämpfer setzen mit Handgranaten ein Wohnhaus in Brand; vis-à-vis schwebt ein Engel über einem Gräberfeld. Und in der Mitte hält der Erlöser zwischen Stacheldrahtverhau und Rauchsäulen seine durchschossenen Handflächen ins Bild.

Noch in den 1970er Jahren besaß Rottenstein/Podgrad ein eigenes Kaufhaus (Haus Nr. 28). Es war, nachdem der Greißler in Mieger/Medgorje aufgegeben hatte, das letzte Lebensmittelgeschäft im östlichen Sattnitzgebiet, sieht man von einem Laden in Ebenthal/Žrelec und dem »Konsum« in Grafenstein/Grabštanj ab. Angeboten wurden aber nicht nur Lebensmittel, sondern ein breite Produktpalette. »Vom Ölofen über Draht, Geschirr, Schulsachen, Textilien, Spielwaren, Putzmittel bis hin zum Motormäher und zur Motorsäge wurde praktisch alles geführt«, steht in einer wissenschaftlichen Untersuchung über die östliche Sattnitz/Gure zu lesen. Die Waren wurden auf Wunsch per Auto zugestellt, auch Sonderbestellungen wie Bodenbeläge oder Fahrräder wurden angenommen. Erst als die Stammkundschaft von rund 90 EinwohnerInnen auf die Hälfte schrumpfte, hatte sich das Geschäftsmodell erledigt.

Schwarz/Dvorec, vormals Höflein

Warum der Ort seinen alten deutschen Namen abgelegt hat, ist unklar; vielleicht, weil einem angesichts der heillosen Zersiedelung schwarz vor Augen werden könnte. Zwar sind die Bausünden nicht schlimmer als anderswo, doch schmerzen sie hier besonders. Alteingesessene und Zuzügler haben es binnen zweier Generationen geschafft, eine harmonische Kulturlandschaft in einen trostlosen Siedlungsbrei zu verwandeln. Aufgeboten wurde alles, was mittlerweile zu einem typischen Kärntner (vielleicht auch: österreichischen) Ortsbild gehört: Alte Keuschen, die man mittels Thermo- und Fenstersanierung in Lego-Häuser verwandelt hat;

weiße Wohnschachteln mit viel Glas und auskragenden Obergeschossen; Bungalows, die Aufbahrungshallen nachempfunden wurden; Tirolerhäuser mit schweren Holzbalkonen und schmiedeeisernen Laternen; Häuser aus einer Zeit, in der man rustikale Elemente gerne mit Glasziegelfenstern und aufgeklebten Natursteinen kombinierte; Wohnburgen mit Ecktürmen und meterhohen Thujenhecken; aufgegebene Rohbauten als Zeugen privater Tragödien. Kaum ein Haus, das Rücksicht auf seine Umgebung nehmen würde, fast jedes ein Statement gegen die Nachbarn.

Zum Einsatz kommen die bekannten Ingredienzen: Aluminiumzäune, Aufstellpools, Außenjalousien, Basketballständer, Bewegungsmelder, Betonballustraden, Birkenosterhasen (ganzjährig), Carports, Designertüren (mit Sichelfenstern), Doppelgaragen, Edelstahlkamine, Fertigbildstöcke, Feuerschalen, Folienteiche, Gabionen, Glasbalkone, Hirschgeweihe, Hollywoodschaukeln, Insektenhotels (unbewohnt), Kunststeinpflaster, Kugelleuchten, Lichterketten, Mähroboter, Marmortreppen, Mülltonnenboxen, Nirostabriefkästen, Outdoormöbel, Palisaden (mit Messingknäufen), Plastikspielhäuser, Rankengitter, Regenablaufketten, Rosenkugeln, Rostskulpturen, Schiebetore (automatisch), Schottergärten, Sichtschutzgitter (mit PVC-Geflecht), Sonnenkollektoren (freistehend), Steingussfiguren (Adler, Löwe, Nymphe, Venus), Tondächer (glasiert), Trampoline, Überwachungskameras, Vintage-Dekor, Warnschilder, Waschbetontröge, Weihnachtsschmuck (ganzjährig), Zierbrunnen. Damit nicht genug, quält man das Auge mit Fassadenfarben aus der Giftküche, womöglich kombiniert mit Wandgemälden, die die heile Welt beschwören. Das nimmt mitunter surreale Züge an, wenn etwa ein auf die Garage gemaltes Fenster zu einer unberührten Berglandschaft aufgestoßen wird. »Herrgott, erhalte uns die Heimat!« lautet der Spruch über einem Hauseingang. Ein frommer Wunsch, der ohne Abrissbirne wohl kaum in Erfüllung gehen wird.

Höfleinmoor

Das rund 25 Hektar große Biotop wurde 1965 unter Naturschutz gestellt und 30 Jahre später zum Europaschutzgebiet erhoben. Entstanden ist es nach der letzten Eiszeit, als der 500 Meter hohe Draugletscher abschmolz und in einer Mulde der Grundmoräne

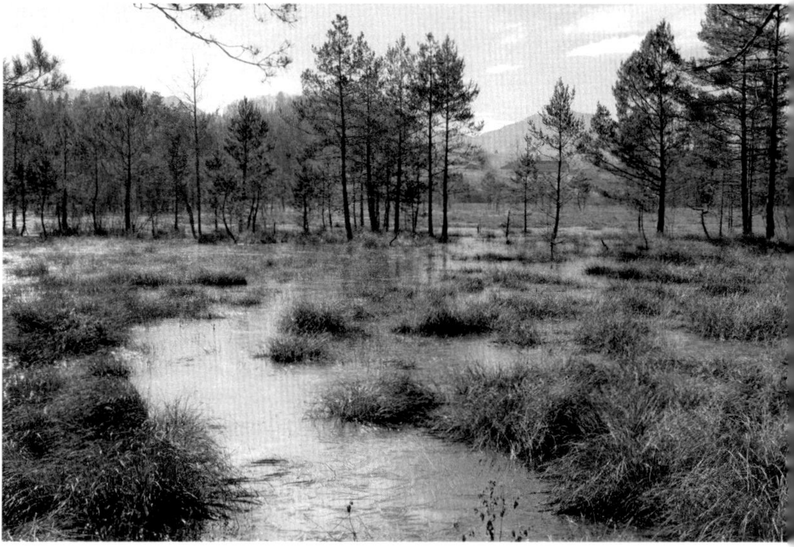

Höfleinmoor im Spätherbst

einen kleinen See hinterließ, der im Laufe der Zeit verlandete. In der Tiefe ist das sogenannte Toteisloch mit einer fast zehn Meter dicken Tonschicht abgedichtet, darüber »schwimmt« eine gut zwei Meter dicke Torfschicht auf dem Grundwasser. Auf den elastischen Graspölstern, Bulte genannt, herumzuturnen, ist nicht ungefährlich, könnte man doch bei einem Fehltritt im Morast versinken.

Die Sedimente des ehemaligen Sees sind eine Fundgrube für Botaniker. Sie entdeckten hier – mittels Pollenanalyse – die ältesten Spuren menschlicher Siedlungstätigkeit nach der Eiszeit in Kärnten. Sie stammen aus der Jungsteinzeit und verweisen auf eine frühe »Waldwirtschaft« sowie auf die planmäßige Verbreitung des Haselstrauches, der wahrscheinlich ältesten Kulturpflanze in unseren Breiten. Auch Getreidesamen aus dem dritten Jahrtausend vor Christus wurden gefunden – Zeugnisse der ersten Bauern auf der Sattnitz.

Heute ist das Moor Lebensraum einer Pflanzengesellschaft aus seltenen Moorgewächsen wie dem insektenfressenden Sonnentau, der heilsamen Moosbeere oder der immergrünen Schlamm-Segge. Dazu gesellen sich schüttere Rotföhren, die sich in losen Gruppen aus dem Sumpf erheben, sowie Schwarz-erlen im Uferbereich, beides Zeichen beginnender Verwaldung. Man muss nicht vom Fach sein, um von der sonderbaren Mischung der Botanik fasziniert zu sein, zumal sich das Bild je nach Wasserstand und Jahreszeit ständig wandelt. Kein Wunder, dass das Höfleinmoor an Wochenenden bisweilen überlaufen ist. Dann parken, Naturschutz hin oder her, Schlangen von Autos an der angrenzenden Straße und gehen sich die SpaziergängerInnen nur mit Mühe aus dem Weg. Das ist zwar den egomanischen Laubfröschen egal, macht aber den scheuen Schwarzkehlchen und Rohrsängern zu schaffen. Wie gut haben es da die Kleine Hufeisennase, die Wimperfledermaus und das Große Mausohr, die das Moor erst in der Dämmerung oder nächtens aufsuchen.

Kreuth/Rute

Die auf fast 800 Meter gelegene Siedlung wartet mit weitläufigen Sonnenhängen und einem wunderbaren Panorama auf. Besonders schön ist der Blick Richtung Jauntal/Podjuna mit dem Petzenmassiv/Peca als Kulisse. Wie im Bilderbuch weiden die Schafe auf der höchsten Kuppe. Entsprechend begehrt sind hier die Baugründe. Erst kürzlich hat man eine Straße in den südlichen Steilhang gefräst und an ihren Verzweigungen mehrere Traumhäuser aus dem Boden gestampft. Über allen thront eine Festung mit gefalteter Fensterfront, auf der ein raumschiffartiges Blechdach sitzt. Darunter versucht sich ein kubistisches Gebilde mit Transparenz und Leichtigkeit zu behaupten; ein unproportionierter Nachbar sitzt ihm bedrohlich im Nacken. Vergleichsweise bescheiden duckt sich ein moderner Holz- und Sichtbetonbau seitlich hinweg. Dazwischen finden sich rustikale Anleihen wie Blockhütten und Almzäune, wie um ein ländliches Idyll zu simulieren, allerdings vergeblich: das beherrschende Element sind haushohe Böschungen aus tonnenschweren, von weit hergeholten Felsblöcken. Sie wurden von Riesenbaggern übereinander getürmt, um ebene Baugründe zu schaffen. Noch in 1.000 Jahren, wenn die Villen von der Bildfläche verschwunden sind, werden die Zyklopenmauern zu sehen sein: als tiefe Narben in der Landschaft und Treppenwitz der Kärntner Baugeschichte.

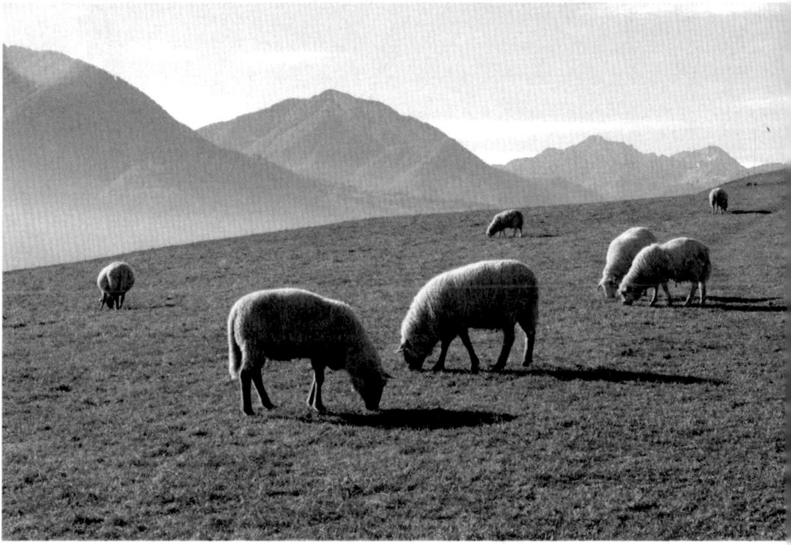

In Oberkreuth/Zgornje Rute

EINKEHR:

Jausenstation Mickl. Rund 200 Höhenmeter über der Drau/Drava hat ein Original von Wirt eine Art Strandpavillon errichtet. Der Blick zur Adria ist zwar verstellt, aber trotzdem überwältigend, erst recht, wenn im Tal der Nebel liegt. Ringsum weiden Schafe, kopfüber kreisen Paraglider, da lässt sich sogar die Musikberieselung verschmerzen. Auf der mündlich vorgetragenen Speisekarte stehen belegte Brote aller Art sowie Schafskäse mit Kernöl und Zwiebel. Ein zerzauster Kater hofft auf eine milde Gabe. Variable Öffnungszeiten (nicht vor 12.00 Uhr). 0043 650 6646996

Mostheuriger Raunjak. Ob im Gastraum oder auf der Terrasse, das Panorama ist da wie dort erhebend. Geboten wird Jause aller Art, wohlschmeckend ist auch der Most aus eigener Produktion. FR bis MO geöffnet. 0043 664 132871, www.jausenstation-raunjak.at

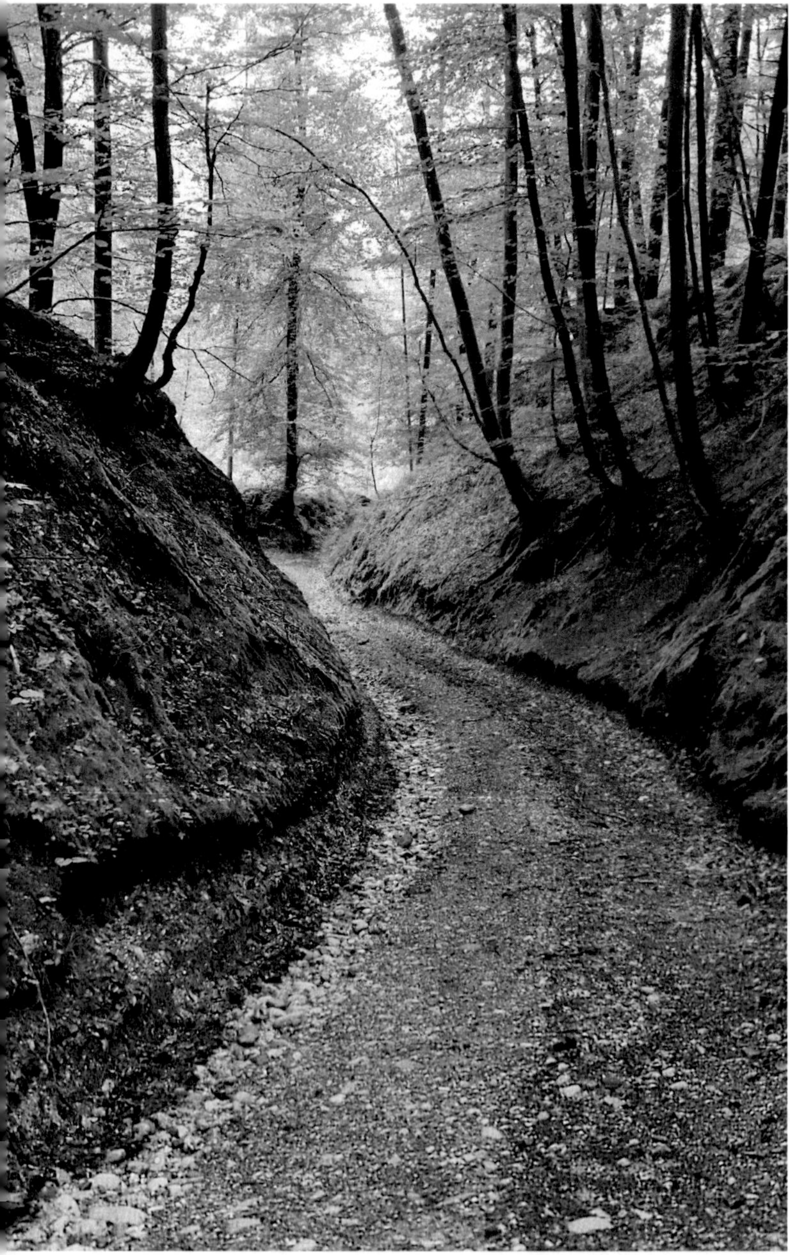

VI. ÜBER DIE SENKE
Wanderung bei Kohldorf/Vogle

Für FußgängerInnen ist Mieger/Medgorje, einst Hauptort der östlichen Sattnitz/Gure, ein schwieriges Pflaster. Das Gebiet wurde mit Straßen so gut erschlossen, dass man dem Asphalt kaum entkommt. Auch ist die Zersiedelung dermaßen fortgeschritten, dass einem die Lust am Wandern leicht vergehen könnte. So bedarf es einiger Ausweichmanöver, um die Reize der Gegend auskosten zu können und am Ende auf ein schönes Landschaftserlebnis zurückzublicken.

Von Kohldorf/Vogle, das vom Farbteufel heimgesucht wurde, steigt man unter hohen Felsen bequem zum Mühlgraben an, in den sich ein einsamer Goldsucher zurückgezogen hat. Melancholisch plätschert der Bach. Weltabgewandt sind die Häuser von Sabuatach/Zablate. Man folgt dem Fahrweg bis Berg/Rute pri Medgorjah, wo man einen Haken nach Norden schlägt. Erst tut sich ein sanftes Hügelland auf, dann fällt der Blick auf Mieger/Medgorje. Ein Ruhepol ist die Pfarrkirche in der lebhaft gegliederten Senke. Zum Dorf abgestiegen, begibt man sich erneut in den Wald und umgeht auf schluchtartigen Hohlwegen die Häuser von Haber/Gaber. Ein Bauernhof verfällt auf einer Lichtung; hoch wie ein Zirkuszelt ist das Dach. Erst in Obitschach/Običe trifft man erneut auf Zivilisation, diesmal in Gestalt der legendären Käferkeusche. Von Neubauten bedrängt wird die einstige Keimzelle der Alternativkultur. Man passiert die alte Volksschule, macht Bekanntschaft mit zwei Ziegen und genießt das Panorama mit der Drau/Drava am unteren Bildrand. Wenige Schritte weiter ist der letzte Höhepunkt erreicht: ein Felssporn über dem grünen Stausee und seinem dunkelblauen Wurmfortsatz. Verkrüppelte Föhren stehen am Abgrund, eine gelbe Umhängetasche baumelt vom Ast. Sie ist mit Steinen und Nägeln gefüllt. Wer hat sie hier vergessen, und was hat der Inhalt zu bedeuten? Noch bis ins Tal wird man darüber sinieren.

Hohlweg bei Haber/Gaber

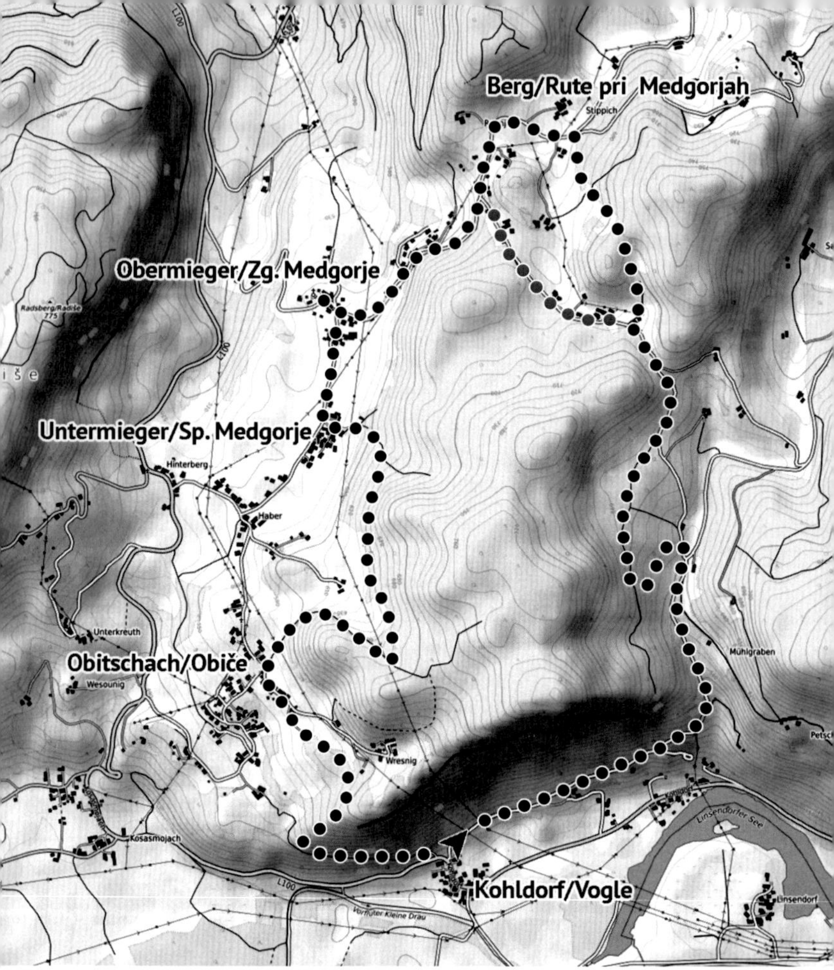

INFORMATIONEN ZUR WANDERUNG

LÄNGE: 12 km [11 km]

ANSTIEGE: 460 m [420 m]

GEHZEIT: 3:30 Std. [3:10 Std.]

ANFORDERUNGEN: mittel

KARTE: Kompass-Karte Nr. 65, Klopeiner See, Karawanken Ost

ORIENTIERUNG: mittel

GASTSTÄTTEN: Berg/Rute pri Medgorjah

BUSVERBINDUNG: Linienbus Nr. 22 von Klagenfurt, Heiligengeistplatz bis Gurnitz/Podkrnos, Mehrzweckhaus; weiter mit dem Bus Nr. 54 nach Kohldorf/Vogle

ANFAHRT: mit dem PKW von Klagenfurt/Celovec über Ebenthal/Žrelec, Gurnitz/Podkrnos und Mieger/Medgorje nach Kohldorf/Vogle

WEGBESCHREIBUNG

Ausgangspunkt ist die **Bushaltestelle** in **Kohldorf/Vogle** (Parkmöglichkeit). Man folgt der **Straße** in nordwestlicher Richtung und wendet sich nach dem **Haus Nr. 2** in ein ansteigendes **Sträßchen**. Gut 30minütiger angenehmer Anstieg auf einem **Fahrweg**, erst im Buchenwald unter steilen Felsen, dann im **Mühlgraben** oberhalb eines Baches. Man erreicht den Sattel von **Sabuatach/Zablate** und geht auf einer **Asphaltstraße** links bergauf. Nach 100 m wendet man sich bei einem **gelben Haus** (noch vor einem Holzschuppen) scharf nach links in einen undeutlichen **Pfad**. Sanfter Anstieg auf einem teilweise verwachsenen Pfad bis zu einem **Forstweg**; auf diesem scharf nach rechts. Der **Weg** vereinigt sich mit einem von links kommenden; man geht geradeaus und trifft bald darauf erneut auf die (hier unbefestigte) **Straße**; auf dieser links bergauf bis zu den ersten Häusern von **Berg/Rute pri Medgorjah** (0:50 Std.). Hier biegt man beim Haus **Berg Nr. 1** nach rechts in die Zufahrt, die gleich in einen ansteigenden **Karrenweg** übergeht.

> [**Abkürzung**: Weiter auf der **Straße** bis zum **Gasthof** Pistotnig. Die **Straße** senkt sich und beschreibt eine Linkskurve Richtung Obermieger/Zgornje Medgorje. Hier lohnt sich ein kurzer Abstecher nach rechts bis zu einem **Bildstock** mit schönem Panorama. Abstieg auf der **Straße** bis zur Kirche von **Mieger/Medgorje**. Zeitersparnis 20 Min.]

Man passiert ein weiteres Anwesen und steigt über eine weitere **Lichtung** zum Waldrand an. Gleich danach gabelt sich der **Weg**; man hält sich rechts und nimmt nach 50 m eine **Abzweigung** scharf nach links. Kurzer steiler Abstieg, bis man bei einer großen **Wiese** ins Freie tritt. Weiter am rechten **Wiesenrand** entlang eines Zaunes. An dessen Ende wendet man sich halb rechts in eine abschüssige **Fahrspur**, der man bis zu einer **Straße** folgt; auf dieser nach links. Man ignoriert diverse Hauszufahrten und passiert nach ca. 500 m einen **Bildstock**. Die Kirche von **Mieger/Medgorje** wird sichtbar. Abstieg auf der **Straße** bis zu einer Gabelung (**Bildstock**). Man geht rechts und gelangt zur **Kirche** (1:30 Std.). Besichtigung.

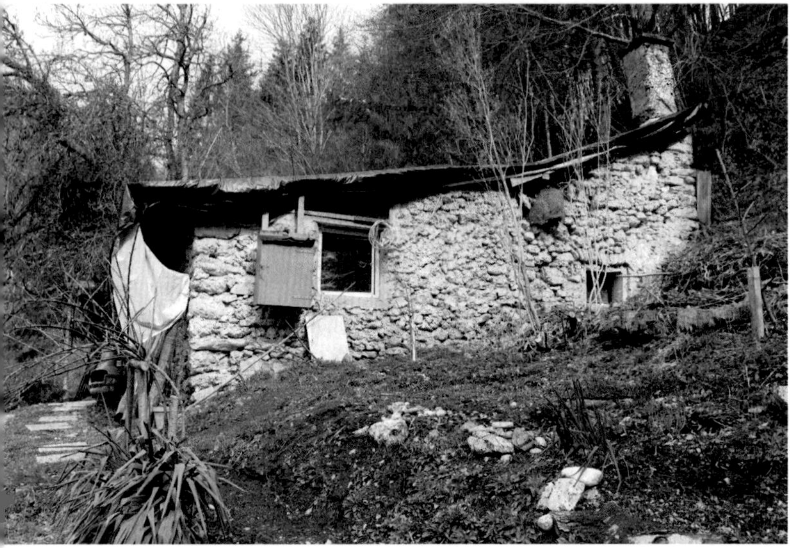

Im Mühlgraben bei Sabuatach/Zablate

Zurück zum **Bildstock**, dann nach rechts (Wegweiser »Haber«) bis **Untermieger/Spodnje Medgorje**, wo man die erste **Abzweigung** nach links zu den Häusern Nr. 5 und 6 nimmt. Der Asphalt endet sofort; Anstieg auf einem **Fahrweg** bis zu einer **Gabelung** vor einem Haus. Man geht rechts und nimmt bei der darauffolgenden **Dreifachgabelung** den mittleren Weg. Anstieg auf breitem **Hohlweg**; eine erste Abzweigung nach rechts wird ignoriert. Weiter steil bergauf, bis der Weg kurz abflacht; hier geht man scharf nach rechts bis zu einer großen **Wiese**. Der Weg verliert sich. Weiter links des **Weidezaunes** bis zu einem **Querweg**; auf diesem nach rechts. Der Weg dreht bald nach rechts und senkt sich in Richtung eines **Gehöfts**. Hier geht man (noch vor einer **Hochspannungsleitung**) scharf links in einen ansteigenden Weg. Kurzer heftiger Anstieg, bis der Weg wieder abflacht und auf einen **Querweg** trifft; auf diesem scharf rechts bergab. Man gelangt (die **Hochspannungsleitung** nun unterquerend) zu einer **Mehrfachkreuzung** und geht rechts. Abstieg auf dem anfangs tief eingeschnittenen **Hauptweg** bis zur Straße oberhalb der **Käferkeusche** (2:30 Std.).

Hier geht man links, passiert bald darauf die **Alte Schule** und nimmt eine **Abzweigung** nach rechts Richtung Obitschach/Običe

Nr. 3. Der Asphalt endet, man folgt dem **Fahrweg** bis zum **Häuschen** Nr. 20. Weiter auf einem **Karrenweg**, der sich in einen **Geländeeinschnitt** senkt und gabelt. Man hält sich links und steigt links eines **Zaunes** bis zu einer **Gabelung** oberhalb eines Grabens an. Hier geht man links und erreicht gleich darauf eine **Felsnase** mit schönen Blicken auf Kohldorf/Vogle und die Drau/Drava. Zurück zur **Gabelung**, dann scharf nach links und 100 m steil bergab bis zu einem **Querweg** bei einem Wasserbecken. Man geht links. 15minütiger Abstieg bis **Kohldorf/Vogle** (3:30 Std.).

AM WEGE

Östliche Sattnitz/Gure

Von Klagenfurt/Celovec aus betrachtet ist die Sattnitz/Gure ein bewaldeter Rücken ohne große Höhenunterschiede – kaum mehr als eine Hügelkette, jedoch hoch genug, um den Blick nach Süden zu versperren. Erst aus der Nähe zeigt sie ihre charakteristischen Merkmale: Steilhänge, die auf halber Höhe in fast senkrechte Felswände übergehen; Mischwälder, die im Frühjahr und Herbst prächtige Farbenspiele bieten; Quellen und Bäche, die allenthalben aus dem Boden sprudeln. Weniger anziehend ist der Häuserbrei, der über eine Geländeschulter herüberschwappt und eine Vorahnung von der Zersiedelung des Gebietes vermittelt.

Knapp 40 Kilometer lang, kaum fünf Kilometer breit und nicht einmal 1.000 Meter hoch gilt die Sattnitz dennoch als Gebirge, was auch der slowenische Name – Gure, d. h. Berge – zum Ausdruck bringt. Geologen bezeichnen sie als Konglomeratplatte, die im Zuge einer sogenannten Reliefumkehr entstanden ist. Formgebend war der Draugletscher, der in der Eiszeit das Geschiebe mit seinem Gewicht verdichtete und nach dem Abschmelzen die Grundmoräne als langgestreckten »Tafelberg« zwischen dem Rosental/Rož und dem Klagenfurter Becken zurückließ. Hinzu kam die Tektonik, sprich Auffaltung der Alpen, die das Konglomerat (im Wesentlichen eine verdichtete Mischung aus groben Flusssteinen und Sand) in mehrere Schollen, d. h. unterschiedliche Höhenstufen, zerbrechen ließ. Nicht zu vergessen die Kräfte der Erosion, die für die Herausbildung von etlichen Schluchten

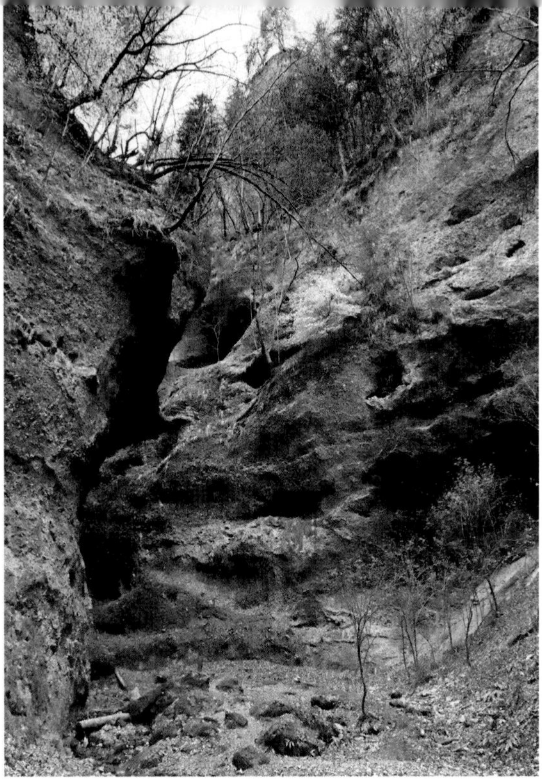

Konglomeratfelsen bei Gurnitz/Podkrnos

sowie der spektakulären Felsfluchten an den Rändern der Sattnitz verantwortlich ist. Somit haben es Wanderinnen und Wanderer mit einem besonders lebhaft gegliederten Gelände zu tun, bei dem sich sanft gewellte Plateaus, markante Hügel, steile Hänge und schroffe Abbrüche ständig abwechseln.

Formgebend sind auch mehrere Querachsen, wovon die Senke von Maria Rain/Žihpolje sowie der Sattel von Mieger/Medgorje die deutlichsten Einschnitte darstellen. Erstere teilt den Berg in zwei Hälften und ist seit Menschengedenken ein wichtiger Verkehrsübergang. Während der westliche Teil der Sattnitz zwei Flügel bildet, die sich dem Rosental/Rož bzw. dem Keutschacher Seental zuwenden, war der Osten lange Zeit eine Welt für sich. Nur wenige Kilometer südlich der Landeshauptstadt lag »ein bäuerlicher Traditionsraum, der bis gegen 1955 […] in seiner agraren Selbstgenügsamkeit verharrte«, so der Geograf und Historiker Klaus-Peter Arnold. Entsprechend weltabgewandt und rückschrittlich war die Gegend. An manchen Ecken spürt man das noch heute.

Das Gebiet hatte zu dieser Zeit rund 900 EinwohnerInnen, die fast ausschließlich von der Landwirtschaft lebten. Die Bedingungen waren alles andere als ideal. So standen den Bauern kaum ebene Anbauflächen zur Verfügung, sondern vorwiegend Wiesen und Äcker in Hanglagen, die nur mühsam bestellt werden konnten und überdies wenig ertragreich waren. Nicht immer hatten ihre Vorfahren die fruchtbarsten Böden gerodet, hatten sich doch die adeligen oder kirchlichen Waldbesitzer die besten Lagen gesichert. Zudem hat das Sattnitzkonglomerat karstähnliche Eigenschaften, die in den Höhenlagen die Wasserversorgung erschweren. Dolinen und Ponore (Schlucklöcher), denen man auf den Wanderungen begegnet, zeugen von seiner Durchlässigkeit. Regenwasser versickert rasch; Quellen und Oberflächengewässer sind rar. Bei Radsberg/Radiše gab es Höfe, deren Trinkwasserbrunnen fast 100 Höhenmeter unterhalb der Wohnhäuser lagen. Den trockenen Böden standen wiederum Feuchtgebiete und saure Wiesen gegenüber, die gar nicht genutzt werden konnten. Beispiele hierfür finden sich bei Schwarz/Dvorec oder Sabuatach/Zablate.

Den widrigen landschaftlichen Gegebenheiten entsprach die schwache Infrastruktur. Bis nach dem 2. Weltkrieg war der Zustand der Straßen und Güterwege katastrophal. So wies etwa der Fahrweg nach Skarbin/Škrbinja eine Steigung von 35 Prozent auf und scheiterte 1941 die Anschaffung eines Traktors in Radsberg/Radiše an der steilen Zufahrt. Der Ort war erstmals 1954 mit dem PKW erreichbar, wenngleich nur im Sommer. Eine Postautolinie nach Mieger/Medgorje (das nicht höher liegt als Maria Rain/Žihpolje) wurde 1952 wegen der schlechten Straßenverhältnisse wieder eingestellt. Radsberg/Radiše ist erst seit 1967 mit dem Bus erreichbar – zu einer Zeit, da private PKW noch kaum in Gebrauch waren. Auch in der Stromversorgung hinkte die östliche Sattnitz den Nachbarregionen weit hinterher. So wurde Sabuatach/Zablate erst 1970 an das Stromnetz angeschlossen und brach das Netz im Raum Mieger/Medgorje aufgrund der Mechanisierung der Bauernhöfe und der zunehmenden Bautätigkeit ständig zusammen. (Eine Versorgung durch ein Kraftwerk bei St. Margarethen im Rosental/Šmarjeta v Rožu war im Jahr 1939 von den BewohnerInnen ausgeschlagen worden.) Von 100 EinwohnerInnen hatten 1971 nur zwei einen Telefonanschluss.

Zur Isolation der Menschen trug auch die Siedlungsstruktur bei. Von den kleinen Kirchdörfern wie Radsberg/Radiše und Obermieger/Zgornje Medgorje abgesehen, gab es kaum örtliche Verdichtungen, sondern viele lose Streusiedlungen ohne engere nachbarschaftliche Beziehungen. Die Gemeinden Radsberg/Radiše und Mieger/Medgorje hatten schon früh einen Grundstein für die Zersiedelung gelegt, indem sie die Gemeindeämter und Schulen dezentral errichteten und damit die alten Dorfzentren schwächten. Postämter gab es nur in Ebenthal/Žrelec oder Grafenstein/Grabštanj.

Den Erhebungen von Klaus-Peter Arnold zufolge litt die Sattnitzgesellschaft in den 1960er Jahren unter mangelndem Gemeinsinn. Es war die Zeit der Hoferweiterungen und erster Modernisierungen, in der kollektive Anstrengungen besonders gefragt gewesen wären. Das Gegenteil war der Fall. In Mieger/Medgorje wurden die seit Generationen bestehenden Gemeinschaftsgründe auf 85 verschiedene BesitzerInnen aufgeteilt, was jahrelange Konflikte um Weiderechte und Waldnutzung nach sich zog. Streitigkeiten beim Wegebau oder dem Bau von Wasserleitungen standen auf der Tagesordnung. Wurden Grundstücke verkauft, dann vorzugsweise an Auswärtige, statt an die AnrainerInnen. Mangelnde Nachbarschaftshilfe zur Erntezeit war mit ein Grund für die oft unverhältnismäßige Mechanisierung der Landwirtschaften. So waren allein in Tutzach/Tuce drei Mähdrescher im Einsatz, die wohl für die gesamte Gemeinde gereicht hätten. Auch Miststreuer, Ladewagen oder Bindemäher wurden individuell angeschafft, da Maschinenringe strikt abgelehnt wurden. Traktoren waren ohnehin Prestigeobjekte, für die keine Kosten gescheut wurden. Entweder wurde dafür Wald geopfert – pro Traktor ein Hektar, lautete die Rechnung – oder Maschinenkredite in Anspruch genommen. Auch die Errichtung von Silotürmen – damals der letzte Schrei – war oft nur mit Hilfe der Bank möglich. Eine rasante Verschuldung der Höfe war die Folge, nämlich von durchschnittlich 250.000 auf 3,5 Mio. Schilling innerhalb von zehn Jahren.

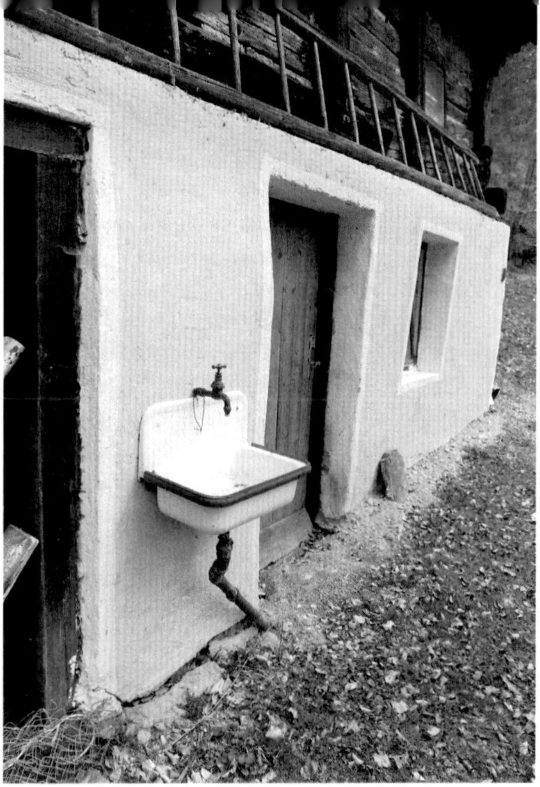

Keusche im Mühlgraben bei Kohldorf/Vogle

Den betrieblichen Investitionen wurde alles andere untergeordnet. Noch im Jahr 1970 wohnten viele Bauernfamilien in desolaten Häusern aus dem 18. oder 19. Jahrhundert. Meist waren es zweigeschoßige und geräumige Gebäude, die einst Großfamilien sowie Knechten und Mägden Platz boten. Für notwendige Reparaturen fehlte oft das Geld; an eine Generalsanierung war schon gar nicht zu denken. So verfügten nur ein Viertel aller Bauernhäuser über WC und Bad; jeder sechste Hof hatte weder Wasser- noch Stromanschluss (während bereits zwei Drittel einen Silo besaßen).

Hält man sich vor Augen, dass die Betriebe zu dieser Zeit durchschnittlich nicht mehr als sieben oder acht Rinder, dazu ein paar Schweine und Hühner besaßen, lässt sich ermessen, wie prekär die Lage der Bauern war. Das Geschäftsmodell der »Veredelung des Bodens über den Rinder- und Schweinemagen« (Arnold), sprich Fleisch- und Milchproduktion, war längst unrentabel geworden. Damit waren die Landwirte zum Nebenerwerb gezwungen und wurden in der Folge fast zwei Drittel der Arbeitslast am Hof von den Frauen getragen. Dazu kam eine zunehmende Überalterung, da sich von den Jungen immer weniger zur Übernahme der elterlichen Betriebe bereit erklärten.

Von der Unterkärntner Molkerei abgesehen, die nun die Abnahme der Milch garantierte, war es immer noch der Klagenfurter Benediktiner Markt, der den Bauern ein regelmäßiges Einkommen bescherte. Schon seit Generationen war der Wochenmarkt für die SattnitzbewohnerInnen das Tor zur Welt. Machte man sich früher mit Fuhrwerken auf den Weg in die Stadt, tat man dies nun mit dem Traktor oder Autobus. Feilgeboten wurden Butter, Topfen und Käse, Eier und Honig sowie Obst, Gemüse, Pilze und Beeren. Auch handwerkliche Erzeugnisse wie Holzzockel, Körbe und Besen fanden Absatz. In Sabuatach/Zablate stellte fast jeder Haushalt solche Produkte her. Die »Marktweiber« von der Sattnitz bildeten eine eigene (slowenischsprachige) Szene in der Kaufmanngasse.

Die Frauen galten als geschäftstüchtig, aber nicht alle waren im Lesen und Schreiben sattelfest. Das hatte mit der zweifelhaften Rolle zu tun, die das Schulwesen in ihrer Kindheit spielte. Es war darauf angelegt, die Kinder zu germanisieren, indem sie ab der zweiten Schulstufe auf Deutsch unterrichtet wurden. Vollzogen wurde das utraquistische System von deutschgesinnten Lehrern, die von der slowenischen Mehrheitsbevölkerung zum Teil offen angefeindet wurden. Gegenspieler der Lehrer waren slowenischorientierte Geistliche, die ihre Gemeindemitglieder im Widerstand gegen die Assimilation bekräftigten. In Radsberg/Radiše und Mieger/Medgorje erschwerten zudem lange und unsichere Schulwege den Schulbesuch. Auch herrschte Arbeitskräftemangel an den Höfen und bestand daher wenig Interesse, die Kinder länger als nötig zur Schule zu schicken. So nahmen im Winter und während der Erntezeit oft kaum mehr als die Hälfte der SchülerInnen am Unterricht teil. Für etliche Lehrkräfte wurde der Einsatz auf der Sattnitz/Gure geradezu als Strafe empfunden. Das Konfliktmuster deutschnationaler Lehrer vs. slowenischer Pfarrer findet sich in vielen Gemeinde- und Pfarrchroniken Südkärntens und ist auch in diesem Buch ein wiederkehrendes Motiv.

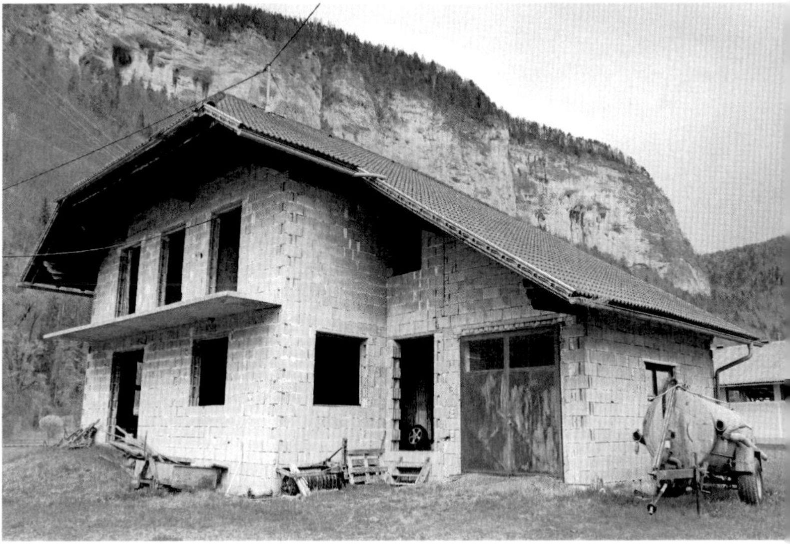

In Kohldorf/Vogle

Kohldorf/Vogle

Was man der Siedlung zugutehalten kann, ist das kompakte Ortsbild, weniger geglückt ist das Farbkonzept. Ein skrupelloser Baustoffvertreter hat hier AbnehmerInnen für seine giftigsten Fassadenfarben gefunden, vorwiegend waffenscheinpflichtige Gelbtöne mit einem Schuss Orange. Ein ganzer Bauernhof einschließlich eines Neubaues und aller Wirtschaftsgebäude wurde darin eingetunkt, nicht ohne vorher penibel renoviert worden zu sein. Makellos strahlt er mit dem signalgelben Musterhaus vis-à-vis um die Wette. Der benachbarte (ebenfalls gelbe) »Schandfleck« in Gestalt einer heruntergekommenen, von Gerümpel belagerten Keusche mutet da wie ein subversiver Kontrapunkt an. Weder hier noch dort ist eine Menschenseele zu sehen; man könnte denken, Kohldorf/Vogle sei im Aussterben begriffen. Ein aufgegebener Rohbau und die verwaiste Fremdenpension erhärten den Verdacht. Die letzten Überlebenden haben sich hinter hohen Festungsmauern aus Thujen und Gabionen verschanzt und blättern wahrscheinlich in einem Katalog für Gartendekor. Wer ihnen zu nahe kommt, könnte mit gelben Farbbeuteln beworfen werden.

Berg/Rute pri Medgorjah

EINKEHR:
Gasthaus Pistotnig. Es ist das letzte ganzjährig geöffnete Gasthaus im Umkreis von Mieger/Medgorje, Grund genug, nicht zu meckern. Von der westseitigen Terrasse erhascht man einen Blick auf das Klagenfurter Becken, der bald von den haushohen Thujen des Nachbarn verstellt sein wird. Sehenswert ist das Stillleben aus Plastikmistkübel, Kochgartenzwerg, KAC-Flaggen und Kaktus auf Waschbeton, nicht ungemütlich die rustikale Gaststube. »Wer unsere Wirtin ärgert und kränkt, wird aufgehängt«, steht hier zu lesen; dass die Drohung wahrgemacht wird, traut man manchen Stammgästen durchaus zu. Für Hungrige gibt's belegte Brote in Schuhgröße 48, bei Vorbestellung wird auch gekocht. 0043 4225 8223, 0043 650 2710452

Obermieger/Zgornje Medgorje

Das Kirchdorf besteht aus einer Handvoll Häuser, unter denen ein etwas schlawutziges, hell-türkisgrünes Haus mit schäbigem Stallgebäude hervorsticht. Eine prächtige Trauerweide beschattet eine glückliche Hühnerschar. Der weiße Hahn mit Migrationshintergrund ist so dicht befiedert, dass er es spielend mit dem Straußenpaar im Garten vis-à-vis aufnehmen kann. Zwei lebensgroße Bronzelöwen an der Einfahrt zum Nachbarhaus vervollständigen den exotischen Tierpark.

Den besten Platz über dem Scheitelpunkt der Miegerer Senke besetzt die spätgotische Kirche; weit nach Norden reicht der Blick vom Friedhof. Einen spannenden Kontrapunkt setzt das 2012 errichtete Pfarrgemeindezentrum aus Holz und Sichtbeton des Grazer Architekten Ferdinand Certov. Der Bau lehnt sich eng an den Hang über der Straße und öffnet sich im Obergeschoß mit einem schmalen Vordach zur Kirche. Das lässt an ein Wartehäuschen denken, was – am Eingang zum Aufbahrungsraum – durchaus Symbolkraft besitzt. Außerdem kommt es Wandersleuten zugute, die vom Regen überrascht werden.

Völkisch-religiöser Kitsch prägt das Kriegerdenkmal am Fuße der Kirche. Über dem Schriftzug »Den Toten zur Ehre« prangt ein Gemälde aus dem Jahr 1982, was den Eindruck des Ewiggestrigen noch verstärkt. Dargestellt sind vier Frontsolda-

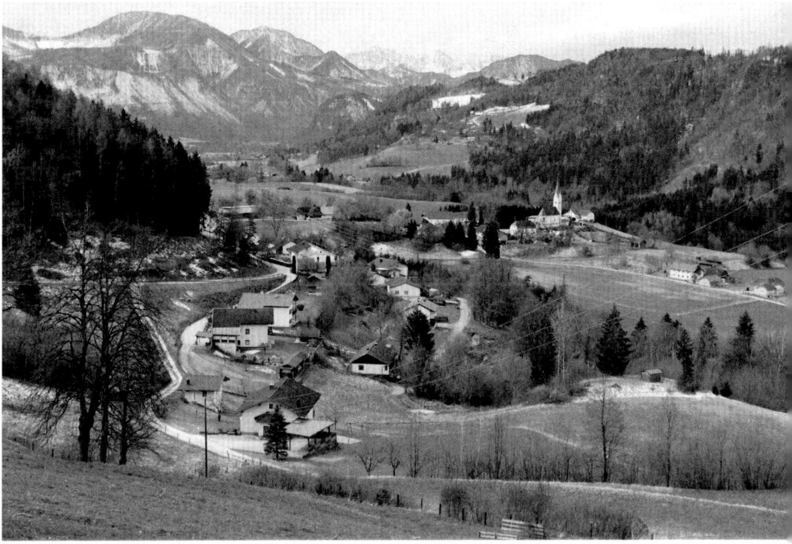

Blick auf die Miegerer Senke

ten, die gerade eine Siedlung in Brand schießen und dabei, wohl versehentlich, den Erlöser unter Feuer nehmen. Kolorierte Fotos der im 2. Weltkrieg Gefallenen und Vermissten des Dorfes finden sich in einem schlichten Bilderrahmen im Vorraum zur Kirche. Es sind 19 überraschend ausdrucksstarke Porträts von Halbwüchsigen und jungen Erwachsenen in Wehrmachtsuniformen, denen die Angst und düstere Vorahnung ins Gesicht geschrieben scheint.

Der ehemalige Pfarrhof ist mittlerweile Domizil des 1953 in Klagenfurt geborenen Künstlers Johanes Zechner. Im Garten ist eine birnenförmige, rotweiß gestreifte *Babuschka* zu sehen, die, so der Künstler, auf die »Geschichte der Wanderschaft meiner Urgroßmutter« verweist und »auf monumentale Weise Nicht-Geschichte abbildet«.

Von Markus Pernhart, der 1824 in Mieger/Medgorje geboren wurde, lässt sich das nur schwer behaupten. Als »erster slowenischer realistischer Landschaftsmaler«, so das *Slowenische biographische Lexikon*, porträtierte er die Kärntner und Krainer Landschaft in rund 1.200 romantischen Gemälden und akribischen Bleistiftzeichnungen. Begonnen hat er als Zwölfjähriger mit der

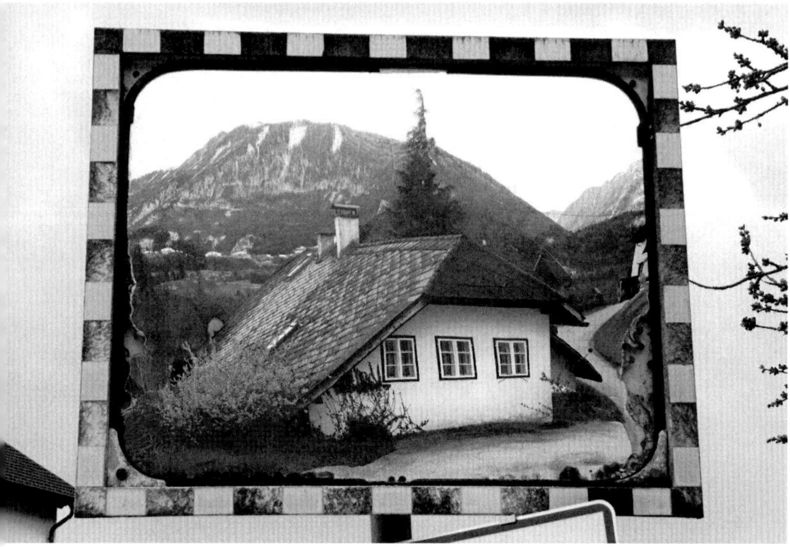

Käferkeusche in Obitschach/Običe

Bemalung von Bienenstockbrettern; ikonografisch wurden seine Darstellungen des Großglockners. Dass er Kärntner Slowene war und ursprünglich Marko Pernat hieß, ist kaum bekannt. Sein Geburtshaus (heute ein Carport) stand neben dem Haus Obermieger/Zgornje Medgorje Nr. 1, wo sich auch eine Gedenktafel befindet. »Landschaft und Berge sowie Burgen und Schlösser Kärntens waren seine Leidenschaft«, lautet die einsprachige Inschrift.

Obitschach/Običe

Mitte der 1960er Jahre erwarb der Künstler Heinz Goll mit Unterstützung seiner Mutter ein kleines Bauernhaus in Obitschach/Običe. Zu diesem Zeitpunkt hatte der Bildhauer, Maler und Galerist bereits das bekannte Wörtherseemandl in Klagenfurt geschaffen. In dem als Käferkeusche bezeichneten Häuschen sollten freies Theater, Musikdarbietungen, Kunstausstellungen und Lesungen stattfinden. Rasch entwickelte es sich zu einem Treffpunkt für Menschen aus allen Gesellschaftsschichten und wurde zu einem fixen Bestandteil der österreichischen Kunst- und Kulturszene. LiteratInnen wie Christine Nöstlinger, Peter Turrini, Robert Gratzer oder Gert Jonke trafen sich dort ebenso zum Gedankenaustausch wie die Kunstschaffenden Hans Bischoffshausen, Drago Druškovič und Werner Lössl.

1969 gründete der stets rebellische Heinz Goll das »Kunstkollektiv Mieger«. Junge KünstlerInnen und Heranwachsende, die der gesellschaftlichen Normen der älteren Generation überdrüssig waren, pilgerten nach Obitschach/Običe, wo sie »die Freiheit und Würde des Menschen« kennen lernen wollten«, so eine ehemalige Anhängerin Golls, der durchaus auch das Zeug zum Guru hatte. Ähnlich beschreibt Drago Druškovič diese Zeit: »Ich war unter zwanzig und von ihm [Goll] hatte ich nicht nur die handwerklichen Techniken der Kunst, sondern vor allem einige grundlegende Fragestellungen über den Sinn des Lebens und die Philosophie des kreativen Geistes gelernt.«

Unbestritten sind Golls Verdienste um Klagenfurts Kulturleben. So war er Initiator der ersten alternativen Kulturinitiativen »Kontaktofen« und »Spielkreis Kärnten«, deren ProtagonistInnen später bei der Gründung des selbstverwalteten »KommZ« in einem besetzten Stadthaus (heute Europahaus) mitwirkten.

Goll machte die Käferkeusche schließlich zu einer Art Kunsttherapiezentrum für drogenabhängige Jugendliche. Durch das Erlernen von Kunst- und Handwerksfertigkeiten in der bäuerlichen Abgeschiedenheiten sollten junge Erwachsene ihre Sucht überwinden. Vielleicht bestand der Erfolg gerade im liberalen Umgang mit den verbotenen Substanzen.

1974 wanderte Heinz Goll nach Südamerika aus und gründete in Caracas ein Atelier für Gemeinschaftskunst, das er »El Circulo 13« nannte. Wie in Obitschach/Običe fanden auch dort junge KünstlerInnen verschiedener Herkunft Aufnahme. Viele Jahre gab es einen intensiven kulturellen Austausch zwischen den beiden Wirkungsstätten Golls. Aus der Käferkeusche ging schließlich das Künstlerkollektiv X-Art hervor, das in Klagenfurt eine Kunstwerkstatt und Galerie betrieb. Ende der 1980er Jahre bezog Roman »Flo« Pfleger, der vom Spitzenkoch zum Keramikkünstler umgesattelt hatte, die Käferkeusche. Das kleine Anwesen blieb bis Mitte der 1990er Jahre Treffpunkt der alternativen Szene, ehe es endgültig in Privatnutzung überging.

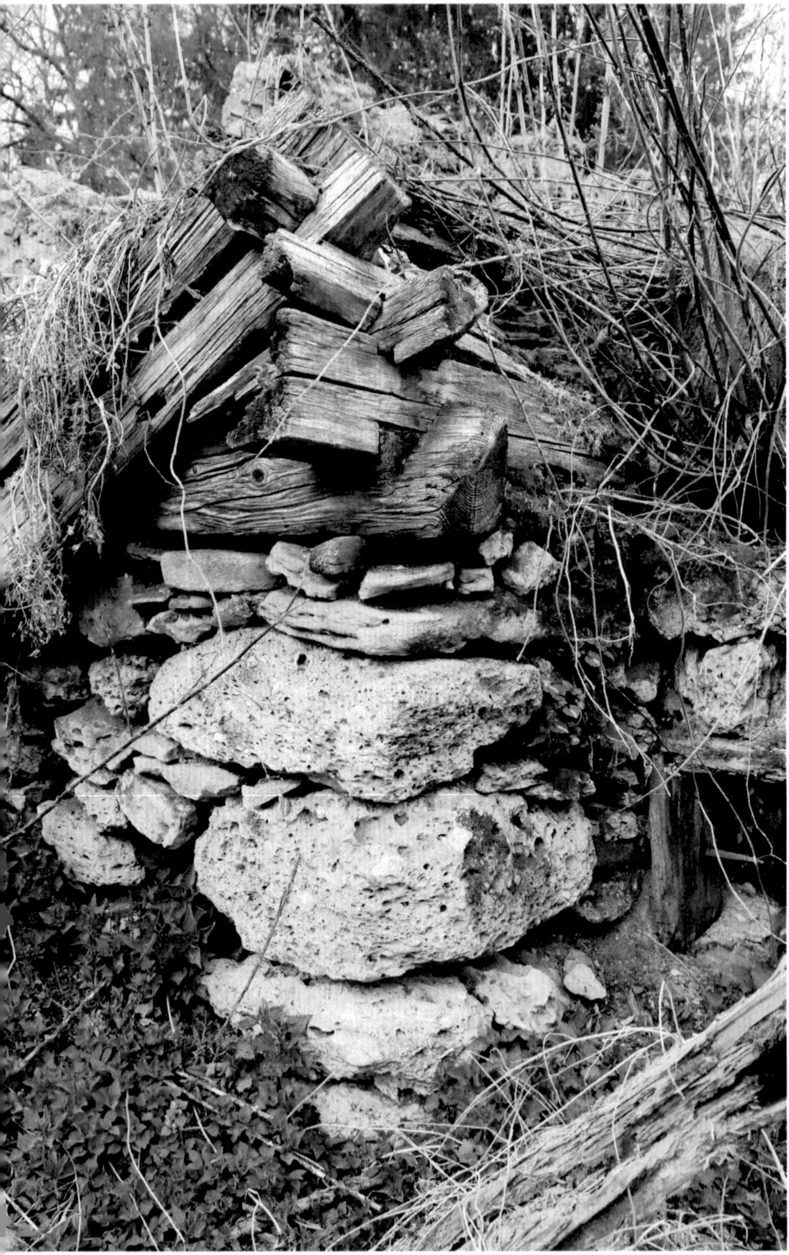

VII. VOM WALD VERSCHLUCKT
Wanderung bei Gurnitz/Podkrnos

Drei Ortschaften, die kaum gegensätzlicher sein könnten, bestimmen den Verlauf dieser Tageswanderung. Es sind dies die geschichtsträchtige Pfarre Gurnitz/Podkrnos, die slowenische Hochburg Radsberg/Radiše sowie das vergessene Dorf Spitzach/Špice. Dazwischen liegen eine romantische Schlucht, ein unberührtes Biotop sowie mehrere schöne Aussichtspunkte, für die man ein paar längere Waldstücke gerne in Kauf nimmt.

Von der alten Propstei am Fuße der Sattnitz/Gure steigt man auf einem historischen Saumweg zu einer Felsschulter oberhalb des Gurnitzer Wasserfalls an. Noch eine Weile begleitet einen das Rauschen des Baches. Eine Herde Gämsen verharrt am Steilhang. Man gelangt nach Spitzach/Špice, das längst vom Wald verschluckt wurde. Da und dort lugen noch Mauerreste zwischen den Fichten hervor. Einsam und verschlungen ist der Weg nach Radsberg/Radiše, nur gelegentlich lichtet sich die Vegetation. Endlich erscheint die mächtige Kirche und zeigt sich das Dorf von seiner besten Seite. Bescheiden sind die Häuser, noch unversehrt die Wiesen im Umkreis. War man bisher im Schatten unterwegs, wendet man sich nun dem Süden zu. Zwei Bildstöcke weisen den Weg über die Hochebene. Kälber glotzen, Wolken ziehen, der Hund an der Leine nicht minder. Zurück im Wald streift man am silbernen Höfleinmoor vorbei, zeigt Schwarz/Dvorec die kalte Schulter und nimmt Kurs auf Tutzach/Tuce. Schnurgerade und dennoch kurzweilig verläuft der Pfad. Noch einmal weicht man der Straße aus, um sich bei Lipizach/Lipica wieder Richtung Spitzach/Špice fallen zu lassen. Man erspäht zwei weitere Hausruinen und findet einen verrosteten Löffel. Schon etwas müde, rafft man sich noch einmal auf, um das Pünktchen auf dem i zu erklimmen. Atemberaubend ist der Blick nach Klagenfurt/Celovec; ein Sprung in die Tiefe, und schon ist man zurück am Ausgangspunkt.

Reste der Kaprol-Keusche in Spitzach/Špice

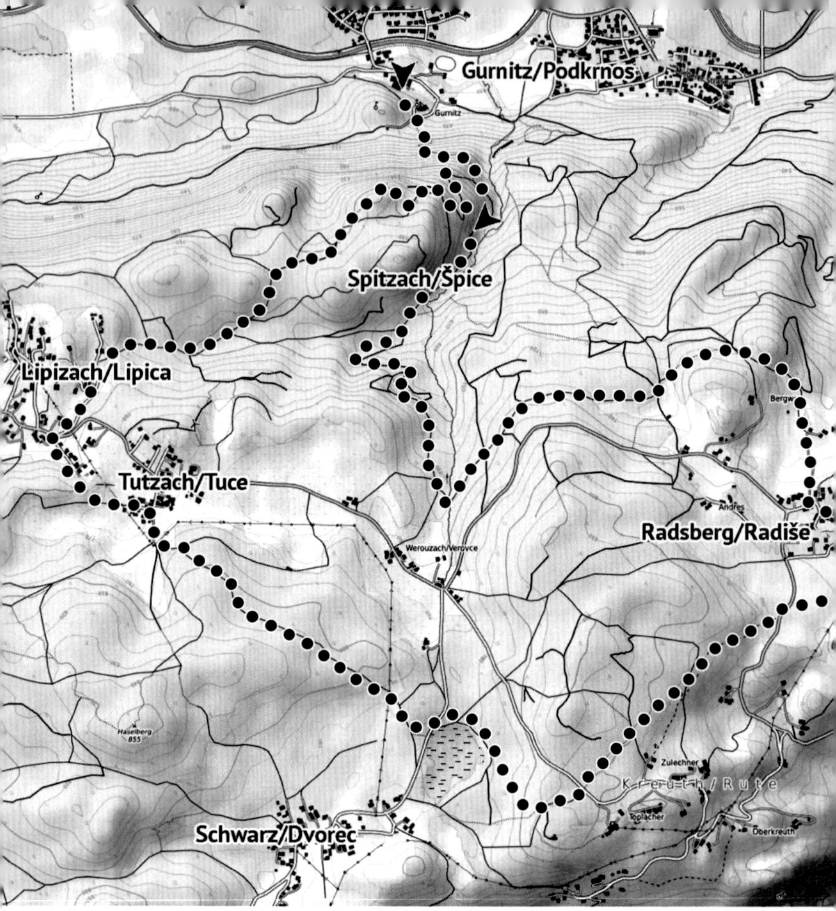

INFORMATIONEN ZUR WANDERUNG

LÄNGE: 15,5 km

ANSTIEGE: 600 m

GEHZEIT: 5:00 Std.

ANFORDERUNGEN: Ausdauer, Trittfestigkeit

KARTE: Kompass-Karte Nr. 65, Klopeiner See, Karawanken Ost

ORIENTIERUNG: anspruchsvoll

GASTSTÄTTEN: Gurnitz/Podkrnos

BUSVERBINDUNG: Linienbus Nr. 22 von Klagenfurt/Celovec, Heiligengeistplatz Richtung Gurnitz/Podkrnos, Haltestelle Rain Ebenthal, 10 Min. Fußweg bis zum Alten Bräuhaus

ANFAHRT: mit dem PKW von Klagenfurt/Celovec über Ebenthal/Žrelec nach Gurnitz/Podkrnos

WEGBESCHREIBUNG

Ausgangspunkt ist das **Alte Bräuhaus** unterhalb der Kirche von **Gurnitz/Podkrnos**. Man steigt vom Gasthof über eine überdachte Treppe zur **Kirche** an, geht (nach der Besichtigung des Friedhofs) rechts an dieser vorbei und folgt einem **Fahrweg** bergab. Bei der darauffolgenden **Linkskurve** geht man halbrechts in einen **Schotterweg** und wendet sich nach wenigen Metern nach links in einen ansteigenden **Weg**. Steiler, aber schöner Anstieg in mehreren Kehren, bis sich der Weg mit einem **Kammweg** oberhalb der Gurnitzer Schlucht vereinigt. Gleich darauf eine **Gabelung**; man geht geradeaus und steigt nach 30 m nach rechts zu einem breiten **Querweg** an; auf diesem nach links. Der Weg senkt sich kurz und steigt dann rechts des Grabens an, bis sich dieser nach 15 Min. mit einem von links kommenden **Weg** vereinigt. Man geht geradeaus. Gleich darauf ein breiter **Querweg**; man geht links.

> [**Abstecher**: Unmittelbar vor dem Querweg wendet man sich halbrechts in einen undeutlichen **Pfad**, der rechts eines verwachsenen Hohlwegs steil ansteigt und nach 150 m zur ersten **Hausruine** von **Spitzach/Špice** (der ehemaligen Pötz-Hube) führt. Besichtigung. 100 m oberhalb findet sich am Rande einer kleinen Lichtung eine weitere **Ruine** (vulgo Andui). Stimmungsvoller Rastplatz (1:00 Std.).]

Breiter **Forstweg**, der in zwei großen Kehren ansteigt und an den **Mauerresten** eines weiteren Gehöfts (vulgo Kaprol) von Spitzach/Špice vorbeiführt (1:15 Std.). Gleich darauf folgt man dem **Hauptweg** in einem großen Bogen nach links und umgeht eine **Lichtung**. Man gelangt wieder in den Wald und passiert einen **Schranken**. Gleich danach wird eine **Abzweigung** nach rechts ignoriert. Bei der darauffolgenden **Kreuzung** geht man links und quert kurz darauf ein **Bächlein**. Eine **Abzweigung** nach rechts wird ignoriert. Bei einer weiteren **Kreuzung** geht man geradeaus. Man folgt dem **Hauptweg**, die Richtung beibehaltend, bis man nach etwa 10 Min. ins Freie tritt. Weiter am linken Rand einer **Wiese** bis zu einem breiten **Querweg**; auf diesem nach links. Man betritt erneut den Wald und wendet sich nach 20 m nach rechts in einen **Pfad**. Man passiert eine **Futterkrippe** und folgt dem bald eben verlaufenden **Weg** (nach etwa 5 Min. eine Abzwei-

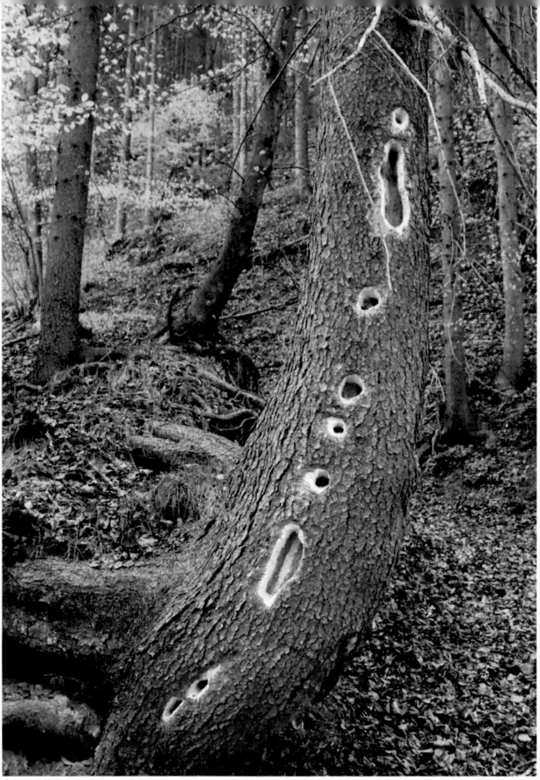

Beim Aufstieg nach Spitzach/Špice: Spechtlöcher

gung nach rechts ignorierend) bis zu einer **Sechsfachkreuzung**. Hier nimmt man die **zweite Abzweigung** nach rechts. Bald darauf ignoriert man eine untergeordnete Abzweigung nach rechts und tritt ins Offene. Die **Fahrspur** dreht kurz darauf nach rechts, vereinigt sich mit einer von links kommenden und steigt zu den ersten Häusern von **Moosberg/Kajže** an. Von hier steigt man auf dem **Zufahrtssträßlein** zu einer **Querstraße** an; auf dieser nach links. Nach wenigen Metern geht man rechts, hält sich bei einer **Gabelung** links und begibt sich zur **Kirche** von **Radsberg/Radiše** (2:15 Std.). Besichtigung des Friedhofs, schöner Rastplatz.

Von der Kirche geht man links am **Pfarrhof** vorbei und wendet sich bei einem großen **Kapellenstock** scharf nach links [100 m geradeaus das **Denkmal für die Deportierten**]. Nach 50 m folgt man einem schönen **Feldweg** nach rechts bis zu einem weiteren **Bildstock**. Hier wendet man sich nach rechts und wandert auf schmalem **Pfad** rechts an einem **Trafohäuschen** vorbei bis zu einer **Querstraße**; auf dieser nach links. Nach 100 m geht man auf einem **Feldweg** nach rechts. Sanfter Anstieg am **Waldrand**; eine Abzweigung nach rechts wird ignoriert. Schönes Panorama. Bei einer **Wegkreuzung** geht man geradeaus und passiert bald darauf einen **Bildstock**. Gleich darauf wendet man sich scharf nach rechts, steigt kurz zu einem **Querweg** an; auf diesem nach links. Man folgt dem **Weg**, eine Abzweigung nach rechts ignorierend, bis zu einer weiteren **Kreuzung**; man geht geradeaus und ignoriert kurz darauf eine Abzweigung nach rechts. Bald danach senkt sich der Weg zu einer **Straße**, welche man quert.

Nach gut 200 m dreht der **Hauptweg** nach links; man geht geradeaus. Nach wenigen Metern eine **Gabelung**; man hält sich rechts. Gleich wieder eine **Gabelung**; man geht wieder rechts. Angenehmer Weg, der sich allmählich zum **Uferweg** des **Höfleinmoors** senkt; auf diesem geradeaus (3:00 Std.).

Man umgeht das Biotop, sämtliche Abzweigungen nach rechts ignorierend, und trifft auf eine **Straße**, welche man quert. Kurzer Anstieg bis zu einem **Querweg**; auf diesem nach rechts [links eine Rastbank]. Sanfter Anstieg am Waldrand mit Blick auf **Schwarz/Dvorec**, bis man nach 300 m erneut den **Wald** betritt. Gleich darauf wird eine Abzweigung nach links ignoriert. Angenehmer, fast ebener Weg. Bei einer **Gabelung** hält man sich rechts, die Richtung beibehaltend. Nach 15 Min. vereinigt sich der **Weg** mit einem von rechts kommenden. Man geht geradeaus und folgt einem **Hohlweg** bis zu einem **Fahrweg**; auf diesem nach rechts. Man erreicht die ersten Häuser von **Tutzach/Tuce** und nimmt die erste **Abzweigung** eines Sträßleins nach links (3:30 Std.). Der Asphalt endet, weiter auf einem schönen **Feldweg**. Nach 200 m wendet man sich bei einem **Grenzstein** nach rechts, steigt auf einem **Pfad** zu einem Hügelkamm an und folgt diesem halbrechts zu den ersten Häusern von **Lipizach/Lipica**. Weiter auf dem Zufahrtsweg bis zur **Hauptstraße** (Bushaltestelle, 3:45 Std.).

Man quert die **Straße** und folgt halbrechts dem Wegweiser »Vulgo Pongratz« bis zum Haus Nr. 9. Hier wendet man sich nach rechts in ein abschüssiges **Sträßlein** (Radfahrverbot). Der Asphalt endet sofort. Man folgt dem **Hauptweg**, drei Abzweigungen nach links ignorierend bis zu einer großen **Dreifachgabelung** (kurz davor ein Schranken mit Fahrverbotstafel). Man nimmt den **mittleren Weg** und folgt nach 70 m einer Abzweigung nach rechts. Nach 200 m erscheinen rechter Hand die **Reste eines weiteren Hauses** von Spitzach/Špice.

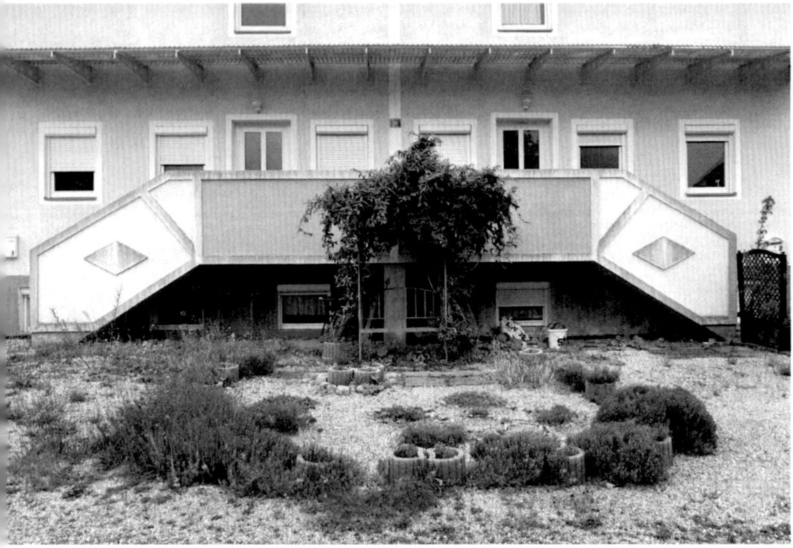

Wohnhaus in Radsberg/Radiše

Der Weg steigt kurz an und dreht nach rechts. Hier folgt man einer untergeordneten **Abzweigung** nach links bis zu einem **Forstweg**; auf diesem nach rechts. Bequemer **breiter Weg**, erst fast eben, dann sanft bergab; zwei untergeordnete Abzweigungen werden ignoriert. Bald steigt der Weg wieder leicht an. Kurz darauf (rechts eine **Umzäunung**) wendet man sich nach links in einen ansteigenden **Pfad**. Kurzer heftiger Anstieg bis zu einer **Hügelkuppe**, von dort links bergab zu einem **Aussichtspunkt** mit großem Metallkreuz (4:00 Std.).

20 m zurück, dann auf einem **Pfad** nach links. Steiler Abstieg bis zum **Forstweg**; auf diesem nach links. Moderater Abstieg auf dem **Hauptweg** in etlichen Schleifen bis zur **Einmündung** des bereits bekannten Weges oberhalb der Gurnitzer Schlucht. Man geht links und steigt zum Ausgangspunkt ab (5:00 Std.).

AM WEGE

Gurnitz/Podkrnos

»Bei Tag wird dir die Sonne nicht schaden, nicht bei Nacht der Mond, Ps. 120«, ließ einst der Propst von Gurnitz/Podkrnos auf Lateinisch an die Außenwand der Kirche schreiben – wohl ein ironischer Kommentar zur extremen Schattenlage seines Sitzes. »Denn wirklich«, heißt es im Franziszeischen Kataster, »ist dieses durch 3 Monathe nehmlich von halben November bis halben Februar der Fall, daß der Radsberg diesem Orte Sonn- und Mondlicht entzieht«. Wer Gurnitz/Podkrnos im Winter aufsucht, ahnt, wie ungemütlich es in der Propstei zu dieser Jahreszeit werden kann. Bis ins späte Frühjahr scheinen Frost und Feuchtigkeit nicht aus dem alten Gemäuer zu weichen. Dem pittoresken Anblick des Ensembles, bestehend aus burgartigem Pfarrhaus, mächtiger Kirche, kaum sichtbarer Burgruine sowie ehemaligem Herrenhaus, tut dies keinen Abbruch.

Dass manche Pröpste (höher gestellte Pfarrer mit eigenen Pfründen und Ländereien) Gurnitz/Podkrnos als Verbannungsorts empfanden, hat nicht nur mit der ungünstigen topografischen Lage zu tun, denn die Propstei zählte seit jeher zu den ärmsten ihrer Art in Kärnten. Sie wurde im Jahr 1240 gegründet und erlebte in den Anfängen eine beachtliche Fluktuation an Chorherren und Kanonikern, wie ihre Vorsteher ebenfalls genannt wurden. Dokumentiert ist etwa, dass Gurnitz/Podkrnos in dieser Zeit mangels Einnahmen nur marginal zur Finanzierung der Kreuzzüge beitragen konnte. Berichte über Verschuldungen und bauliche Mängel ziehen sich über alle Jahrhunderte.

Erst ab 1500 treten unter den Pröpsten nennenswerte Persönlichkeiten in Erscheinung, allen voran Jakob Unrest, der als einer der bedeutendsten Geschichtsschreiber Kärntens gilt. Als Zeitzeuge der Türkeneinfälle und des Ungarnkrieges verfasste er nicht nur eine Kärntner, sondern auch eine österreichische sowie ungarische Chronik. Einen Namen machte sich auch Andreas Latomus, Propst um 1600, indem er bei einer bischöflichen Visitation zu Protokoll gab, dass er mit zwei Konkubinen vier Kinder hatte und mit einer dritten Frau seit Jahren das klamme Bett in Gurnitz/Podkrnos teilte. Als Faulpelz, der »das ganze Jahr auf dem Polster des Missiggangs sizet«, ging Propst Johann Josef von Inzaghy um 1700 in die Geschichte des Ortes ein. Ganz der Seelsorge verschrieb sich Josef Ulrich Aichwalder, dem die Propstei 1767 verliehen wurde. Größtes Anliegen war ihm die Einhaltung des sechsten Gebotes durch seine »Pfarrinsassen«, weshalb laut Pfarrchronik »ledige Mütter mit Schandmalen in der Kirche öffentlich zur Schau gestellt und so gestraft« wurden.

Ein Mann der Aufklärung war hingegen Propst Josef Anton Mitsch, der Immanuel Kant verehrte und als Freimaurer Schriften gegen das Wallfahrtswesen verfasste. Im Übrigen ließ er 1824 eine hölzerne Wasserleitung von Spitzach/Špice nach Gurnitz/Podkrnos bauen; zuvor war man auf Brunnenwasser angewiesen.

Von den slowenischsprachigen Pröpsten zeugen am Friedhof mehrere schöne Grabsteine. Hervorzuheben sind Šimon Pečnik, der im Revolutionsjahr 1848 »die entfesselte Bevölkerung beruhigte« und der grassierenden Trunksucht, Untreue und Unzucht in der Pfarre den Kampf ansagte; sowie Anton Valentinič, dem man »gute Manieren und musterhaftes Verhalten (kein Trinker, kein Spieler)« attestierte. Weniger schmeichelhaft fiel das Urteil über Propst Johann Wieser aus: »kathetische Methode mangelhaft, Funktion am Altar mehr schlendrig, Manieren am Pfarrhof verbesserungswürdig«.

Im Unterschied zu vielen Pfarrern in anderen zweisprachigen Gemeinden verhielt sich derselbe während des Kärntner Abwehrkampfes und der jugoslawischen Besatzung politisch neutral. Sein Nachfolger fand nach 1920 eine »betrübliche Situation« vor: »Die Menschen sind der Kirche gegenüber indifferent und gleichgültig geworden, dafür hat das Trinken und der Beischlaf stark zugenommen [sic!].« Außerdem »werden hier nur mehr Deutsche wohnen, wenn die ganze Verdeutschung noch 30 Jahre weitergeht.« Die Leute seien »zwar Slowenen, aber ihr Denken ist deutsch«. Daran vermochte auch Valentin Limpel nichts mehr zu ändern, der zuvor als Pfarrer von Kappel an der Drau/Kapla ob Dravi dem serbischen König gehuldigt hatte und von einem »heimattreuen« Kärntner angeschossen worden war. Er wurde gegen den Willen des Bauernbundes sowie der örtlichen Sozialisten als Propst installiert und trat aufgrund der Proteste der Deutschnationalen nach einem Jahr wieder ab.

Gurnitz/Podkrnos schien in der Zwischenzeit zu einer Keimzelle des Deutschnationalismus und Nationalsozialismus geworden zu sein. So wurden nach dem Juliputsch 1934 vierzehn »Illegale« verhaftet und stieg im Ständestaat der Druck auf die jeweiligen Seelsorger, nur noch auf Deutsch zu predigen und

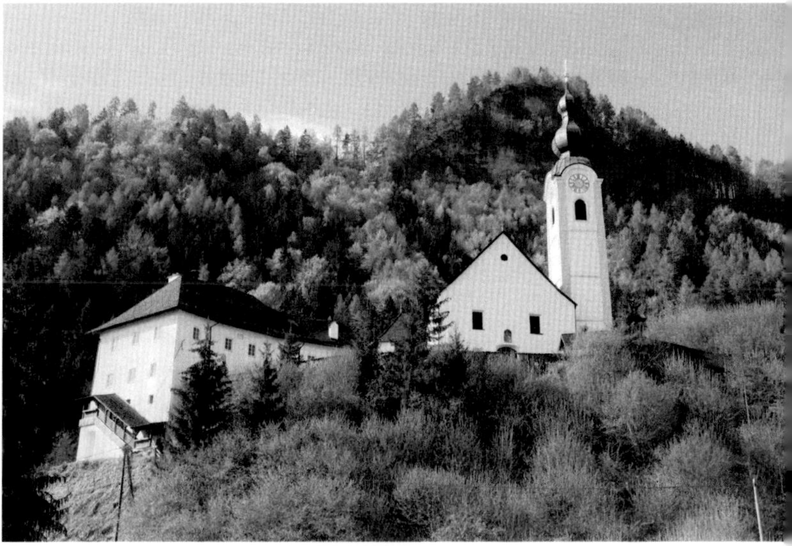

Propstei und Pfarrkirche von Gurnitz/Podkrnos

zu unterrichten. Nach dem »Anschluss« nahmen der Ortsgruppenführer, der Bauernführer sowie mehrere Parteimitglieder den Provisor Erhard Schmid »ins Gebet« und unterbanden schließlich jedes slowenische Wort in der Pfarre. 1941 devastierten Wehrmachtssoldaten die Propstei, zwei Jahre später wurden die Wohn- und Repräsentationsräume von Nazis in Beschlag genommen. Im letzten Kriegsjahr dienten sie 30 Bombenflüchtlingen als Notquartier.

Auch der bewaffnete Widerstand schlug sich in Gurnitz/Podkrnos nieder. Die Chronik berichtet von einem Partisanenüberfall auf zwei Bauernhöfe sowie der »Plünderung« eines Gasthauses durch »30 Männer und Weiber«. Am Friedhof erinnert zudem ein verwitterter Obelisk »an die Ermordung von 20 Soldaten am 11. Mai 1945 und 33 weiterer meist aus dem Osten stammenden Personen durch jugoslawische Partisanen«. Auf welchen Vorfall sich die Inschrift bezieht, lässt sich nicht eruieren.

»Er wird selig werden, doch nicht anderst [sic!] als durch das Feuer«, steht über dem Eingang der Gurnitzer Friedhofskapelle zu lesen. Sie stammt aus dem 18. Jahrhundert und diente als

Gruft der Pröpste, wobei hier nie mehr als zwei Verstorbene gleichzeitig Platz fanden. Kurios ist die kulissenhafte Darstellung des Fegefeuers unterhalb des Altartisches, das an einen offenen Kamin erinnert und mehr heimelig als abschreckend wirkt. Einer Geisterbahn scheint Gevatter Tod mit Sense und Stundenglas an der Westseite der Kapelle zu entstammen.

Wesentlich kunstvoller ist die Propsteipfarrkirche St. Martin gestaltet (die an Wochentagen meist versperrt ist). Außen nahezu schmucklos, überrascht sie im Inneren mit einer ansprechenden Mischung aus Spätbarock und Klassizismus, der die jüngste Renovierung augenscheinlich gut getan hat. Auffallend sind die unterschiedlichen Farbkonzepte des Hauptaltars und der Seitenaltäre, die sich in den wolkenartigen Deckenmalereien fortsetzen. Es sind keine großen Kunstschätze, die hier ausgestellt werden, sondern ein lebhaftes Figurentheater, das von echtem und falschem Marmor in Rot, Grün und Blau sowie von goldenen Verzierungen umrahmt wird. Nähere Betrachtung verdient die Kanzel, auf deren »Überdachung« ein gutes Dutzend Engel herumflattert. Vier der Putten sind Allegorien der Kontinente: Europa trägt die Kaiserkrone, Asien den Turban, Amerika einen Federhut und Afrika ist als dunkelhäutiger Engel dargestellt. Eine weitere Rarität verbirgt sich in der Sakristei. Es ist ein fast raumfüllender, üppig verzierter Schrank mit allerlei Türen und Laden sowie naiven Heiligenbildern, der auf die besonderen Ansprüche eines Propstes schließen lässt, zumindest in vergangenen Zeiten.

Der heutige Amtsinhaber, Monsignore Anton Granitzer, ein freundlicher und hochgebildeter Mann (geb. 1936), führt alles andere als ein Luxusleben. Falls es seine Zeit und die körperliche Verfassung erlauben, gewährt er Interessierten einen Blick in die Propstei, die sich augenscheinlich in einem bemitleidenswerten Zustand befindet. Das erste Wandbild im Flur bringt die Lage auf den Punkt: Ein gealterter Hirte steht gesenkten Kopfes im Abendrot, so demütig und resigniert, dass es Gott erbarmt. Vis-á-vis schmachtet die Schmerzensreiche zum Himmel, darunter weist ein Zettel in einer Klarsichthülle zur »Wichtelstube« im ersten Stock. Diese erweist sich als der ehemalige Empfangssaal des Propstes; eine Puppenküche aus Plastik und andere Spielsachen kontrastieren die lückenhafte Ahnengalerie der ehemaligen

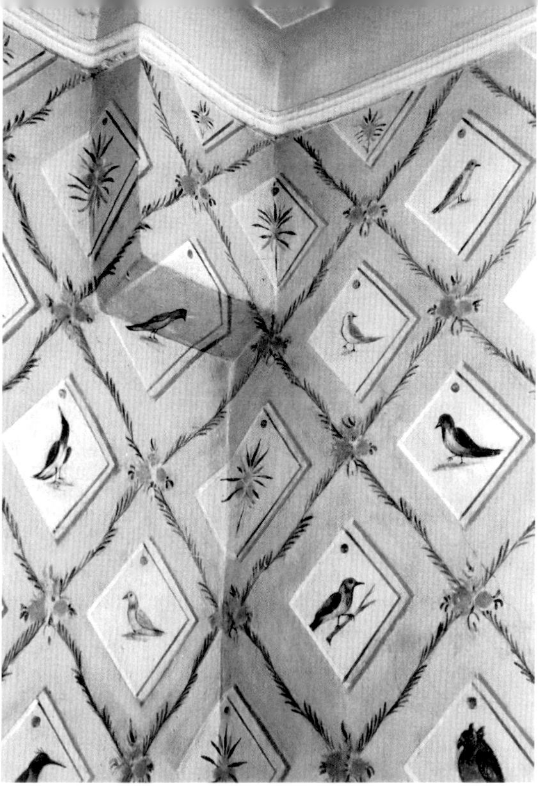

Vogelzimmer in der Propstei von Gurnitz/Podkrnos

Hausherren. Zweckentfremdet hat man auch das ehemals noble Gästezimmer, indem man eine hässliche Theke samt Abwasch eingebaut hat. Auch sonst wurde nicht mit Sperrmüllmöbeln gespart. Bleibt das sogenannte Vogelzimmer, einst der prächtigste Raum der Beletage. Um 1800 hat hier ein unbekannter Künstler die Wände mit 239 Fantasievögeln und einer Spinne bemalt; aus welchem Grund, ist nirgends dokumentiert. Vermutet wird, dass in dem Zimmer durchaus weltlichen Interessen nachgegangen wurde. Was heute ein Kunstdenkmal von Rang sein könnte, fiel in den 1990er Jahren einer dilettantischen Restaurierung zum Opfer. »Die liebevollen Details der Vögel wurden rücksichtslos mit Kohlestift überarbeitet, wodurch die ursprünglichen Feinheiten und Farben großteils verloren gegangen sind«, heißt es in der Festschrift zum 800. Jubiläum der Pfarre. »Ein Jammer«, bekräftigt Granitzer und müht sich über die steilen Stufen ins Erdgeschoß.

Gänzlich in Vergessenheit geraten ist, dass Gurnitz/Podkrnos im 19. Jahrhundert ein Industrieort und damit (auch) proletarisch geprägt war. Alte Fotografien zeigen ein »Gewerbegebiet« mit einer Bleiweißfabrik, einer großen Schmiede sowie einer Brauerei. Im benachbarten Ebenthal/Žrelec boten außerdem eine »Kotzen-Fabrik«, die von ArbeiterInnen der Viktringer Tuchfabrik Moro gegründet wurde, sowie eine Ziegelfabrik Arbeitsmöglichkeiten. Das sicherte den Gurnitzer Keuschlern und Kleinbauern das Überleben, deren Nachkommen heute den Ort flächendeckend verbaut haben. Bereits 1975 schrieb die Kärntner Kulturzeitschrift *Brücke* von »krebsartigen Wucherungen« und »freistehenden Einzelbauten«, mit denen die Landschaft »vollgepflastert« wurde. Dem ist nichts hinzuzufügen.

EINKEHR:
Gasthaus Felsberger, ehemals Bräuhaus. Vier mächtige Linden beschatten den Sitzgarten mit rund 30 Tischen und ein paar Spielgeräten für Kinder. Die Kulisse bildet ein imposantes Herrenhaus aus dem 16. Jahrhundert, in dem seinerzeit Steinbier gebraut wurde. Zwei Gaststuben mit flachem Gewölbe und rustikalem Zierrat zeugen von der guten alten Zeit. Nostalgisch könnte man auch bei der »Jause aus eigener Landwirtschaft« werden, wo sonst bekommt man noch ein bloßes Butterbrot? Bis zum Erscheinen dieses Buches bildeten alte weiße Männer das Stammpublikum, heute wird das Gasthaus hauptsächlich von jungen Wanderinnen mit Migrationshintergrund frequentiert. 0043 463 73142

Spitzach/Špice

»Es gab keinen Krieg, es gab keine Pest, Menschen Gottes, wohin seid ihr verschwunden?«, schrieb in den 1950er Jahren die slowenische Wochenzeitschrift *Naš tednik*. Die Frage richtete sich an die ehemaligen BewohnerInnen des versunkenen Dorfes unterhalb von Lipizach/Lipica. Wer sich auf dem alten Verbindungsweg von Gurnitz/Podkrnos dorthin begibt, nimmt einen von Fichten dominierten Wald wahr, der von Sturmschäden und Aufforstungen geprägt ist. Bilder einer natürlichen Vegetation werden kaum geboten und schon gar nicht die einer alten Kulturlandschaft. Und doch bewirtschafteten hier einst neun Bau-

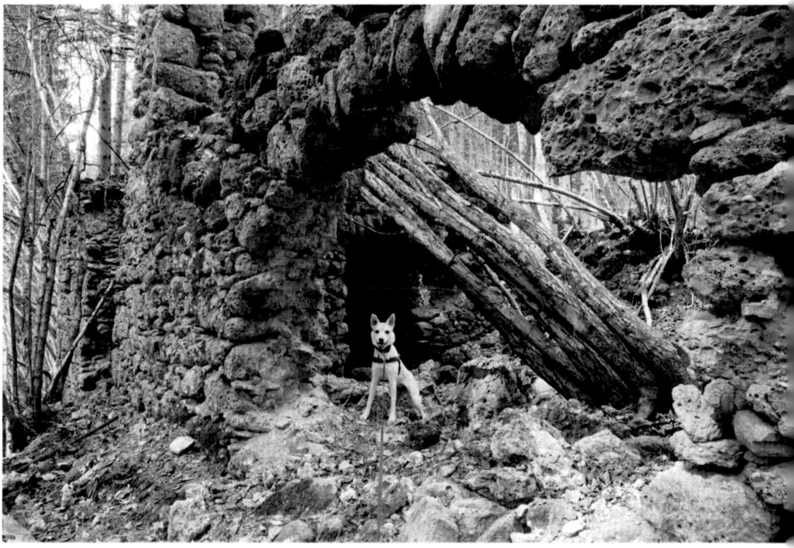

Ruine der Pötzhube in Spitzach/Špice

ernfamilien ihre Felder und Wiesen, die sie vor vier Jahrhunderten durch Rodung geschaffen hatten. Der Überlieferung nach waren die Siedler auf der Flucht vor den Türken hierher gezogen, wahrscheinlich wurde ihnen aber der Boden von den Grundherren zugewiesen. Es waren dies die Grafen Goëss in Ebenthal/Žrelec sowie der Propst von Gurnitz/Podkrnos. Sie nannten den Ort »Am Spiz«, woraus später Spitzach/na Špicah wurde – der seltene Fall der Slowenisierung eines deutschen Namens.

Die KeuschlerInnen hatten durchschnittlich eineinhalb bis zwei Hektar Grund zur Verfügung, also etwa drei Äcker, eine größere Streuobstwiese und ein wenig Wald. Dafür mussten sie an die Grundherren allerlei Abgaben wie »Siedelpfenning, Zins, Steuer, Eier, Hühner, Kapaun und Gespunst« entrichten und waren zu »Robot nach Begehren« verpflichtet. Im Gegenzug durften sie aus den Wäldern der Herrschaft Klaubholz und Streu entnehmen sowie ihr Vieh dort weiden. Letzteres bestand, von den Hühnern abgesehen, aus maximal vier Kühen und zwei bis drei Schweinen pro Hof. Während der Grund und Boden im Besitz der Herrschaft blieben, standen die Keuschen im Eigentum der Bauern. Wurden sie an die Kinder vererbt, waren zusätzliche

Abgaben oder Robotdienste fällig. »Steuerhinterziehungen« oder der Diebstahl von Nutzholz aus dem Herrschaftswald wurden vom Grafen mit Arrest »bey Wasser und Brodt« bestraft. Der Kerker befand sich im Ebenthaler Schloss.

Nach 1848 waren die Bauern zwar ihre eigenen Herren, verloren aber »Privilegien« wie Weiderechte im Herrschaftswald oder die Entnahme von Brennholz. Rasch gerieten sie durch Verschuldung in neue Abhängigkeit von den ehemaligen Grundherren. Abwanderung und Notverkäufe waren die Folge. 50 Jahre später waren in Spitzach/Špice nur noch zwei von ehemals fünf Großfamilien ansässig. »Alle anderen hatten ihre Heimat bereits verlassen, die ihnen nur unter kärglichsten Bedingungen eine Existenz geboten hatte«, so der Geograf Klaus-Peter Arnold.

Bei der hier empfohlenen Wanderung stößt man auf die Ruinen bzw. Grundmauern von vier verstreuten Gehöften. Am besten erhalten sind die Mauerreste der Pötzkeusche, auf die man beim Aufstieg von Gurnitz/Podkrnos als erstes trifft. Ein grob gemauerter Torbogen, zweigeschoßige Eckelemente aus zentnerschweren Quadern sowie die Reste eines weit gespannten Gewölbes lassen an eine mittelalterliche Burganlage denken. Der im 17. Jahrhundert erbaute Hof gelangte 1784 in den Besitz der Familie Hribernigg und blieb es bis Ende des 19. Jahrhunderts. Der Enkel des Stammvaters, Martin Hribernigg, soll noch im hohen Alter täglich ein 40-Liter-Fass Wasser vom tiefer gelegenen Gurnitzbach zu seinem Haus geschleppt haben. Seine Frau Ursula war als »Kräuterweib« bekannt, das allerlei Salben und Arzneien herzustellen wusste. Sie gebar zehn Kinder, wovon zwei schon im Säuglingsalter starben. Ihr ältester Sohn Miha kam 1868 bei einer Wirtshausrauferei zu Tode. Auch sein Bruder Andreas neigte dem Alkohol zu, verschuldete sich und musste das Anwesen veräußern. Er behielt jedoch mit seiner Mutter das Wohnrecht.

Seit 1719 ist die Geschichte der zweiten Großfamilie namens Rogaunig dokumentiert. Sieben Generationen, mit jeweils bis zu sieben Kindern, prägten maßgeblich das Leben in Spitzach/Špice. Trotz widrigster Bedingungen und schwerer Schicksalsschläge gelang es ihnen, ihren Besitz nach und nach zu vergrößern. 1890 verteilte sich die Familie auf vier von insgesamt sechs

Gehöfte. Auch die Andui-Keusche neben dem Pötz-Hof sowie die Ferde-Hube (an deren Resten man gegen Ende der Wanderung vorbeikommt) gehörten dazu.

Zur Jahrhundertwende war der Niedergang der Ortschaft nicht mehr aufzuhalten: »Mit dem Eindringen der Marktwirtschaft in diesen weitgehenden Selbstversorgungsraum wurde die Lage unhaltbar. Die Keuschen gerieten immer mehr in Schulden und konnten bald nicht einmal mehr die geringen Steuern bezahlen. In dieser deprimierenden Situation wurde teilweise die Zuflucht im Alkohol gesucht, welche die Lage verschlimmerte.« (Klaus-Peter Arnold)

Das wirft die Frage auf, warum zu dieser Zeit auf der Sattnitz/Gure nicht auch andere Ortschaften mit ähnlich gelagerten Problemen aufgegeben wurden. Eine Erklärung findet sich in den Aufzeichnungen von Lambert Pisjak, eines Zeitzeugen aus dem benachbarten Werouzach/Verovce. Ihm zufolge war es Graf Goëss, der Spitzach/Špice den Todesstoß versetzte. Dem Grafen waren die Rodungsinseln inmitten seiner Forst- und Jagdgründe schon lange ein Dorn im Auge, weshalb er zunehmend Druck auf die letzten Siedler ausübte bzw. ausüben ließ. Eine unrühmliche Rolle soll dabei sein Förster gespielt haben. Am 20. Juli 1899 verkaufte Rupert Rogaunig die Andui-Keusche an den Grafen; eine Woche später setzte Andreas Hribernigg sein Kreuz unter den Kaufvertrag. So blieb nur noch Valentin Rogaunig, bis auch dieser seinen Besitz an die Herrschaft Ebenthal veräußerte. »Als er im Herbst des Jahres 1900 zum letzten Mal seine Ernte einbrachte«, heißt es bei Arnold, »und schließlich das Tal mit all seiner Habe verließ, kehrte die Stille in jenes Gebiet zurück, aus der es die Axtschläge der ersten Siedler vor etwa 300 Jahren gerissen hatten.«

Die aufgegebenen Wiesen und Äcker wurden rasch aufgeforstet, die Häuser verfielen, Spitzach/Špice verschwand aus dem Grundbuch. Es gilt seither als Dorfwüstung. Nur die halb verfallene Keusche vulgo Kaprol (ebenfalls auf der Wanderroute) war noch bis Ende der 1960er Jahre bewohnt. Berichtet wird von einem namenlosen »alten Mann« (Arnold), der mitten im Wald ohne Wasser- und Stromanschluss sein Leben fristete. Eine seiner letzten Weinflaschen kann noch heute im Fensterkreuz der eingestürzten Küche besichtigt werden.

Radsberg/Radiše

Nähert man sich Radsberg/Radiše zu Fuß vom Norden kommend, fällt der Blick zuerst auf den mächtigen Glockenturm der Pfarrkirche und das benachbarte Pfarrhaus, das an eine Festung erinnert. Mit dem Friedhof, dem Karner und dem Kulturhaus des Slowenischen Kulturvereins bilden sie ein architektonisch geschlossenes Gebäudeensemble auf dem etwas höher gelegenen südöstlichen Ortsrand der ehemaligen Kleingemeinde, die seit 1973 zur Gemeinde Ebenthal/Žrelec gehört. Radsberg/Radiše, in Wikipedia als Kirchweiler bezeichnet, liegt im östlichen Teil der etwa 750 Meter hohen gleichnamigen Hochfläche, deren Bezeichnung der gängigen Deutung folgend von *gradišče* (Burg), mundartlich auch *hradiše* oder *gradiše* ausgesprochen, hergeleitet wird. Im deutschen fand einst auch die Bezeichnung Gradisch Verwendung. Die erste urkundliche Erwähnung der Ortschaft geht auf das Jahr 1300 zurück.

Über Jahrhunderte waren Land- und Forstwirtschaft die dominierenden Wirtschaftszweige und bestimmten Kleinbauern, Keuschler, Knechte, Mägde, (oft minderjährige) Hirten und Tagelöhner die sozioökonomische Struktur der Gegend. Armut und Hunger waren ständige Begleiter. Höheres gesellschaftliches Ansehen genossen die kleinen Gewerbetreibenden wie der Dorfschmied, Schneider und Schuster sowie Zimmerleute und Gastwirte. Die höheren Ränge blieben dem Pfarrer, dem Lehrer und dem Dorfvorsteher vorbehalten. Das wirtschaftliche und gesellschaftliche Wohl und Wehe der Bevölkerung lag jedoch stets in den Händen der adeligen oder kirchlichen Grundherrschaft.

Heute entspricht die Lebensweise der erwerbstätigen Bevölkerung jener des ländlichen Raumes im restlichen Kärnten: Die Mehrzahl der Einwohner Radsbergs/Radiše (95 Personen, Stand 2020) und der benachbarten Ortschaften Lipizach/Lipica, Tutzach/Tuce, Werouzach/Verovce, Schwarz/Dvorec, Kossiach/Kozje und Ober- und Unterkreuth/Zgornje in Spodnje Rute pendelt täglich in die Landeshauptstadt oder in die umliegenden Gewerbezonen aus. Tagsüber sind Begegnungen mit Einheimischen daher eine Seltenheit. Auch das Erscheinungsbild der Orte hat sich im Laufe der Zeit stark – wenn auch selten zum Vorteil – gewan-

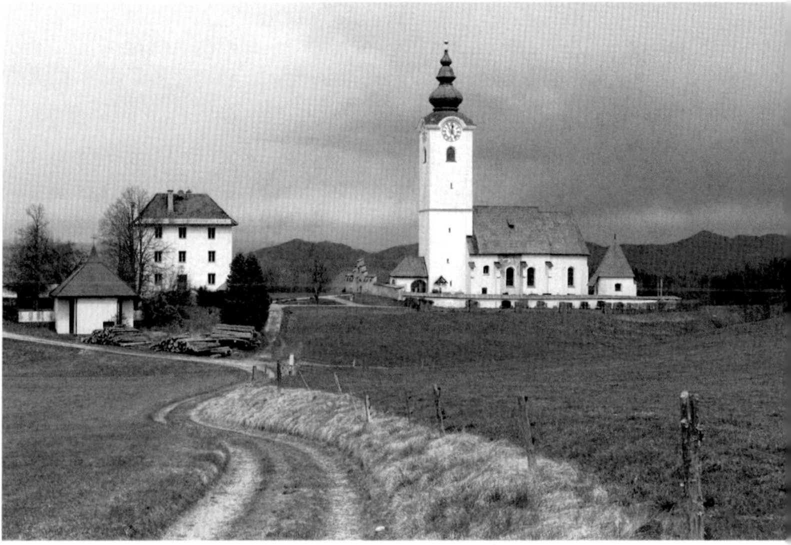

Kirche mit Karner und Pfarrhof von Radsberg/Radiše

delt. Vormals (klein-)bäuerlich geprägte Haufensiedlungen erfuhren speziell seit den 1950er Jahren eine grundlegende Änderung der Siedlungsstruktur: ZuzüglerInnen aus der Stadt errichteten auf ehemals landwirtschaftlichen Nutzflächen »moderne« Neubauten mit ausschließlicher Wohnfunktion. Wirtschaftsgebäude wie Ställe, Scheunen, Geräte- und Holzschuppen fehlen nun im Ortsbild, Haus- und Obstgärten haben Seltenheitswert, von Streuobstwiesen und Feldgärten ganz zu schweigen. Im Gegensatz zu den Nachbardörfern ist Radsberg/Radiše im Großen und Ganzen von festungsartigen Sichtschutzmauern und Hochsicherheitsumzäunungen der Wohnobjekte bislang verschont geblieben.

Die traditionell katholische und kirchentreue slowenischsprachige Mehrheit, die mit ihren engagierten kulturellen, gesellschaftlichen und sportlichen Aktivitäten das Dorfleben bestimmte, geriet durch die starke Zuwanderung deutschsprachiger Menschen zunehmend in die Defensive. In vielen Ortschaften des ehemaligen Gemeindegebiets von Radsberg/Radiše sprechen die BewohnerInnen kein Slowenisch mehr und sind die slowenischen Lieder verstummt. Nur die »Windischen da oben« – wie die BewohnerInnen von Radsberg/Radiše lange Zeit abwertend von vielen KlagenfurterInnen bezeichnet wurden – halten an ihrer slowenischen Sprache und Kultur fest.

Für die slowenische Volksgruppe in Kärnten/Koroška zählt Radsberg/Radiše neben St. Jakob i. R./Šentjakob v Rožu, Ludmannsdorf/Bilčovs, St. Primus/Šentprimož und Bleiburg/Pliberk (um nur die wichtigsten Orte von West nach Ost zu nennen) zweifellos zu den ältesten und bedeutendsten kulturellen Zentren des Landes. Die ersten Schritte im Bereich der (Volks-) Bildung und kulturellen Aktivitäten wurden in den beiden letzten Dekaden des 19. Jahrhunderts von Pfarrer Anton Trobesch gesetzt. Als Verwalter eines großen Anwesens samt vorbildlich instand gehaltenen Wirtschaftsgebäuden der Pfarre, versuchte er seinen großteils ungebildeten Schäfchen zunächst vernünftiges Wirtschaften beizubringen. Sein Nachfolger und langjährige Vorsitzende des Hermagorasvereins, Janez Vidovic, hingegen begeisterte die RadsbergerInnen für die Volksversammlungen der Tabor-Bewegung, die das slowenische Nationalbewusstsein stärken sollten. Er stellte die Weichen für eine organisierte Bildungs- und Kulturtätigkeit in der Gemeinde. Am 5. Juli 1904 wurde schließlich unter Federführung des Priesterseminaristen Valentin Lakner bei der k. u. k. Landesregierung der Antrag auf Gründung des Katholischen slowenischen Bildungsvereins/Katoliško slovensko izobraževalno društvo Radsberg/Radiše eingebracht.

In den Jahren vor dem 1. Weltkrieg wurden regelmäßig Fortbildungsveranstaltungen, Vorträge mit wirtschaftlichen, religiös-erzieherischen und kulturellen Inhalten abgehalten sowie Gesangs- und Tamburizza-Abende veranstaltet. Auch Theatervorstellungen wie das Stück *Ne vdajmo se* (Wir geben nicht auf), das die nationale Untreue und Assimilierung geißelte, kamen zur Aufführung.

Auch wenn Radsberg/Radiše im 1. Weltkrieg von direkten Kriegshandlungen verschont blieb, hinterließen die Kriegsjahre tiefe Spuren in der Bevölkerung: zahlreiche Männer und Burschen wurden zum Kriegsdienst eingezogen und getötet, zuhause herrschten Hunger und Not. Zudem verschärften sich die nationalen Gegensätze, nachdem das Gebiet von SHS-Militä-

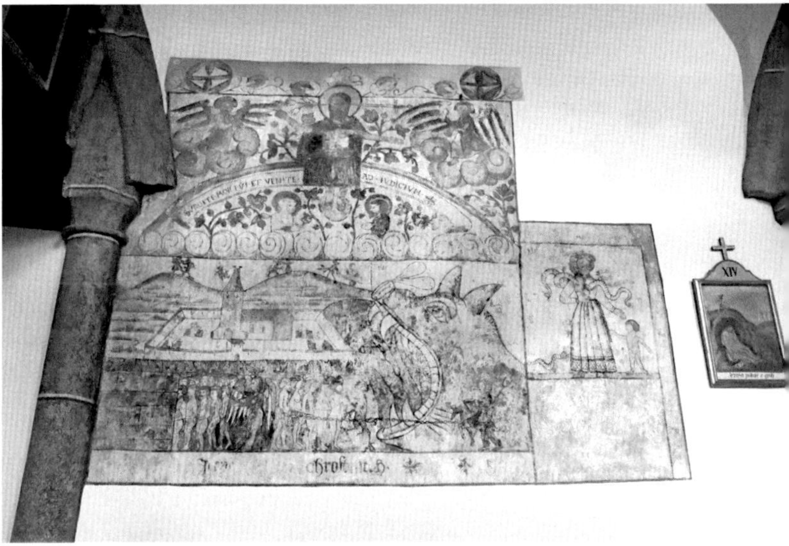

Mittelalterliches Fresko in der Kirche von Radsberg/Radiše

reinheiten besetzt worden war. Kulturarbeit wurde zum Mittel politischer und nationaler Agitation. Die Volksabstimmung, die zugunsten Österreichs ausfiel, verhärtete die Fronten ein weiteres Mal und erschwerte das friedliche Zusammenleben.

In der Zwischenkriegszeit nahm der Kulturverein allen Widrigkeiten und Anfeindungen von deutschnationaler Seite zum Trotz seine Tätigkeit wieder auf. Die Gemeinde befand sich politisch in den Händen des deutschnational gesinnten Landbundes, der Veranstaltungen störte und sogar ein temporäres Veranstaltungsverbot durchsetzte. Die Aufführungen und Konzerte des slowenischen Kulturvereins mussten im Freien durchgeführt werden.

Bemerkenswerterweise wurde der Kulturverein nach dem Anschluss Österreichs an das Deutsche Reich im Jahr 1938 zunächst nicht aufgelöst oder verboten. Verlangt wurde allerdings die Umbenennung in »Slowenischer Kulturverein« sowie die »Einführung des Arierparagraphen« und die »Umstellung auf das Führerprinzip« in den Vereinsstatuten. Untersagt wurden lediglich die slowenischen Muttertagsfeiern, jedoch nicht die Versammlungen und zeitgemäße Theateraufführungen. Allerdings konnten diese aufgrund der zwangsweisen Rekrutierung zahlreicher Burschen in die Wehrmacht nicht mehr aufgeführt werden.

Nach dem Einmarsch von Nazideutschland in Jugoslawien im Jahr 1941 war es mit der »Sonderstellung« der slowenischen Kulturvereine schlagartig vorbei, denn nun hieß es: »Der Kärntner spricht Deutsch!« Der Gebrauch der slowenischen Sprache und das Singen slowenischer Lieder waren bei Strafe verboten, der Kulturverein wurde aufgelöst. Zeitzeugen berichten allerdings von geheimen Zusammenkünften in Gasthäusern von Tutzach/Tuce und Werouzach/Verovce, wo slowenisch gesprochen und gesungen wurde. Nach einer Anzeige durch nazitreue Dorfspitzel mussten sich die TeilnehmerInnen unter Androhung einer Haftstrafe schriftlich verpflichten, den Gebrauch der slowenischen Sprache in Zukunft zu unterlassen. Nur selten kamen bewusste und widerständige SlowenInnen derart glimpflich davon.

Den traurigen Höhepunkt der NS-Gewaltherrschaft erlitten die Kärntner SlowenInnen auf der Sattnitz/Gure sowie im Gail-, Rosen- und Jauntal im April 1942, als mehr als 1.000 Männer, Frauen und Kinder zwangsweise von ihren Höfen vertrieben und in deutsche Arbeits- und Internierungslager deportiert wurden. Die Aktion war von langer Hand vorbereitet und wurde von örtlichen Nazi-Funktionären mit besonderem Eifer und »deutscher Gründlichkeit« durchgeführt. Bereits im Jahr 1938 übertrug das Reichsinnenministerium in Berlin die Zuständigkeit für die slowenische Volksgruppe dem Landeshauptmann von Kärnten. Er bestellte Alois Maier-Kaibitsch zum Leiter der sogenannten Volkstumsstelle, der alsbald die Liquidierung des in seinen Augen chauvinistischen Slowenentums ankündigte. Kärnten sollte von der slowenischen Volksgruppe »gesäubert« und im Gegenzug von deutschsprachigen KanaltalerInnen besiedelt werden. Die erzwungene »Umvolkung« war von Reichsführer SS Heinrich Himmler bereits im August 1941 angeordnet worden. Nach Vorstellung des Kärntner Gauleiters Friedrich Rainer wären zur »endgültigen Bereinigung der Slowenenfrage« weitere 50.000 slowenische EinwohnerInnen vertrieben worden.

Nach welchen Kriterien die örtlichen NS-Funktionäre, Bürgermeister, Ortsgruppenleiter der NSDAP und Ortsbauernfüh-

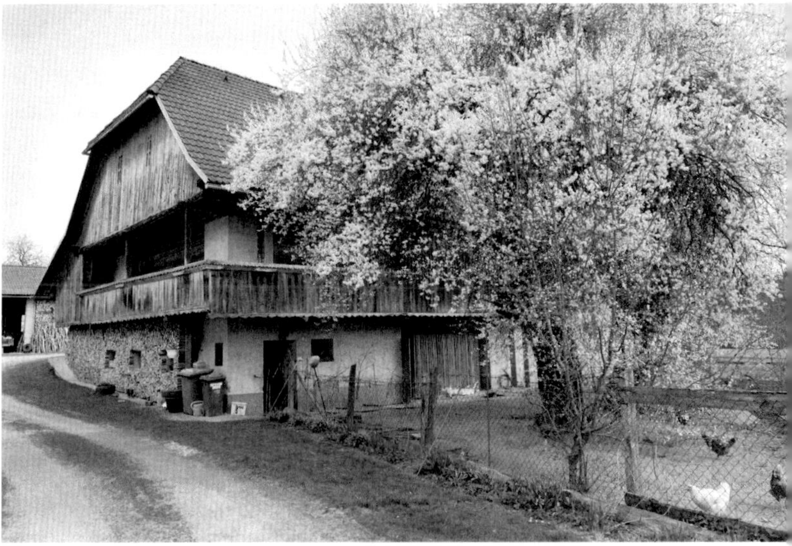

Bauernhof in Radsberg/Radiše

rer – auch als »Ortsdreieck« bekannt – die Namenslisten der Vertriebenen erstellten, lässt sich nicht eindeutig rekonstruieren. Denunziation, persönliche Konflikte, Ausschaltung wirtschaftlicher Konkurrenz, Aneignung von Eigentum mögen eine Rolle gespielt haben, wobei von der Deportation sowohl vermögende Familien als auch BesitzerInnen bescheidenster Keuschen und ArbeiterInnen ohne Grundbesitz betroffen waren. An vorderster Stelle standen Funktionäre slowenischer Organisationen sowie Frauen und Männer, die bewusst und öffentlich an der slowenischen Muttersprache festhielten.

Die Deportation lief unter dem Decknamen K-Aktion und wurde in den Morgenstunden des 14. und 15. April 1942 von motorisierten Einheiten der Reservepolizei durchgeführt, die bereits im Jahr 1941 tausende Familien aus der slowenischen Untersteiermark/Štajerska und Gorenjska/Oberkrain deportiert und vertrieben hatte. Polizisten und SS umstellten ab fünf Uhr früh die Höfe und rissen die BewohnerInnen aus dem Schlaf. Es blieb ihnen eine halbe Stunde, das Notwendigste einzupacken, bevor man sie mit Lastwagen und Bussen ins Sammellager bei Ebenthal/Žrelec verbrachte, wo die Familien registriert und mit

Nummern versehen wurden. Wie aus den Berichten der Leitstelle Klagenfurt des Stabshauptamtes hervorgeht, waren ursprünglich 1.220 Personen zur »Umsiedlung« vorgesehen. Letztendlich wurden 917 SlowenInnen aus Kärnten in die Lager der Volksdeutschen Mittelstelle nach Hesselberg, Hagenbüchach, Markt-Bibach, Frauenaurach und Glasow nach Deutschland verschickt. Nach einer kurzen Zeit der Lagersperre wurden alle Frauen, Männer und Jugendliche ab 14 Jahren zur Zwangsarbeit in verschiedenen Fabriken, in der Landwirtschaft und als Haushaltshilfen bei diversen Parteigenossen eingesetzt. Im Lager lebten die Mütter mit den Kleinkindern. Für die Kinder selbst war ein Schulbesuch nicht vorgesehen, der Unterricht wurde von den SlowenInnen selbst organisiert, wobei die Lagerleitung darauf zu achten hatte, dass sich das Wissen auf das Elementarste beschränkte. Der erlaubte Lehrplan kann unter dem Motto: Lesen, Schreiben, Zähneputzen zusammengefasst werden.

Auch in Radsberg/Radiše waren mehrere Familien von der Deportation betroffen. Unter den ersten Opfern befanden sich die Familien Pridovnik mit sechs Kindern, Boštjan mit sieben Kindern, Poderšnik mit einem Kind, der schwangeren Frau und einer Tante, die im Lager Erlangen ihr Leben lassen musste, weiters die Familien Šubernik sowie Nuži Wieser und seine Mutter. Im 1990 erschienenen Band *Spurensuche. Erzählte Geschichte der Kärntner Slowenen* erinnert sich Marija Tolmajer, Bäuerin, 1911 in Radsberg/Radiše geboren, an die »Aussiedlung« mit ihrer Tochter und der Familie ihres Mannes: »Dann war es soweit, wir gingen bei der Tür hinaus, und in dem Moment wurde mir bewusst: fort, irgendwohin. Ich habe um das Mädchen gebeten, sie sollten sie mir in den Arm legen dort an der Schwelle, da war eine Schwelle aus Beton, ich kniete mich nieder, hielt das Mädchen, faltete die Hände und bat, mich zu erschießen. Mir wäre alles recht gewesen, ich wäre gerne daheim gestorben. Daheim, daheim. Nein, diese Pflicht hatten sie nicht. Ein Wiener sagte nur, dass sie das nicht machen dürfen, dass sie mich nicht einfach so erschießen dürften. Ich habe gefragt, warum nicht. ›Das geht nicht.‹ So viel Deutsch habe ich verstanden. [...] Der Lagerführer [in Frauenaurach, Anm.] war ein furchtbarer Mann, niemand durfte ihm widersprechen, und einmal schrie er nur

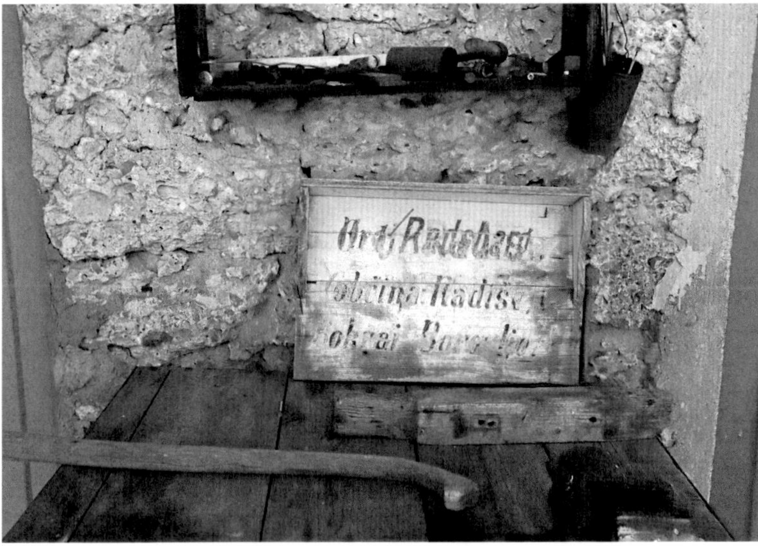

Verwitterte Amtstafel in Radsberg/Radiše

mehr: ›Auschwitz‹, und wir wären nur mehr fürs Schlachten gut wie die Schweine. Das war wegen der Sprache, auch die alten Leute sollten Deutsch reden.«

Als Marija Tolmajer nach ihrer Entlassung im Winter 1944/45 nach Hause kam, fand sie zunächst Unterkunft im Elternhaus, bis ihr Mann aus dem Krieg zurückkehrte. »Wir hatten ja keinen Platz, es war nichts mehr im Haus. Alles haben sie ausgeräumt, wir hatten keine Bleibe mehr. Die Tenne war zusammengefallen, keine Fenster, keine Türen, alles weg, was zum Wegtragen war, alles ausgeraubt.«

Ähnliche Erfahrungen blieben auch anderen Zurückgekehrten, wie der eingangs erwähnten Familie Pridovnik, die nach »drei Jahren, drei Monaten und drei Tagen wieder heimischen Boden betrat«, nicht erspart. »Das Haus war vollkommen zerstört. Es war darin nichts anderes als ein paar leere Bettkästen. Auf der Tenne fanden sie ein Häufchen Stroh, mit dem sie einstreuten und eine notdürftige Liegestatt am Boden errichteten.«

Tatsächlich war die Rückkehr der deportierten slowenischen Familien im Sommer 1945 mit erneuten Enttäuschungen und bitteren Erfahrungen verbunden. Die Historikerin Christiane

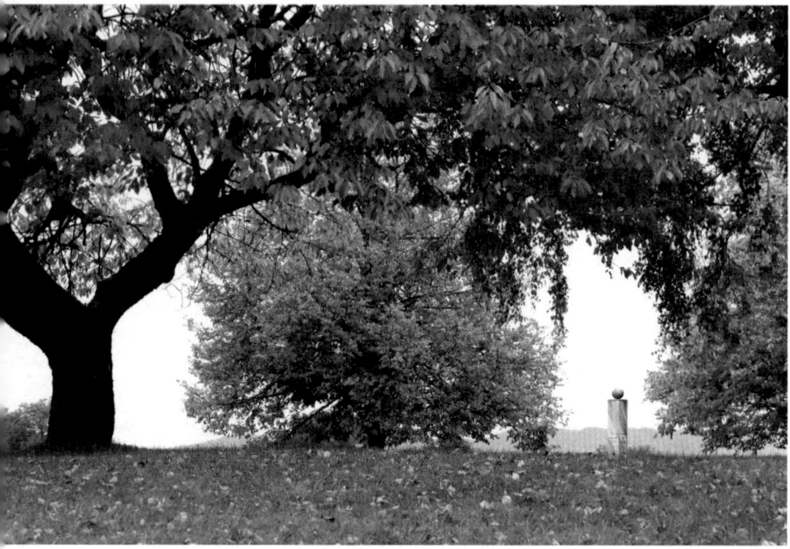

Denkmal für die deportierten SlowenInnen in Radsberg/Radiše

Schütte spricht von einer »Heimkehr ohne Heimat«, hatte sich doch die Stimmungslage kaum verändert und standen Feindseligkeiten und Anfeindungen auf der Tagesordnung. Als im Juli 1945 eine erste größere Gruppe mit 273 Personen, großteils Frauen und Kinder, am Villacher Westbahnhof eintraf, wollten britische Soldaten den Transport wieder in die amerikanische Zone zurückschicken. Trotz Androhung von Waffengewalt kam es zu heftigen Protesten der Betroffenen, die sich weigerten, die Waggons zu besteigen und sich samt Gepäck auf den Bahnsteigen niederließen, um dort zu übernachten. Durch Interventionen mehrerer Slowenenvertreter, allen voran Joško Tišler, kam es schließlich zur Weiterfahrt nach Klagenfurt/Celovec, wo die unerwünschten RückkehrerInnen in der devastierten ehemaligen Jesuitenkaserne am Domplatz untergebracht wurden. Zeitzeugen berichten von unbeschreiblichen hygienischen Zuständen und fehlender Versorgung.

Weil belastete Nationalsozialisten nach Kriegsende weiterhin öffentliche Ämter besetzten, wurde der grundsätzliche Beschluss der provisorischen Kärntner Landesregierung »das an den slowenischen Aussiedlern verübte Unrecht in vollem Maße gutzumachen«, auf die lange Bank geschoben. HistorikerInnen urteilen, dass von einer vollständigen Entschädigung zumindest der erlittenen materiellen Schäden keine Rede sein kann, erfolgten doch die meisten Entschädigungszahlungen erst im Herbst 1947, also unmittelbar vor der Währungsreform, die einen zusätzlichen Wertverlust von zwei Dritteln mit sich brachte. Während das Rückstellungsgesetz aus dem Jahr 1947 es den Vertriebenen endlich ermöglichte, auch formal wieder EigentümerInnen ihrer Liegenschaften zu werden, blieb die Frage der Wiedergutmachungszahlungen an die Kärntner SlowenInnen als politisch und »rassisch« Verfolgte bis 1961 ungelöst. Erst nach der zwölfte Novelle des Opferfürsorgegesetzes wurde auch den vertriebenen SlowenInnen eine Entschädigung in der Höhe von 350 Schilling pro Monat zuerkannt, für die Zeit, die sie in den Lagern hatten verbringen müssen.

Die gewaltsame Deportation der Kärntner SlowenInnen im Jahr 1942 hat sich in das kollektive Gedächtnis auch der nachfolgenden Generationen eingeschrieben. Die traumatischen Erfahrungen der Betroffenen und ihrer Nachfahren sind Gegenstand zahlreicher historischer und literarischer Publikationen, der Verband zwangsweise ausgesiedelter Slowenen/Zveza slovenskih pregnancev ist bemüht, die Erinnerung an die tragischen Ereignisse vor nunmehr fast 80 Jahren wachzuhalten. In Radsberg/Radiše wurde im Jahr 1996 ein Denkmal für die zwangsweise Vertriebenen in Form einer schlichten weißen Stele von Karl Vouk enthüllt, nachdem die Gemeinde Ebenthal/Žrelec einer Errichtung an der Stelle des ehemaligen Sammellagers in der Ebenthaler Straße die Genehmigung verweigert hatte. Erst zum 70. Gedenkjahr, im Jahr 2012, erteilte die Stadt Klagenfurt/Celovec die Genehmigung zur Errichtung eines von Valentin Oman gestalteten Denkmals in Form eines gusseisernen Triptychons am Bahnhof Klagenfurt Ebenthal/Celovec Žrelec.

Im Jahr 1947 nahm der Slowenische Kulturverein in Radsberg/Slovensko prosvetno društvo na Radišah seine Tätigkeit wieder auf, wobei sich die zuständige Bezirkshauptmannschaft in Klagenfurt/Celovec mit einer offiziellen Genehmigung Zeit ließ.

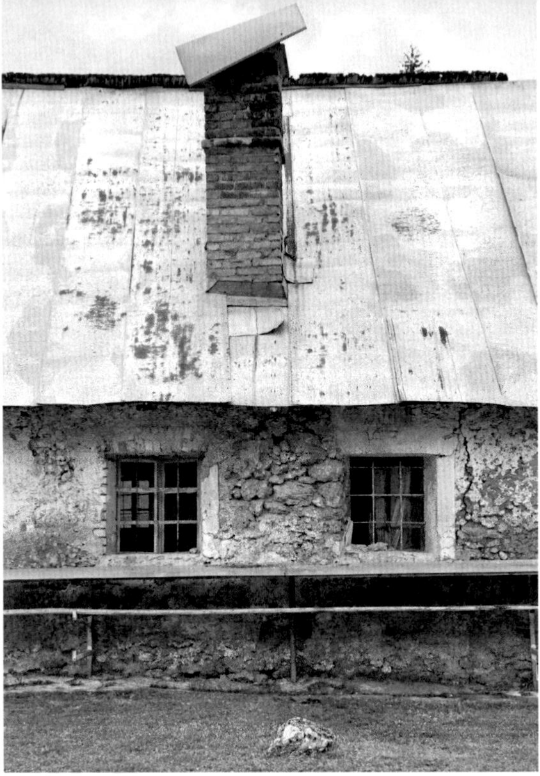

In Lipitzach/Lipice

Vielmehr wurde die Zusammenarbeit des Kulturvereins mit dem Slowenischen Kulturverband/Slovenska prosvetna zveza in Klagenfurt/Celovec mit Argusaugen beobachtet und war die Gendarmerie bei Veranstaltungen häufig zugegen. Vor allem der grenzüberschreitende Austausch war den Behörden ein Dorn im Auge, obwohl es in erster Linie um Gastauftritte jugoslawisch-slowenischer Chöre ging. Gesangskultur, Theateraufführungen, aber auch Bildungsveranstaltungen, sogenannte Volksuniversitäten zu Themen wie bäuerliches Wirtschaften, familiäres Gesundheitswesen und die legendären Hauswirtschaftskurse von Milka Hartman stellten ein wichtiges Standbein der Vereinstätigkeit dar.

Waren die 1970er Jahre von konfliktreichen Auseinandersetzungen zwischen den beiden Volksgruppen geprägt (50 Jahre Volksabstimmung, Ortstafelsturm, Minderheitenfeststellung usw.), begann in den 1980er Jahren eine Phase der Entspannung und des Dialogs, nicht zuletzt durch gemeinsame Chorkonzerte rund um den österreichischen Nationalfeiertag unter dem Motto *Dober večer, sosed/Guten Abend, Nachbar*, die in Radsberg/Radiše bis zum heutigen Tage stattfinden. Lobenswerterweise ist es den engagierten Kulturschaffenden im Laufe von mehr als einem Jahrhundert immer wieder gelungen, die nachfolgenden Generationen einzubinden und sie für die Kulturarbeit zu begeistern. Damit bleibt Radsberg/Radiše auch im 21. Jahrhundert ein wichtiger Ort im Kulturleben der slowenischen Volksgruppe in Kärnten/Koroška.

Emil Krištof

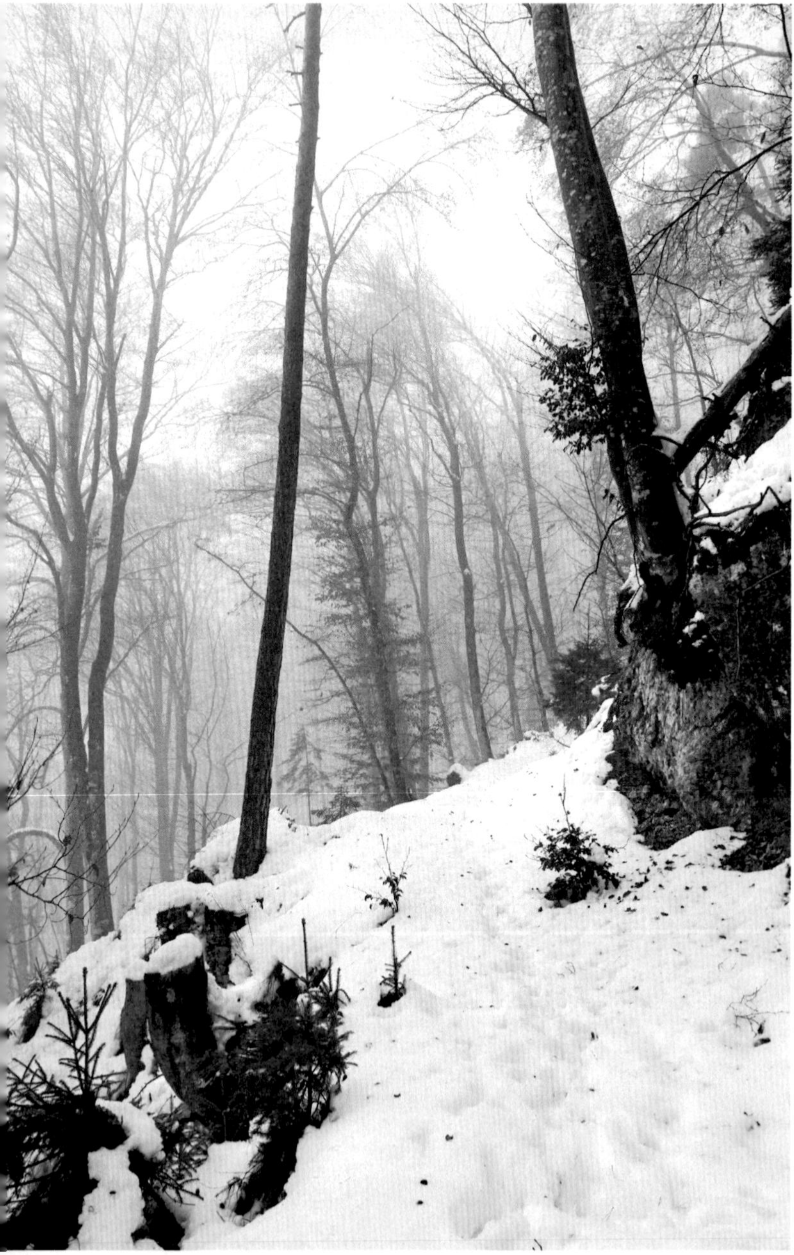

VIII. RANDSTÜCK
Wanderung bei Sand/Prod

Einen guten halben Tag benötigt man, um die östlichste Scholle des Sattnitzmassivs zu umrunden. Die Wanderung lebt vom ständigen Szenenwechsel, den ungewöhnlichen Perspektiven und einer kleinteiligen Kulturlandschaft, die von Zersiedelung kaum betroffen ist. Einschichtige Höfe, prächtige Wiesen und markante Weidezäune sind ihre Merkmale. Geschichtliche Aura besitzen die Wege. Auf halber Strecke genießt man zudem wunderbare Blicke ins untere Rosental/Rož. Ein interessantes Kulturdenkmal schlägt ebenfalls zu Buche.

Ausgangspunkt ist das Straßendorf Sand/Prod, unerheblich im Wortsinn, aber liebenswert im Detail. Ein alter Verbindungsweg, schon fast verwachsen, führt zwei Stockwerke höher. Links rauscht der Bach im Graben, rechts erheben sich hohe Felsen. Man erreicht die ersten Häuser von Sabuatach/Zablate, die sich über einen langgestreckten Sattel verteilen. Hier eine verlotterte Ranch, da eine verlassene Keusche, dort ein verwaistes Gehöft. Und zu guter Letzt ein ockergelbes Anwesen wie aus dem Bilderbuch. Kaum ein Auto, das sich hierher verirrt. Ein Hof vulgo Petschnig erhebt sich mit seinen Nachbarn über der Drau/Drava. Nebelfetzen hängen im Tal. Es folgt der Abstieg auf einem steinigen Saumpfad nach Saager/Zagorje, dem Domizil einer KünstlerInnen-Dynastie. Eigenwillig proportioniert ist die alte Wehrkirche. Ein vermeintlich öder Forstweg erweist sich als historische Straße mit verwitterten Steinbildstöcken und melancholischen Hütten im Schatten des Berges. Im Talgrund angekommen, weicht man dem Verkehr über Gumisch/Humelše aus. Ein alter Gutshof setzt sich filmreif in Szene, unter Denkmalschutz gehört das Trafohaus gestellt. Viel zu bieten hat auch die Tierwelt. Zwei Bussarde kreisen am Himmel, Krähen erörtern die Lage, ein Hase sucht hurtig das Weite.

Alter Saumweg bei Saager/Zagorje

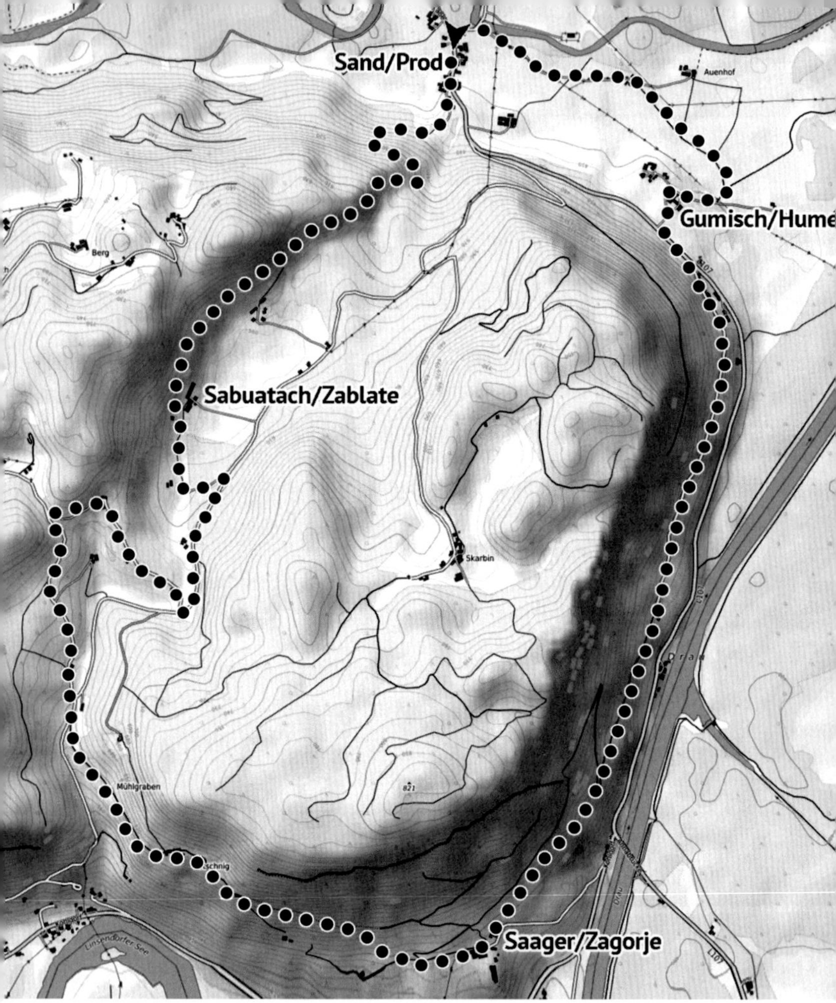

INFORMATIONEN ZUR WANDERUNG

LÄNGE: 14 km

ANSTIEGE: 400 m

GEHZEIT: 4:45 Std.

ANFORDERUNGEN: Trittfestigkeit

KARTE: Kompass-Karte Nr. 65, Klopeiner See, Karawanken Ost

ORIENTIERUNG: leicht

BUSVERBINDUNG: Postbus von Klagenfurt/Celovec nach Bad Eisenkappel/Železna Kapla, Haltestelle Sand/Prod bei Grafenstein/Grabštanj

ANFAHRT: mit dem PKW von Klagenfurt/Celovec nach Grafenstein/Grabštanj und weiter auf der L107 bis Sand/Prod

WEGBESCHREIBUNG

Ausgangspunkt ist die **Bushaltestelle** an der L107 in der Ortschaft **Sand/Prod** südöstlich von Grafenstein/Grabštanj. Man wandert auf der **Straße** Richtung Süden und wendet sich nach gut 200 m nach rechts über eine **Brücke**. Man durchschreitet einen **Bauernhof** und steigt auf einem **Sträßlein** zum **Haus Nr. 4** an. Der Asphalt endet, weiter auf einer ansteigenden **Forststraße**. Man folgt dem **Hauptweg**, der zwei Kehren beschreibt und zu zwei **Wasserspeichern** führt. 50 m danach wendet man sich in einen **untergeordneten Weg** nach links. Schöner Anstieg oberhalb eines tiefen Grabens linker Hand. Nach 30 Minuten lichtet sich der Wald und gabelt sich der Weg mit Blick auf **Sabuatach/Zablate** (0:45 Std.).

Man nimmt den rechten, noch einmal kurz ansteigenden **Waldweg** oberhalb der großen Rodungsinsel. Nach 15 Min. verflacht sich der Weg, um sich schließlich zu einem **Bauernhof** zu senken. Hier dreht der Weg bei einem **Stall** nach rechts. Nach 50 m geht man geradeaus in einen **Fahrweg**. Man gelangt ins Freie und wandert unter einem **verlassenen Gehöft** vorbei (Besichtigung empfohlen). Weiter auf dem **Fahrweg**, der sogleich nach links dreht. Kurz darauf nimmt man eine **Abzweigung** nach rechts und steigt auf einem etwas **verwachsenen Weg** zu einer **Straße** an; auf dieser nach rechts. Kurz darauf wird eine Hofzufahrt nach rechts ignoriert. 300 m danach folgt man einem ansteigenden **Sträßlein** nach rechts (Wegweiser »Sabuatach 8, 9«). Anstieg bis zu einem **Gehöft** und weiter zu einer **Häusergruppe**, die man durchschreitet. Weiter auf dem **Zufahrtsweg** bis zur Einmündung in eine **Straße**; hier wendet man sich scharf nach links. Man folgt der **Schotterstraße** durch den Wald, ignoriert eine Abzweigung nach links zum Haus Nr. 11 und passiert nach 500 m das **Anwesen Nr. 13**. Nach 100 m nimmt man eine **Abzweigung** nach rechts (Wegweiser »Saager 12«). Nach weiteren 100 m eine **Gabelung**; man hält sich links.

Moderater Anstieg auf einem Sträßlein bis zum **Gehöft** vulgo **Petschnig** (mit schönem Blick ins Rosental/Rož), wo der Asphalt endet (2:00 Std.). Weiter auf einem **Fahrweg** bis zu zwei schön gelegenen **Häusern**. Von hier folgt man einem **Waldweg** talwärts. 20minütiger schöner Abstieg im Steilhang bis zu einer **Gabelung**.

Man hält sich rechts und folgt dem anfangs stark verwachsenen **Weg**, der bald nach rechts dreht, steil bergab bis zu einem **Fahrweg**; auf diesem nach links. Man erreicht **Saager/Zagorje** (3:15 Std.).

Man passiert erst das **Schloss-Ensemble**, dann die **Kirche** und folgt der **Zufahrtsstraße** bis diese nach rechts abfällt. Hier geht man geradeaus in einen breiten **Güterweg**. Man passiert bald eine verfallene **Keusche**, entdeckt einen **Felsenbildstock** und gelangt nach gut 15 Min. zu einem **Haus**. Weiter auf einem angenehmen **Fahrweg**, der nach 1 km in die **L107** mündet. Man geht geradeaus und wendet sich nach 200 m nach rechts (Wegweiser »Gumisch«). Man passiert einen großen ehemaligen **Gutshof**, biegt sofort scharf nach rechts und folgt dem **Fahrweg** bis zu einem **Trafo-Häuschen**. Hier geht man links, hält sich bei der nächsten **Gabelung** wieder links und folgt einem **Feldweg** bis zu einem kleinen Haus mit Nebengebäude. Man wendet sich nach links und folgt einem **Sträßchen** bis zu einer **Querstraße** (rechts eine Brücke über die Gurk/Krka). Man geht links und gelangt zum Ausgangspunkt (4:45 Std.).

AM WEGE

Sabuatach/Zablate

Vor fast 25 Jahren stand im ersten UNIKUM-Wanderführer *Kärnten. Unten durch* zu lesen: »Die exponierte Lage und geografische Nähe zu Klagenfurt haben zu einer exzessiven Zersiedelung des Sattnitz-Plateaus geführt. [...] Eine seltene Ausnahme stellt die kleine bäuerliche Streusiedlung Sabuatach/Zablate dar. Der in einem schmalen Sattel am östlichsten Ausläufer der Sattnitz gelegene Ort scheint von den Häuslbauern vergessen worden zu sein – fast hat man Hemmung auf seine Existenz hinzuweisen. Eine Handvoll kleiner Bauernhöfe, ein paar Keuschen und zwei, drei neuere Wohnhäuser – an architektonischen Besonderheiten hat Sabuatach/Zablate wenig zu bieten. Seinen eigentlichen Charme bezieht das Dorf aus seinem Ambiente, dem sanftwelligen Geländeverlauf und der kleinteiligen Gliederung der landwirtschaftlichen Flächen. Dazu kommt eine Weltabgeschiedenheit, die man in dieser Gegend kaum mehr erwartet hätte.«

Von einigen fragwürdigen Renovierungen abgesehen, trifft die Beschreibung noch immer zu; fast scheint es, als hätte hier

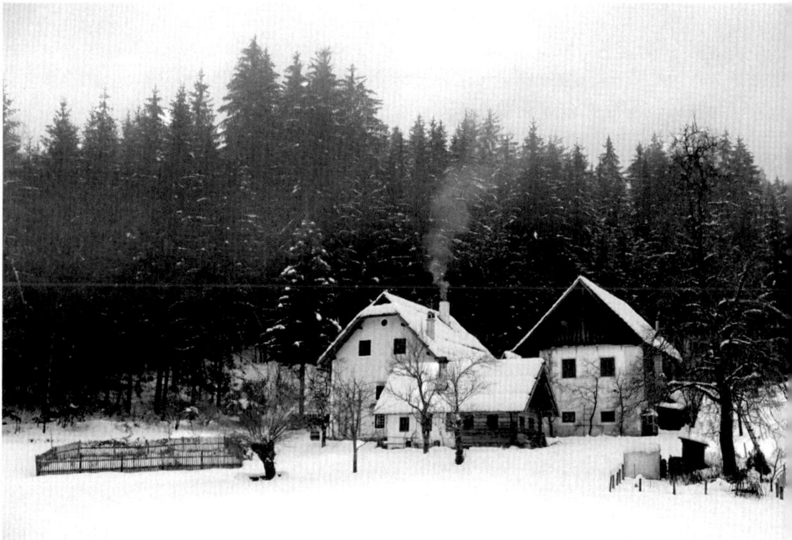

In Sabuatach/Zablate

über die Jahre der Verein zur Verzögerung der Zeit Regie geführt. Eine holprige Makadamstraße, verlassene Gehöfte und eine primitive Einsiedlerklause im ehemaligen Mühlgraben deuten darauf hin. Wie sorgsam man mit alter Bausubstanz umgehen kann, wird beim Haus Nr. 13, bestehend aus einem kaisergelben Wohnhaus nebst Scheune und Nebengebäuden, demonstriert. Ein besonderes Schmuckstück ist der umzäunte Gemüsegarten. Vis-à-vis des Hauseingangs führt ein verwachsener Steig in den Wald. Es ist der alte Schulweg, auf dem die Kinder von Sabuatach/Zablate fast eine Stunde bis zur Volksschule in Obitschach/Običe benötigten. Auch für die Erwachsenen war es zum Amtshaus in Mieger/Medgorje eine kleine Weltreise. So sahen sich die Kleinbauern stets als Stiefkinder der Gemeinde und stimmten daher 1973 der Angliederung an Ebenthal/Žrelec mit großer Mehrheit zu.

Saager/Zagorje

Kaum jemand in Kärnten/Koroška, der/die nicht die monumentalen Fresken von Giselbert Hoke am Klagenfurter Hauptbahnhof kennt. Das von Pablo Picasso beeinflusste Werk brachte 1959 die Kärntner Volksseele zum Kochen und löste den ersten großen Kunstskandal der Zweiten Republik aus. Das machte den Künstler mit einem Schlag bekannt und legte den Grundstein für seine bemerkenswerte Laufbahn. Drei Jahre später erwarb der gebürtige Sudetendeutsche das baufällige Schloss Saager, in welchem er schon nach Kriegsende als junger Maler (und aus der Tschechoslowakei Vertriebener) gehaust hatte. Nichts Besseres hätte dem Bau, dem bis dato eine zweifelhafte geschichtliche Aura anhaftete, passieren können.

Jahrhundertelang war das Schloss im Besitz der Herren von Metnitz gewesen, die es in erster Linie auf die Ausbeutung der Bauern abgesehen hatten. Das weitverzweigte niedrige Adelsgeschlecht, darunter auch Raubritter, brachte es zeitweise zu beträchtlichem Reichtum und politischem Einfluss, zog aber in Konflikten mit der katholischen Kirche und den Habsburgern immer wieder den Kürzeren. 1918 verarmte die Familie endgültig, worauf einige Mitglieder zum Nationalsozialismus konvertierten und im Dritten Reich Karriere machten. Zu dieser Zeit hatte das Schloss bereits mehrmals die Besitzer gewechselt, Kriegsgewinnler und Spekulanten beschleunigten den Verfall. Löbliche Ausnahme war der Klagenfurter Ritter von Edlmann, der 1841 das Schloss übernahm und am Turm eine Sternwarte einrichtete. Der Versuch, Saager zum Luftkurort aufzuwerten und touristisch zu nutzen, scheiterte um die Jahrhundertwende. 1939 diente der Bau als Unterkunft für den Reichsarbeitsdienst, im letzten Kriegsjahr als Asyl für Bombenflüchtlinge. Nach dem Krieg nutzte ihn die KPÖ als Ferienlager. Auch der Komponist Gerhard Lampersberg (der in Thomas Bernhards *Holzfällen* zu zweifelhaftem Ruhm kam) bewohnte kurzzeitig das Schloss.

Mit Hokes Übernahme begann eine Ära ständiger Umbauten und Erweiterungen, die bis zum Tod des Künstlers im Jahr 2015 anhielt – und im Grunde immer noch fortdauert. »Das Haus gehört nicht uns«, sagt sein Sohn Tomas Hoke, der das Schloss heute mit seinen Brüdern Edmund Hoke und Armin Guerino als (Zweit)wohnsitz nutzt, »sondern wir gehören dem Haus«. Sanierung in Permanenz ist der Preis für den Erhalt.

Bis 1985 war Margarethe Stolz-Hoke, Tochter des Südtiroler Malers Rudolf Stolz und selbst Porträt- und Landschaftsmalerin,

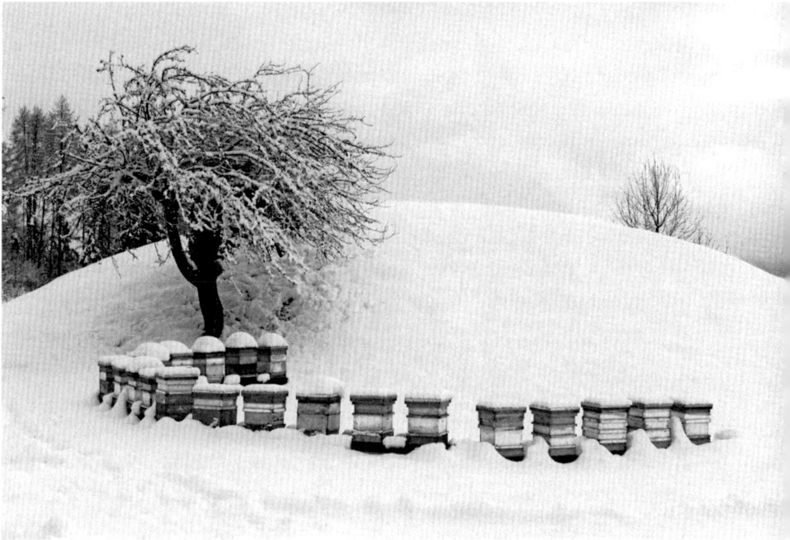

Bienenstöcke bei Saager/Zagorje

die Frau an Hokes Seite. Sie starb 2018; ihr Atelier im Dachgeschoß des Schlosses ist erhalten geblieben. Arbeiten von ihr und ihrem Mann sowie den drei Söhnen zieren wie in einer Galerie die Wände des Hauses. Karma Eder, die Erstgeborene, ist mit einem von ihr restaurierten Deckengemälde des Vaters in einem Gewölbesaal vertreten. Die Dominanz der männlichen Familienmitglieder ist augenfällig.

Mitte der 1970er Jahre begann Hoke mit dem Bau des heutigen Werkhauses an der Nordseite des Schlosses. Es ist vielleicht das Hauptwerk des Künstlers. Den Kern bildet ein 40 Meter langes Wirtschaftsgebäude, das im Lobniggraben/Lobnik bei Eisenkappel/Železna Kapla abgetragen und in Saager/Zagorje wiedererrichtet wurde. In weiterer Folge entstanden ein fast ebenso großer Quertrakt, mehrere Zubauten, unterirdische Räume sowie großzügige Außenanlagen, die sich über mehrere Ebenen erstrecken. Bäuerliche Architektur und moderne Elemente aus Beton fügen sich zu einem organischen Ganzen. Gekalkte Tonnengewölbe und eine unübersehbare schwarze Stierfigur verbreiten mediterranes Flair. Die im Komplex untergebrachten Werkstätten und Gemeinschaftsräume werden heute für Workshops und Ausstellungen genützt; Hokes ehemaliges Malatelier und Depots dienen als Museum. Hüterin des Gesamtkunstwerkes ist die Architektin Christa Binder, die zweite Ehefrau des Künstlers. Besichtigungen sind nur zu besonderen Anlässen möglich. Wer immer die Gelegenheit dazu hat, sollte sie nützen (www.hoke-werkhaus.at).

Hokes Schaffen als Baukünstler ist (im Gegensatz zu seinen Glas- und Keramikarbeiten im öffentlichen Raum sowie seiner grafisch akzentuierten Akt- und Landschaftsmalerei) wenig bekannt. Völlig in Vergessenheit geraten ist das Projekt *Labnig* aus dem Jahr 1980. Es war der Versuch, gemeinsam mit jungen ArchitektInnen ein Kärntner Dorf als Gegenentwurf zur beginnenden Zersiedelung zu konzipieren. Verwirklicht hätte es in Linsendorf/Lečne unterhalb von Saager/Zagorje werden sollen, wo im Zuge des Kraftwerkbaues eine Insel zwischen der Drau und ihrem Altarm entstanden war. Die Entwürfe erinnern vielleicht an Friedensreich Hundertwasser oder den Baumeister Robert Rogner; was Hoke dazu schrieb, ist immer noch aktuell: »Seit 1960 wird Kärnten verbaut. Tausende banale Einfamilienhäuser bedecken wie Abfall das Land.« Dem hielt er ein fast naiv anmutendes Manifest entgegen: »Uns gefällt ein Dorfplatz / mit großen Bäumen / mit einer Kirche / mit einem Brunnen / mit einem Gastgarten / mit einem Musikturm / mit einem Windrad / mit einer Skulptur / mit Pflastersteinen / mit Sitzstufen / mit schmalen Wegen, die in den Platz münden / wir wollen keinen Asphalt / wir wollen keine parkenden Autos / wir wollen keine Betontröge mit Zierblumen«. Dazu entwickelte die Gruppe eine Art Prototyp eines Zweifamilienhauses, der traditionelle Bauformen kreativ variierte und dabei Anleihen am eigenen Werkhaus nahm: große zweigeschoßige Langbauten aus Stein und Holz mit hohen Krüppelwalmdächern sowie Laubengängen, Außentreppen und kommunikativen Zwischenräumen. »Ein Haus soll sich verändern können und atmen / wie der Mensch sich verändert und atmet«, heißt es dazu. Zumindest das wird man unterschreiben können. Es hätte sich gelohnt, in Linsendorf/Lečne die Probe auf's Exempel zu machen.

Mit der Kirche St. Anna besitzt Saager/Zagorje ein weiteres eigenwilliges Bauwerk. Es ist im Kern romanisch und steht auf den

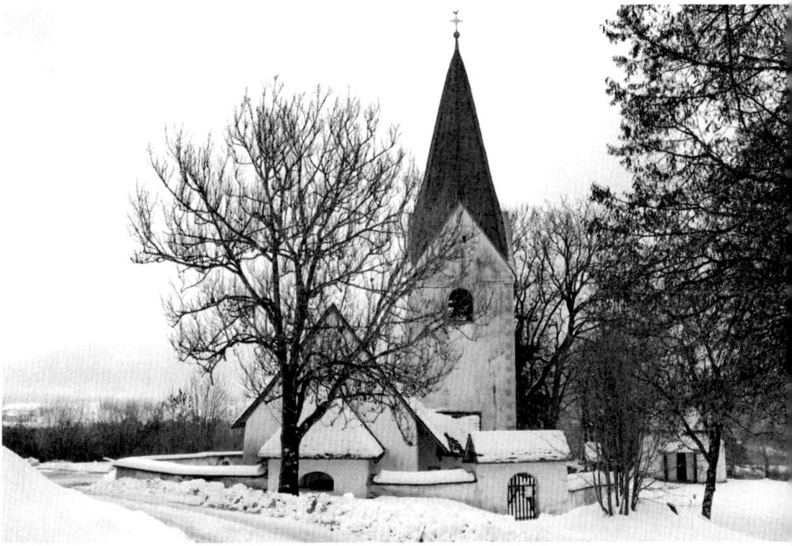

Kirche von Saager/Zagorje

Grundmauern einer Kapelle aus dem 13. Jahrhundert. Auffallend ist der wuchtige Turm, im Grundriss fast so groß wie das Kirchenschiff. Beide sind von einem intimen Friedhof samt Mauer umgeben. Die niedrige Vorhalle bildet das Verbindungsstück und bietet sich bei Regen als Unterstand an. Den angrenzenden »Karner« hat Giselbert Hoke als Grabstätte der Familie konzipiert. An der Südwand des Kirchturms befindet sich eine Grabplatte mit einer der ältesten deutschen Inschriften Kärntens. Verewigt wurde Bernhard von Rotnstain († 1300), der in einer Felsenburg über der Drau residierte (siehe Kapitel V). Im Inneren können drei barocke Altäre besichtigt werden, wovon dem mittleren die Decke auf den Kopf zu fallen scheint. Den Schlüssel zur Kirche verwahrt der nette Nachbar mit den unfreundlichen Hunden.

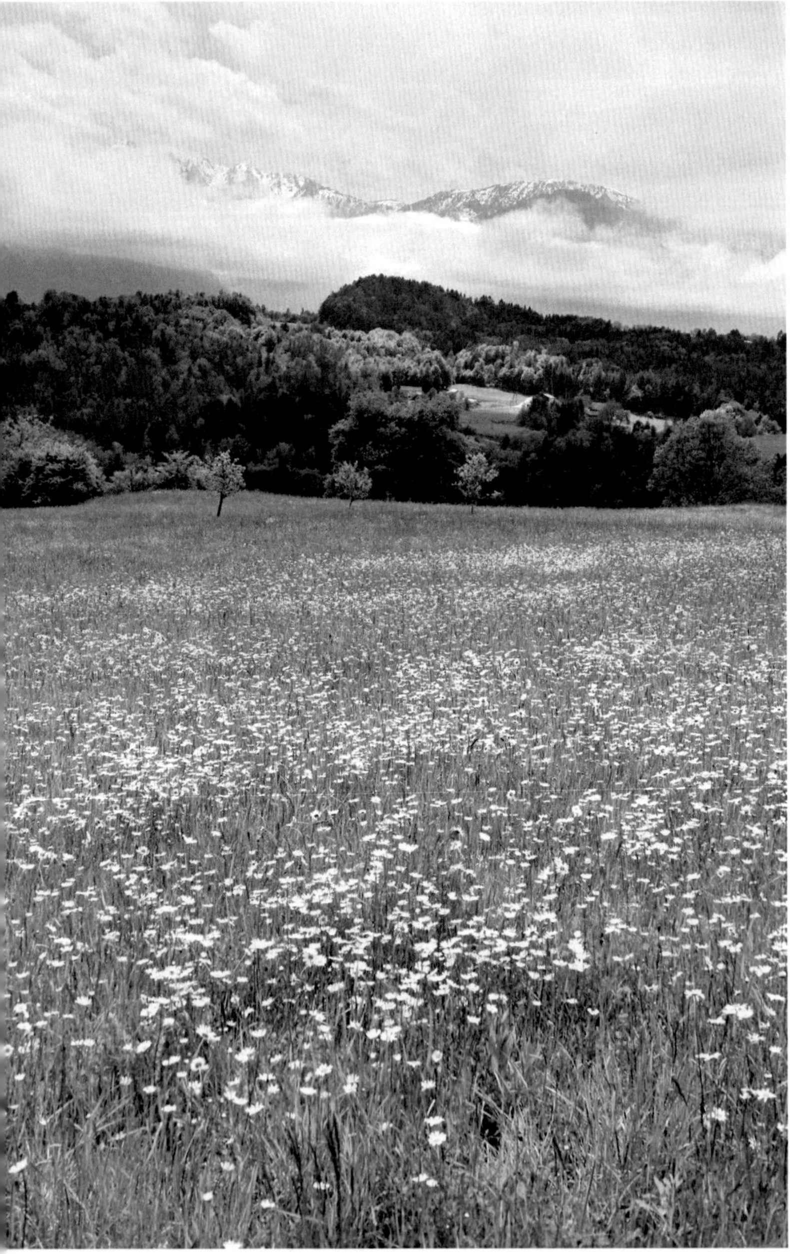

IX. SEITENWECHSEL
Wanderung von Viktring/Vetrinj nach Keutschach/Hodiše

An Wochenenden wird man bei dieser Wanderung kaum alleine unterwegs sein, vor allem der Mittelteil am Plöschenberg/Plešivec ist viel begangen. Wer einige Wegabschnitte bereits kennt (oder zu kennen glaubt), sieht sie in dieser Kombination vielleicht mit anderen Augen. Jedenfalls darf man sich auf einen abwechslungsreichen Ausflug freuen, der am Zielort (von wo man per Autobus zum Ausgangspunkt zurückkehrt) auch noch kulinarische Genüsse verspricht.

Stift Viktring/Vetrinj, der prächtige Barockbau am Fuße der Sattnitz/Gure, lohnt gleich zu Beginn einen Umweg. Er führt durch den Marienhof in den Park mit uralten Bäumen. Gestochen scharf spiegelt sich die Fassade im schwarzen Weiher. Trüb ist auch der Treimischer Teich. Katholische Karpfen (im früheren Leben Zisterzienser) schnappen nach Luft, außer Atem erreicht man Opferholz/Vožnica. Der Aufstieg des Tages ist bald geschafft. Es beginnt ein Reigen wunderbarer Wiesen, teils mit Fernsicht, teils von Wald umgeben, manche mit bizarren Obstbäumen bestückt. Drei Hochsitze im Geäst mächtiger Eichen bleiben in Erinnerung. Ein beliebtes Gasthaus, eine Panoramastraße mit Blick ins Rosental/Rož und ein Aussichtspunkt über dem Rauschelesee/Rjavško jezero gehören zum Pflichtprogramm; die Zwergohreule weist den Weg. Ihr hat ein Bauer in Wurdach/Vrdi ein Standbild geschnitzt, verwittertes Symbol der Belesenheit. Flüssige Labung wird bei der Hubertuskapelle geboten. Es beginnt der Abstieg in den Talgrund, erst auf Hohlwegen unter hohen Felsen, dann etwas umständlich bis zum Bassgeigensee. Nahezu unberührt liegt er im Schatten der Erlen. Von Quelle zu Quelle gelangt man zum Keutschacher Moor. Ein Holzturm ragt aus dem Röhricht, die Pfarrkirche von Keutschach/Hodiše aus dem Häusersalat. Man durchschreitet das Tor zum Ort (einen bunt bemalten Durchlass) und führt sich ein Kontrastprogramm zu Gemüte: NS-Architek-

Am Plöschenberg/Plešivec

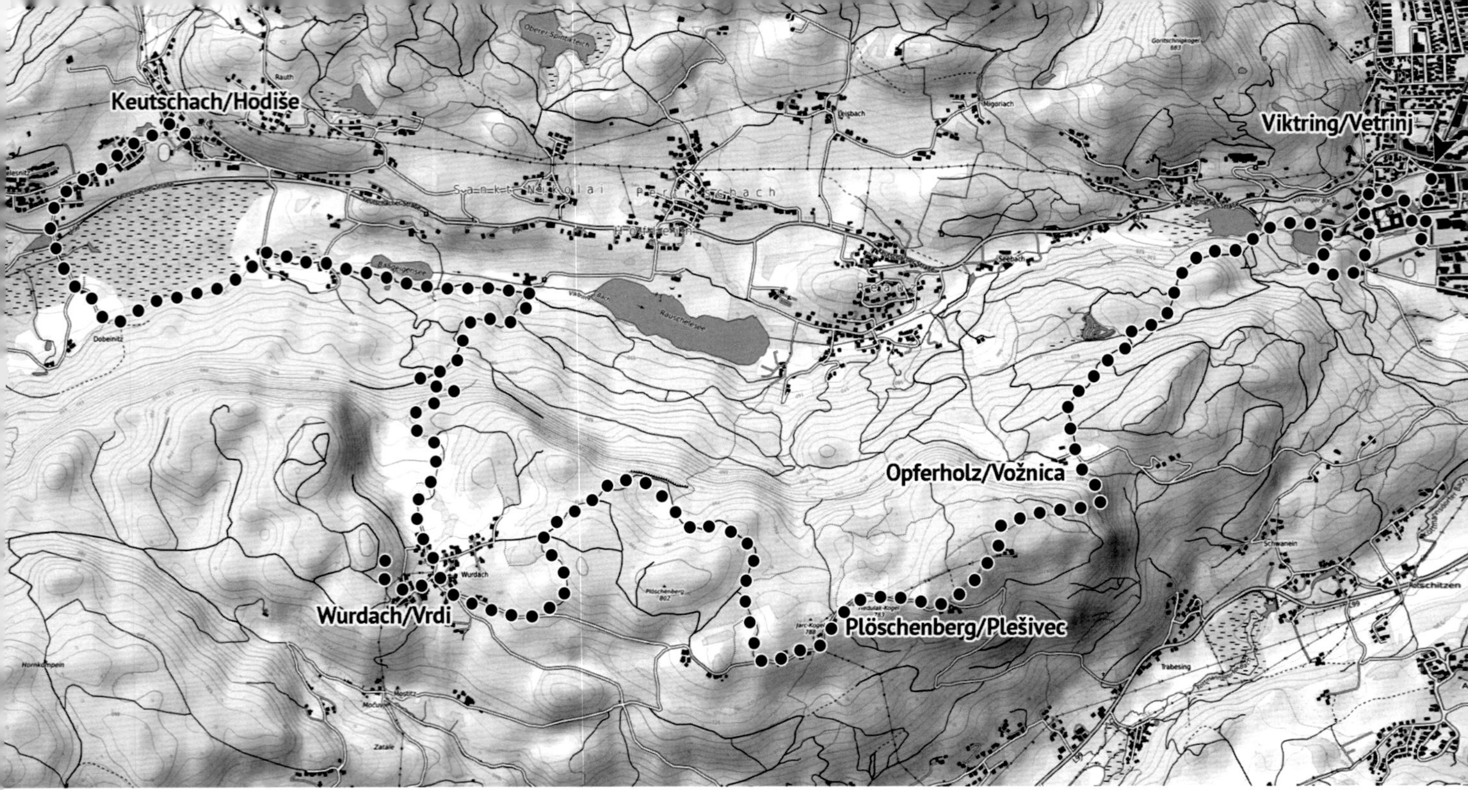
Keutschach/Hodiše
Viktring/Vetrinj
Opferholz/Vožnica
Wurdach/Vrdi
Plöschenberg/Plešivec

tur neben verwahrlosten Keuschen, renovierte Herrschaftsbauten neben banalen Wohnblocks, eine mittelalterliche Dorfbasilika neben Ruinen der Neuzeit. Den Schlusspunkt setzen die älteste Totenleuchte Österreichs und ein frühchristliches Epitaph. Liegt hier der Kärntner Tourismus begraben?

INFORMATIONEN ZUR WANDERUNG
LÄNGE: 16 km
ANSTIEGE: 560 m
GEHZEIT: 5:00 Std.
ANFORDERUNGEN: Ausdauer
KARTE: Kompass-Karte Nr. 61, Wörthersee, Karawanken West
ORIENTIERUNG: leicht
GASTSTÄTTEN: Viktring/Vetrinj, Plöschenberg/Plešivec, Wurdach/Vrdi, Keutschach/Hodiše
ANFAHRT: Linienbus Nr. 80 vom Heiligengeistplatz in Klagenfurt/Celovec nach Viktring/Vetrinj
BUSVERBINDUNG: Postbus von Keutschach/Hodiše nach Viktring/Vetrinj

WEGBESCHREIBUNG
Ausgangspunkt ist die **Bushaltestelle** Siebenbürgengasse in **Viktring/Vetrinj** (stadtauswärts). Man steigt zu einer **Unterführung** ab, unterquert die **Keutschacher Straße** und folgt dem **Gehweg** entlang eines Baches, die Richtung beibehaltend, bis zum ehemaligen **Stift Viktring**. Man quert eine **Brücke**, geht rechts an der **Stiftskirche** vorbei und verlässt das Areal durch einen **Torbogen** (Pfarramt). Hier geht man auf einer **Querstraße** nach links, ignoriert bald darauf den Fabriksweg rechter Hand und wendet sich nach einem Zaun nach rechts in einen ansteigenden **Pfad**, der sich sofort gabelt. Man hält sich links. Anstieg im Wald (eine Einmündung von links, sowie eine Abzweigung nach links werden ignoriert) über einen **Sattel** bis zu einem breiten Weg (**Fitnessparcours**). Man geht scharf rechts und umgeht den unteren **Treimischer Teich** gegen den Uhrzeigersinn. Schöner **Uferweg**, der sich mit einem von rechts kommenden Weg von Viktring/Vetrinj vereinigt und schließlich an der **Westseite** gabelt. Man hält sich rechts und steigt zum **Oberen Teich** an (Weg Nr. 42). Hier geht man vor einem **Schranken** halb links und folgt einer **Forststraße**, die sich bald

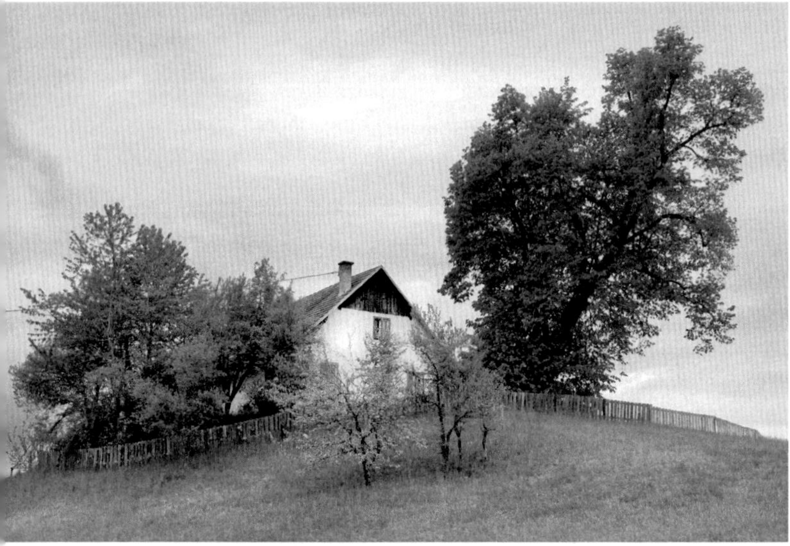

In Opferholz/Vožnica

gabelt. Man geht geradeaus und folgt 30 Min. dem moderat ansteigenden **Hauptweg** bis **Opferholz/Vožnica** (1:00 Std.).

Man quert eine Wiese und wendet sich auf einem **Sträßlein** nach links. Nach 100 m folgt man dem **Wegweiser** »Plöschenberg« nach rechts (Weg Nr. 43). 15minütiger Anstieg im Wald, stets dem Weg Nr. 43 folgend, bis man erneut ins Freie tritt. Weiter am rechten Rand der Wiese bis zu einer **Abzweigung** nach links (Wegweiser »Plöschenberg«), welcher man folgt. Man trifft auf einen **Fahrweg**, geht rechts und erreicht eine **Straße**. Einkehr im Gasthof Plöschenberg (1:30 Std.).

Weiter auf der **Straße** in westlicher Richtung. Schöne Blicke ins Rosental/Rož. Nach knapp 1 km folgt man dem **Naturlehrpfad Zwergohreule** nach rechts (Wegweiser). Man gelangt in den Wald und geht bei einem breiten **Querweg** rechts (Wegweiser »Naturlehrpfad Zwergohreule«). Man folgt dem **Hauptweg**, der sich bald senkt und auf die **Karutschnigwiese** führt, wo man eine Abzweigung nach rechts Richtung Rauschelesee ignoriert. Weiter bis zu einem **Aussichtspunkt** an der Abbruchkante über dem Rauschelesee (2:15 Std.).

Weiter auf dem **Zwergohreulenweg**, der die Karutschnigwiese noch einmal streift und wieder in den Wald führt. Nach 10 Min. eine **Wegkreuzung**; man geht geradeaus und betritt eine große **Wiese**.

Weiter an deren linken Rand bis zu einer **Rastbank** (Wegkreuz). Der Pfad senkt sich und trifft auf ein **Sträßlein**; auf diesem nach rechts bis **Wurdach/Vrdi**. Hier geht man bei einer **Querstraße** rechts bis zu einem **Bildstock** in der Ortsmitte (2:50 Std.).

Man wendet sich nach links und folgt nach 100 m einer Hauszufahrt nach rechts, um gleich darauf dem **Wegweiser** »Kapelle« in den Wald zu folgen. Kurzer Anstieg bis zu einer Gabelung; man geht rechts und gelangt zu besagter **Kapelle**. Netter Rastplatz mit Selbstbedienungsausschank.

Zurück zum **Bildstock** im Dorf, wo man dem **Wegweiser** »Keutschacher Panoramaweg« nach links folgt; der Asphalt endet. Weiter auf einem **Feldweg**, der sich bald gabelt; man hält sich rechts und steigt über schöne Wiesen zum Wald ab (»Keutschacher Panoramaweg«). Man folgt den betreffenden Wegweisern bzw. der **Markierung Nr. 32**, erst durch einen Hohlweg steil bergab, dann z. T. auf Forstwegen bis zum **Zauberwald** (3:45 Std.).

Kurz davor nimmt man eine **Abzweigung** nach links (Wegweiser »Bassgeigensee« u. a.). Anfangs asphaltierter, dann **geschotterter Weg** oberhalb einer kleinen **Au**; eine Abzweigung nach rechts (Moorwanderweg) wird ignoriert. Man quert ein **Bächlein** und passiert den **Bassgeigensee**. Schöner Weg durch den Auwald. Man trifft beim Haus Nr. 38 auf ein **Queršträßchen**, geht rechts und wendet sich nach 100 m nach links (**Keutschacher Panoramaweg**). Man trifft auf eine **Querstraße**, geht links und nach gut 50 m rechts. Weiter auf dem **Weg Nr. 34**, vorbei an etlichen Quellen und Bächen. Bei einer **Häusergruppe** folgt man der **Zufahrtsstraße** nach rechts und passiert kurz darauf den **Moorturm**. Die Straße gabelt sich; man hält sich rechts und unterquert bald die **Bundesstraße**. Kurzer Anstieg bis zu einer **Querstraße**; auf dieser nach rechts bis ins Ortszentrum von **Keutschach/Hodiše** (5:00 Std.). Einkehr im Schlossstadel. Besichtigung der Kirche. Bushaltestelle beim Gemeindeamt.

AM WEGE

Viktring/Vetrinj

»Das Stifft und Closter Victring oder Vittring liegt im untern Viertheil zwischen Clagenfurt und Keutschach, eine halbe Meile von Clagenfurt an einem hübschen Ort.« Derart beschrieb

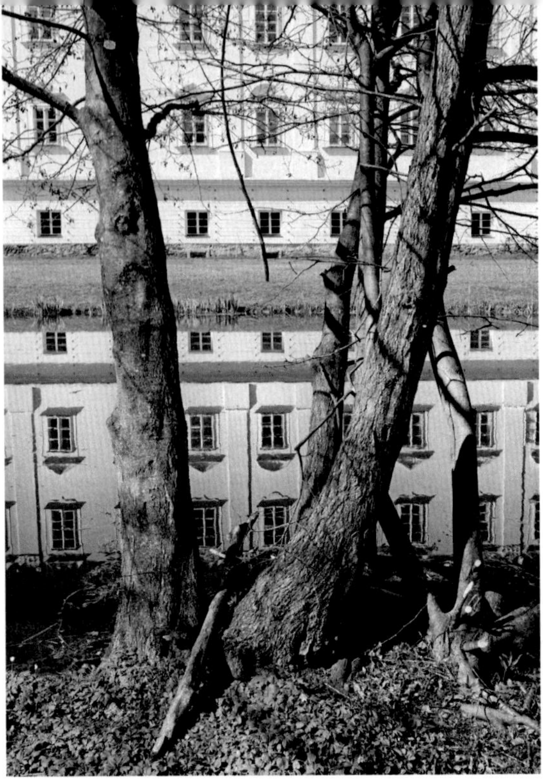

Stift Viktring/Vetrinj

Johann Weichard Freiherr von Valvasor 1688 das stattliche Stift. Zu dieser Zeit stand der gebürtige Klagenfurter Abt Wilhelm Malle schon über Jahrzehnte dem Klosterleben vor.

Seit 1973 gehört Viktring/Vetrinj zur Stadtgemeinde Klagenfurt/Celovec. In unmittelbarer Nähe des Wörthersees gelegen, hat sich der Stadtteil mittlerweile zu einer beliebten Wohngegend entwickelt. Das ehemalige Zisterzienserstift ist als Realgymnasium ein Ort musischer Ausbildung sowie zum viel besuchten Veranstaltungsort des internationalen Festivals Musikforum geworden.

1142 hatte Graf Bernhard von Spanheim Zisterziensermönche zur Urbarmachung des Landes aus dem französischen Lothringen nach Viktring/Vetrinj gerufen. Der Graf entschied sich auch aus finanziellen Überlegungen für den neuen, asketischen Orden der Agrikulturmönche, weil diese nur eine geringe Ausstattung benötigten. Ihrer Auffassung zufolge mussten sie selbst für ihren Lebensunterhalt sorgen und sich aus eigener Kraft um die materielle Basis des Ordens kümmern. Sie rodeten das Land, betrieben Landwirtschaft und legten Verkehrswege an.

Mit der offiziellen Schenkung 1143 durch den wenige Jahre später bei einem Kreuzzug umgekommenen Klostergründer Graf Bernhard (1147) begannen die Mönche, die notwendigen Klosterbauten zu errichten. 1202 wurde die Klosterkirche, von den Klosterbrüdern Maria Victoria genannt, fertiggestellt. Gemäß der asketischen Ausrichtung des Ordens erfolgte auch die architektonische Ausführung der Stiftskirche in einfachen und nüchternen Formen. Nach deren Fertigstellung folgten die übrigen Baulichkeiten mit Wehrmauer und Wassergraben. Durch Schenkungen, Tausch und Kauf wuchsen die Klostergüter gewaltig an. Bald reichte der Klosterbesitz von Maiernigg im Westen, bis zum Kreuzbergl im Norden und im Osten bis zum Weg ins Rosental/Rož und auf den Loibl/Ljubelj. Von der Arbeit der Zisterzienser in der nächsten Umgebung des Stiftes zeugen die Namen neuer Siedlungen wie Neudorf oder Kreuth (= Rodung). Am Loiblübergang wurden Kirche und Hospiz errichtet, die bis 1898 bestanden.

Unter dem gebildeten Abt Johann II. erlebte Viktring/Vetrinj eine geistige Blütezeit (1312–1345). Die Mönche kamen aus Brabant, aus der Rheingegend, aus Preußen und Sachsen. Im Spätmittelalter hatte das Stift auch über eine ansehnliche Bibliothek verfügt, doch mit dieser wurde bei der Auflösung des Klosters 1786 ebenso sorglos umgegangen wie mit dem Archiv und anderen Kulturgütern.

In den folgenden Jahrhunderten entfernte sich der Reformorden von seinen asketischen Ordensregeln immer weiter, indem er z. B. die verfeinerte Tischkultur zeitgenössischer Adelshöfe übernahm, wie dies Quellen aus dem 18. Jahrhundert belegen. Die Tafelrechnungen des Abtes Benedikt Mulz veranschaulichen, wie weit sich die Zisterzienser von ihren Idealen der Armut und Askese entfernt hatten. Am 1. Juli 1729 speiste der Abt allein um 45 Kreuzer, seine fünf Bediensteten erhielten zusammen Speisen für insgesamt 50 Kreuzer. Entbehrungsreiche Kost gehörte eigentlich zur festen Askeseregel der Zisterzienser, der Genuss von Fleisch oder tierischem Fett war grundsätzlich verboten. Das Verspeisen von Süßwasserfischen, vorzugsweise aus kloster-eigenen Gewässern, war hingegen erlaubt (Karpfen, Hechte und Waller). Abt Benedikt ließ sich zudem mit Meeresfrüchten aus der Adria, darunter Muscheln, Austern, Tintenfische, Heringe und Sardellen beliefern. An Obst und Gemüse wurden immer wieder portugiesische Pomeranzen, Zitronen und Lemoni, Datteln, Pfirsiche, Artischocken und Olivenöl aufgetragen. Auch Reis, Pinienkerne, Parmesan und Muskatnüsse wurden ins Kloster geliefert. Dazu kamen ausgesuchte Süßspeisen. Eine einzige Obst- oder Meeresfrüchtelieferung machte ein Vielfaches des Wertes aus, den ein Bauer seiner Herrschaft jährlich zu zinsen hatte. Der raffinierte Tafelluxus forderte seinen gesundheitlichen Tribut. Die ebenfalls aus der Zeit Benedikts überlieferten Apothekerrechnungen nennen überwiegend verdauungsförderndes Digestivpulver sowie Medikamente für Magen und Galle.

Den moralischen Verfall begleitete ab der zweiten Hälfte des 15. Jahrhunderts der wirtschaftliche Niedergang. Naturkatastrophen sowie die einsetzenden Türkeneinfälle, die weite Besitzungen des Klosters verheerten, führten zur Verschuldung. Zur Unterstützung des Krieges gegen die Türken überließ Papst Klemens VII. Kaiser Karl V. und dessen Bruder, König Ferdinand, 1529 den vierten Teil aller geistlichen Einkünfte ihrer Länder (Quart). Das Stift Viktring hatte über 8.000 Gulden, die von sämtlichen Kärntner Klöstern höchste Summe, zu entrichten. Auch mit der Ordenszucht war es schlecht bestellt: Bei Streitigkeiten des Konvents mit dem Abt wurde der Ordensvorsteher so schwer misshandelt, dass er an den Folgen der Gewalttätigkeiten verstarb.

Die Glaubensspaltung des 16. Jahrhunderts überstand das Zisterzienserstift hingegen relativ unbeschadet, es war der katholische Widerpart zum protestantisch gewordenen Klagenfurt. Da dort die katholischen Schulen geschlossen wurden, richtete das Viktringer Kloster eine eigene Schule ein.

Ab 1780 übernahm Kaiser Joseph II., der mit dem Beinamen Klosterstürmer versehene Sohn Maria Theresias, die alleinige Regierung (seit 1765 war er Mitregent gewesen). Im Geiste der Aufklärung fragte Joseph nach dem allgemeinen Nutzen der vielen Klöster. Seiner Meinung nach gingen dem Staat durch sie tausende Menschen verloren, die in verschiedenen Berufen gute Dienste für die Öffentlichkeit hätten leisten können; außerdem zeitigte die Ehelosigkeit der Glaubensbrüder und -schwestern negative bevölkerungspolitische Folgen.

Aus den Gütern und Besitzungen der aufgehobenen Klöster gründete Joseph 1782 den Religionsfonds, der die Gehälter für Pfarrer und Kapläne neu gegründeter Pfarren finanzierte. 1786 wurde schließlich das Kloster Viktring aufgelöst, auch aufgrund finanzieller Überlegungen – das Geld wurde für den Religionsfonds benötigt, und das Kloster war zu diesem Zeitpunkt schuldenfrei.

Unmittelbar nach der Schließung des Klosters machte ein kurioser Plan die Runde. Aus den Mitteln des Religionsfonds hätten die Gebäude des Stiftes samt Garten zu einem Ergötzungsort, zu einem Ausflugsziel mit Wirts- und Kaffeehaus, öffentlichem Bad, Schießstätte, Tanzsaal und Kegelbahn, gemacht werden sollen. Der Plan wurde abgelehnt, sodass 1788 die aus Italien eingewanderten Brüder Moro in Teilen der leerstehenden Räumlichkeiten eine Tuchfabrik errichten konnten. Die aus dem karnischen Dorf Ligosullo stammenden Brüder Christoph und Johann Moro waren 1779 nach Klagenfurt/Celovec gekommen und betrieben in der Stadt einen Schnittwarenhandel. Später führten sie eine Tuchfabrik und am Neuen Platz ein Stoffgeschäft. Ihre Heimat, die Carnia, war ein Zentrum der bäuerlichen Tuchmacherei und Seidenweberei. Um ihr kleines Unternehmen erweitern zu können, ersteigerten die beiden Moros 1788 Teile des Klostergebäudes samt einigen Grundstücken. 1796 pachteten sie die ganze Herrschaft für den stattlichen Pachtzins von jährlich über 12.000 Gulden. Das Unternehmen wusste die Napoleonischen Kriege zu seinem Vorteil zu nutzen und avancierte zum vorrangigen Heereslieferanten der österreichischen Armee. Trotz der dabei erzielten Gewinne geriet das Unternehmen um 1820 in eine wirtschaftliche Krise, die es durch kurzfristige Expansion in die Landwirtschaft überwinden konnte.

Die 1830 erneut einsetzende Kriegsgefahr in Europa, die von Frankreich ausging, brachte den Moros neuen Aufschwung, denn die Aufstellung eines riesigen österreichischen Heeres bescherte dem Unternehmen wieder große Staatsaufträge. 1897 erwarb die Firma den gesamten ehemaligen Zisterzienserkomplex. In die neu erworbenen Gebäudeteile zogen Familienmit-

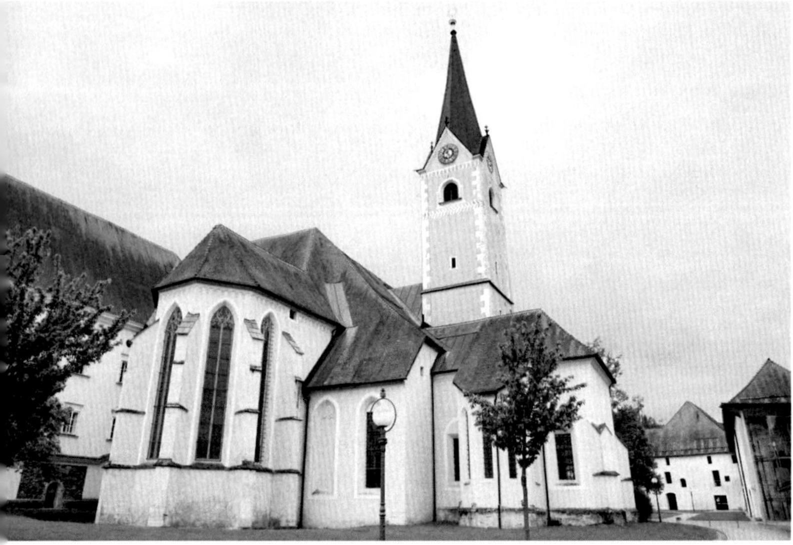

Stiftskirche Viktring/Vetrinj

glieder ein, andere Teile wurden zu Wohnungen für Feriengäste adaptiert. Zu diesem Zeitpunkt beschäftigte die Fabrik um die 200 ArbeiterInnen. 1855 gelang dem Unternehmen auf der Pariser Industrieausstellung der internationale Durchbruch, da die Moroschen Offizierstücher für Aufsehen sorgten.

Bereits 1816 wurde den Moros für ihre Leistungen die Adelswürde verliehen. Die Nachfolger der beiden Gründer, die Brüder Franz und Thomas, führten die Firma nicht nur in eine Zeit der höchsten Prosperität, sie standen auch ganz im Mittelpunkt des politischen und kulturellen Lebens. Nach Einführung der Gemeindeverwaltung im Jahre 1849 wurde Franz Moro der erste Bürgermeister von Viktring/Vetrinj (1849–1861). Mittlerweile hatte sich das zum Familiensitz gewordene Stiftsgebäude zu einem kulturellen Treffpunkt, mit Ateliers und Künstlerwohnungen, gewandelt. Die reizvolle Umgebung und das Mäzenatentum der Familie Moro ließen Viktring/Vetrinj zu einem Anziehungspunkt von KünstlerInnen werden. Der Viktringer Künstlerkreis vereinte Namen wie Markus Pernhart, Hans Gasser, Ludwig und Josef Willroider. Dazu gesellten sich Familienmitglieder der Moros selbst, wie z. B. der spätere Firmenbesitzer und Maler Eduard oder etwas später die kunstsinnige Sophie Moro. Ergänzt wurde die Viktringer Maleridylle durch ein reiches Musik- und Theaterleben. In diesem Milieu entwickelte sich auch das musikalische Talent von Thomas Koschat, Sohn eines Färbermeisters der Tuchfabrik. Im von Josefine Moro geleiteten Arbeiterchor lernte der »Kärntner Liederfürst« singen.

Das 20. Jahrhundert konfrontierte das Unternehmen mit zunehmenden Schwierigkeiten. Im 1. Weltkrieg war der Betrieb unter staatlichen Schutz gestellt und voll ausgelastet. Als jugoslawische Einheiten 1919 auch Viktring/Vetrinj besetzten, kauften sie die gesamte Jahresproduktion auf, möglicherweise um die Bevölkerung bei der bevorstehenden Volksabstimmung für sich zu vereinnahmen. In den 1920er Jahren lief das Geschäft mühsam an. Erst 1927 verzeichnete das Unternehmen vorübergehend wieder Vollbeschäftigung. Kurze Zeit später, in der Krisenzeit der beginnenden 1930er Jahre, sah man sich zur Einführung von Kurzarbeit genötigt. Ab 1939 wurde Militärtuch für die Wehrmacht erzeugt. Trotz mehrmaliger Aufforderung weigerte sich der Fabrikherr Josef Aichelburg, der NSDAP beizutreten. 1942 wurde er von seinem Buchhalter, der gleichzeitig nationalsozialistischer Ortsgruppenleiter von Viktring/Vetrinj war, denunziert, woraufhin die Gestapo den Firmenleiter beschuldigte, verbotenerweise Wollvorräte gehortet zu haben. Um der Vermögenskonfiskation zu entgehen, beging der Besitzer Selbstmord. Seine beiden Töchter wurden für sechs Wochen in Sicherheitsverwahrung genommen. Zwar blieb die Firma in Familienbesitz, wirtschaftlich war sie aber ruiniert. Das Oberkommando der Wehrmacht schloss das Unternehmen von allen Heereslieferungen aus. Der Großteil der Fabrikshallen wurde von der Hamburger Aero-Maschinen- und Werkzeugfabrik übernommen, die an diesem Standort bis Kriegsende für die Luftwaffe Getriebe herstellte. Gleichzeitig arbeitete man an der Entwicklung der V2-Rakete. Für den Hamburger Betrieb wurden von der Viktringer Belegschaft 250 ArbeiterInnen abgestellt.

Im Sommer 1942 wurde von den Nationalsozialisten in Viktring/Vetrinj eine Widerstandszelle unter den slowenischsprachigen FabriksarbeiterInnen ausgemacht. Für das NS-Regime handelte es sich dabei um »kommunistisch eingestellte Personen der Textilfabrik Moro«. Der Prozess gegen die Beschuldigten beim Sondergericht Klagenfurt lässt vermuten, dass sich die Vorwürfe in erster Linie auf das Abhören ausländischer Rundfunksender bezogen. Die Zugehörigkeit zur slowenischen Volksgruppe wirkte sich zusätzlich belastend aus. Die Angeklagten wurden schuldig gesprochen und zu mehrjährigen Gefängnisstrafen verurteilt.

Vom wirtschaftlichen Rückschlag der NS-Zeit konnte sich die Tuchfabrik auch mit der Wiedereröffnung 1946 nicht mehr erholen. Nach der Insolvenz wollte das Land Kärnten das Gelände erwerben, um dort eine Universität einzurichten. Als der slowenische Hermagoras-Verein/Mohorjeva družba mehr bot, protestierte der Kärntner Abwehrkämpferbund gegen die Errichtung eines slowenischen Kulturzentrums in Viktring/Vetrinj. Schließlich übernahm die Republik Österreich 1970 das gesamte Areal mit den mittlerweile verfallenen Gebäuden für die Errichtung eines Gymnasiums.

In den Jahren 1972 und 1973 bot das ehemalige Stiftsgelände die Kulisse für das Internationale Musikforum, das unter der Leitung von Friedrich Gulda über die Bühne ging. Dabei waren im ehemaligen Klostergebäude anstatt christlicher Choräle tibetanische Mönchsgesänge zu hören. Von Beginn an waren die Veranstalter bestrebt, klassische Musik und Jazz mit den Mitteln der Improvisation zu vereinen, gleichzeitig sollten zeitgenössische Kompositionen und Weltmusik miteinander verbunden werden. Die globale musikalische Begegnung steht seit jeher an vorderster Stelle des heute noch erfolgreichen Musikforum Viktring.

Werner Koroschitz

EINKEHR:

Rhodos. Das griechische Restaurant ist im Umkreis der Bushaltestelle in Viktring/Vetrinj das mit Abstand beste Essenslokal. Wer nach der langen Wanderung hierher zurückkehrt, wird sich auf der türkisblauen Terrasse wie zuhause fühlen. Selbst der Verkehrslärm hat etwas Heimeliges. Das Lammfilet, der Fischteller und das Gyros können ruhigen Gewissens empfohlen werden. Auch der Retsina ist sein Geld wert. Ferdinand-Wedenig-Straße 2. 0043 463 281879, 0043 664 5447953

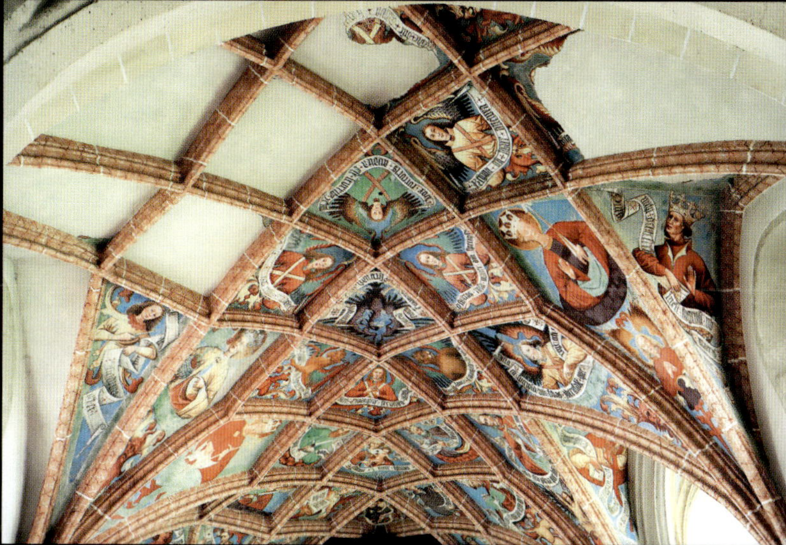

Deckenfresko in der Stiftskirche Viktring/Vetrinj (Wanderung I, IX)

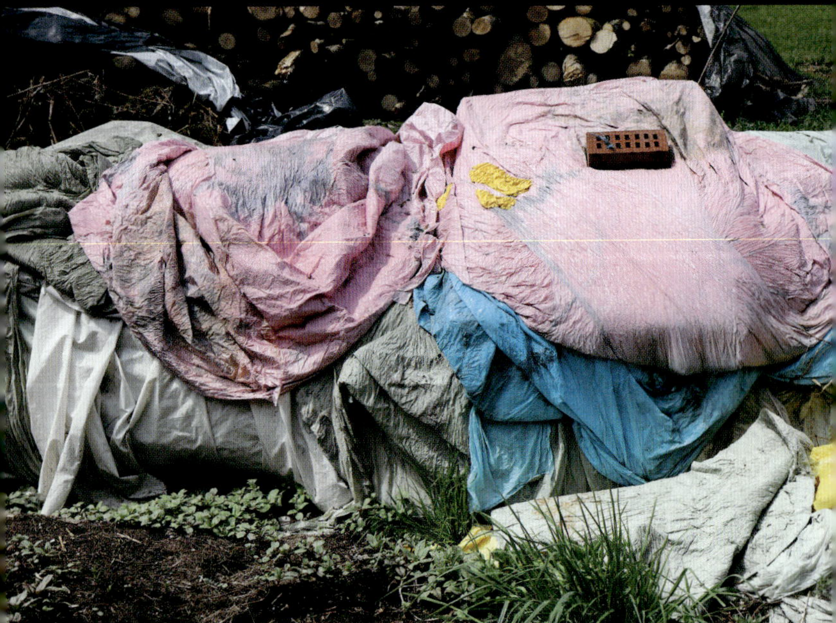

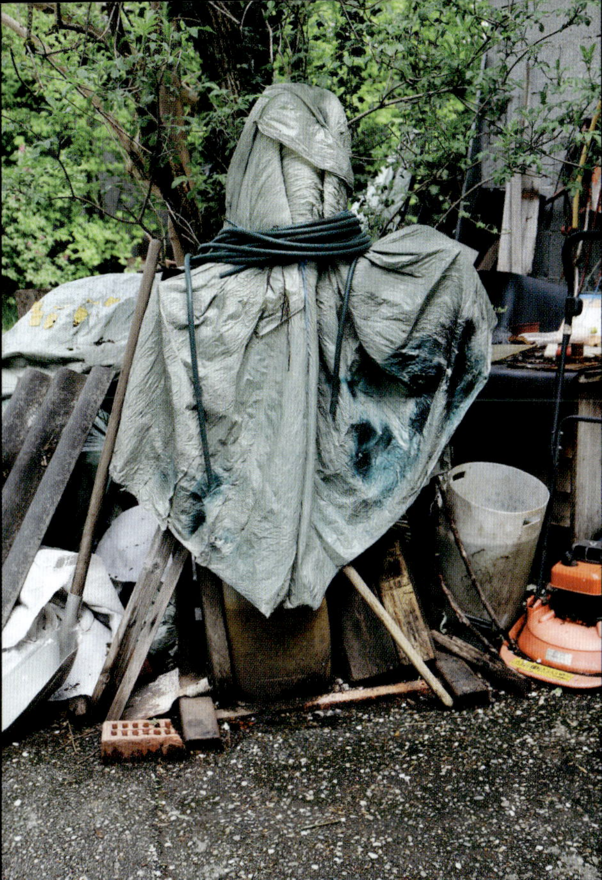

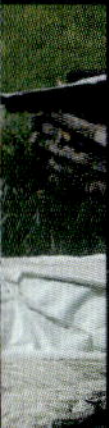

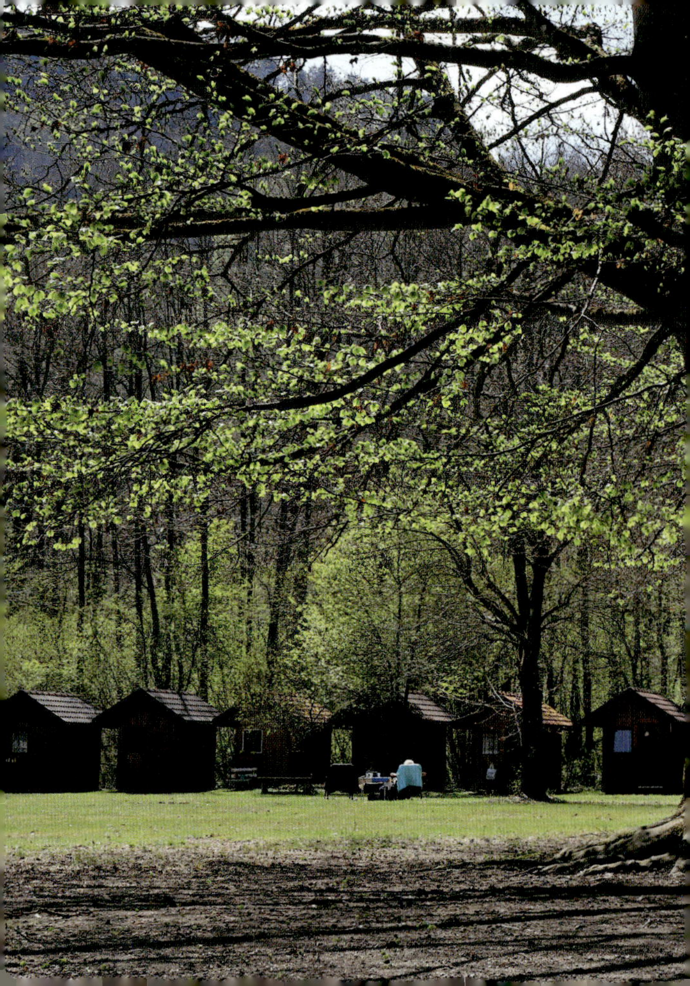

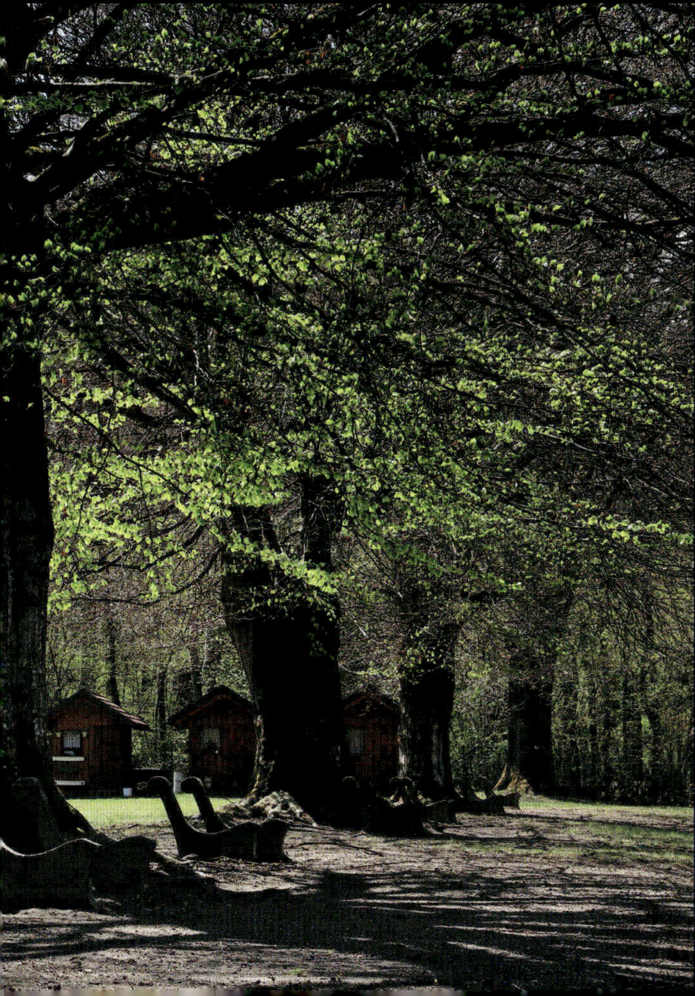

Am Ferlacher Stausee bei Maria Rain/Žihpolje (II)

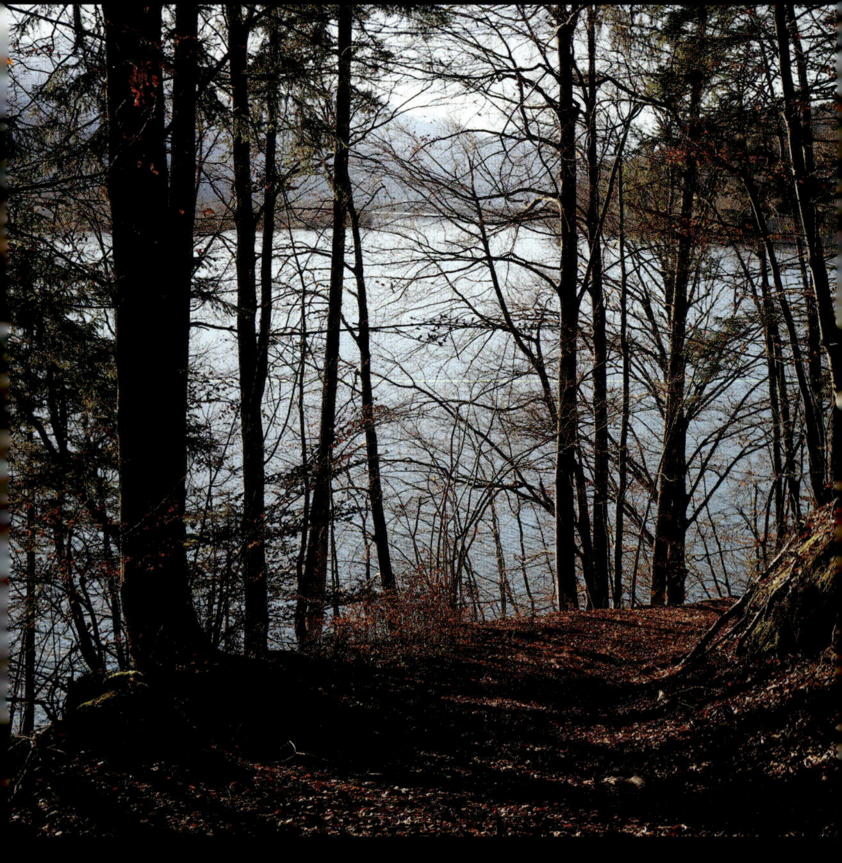

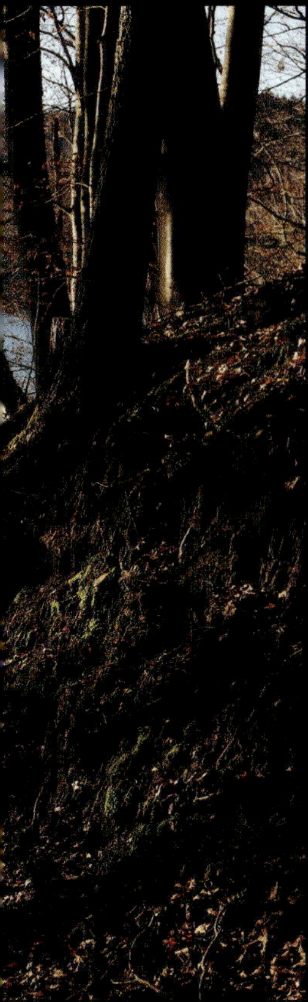

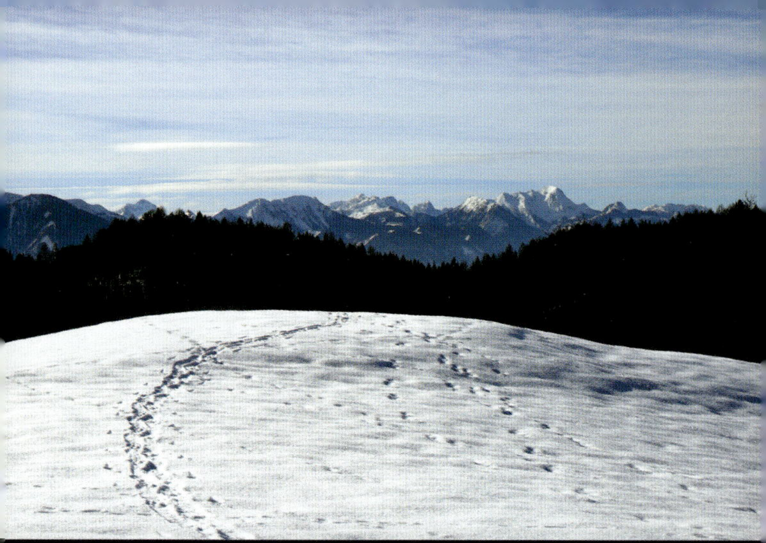
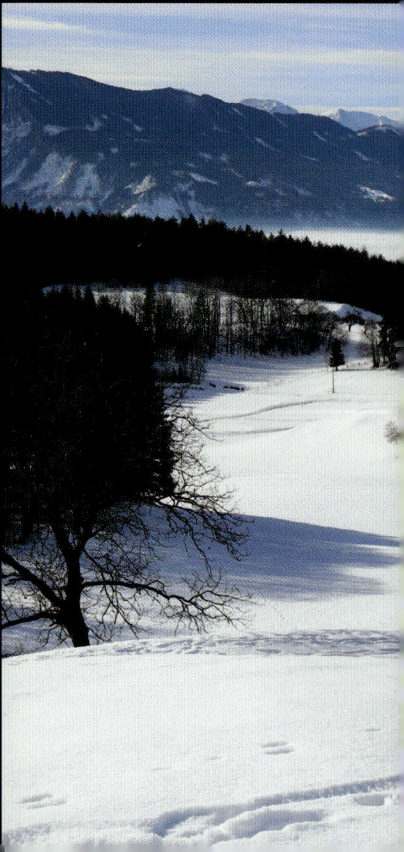

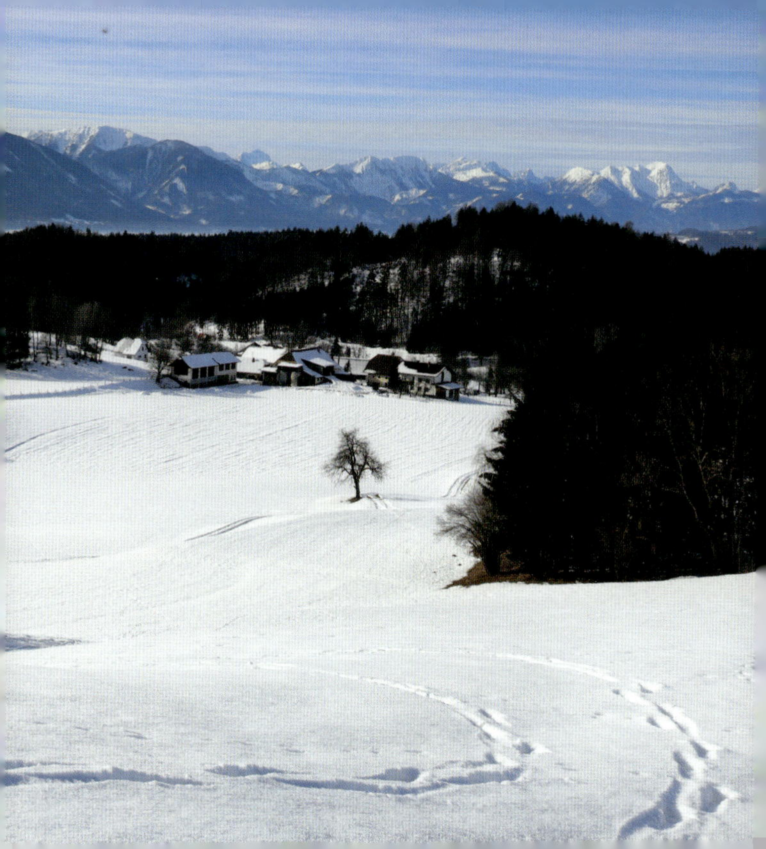

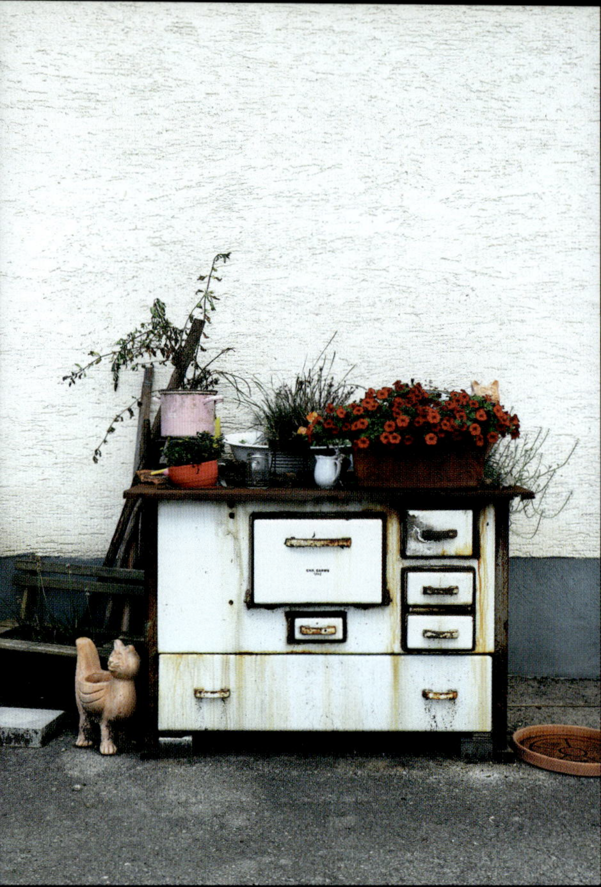

In Zwanzgerberg/Osojnica (III)

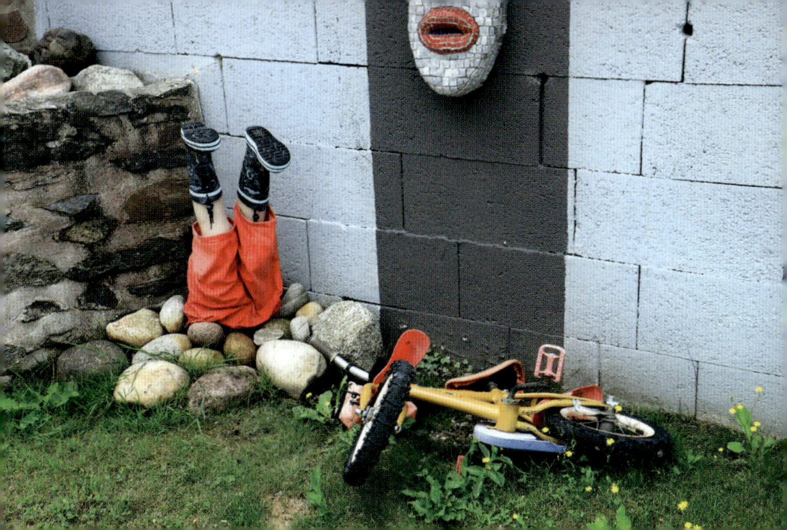

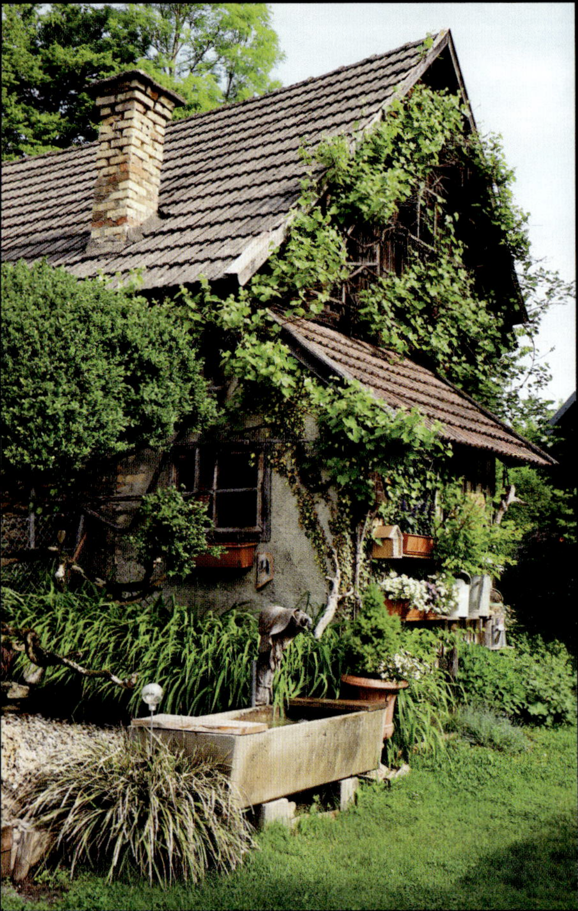
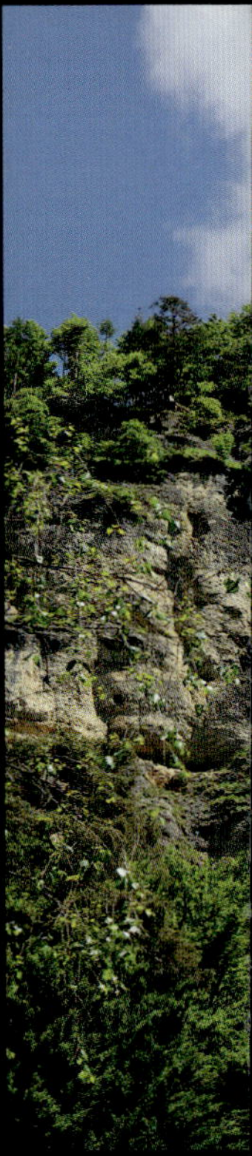

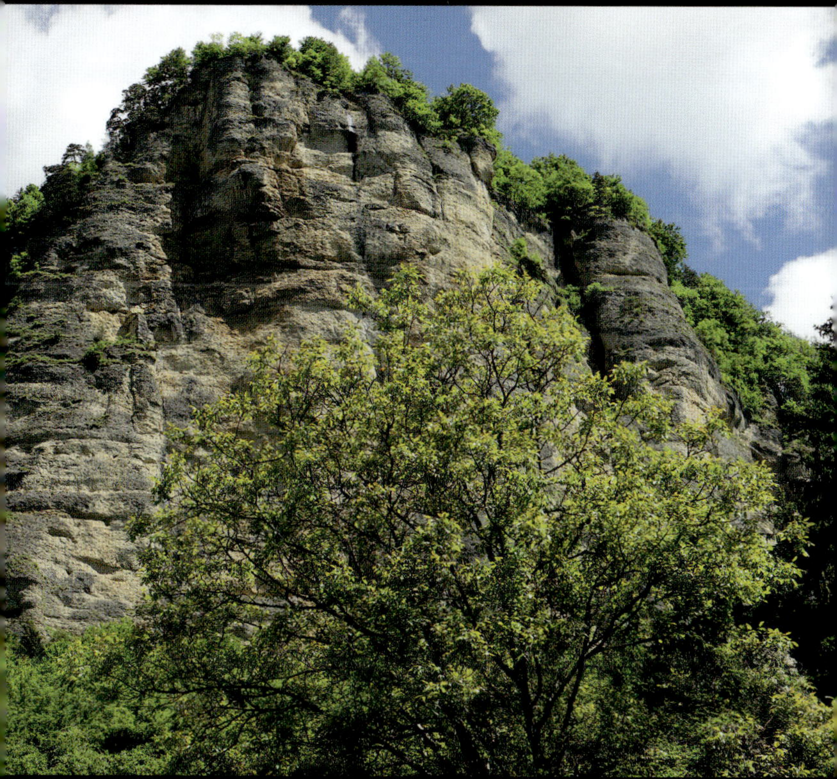

Keusche in Göltschach/Golšovo (IV)
Felswand beim Brodnik-Bauern (IV)
Im Gasthof Moser in Göltschach/Golšovo (IV) ››

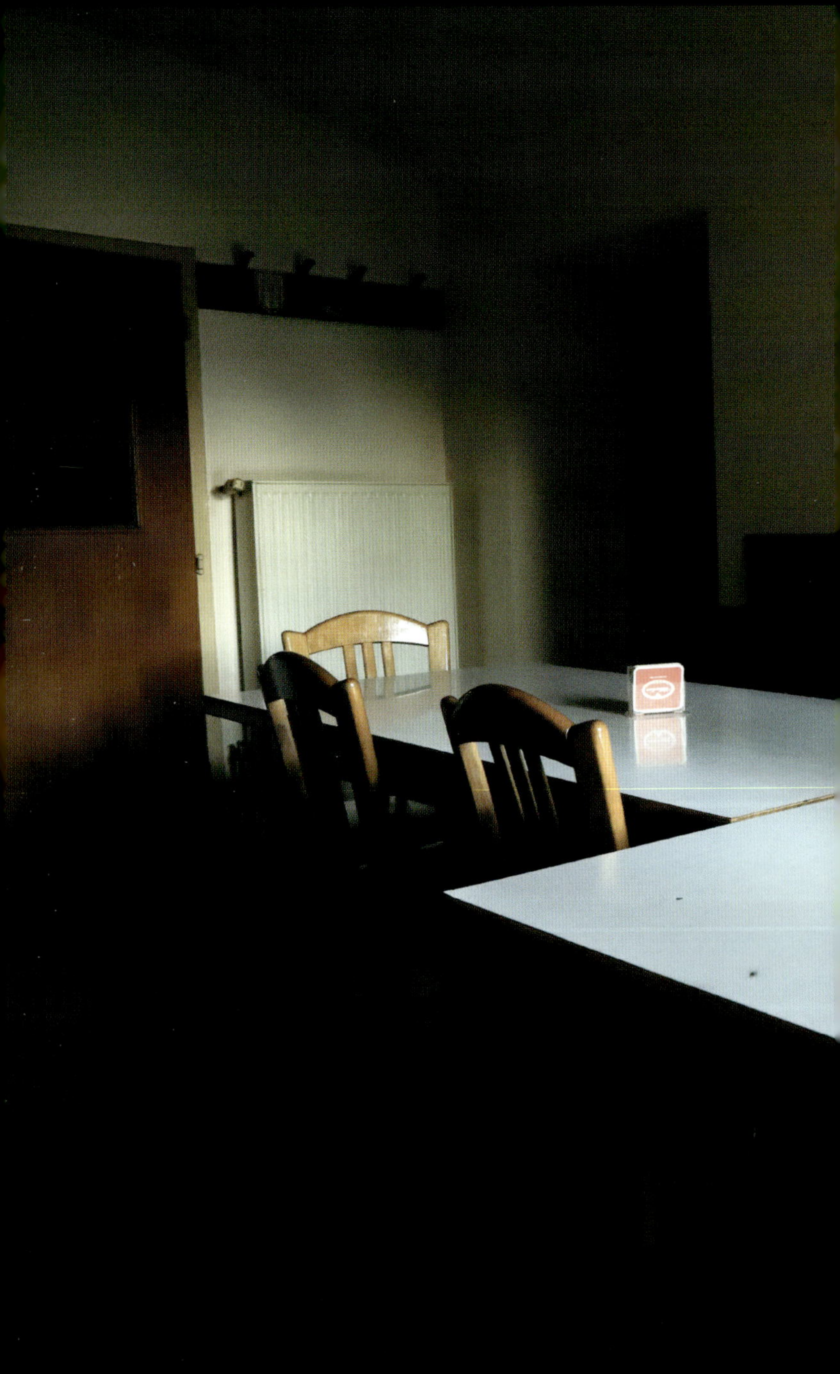

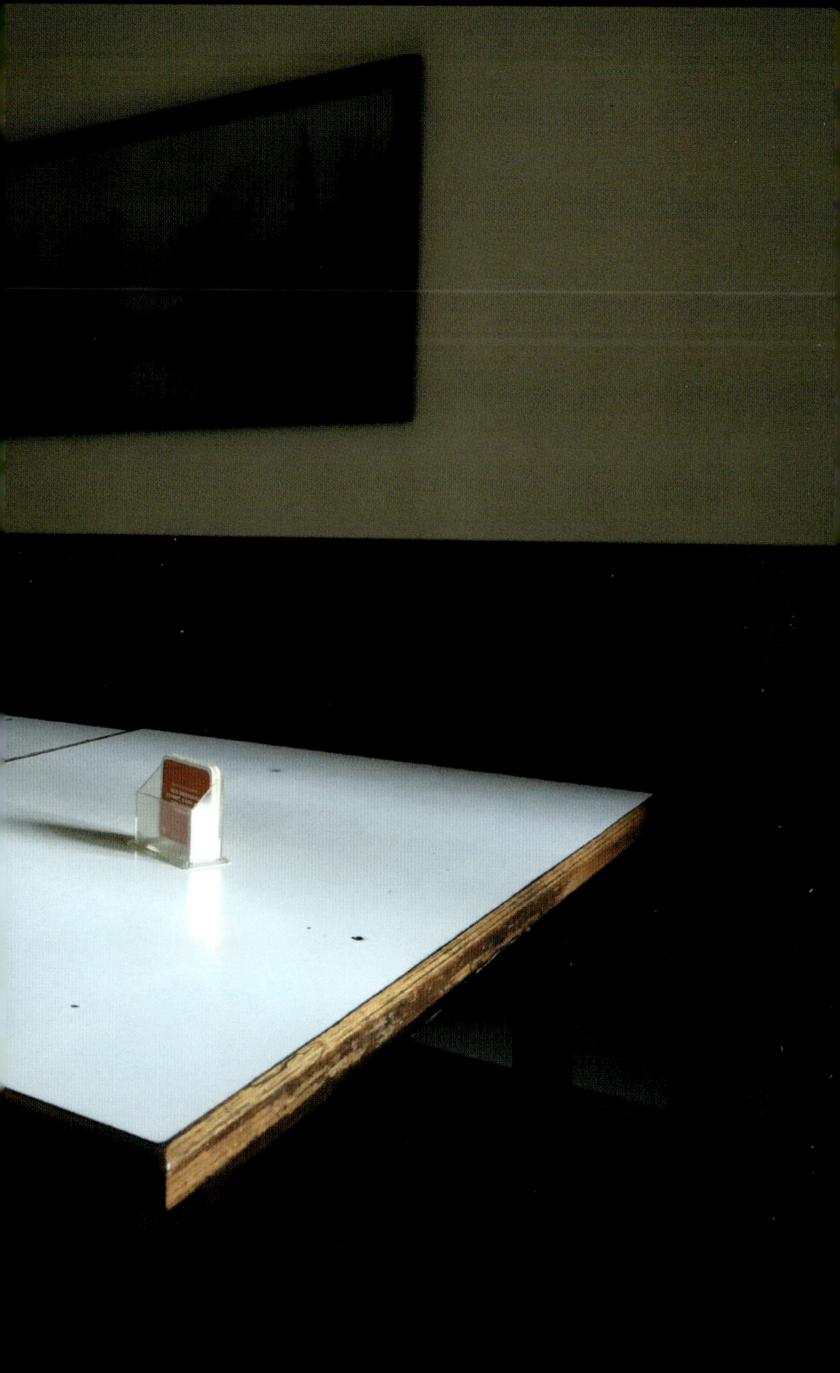

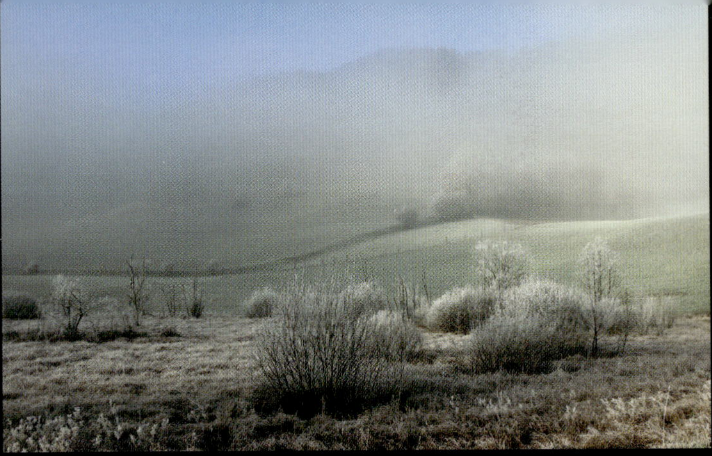

Bei Rottenstein/Podgrad (V)
Bei Schwarz/Dvorec (V)

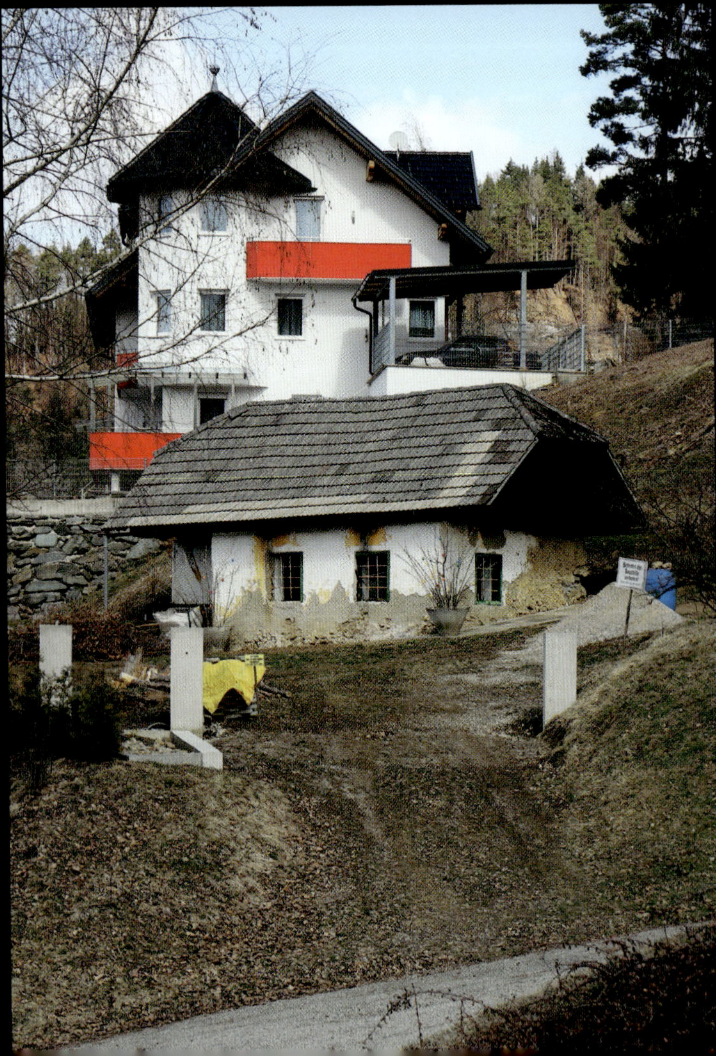

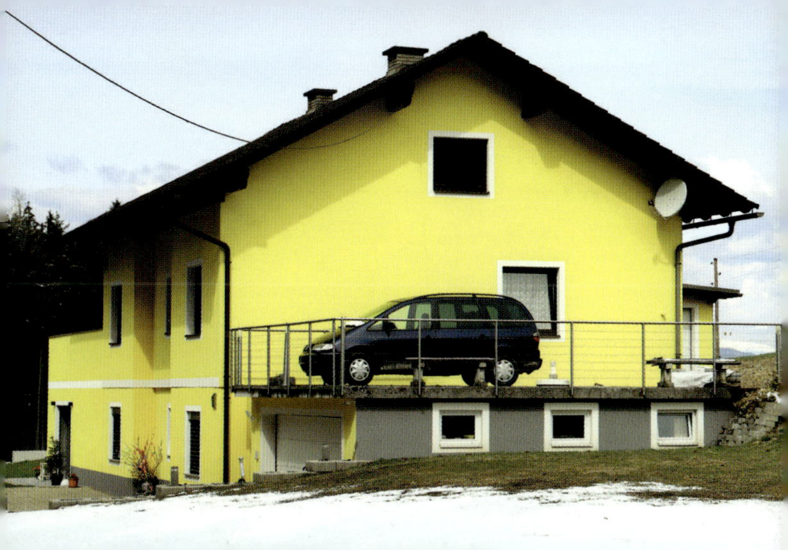

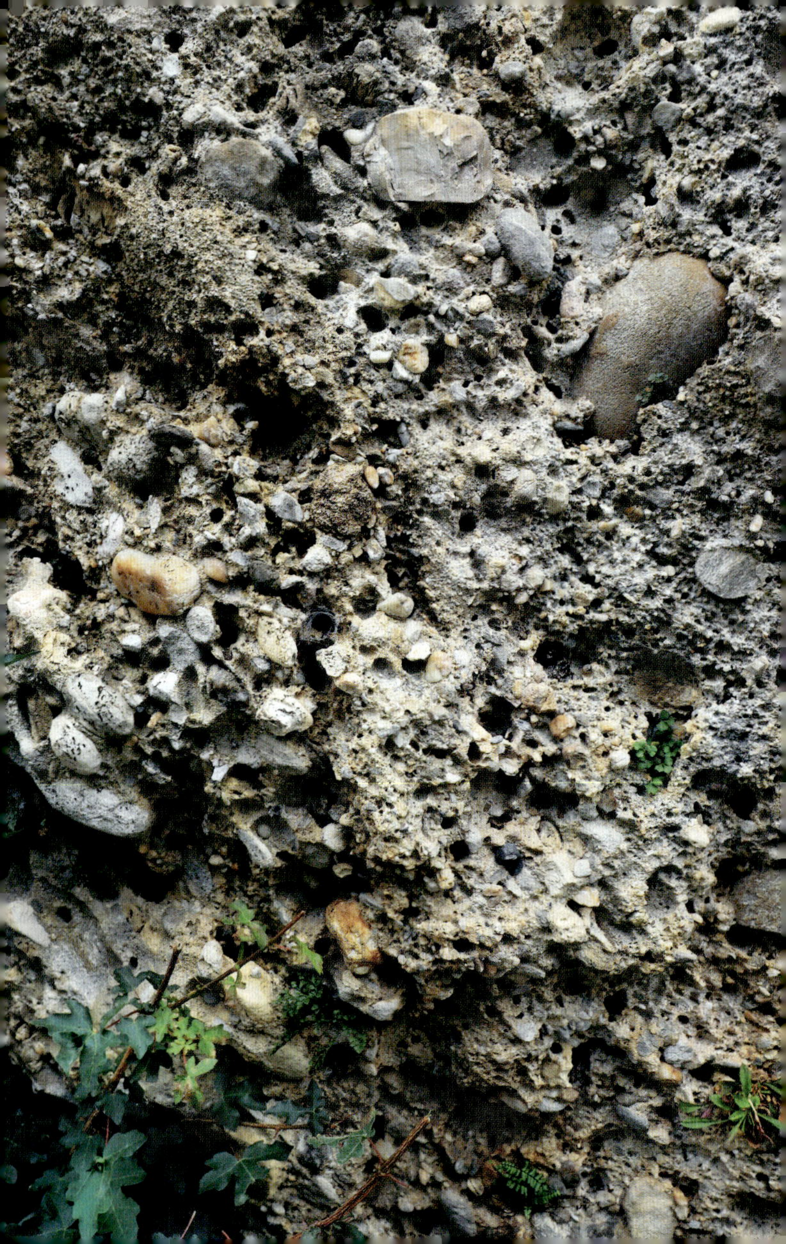

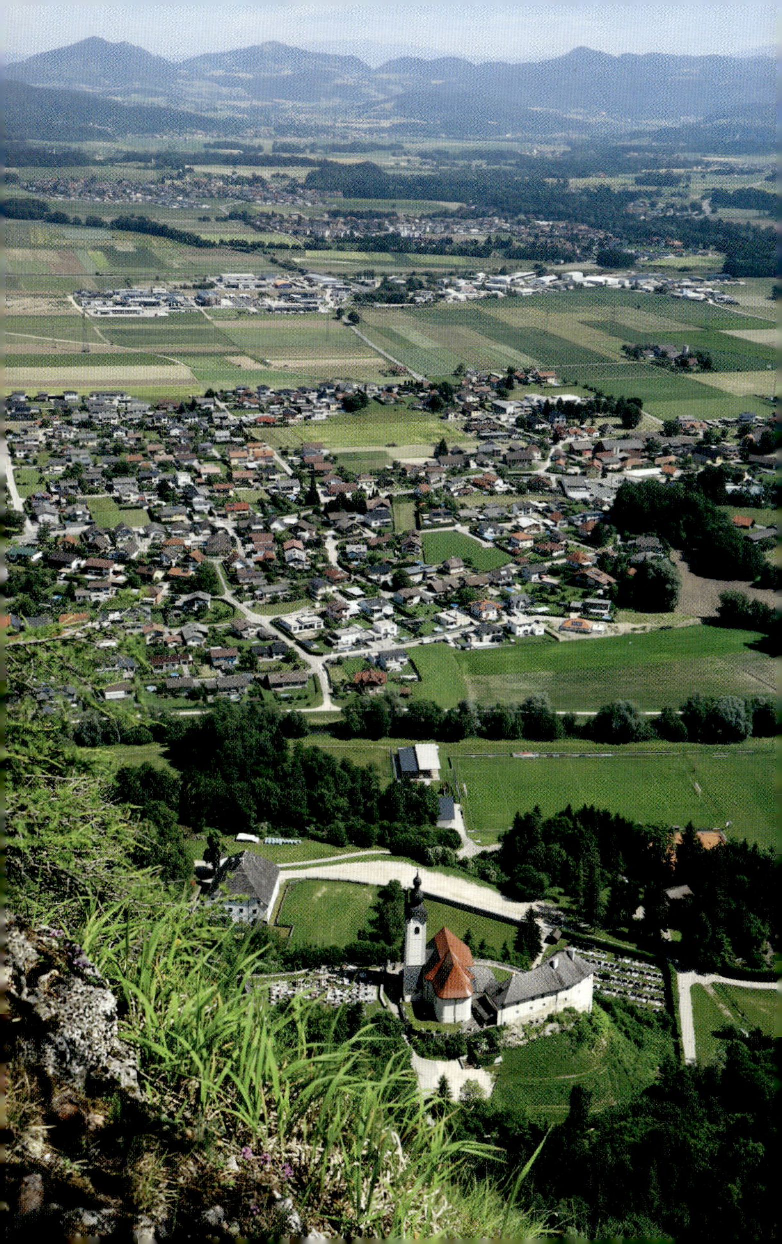

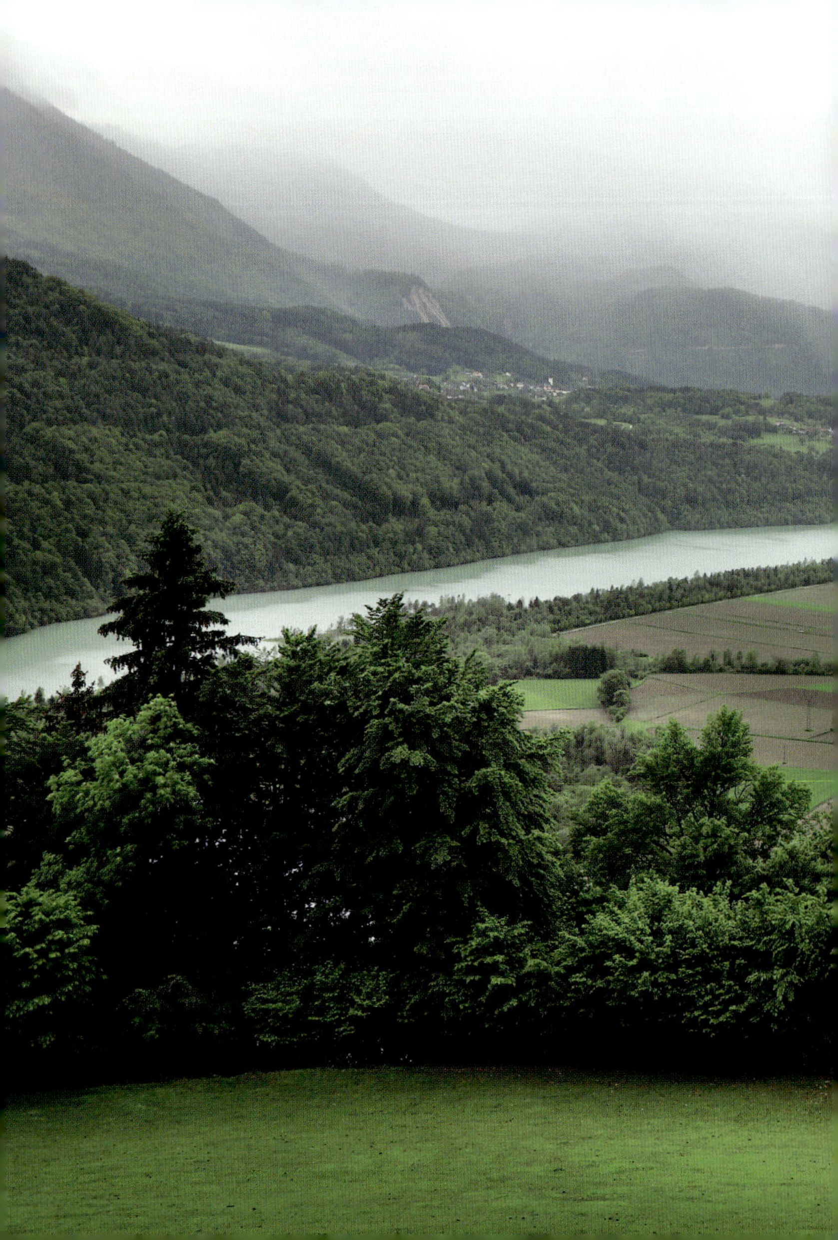

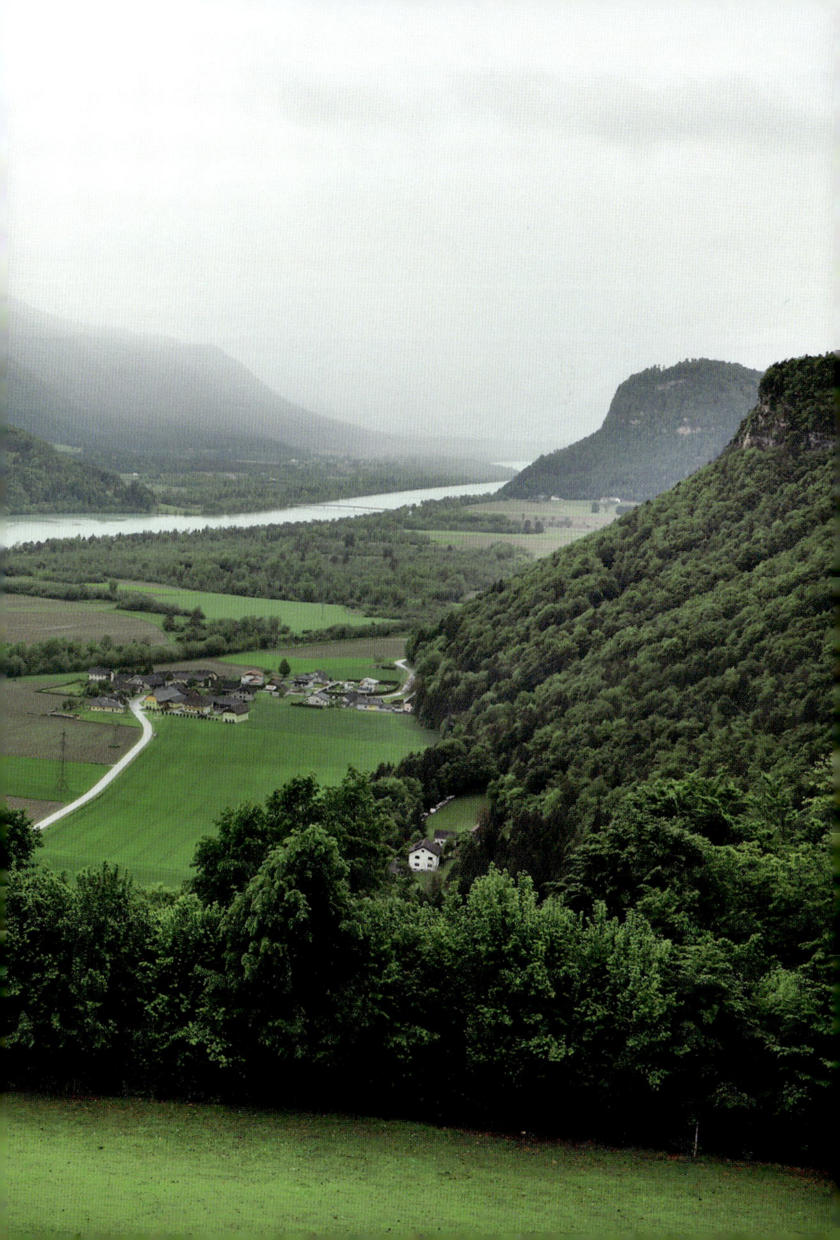

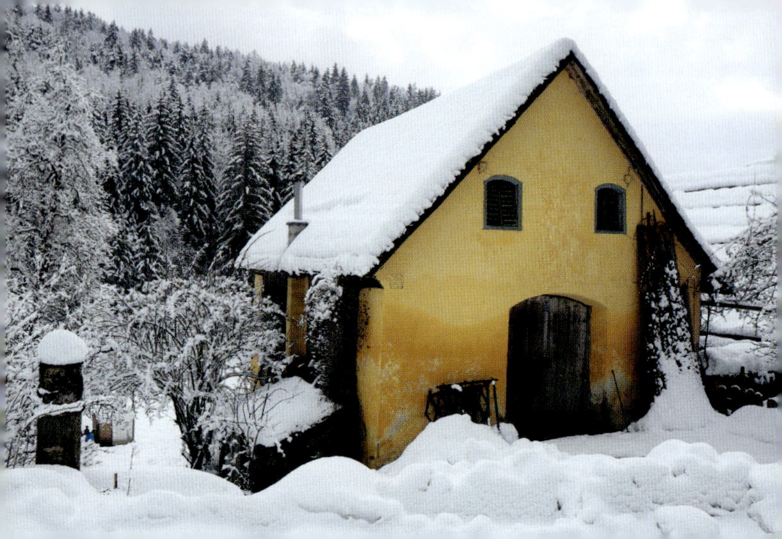

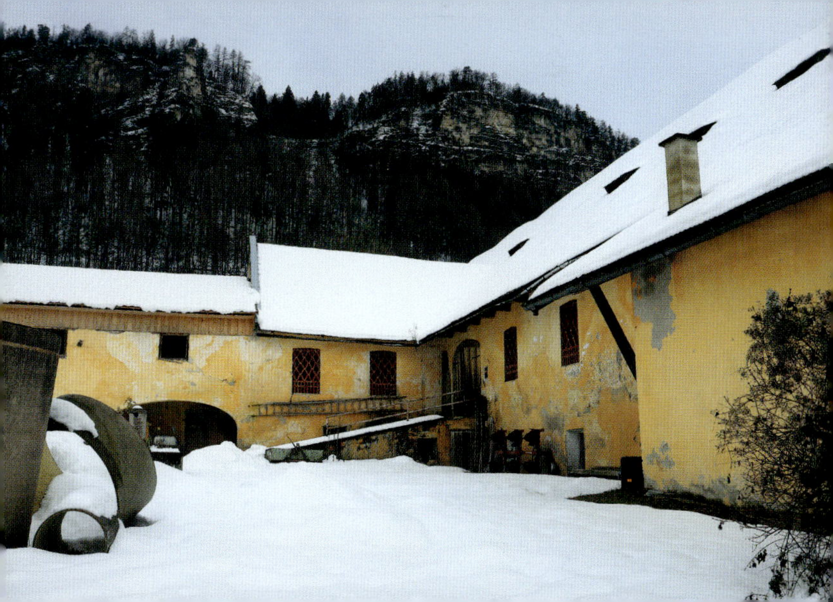

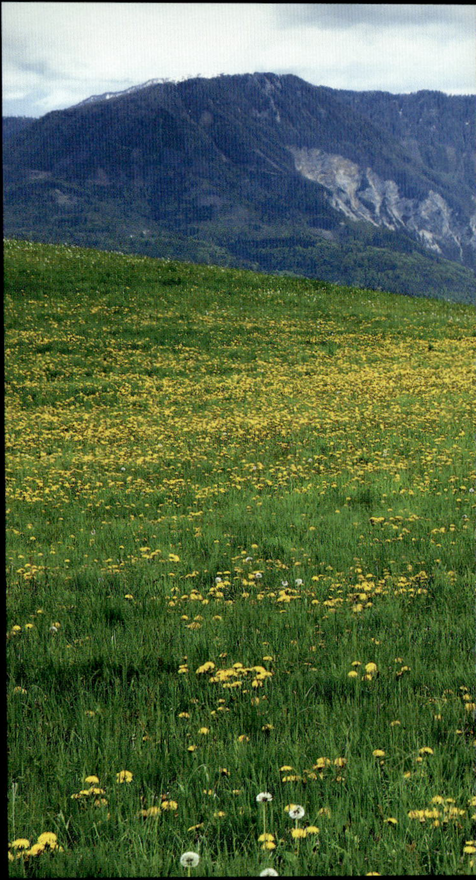

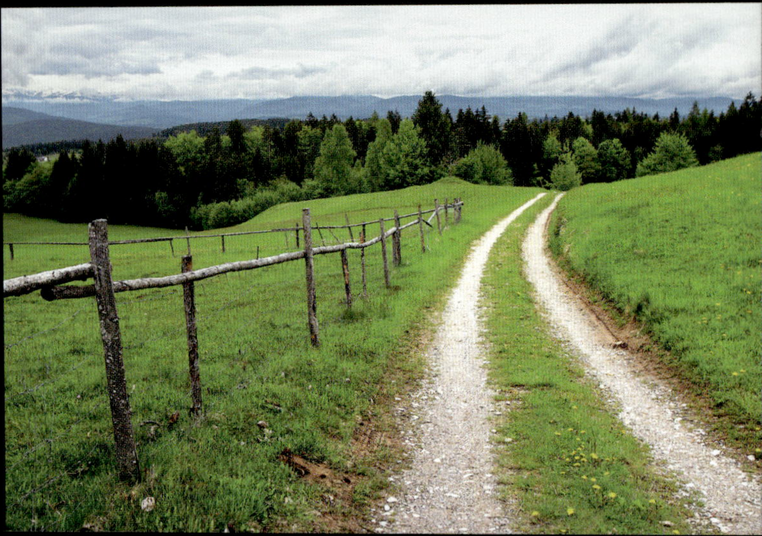

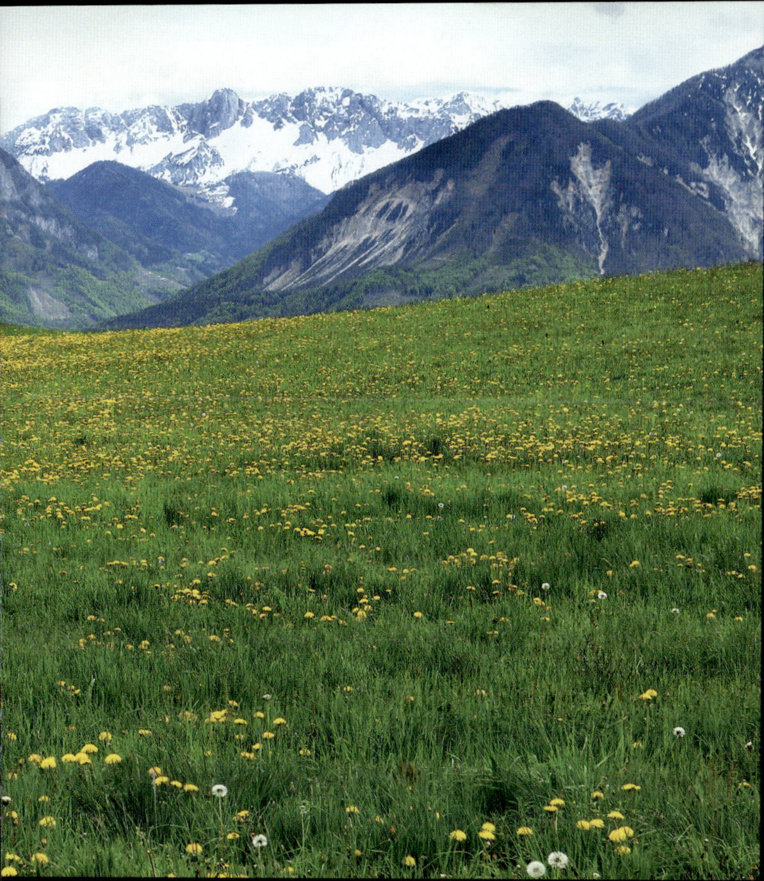

Blick vom Plöschenberg/Plešivec zur Koschuta/Košuta (IX)

Bei Wurdach/Vrdi (IX)

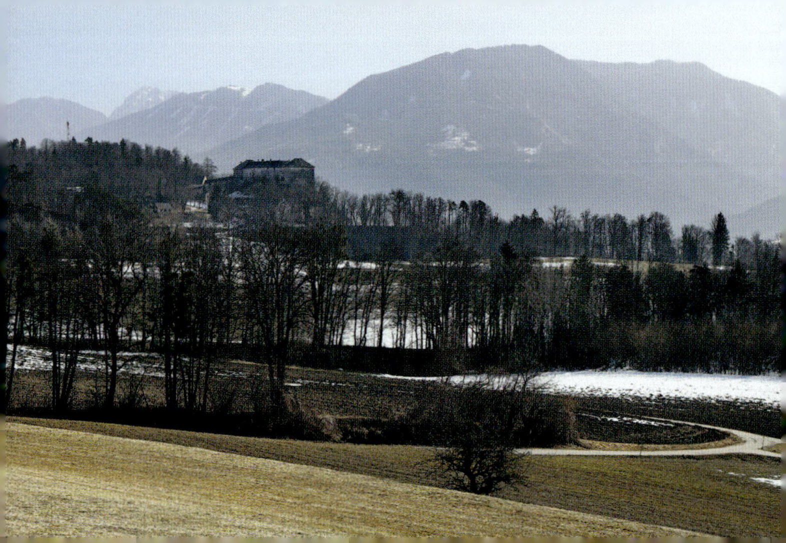

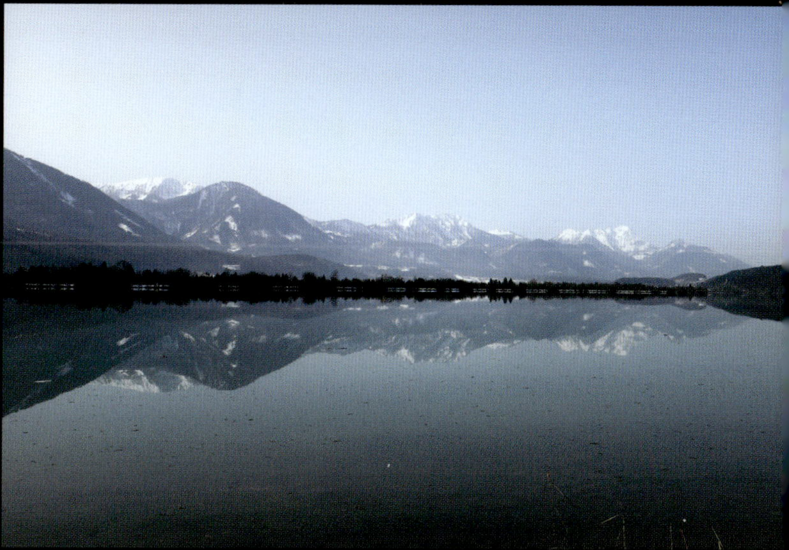

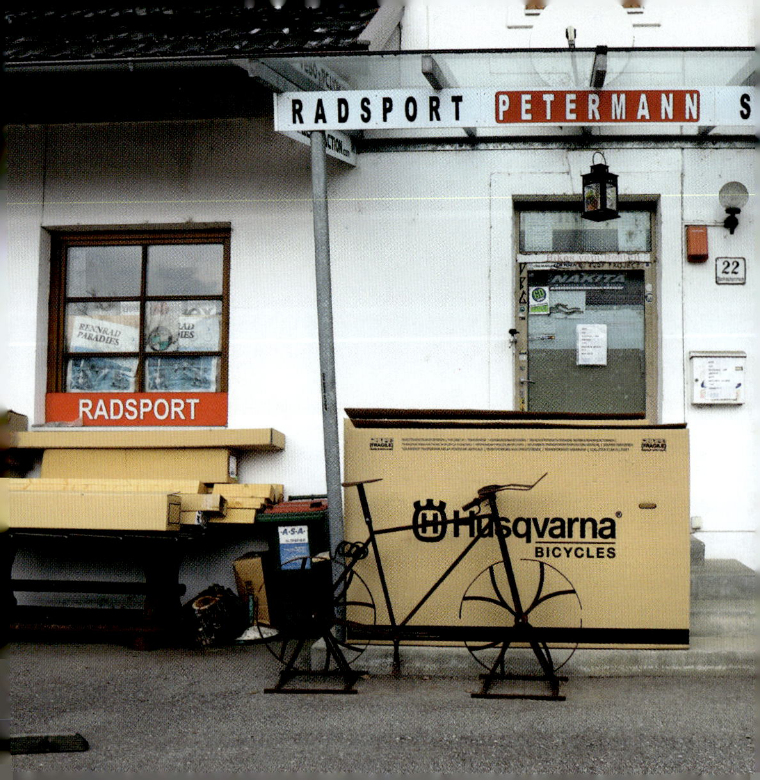
RADSPORT
PETERMANN
RADSPORT
RENNRAD PARADIES
NAKITA
22
Husqvarna
BICYCLES

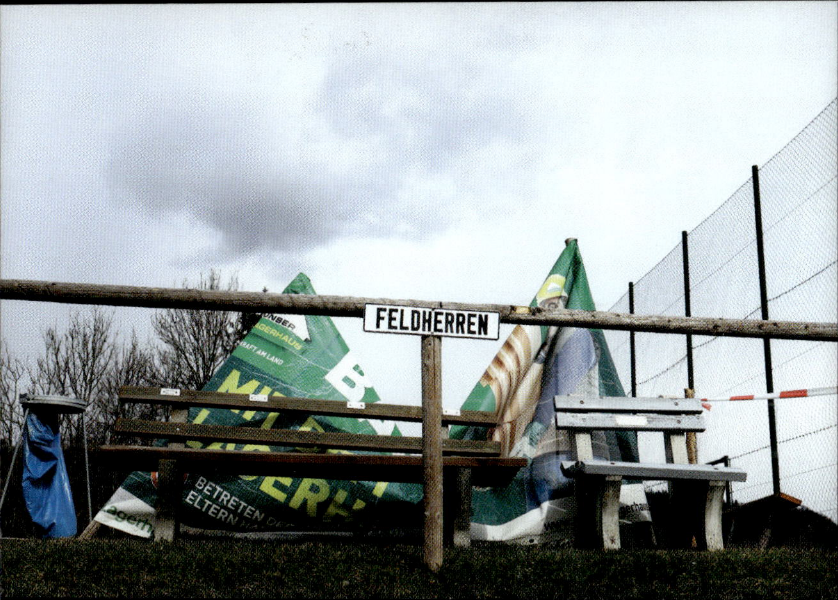
FELDHERREN

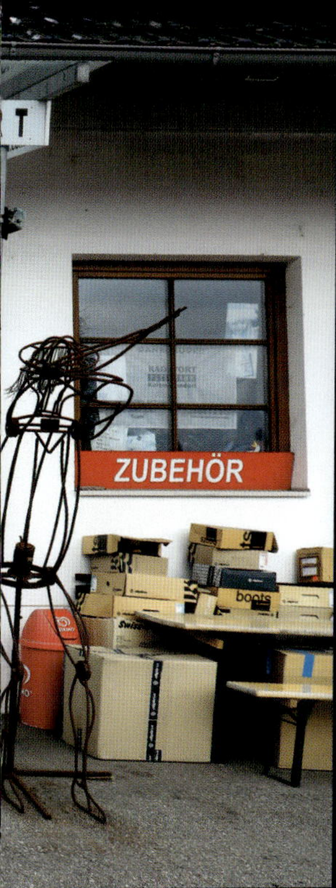
ZUBEHÖR

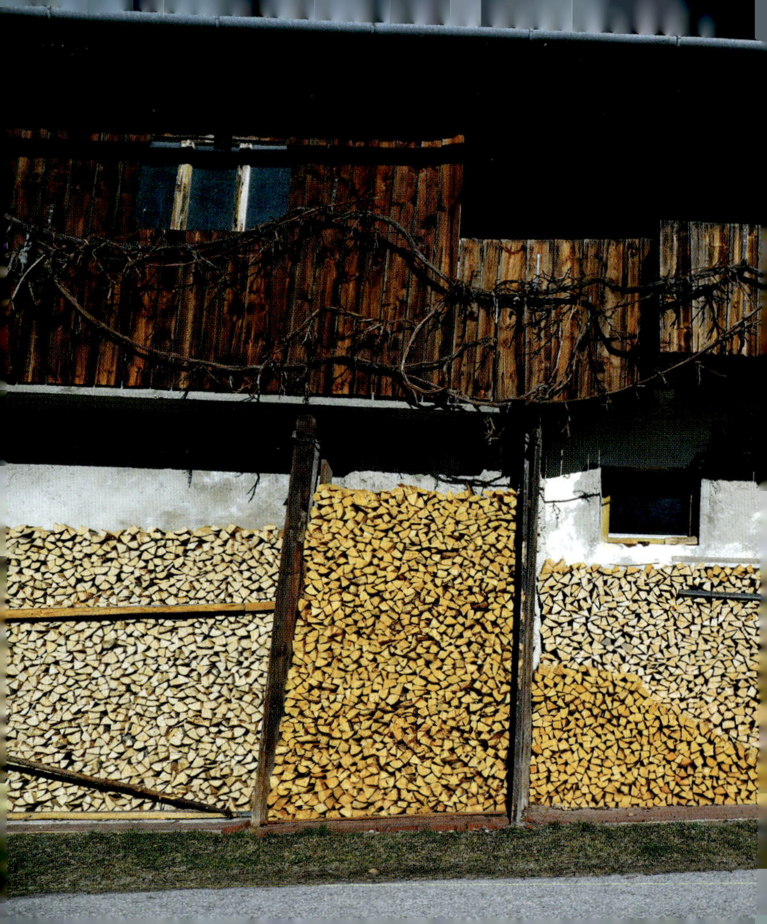

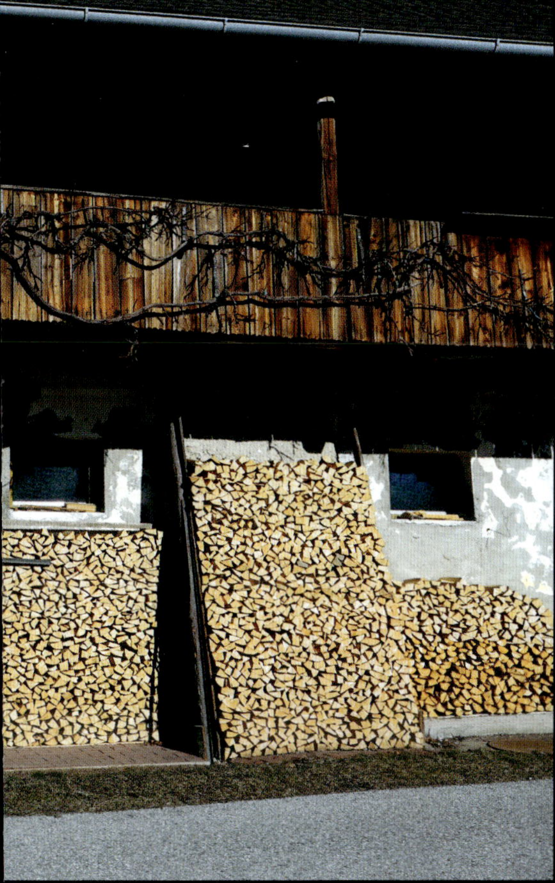

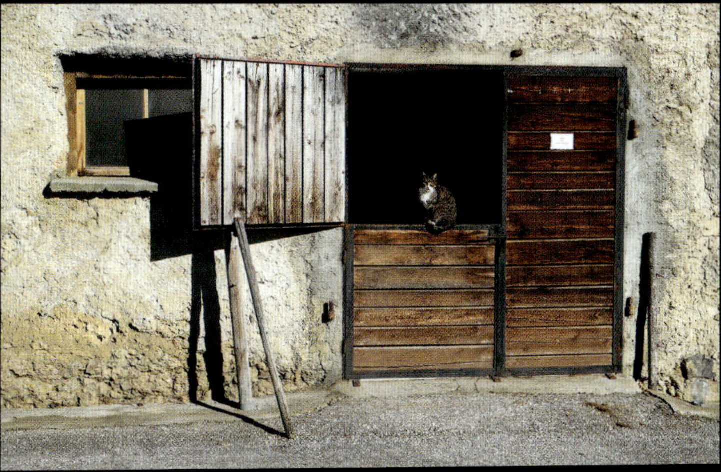

Blick vom Turiawald zum Mittagskogel/Jepa (XIII)
Aussichtsplatz oberhalb von Ludmannsdorf/Bilčovs (XIII)

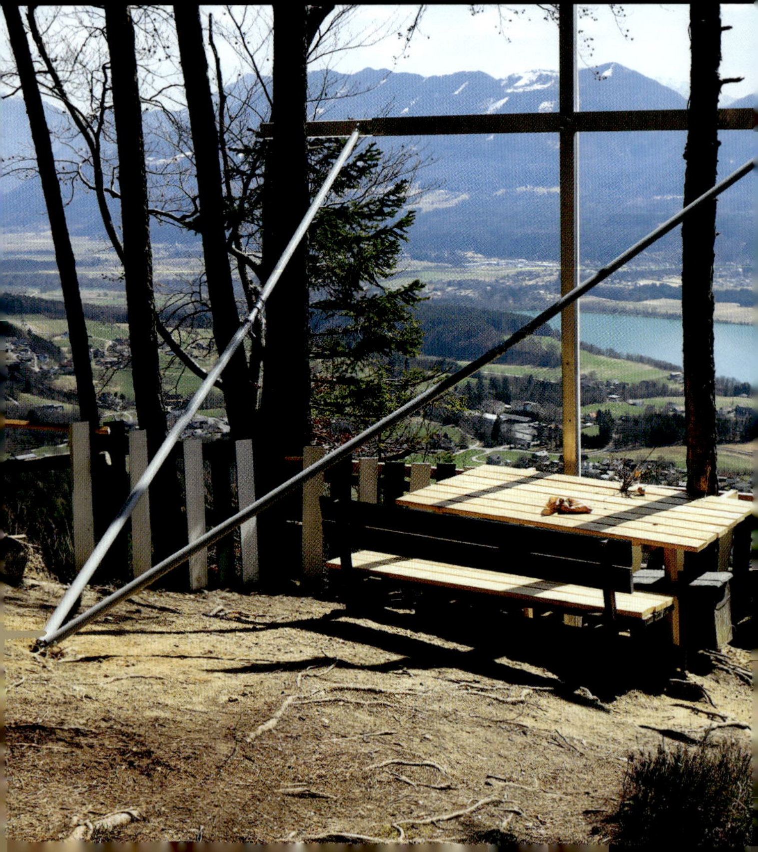

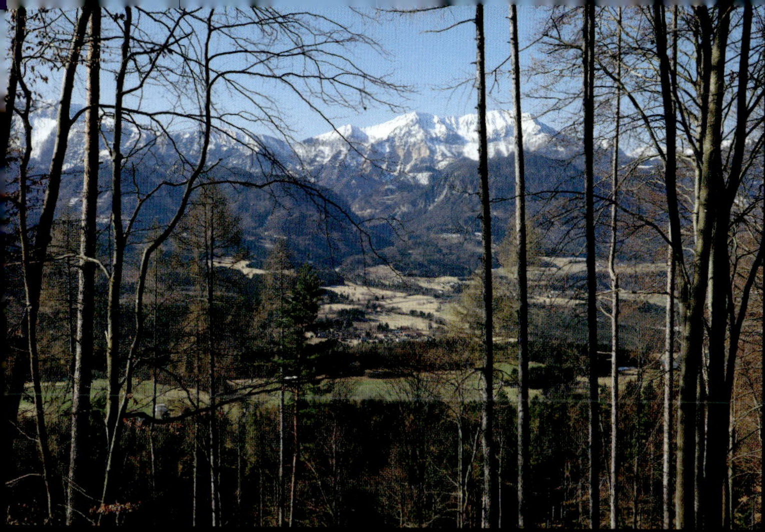
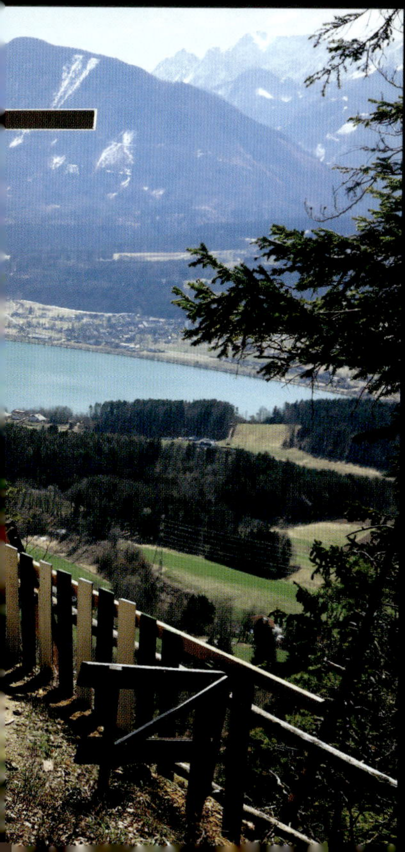

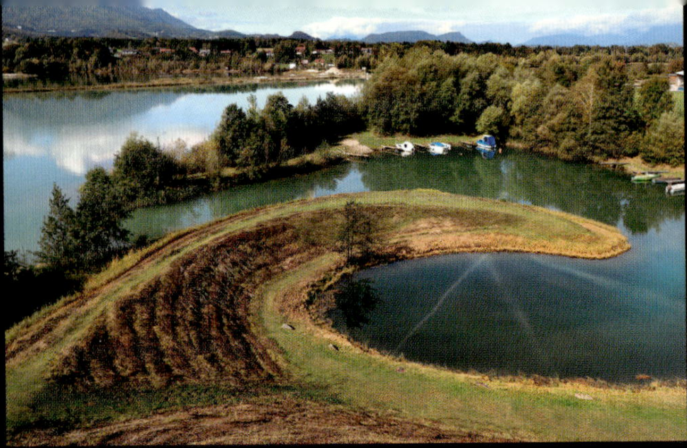

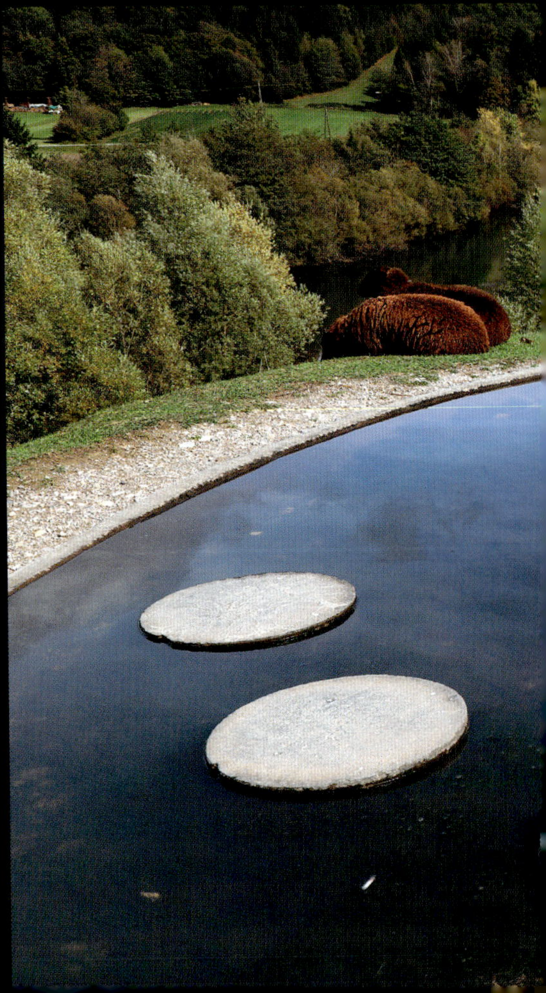

Landart-Projekt Drauwelle bei Selkach/Želuče (XIV)
Blick vom westlichen Abbruch der Sattnitz/Gure
Richtung Dobratsch/Dobrač (XV) ››

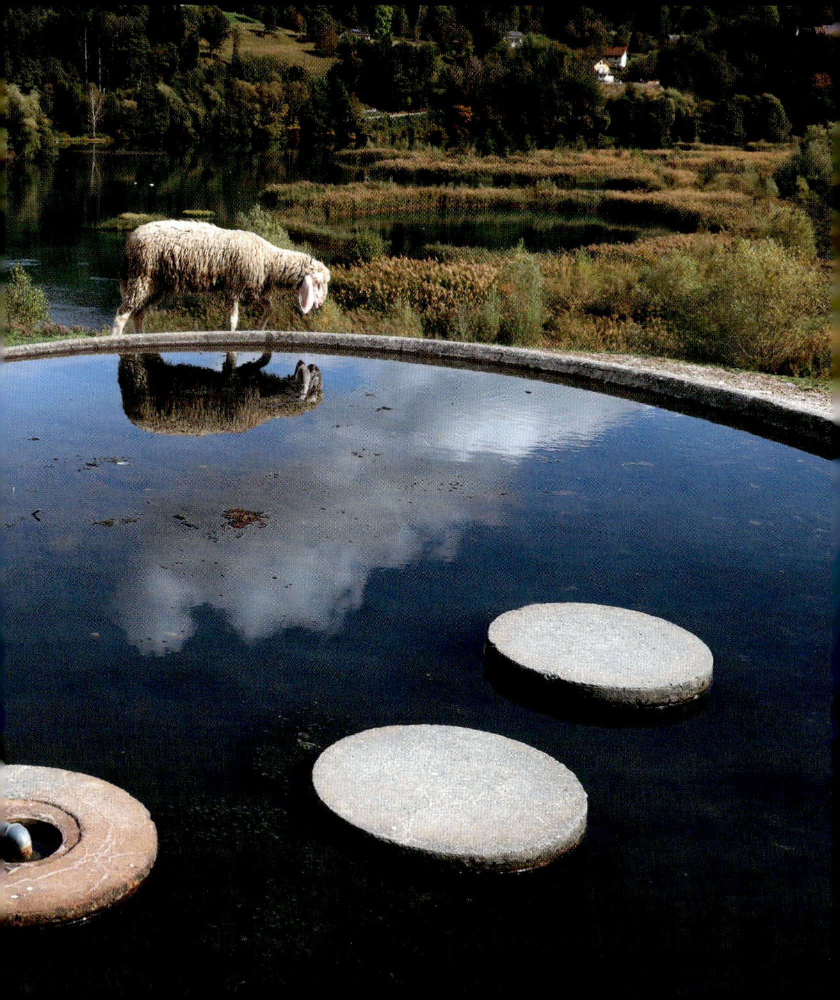

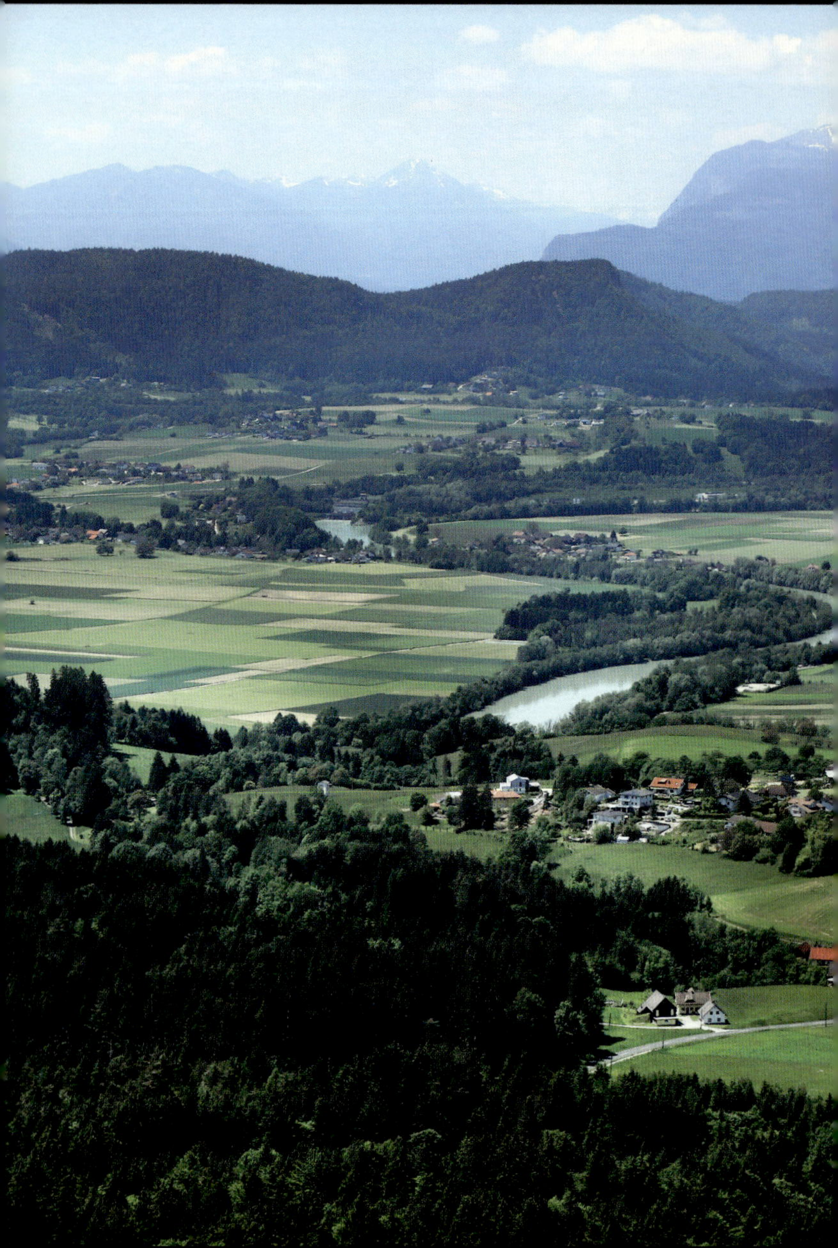

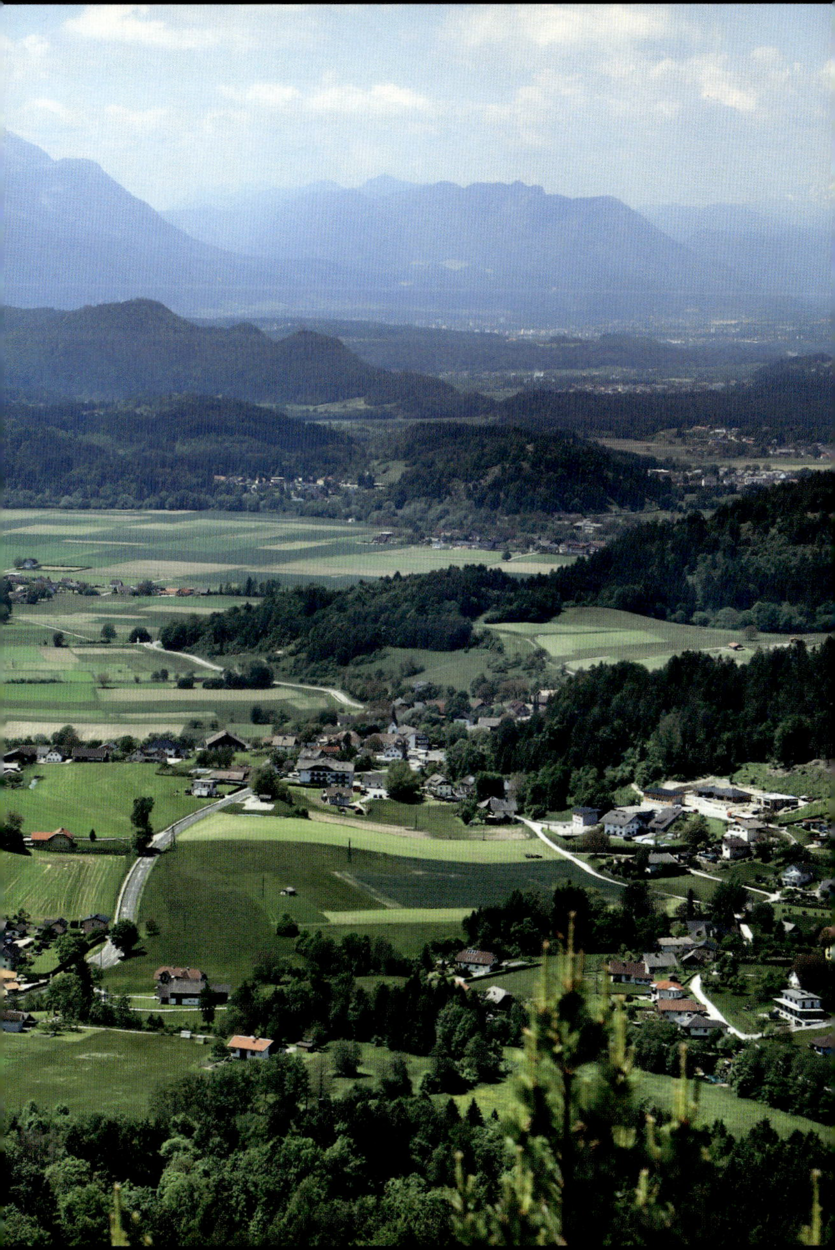

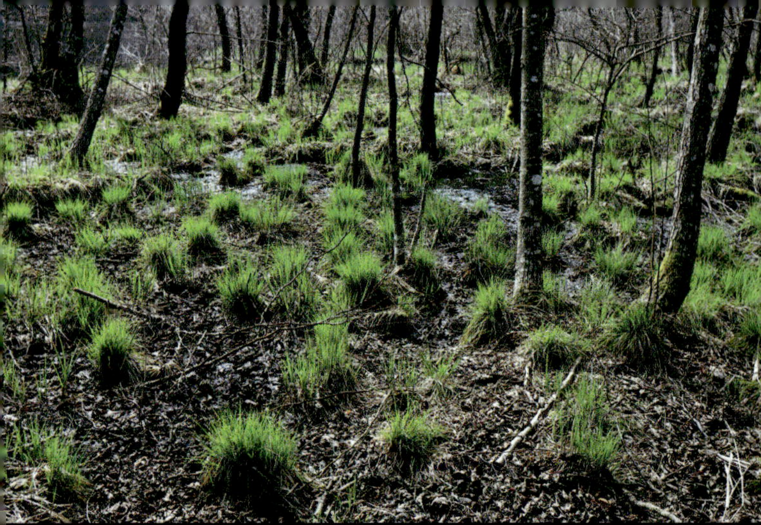

Am Oberen Spintikteich (XVI)

Reste einer Trockenmauer unter dem Schrottkogel (XVI)

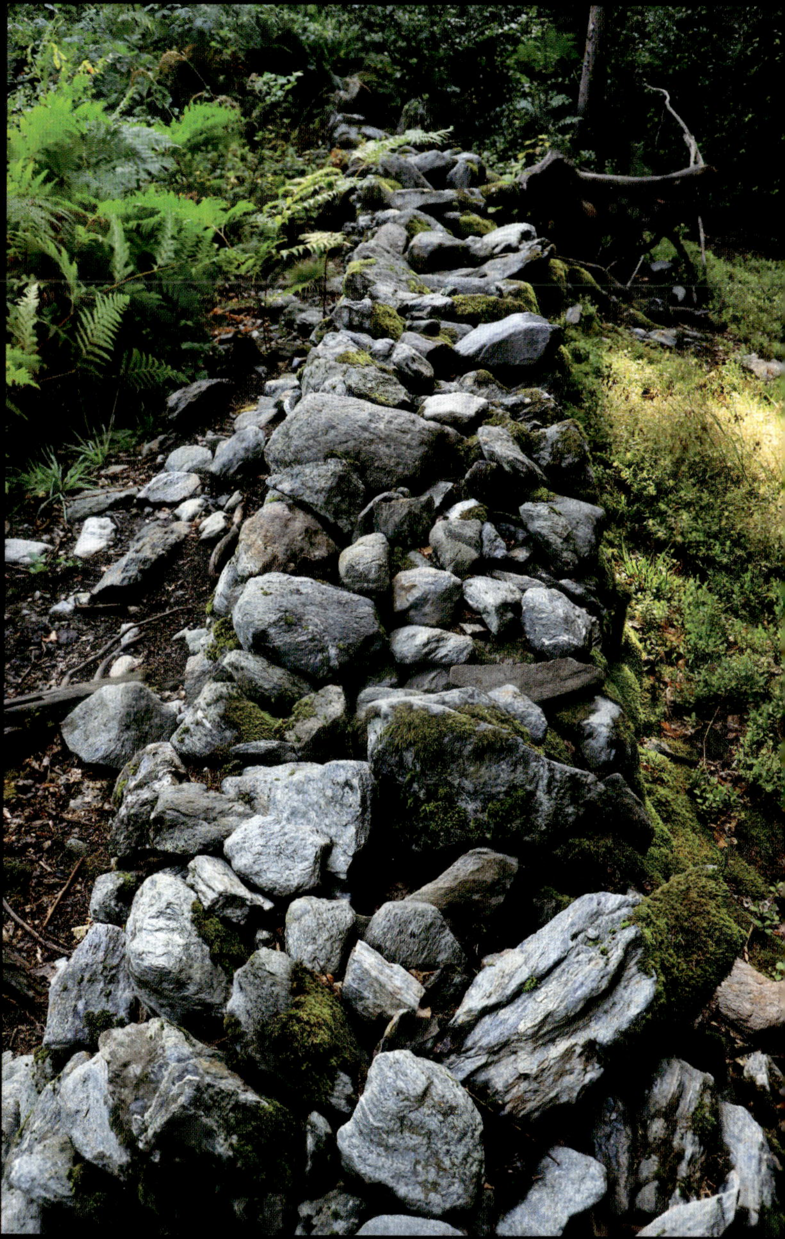

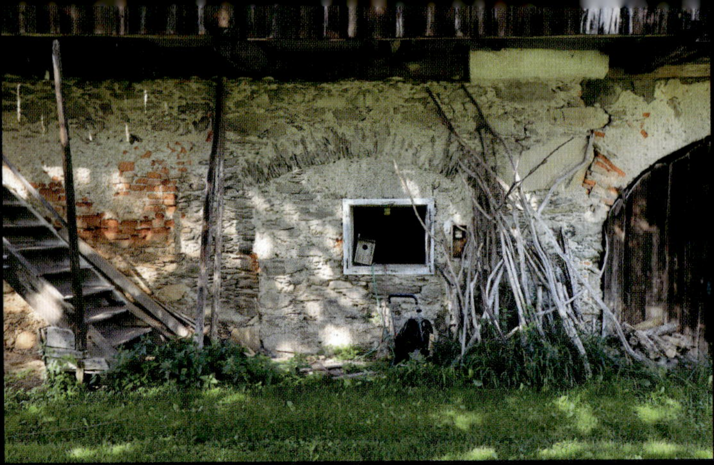

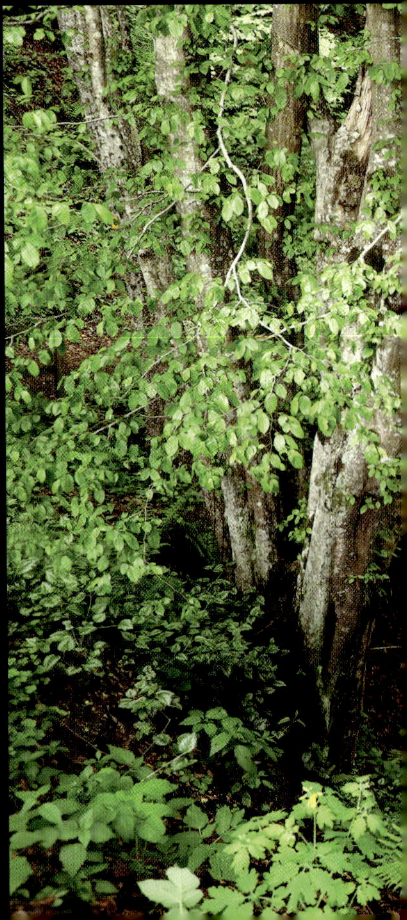

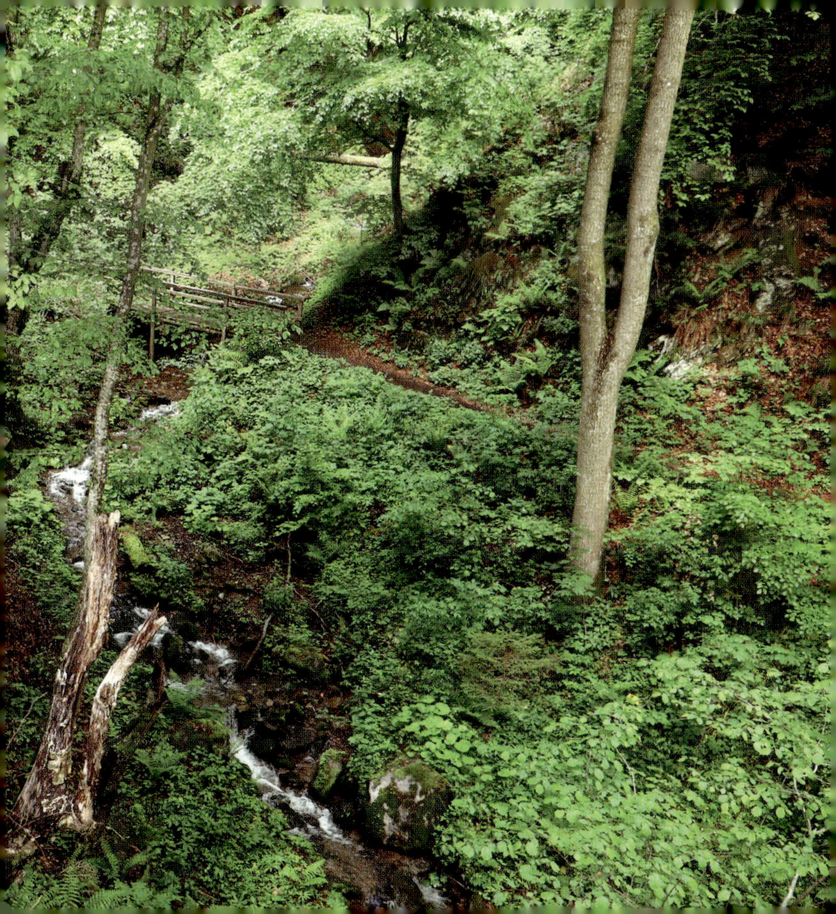

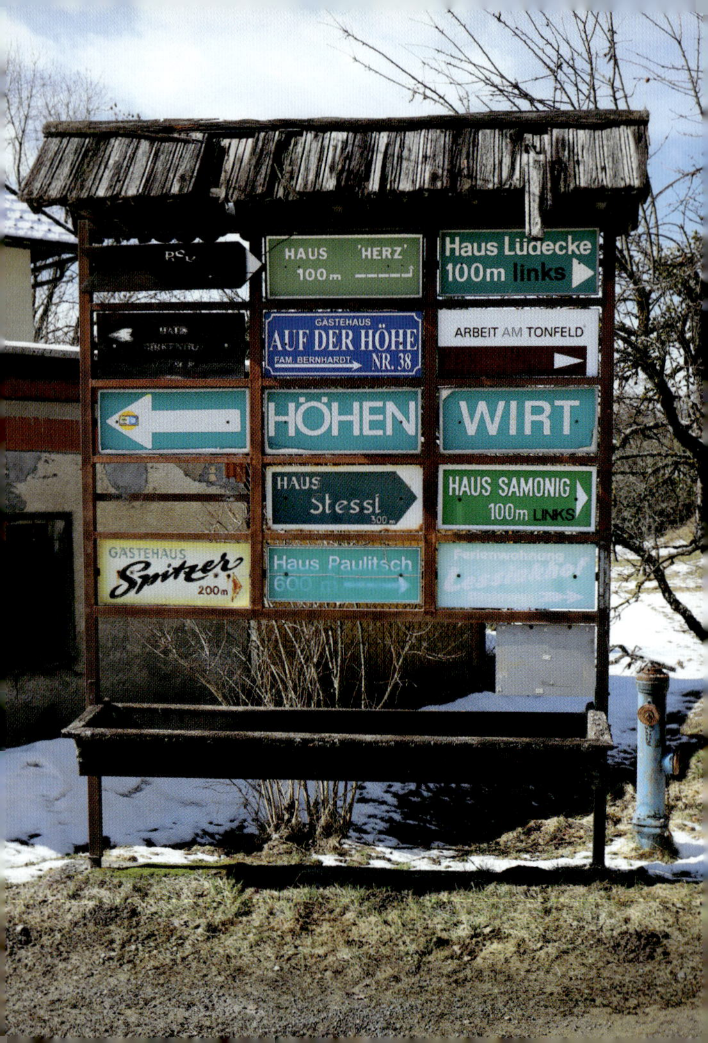
HAUS 'HERZ'
100 m
Haus Lüdecke
100m links
GÄSTEHAUS
AUF DER HÖHE
FAM. BERNHARDT
NR. 38
ARBEIT AM TONFELD
HÖHEN
WIRT
HAUS
Stessl
300 m
HAUS SAMONIG
100m LINKS
GÄSTEHAUS
Spitzer
200m
Haus Paulitsch
600 m

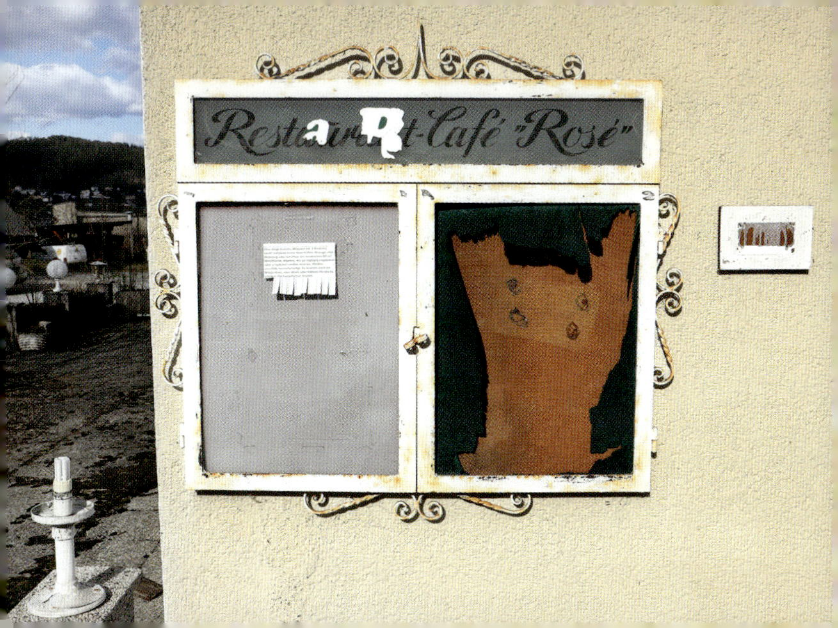
Café "Rosé"

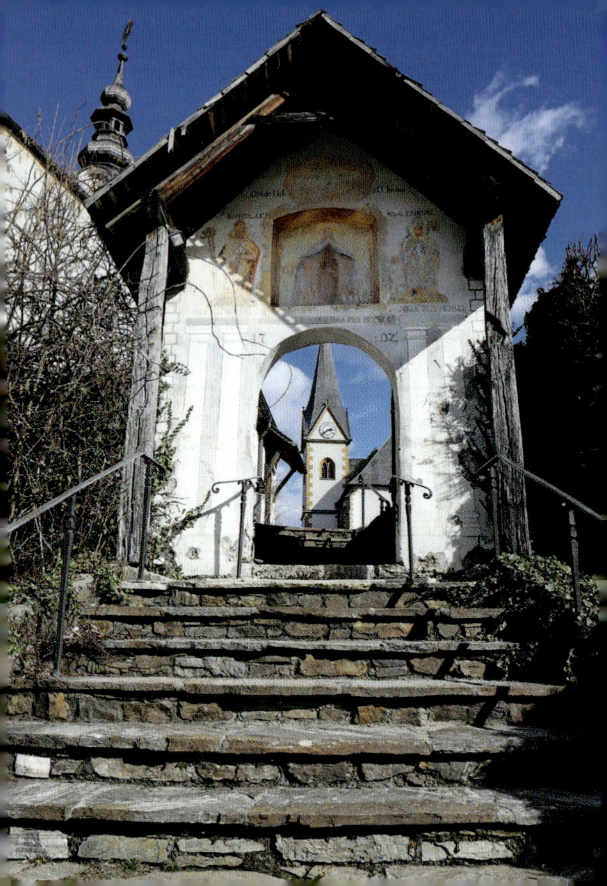
17
02

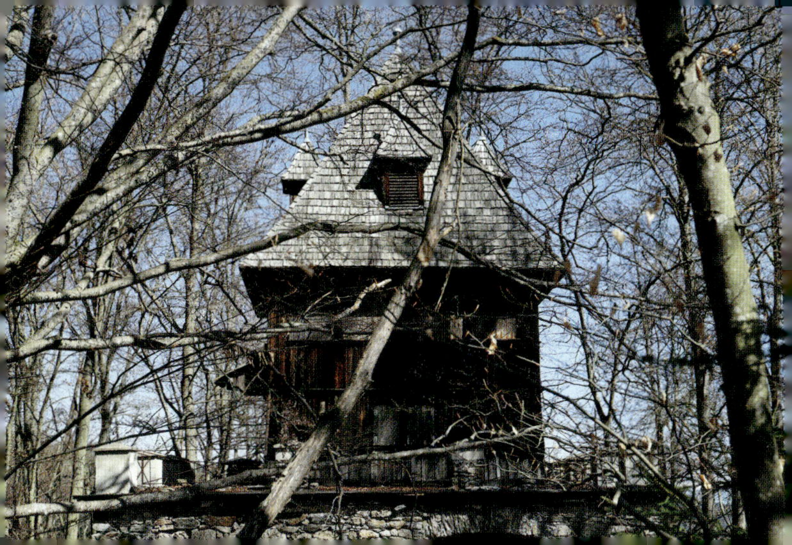

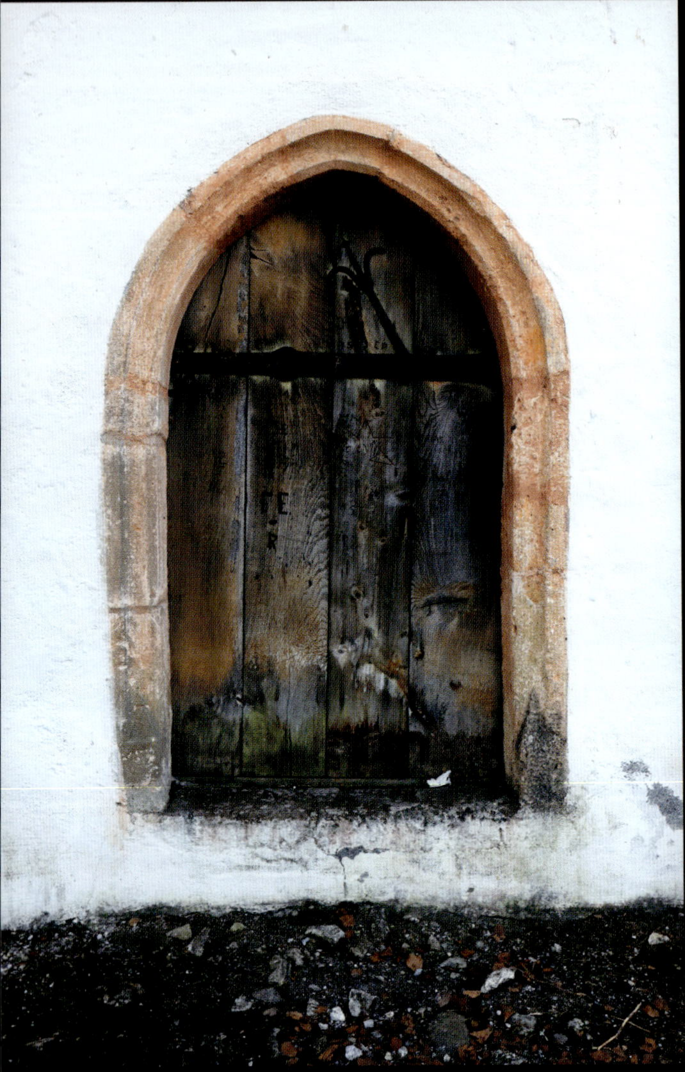

Seiteneingang der Filialkirche St. Katharina/Sv. Katarina am Kathreinkogel/Jerberk (XVIII)

Treimischer Teich

Vier-Seen-Tal nennt sich die Furche im Norden der westlichen Sattnitz/Gure, weil hier vier stehende Gewässer wie auf einer Perlenschnur aufgefädelt sind. Das Feuchtgebiet in der Mitte ist zugleich eine Wasserscheide: Während der Hafner- und Keutschacher See in den Wörthersee entwässern, fließen der Bassgeigen- und Rauschelesee in Richtung Viktring/Vetrinj ab. Hier schufen einst die Zisterzienser durch den Aufstau des Keutschacher Baches den Großen sowie Kleinen Treimischer Teich. Gezüchtet wurden Karpfen, die ein begehrter Fleischersatz waren. Weitgehend verlandet ist der Fabriksteich im Norden des unteren Teiches. Der Name verweist auf seine Funktion als Wasserreservoir für die einstige Lodenfabrik. Ihre besondere Aura verdanken die drei Teiche dem schönen Buchen- und Erlenbestand am Ufer sowie der üppigen Unterwasservegetation, die sich auch an der Oberfläche bemerkbar macht. Am auffälligsten sind die Teichrosen sowie die schwarze Wassernuss, ein Alien unter den heimischen Früchten. Das sind nur zwei von insgesamt 1.523 Tier- und Pflanzenarten, die im Jahr 2005 im Landschaftsschutzgebiet Treimischer Teiche nachgewiesen wurden.

Plöschenberg/Plešivec

Wahrscheinlich ist es das beliebteste Ausflugsziel auf der Sattnitz/Gure, und das nicht ohne Grund. Wenn im Klagenfurter Becken wochenlang der Bodennebel liegt, kann man hier – nur eine Autoviertelstunde von der Stadt entfernt – meist in der Sonne wandeln und ein wunderbares Panorama genießen. Wer Kindern das Wandern schmackhaft machen möchte, findet mit dem Zwergohreulen-Naturlehrpfad die ideale Trainingsstrecke vor. »Ist es noch weit?« »Gleich sind wir da.« Auch als Erwachsener geht man den abwechslungsreichen Rundweg immer wieder gerne. Zur Belohnung gibt's ein gemischtes Eis oder einen Spritzer, im Idealfall ein Backhendl im Berggasthof.

Lebensraum der Zwergohreule sind »südexponierte Hänge mit Magerwiesen, extensiv bewirtschaftete Streuobstwiesen und Gehölzgruppen, wie sie in einer idealen Kombination auf dem Plöschenberg/Plešivec anzutreffen sind«, heißt es auf einer der

Schautafeln. Und tatsächlich hat die Gegend »den Charakter eines Landschaftsgartens, der durch jahrhundertelange einfühlsame landwirtschaftliche Bewirtschaftung entstanden ist.« Dazu gehören Rodungsinseln wie die Karutschnigwiese oder die Hügel im Nordosten des Gasthauses, die im Frühjahr eine unglaubliche Blütenpracht entfalten. Dass einige der schönsten Plätze mittlerweile verbaut wurden, steht auf einem anderen Blatt und macht auch den Zwergohreulen zu schaffen. Jeder abgeholzte hohle Apfelbaum bedeutet einen potentiellen Nistplatz weniger. Noch sollen bis zu 20 Brutpaare im Umkreis des Plöschenbergs/Plešivec leben, das wäre fast die Hälfte der Gesamtpopulation in Österreich. Zu Gesicht bekommt man die nachtaktiven Vögel nur mit viel Glück. Sie sitzen untertags reglos in den Bäumen und sind so perfekt getarnt, dass sie sich kaum vom Hintergrund abheben. Die Wintermonate verbringen sie außerdem in Afrika. Werden sie dort gefragt, wo sie herkommen, antworten sie: »Aus Amerika!«. So wurde nämlich der Plöschenberg/Plešivec im 19. Jahrhundert wegen seiner damaligen Abgeschiedenheit genannt.

EINKEHR:

Landgasthaus Plöschenberg. Hier passt fast alles: der Gastgarten mit Panoramablick, die gute Küche und die gemütlichen Gästezimmer. So müssen sich die Wirtsleute an schönen Wochenenden keine Sorgen um den Umsatz machen und auch nicht mit Kampfpreisen locken. Gewöhnungsbedürftig ist die »Karntnarische« Speisekarte, auf der »OlmOX vom Grüll« oder »Holbs Pipale gebockn« angeboten werden. Noch besser würde es zweisprachig schmecken. 0043 4220 2240, www.ploeschenberg.at

Wurdach/Vrdi

Was ihre Häuser anbelangt, ist es eine Kraut- und Rübensiedlung mit den üblichen Eigenheimen an den Rändern, schlimme Böschungsmauern, Hecken und Zäune inklusive. Im Kern ist aber noch das alte Bauerndorf zu erkennen und beherrschen Schafe, Esel, Pferde und schwarzweiß gescheckte Kühe mit blauer Markierung die Szene. Wesentlichen Anteil an der Vielfalt spielt der Hof der Familie Modritsch, die bis vor Kurzem eine Buschenschenke führte und heute auf Ab-Hof-Verkauf setzt. Angeboten werden

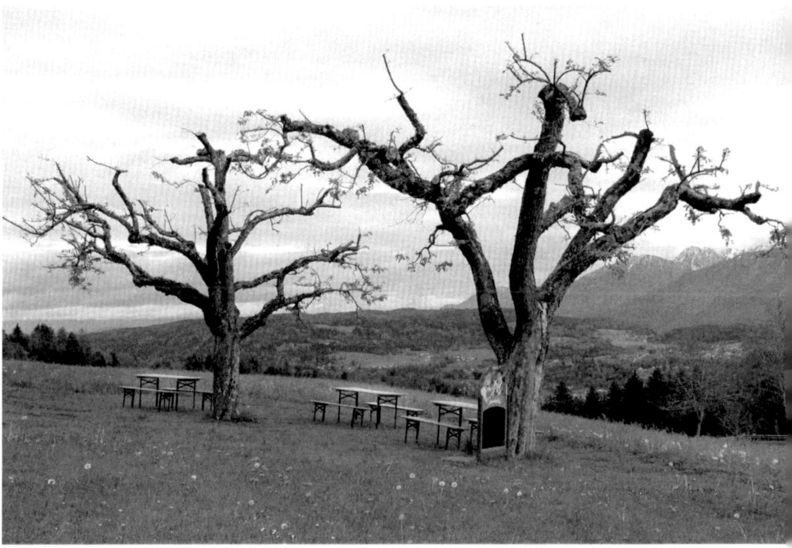

Am Plöschenberg/Plešivec

gute Selchwürste und noch bessere Edelbrände. Ein verwittertes Zwergohreulen-Totem zeugt von kreativem Witz. Im Norden des Ortes senken sich sanft gewellte Streuobstwiesen und Viehweiden Richtung Keutschach/Hodiše. Wie vom Gärtner beschnitten sind die Baumkronen an der Unterseite. Ein Feldweg mündet in einen Steig, der unter schroffen Felsen zum Rauschelesee abfällt. Jäher und schöner kann ein Szenenwechsel kaum sein.

EINKEHR:

Hubertuskapelle. 2015 erschien auf einer Lichtung ober dem Dorf dem Jägermeister Ernst Modritsch ein weißer Hirsch und röhrte: »An dieser Stelle sollst Du eine Kapelle aus Stein und Holz errichten und inwändig reich bemalen. Auch sollst Du nicht am Zierrat sparen. Pflanze außerdem einen Hain und bestücke jeden Obstbaum mit einem Nistkasten. Schnitze einen Auerhahn und einen Wanderschuh, installiere einen Brunnen, stelle Bänke auf und baue einen Unterstand. Weiters sollst Du einen Kühlschrank anschließen und mit Bier, Radler und Prosecco auffüllen, damit es den frommen Wandersleuten an nichts mangelt. Sie werden es Dir mit großzügigen Spenden danken und Dich für Dein Vertrauen in ihre Ehrlichkeit preisen.« Und so geschah es.

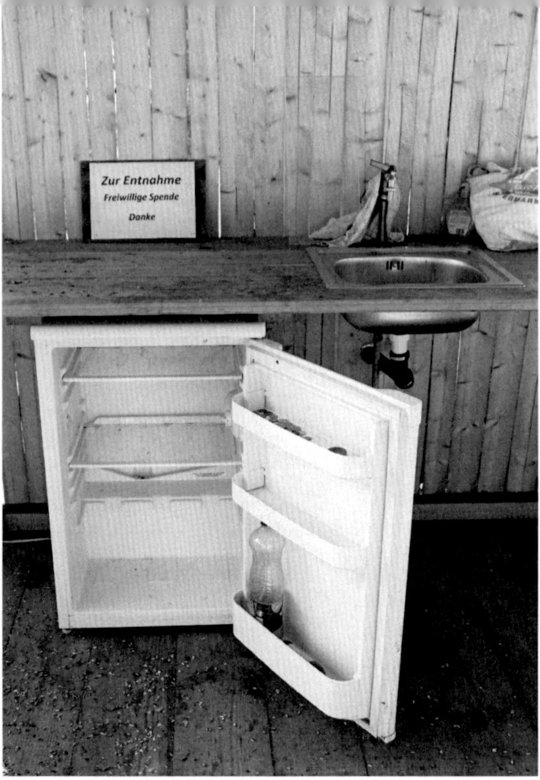

In Wurdach/Vrdi

Keutschach am See/Hodiše

Seine Bekanntheit verdankt der Ort dem sechstgrößten Badesee Kärntens, dessen Ufer – für Kärntner Verhältnisse – nur wenig verbaut sind. Dafür säumen ihn eine Reihe von Campingplätzen, darunter das laut Selbstdarstellung größte FKK-Gelände Europas. Auch für den Turm am Pyramidenkogel/Jedvovca, die wichtigste Cashcow der Gemeinde, wird ein zweifelhaftes Superlativ bemüht, nämlich das des höchsten Holzaussichtsturmes der Welt. Fest steht, dass man das Bauwerk nicht aus der Nähe gesehen haben muss. Weder die ungewöhnliche Architektur noch das schöne Panorama vermögen über den banalen Zubau und die Parkplatzwüste im Umkreis hinwegzutrösten. Lohnender ist der Aufstieg zur (zehn Meter hohen) Aussichtsplattform über dem Keutschacher Moor, von der sich allerlei Vögel aber auch Wasserbüffel beobachten lassen. Das Biotop gehört zu einem Schutzgebiet, das weite Teile des Keutschacher Seentales mit unberührten Schilfgürteln, Bruchwäldern, Sümpfen und Auen, nebst Teichen und Bächen umfasst. Sie sind das größte Kapital der Gemeinde und werden von dieser gar nicht schlecht verwaltet. Naturschutz und Fremdenverkehr scheinen sich hier wenig in die Quere zu kommen. Ein familienfreundlicher Naturerlebnispfad sowie der schöne Keutschacher Panoramaweg bringen sogar beides unter einen Hut.

Fatale Folgen hatte der Tourismus hingegen für das bedeutendste Kulturdenkmal in Keutschach/Hodiše: die Reste einer rund 6.000 Jahre alten Pfahlbausiedlung auf einer versunkenen Insel in der Mitte des Sees. Sie wurden 1864 entdeckt und 1953 unter Denkmalschutz gestellt – mit mäßigem Erfolg, denn in den 1970er und 80er Jahren wurde die Fundstelle von Hobbytauchern »fast vollständig ausgeplündert und zerstört«, wie es in einem Bericht heißt. Deutsche und holländische Urlauber sollen Keramikscherben, Werkzeuge und Zierrat der einstigen Bewohner »kistenweise« außer Landes gebracht haben. Trotzdem konnten Forscher einige Geheimnisse lüften. Sie zählten und vermaßen 1.684 Pfähle und konnten bei einigen anhand der Jahresringe sogar das exakte Alter bestimmen: So wurde der älteste Eichenstamm im Winter 3947/46 v. Chr. gefällt, andere Pfähle stammen aus der Hallstattzeit sowie aus dem Mittelalter. Man schließt daraus auf eine kontinuierliche Besiedelung, wie sie bei ähnlichen Anlagen in den Ostalpen nachgewiesen wurde. Reich verzierte Keramikfunde belegen eine hoch entwickelte Kultur und überregionale Kontakte. Was die »Steinzeit-Venezianer« zu dieser aufwändigen Siedlungsform bewog, ist unklar. Einerseits betrieben sie Fischfang, andererseits auch Ackerbau, also dürften sie sich wohl aus Sicherheitsgründen auf das Wasser zurückzogen haben. Wer zu Fuß unterwegs ist, bekommt die Pfahlbaureste naturgemäß nicht zu Gesicht, dafür lässt sich am Seeufer über den Symbolgehalt versunkener Kulturen und die Faszination des Unsichtbaren meditieren. Als Stimulanz bietet die heimische Gastronomie ein spezielles Pfahlbaubier an, dem ein etwas schlammiger Nachgeschmack nachgesagt wird.

Trotz jüngst sanierter Ortsdurchfahrt sind die Zeichen des Niedergangs kaum zu übersehen. Am augenscheinlichsten sind sie im alten Ortskern, der so zerfleddert ist, dass man Mitleid mit den BewohnerInnen und Gästen empfindet. Eine aufgegebene Pizzeria und die Osttiroler (Stiegl-Bier-)Botschaft zeugen von gastronomischen Fehlschlägen; dazu passend hängen die Fetzen eines Plakates des Österreichischen Nationalzirkus aus dem Jahre Schnee von einer Scheunenwand. Die gehört zu einer Handvoll verlotterter Keuschen, die auf das ursprüngliche Bauerndorf verweisen. Sie bilden, wie so oft in Kärnten/Koroška, die eigentliche Seele des Ortes und sollten wie die Pfahlbauten im See zum UNESCO-Kulturerbe erklärt werden.

Sehenswert sind aber auch die »offiziellen« Baudenkmäler, wie die stattliche Pfarrkirche und das neue Schloss, in dem heute das Gemeindeamt untergebracht ist. Von der ursprünglichen, wesentlich größeren Burg sind nur noch Reste der Umfriedung (und die auffälligen Leerstellen in der Dorfmitte) erhalten geblieben. Sie war seit 1299 Sitz eines niedrigen Rittergeschlechts, das im 15. Jahrhundert mit Leonhard von Keutschach/Hodiše sogar einen Salzburger Erzbischof hervorbrachte. Unter seiner Ägide wurde um 1500 die Festung Hohensalzburg zu ihrer endgültigen Pracht und Größe (einschließlich Standseilbahn!) ausgebaut und erlebte Salzburg die erste wirtschaftliche und kulturelle Blüte. Leonhard der Windische, wie er wegen seiner mangelhaften Deutschkenntnisse auch genannt wurde, war aber nicht nur einer der mächtigsten Kirchenfürsten und Bauherren seiner Zeit, sondern trieb auch den Nepotismus auf die Spitze. So schanzte er der Verwandtschaft unzählige Ländereien und Ämter zu und lebte selbst in größtem Luxus. Überdies ließ er alle Juden aus Salzburg vertreiben und ihre Synagoge zerstören. Ein zeitgenössisches Gemälde stellt den Mann mit geschwollener Nase dar, vielleicht führte er deshalb eine Rübe im Schild. Sie ziert noch heute das Wappen der Gemeinde Keutschach/Hodiše.

Schon eine Generation später ging es mit der Keutschacher Adelsfamilie steil bergab. Sie verschuldete sich beim Bau des Schlosses Tanzenberg so hoffnungslos, dass sie rasch an Ansehen und Einfluss verlor. Bald befand sie sich, so ein Bericht aus dem Jahr 1668, »in so elendem Stande, […] dass fast keine Spur ihres adeligen Herkommens mehr vorhanden und auch auf Besserung ihrer Lage nicht zu hoffen« war, »nachdem sie sich mit gemeinen Bauersleuten verheiratet« hatte.

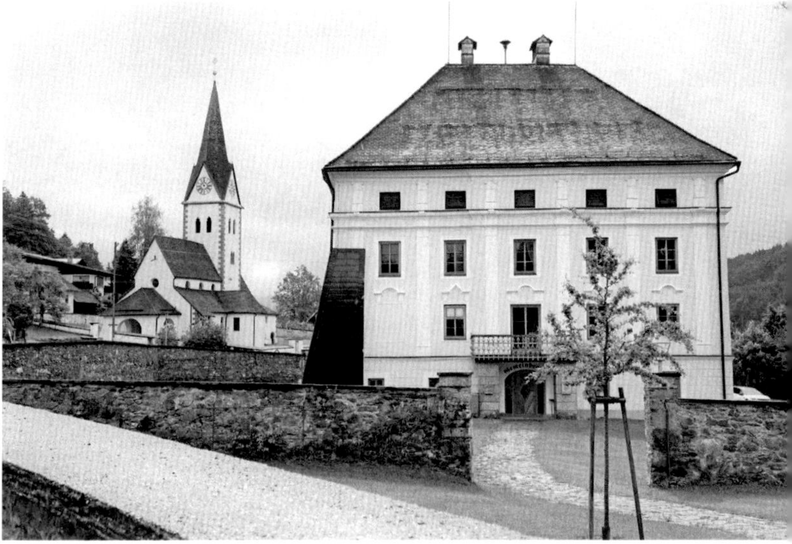

Gemeindeamt und Pfarrkirche in Keutschach/Hodiše

So gelangte Keutschach/Hodiše auf Umwegen in den Besitz des Grafen Orsini-Rosenberg, der schon nach wenigen Jahren das neue Schloss errichten ließ. Es war, schrieb Johann Weichard von Valvasor, »zwar schön und groß, aber altvätterisch gebaut«, außerdem »gar unheimlich« und »darinnen zu wohnen ungesund«. 1792 stellte ein Kreisamtsbericht dem Verwalter kein gutes Zeugnis aus, indem es ihn als »unwissend, nachlässig und rohen Trunkenbold« bezeichnete. In der Folge zeigten auch die Untertanen »einen ungewöhnlichen Hang zur Unzucht«, waren »dem Trunke ergeben und verweiger[te]n an gebotenen Feiertagen jede Arbeit«. Außerdem »verursacht[e] die schlechte Aufsicht […] einen immerwährenden Zugang krainerischer und friulanischer Bettler und Müßiggänger«.

Ressentiments wie diese waren Vorboten des Nationalismus, der nach 1848 das ganze Land erfasste und um die Jahrhundertwende auch in Keutschach/Hodiše zu heftigen Konflikten führen sollte. Protagonisten waren auf der einen Seite die deutschsprachige Obrigkeit und ihr Personal, auf der anderen die mehrheitlich slowenische Bevölkerung unter dem Einfluss der Geistlich-

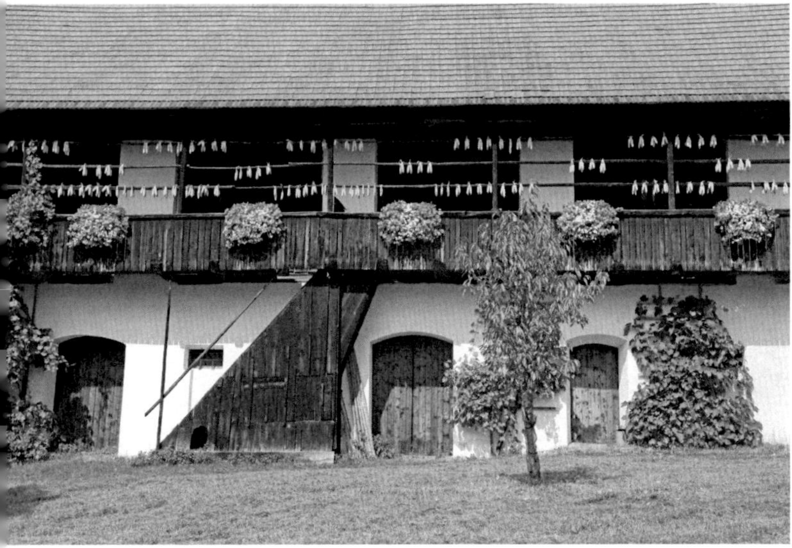

Historischer Stadel in Keutschach/Hodiše

keit. Heftete man hie das Deutschtum auf die Fahnen, war man da vom »nationalen Erwachen« beseelt. In Keutschach/Hodiše äußerte sich dies in der (vom Pfarrer initiierten) Gründung des Gesangsvereines Zvezda im Jahr 1904. Als Vereinsziele wurden »die Pflege des Volks- und Kunstgesanges, die Gemüts- und nationale Geschmacksbildung und hierdurch die Hintanhaltung nächtlicher Ausschreitungen« statutarisch festgehalten. Letzteres gelang nur bedingt, kam es doch immer wieder »zu gewaltsamen Übergriffen, Beschimpfungen und Bewerfungen mit Steinen [durch deutschnationale Gruppen]«, wie die slowenische Zeitung *Mir* berichtete.

Spätestens nach der Volksabstimmung 1920 geriet die slowenische Kulturarbeit in die Defensive. Wirtshäuser verweigerten Versammlungen des Vereines, sodass diese nur noch unter freiem Himmel stattfinden konnten. Überfälle und Schmieraktionen von Hakenkreuzlern standen auf der Tagesordnung; die Gründung eines Germanisierungsvereines scheiterte allerdings an Mitgliedermangel. Die slowenischen AktivistInnen hielten mit dem Bau eines eigenen Vereinshauses im Jahr 1927 dagegen, wieder auf Initiative des Pfarrers. Es wurde dem Heiligen Josef geweiht, als Vorbild für »geordnetes Familienleben, Liebe zur Arbeit und tugendhafte Lebensführung«. Neben dem Chorgesang verschrieb man sich dem Laienspiel. Aufgeführt wurden Stücke slowenischer Autoren, die »das Publikum, besonders die Jugend, erziehen, […], den katholischen Glauben vertiefen und die bestehende Ordnung erhalten« sollten. Besonders beliebt: die Geschichte der *Miklova Zala*, in der das hohe Lied der Keuschheit und Treue der slowenischen Frau gesungen wird. Ähnliche Ziele, wie »die Abschaffung wilder Ehen oder den Kampf gegen das Fluchen, Rohheit und Trunksucht«, verfolgte der 1922 gegründete Christliche Frauenverband. Der Gegnerschaft zu den erstarkenden Nazis lag somit ein durchaus reaktionäres Weltbild zugrunde. 1936 wurde aus den ständigen Provokationen der »Heimattreuen« tödlicher Ernst: ein Mitglied der Zvezda starb an den Folgen eines Überfalls, was Trauerkundgebungen in ganz Kärnten/Koroška und auch Jugoslawien zur Folge hatte.

Nach dem Anschluss 1938 wurde der Kulturverein bald aufgelöst und sein Kulturhaus für einen deutschen Kindergarten beschlagnahmt; der Pfarrer musste Kärnten verlassen. Die Repressionen gipfelten in der Enteignung und Deportation von sieben slowenischen Familien aus Keutschach/Hodiše am 14. April 1942. Betroffen waren 39 Personen, darunter mehrere AktivistInnen der Zvezda. Sie wurden in verschiedene Arbeitslager im »Altreich« verfrachtet und kehrten erst nach Kriegsende zurück. Für die Rückgabe ihrer Höfe, die an Südtiroler bzw. Kanaltaler Optanten vergeben worden waren, mussten etliche bürokratische Hürden überwunden werden.

Bereits 1946 nahm der Slowenische Kulturverein wieder seine Arbeit auf und brachte erneut die *Miklova Zala* zur Aufführung. Das, schrieb der *Slovenski vestnik*, »ermutigte unsere Frauen und Mädchen, eine ›Antifaschistische Frauenfront‹ zu gründen und […] zum Kampf für einen allseitigen Fortschritt der slowenischen Volksgruppe in Kärnten« beizutragen. Ob dies auch das noch heute aktive Tamburizza-Ensemble des Vereines von sich behaupten kann, sei dahingestellt.

War der Nationalsozialismus auch besiegt, vermochte dies den Assimilierungsprozess der vergangenen Jahrzehnte nicht mehr rückgängig zu machen. Hatten sich 1910 in Keutschach/

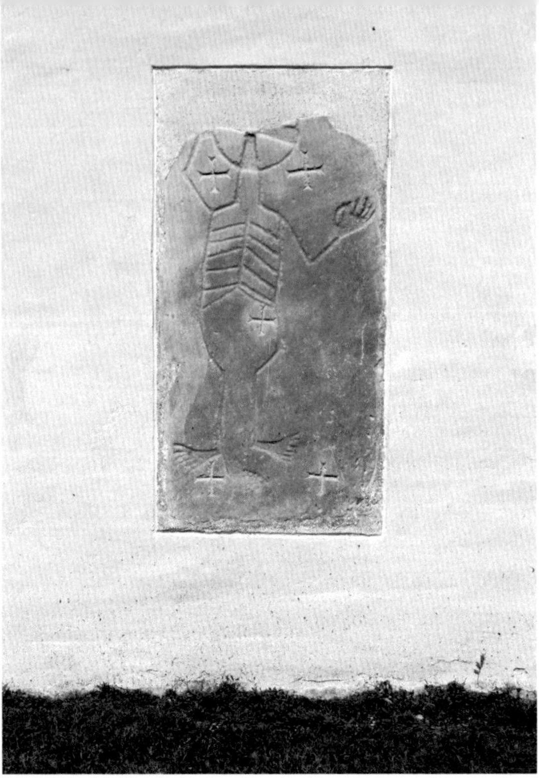

Frühchristliches Epitaph an der Kirchenmauer in Keutschach/Hodiše

Hodiše noch 1.981 BewohnerInnen zur slowenischen Umgangssprache und nur 85 zur deutschen bekannt, änderte sich das Verhältnis mit jeder Volkszählung zugunsten der Deutschsprachigen. So gaben 1971 bereits 77,5 Prozent der BewohnerInnen Deutsch als ihre Umgangssprache an und bezeichneten sich im Jahr 1981 nur noch 155 von 1.786 GemeinebürgerInnen als slowenischsprachig.

Auch der Fremdenverkehr trug maßgeblich zu dieser Entwicklung bei. Er nahm schon bald nach dem Krieg mit der Eröffnung der ersten großen FKK-Anlage Fahrt auf. Deutsche und holländische Gäste kamen in Scharen; die zweite Landessprache und slowenische Kultur wurden ihnen schamhaft vorenthalten. Der slowenische Ortsname fehlt bis heute auf allen offiziellen Aufschriften. Waren 1927 noch knapp 100 Sommergäste gezählt worden, explodierten die Nächtigungszahlen nach dem Krieg von rund 40.000 im Jahr 1953 auf 343.000 im Jahr 1977. Vier

Jahre später wurden gar 540.000 Gäste gezählt. Aus diesen Jahren stammen dutzende Gästehäuser und Frühstückspensionen, für die die Bezeichnung gesichtslos noch schmeichelhaft wäre. Landwirte sattelten auf Campingwart um, alte Kulturlandschaft musste Appartements und Zweitwohnsitzen weichen. Gut möglich, dass der Verlust von sprachlicher Identität auch den Niedergang der Baukultur befördert. Das würde erklären, warum im gesamten gemischtsprachigen Gebiet Kärntens/Koroška die Ortsbildzerstörung besonders drastische Ausmaße angenommen hat. Fast scheint es, als würden die Nachkommen ehemaliger Keuschler alles daran setzen, die Erinnerung an ihre Herkunft vollständig auszulöschen.

EINKEHR:

Schlossstadel. Am Ende einer mehrstündigen Wanderung von Viktring/Vetrinj nach Keutschach/Hodiše gäbe man sich auch mit einem mittelmäßigen Gasthaus zufrieden. In diesem Fall werden die Erwartungen überboten und darf man sich auf eine ausgezeichnete Küche (ab 17.00 Uhr) freuen. Die Highlights wie *Tagliata di manzo* oder Filetsteaks bekommt man nicht geschenkt, durchaus leistbar sind aber Wiener Schnitzel oder Calamari vom Grill. Auch VegetarierInnen kommen auf ihre Kosten. Angenehmer Gastgarten mit Blick auf das Dorf und die Sattnitz/Gure; ausnehmend freundliches Personal. 0043 4273 20081, www.schlossstadel.at

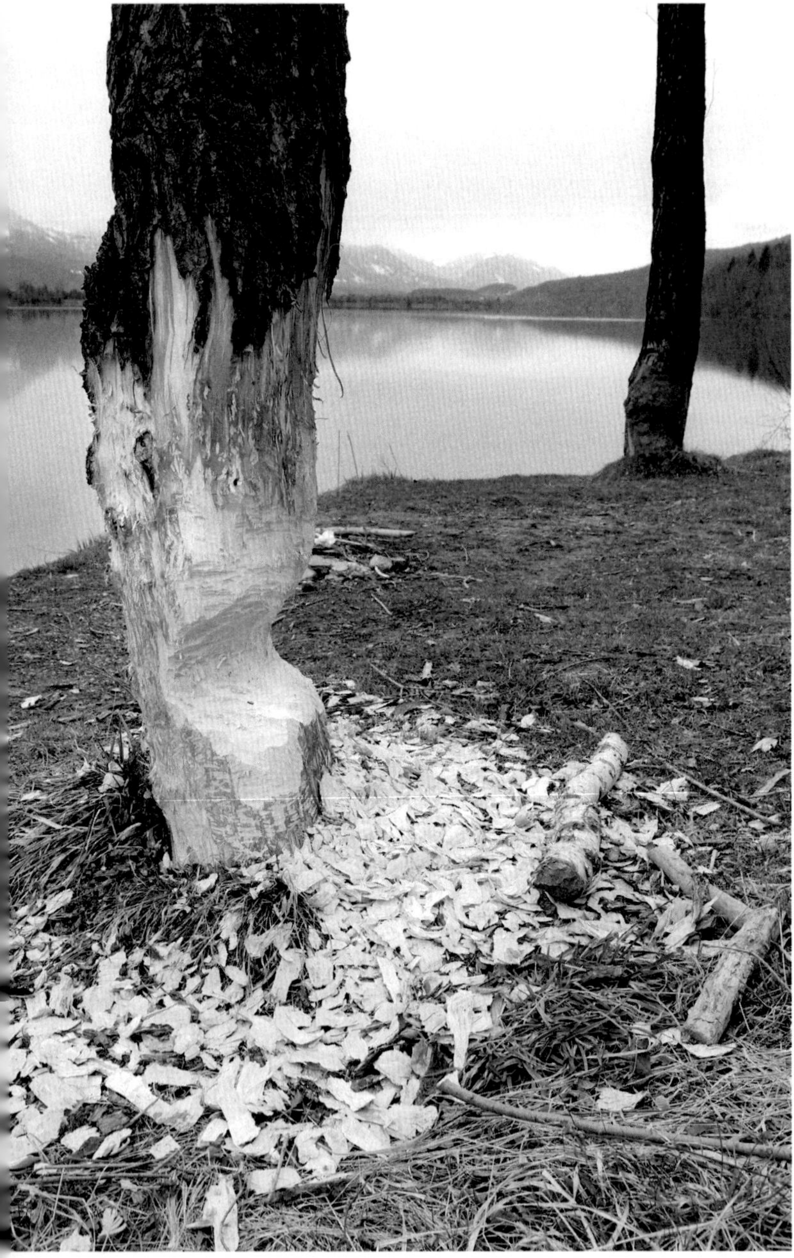

X. FISCHERRAST UND WALDESRUH
Wanderung bei Unterschlossberg/Pod Gradom

Der halbtägige Rundgang im Westen der Hollenburg/Humberk führt zu verschwiegenen Plätzen am Ufer des Ferlacher Stausees, berührt ein kleines Naturwunder und bezieht am Rückweg das hübsche Kirchlein Maria Waldesruh mit ein. Den Wanderinnen und Wanderern wird dabei einiges zugemutet, gilt es doch, sich zum Teil weglos durchs Dickicht zu schlagen. Die Orientierung ist dennoch einfach.

Von Unterschlossberg/Pod Gradom, einem verkehrsgeplagten Haufen Häuser, gelangt man im Handumdrehen zum Ufer der Drau. Wie bei einem Rorschachtest spiegeln sich die Berge im Wasser. Kreuz und quer liegen die Bäume. Zu beneiden sind die Anrainer am Steilufer, noch besser haben es ihre Schafe und Hühner. Unzufrieden scheint nur der Esel. Zurück am Ufer klappert man die geheimen Treffpunkte der Angler ab, ehe man mit der Vegetation auf Tuchfühlung geht. Bestanden hat die Geländeprüfung, wer sich – nach Überwindung eines Windwurfs – an einem magischen Ort wiederfindet. Ein breiter Bach quillt aus dem Hang und springt von einem Sinterbecken zum nächsten. Wie phosphoriszierend leuchtet das Moos. Eine Steilstufe höher, am Rand von Am Teller/Talir, hat der Zauber ein Ende. Man bleibt auf Distanz – zu dünn ist die Häusersuppe. Bekömmlicher ist die kleine Waldkirche mit einer Sammlung alter Votivbilder. Wer mag, zieht am Glockenstrang und wünscht dem Autor dieser Zeilen ein langes Leben.

Rasch lässt man Preliebl/Preblje hinter sich und strebt auf einem Panoramaweg der Hollenburg/Humberk zu. Ein romantischer Arkadenhof und der Blick vom Söller ins Rosental/Rož lohnen den Abstecher. Erst am Waldrand, dann über Felder kehrt man zum Ausgangspunkt zurück. Dort wartet ein Leitbetrieb der Kärntner Gastronomie und hat man vorsorglich einen Hubschrauberlandeplatz eingerichtet.

Biberbaustelle am Ferlacher Stausee

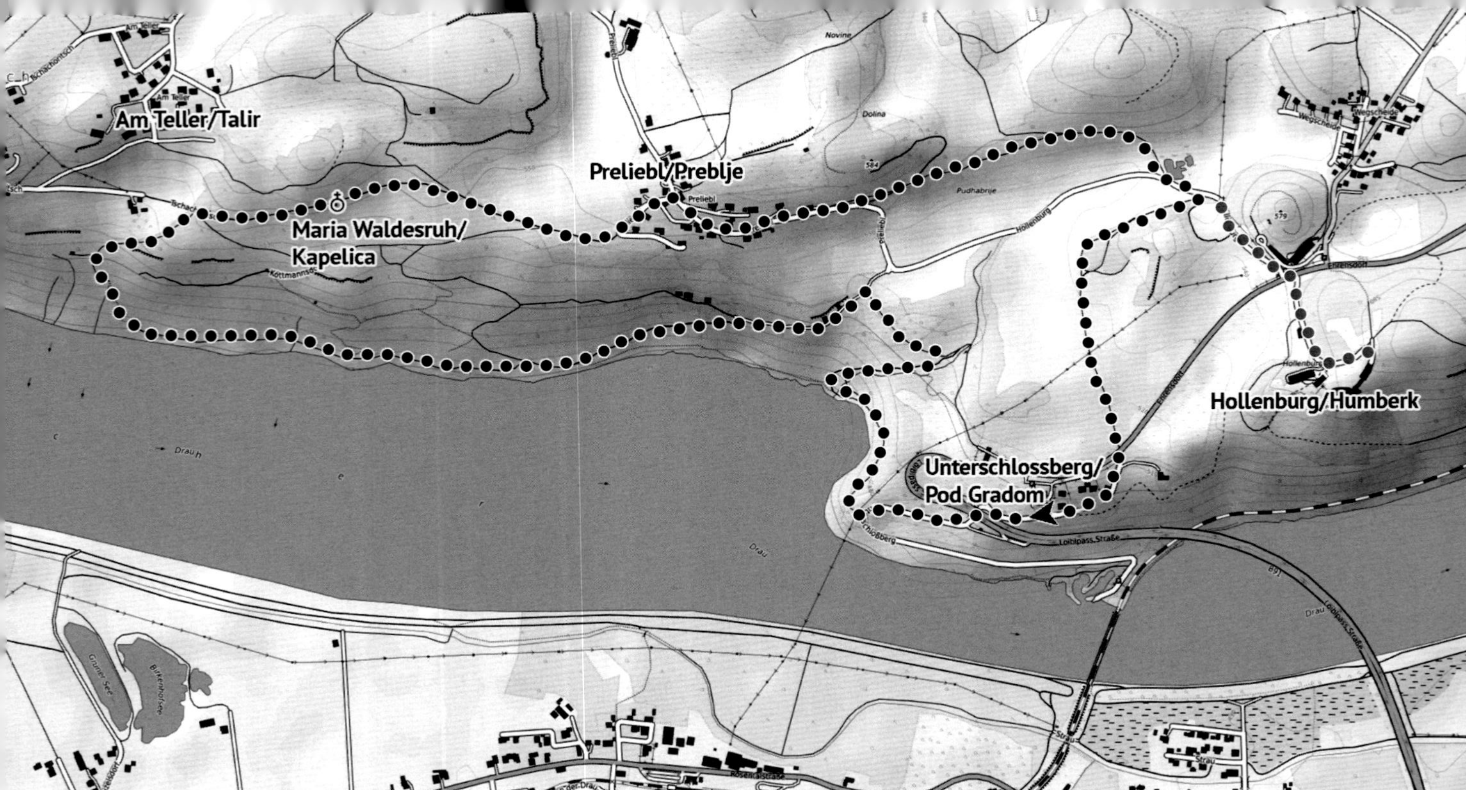
Am Teller/Talir
Maria Waldesruh/
Kapelica
Preliebl/Preblje
Hollenburg/Humberk
Unterschlossberg/
Pod Gradom
Loiblpass Straße
Drau
Birkenhofsee
Gruner See
Rosenstraße
Strau

INFORMATIONEN ZUR WANDERUNG
LÄNGE: 7,5 km
ANSTIEGE: 250 m
GEHZEIT: 2:45 Std.
ANFORDERUNGEN: Trittfestigkeit
KARTE: Kompass-Karte Nr. 61, Wörthersee, Karawanken West
ORIENTIERUNG: leicht
GASTSTÄTTEN: Unterschlossberg/Pod Gradom
ANFAHRT: von Klagenfurt auf der B91 Richtung Loiblpass
BUSVERBINDUNG: Postbus von Klagenfurt/Celovec Richtung Ferlach/Borovlje, Haltestelle Unterschlossberg/Pod Gradom

WEGBESCHREIBUNG
Ausgangspunkt ist der **Gasthof Singer** in **Unterschlossberg/Pod Gradom** an der B91. Man steigt an der Südseite des Hauses zu einem **Quersträßchen** ab, geht rechts und unterquert kurz darauf die **Bundesstraße**. Nach der Unterführung folgt man der **Straße** nach rechts und wendet sich in der darauffolgenden **Linkskurve** nach rechts (Wegweiser »Fischerwanderweg«). Bequemer Abstieg zu einer **Bucht** des Ferlacher Stausees (0:15 Std.).

Hier folgt man einer (teils verlegten) **Fahrspur**, die bald deutlicher in einem kleinen **Bachtal** ansteigt. Auf halber Höhe wendet man sich in einen **untergeordneten Weg** nach links. Anstieg bis zu einem **Quersträßchen**; auf diesem links bergab (Benützung »auf eigene Gefahr« gestattet). Man passiert **zwei Häuser** und folgt beim nächsten Anwesen einem **Forstweg**, einen Schranken umgehend, links bergab (für Fußgänger erlaubt). Wieder senkt sich der **Weg Richtung Ufer** und gabelt sich; man hält sich links. Weiter in leichtem Auf und Ab bis zu einem **Rastplatz** am Wasser (1:00 Std.). Trinkwasserquelle.

Weiter auf dem **breiten Weg**, bis dieser kurz ansteigt und endet. Hier geht man links und schlägt sich, die Höhe ungefähr beibehaltend, im stark verwachsenen Hang bis zu einem breiten **Bachbett mit Sinterbecken** durch (provisorische Markierung). Man quert den breiten **Wasserlauf** und steigt sofort vertikal auf einem undeutlichen **Pfad** bis zu einem **Wasserspeicher** an. Von hier folgt man dem **Zufahrtsweg** links bergauf. Der Weg vereinigt sich mit einem von links kommenden; weiter bergwärts bis zum **Ortsrand** der Siedlung **Am Teller/Talir** (1:45 Std.).

Bei der darauffolgenden großen **Kreuzung** geht man halbrechts (Fahrverbot) und folgt einer breiten **Forststraße** bis zum **Kirchlein Maria Waldesruh** (2:00 Std.).

Weiter bis zu den ersten Häusern von **Preliebl/Preblje**, wo sich die Straße gabelt; man hält sich links. Anstieg bis zu einer **Querstraße**; man geht rechts und ignoriert sofort zwei Abzweigungen nach links. Weiter auf der **Straße**, den Ort verlassend. In der darauffolgenden **Rechtskurve** geht man geradeaus (Wegweiser »KÖ5«). Schöner Weg am **Waldrand**, der bald wieder in die **Straße** mündet. Man geht auf dieser nach links und wendet sich nach gut 100 m scharf nach rechts in einen **Feldweg**.

[**Abstecher zur Hollenburg**: Man bleibt auf der **Straße** und folgt dieser bis zur **B91**, welche man quert. Weiter auf dem **Zufahrtsweg** bis zur **Hollenburg**. Besichtigung des Burghofes und Söllers. Hin und zurück ca. 45 Min.]

Bei der nächsten **Gabelung** hält man sich rechts, bei einer weiteren geht man geradeaus. Man erreicht die **B91**, überquert diese mit gebotener Vorsicht und folgt einem **Sträßchen** halbrechts bis zum Ausgangspunkt (2:45 Std.).

AM WEGE

Unterschlossberg/Pod Gradom

Eingeschnürt von der Bundesstraße ist die kleine Häusergruppe schutzlos dem Straßenlärm ausgeliefert. Nutznießer der »verkehrsgünstigen Lage« ist der Gasthof Singer, der auch die schöne Aussicht auf die Drau zu vermarkten weiß. Am großen Parkplatz kann eine Skulpturengruppe aus Holz von Johann Feilacher besichtigt werden, die laut Texttafel »eine mögliche neue Sichtweise der Landschaft eröffnet«. Sie bildet den »Eingang zum Skulpturenpark Rosental«, der vor zwei Jahrzehnten eröffnet wurde und in der Zwischenzeit etwas in die Jahre gekommen ist. Er besteht aus insgesamt sechs Arbeiten namhafter KünstlerInnen im öffentlichen Raum. Auch das Landartprojekt der Hoke-Brüder in Selkach/Želuče (siehe Kapitel XIV) zählt dazu. Feilacher wirkte einige Jahre als Psychiater im Haus der

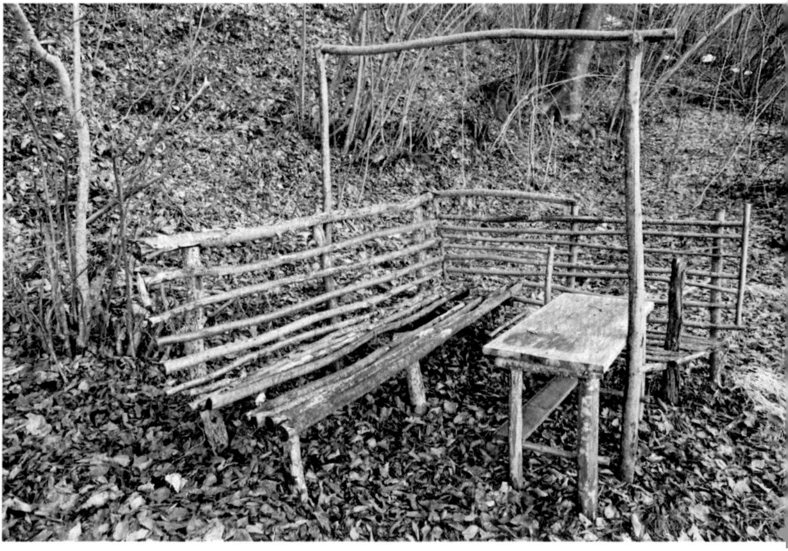

»Konsenslos errichtete bauliche Maßnahme« am Drauufer

Künstler in Gugging, leitet heute das dazugehörige Museum und gilt als profunder Kenner von Art brut. Warum seinem Werk in Unterschlossberg/Pod Gradom nachträglich eine Plastik des Kärntner Stoßstangenkünstlers Harry Jeschofnig zur Seite gestellt wurde, bleibt ein Rätsel, ausgelöst hat man damit jedenfalls eine Kettenreaktion: Hinzugekommen sind ein holzverkleideter Schiffscontainer, ein undefinierbares Metallobjekt, grellgelbe Betonleitwände und ein riesiges H zur Orientierung für Hubschrauberpiloten. Alles in allem ergibt das ein Gesamtkunstwerk von avantgardistischer Kraft. Titelvorschlag: *Curators Nightmare.*

EINKEHR:

Gasthof Pension Singer. Die Visitenkarte verspricht »anerkannt gute Küche, gepflegte Zimmer, gemütliche Gasträume« sowie einen »sonnigen Sitzgarten mit herrlichem Ausblick«. Das deckt sich nicht zwingend mit der Wirklichkeit. Einen guten Magen benötigt man für den Dekor auf der Terrasse. 0043 4227 84020, www.gasthof-singer.at

Ferlacher Stausee

Während im Süden ein künstlicher, bis zu zwölf Meter hoher Deich den See begrenzt, wird der Verlauf des Nordufers von den bewaldeten Abhängen der Sattnitz bestimmt. Hier haben die Draufischer ihr Revier. Wichtigster Stützpunkt ist der Bootshafen an der Eisenbahnbrücke über die Drau, der wie eine kleine Lagune angelegt wurde. Von hier steuern die Petrijünger ihre versteckten Plätze unterhalb von Preliebl/Preblje an, wo sie die hochentwickelte Kunst des scheinbaren Müßigganges pflegen. Die Kulturtechnik schließt die Errichtung von behelfsmäßigen Unterständen, Sitzgelegenheiten und Tischen am Ufer sowie die Heranschaffung von Plastiksesseln und Gartengrillern mit ein. Ob ökologisch im Wortsinn astrein oder doch bedenklich – stets haben die Installationen einen individuellen Charakter und anarchistischen Zug. Und gern verweilt man beim Wandern an diesen gemütlichen Orten. Dies umso mehr, als sie bald der Vergangenheit angehören werden: 2020 fanden die Fischer an ihren Treffpunkten die schriftliche Aufforderung vor, alle »konsenslos errichteten baulichen Maßnahmen und Verunstaltungen« zu entfernen, andernfalls die Verbund Hydro Power GmbH die kostenpflichtige Entsorgung veranlassen werde. Die lässt zwar noch auf sich warten, wird aber auf die Dauer kaum zu verhindern sein. Womit ein weiterer Beitrag zur Verarmung der Kärntner Baukultur geleistet wäre.

Maria Waldesruh/Ovčičeva kapelica

Das Kirchlein stammt aus dem 19. Jahrhundert und wurde vor einigen Jahren gründlich renoviert. Wo früher die Außenwände nahezu flächendeckend mit Fresken geschmückt waren und in der hölzernen Vorlaube Heiligenbilder und Devotionalien dicht an dicht hingen, fehlt heute fast alles »Überflüssige«. Auch von der einstigen Aura ist einiges verloren gegangen. Errichtet wurde die Waldkapelle, weil an diesem Platz ein blasser Mann mit Wundmalen einer geschwächten Frau als Kofferträger behilflich war. Die Legende wurde in einer vierteiligen, ursprünglich slowenischsprachigen Bildgeschichte im Eingangsbereich festgehalten. »Vergesset nicht, dass es noch höhere Wesen gibt«, lautet die eingedeutschte Botschaft. Dass hier noch weitere Wunder geschehen sind, beweisen die alten slowenischen Votivbilder im

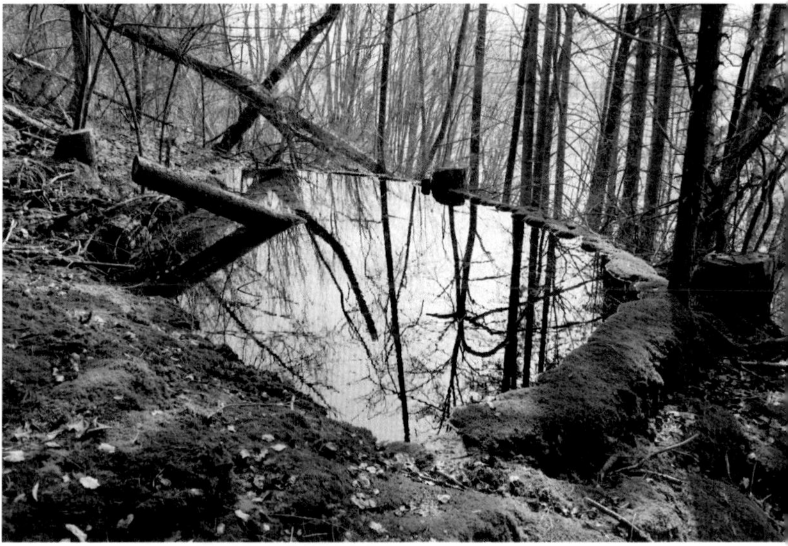

Sinterbecken der Novinjak-Quelle bei Am Teller/Talir

Altarraum. So überlebte etwa eine Magd einen Sturz von der Leiter und bedankt sich ein Bauer für die Heilung seiner Kuh. »[…] Du armer Bauernstand / komm mit Glauben und Beten hierher / man wird Dich gewiss erhören« lautet die Übersetzung seines Gedichtes. Nicht allen wurde göttliche Hilfe zuteil: Auf vorgedruckten »Formularen« nimmt eine Mutter Abschied von ihrem verstorbenen Kind und beweint eine Familie den toten Vater. Um Wandersleuten Ähnliches zu ersparen, wurde 2011 eine Wunschglocke installiert und dazu eine Art Marschlied mit folgendem Refrain verfasst: »Maria hat die Bitt' erhört / die Schritt' sind wieder rund / die Freud' lacht Dir jetzt aus dem G'sicht / weil Du bist wieder g'sund.«

Am Teller/Talir

Im Steilhang unterhalb der Häusergruppe bietet der Überlauf eines Wasserspeichers, Novinjak-Quelle genannt, ein ungewöhnliches Naturschauspiel. In einem Schwall ergießt sich das Wasser aus dem Waldboden und hat dabei einen langen Weg hinter sich, jedenfalls in zeitlicher Hinsicht: Gut drei Jahre kann es dauern, bis das Regenwasser, das in der oberen Sattnitzregion

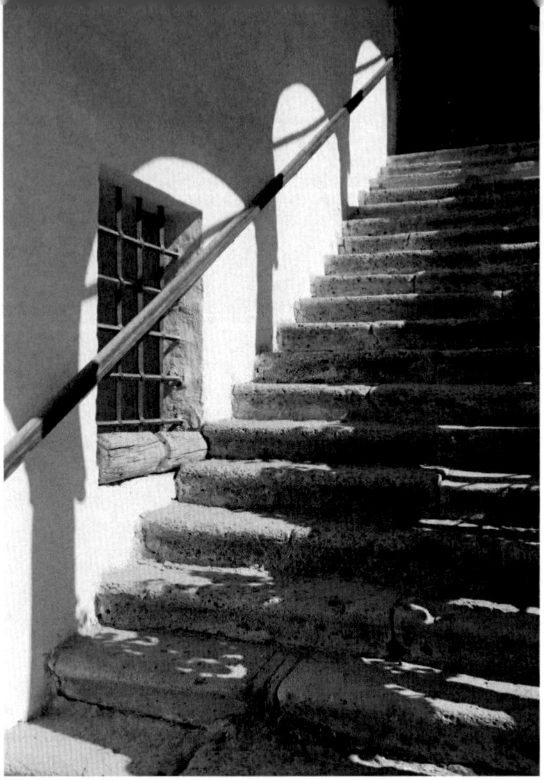

Stiegenaufgang im Innenhof der Hollenburg/Humberk

ins Konglomerat eindringt, an dieser Stelle – von einer undurchlässigen Tonschicht am Weitersickern gehindert – wieder ins Freie tritt. Dabei »kommt es«, in der Poesie des Hydrologen, »zu einer schnellen Entgasung des im Wasser gelösten CO_2. Somit ist […] das abfließende Quellwasser an Kalk übersättigt. Dies führt zu einer verstärkten Ausfällung von Calcit und damit zu beeindruckenden Sinterbildungen […].« Und tatsächlich bringt hier die Natur mithilfe der Chemie Erstaunliches zustande: unzählige moosbewachsene Kaskaden und ein paar Sinterbecken, die, wenn man sich auf Augenhöhe begibt, wie Miniaturen der Plitvicer Seen anmuten. Eisblau färbt der Himmel das Wasser, grün lackiert ist die Vegetation.

Hollenburg/Humberk

Das mächtige Bauwerk hoch über der Drau besitzt alle Merkmale einer klassischen Ritterburg: einen stark gegliederten Grundriss, weitläufige hohe Festungsmauern, einen massiven, bunt bemalten Torturm, eine überdachte Pfeilerbrücke, einen gepflasterten Innenhof mit Laubengängen und einen Söller, von dem aus man das halbe Rosental/Rož überblickt. Aus der Talperspektive wirkt die Burg wie ein steinerner Muskelberg, den Untertanen zur Bedrohung, zur Abschreckung allen potenziellen Angreifern. Dass sich mittlerweile eine Autowaschanlage ins Postkartenmotiv schiebt, kann als Musterbeispiel der Kärntner Landschafts- und Ortsbildpflege verbucht werden.

Dass in dieser exponierten Lage dereinst eine Festung errichtet wurde, ist wenig verwunderlich; besser als von hier ließ sich der Nord-Süd-Verkehr über die Drau und damit der Handel kaum kontrollieren. Erstmals erwähnt wurde sie 1142; ihre Ursprünge dürften viel weiter zurückliegen. Die Herrschaft der Hollenburg wurde ab dem 13. Jahrhundert vom Geschlecht der Pettauer und 200 Jahre später von den Stubenbergern ausgeübt. Als letztere sich an einem Aufstand gegen die Habsburger beteiligten, nahmen kaiserliche Pfleger die Burg in Beschlag. Und so kam es, dass der spätere Kaiser Maximilian I. seine Jugendjahre im Rosental/Rož verbrachte.

1514 übergab er die Hollenburg dem Freiherrn von Dietrichstein, der die Burg vergrößern ließ und – im ständigen Konkurrenzkampf mit dem Stift Viktring – seine Besitztümer und Machtbefugnisse zu erweitern wusste. So wurde den Dietrichsteinern die Landgerichtsbarkeit übertragen und oblag ihnen der lukrative Zoll. Polizeiliche und militärische Aufgaben fielen ebenso in ihre Kompetenz wie das Sozial- und Schulwesen. Bald stiegen sie zum mächtigsten Adelsgeschlecht Unterkärntens auf, das bis ins 19. Jahrhundert weite Teile des Rosentals/Rož beherrschte. 1861 kam es zu einem heftigen Erbschaftsstreit, bei dem nicht weniger als 61 Nachkommen der Sippschaft ihre Ansprüche geltend machten. 1913 erwarb Ludwig Wittgenstein, ein Onkel des berühmten Philosophen, die Burg samt Grundbesitz. Dank dem Erbrecht ist heute die Familie Kyrle Eigentümerin der Burg. Aktuell verfügt sie über fast 8.500 Hektar Wald, die von der Forstverwaltung bestens vermarktet werden. Dazu kommen 800 Hektar Fischwasser an der Drau/Drava sowie umfassende Jagdrechte als weitere Einnahmequellen.

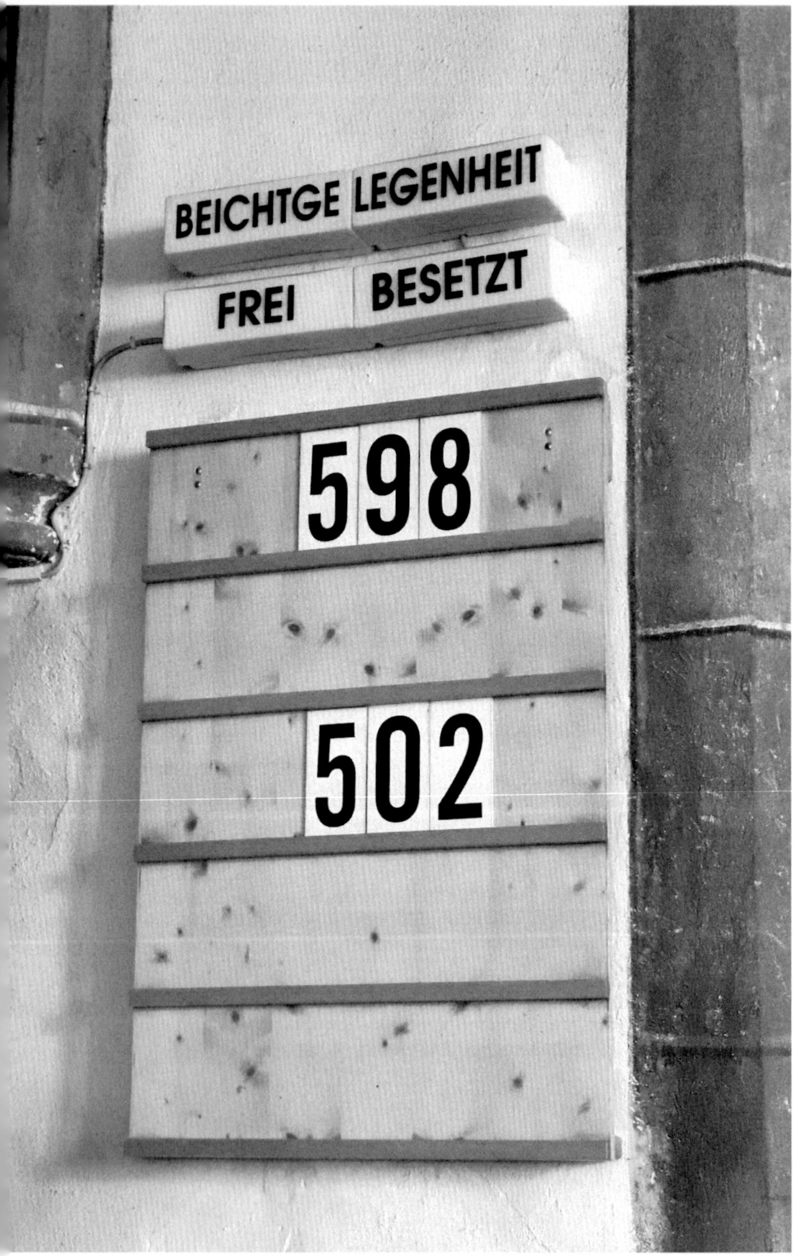

BEICHTGE LEGENHEIT
FREI
BESETZT
598
502

XI. BUSSGANG
Wanderung bei Köttmannsdorf/Kotmara vas

Wer die Kritik an der Zersiedelung auf der Sattnitz/Gure für übertrieben hält, könnte bei diesem Rundgang vielleicht seine Meinung ändern. Schlimmer als in Köttmannsdorf/Kotmara vas kann man einem Dorf und seiner Umgebung kaum zusetzen. Baukultur ist hier nur noch in Spurenelementen vorhanden, auch die Natur hat fast jeden Reiz verloren. Sehenswert ist die Gegend dennoch, schon aufgrund der manischen Anstrengungen der BewohnerInnen um Verschönerung. Wer sich auf die Besichtigung einlässt, mache sich auf zwei trostlose Stunden gefasst, zumal der Leidensweg fast zur Gänze asphaltiert ist.

Im ersten Abschnitt prägen ehemalige Keuschen und Arbeiterhäuser aus den Nachkriegsjahren das Bild. Die meisten haben so viele Um- und Zubauten erlebt, dass ihnen jede Eigenart abhanden gekommen ist. Dafür heischen sie mit viel Gartendekor und giftigen Farben um Aufmerksamkeit. Die Show wird ihnen von einem hangarartigen Wohnhaus gestohlen, unter dessen Vordach ein Sattelschlepper Platz fände. Auch bei der Bodenversiegelung können die Nachbarn nicht mithalten. Dankbar erholt sich das Auge bei ein paar Brennholzstapeln, ehe es von Plastikzäunen und Zyklopenböschungen erneut malträtiert wird. Die eitelsten der hingewürfelten Häuser genießen den Panoramablick auf das gesamte Schlamassel. Man erreicht Tschachoritsch/Čahorče, wo ein kleines Gehöft zur Fahrradwerkstätte umfunktioniert wurde. Ein faszinierendes Chaos aus Ersatzteilen, Schachteln und anderen Dingen umgibt das Haus. Jenseits der Straße beherrschen sterile Häuser von der Stange die Szene. Den olfaktorischen Kontrapunkt setzt ein desolater Bauernhof. Voller Gegensätze ist auch das Ortszentrum von Köttmannsdorf/Kotmara vas, wo sich an der Hauptstraße ein verunglücktes Gebäude an das andere reiht. Was vom ursprünglichen Bestand erhalten geblieben ist, wird von Gewerbehallen und Wohnanlagen bedrängt. Drei Wirtshäuser haben zugesperrt. Ein riesiger

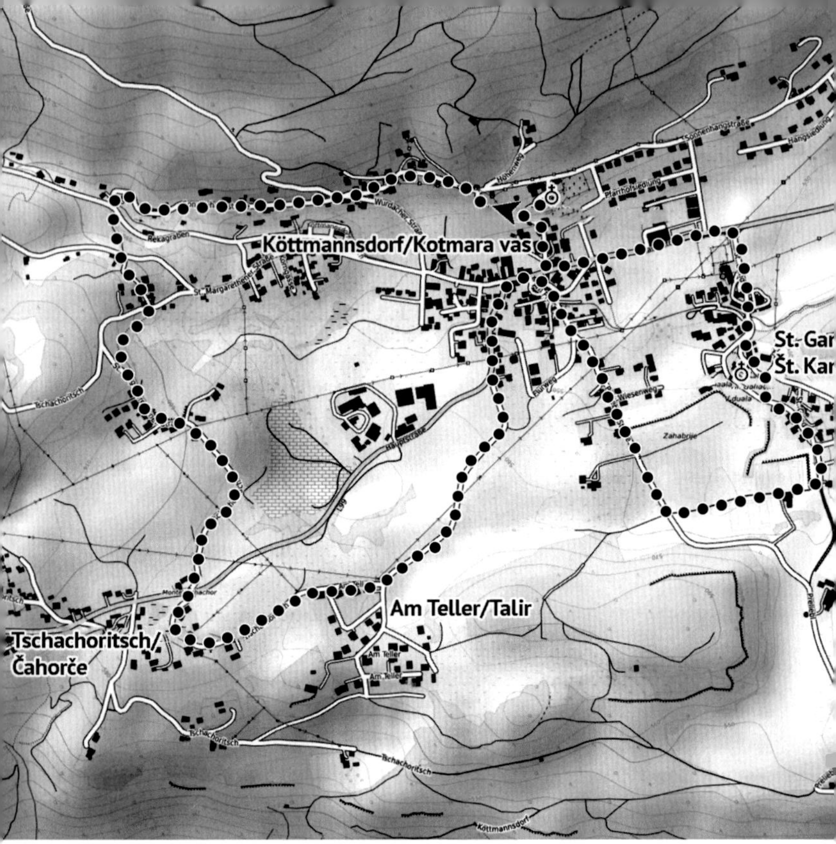

SPAR/Zadruga gibt dem Ortsbild den Rest. Bleibt der Abstecher nach St. Gandolf/Št. Kandolf, wo das sehenswerte Kirchlein im Häuserbrei erstickt. Man zündet eine Kerze an und schickt ein Stoßgebet zum Himmel: »Herr, lass Efeu über Köttmannsdorf/Kotmara vas wachsen!«

INFORMATIONEN ZUR WANDERUNG

LÄNGE: 6 km

ANSTIEGE: 100 m

GEHZEIT: 2:15 Std.

ANFORDERUNGEN: gering

KARTE: Kompass-Karte Nr. 61, Wörthersee, Karawanken West

ORIENTIERUNG: leicht

GASTSTÄTTEN: Köttmannsdorf/Kotmara vas, St. Gandolf/Št. Kandolf

BUSVERBINDUNG: Postbus von Klagenfurt/Celovec nach Köttmannsdorf/Kotmara vas
ANFAHRT: mit dem PKW von Klagenfurt/Celovec auf der B91 nach Lambichl/Ilovje und weiter auf der L99 bis Köttmannsdorf/Kotmara vas

WEGBESCHREIBUNG

Ausgangspunkt ist die **Pfarrkirche** von **Köttmannsdorf/Kotmara vas** (Parkplatz beim Friedhof). Man besichtigt die Kirche und verlässt den **Friedhof** durch das westliche **Tor**. Kurzer Abstieg auf einem **Sträßlein**, dann auf einer **Querstraße** nach rechts. Anstieg bis zu einer **Querstraße**; auf dieser nach links. Eine Abzweigung nach rechts wird ignoriert. Vorbei an einigen Häusern bis zu einer **Gabelung** (Haus Nr. 79); hier hält man sich links. Bei der darauffolgenden breiteren **Querstraße** geht man geradeaus in die **Sonnenhangstraße**, die sich bald zu einem **Brücklein** senkt und auf eine **Querstraße** trifft. Man geht links und wendet sich nach wenigen Schritten nach rechts in einen **Weg**. Kurzer Anstieg bis zu einer **Querstraße**; auf dieser nach links. Wieder passiert man einige Häuser. Bei einer weiteren **Querstraße** geht man rechts und steigt bis zu einem **Verkehrsspiegel** an. Hier wendet man sich nach links in einen **Waldweg**. Kurzes Vergnügen bis zu einer **Querstraße**; auf dieser nach links. Man passiert wieder ein paar Häuser und erreicht beim **Fahrradgeschäft Petermann** die **L99**, welche man quert (0:45 Std.).

Man betritt **Tschachoritsch/Čahorče**, geht bei einem **Quersträßlein** links und verlässt die Siedlung. Bei einer **Querstraße** am Ortsbeginn von **Am Teller/Talir** geht man links und folgt der **Straße** bis zur **L99**; auf dieser nach rechts bis zum **Kriegerdenkmal** am »Hauptplatz« von **Köttmannsdorf/Kotmara vas** (1:15 Std.).

Hier geht man erst halbrechts, dann bei einer **Kreuzung** geradeaus und folgt der **Prelieblstraße**, den Ort verlassend, bis zu einem **Bildstock**. Kurz danach wendet man sich nach links in einen **Feldweg**. Vorbei an einem **Sportplatz** bis zu einer **Querstraße**; auf dieser nach links. Man betritt **St. Gandolf/Št. Kandolf** (2:00 Std.).

Bei der nächsten **Dreifachgabelung** nimmt man das **mittlere Sträßlein** und trifft kurz darauf auf eine **Querstraße**; auf dieser nach links bis zur **Kirche**. Lohnende Besichtigung. Weiter auf der sich senkenden **Straße**, die sich mit einer von links kommenden vereinigt und abermals zur **L99** führt. Man geht links und kehrt zum »**Hauptplatz**« zurück. Hier geht man rechts und steigt zur **Kirche** an (2:15 Std.).

AM WEGE

Köttmanndorf/Kotmara vas

Die Wehklage im Vorspann muss zurechtgerückt werden. Natürlich hat auch Köttmannsdorf/Kotmara vas seine Reize, man muss sie nur mit der Lupe suchen. Fündig wird man unterhalb der Friedhofsmauer, wo drei Keuschen mit Nebengebäuden eine Ahnung vom ursprünglichen Ortsbild vermitteln. Eine Augenweide ist die zum Anschlagbrett umfunktionierte Scheunenwand aus dem Jahre 1889. »Griaß enk!« steht in astreinem Slowenisch am Hauseingang gegenüber. Auch die Pfarrkirche ist (vom hässlichen Dach abgesehen) ein Juwel und kann jederzeit besichtigt werden. Auffallend ist der asymmetrische Grundriss mit dem weit zurückspringenden Hauptaltar und einem Querschiff, das auf den kunstvoll geschnitzten Sebastianaltar aus dem Jahre 1727 zuläuft. Von Engeln umschwärmt schwebt der Heilige himmelwärts, während unter ihm die Sünder zur Hölle fahren. Rochus mit Wanderstab und Jakobus mit Muschel (die Schutzheiligen aller FußgängerInnen) flankieren die Szene. Die gotische Totenleuchte aus dem 13. Jahrhundert sowie ein monumentales Fresko aus dem 15. Jahrhundert sind die Attraktionen im Außenraum.

Das vielleicht Schönste an Köttmannsdorf/Kotmara vas sind die alten slowenischen Flurnamen. Dass sie nicht in Vergessenheit geraten (sind), ist dem Kulturverein Gorjanci zu verdanken, der unter Mithilfe von über 100 Einheimischen fast 1.000 Flur- bzw. Vulgonamen gesammelt und kartographiert hat. Da es sich um mundartliche Namen mit einer eigentümlichen Aussprache handelt, wurde eine eigene Schreibweise, *horjanščica* genannt, entwickelt, sowie ein Audio-Archiv angelegt, das digital abrufbar ist (www.gorjanci.at). Auch eine entsprechende Wanderkarte wurde aufgelegt. Seit 2010 gehört dieser Sprachschatz – vom Verein treffend als Namensmuseum bezeichnet – zum immateriellen Kulturerbe Österreichs.

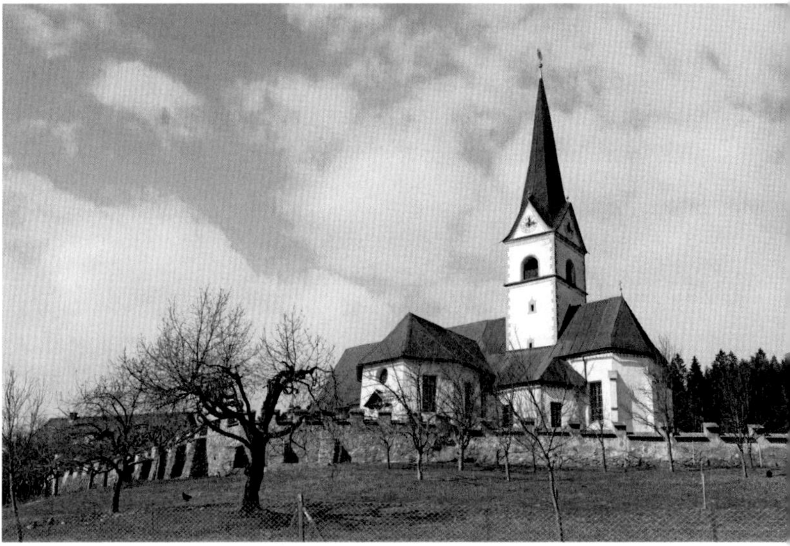

Pfarrkiche von Köttmannsdorf/Kotmara vas

Die Wurzeln des Kulturvereines gehen auf das Jahr 1885 zurück, als am Plöschenberg/Plešivec das Männerquartett Gorjanci gegründet wurde, das sich vor allem dem regionalen Liedgut verpflichtet fühlte. (Auch Thomas Koschat bediente sich einer slowenischen Liedersammlung aus Köttmannsdorf/Kotmara vas.) Es war die Zeit des »nationalen Erwachens«, in der die Forderung nach politischer Gleichberechtigung der SlowenInnen sowie nach slowenischsprachigem Schulunterricht erhoben wurde – und das von der großen Bevölkerungsmehrheit: bei der Volkszählung 1880 hatten nur 63 von 1.454 GemeindebürgerInnen Deutsch als ihre Umgangssprache angegeben.

Ein Bauer und Holzhändler namens Matija Prosekar spielte nicht nur im örtlichen »Schulkampf« eine wichtige Rolle. Ob als Chorleiter, Initiator der Kyrill-Method-Bruderschaft oder Mitbegründer der Genossenschaftsbank, »stets hielt er an der kulturellen und nationalen Identität fest«, wie es in einer Festschrift des Kulturvereines heißt. 1892 zum Köttmannsdorfer Bürgermeister gewählt, bewies er erneut »Initiative und Unbeugsamkeit«, indem er quasi auf Verdacht ein Bahnhofsgebäude errichten ließ, das allerdings nie in Betrieb ging, da die Karawankenbahn bekanntlich über Maria Rain/Žihpolje ins Rosental/Rož geführt wurde. Während des 1. Weltkriegs sollte ihm seine »Sturheit« zum Verhängnis werden. Weil er öffentlich gegen die Abgabe von Getreide an das Militär agitierte, wurde er 1916 zum Tod durch Erschießen verurteilt. Dank einer Amnestie kam er mit einer zehnmonatigen Kerkerstrafe davon.

1919, während des Waffenstillstands im Kärntner Abwehrkampf, schlug die Geburtsstunde des Bildungsvereines Horjanci. Dass die Sympathie der meisten Mitglieder dem SHS-Staat galt, war offenkundig. So geriet der Verein schon ein Jahr später – 62 Prozent der KöttmannsdorferInnen hatten sich bei der Volksabstimmung für den Verbleib Kärntens bei Österreich ausgesprochen – unter großen politischen Druck. Trotzdem gelang es, eine Vereinsbibliothek, eine Theatergruppe sowie einen Männerchor auf die Beine zu stellen. Der Chorgesang sollte zur tragenden Säule der Vereinsarbeit bis in die Gegenwart werden. Höhepunkt war ein Chorabend im Gasthof Ille mit rund 500 BesucherInnen im Jahr 1935. Zu dieser Zeit traten auch die Nazis immer öfter auf den Plan. Störaktionen und tätliche Angriffe standen auf der Tagesordnung. Nach dem »Anschluss« (gegen den trotz des Terrors einige mutige KöttmannsdorferInnen gestimmt hatten) war die Auflösung des Kulturvereines und die Verfolgung seiner Mitglieder nur noch eine Frage der Zeit. Jedes öffentliche slowenische Wort galt als staats- und volksfeindlich und konnte drakonisch bestraft werden. Und wie in anderen Südkärntner Gemeinden wurden auch in Köttmannsdorf/Kotmara vas Listen von »nationalslowenischen« Familien angelegt, die für die Enteignung und Deportation in deutsche Konzentrationslager vorgesehen waren. Letztendlich ereilte 29 Männer, Frauen und Kinder dieses Schicksal. Sie kehrten, mit einer Ausnahme, im Sommer 1945 in ihre Heimat zurück. Den lokalen Widerstand während der Nazi-Herrschaft schildert die Chronik des Kulturvereines etwas vage: »Einige unterstützten auch die Partisanen, warnten sie und gaben ihnen Unterschlupf. Soldaten auf Urlaub überließen den Widerstandskämpfern Waffen und Uniformen. Einzelne schlossen sich dem bewaffneten Widerstand [...] an.« Namen werden nicht genannt, vielleicht, weil der Kampf der Partisanen bei vielen KärntnerInnen noch heute im Ruch des Banditentums steht.

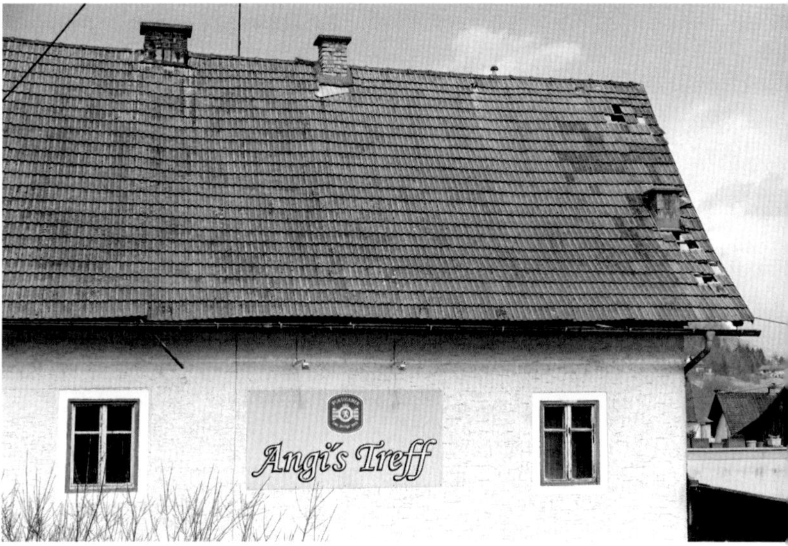

In Köttmannsdorf/Kotmara vas

EINKEHR:

Franz'l. Seitdem der ehrwürdige Gasthof Ille sowie zwei weitere Gaststätten im Ortszentrum ihre Pforten geschlossen haben, ist dieses »Landcafé« mit Blick auf den idyllischen SPAR/Zadruga-Parkplatz die einzige Einkehrmöglichkeit im Dorf. Als Blickfang dient ein lebensgroßer Elvis Presley mit Serviertеller in der Hand; Rock'n'Roll-Stimmung will auf der Waschbeton-Terrasse trotzdem nicht aufkommen. Dem trostlosen Ambiente steht ein ansprechendes Getränke- und Imbiss-Angebot gegenüber. Inhaber ist die Familie Niemetz, die auch auf dem Plöschenberg/Plešivec für gastronomische Qualität sorgt. 0043 4220 20310, www.cafefranzl.at

Zum Handwerker. Schon der Name spricht für den Besuch der frisch renovierten Arbeiterkneipe im Gewerbepark westlich des Dorfes. Das Bier ist gut gekühlt, was leider auch auf die Einrichtung zutrifft. Umso warmherziger die Bedienung. 0043 699 10128909

Tschachoritsch/Čahorče

Eine Sehenswürdigkeit ist das Fahrradgeschäft nebst Reparaturwerkstatt an der L99. Gearbeitet wird meist unter freiem Himmel, ein großes Vordach schützt gegen Sonne und Regen. Als

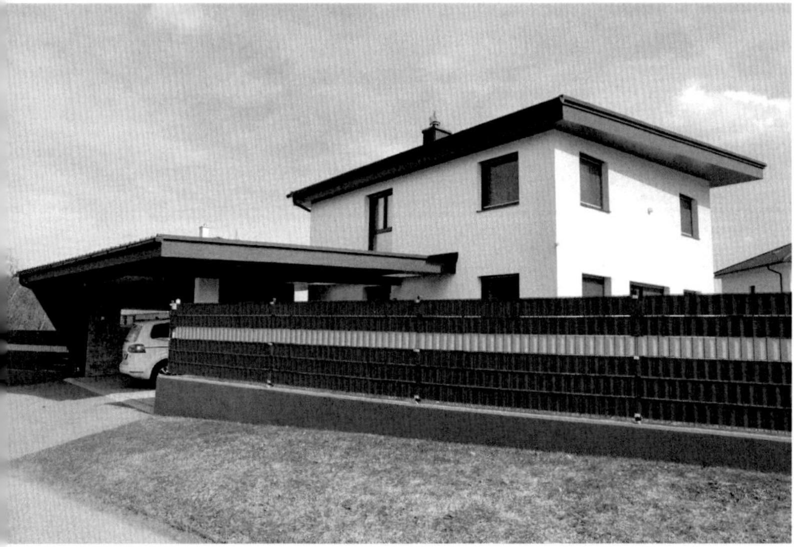

In Tschachoritsch/Čahorče

Blickfang dienen Metallskulpturen, Fahrradleichen und allerlei Kramuri. Künstlerische Qualität haben die Installationen aus Reifen, Schläuchen und Felgen, die sich im Lauf der Jahre angesammelt haben. Inhaber des Betriebes ist Rudolf Petermann, ein Mann mit wilder Mähne, breitem Hut und sanftem Gemüt. Der ehemalige Schilehrer und Radrennfahrer ist Erfinder des DBG-Aero-Action-Lenkers (mit zwei zusätzlichen, engstehenden »Hörnern« und Unterarmstützen auf der Lenkstange) sowie Schöpfer zahlreicher Gedichte und volkstümlicher Lieder. Eine Kostprobe findet sich auf einer Texttafel am Apfelbaum neben der Werkstatt. Hits von Aero Action Rudy kann man sich auf Youtube zu Gemüte führen – DJ Ötzi ist ein Sängerknabe im Vergleich. Leisere Töne werden hingegen in Petermanns Lebenserinnerungen *Stranje-Jahre: Meine Jugend ohne Handy und Computer* angeschlagen. Das 2017 im Eigenverlag erschienene Bändchen kann vor Ort erworben werden, ein freundlicher Gedankenaustausch ist im Preis inbegriffen. http://aero-action.com

Bisher unveröffentlicht sind die Erinnerungen des prominenten Verlegers Lojze Wieser, der (mit seinen Brüdern Vinko und Peter) ebenfalls in Tschachoritsch/Čahorče aufgewachsen ist. Breiten Raum nehmen dabei die Überlieferungen seines Großvaters ein, der als Kärntner Slowene, Abwehrkämpfer und radikaler Sozialist gleich mehrere Widersprüche in sich vereinte. Einer seiner Arbeitskollegen beim Straßenbau auf der Sattnitz/Gure war der spätere SPÖ-Landeshauptmann Ferdinand Wedenig, der sich vom Linkssozialisten zum Deutschnationalen wandelte und 1958 die Abschaffung des obligatorischen zweisprachigen Unterrichts im gemischtsprachigen Gebiet besiegelte. (Er erlitt später einen Schlaganfall und konnte sich hinfort nur noch auf Slowenisch verständlich machen.) Andere Dorfbewohner »vergaßen« bereits in den 1920er Jahren ihre Muttersprache und schlossen sich den illegalen Nazis an. Slowenische Bücher wurden entsorgt, Geschwister verleugnet, »und man war dabei, wenn die Juden aus Klagenfurt zu vertreiben waren«. Nach dem Krieg war aus der örtlichen BDM-Führerin eine Slowenisch-Lehrerin geworden, die ihre Abneigung gegen die zweite Landessprache offen zur Schau trug. Auch Lojze kam in den zweifelhaften Genuss ihres Unterrichts und wurde gedrängt, nach der Volksschule die deutschsprachige Hauptschule in Viktring/Vetrinj zu besuchen. Aber selbst ein Aufgebot von Direktor, Oberlehrer und Landesschulinspektor vermochten den »Außenseiter« nicht davon abzuhalten, sich am Slowenischen Gymnasium anzumelden. »Der weitere Unterricht war mühsam«, schreibt Wieser, »aber ich habe [...] der Assimilation getrotzt.«

Von einer scheinbar unpolitischen, nämlich lyrischen Seite zeigt sich der Autor an anderer Stelle – und kontrastiert damit das heutige, desaströse Ortsbild von »Tschachoritsch. Kindheitsort. / Rain. Straße. Feuchte Wiese. Steig. Rauschen. / Ruhe. Bienenstock. Erste Erikablüten. Graben. Weite. / Der Blick über den Abhang, die Drau und das Tal. In der Weite die unbekannten Wünsche. Helligkeit.« Auf Slowenisch spürt man auch als Deutschsprachiger die Musikalität des Textes: »Čahorče. Otroštvo. / Breg. Cesta. Mlaka. Gmajna. Steza. Šumenje. Tišina. / Čebelnjak. Kres cveti. Globina. Daljava. Pogled čez breg, / Dravo in dolino. / V daljavi vse neznane želje. Svetloba.«

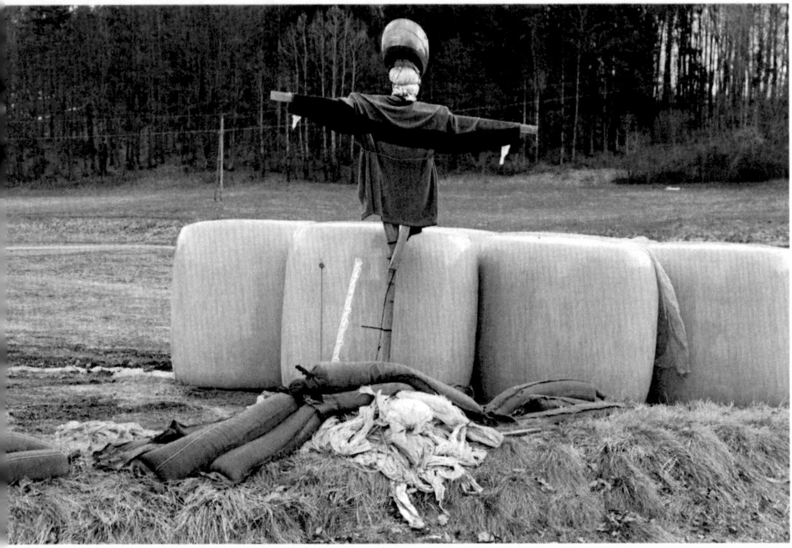

Bei St. Gandolf/Št. Kandolf

St. Gandolf/Št. Kandolf

An der Nordwand der ehemaligen Wehrkirche aus dem 12. Jahrhundert fällt ein femininer Christophorus mit pausbäckigem Jesuskind auf, ansonsten weckt die schäbige Fassade keine großen Erwartungen. Im Inneren überrascht der Bau durch Klarheit und Zurückhaltung. Eine dunkle Holzdecke und der schlichte Ziegelboden bringen den kleinen Hochaltar und die aufwändig gerahmten Gemälde über den Seitenaltären aus dem Jahr 1699 umso besser zur Geltung. Letztere stammen vom Kärntner Barockmaler Ferdinand Stainer, bei dem einst Ferdinand Fromiller in die Lehre ging, welcher später für seine opulenten Fresken im Klagenfurter Landhaus berühmt wurde. Im Übrigen wird der heilige Gandolf bei Ehekrisen angerufen und hilft auch gegen die Augenpest. Wer sich gegen ihn versündigt, wird mit chronischen Blähungen bestraft. In den 1960er Jahren wäre die damals desolate Kirche um ein Haar der Spitzhacke zum Opfer gefallen. Dann stünde heute an ihrer Stelle wohl ein Bungalow mit Carport oder eine Villa im Toscana-Stil. Auch eine Penny-Filiale würde sich gut machen.

EINKEHR:

Gasthof Puschnig. Mit seiner gepflegten Eisbahn ist der Gasthof zum Mekka der Eisstockschützen geworden. Auch in der warmen Jahreszeit ist der Parkplatz zu Mittag und am Wochenende meist gut belegt. Geboten wird ein einfaches Menü, ebenso preiswert sind die Getränke. So spartanisch die Einrichtung, so freundlich die Bewirtung, da braucht es keine Behübschung. 0043 4220 2260

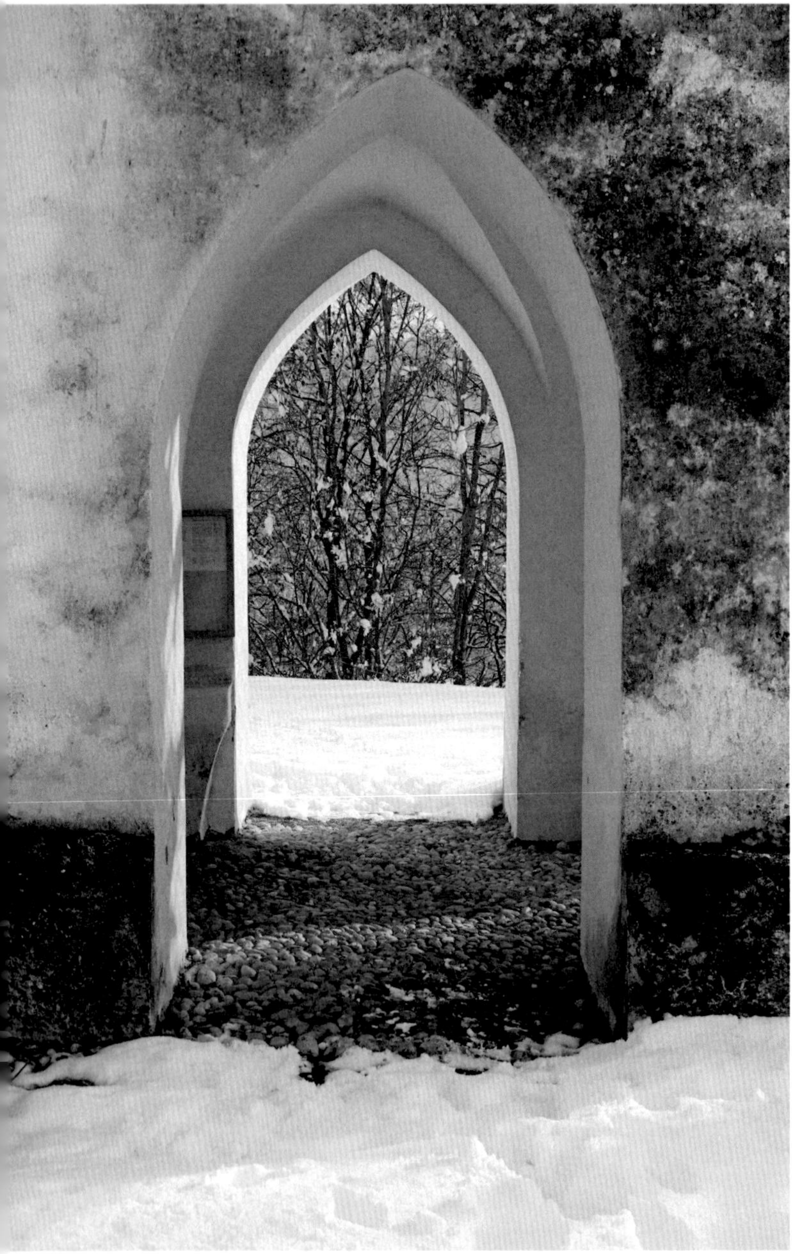

XII. LEICHTE ÜBUNG
Wanderung bei Tschrestal/Črezdol

Der einfache Rundkurs verknüpft drei Ortschaften im Westen von Köttmannsdorf/Kotmara vas mit einem Ableger der Nachbargemeinde, die sich alle durch ihre schöne Lage und ansprechenden Ortsbilder auszeichnen. Dazu tragen einige ursprüngliche Bauernhäuser, aber auch Beispiele ihrer zeitgemäßen Adaptierung bei. In der längeren Version dreht man eine Ehrenrunde für die heilige Helena, der man im Turiawald ein romantisches Kirchlein errichtet hat.

Nach der Anfahrt durch den Rekagraben, dem Hinterhof von Köttmannsdorf/Kotmara vas, geht in Tschrestal/Črezdol die Sonne auf. Katzen schnurren, Hühner scharren, Wanderinnen und Wanderer desgleichen. Man geht in die Hocke und erreicht St. Margarethen/Šmarjeta mit einem Satz. Sehenswert sind die alten Bauernhäuser, herzerwärmend die Rastbank an der Kirchenmauer. Panoramasträßchen und angenehme Hangwege bestimmen die nächste Stunde. Neusaß/Vesava und Zedras/Sodraževa heißen die Stationen; eine verwitterte Scheune mit Laubengang, ein hölzerner Trafomast und kunstvoll bemalte Bienenstöcke sind die Attraktionen am Wege. Da wie dort bieten sich prächtige Blicke ins Rosental/Rož. Fast ein wenig zu früh ist man vor die Entscheidung gestellt, ohne Umschweife zum Ausgangspunkt zurückzukehren oder sich auf ein kleines Abenteuer einzulassen. Im ersten Fall kann man sich auf bequeme (und markierte) Waldwege verlassen, im anderen auf einen anspruchsvollen Orientierungslauf freuen, bei dem es die gut versteckte Waldkirche zu finden gilt. Die Chancen, sich zu verirren, stehen gut. Den harmonischen Schlussteil genießt man so oder so, von der köstlichen Brettljause am Zielort ganz zu schweigen.

INFORMATIONEN ZUR WANDERUNG
LÄNGE: 10 km [13 km]
ANSTIEGE: 240 m [300 m]

Eingang zur Kirche St. Margarethen/Šmarjeta

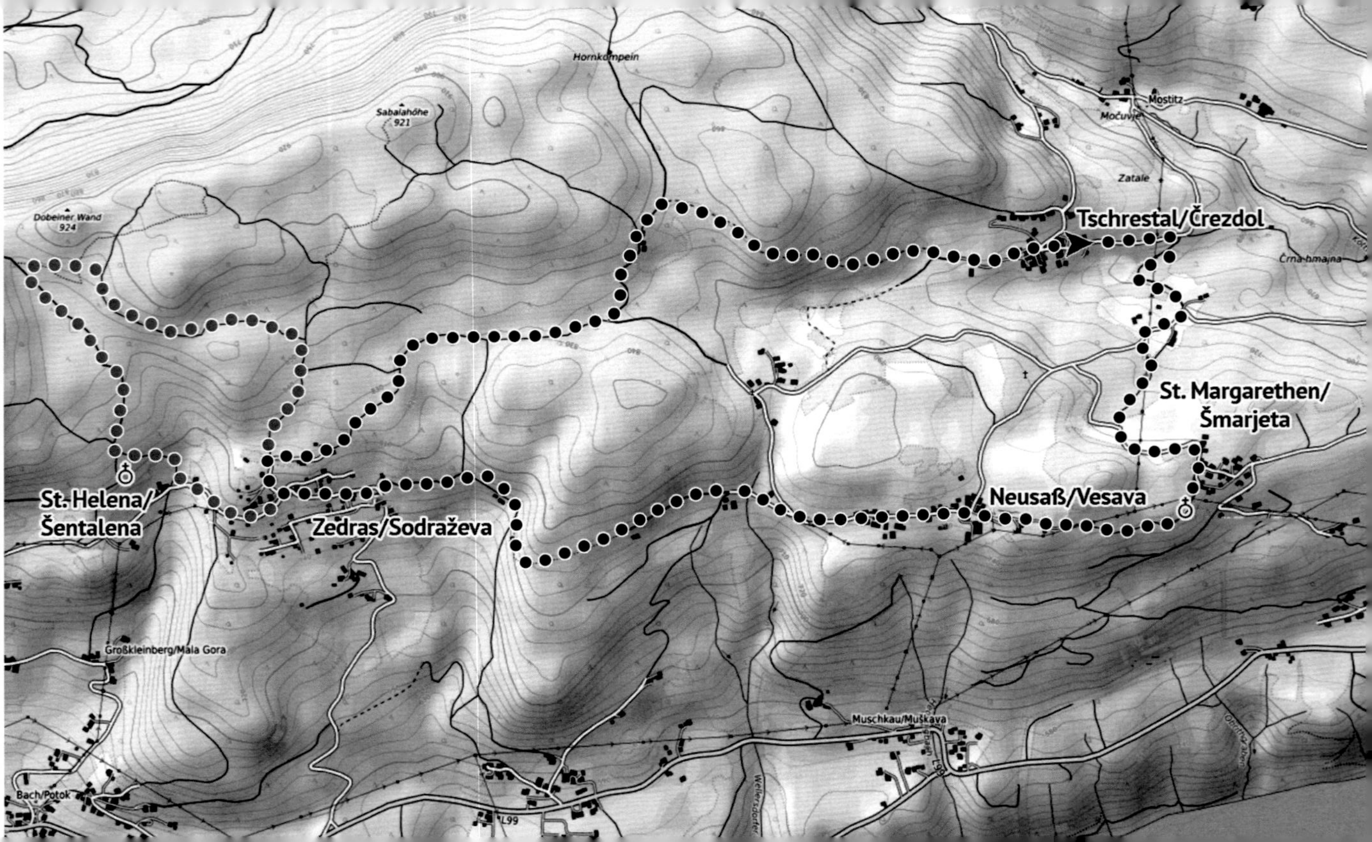

Hornkampein
Sabalahöhe
921
Dobeiner Wand
924
Mostitz
Močuvje
Zatale
Tschrestal/Črezdol
Črna hmajna
St. Margarethen/
Šmarjeta
Neusaß/Vesava
St. Helena/
Šentalena
Zedras/Sodraževa
Großkleinberg/Mala Gora
Muschkau/Muškava
Bach/Potok
Wellersdorfer
L99

GEHZEIT: 2:30 Std. [3:30 Std.]
ANFORDERUNGEN: gering
KARTE: Kompass-Karte Nr. 61, Wörthersee, Karawanken West
ORIENTIERUNG: leicht [mittel]
GASTSTÄTTE: Tschrestal/Črezdol
ANFAHRT: Nebenstraße ab Köttmannsdorf/Kotmara vas, Wegweiser »Tschrestal, Mostitz« in der Ortsmitte

WEGBESCHREIBUNG

Ausgangspunkt ist die **Buschenschenke Klaudia** in **Tschrestal/Črezdol**. Man verlässt die Ortschaft auf der **Straße** Richtung Köttmannsdorf/Kotmara vas und biegt nach 500 m (**Bildstock**) nach rechts in einen **Fahrweg** ab. Kurzer Abstieg in einen **Graben**, Gegenanstieg bis zu einem **Sträßchen**; auf diesem nach rechts. Anstieg bis zum **Waldrand**. Unmittelbar davor wendet man sich nach links in eine **Fahrspur** und folgt dieser bis zu einer **Lichtung**. Man unterquert eine Stromleitung, wechselt auf die andere Seite der Wiese und findet die **Fortsetzung des Weges**. Kurzer Anstieg im Wald bis zu einem **Schottersträßchen**; auf diesem nach links bis zu den ersten Häusern von **St. Margarethen/Šmarjeta** (0:30 Std.).

Hier folgt man dem **Wegweiser** »Neusaß« geradeaus. [Zuvor empfiehlt sich ein kurzer Abstecher nach links zur Besichtigung der Ortschaft.] Man passiert die **Kirche** (Rastbank an der Südseite); der Asphalt endet. Weiter auf einem **Karrenweg**, der sich kurz darauf gabelt; man geht links und hält sich bei der nächsten **Gabelung** rechts. Man erreicht die ersten Häuser von **Neusaß/Vesava** (0:45 Std.).

Weiter auf einem **Sträßchen** bis zu einem **Bildstock**, man geht geradeaus (**Wegweiser** »Zedras, Keutschach«). Weiter auf der **Straße** mit schönem Panorama; eine Abzweigung nach rechts (Wegweiser »Zedras«) wird ignoriert. Man gelangt schließlich zum letzten **Haus Nr. 3** und setzt die Wanderung auf einem breiten **Waldweg** fort, der sich nach 500 m mit einem von links kommenden Weg vereinigt. Man geht geradeaus und folgt nach 50 m dem **Hauptweg** nach links. Man passiert ein idyllisch gelegenes Anwesen. Weiter auf dem **Zufahrtsweg**, der bald an einem **Bildstock** vorbeiführt und nach links dreht. Man trifft auf ein **Sträßchen** und geht rechts (**Wegweiser** »Zedras, Bach«). Kurzer Anstieg oberhalb einiger Neubauten bis zu einer **Gabelung** bei einem **Bildstock** im oberen Ortsteil von **Zedras/Sodraževa** (1:30 Std.).

Hier geht man rechts (**Wegweiser** »Neusaß«) ...

[**Variante**: Hier geht man links (**Wegweiser** »Bach«). Weiter auf der **Straße** bis zu einem **Trafomasten**, wo man sich, vis-á-vis der Zufahrt zum **Haus Nr. 10**, nach rechts in einen **Waldweg** wendet. Eine undeutliche Abzweigung nach rechts wird kurz darauf ignoriert. Man betritt eine große **Lichtung**, passiert einen **Hochsitz** und umgeht die Wiese auf einem **Pfad** an ihrem rechten Rand. Nach 100 m führt der Weg in den Wald und gabelt sich; man hält sich links. Kurzer steiler Anstieg, dann fast eben bis zu einem breiten **Forstweg**; auf diesem nach links bis zur **Kirche St. Helena** (2:00 Std.).

Von der Kirche 100 m zurück auf demselben **Forstweg** (**Wegweiser** »Keutschacher See«), dann geradeaus bis zu einer **Dreifachgabelung**. Man nimmt den **mittleren Weg** (Markierung). Anstieg auf einem tief eingeschnittenen **Forstweg**, der bald nach links dreht und abflacht; man ignoriert eine Abzweigung nach links. Kurz darauf nimmt man eine **Abzweigung** nach rechts und ignoriert damit den Wegweiser »Ludmannsdorf, Turiawald«). Der undeutlich markierte Weg dreht bald nach links und gabelt sich (einige Meter davor ignoriert man eine undeutliche Abzweigung nach rechts); man hält sich rechts (keine Markierung). Bald darauf wird eine weitere undeutliche Abzweigung nach rechts ignoriert. Bei der nächsten **Gabelung** hält man sich rechts und trifft sofort auf einen **Querweg**; auf diesem nach rechts; eine Einmündung von links wird ignoriert. Weiter auf bequemem **Forstweg**, stets sanft bergab. Nach ca. 15 Min. trifft man auf eine **Forststraße** und geht rechts. Bei der darauffolgenden **Mehrfachkreuzung** geht man geradeaus, dem **Hauptweg** folgend, und tritt kurz darauf oberhalb von **Zedras/Sodraževa** ins Freie (2:30 Std.). Linker Hand eine große **Wiese** mit schöner Aussicht.

Bei den ersten **Häusern** wendet man sich nach links in einen **Fahrweg** (Wegweiser »Neusaß, Keutschacher See«). Fortsetzung siehe nächster Absatz.

... und steigt entlang eines Holzzaunes bis zur **Abzweigung** Richtung »Neusaß, Keutschacher See« an, welcher man folgt.

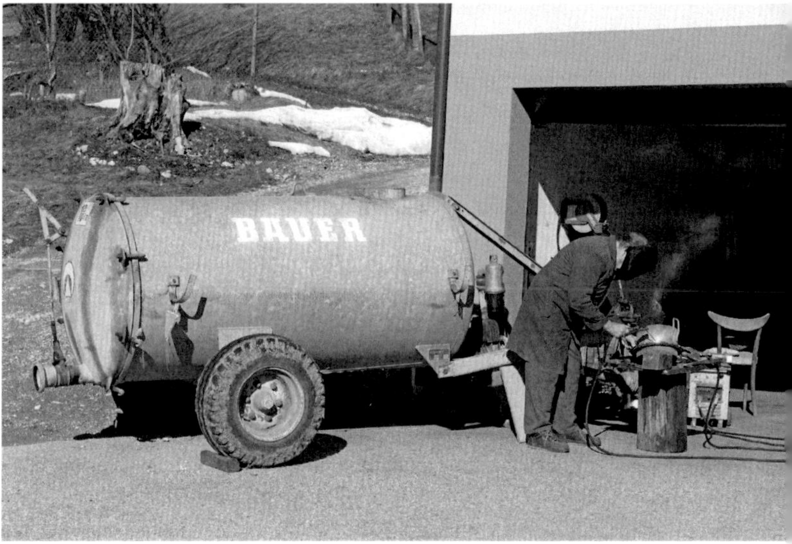

In Neusaß/Vesava

Der Asphalt endet beim letzten Haus; weiter auf einem bequemen **Waldweg**, stets der **pink-weißen Markierung** folgend. Nach gut 15 Min. passiert man ein slowenischsprachiges **Votivkreuz** und trifft auf ein **Sträßlein**; auf diesem scharf nach links. Anstieg bis zu einem **Haus**, der Fahrweg gabelt sich, man hält sich rechts und nimmt kurz darauf die **Abzweigung** nach rechts (Wegweiser »Tschrestal«). Angenehmer Weg, erst über eine **Kuppe**, dann zügig bergab mit schönen Blicken bis zum Ausgangspunkt [2:30 Std. (Variante: 3:30 Std.)].

AM WEGE

Tschrestal/Črezdol

Nur vier Straßenkilometer und 200 Höhenmeter trennen die kleine Siedlung vom Hauptort Köttmannsdorf/Kotmara vas, der Unterschied ist dennoch beträchtlich. Kommt dort das Ortsbild einem Totalschaden gleich, wäre hier noch einiges zu retten. Helfen könnte ein dezenteres Farbkonzept (besser: das Verbot von Gelb, Flieder, Apricot und Hellblau) sowie der Verzicht auf Dekor und Verschönerung. Außerdem bedürfte es einer permanenten Nebelbank, die die obere Häuserzeile mit den bekannten Auswüchsen der Kärntner Baukultur gnädig verhüllt. Dann bliebe der Eindruck eines freundlichen Weilers, dem ein engagierter Vollerwerbsbauer mit Hofladen und eine florierende Buschenschenke das Gepräge geben. In Erinnerung behielte man weiters eine große Scheune mit Ziegelgitterfenstern, zwei haushohe Misthaufen und einen Unterstand für Schafe mit prächtigem Panorama.

EINKEHR:
Buschenschenke Klaudia. Das Ambiente mag nicht jedermanns Geschmack sein, umso bekömmlicher ist, was auf den Tisch kommt: guter Most, belegte Brote und eine Brettljause vom Feinsten. (Fast) alles stammt aus eigener Produktion, einschließlich des köstlichen Brotes und der unschlagbaren Cremeschnitten: der perfekte Abschluss einer kurzweiligen Wanderung. 0043 4220 3005, 0043 664 3631417, www.facebook.com/Buschenschenkeklaudia

St. Margarethen/Šmarjeta

Wer sich im Ort umsieht, wird auf das längst aufgelassene Gasthaus Jariz stoßen, über dessen verwitterter Eingangstür sich »K + M + B« zuletzt 1993 verewigt haben. Der ehemalige Gastgarten ist leergeräumt, im dazugehörigen Außenklo sitzt ein altes Holzfass. Eine Ameisenkolonie hat ebenfalls Einzug gehalten. Wegen der schönen Lage war das Wirtshaus nach dem 2. Weltkrieg ein beliebtes Ausflugsziel. Vor allem die Jugend zog es hierher, galt das Gasthaus doch auch als Anbahnungsstätte für voreheliche Liebschaften. Im Dachboden soll der Wirt, Johannes Jariz, gegen Bezahlung eine Kammer für Schäferstündchen zur Verfügung gestellt haben. Letzteres wurde ihm im Jahr 1973 zum Verhängnis. Ein gehörnter Ehemann, Zöllner aus Maria Elend/Podgorje, fügte dem Kuppler, indem er ihn über die Kellertreppe stieß, eine Schädelfraktur zu – mit schwerwiegenden Folgen: Plötzlich begann der Wirt, der sich stets als Deutschkärntner deklariert hatte, Slowenisch zu reden, woraufhin ein Teil der Kundschaft zur Konkurrenz in Neusaß/Vesava wechselte. Auch wurde er von der Ortsgruppe des Kameradschaftsbundes laut Protokoll »wegen Verrat« [sic!] ausgeschlossen. Janez, wie er sich jetzt nannte, hatte seine Muttersprache wieder gefunden,

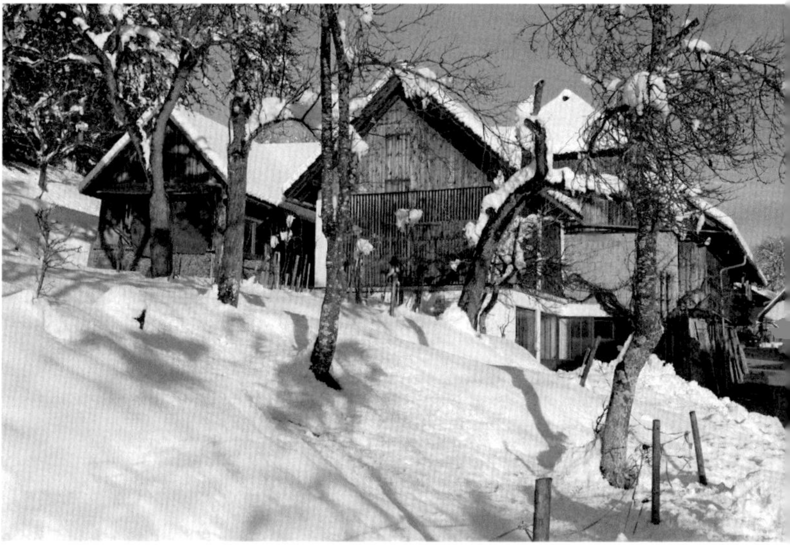

In Neusaß/Vesava

zugleich aber die Grundrechenarten verlernt. So war er kaum noch zu seriösen Geldgeschäften fähig, brachte alle Getränkepreise durcheinander und vergaß immer öfter zu kassieren. Statt Trinkgeld anzunehmen, verteilte er es unter den Zechern. Das bescherte ihm zwar neuen Zulauf an Gästen, konnte aber auf die Dauer nicht gutgehen. So war es nur eine Frage der Zeit, bis der Betrieb bankrott ging und das Haus zwangsversteigert wurde. Jariz wurde auf Betreiben seiner Geschwister entmündigt und verbrachte die letzten Lebensjahre in einem katholischen Pflegeheim im Rosental/Rož. Seine Stammgäste behielten ihn als großherzigen Wirt in Erinnerung. Die HausnachbarInnen können den Wahrheitsgehalt der Geschichte nicht bestätigen.

Der alte Gasthof ist nicht die einzige Sehenswürdigkeit. Zu besichtigen gibt es mehrere ursprüngliche Bauernhäuser und Wirtschaftsgebäude, darunter die sorgfältig renovierte Keusche Nr. 7 mit Schindeldach und einem heimeligen Obergeschoß aus frischen Lärchenbrettern. Wird hier die Patina noch zur Veredelung beitragen, werden die modischen Neubauten in der Nachbarschaft bald Schimmel angesetzt haben.

Neusaß/Vesava oder Novo selo

Das sonnige Dorf ist der Geburtsort von Maria Jellin, Mutter zweier Kinder, die vor gut 300 Jahren als Hexe hingerichtet wurde. Ob sie von ihrem Mann oder den Nachbarn angezeigt wurde, ist unklar, fest steht, dass sie von Schergen des Viktringer Klosters eines Tages festgenommen und dem Landgericht Hollenburg übergeben wurde. Dort gestand sie unter mehrmaliger Folter, mit dem Leibhaftigen einen Pakt geschlossen und regelmäßig Unzucht getrieben zu haben. Außerdem sei sie mehrmals mit Hilfe einer Zaubersalbe durch die Luft geflogen und habe Unwetter, Missernten und Feuersbrünste verursacht. Die genauen Flugrouten sowie alle Details zu den Ausschweifungen mit dem Satan sind im Gerichtsprotokoll festgehalten. Zu guter Letzt gab die Angeklagte auch noch Orgien mit anderen Hexen und »Spielleuten« zu, die nun ihrerseits um ihr Leben bangen mussten. Sie selbst wurde am 28. April 1677 wegen »hochstrafmäßiger Zauberei und Vermischung mit dem Bösen« enthauptet. Ihr Leichnam wurde verbrannt.

Auch die heutigen Nachkommen besitzen Zauberkräfte. Sie beherrschen die Schwarze Kunst des millimetergenauen Schlichtens von Brennholz und wissen aus einem einzigen Rebstock jährlich zwölf Flaschen Wein zu keltern. Wanderinnen und Wanderer, die sich an den Trauben gütlich tun, werden in Krähen verwandelt und vom Teufel geholt. Der bislang letzte Hexenprozess auf der Hollenburg fand im Jahr 1736 statt.

Zedras/Sodraževa

Auffallend ist die Häufung von Holzbauten, die fast alle eine individuelle Note haben. Das muss nicht alles gelungen sein, hebt sich aber wohltuend von den sterilen Neubauten in der Nachbarschaft ab. Gewonnen wird der kreative Wettbewerb von einem zweigeschoßigen »Iglu« in der untersten Häuserzeile, der vollständig schindelgedeckt ist und von einem schlanken Quader flankiert wird. Leider hat man auf eine hässliche Doppelgarage mit Zyklopenböschung nicht verzichten können, was zum schönen Kugelhaus wie die Faust aufs Auge passt. Anhänger traditioneller Baukultur kommen bei den kunstvoll bemalten Bienenstöcken beim Haus Nr. 3 auf ihre Kosten.

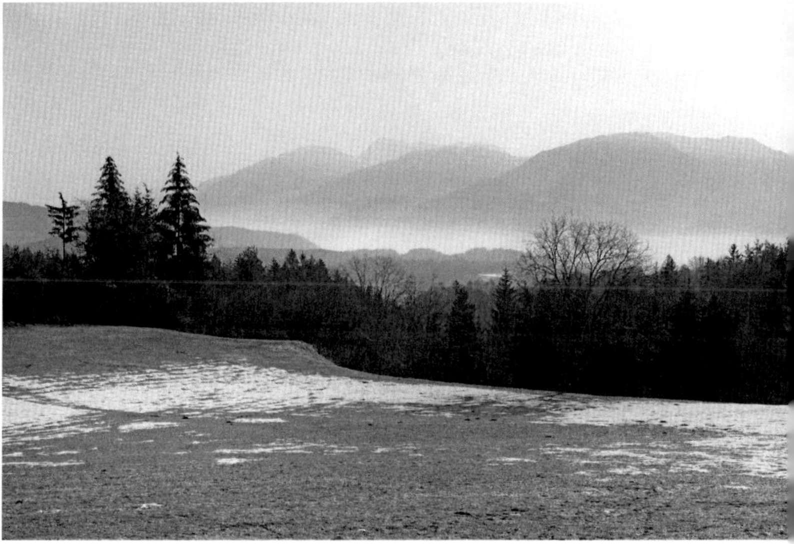

Bei Zedras/Sodraževa

Großkleinberg/Mala gora

Ein bemitleidenswerter Kreuzweg mit vollständig verwitterten Stationen führt zu der mittelalterlich anmutenden Kirche St. Helena/Šentalena. Das ungewöhnlich hohe und geräumige Kirchenschiff trägt einen viel zu kleinen hölzernen Dachreiter, der Dachboden ist vom Kirchenraum über eine 30-sprossige Holzleiter erreichbar. Archaisch wirkt auch der geduckte Vorbau mit grober Pflasterung und gotischer Opfernische. Wanderinnen und Wanderer stehen vor verschlossener Pforte und müssen sich mit der Beschreibung der Innenausstattung begnügen: »Besondere Beachtung verdient der Hochaltar, in seiner jetzigen Form aus dem Jahr 1763, doch stammen etliche Teile aus der Werkstatt des Meisters des Viktringer Hochaltars vom Anfang des 17. Jahrhunderts. Im Altarschrein steht die Statue der Kirchenpatronin Helena mit dem Kreuz, seitlich die heiligen Katharina, Barbara, Agatha und Agnes. Besonderen Reiz haben vier barocke Brettfiguren mit bäuerlichen Heiligen, unter ihnen Isidor und Notburga.«

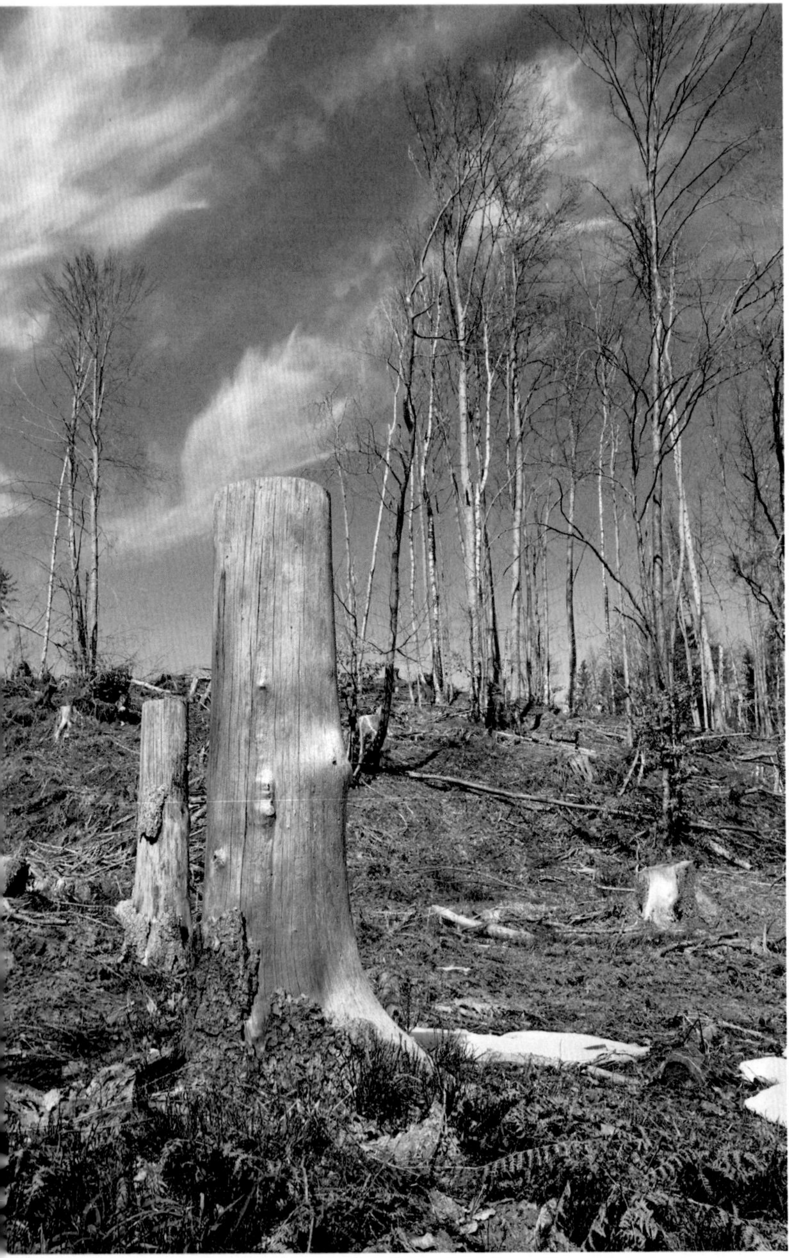

XIII. SCHREITTANZ
Wanderung bei Ludmannsdorf/Bilčovs

Plešišče nannte man die höchste Erhebung der Sattnitz/Gure, bis ihr eines Tages der erste der drei Hatscheks abhanden kam und ein »Tanzboden« daraus wurde. Aber weder der deutsche noch der slowenische Name (der eine Rodung bezeichnet) treffen heute auf die bewaldete Kuppe zu. Als sie noch kahl war, muss sich ein imposanter Rundblick geboten haben. Heute genießt man die Aussicht ins Rosental/Rož auf einem Panoramaweg auf halber Höhe, sowie von einem Felssporn oberhalb von Ludmannsdorf/Bilčovs.

Von der Pfarrkirche wandert man schnurstracks bergwärts, wo sich der Ort von seiner freundlichsten Seite zeigt. Ein moderner Holzbau ist aus dem Bregenzerwald eingewandert. Anleihen aus dem Wilden Westen hat die Almhütte der Rožanski muzikanti genommen. Beide Häuser sind bestens integriert. Wie eine Dur-Tonleiter steigt der Weg nach Oberdörfl/Zgornja vesca an. Weiher, Wald und Wiese geben den Rhythmus vor; am Schlagzeug: ein froschgrüner Traktor. Eine Oktave höher häufen sich die Misstöne. Entwurzelte Strünke und verwehte Hochsitze zeugen vom letzten Sturmtief. Motorsägen und Forstmaschinen spielen das Lied vom Tod. Als Perkussionisten treten Specht und Borkenkäfer auf. Vier Halbtöne steuert der Mittagskogel/Jepa im Hintergrund bei. Erst nach einer halben Stunde endet die Kakophonie. Man fasst wieder Tritt und erreicht im Seitwärtsschritt die Reste einer Fliehburg. Fromme Einheimische haben ein Kreuz samt Schnapsdepot errichtet, Grund genug, ein paar Takte innezuhalten. Drei Achtel schlägt die Kirchturmuhr; leise pfeift der Hochstuhl/Stol durch die Zähne; kein Laut kommt der Drau/Drava über die Lippen. Mehr tänzelnd als schreitend geht es zurück ins Dorf, denn die Vorfreude ist groß: auf den zweistimmigen Ausklang beim Miklavž, einem der besten *gostišče* unter Kärntens *sonce*.

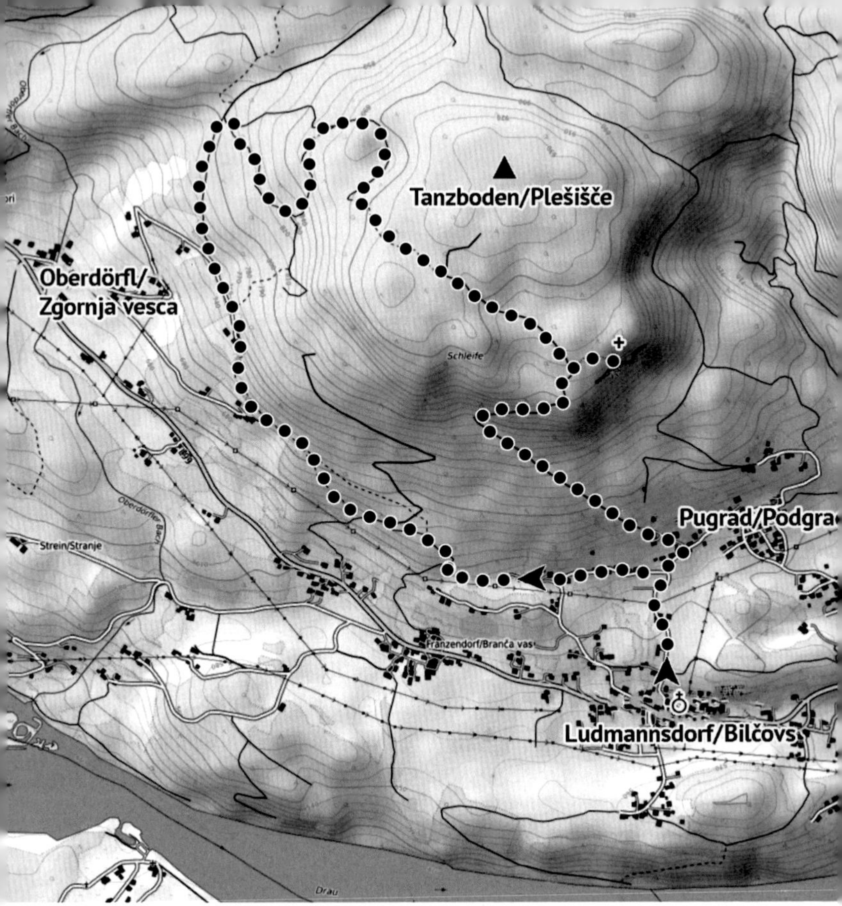

INFORMATIONEN ZUR WANDERUNG
LÄNGE: 8 km
ANSTIEGE: 320 m
GEHZEIT: 2:45 Std.
ANFORDERUNGEN: mittel
KARTE: Kompass-Karte Nr. 61, Wörthersee, Karawanken West
ORIENTIERUNG: leicht
GASTSTÄTTE: Ludmannsdorf/Bilčovs
BUSVERBINDUNG: Postbus von Klagenfurt/Celovec nach Ludmannsdorf/Bilčovs
ANFAHRT: mit dem PKW von Klagenfurt/Celovec auf der B91 nach Lambichl/Ilovje und weiter auf der L99 bis Ludmannsdorf/Bilčovs

WEGBESCHREIBUNG

Ausgangspunkt ist die **Kirche** von **Ludmanndorf/Bilčovs**. Man geht links am **Gasthof Ogris** vorbei und folgt einem steil ansteigenden **Sträßchen** (Wegweiser »Oberdörfl, Keutschach«). 10minütiger Anstieg bis zum **Wegweiser** »Oberdörfl, Tanzboden«, dem man nach links folgt (**pink-weiße Markierung**). Der Asphalt endet nach zwei Häusern; weiter auf einem »Privatweg«. Der markierte Weg führt bald in den **Wald**, steigt an und schlägt einen Haken nach rechts (**Wegweiser** »Oberdörfl«). Weiter im Wald bergauf. Schöner **Hangweg** mit weiten Blicken bis zum Haus Nr. 2 von **Oberdörfl/Zgornja vesca**. Weiter auf dem Zufahrtsweg bis zum nächsten **Haus**, wo man einer **Forststraße** scharf nach rechts folgt (Wegweiser »Keutschach, Ludmannsdorf«). Man gelangt zu einem **Schranken** und findet links davor einen schönen **Rastplatz** am Rand einer großen Wiese (1:00 Std.).

Weiter auf der **Forststraße** bis zu einer **Abzweigung** (Wegweiser »Pugrad, Ludmannsdorf«); hier geht man rechts. Man folgt der **pink-weißen Markierung** ca. 45 Min. im Wald bergauf, bis sich der Weg nach einer größeren offenen Fläche deutlich senkt und an einem **Hochsitz** vorbeiführt. Kurz darauf eine weitere **Lichtung**; man geht geradeaus. Nach etwa 200 m senkt sich der **Hauptweg** erneut und dreht nach rechts. Hier nimmt man eine **Abzweigung** scharf nach links. Ein **blauer Markierungspfeil** wird sichtbar, welchem man bis zu einem **Rastplatz** bei einem großen Kreuz folgt (2:00 Std.). Schönes Panorama.

Zurück zum **Hauptweg**; auf diesem nach links. Steiler Abstieg auf schönem **Hangweg**, der bald eine Kehre beschreibt und schließlich zu den ersten Häusern von **Pugrad/Podgrad** führt (2:30 Std.). Weiter auf einem Sträßlein bergab bis zu einer **Querstraße**; auf dieser nach rechts bis zum Ausgangspunkt (2:45 Std.).

AM WEGE

Ludmannsdorf/Bilčovs

Auf den ersten Blick weisen Ludmannsdorf/Bilčovs und Köttmannsdorf/Kotmara vas gewisse Ähnlichkeiten auf. Da wie dort liegt der Ortskern nördlich der Landesstraße und vermittelt eine wuchtige Kirche mit einer losen Häusergruppe eine Ahnung vom ursprünglichen Siedlungscharakter. Nicht weit davon hat man das Gemeindeamt, das Feuerwehrhaus und den SPAR-Markt denkbar unsensibel aus dem Boden gestampft, von den vielen privaten »Musterhäusern« im Umkreis ganz zu schweigen. Um die landschaftliche Schönheit wahrzunehmen, lasse man den Blick in die Ferne schweifen. Mit dem neuen Pfarrheim und der adaptierten Volksschule, Bildungszentrum genannt, finden sich in Ludmannsdorf/Bilčovs immerhin Anflüge zeitgemäßer Architektur. Sie tragen die Handschrift des kunst-affinen Holzbau-Unternehmens Gasser, das im Nachbardorf Edling/Kajzaze einen sehenswerten Skulpturenpark unterhält.

Keine Augenweide ist das slowenische Kulturhaus/Kulturni dom. Untergebracht in der ehemaligen Zadruga (Genossenschaft) vermittelt es mit einer vorgelagerten Asphalt- und Waschbetonwüste ein deprimierendes Bild. Der Eindruck täuscht, denn der Kulturverein Bilka (Ähre) zählt zu den aktivsten seiner Art in Kärnten. Für einen beherzten Umbau fehlt der Gemeinde vielleicht der politische Wille und damit das Geld.

Gegründet wurde Bilka 1912 als Reaktion auf den deutschen Zwangsunterricht in der Volksschule. Auch hier bestehen Parallelen zu Köttmannsdorf/Kotmara vas, wo man aus ähnlichem Beweggrund die Schulbruderschaft der Hl. Kyrill und Method ins Leben rief. Während diese jedoch gegenüber den Deutschnationalen schon bald in die Defensive geriet, blieb Bilka bis zum »Anschluss« 1938 die bestimmende kulturelle Kraft in Ludmannsdorf/Bilčovs. So kam es, dass das Dorf Jahrzehnte später als »Tschuschennest« bezeichnet wurde und Köttmannsdorf/Kotmara vas als »Nazi-Loch« galt, so Hanzi Filipič in seiner Diplomarbeit zur Geschichte der beiden Gemeinden. Dass heute nur Ludmannsdorf/Bilčovs eine zweisprachige Ortstafel besitzt, ist ebenfalls bezeichnend.

Die starke slowenische Prägung ist auch der geografischen Lage geschuldet. Über Jahrhunderte war Ludmannsdorf/Bilčovs aufgrund der ungünstigen Verkehrsverbindungen weitgehend isoliert. Eine »richtige« Straße nach Köttmannsdorf/Kotmara vas gibt es erst seit der Zwischenkriegszeit, ins Rosental/Rož gelangte man lediglich per Fähre. Die heutigen Brücken nach Feistritz im Rosental/Bistrica v Rožu und St. Jakob im Rosental/Šentjakob v Rožu wurden erst in den 1960ern errichtet. Wäh-

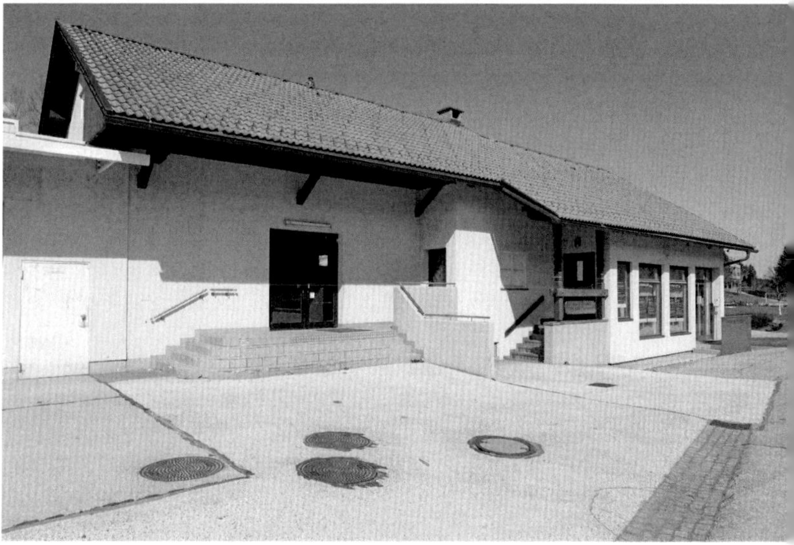

Kulturhaus/Kulturni dom in Ludmannsdorf/Bilčovs

rend man von Köttmannsdorf/Kotmara vas schon früh nach Klagenfurt/Celovec oder Viktring/Vetrinj auspendelte (die Lodenfabrik Moro beschäftigte bis zu 600 ArbeiterInnen) und auf diese Weise mit dem »Deutschtum« in Berührung kam, blieb das bäuerliche Ludmannsdorf/Bilčovs weitgehend autark und einsprachig slowenisch. Wichtigste Einnahmequelle war der Verkauf von Brennholz. Um 1930 sollen täglich 100 bis 150 Fuhren nach Klagenfurt/Celovec gegangen sein. (Zu dieser Zeit waren Ludmannsdorf/Bilčovs und Oberdörfl/Zgornja vesca noch zwei getrennte Gemeinden in einer gemeinsamen Pfarre.)

Wie in vielen Südkärntner Orten wurde der Kulturkampf mit Pathos und Härte geführt. »Bei unseren Glaubens- und Volksfeinden müssen wir den Kampf für unsere beiden Heiligtümer – Glaube und Volk – lernen«, hieß es bei der Gründung von Bilka. Federführend war der Pfarrer; auch die beiden Bürgermeister saßen im Vorstand. So vermochte der deutschnationale Lehrer gegen die slowenische dörfliche Elite wenig auszurichten und zeigte der deutsche Schulunterricht kaum assimilierende Wirkung. Bei der Volkszählung von 1923 sank der Anteil der »Deutschen« in Ludmannsdorf/Bilčovs sogar von vier auf etwa ein Prozent. Zählorgane waren der slowenische Pfarrer, der Bürgermeister sowie der Gemeindesekretär, was die Zahlen vielleicht etwas relativiert. Um 1880 war kein/e einzige/r Deutschsprachige/r gezählt worden.

Rekordverdächtig war auch das Ergebnis der Volksabstimmung von 1920: 79,4 Prozent der LudmanndorferInnen und 68,8 Prozent der OberdörflerInnen stimmten für den SHS-Staat, obwohl man nicht unbedingt proserbisch eingestellt war. Mit der Losung »Pod Slovence – ja, pod Srbe – ne!« (Unter den Slowenen ja, unter den Serben nein!) hatten daher die »Heimattreuen« versucht, nationale Slowenen auf ihre Seite zu ziehen. Dem wirkte Bilka mit der Sektion Naša država (Unser Staat) entgegen, die gegen die (österreichische) »Herrschaft unserer Ausbeuter, Unterdrücker und Feinde« agitierte. »Es kann gesagt werden, dass man in Ludmannsdorf weitestgehend gleichgesinnt war, aber nicht nur im Dorf, sondern in der ganzen Gemeinde war man für die südslawische Sache begeistert«, schrieb später der Gemeindesekretär Janko Ogris in seiner Autobiografie.

Auch nach der »Niederlage« von 1920 blieb Bilka mit über 100 Mitgliedern aktiv und selbstbewusst. Ebenso behielt die slowenische Liste KSS (Koroška slovenska stranka) bis 1938 die absolute Mehrheit im Gemeinderat. Wesentlichen Anteil an ihrer Stärke hatten die Frauen, von denen 1921 über 80 Prozent für die KSS stimmten. Wieder galt es, den Assimilierungsbestrebungen des deutschen »Oberlehrers« entgegenzutreten und u. a. seinem »Kärntner Bildungsverein« das Leben so schwer wie möglich zu machen, sodass dieser mit seinen Veranstaltungen nach Köttmannsdorf/Kotmara vas ausweichen musste. Es war die Zeit als man in Kärnten begann, zwischen »heimattreuen Windischen« und (potentiell) »irredentistischen Slowenen« zu unterscheiden und damit einen Keil in die Volksgruppe zu treiben. Die »bewussten Slowenen« in Ludmannsdorf/Bilčovs verknüpften hingegen die nationale Identität eng mit dem katholischen Glauben und deuteten jeden Verrat an der Muttersprache als Verstoß gegen das Vierte Gebot. Sie riefen zum Boykott, als ein »deutschfreundlicher« Bauer eine Gasthauskonzession erhielt, »um die Kärntner Slowenen wie die Indianer in Amerika im Alkohol zu ertränken«, und traten allen »Missionierungsversuchen« des Schulvereines Südmark entschieden entgegen.

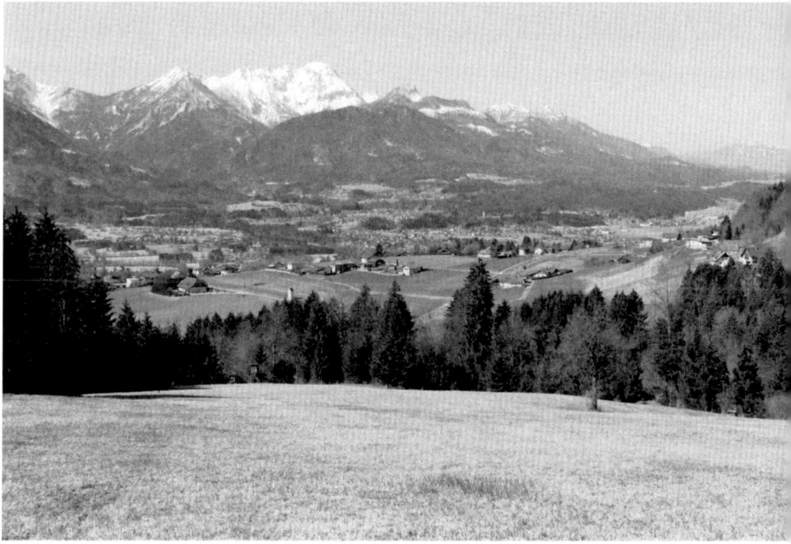

Bei Oberdörfl/Zgornja vesca

1934 fand der katholisch-faschistische Ständestaat unter den Kärntner SlowenInnen nicht wenige AnhängerInnen, erhoffte man sich doch – wenngleich vergeblich – eine ständische Vertretung der Volksgruppe. In Ludmannsdorf/Bilčovs sollte ausgerechnet ein NS-Sympathisant zum Führer der (austrofaschistischen) Vaterländischen Front ernannt werden.

Nach dem »Anschluss« an Hitlerdeutschland (für den 100 Prozent der LudmannsdorferInnen gestimmt hatten) geriet Janko Ogris, der sich stets an vorderster Front für die Belange der Volksgruppe eingesetzt hatte, endgültig ins Visier der Nazis. Er wurde als Gemeindesekretär entlassen und auf eine Liste der »führenden nationalen Slowenen« gesetzt. »Panslawistisch [...], unehrlich gegenüber den Deutschgesinnten [...], politische Einstellung radikal Laibach [...], bei den slowenischen Schulforderungen immer als Stürmer voran [...], Seele der slawischen Minderheit [...]«, hieß es in einem Spitzelbericht.

Dennoch ließ sich Ogris von den Nazis nicht einschüchtern. So warb er bei der Volkszählung im Jahr 1939 für ein Bekenntnis zur slowenischen Muttersprache und machte bei einer illegalen Versammlung gegen die Wehrmacht Stimmung. Als er sich auch

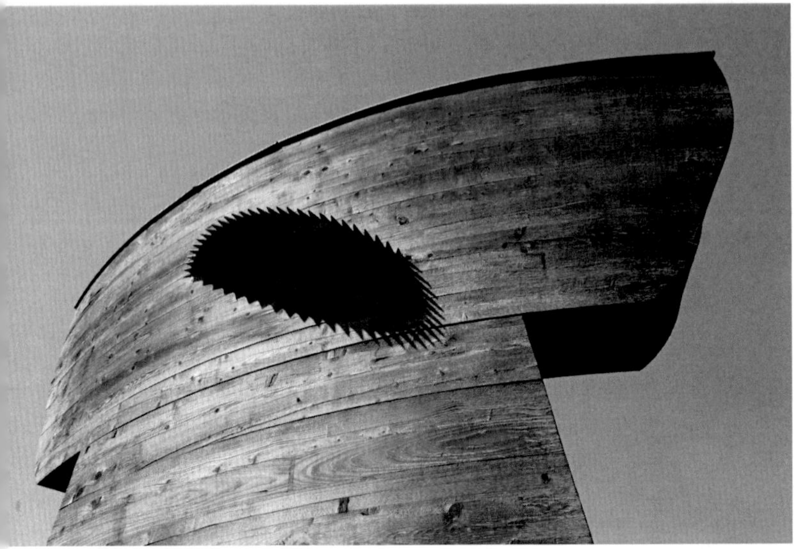

Objekt von Pepo Pichler im Skulpturenpark bei Ludmannsdorf/Bilčovs

noch offen mit der Hitlerjugend anlegte und sich die Einberufung seiner Söhne zum Arbeitseinsatz verbat, war das Maß voll. Man entzog ihm die Konzession für sein Gasthaus und nahm ihn 1941 (gemeinsam mit dem Pfarrer) »als geistigen politischen Führer der slawischen Minderheit« in Schutzhaft. Er kam nach zwei Monaten vorläufig frei, wurde aber 1942 enteignet und mit seiner Familie deportiert. Nutznießer war ein »verdienter« Nationalsozialist aus Gnesau, dem die Liegenschaft zugesprochen wurde. (Ein ähnlich tragisches Schicksal ereilte die gleichnamige Familie in Großkleinberg/Mala Gora, siehe Ortsbeschreibung Pugrad/Podgrad.)

Aus der Fremde zurückgekehrt, fand Janko Ogris in den letzten Kriegstagen einen devastierten Gasthof vor, in welchem eine Partisaneneinheit mehrere Anhänger des NS-Regimes festhielt. Man ließ sie nach seiner Intervention frei; einzig der Ortsgruppenleiter der NSDAP wurde nach Jugoslawien verbracht und dort vermutlich liquidiert. Die Sympathien der LudmannsdorferInnen für die Befreier waren eindeutig: 82 BewohnerInnen unterschrieben eine Resolution für den Anschluss des slowenischen Kärntens an die Volksrepublik Jugoslawien.

Fast acht Jahrzehnte später zählt Ludmannsdorf/Bilčovs noch immer zu den »slowenischsten« Dörfern Kärntens. Die im Ort aufgewachsene und in Wien lebende ORF-Journalistin Katja Gasser – sie ist eine Enkelin von Janko Ogris – nennt dafür zwei Gründe: Erstens seien unter den erfolgreichen Unternehmern und Gastwirten viele, die Slowenisch sprechen und sich auch als Slowenen verstehen, außerdem gebe es nicht wenige slowenischsprachige AkademikerInnen, die nach dem Studium in ihre Heimat zurückgekehrt seien und Familien gegründet hätten. Die Altersstruktur habe sich daher zugunsten der Jungen verschoben; Slowenisch gehöre auch in dieser Generation zur Identität, wenngleich der öffentliche Gebrauch der Muttersprache nicht mehr überall selbstverständlich sei. Wichtigste Träger der slowenischen Kultur seien aber nach wie vor die Pfarre sowie der Kulturverein Bilka, in dem sich mittlerweile unterschiedlichste weltanschauliche Positionen treffen. Das sorge manchmal für Konflikte, was auch produktive Seiten habe, weil es Stillstand verhindere und die nationale bzw. sprachliche Frage in einem viel breiteren und komplexeren Zusammenhang sichtbar mache. »Ludmannsdorf mag nicht der schönste Ort sein, doch hat er Charakter und Seele. Das macht ihn so sympathisch.«

EINKEHR:

Gasthaus/Gostišče/Trattoria Ogris vulgo Miklavž. Inhaber des Hauses ist Hanzi »Ogi« Ogris, Nachkomme von Janko Ogris (siehe oben). Als Nachfolger steht die nächste Generation in den Startlöchern. Die Familiengeschichte ist auf der Homepage nachzulesen. Dank mutiger Investitionen entwickelte sich das Haus ab den Nachkriegsjahren zu einem Leitbetrieb der Südkärntner Gastronomie, der eine tadellose Küche mit Gemütlichkeit und Interkulturalität unter einen Hut zu bringen versteht. Zweisprachigkeit ist eine Selbstverständlichkeit. Vielfältig wie die Möblierung und das Dekor ist die Speisekarte, besonders lobenswert das Weinangebot. Wer mehrere Tage auf der Sattnitz/Gure wandern möchte, kann hier angenehm und günstig übernachten. 0043 4228 2249, www.gasthaus-ogris.at

Pugrad/Podgrad

Der Name (dt. »Unterburg«) zeugt von einer mittelalterlichen Festung, die sich einst auf einer Felsenkanzel oberhalb von Ludmannsdorf/Bilčovs befand. Heute ist nur noch ein Erdwall unweit des Aussichtspunktes zu erkennen. Einheimische haben den Ort mit einem elektrisch beleuchteten Kreuz sowie einem Schnapsdepot markiert. Auch ohne Stimulanz ist der Ausblick berauschend.

Die Streusiedlung am Fuße des Geländeabbruches ist der Wohnort von Andrej Mohar, dem Sekretär des Kärntner Partisanenverbandes/Zveza koroških partizanov in prijateljev protifašističnega odpora. Ihm obliegt es, gemeinsam mit Vereinspräsident Milan Wutte, die Erinnerung an den bewaffneten Widerstand in Kärnten gegen die Nationalsozialisten wachzuhalten. Zentrales Anliegen ist die Errichtung und Pflege von Partisanendenkmälern sowie die Abhaltung von Gedenkveranstaltungen. Dazu gehört auch, die letzten KameradInnen, GenossInnen und ZeitzeugInnen zu Grabe zu tragen.

Auf dem Friedhof von Ludmannsdorf/Bilčovs ehrt man die Partisanen Tomaž Žerjav und Jožef Koren mit einem Gedenkstein. Beide kamen gegen Ende des Krieges auf der Sattnitz ums Leben und wurden hier begraben. Žerjav, aus der Umgebung von Jesenice/Assling stammend, fiel 1944 unweit von Großkleinberg/Mala gora in einem Gefecht mit Polizisten; Koren aus der Ludmannsdorfer Ortschaft Edling/Kajzaze wurde kaum 15jährig am 11. Mai 1945 unweit der Hollenburg von marodierenden Weißgardisten erschossen. »In der Blüte deiner jungen Jahre wurdest Du von einer feindlichen Kugel getroffen, dein junges Leben hast Du für das Volk geopfert. / Gott soll es Dir vergelten, frohlocke jetzt und genieße ewig deinen Ruhm«, ist auf seinem Grabstein auf Slowenisch zu lesen.

So unscheinbar das Denkmal, so spektakulär waren die Aktionen der PartisanInnen. Zwar spielte sich der militärische Widerstand gegen Hitlers Truppen in Kärnten in erster Linie südlich der Drau ab, doch gelang es der OF (Osvobodilna fronta/Befreiungsfront), 1944 auch auf der Sattnitz Fuß zu fassen. Mitte März querten 15 KämpferInnen mit Hilfe eines Fährmannes die Drau/Drava und überfielen tags darauf die Polizeistation von Ludmannsdorf/Bilčovs. Sie erbeuteten das Waffenarsenal

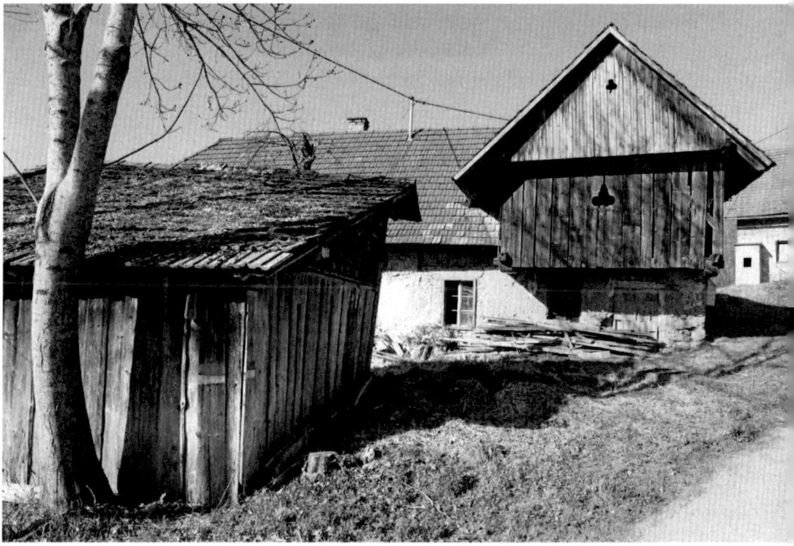

In Pugrad/Podgrad

sowie Lebensmittel und Güter des täglichen Bedarfes. Mehrere »Deutsche« wurden dabei getötet. Überfälle auf die sogenannte Landwacht fanden auch in Ottosch/Otož, St. Egyden/Šentilj und Selpritsch/Žoprače statt.

In der Schulchronik von St. Egyden/Šentilj findet sich eine ausführliche Schilderung der Ereignisse: »In der Nacht vom 25. 3. zum 26. 3. 1944 sind in unserer engsten Umgebung erstmals Banditen erschienen. In den frühen Morgenstunden drangen sie in die Nachbardörfer Ottosch und Oberdörfl ein. Sie raubten in einigen Bauernhäusern Lebensmittel, leerten eine Trafik und entführten den Ortsbauernführer Einspieler aus Oberdörfl. […] 50 Banditen, verkleidet in deutschen Uniformen, fuhren im Omnibus nach St. Egyden. Um 3/4 3 h früh wurde mit Gewehrkolben an einzelne Türen geschlagen. Gleich darauf hörte man Granateneinschläge. Am unteren Dorfende wurde der Omnibus in Brand gesetzt. […]« Laut Aufzeichnung fand man die Leiche des Ortsbauernführers im September 1944 im Turiawald/Turje.

Das Nazi-Regime reagierte mit einer militärischen Offensive. 1.500 SS-Männer und Wehrmachtsoldaten durchkämmten fast vier Wochen lang den Sattnitzrücken zwischen Drau und Wörthersee, ohne das Gebiet gänzlich von den PartisanInnen »säubern« zu können. Im Herbst zählte die OF bereits über 100 Frauen und Männer, die auf der westlichen Sattnitz bis Klagenfurt/Celovec operierten.

Eine der Schlüsselfiguren des örtlichen Widerstandes war Ana Zablatnik, Tochter eines Ludmannsdorfer Wirtes. Sie verbreitete Flugblätter, fungierte als Meldegängerin und schleuste zahlreiche Kämpfer, Deserteure und entflohene Kriegsgefangene über die Sattnitz/Gure. Außerdem beschaffte sie in Klagenfurt/Celovec Medikamente und Schreibzeug für die OF. Die PartisanInnen kamen zum einen Teil aus Jugoslawien, zum anderen Teil aus den Tälern um Eisenkappel/Železna Kapla, Zell Pfarre/Sele und St. Johann/Šentjanž v Rožu. Weiteren Zuwachs gab es von Jesenice/Assling durch den Karawankentunnel. Auch deutschsprachige WiderstandskämpferInnen – Eisenbahner, Postler und Ärzte aus Villach/Beljak und Klagenfurt/Celovec – schlossen sich dem 1. Österreichischen Freiheitsbataillon, eine Formation innerhalb der Partisanenarmee, an. Ana Zablatnik wurde im Mai 1944 verhaftet, verbrachte acht Monate im Kerker der Gestapo und wartete im Landesgericht quälende Wochen auf ihren Prozess in Graz/Gradec – in ständiger Angst vor dem drohenden Todesurteil. Sie kam erst zwei Tage vor Kriegsende frei.

Einer ihrer Mitstreiter war Andri Ogris aus Großkleinberg/Mala Gora bei Ludmannsdorf/Bilčovs. Als ältester Sohn einer neunköpfigen Familie war er 1942 zur Wehrmacht eingezogen worden und bei einem Heimaturlaub im März 1944 (der ihm infolge einer Kriegsverletzung gewährt worden war) zu den Partisanen gestoßen. Da sich seine Verwundung wieder verschlechterte, kehrte er ins Elternhaus zurück, wo er gepflegt und vor den Behörden versteckt wurde. Trotz mehrmaliger Hausdurchsuchungen und Verhöre der Angehörigen blieb er unentdeckt. Im Mai wurden sein Vater und einer seiner Brüder wegen Unterstützung der PartisanInnen verhaftet und nach Dachau verfrachtet; im November deportierte man die Mutter und drei seiner Schwestern in ein deutsches Arbeitslager. Andri schloss sich erneut den PartisanInnen an und warb mehrere Zwangsarbeiter für die OF an. Er fiel am 20. November 1944 gemeinsam mit fünf Kameraden »im Kampf gegen den Faschismus« in Selpritsch/Žoprače bei

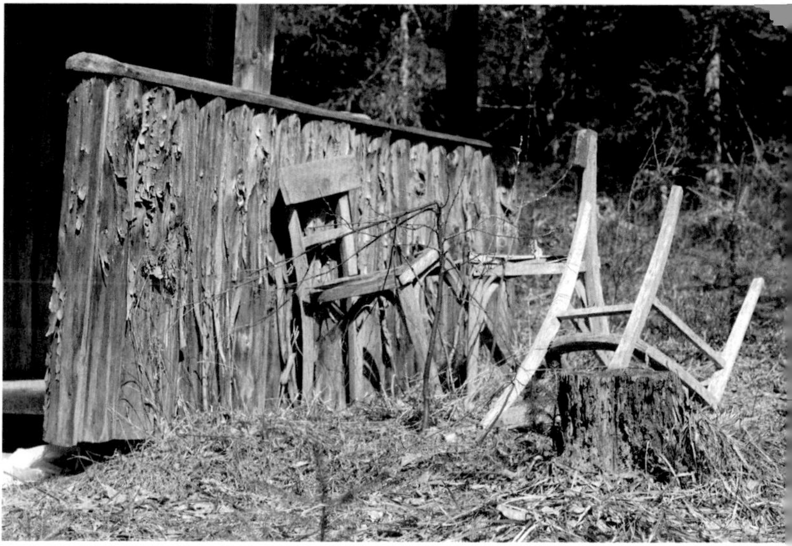

Devastierte Jagdhütte im Turiawald/Turje

Velden/Vrba, wie es auf einem Denkmal am Veldener Friedhof heißt. Anderen Quellen zufolge wurde er im Gefecht zunächst nur verwundet und erst am Gendarmerieposten liquidiert. Andrina Mračnikar, seine Großenkelin, widmete Andri 2002 ein berührendes Filmporträt und schrieb Jahre später: »Lieber Andri, [...]. Ich hatte immer gehofft, dass du nicht gefoltert wurdest, bevor sie dich mit einem Schuss in den Kopf getötet haben. Inzwischen wissen wir mit Sicherheit, dass ihr gefoltert wurdet, dass man die Toten auf euch Schwerverletzte auf einen Karren legte, dass du unter den Körpern deiner ermordeten Mitkämpfer lagst, als ihr durchs Dorf gefahren wurdet, und dass sich selbst die Einheimischen über euch hergemacht haben.«

Mutig kämpfte auch die Partisanin Majda Vrhovnik-Lojzka, die im Oktober 1944 von der OF damit beauftragt wurde, von der Sattnitz aus Kontakte zum Klagenfurter Widerstand zu knüpfen. Mehrmals nahm sie an konspirativen Treffen in der Landeshauptstadt teil, bis sie im Februar 1945 in die Fänge der Gestapo geriet. »Die GenossInnen im Gefängnis wussten, dass Lojzka trotz bestialischer Folter kein einziges Wort verriet. Sie wurde mit Stöcken und Gummiknüppeln geschlagen, man brach ihr die Finger, zog ihr die Nägel, warf sie gefesselt auf die Tische. Wenn sie bewusstlos wurde, übergoss man sie so lange mit Wasser, bis sie wieder zu sich kam. [...] Ihr Körper war eine einzige Wunde«, schildert Andrej Mohar in seinem Buch *Otoki spomina/ Gedenkinseln* das Martyrium der jungen Frau. Sie wurde am 4. Mai 1945 von zwei Gestapoleuten ermordet, ihr Grab hat man nie gefunden.

Dass sich die PartisanInnen nördlich der Drau festsetzen konnten, war nicht zuletzt ein propagandistischer Erfolg. Plötzlich konnten sich die örtlichen Nazis nicht mehr sicher fühlen. Wiederholt gab es Anschläge auf Polizisten oder nächtliche »Besuche« bei NS-Funktionären. Dass dabei nicht immer die Regeln der Haager Landkriegsordnung eingehalten wurden, liegt in der Natur eines Guerillakampfes und ist als Reaktion auf den allgegenwärtigen Naziterror allzu verständlich; beschönigen lässt es sich nicht. Das gilt auch für die Entführung und Liquidierung des NS-Funktionärs Josef (Jozi) Einspieler. Sein Sohn Valentin Einspieler wurde später Obmann des rechtsextremen Kärntner Abwehrkämpferbundes und zählte zu den berüchtigsten »Slowenenfressern« des Landes. Seine Mutter, die nur Slowenisch beherrschte, erzählt Andrej Mohar, versteckte er bei Besuchen seiner Gesinnungsgenossen im Keller.

Turiawald/Turje

Mit einer Fläche von rund 5.000 Hektar ist es das größte zusammenhängende Waldgebiet der Sattnitz und schließt zudem ihre höchste Erhebung mit ein. Es ist der 929 Meter hohe Plešišče, d. h. Rodung, was irrtümlich mit »Tanzboden« (slow. Plesišče) übersetzt wurde. Die übrigen Gipfel – alle bewaldet und daher ohne Aussicht – sind bis auf die Sabalahöhe namenlos geblieben. So gewinnt man den Eindruck eines etwas langweiligen Hochwaldes, der durch den vorherrschenden Nadelbaumbewuchs noch verstärkt wird. Das Sturmtief Vaia hat im Jahr 2018 die Schwächen dieser Monokulturen aufgezeigt. Tausende Bäume wurden entwurzelt; an manchen Stellen liegen die Stämme noch heute kreuz und quer. Dazwischen ragen graue Baumleichen in die Höhe, die vom Borkenkäfer befallen wurden und ihre Rinde abgeworfen haben. Was der Orkan angerichtet hat, wird von den Verwüstungen durch den Menschen womöglich noch übertroffen. Schwere Forstmaschinen zerpflügten das Gelände wie bei einem Panzermanöver, kaum ein Waldweg, der von tonnenschweren Traktoren nicht brutal verbreitert oder devastiert wurde. Vergleichsweise dezent zerschneiden die alten Forststraßen das Gebiet.

Zerfurcht, wenngleich im größeren Maßstab, ist die Turia auch auf natürliche Weise. Im Süden, Westen und Norden von steilen Felsen begrenzt, weist sie etliche tiefe Gräben auf, die von Wildbächen aus dem Konglomerat gespült wurden und zum Teil urwaldartig bewachsen sind. Dazu kommen markante Scharten, die seit Generationen für Wegverbindungen genutzt und Tore genannt werden. Die Hochebene selbst scheint überwiegend trocken, ist aber von Dolinen übersät, in denen sich das Wasser sammelt und nur langsam versickert. Die Moorschicht in diesen Trichtern kann bis zu fünf Meter betragen. Zwölf kleine Grotten wurden bisher entdeckt, einige davon mit waschechten Tropfsteinen.

In den Jahren 1925 und 1926 war der Turiawald/Turje Schauplatz eines Aufsehen erregenden Beschäftigungsprojektes. Die Waldbesitzer beschlossen, einen Großteil des Baumbestandes als Nutz- und Brennholz zu vermarkten und engagierten für die Schlägerungen über hundert Holzknechte aus ganz Kärnten. Rund 25.000 Bäume wurden gefällt (damals noch ohne maschinelle Hilfe) und mit Pferden und Ochsenkarren zu einem großen Sammelplatz gebracht. Der Abtransport erfolgte per Materialseilbahn, die von der Bergstation im Wald über Strein/Stranje westlich von Ludmannsdorf/Bilčovs zum Bahnhof von Maria Elend/Podgorje südlich der Drau (!) gespannt war. Rund vier Kilometer war das Tragseil lang, bedrohlich schwebten die Baumstämme über den Köpfen der Bauern hinweg. Allein für die Wartung der Anlage waren dutzende Stützenbetreuer im Einsatz. Auch die Wiederaufforstung sicherte Arbeitsplätze.

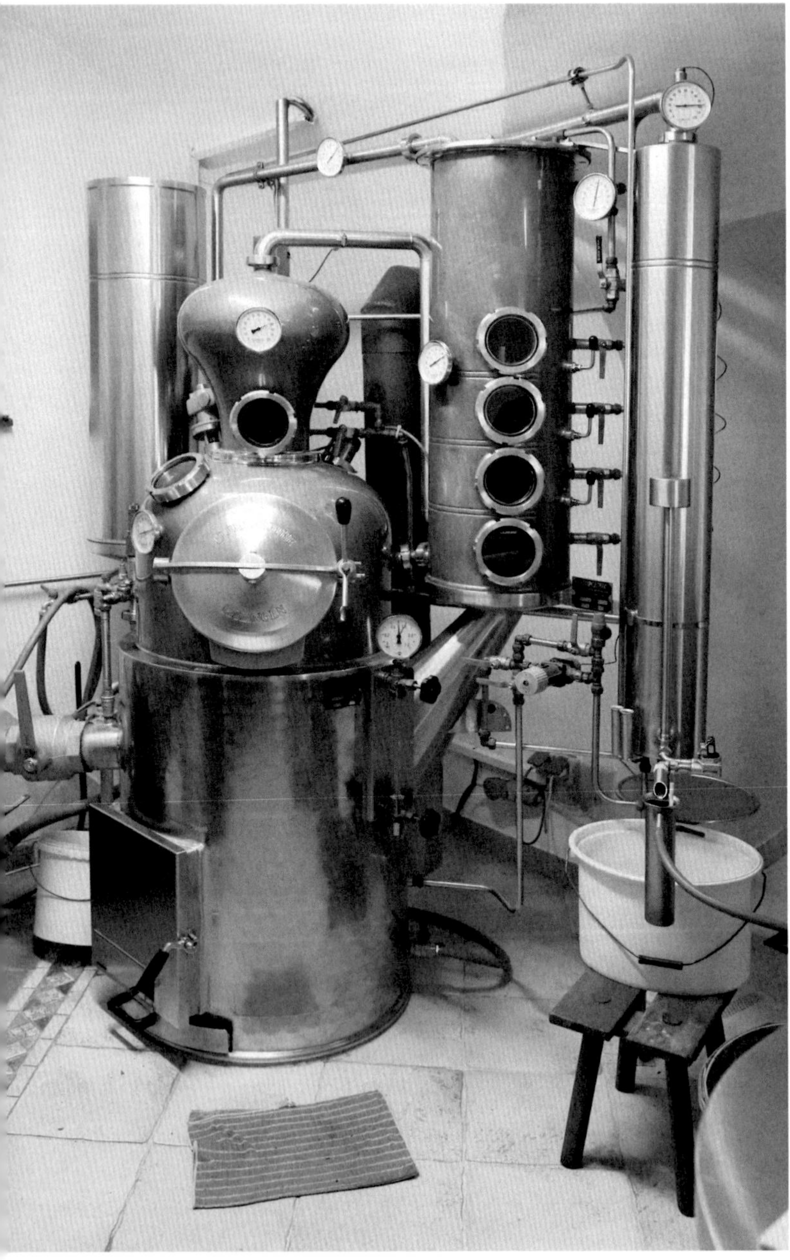

XIV. GLÜCK UND KUNST
Wanderung bei Selkach/Želuče

Selkach/Želuče, ein Dorf mit Charakter, ist Ausgangspunkt dieser halbtägigen Wanderung. In einer Kniekehle des Feistritzer Stausees gelegen, hebt es sich mit seinem kompakten Ortsbild wohltuend von den diffusen Streusiedlungen in der Umgebung ab. Auch ist es Knotenpunkt eines »Glückswanderweges«, der beide Seiten der Drau/Drava verbindet. Die hier vorgeschlagene Route weicht wesentlich davon ab, beschert einem aber dennoch einige Glücksmomente.

Nach Besichtigung der Ortschaft, in der man sich auch mit Hochprozentigem eindecken kann, wendet man sich der Sattnitz/Gure zu und schwingt sich zu einem Wasserfall auf. Ein Sprühregen geht über dem Rastplatz nieder. Wie bestellt knipst die Sonne den Regenbogen an. Einen Stock höher nimmt man ein Fußbad und besucht eine Freiluftapotheke. Leider ist noch kein Kraut gegen die Bauwut gewachsen. Schon gar nicht in Lukowitz/Koviče, wo die kühnsten Träume der Häuselbauer in Erfüllung gehen. Nicht betroffen sind die darunter liegenden Sonnenhänge. Drei große Bauern teilen sich die schönsten Plätze. Leichten Fußes wandert man von Hof zu Hof; bei solchem Panorama tut selbst der Asphalt nicht weh. Zur Nahaufnahme lädt Franzendorf/Branča vas mit vielen Details. Modellbauten und allerlei Wandschmuck wollen bewundert werden. Kleiner als anderswo wirken die Häuser. Ein paar Abschneider, und man erreicht das Ufer der Drau/Drava. Eine künstliche Au wird sichtbar, das Vorspiel zu einem monumentalen Land-Art-Projekt. Es ist die mittels Baggern geschaffene *Drauwelle*, ein begehbares Relief am Wasser. Man schraubt sich bis zum höchsten Punkt und nimmt mit jedem Schritt die Landschaft anders wahr. Frische Schafsköttel kleben am Schuh. Da fällt es einem wie Schuppen von den Augen: Das Kunstwerk ist eine Kräuterspirale für Weidevieh!

Obstbrennerei in Selkach/Želuče

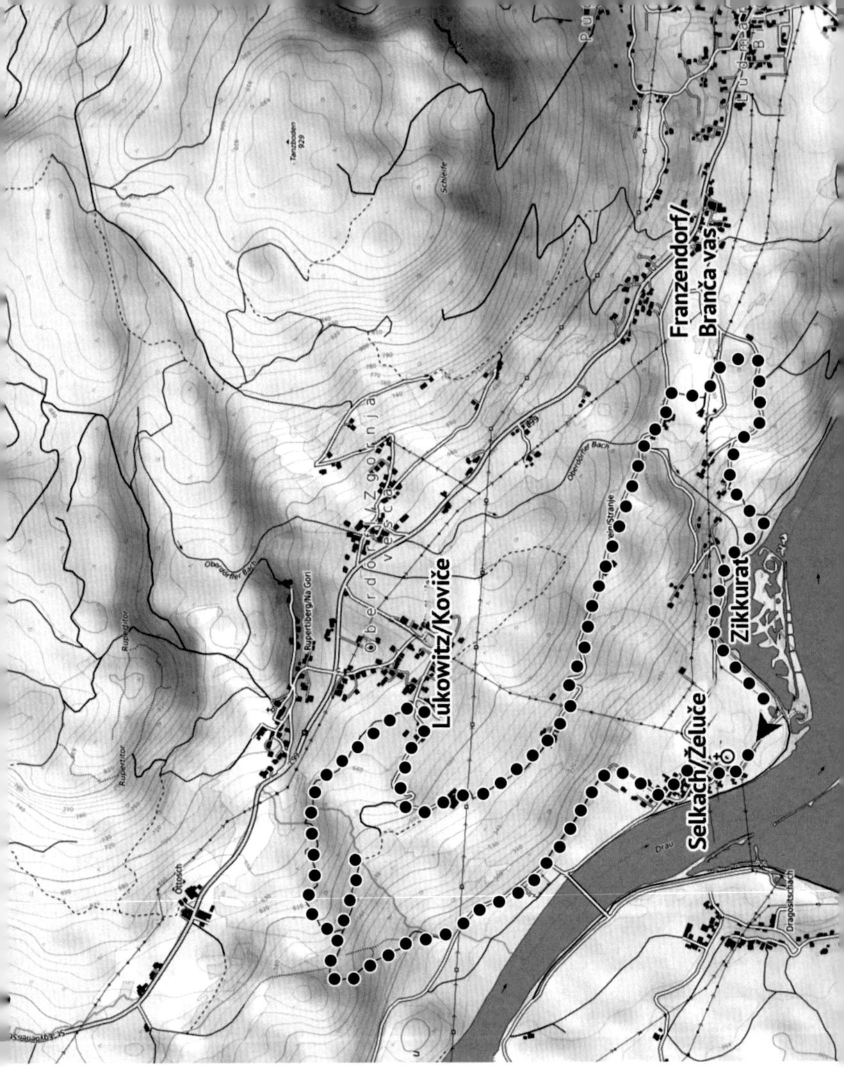

INFORMATIONEN ZUR WANDERUNG

LÄNGE: 10 km

ANSTIEGE: 250 m

GEHZEIT: 2:45 Std.

ANFORDERUNGEN: gering

KARTE: Kompass-Karte Nr. 61, Wörthersee, Karawanken West

ORIENTIERUNG: leicht

ANFAHRT: mit dem PKW von Klagenfurt/Celovec auf der B91 nach

Lambichl/Ilovje und weiter auf der L99 bis Franzendorf/Branča vas; Abzweigung nach Selkach/Želuče

WEGBESCHREIBUNG

Ausgangspunkt ist der **Parkplatz** beim Landartprojekt **Zikkurat** südöstlich von **Selkach/Želuče**. Man folgt einem Sträßchen bis zum **Dorf**, hält sich bei der ersten Gabelung rechts und passiert die **Kirche**. Weiter bis zu einem **Bildstock**, dann nach links. Die Straße vereinigt sich mit einer von links kommenden und führt bald zu einer **Kreuzung**. Hier geht man geradeaus in einen untergeordneten **Fahrweg** und schreitet auf den Fuß der Sattnitz zu. Am **Waldrand** geht man links, passiert ein letztes **Haus** und folgt einem **Karrenweg**, bis dieser in eine **Straße** mündet, auf dieser geradeaus. Man folgt der Straße, die nach gut 5 Min. einen **Bach** überquert. Gleich danach wendet man sich in einen ansteigenden **Weg** nach rechts und folgt dem **Wegweiser »3d«** bis zu einer **Wegkreuzung**. Hier geht man rechts (**Wegweiser »Glücksfelsen«**) und erreicht kurz darauf einen Rastplatz unterhalb eines **Wasserfalls** (0:35 Std.).

Man kehrt zur erwähnten **Wegkreuzung** zurück und geht geradeaus (Wegweiser »3d« in Gegenrichtung. Kurzer Anstieg bis zu einer **Gabelung**; man hält sich rechts (links der Wegweiser nach »St. Egyden«). Kurz danach eine undeutliche **Mehrfachkreuzung**; man folgt dem **Wegweiser »3d«** geradeaus. Nach 100 m eine weitere **Kreuzung**; man geht links (Wegweiser »Lukowitz«). Steiler Anstieg bis zu einem **Querweg**; man geht rechts (Wegweiser »Kräuterspirale«) und erreicht bald darauf den **Kneipp-Bach** (1:00 Std.). Weiter bergauf bis zum oberen Rand des Waldes. Man passiert die **Kräuterspirale** und erreicht **Lukowitz/Koviče** (1:15 Std.).

Man passiert die ersten Häuser und nimmt die erste **Abzweigung** nach rechts. Vorbei an einer schlossähnlichen **Villa**, dann in drei Kehren talwärts bis zum **Dounighof**. Man durchschreitet das Gehöft und folgt einem **Karrenweg** (der bald in eine Fahrspur übergeht) in südöstlicher Richtung weiter bergab bis zum nächsten **Bauernhof**. Weiter auf einem **Sträßlein**, das bald ein Wäldchen quert, an einem dritten **Hof** vorbeiführt und schließlich auf eine **Querstraße** trifft (2:00 Std.).

Hier geht man links bergauf und passiert das Haus **Franzendorf/Branča vas Nr. 11** und wendet sich kurz darauf in einen **Feldweg** nach rechts. Man erreicht einen **Querweg** und geht links bis zu einem

Quersträßchen; auf diesem nach rechts bis zu einer abschüssigen **Rechtskurve**. Hier wendet man sich nach links in einen **Waldweg**, der sich zu einer weiteren **Querstraße** senkt. Man geht auf dieser nach rechts bis zu einer **Häusergruppe** an ihrem Ende. Man passiert eine **Keusche** und wendet sich sofort nach links. Weiter auf einem undeutlichen **Wiesenweg** talwärts bis zum **Waldrand**, wo man die Fortsetzung findet. Abstieg bis zu einem **Querweg** oberhalb der **Drau/ Drava**. Man geht rechts und folgt dem Weg bis zur **Straße**; auf dieser links bergab bis zur **Abzweigung** Richtung »Zikkurat«.

Man geht links und folgt einem **Dammweg** bis zum betreffenden Land-Art-Projekt (2:45 Std.). Besichtigung.

AM WEGE

Selkach/Želuče

Die Filialkirche von Selkach/Želuče, auf die man bei dieser Wanderung als erstes zugeht, ist ein bescheidenes Landkirchlein mit Holzturm, dessen merkwürdige glockenförmige Fensteröffnungen seinen Zweck unmittelbar anschaulich machen. Die aus dem Jahr 1638 stammende Kirche ist Leonhard geweiht, einem vielbeschäftigten Heiligen, anzurufen bei Geisteskrankheiten und für Gebärende und Gefangene genauso zuständig wie für Rinder und Pferde. Das Fresko an der Außenmauer ist erst 1950 entstanden und stellt Christophorus dar. Das Tor ist meistens abgeschlossen. Es lohnt aber ein Blick in das Innere durch die Kirchenfenster, die sich auf Augenhöhe befinden. Man sieht unter anderem einen mächtigen Sakristeikasten von 1651, in dem der Priester seine Gewänder für die seltenen Messen aufbewahrt, die hier noch immer gelesen werden.

Unter den Linden vor der Kirche würde man kaum vermuten, dass Selkach/Želuče sogar einen Hafen hat, zu dem man am Ende der Wanderung gelangen wird. Der Hafen von Selkach/ Želuče, in dem einige Boote liegen, die hin und wieder in den Feistritzer Stausee ausfahren, ist spiralförmig. So weist er sich als Teil der *Drauwelle* aus, einem beeindruckenden Kunstwerk. Dort kann man zum Sinnieren bestens innehalten. Wer nämlich einige der Wanderungen gegangen ist, die in diesem Buch vorgeschlagen werden, weiß, was es heißt, in die Landschaft einzu-

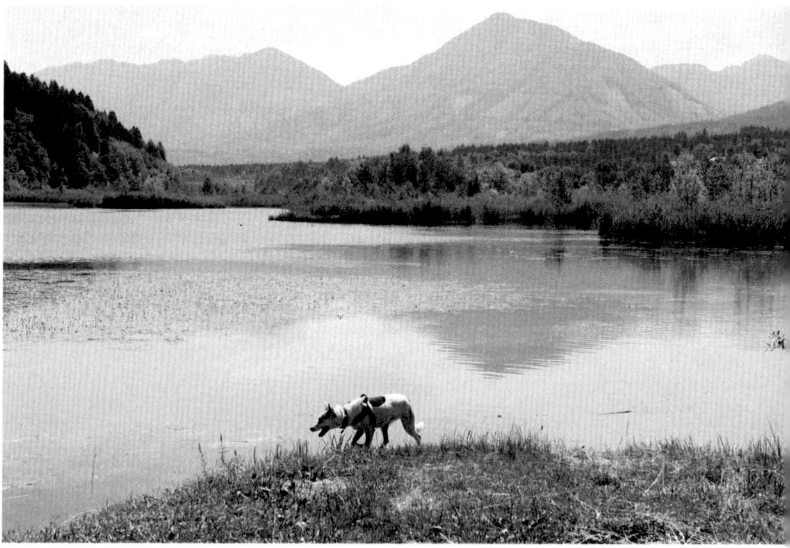

Am Feistritzer Stausee bei Selkach/Želuče

greifen: An den schönsten Plätzen stehen oft von Thujenhecken umschlossene Häuser, mit denen die schönste Aussicht verstellt wird, und die jeden Bezug zu ihrer Umgebung verweigern. Die Autobahn, die bei einigen Wanderungen hinter dem Nordufer des Wörthersees als künstliche Linie sichtbar ist, streicht das Bild der Landschaft gleichsam durch.

Obwohl für die *Drauwelle* ebenfalls viel Material bewegt wurde, ist sie dazu ein eindrucksvolles Gegenbild. Der von den Brüdern Edmund Hoke, Tomas Hoke und Armin Guerino 2011 vorgenommene Eingriff in die Landschaft könnte als Land Art bezeichnet werden. Er ist aber mehr, und das gerade durch das Gegenteil. Denn es fehlt das Spektakuläre, das manchen Projekten dieser in den 1960er Jahren des 20. Jahrhunderts entstandenen Kunstform eigen ist. Das Kunstwerk der Hoke-Brüder nimmt bedächtig die Bewegungen der Landschaft auf und bezieht sie auf die Bewegung des Flusses. Die *Drauwelle* ist ein wellenförmiger, sanft auslaufender Damm, aufgeschüttet mit Schottermaterial, das aus dem Stausee und der Feistritzmündung gebaggert wurde. Inzwischen ist die Welle grün über- und in die Landschaft hineingewachsen. Im Sommer weiden dort Schafe.

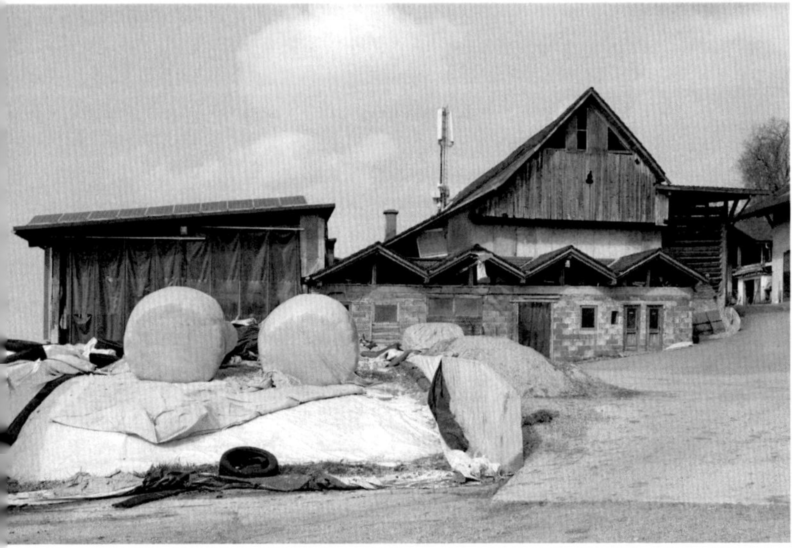

Dounighof bei Lukowitz/Koviče

Im Flachwasserbiotop hinter der Welle, das nur durch eine Furt mit dem Fluss verbunden ist, hat sich allerlei Getier – Libellen und Amphibien, Eisvogel und Rohrsänger – angesiedelt.

Wer sich knapp vor dem Erreichen der *Drauwelle* durch eine ganz andere Sorgfalt einstimmen will, soll einen Blick hinter das Anwesen Franzendorf/Branča vas Nr. 11 werfen. Ein pensionierter Mitarbeiter des Klagenfurter Minimundus, ein Tischler, hat aus dem Miniaturenpark ausrangierte Modelle, darunter einen Wiener Donauturm und einen Eiffelturm von beträchtlicher Größe, übernommen, mit Eigenbaumodellen ergänzt und sogar mit einer Modellbahn verbunden: eine ganz private, zurückgenommene Welt, deren Zurschaustellung so wenig vorgesehen ist, dass kaum jemand in der Gemeinde davon weiß, außer der Bürgermeister, der allerdings selber 40 Jahre lang als Modellbauer gearbeitet hat.

Den künstlichen Hügel wiederum, von dem die *Drauwelle* ausgeht, haben die Hoke-Brüder *Zikkurat* getauft. Das heißt Himmelshügel und bezeichnet ursprünglich stufenförmige Tempelbauten in Mesopotamien. Wie dort kann man auch hier den Hügel besteigen, allerdings über einen sanft gebogenen Weg, der die Wasserspirale des Hafens fortsetzt und an einer kreisrunden Wasserfläche endet. Von oben wird das Konzept der ganzen Anlage deutlich, und es tut sich eine Aussicht auf, die man nur als prächtig bezeichnen kann.

Wilhelm Berger

EINKEHR:

Weberbrand. Familie Weber-Rull hat einen alten Stall aufwändig renoviert und darin eine Edeldestillerie eingerichtet. Erzeugt werden Kernobst-, Steinobst-, Beeren- und sonstige Brände, alle vom Feinsten und vielfach prämiert. Beliefert wird die gehobene Gastronomie; wer zu Fuß kommt, hat gute Chancen, in ein freundliches Verkaufsgespräch inklusive Verkostung verwickelt zu werden. Man wird es nicht bereuen. Voranmeldung erbeten, 0043 699 11364544 oder 0043 676 82053321

Lukowitz/Koviče

Auf der Racava, einem Aussichtsfelsen über Rupertiberg/Na Gori, findet sich eine Texttafel mit folgenden Zeilen: »[…] Es mussten Götter gewesen sein / die dem Gestein die Form gaben / welche die Fackel der Abendsonne / geheimnisvoll vergoldet. / Aus den fernen Wäldern herüber / tragen die Legenden ihre / begnadeten Krüge, an denen sich / der Wanderer ehrfurchtsvoll labt.« Wer bei den Stichworten »Fackel« und »Krüge« argwöhnisch wird, liegt nicht ganz falsch. Das Gedicht stammt von Theresia Köfer aus Lukowitz/Koviče, die seit 2002 Ehrenkrugträgerin der Dichterstein Gemeinschaft Zammelsberg ist, der, gelinde gesagt, eine völkische Schlagseite nicht abgesprochen werden kann. Die Autorin hat zahlreiche *Gedichte und Erzählungen in Mundart und Schriftsprache* veröffentlicht und darin ihre Kärntner Heimat besungen. Politisch ambivalent sind ihre Lebenserinnerungen *Im Fluss des Lebens*, erschienen im (slowenischen) Mohorjeva-Verlag. Köfer schildert darin den 2. Weltkrieg aus der Perspektive eines Schulmädchens, dessen Vater ein »verführter« Nationalsozialist war. Als Kleinunternehmer und -bauer »hatte er nämlich in der damaligen politischen und wirtschaftlichen Situation einen gravierenden Fehler gemacht und den damaligen Machthabern blind vertraut«. Das Motiv der »nichtsahnenden und gutgläubigen« Mitläufer taucht

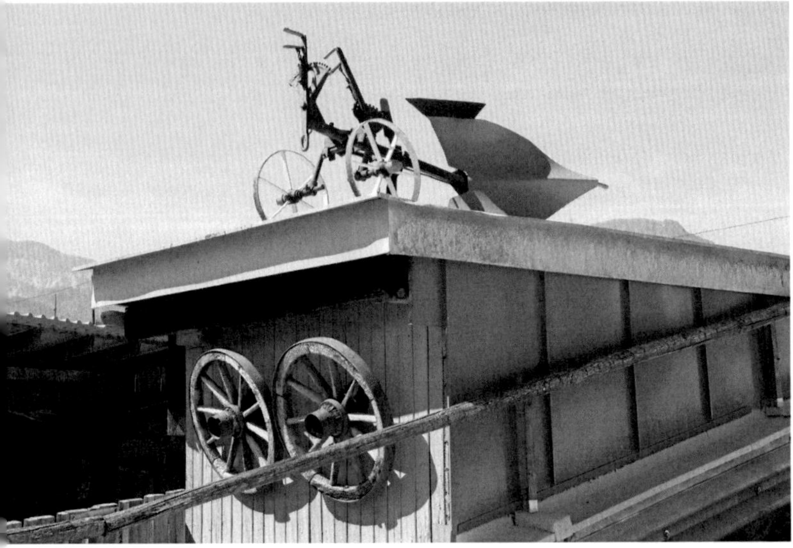

In Franzendorf/Branča vas

in den Aufzeichnungen mehrmals auf. Zentrales Thema sind aber die »tiefen seelischen Verletzungen«, die dem Kind zugefügt wurden, und »das Trauma, das mich noch immer verfolgt«.

Es beginnt mit der Erfahrung, dass in der Schule plötzlich nicht mehr »Windisch« (von der Autorin als »ortsübliche slowenische Mundart« bezeichnet) gesprochen werden darf und Theresia »einige Male wegen Nichtbefolgung dieser Anweisung seitenlange Strafarbeiten schreiben« muss. Dazu kommen Tieffliegerangriffe auf dem Schulweg sowie eine verirrte Partisanenkugel, die das Kind um ein Haar verfehlt. Die Angst um das Leben der vier Brüder, die zur Wehrmacht eingezogen wurden, ist ein ständiger Begleiter. Der Großonkel wird von der Gestapo abgeholt und kehrt aus Dachau nicht mehr zurück; den Nachbarn erschlagen Partisanen im Wald; Schulfreunde werden mit ihren Familien »ausgesiedelt«. Ein polnischer Zwangsarbeiter verstümmelt sich aus Verzweiflung selbst, seine ukrainische Kollegin wird zur Freundin und Vertrauten der Erzählerin. Als sich eine Partisaneneinheit in den Wäldern von Ludmannsdorf/Bilčovs festsetzt, gerät der Vater zwischen die Fronten. Bei den Behörden wegen einer Schwarzschlachtung und der Fraternisierung mit Kriegsgefangenen in Ungnade gefallen, gilt er bei den Widerstandskämpfern noch immer als Nazi. Dies umso mehr, als er zur örtlichen Landwache abkommandiert wird, die das Dorf gegen die »Banditen« verteidigen soll. Eines Nachts werfen Unbekannte ein Fenster des Elternhauses ein und treffen dabei Theresia. »Während ich diese Zeilen schreibe, erlebe ich den Schock von damals noch heute.« Der Angriff ist das Vorspiel zu einer dramatischen Nacht im Herbst 1944: »An die 30 Partisanen marschierten in unsere Schlafstube. [...] Diese brutalen Männer umzingelten meinen Vater wie einen großen Kriegsverbrecher, so, als würde er die Schuld am grausamen Kriegsdesaster alleine tragen.« Er wird misshandelt, Theresia muss zusehen, wie man ihn mit einer Maschinenpistole gegen die Wand drückt. Erst auf Fürsprache zweier Zwangsarbeiter lassen die Männer vom Vater ab. Sie schlachten ein Schwein und nehmen alles Essbare mit. Von nun an ist der Vater »ein gebrochener Mann«; einer seiner Söhne wird – weil ihm die Partisanen die Uniform abgenommen hatten – nach dem Heimaturlaub einer Strafkompanie zugeteilt, der jüngste kommt im April 1945 bei einem Tieffliegerangriff in Nürnberg ums Leben.

Mit dem Ende des Krieges ist der Schrecken für die Familie noch nicht vorbei. Titos Truppen marschieren in Ludmannsdorf/Bilčovs ein, der Vater wird im Dorfgasthaus festgesetzt und soll – wie der Ortsgruppenleiter der NSDAP – nach Jugoslawien »verschleppt« (und wohl zu Tode befördert) werden. Wieder sind es ehemalige ZwangsarbeiterInnen, die sich für den Vater einsetzen. Seine Freilassung verdankt er aber den nachrückenden Engländern. »Sie waren sehr freundlich [...], was uns sehr erstaunte, denn die bisherige Besetzung durch die Titosoldaten verbreitete ja nur Angst und Schrecken ohne Ende.« Zu guter Letzt wird Theresia auch noch Augenzeugin des Sammellagers für Domobranzen und Weißgardisten in Viktring/Vetrinj (die später an Jugoslawien bzw. die Sowjetunion ausgeliefert wurden, siehe Kapitel I). Einer von ihnen tauscht mit dem Vater sein Pferd gegen »drei Laibe Brot, einen Topf mit Sasaka, Fett, Fleisch und Eier«. Zehn Jahre dient das Ross der Familie als Zugtier. »Aus seiner schwarzen Mähne flocht ich oft einen schönen Zopf und wir hielten ohne Wörter Zwiesprache über Vergangenes.«

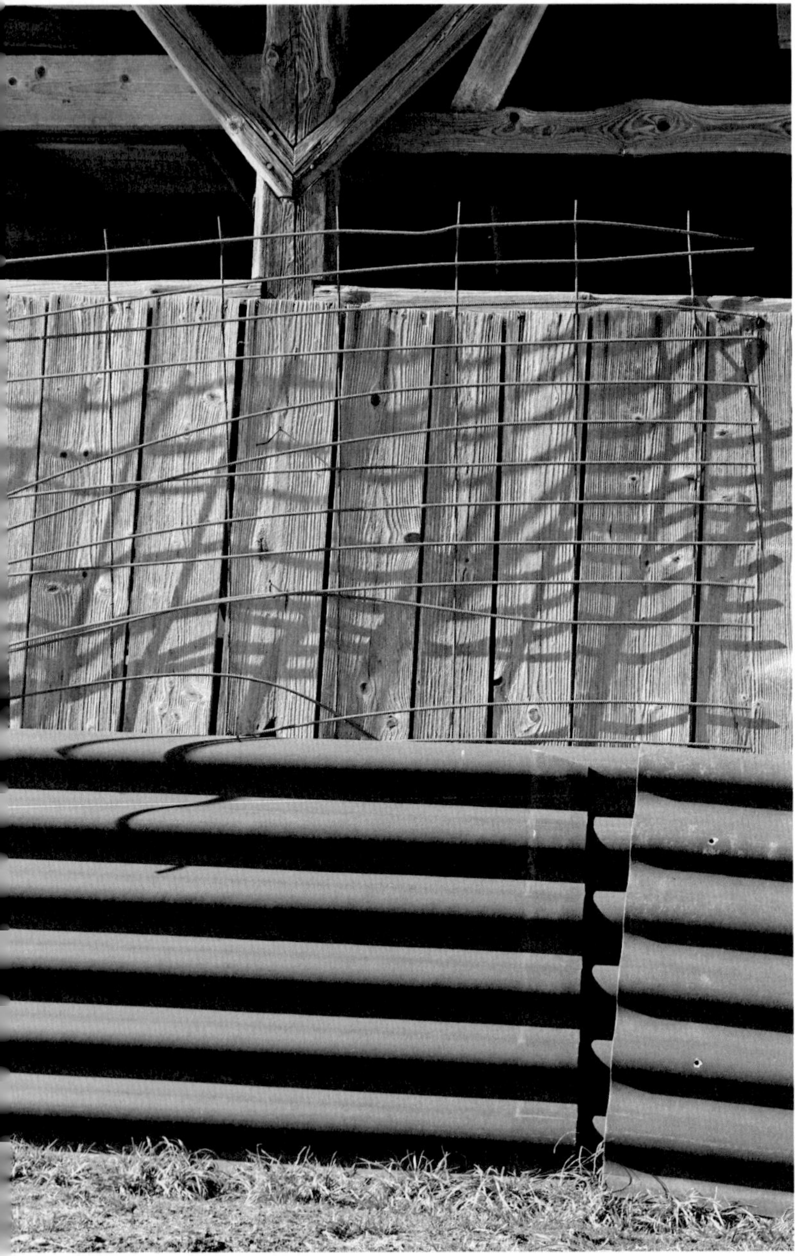

XV. TORLAUF
Wanderung bei Rupertiberg/Na Gori

Sogenannte Kraftorte sind in Kärnten besonders beliebt, vielleicht, weil sie an die NS-Kampagne »Kraft durch Freude« erinnern. Auch die Gemeinde Ludmannsdorf/Bilčovs hat es sich nicht nehmen lassen, bei Rupertiberg/Na Gori einen esoterischen »Energiepfad Plätze der Kraft« einzurichten. Aber auch ohne Stationen wie »Saligensitze«, »Lithopunktur« und »Magische Bäume« bietet die Landschaft genügend Anreize für eine Wanderung. Dies umso mehr, als sie sich mit einem spannenden Abstecher zum Penkensee und einer Aussichtswarte am westlichen Abbruch der Sattnitz verbinden lässt.

Im Zeichen von Lucia, der Schutzpatronin aller Blinden und Schreiber, steht die erste Station. Anmutig sitzt das Kirchlein am Sonnenhang, auf der Kippe steht ein Hochsitz auf der Lichtung. Man betritt den Turiawald/Turje und steigt zum Hollenburger Tor an. Es ist eine von mehreren Wegscharten, die man im Lauf des Tages an den Übergängen vom Steilhang zum Hochplateau durchschreiten wird. Ein Borkenkäferparadies tut sich auf. Man kämpft sich von Windwurf zu Windwurf und ist dankbar für jeden Wegweiser, der dem letzten Sturm standgehalten hat. Endlich fällt der Weg nach Norden ab und schimmert das Keutschacher Seental durch den schütteren Wald. Zur rechten Zeit erreicht man den Rastplatz. Still und starr ruht der Penkensee. Mitteilsamer ist der einzige Anrainer, der sein kleines Anwesen so gut es geht in Schuss hält. Tausend Geschichten weiß der Mann zu erzählen. Kurz angebunden (obwohl freilaufend) ist der Hofhund des Nachbarn. Als Guckkastenbühne erweist sich die Scheunenauffahrt. Gegeben wird ein bäuerlicher Schwank; die Hauptrollen sind mit zwei Holzfässern besetzt. Ein bürgerliches Trauerspiel bieten die Häuser nebenan. Szenenwechsel: Wieder ist es ein »Tor«, durch das man in den Wald gelangt, der sich diesmal fast unversehrt zeigt. Selbst die breiten Forstwege fügen sich organisch ins Gelände.

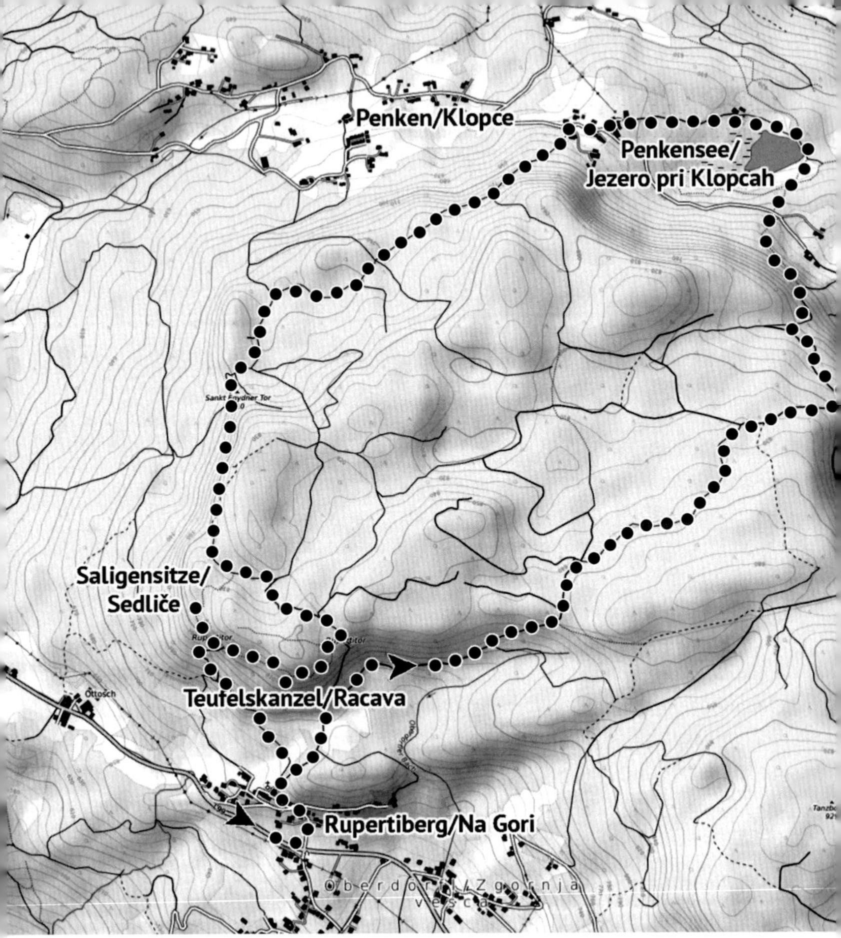

Trotzdem wagt man den fast weglosen Anstieg entlang einer Felskante. Feierlich genießt man den Ausblick nach Westen, scheinbar auf Augenhöhe mit dem Dobratsch. Einzigartig ist der Bildausschnitt. Beim Abstieg schwenkt man wieder auf den »Energiepfad« ein und hakt auch noch die Teufelskanzel/Racava sowie die besagten Saligensitze/Sedliče ab.

INFORMATIONEN ZUR WANDERUNG

LÄNGE: 13 km

ANSTIEGE: 500 m

GEHZEIT: 5:00 Std.

ANFORDERUNGEN: Ausdauer

KARTE: Kompass-Karte Nr. 61, Wörthersee, Karawanken West
ORIENTIERUNG: anspruchsvoll
ANFAHRT: mit dem PKW von Klagenfurt/Celovec auf der B91 nach Lambichl/Ilovje und weiter auf der L99 über Ludmannsdorf/Bilčovs nach Rupertiberg/Na Gori

WEGBESCHREIBUNG

Ausgangspunkt ist der **Parkplatz** an der **Hauptstraße** unterhalb der Ortschaft **Rupertiberg/Na Gori**. Man wandert auf dem **Gehweg** nach Osten und steigt bei der ersten **Kreuzung** nach links zur **Rupertikirche** an. Nach der Kirche gabelt sich der Weg; man hält sich rechts. Man quert bald darauf eine große **Lichtung** und geht bei der **Kreuzung** am oberen Rand nach rechts (**Wegweiser** »Penkensee, Keutschacher See«). Sanft ansteigende **Forststraße** bis zum **Hollenburger Tor** (0:45 Std.).

Gleich darauf eine **Gabelung**; man hält sich halb rechts (**Wegweiser** »Keutschacher See«) und geht nach wenigen Schritten geradeaus (**Wegweiser** »Penkensee«). Man folgt der Fahrspur bis zu einer **Kreuzung** an einer Forststraße und geht hier rechts, den markierten Weg verlassend. Nach etwa 10 Min. wird eine **Abzweigung** nach rechts ignoriert. Beim darauffolgenden breiten **Querweg** geht man rechts. Der Weg führt an etlichen verdorrten Lärchen vorbei und senkt sich. Gleich darauf nimmt man eine **Abzweigung** scharf nach links und wendet sich beim nächsten **Wegweiser** Richtung »Penkensee« scharf nach rechts. Schöner Weg oberhalb einer kleinen **Schlucht** (lohnender kurzer Abstecher nach rechts zum Ursprung des Baches). Der Weg dreht bald nach links, passiert das **Hojoutz-Tor** und fällt steil ab. Kurz nach der ersten **Kehre** wendet man sich scharf nach links, den Hauptweg verlassend. Abstieg bis zur **Zufahrtsstraße** des Hojoutz-Anwesens. Man geht auf dieser ein Stück nach links und wendet sich dann nach rechts in einen **Pfad** (**Wegweiser** »Penkensee«). Kurzer Abstieg zu einem **Querweg**; man geht rechts und gelangt zum Ostufer des **Penkensees**. Hier geht man links bis zu einem stimmungsvollen **Rastplatz** am Nordufer (2:00 Std.).

Weiter auf einer **Fahrspur**, die an einem kleinen **Haus** mit Wirtschaftsgebäude vorbeiführt und zum **Bauernhof** vulgo Pleier ansteigt. Man durchschreitet das Gehöft und folgt einem **Sträßlein** nach rechts. Nach 200 m folgt man dem **Wegweiser** »St. Egydener

Tor« nach links. Anstieg bis zu einer **Gabelung**; man hält sich rechts (**Wegweiser** »St. Egydener Tor«). Bei der darauffolgenden **Gabelung** hält man sich wieder rechts (**Wegweiser** »St. Egydener Tor«). Man trifft bald darauf auf eine **Forststraße** und geht geradeaus (»St. Egydener Tor«). Der breite Weg führt in sanftem Auf und Ab bis zu einer **Abzweigung** (Wegweiser »Farrendorf«), welche man ignoriert. Auch die nächste Abzweigung nach links (**Wegweiser** »Saligensitze« u. a.) wird außer Acht gelassen. Man geht geradeaus (**Wegweiser** »Roach, St. Egyden«) und folgt nach 50 m dem **Wegweiser** »Saligensitze, Aussicht«, **Weg Nr. 38** links bergauf. Steiler Anstieg links einer **Geländekante** bis zu einem undeutlichen Querweg; auf diesem nach rechts. Der Weg verliert sich sogleich; weiter (fast) **weglos bergauf**, bis man auf einen breiten Weg trifft. Man geht rechts und folgt kurz darauf dem **Wegweiser** »Zur Aussicht« nach rechts. Man erreicht den betreffenden **Aussichtspunkt**. Prächtiges Panorama (3:30 Std.).

Zurück zum breiten **Weg**; auf diesem nach rechts (**Wegweiser** »Saligensitze, Rupertiberg«, **Weg Nr. 38**). Bequemer Weg, der sich bald verjüngt und etwas steiler abfällt. Hier scheint sich der Pfad zu gabeln; man hält sich links; der Weg verbreitert sich sogleich. Nach ca. 200 m ignoriert man den Wegweiser »Saligensitze, Racava« nach rechts. Man geht geradeaus (**Wegweiser** »Rupertitor«, Weg Nr. 38a). Nach gut 200 m nimmt man eine **Abzweigung** scharf nach rechts (**Wegweiser** »Rupertitor«, **Weg Nr. 38a**). Gleich danach eine **Gabelung**; man hält sich links. Der etwas undeutliche Weg vereinigt sich mit einem von rechts kommenden. Man geht geradeaus und ignoriert sofort eine nach links abzweigende Fahrspur. Sanfter Anstieg bis zur Einmündung eines Weges von links; man geht geradeaus; auch bei der nächsten Einmündung zweier Wege von links geht man wieder geradeaus. Gleich danach eine **Wegkreuzung**; man geht geradeaus (**Wegweiser** „Rupertiberg«) und passiert kurz darauf einen weiteren **Wegweiser**. Kurz Abstieg zum **Rupertitor**. Hier nimmt man die **Abzweigung** scharf nach rechts (Wegweiser »Saligensitze, Racava«).

Bei der nächsten Gabelung hält man sich links (**Weg 2d**). Weiter im leichten Auf und Ab, dann über einen **Treppenweg** abwärts bis zu einem **Querweg** bei einem »Kraftort«. Man geht links und erreicht die **Racava**. Schöner Aussichts- und Rastplatz (4:15 Std.).

Zurück zum »Kraftort«, dann nach links, erst über eine **Kuppe**, dann steil bergab bis zur Einmündung eines Weges von rechts. Man

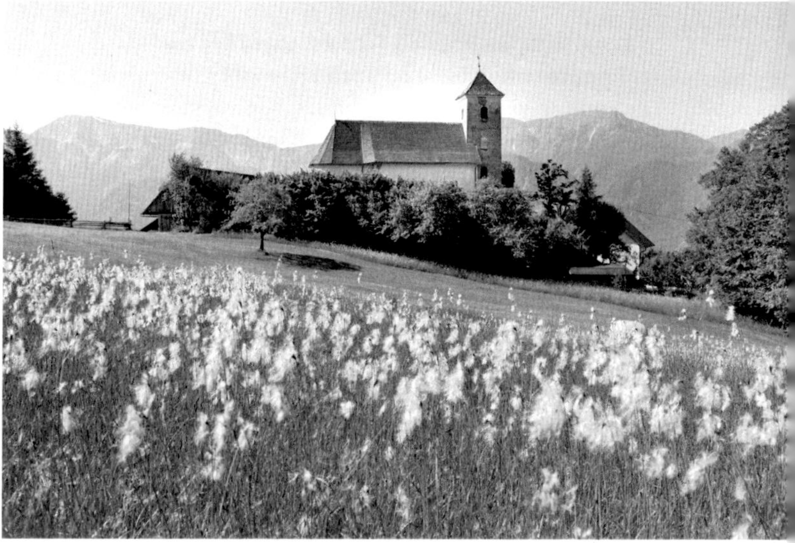

Filialkirche St. Lucia in Rupertiberg/Na Gori

geht geradeaus, weiter bergab [zuvor empfiehlt sich ein kurzer Anstieg nach rechts zu den **Saligensitzen**]. Bald darauf ignoriert man eine Abzweigung nach rechts zur »Magie des Baumes«. Bei der darauffolgenden **Gabelung** hält man sich rechts und verlässt damit den Wanderweg **2d**. Man gelangt ins Offene und steigt über einen schönen **Feldweg** zur **Rupertikirche** ab. Weiter auf bereits bekanntem Weg zurück zum Ausgangspunkt (5:00 Std.).

AM WEGE

Rupertiberg/Na Gori

Die schindelgedeckte Kirche ist im Kern 750 Jahre alt und zeichnet sich durch die bescheidene Innenausstattung aus. Besonders schön ist der alte Stein- und Holzboden, ein Juwel der morsche Beichtstuhl hinter dem Hauptaltar. Im Chorraum sind außerdem die heilige Lucia sowie der heilige Dionysios dargestellt, erstere mit zwei Augäpfeln am Silbertablett, zweiterer seinen abgetrennten Kopf im Arm haltend. Dritter im Bunde ist Clemens. Er hilft bei Sturm und Gewitter und beschützt alle Kinder. Den Schlüssel verwaltet der benachbarte Bauer.

Saligensitze/Sedliče und Teufelskanzel/Racava

Salige Frauen, manchmal auch Salkweiber oder weiße Frauen genannt, tauchen in der gesamten Alpenregion als mythische Gestalten auf. Allein in Kärnten sind mindestens zehn verschiedene Begegnungen »überliefert«. Meist werden die Saligen als schöne aber scheue Wesen beschrieben, die einst in Höhlen hausten und den Bauern gelegentlich behilflich waren, indem sie gute Ratschläge für die Aussaat erteilten oder sich selbst an der Feldarbeit beteiligten. Auch gelegentlichen Schäferstündchen waren sie nicht abgeneigt. Die guten Geister hatten aber auch ihre Tücken: Wurden sie von den Bäuerinnen schlecht behandelt oder nicht ausreichend verpflegt, brachten sie Unglück über den Hof. Bei Selkach/Želuče soll eine Salige sogar ihr eigenes Kind in die Drau gestoßen haben. Ungemütlich konnten die seltsamen Geschöpfe auch bei Ruhestörungen werden. So sollen sie einen lärmenden Jungbauern gefangen genommen und zur Strafe zu Tode geküsst haben. Die erotische Komponente der Saligen-Sage bleibt am Rupertiberg/Na Gori leider ausgeklammert, stattdessen wird die Geschichte esoterisch verbrämt: »Sieben in den Felsen gemeißelte Sitze [der Saligen, Anm.] sind Symbole der göttlichen Ordnung. Lass dich führen in die vollkommenen Muster deines Seins und die Mysterien tiefer Einsicht um Weisheit. Spüre diesen wunderbaren Ort, wo Himmel und Erde einander berühren und fühle den Frieden im Herzen, die Harmonie der Landschaft und die Liebe, die alles beatmet. […]« So steht es auf einem Handzettel, den »Erdheiler Prof. Marko Pogačnik aus Slowenien« verfasst hat.

Von nämlichem Künstler stammt auch eine Lithopunktur unweit des Aussichtspunktes Teufelskanzel/Racava. Es handelt sich um einen Marmorbrocken, in den ein Kreisornament eingemeißelt wurde: Pogačniks Markenzeichen, das er in unzähligen Varianten geschaffen und auf der halben Welt hinterlassen hat. Die Geschäftsidee besteht darin, die Erde mittels derartiger Steine zu »akupunktieren« und von schädlichen Strahlungen oder negativen Energien zu heilen. Bei der unglaublichen Dichte an geomantischen Stelen und Steinkreisen, die der Künstler bisher gesetzt hat, stellt sich die Frage, warum der Weltfriede nicht schon längst ausgebrochen ist. Zumindest in Kärnten/

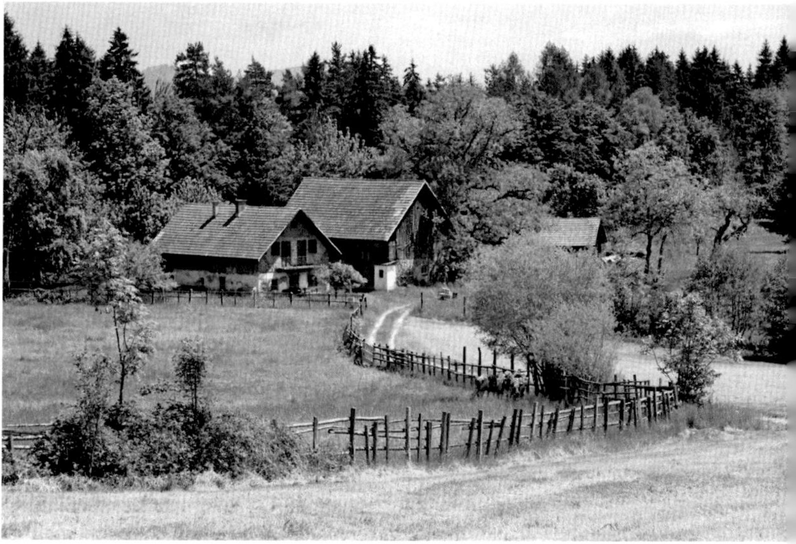

Am Penkensee

Koroška, wo man allenthalben über einen »Pogačnik« stolpert, scheint die Therapie Wirkung zu zeigen: So wurde etwa 2011 der Ortstafelkompromiss geschlossen und 2013 die freiheitliche Partei aus der Regierung gewählt. Außerdem schlossen Josef Feldner, Obmann des rechtsextremen Kärntner Heimatdienstes, und Marjan Sturm, ehemaliger Chef des linken Zentralverbandes der Kärntner Slowenen, Freundschaft. Anders als mit der Magie der Steine lässt sich das kaum erklären.

Penken/Klopce

Mehr als 200 Jahre ist es her, dass man im Turiawald/Turje Braunkohlelager entdeckte und mit dem kommerziellen Abbau begann. Die Schürfrechte wurden an sechs Kleinbetriebe verliehen, die bald Spekulanten auf den Plan riefen und mehrmals ihre Besitzer wechselten. Zwei »Bergwerke« befanden sich unweit der Häuser vulgo Pleier und Hojoutz am Penkensee. Als Beispiel für die bescheidene Dimension der Kohlegruben kann der östlich angrenzende Bergbau Keutschach VII betrachtet werden, der im Wesentlichen aus einem rund 200 Meter langen Erbstollen bestand. Die aus dem Berg gehauene Kohle

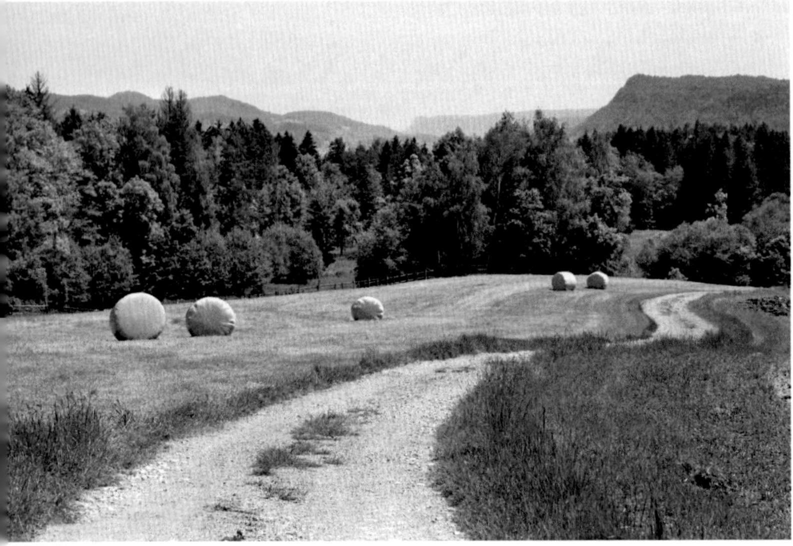

Bei Penken/Klopce

wurde mittels Englischer Wagen – kleiner Hunte, die auf Holzschienen liefen – ins Freie transportiert. 1871 fanden hier 17 Häuer, acht Förderer und sechs KlauberInnen (darunter auch Kinder) Arbeit. Die Förderleistung betrug durchschnittlich 20 Tonnen pro Tag. Eine andere Grube bei Penken beschäftigte »13 Bergarbeiter, 2 Weiber und 5 Professionisten«, die als Gegenleistung »unentgeltliche Wohnung und Heizung« erhielten. Auch Tagbau wurde betrieben. In der Hochblüte um 1870 lebten in den Gemeinde Keutschach/Hodiše und Schiefling/Škofiče gut 100 Menschen ganz oder teilweise vom Bergbau. Einer der Investoren war der Schweizer Baron May de Madiis, der bereits eine Goldzeche in den Tauern besaß und nun auf die Erschließung der Kohleflöze auf der Sattnitz setzte. Er finanzierte 1876 den Eduardstollen bei Ottosch/Otož, der 720 Meter unter den Turiawald/Turje getrieben und von einer eigenen »Eisenbahn« versorgt wurde. Die geplante Erweiterung kam aufgrund der andauernden Wirtschaftskrise zum Erliegen.

Abnehmer der Kohle waren u. a. die Tuchfabrik in Viktring/Vetrinj, eine Ziegelei in Rosegg/Rožek sowie die bleiverarbeitenden Betriebe in Reifnitz/Ribnica, Gurlitsch/Kurliče (bei Krumpendorf/Kriva Vrba) und Saag/Žaga. Außerdem wurden die Klagenfurter BürgerInnen mit Hausbrandkohle beliefert. Der Transport erfolgte per Fuhrwerk bis Velden/Vrba und von dort mittels Dampfschiff nach Klagenfurt/Celovec. Mit dem Ausbau des Eisenbahnnetzes in Kärnten war das Ende des Bergbaues bei Penken/Klopce besiegelt: Durch den zunehmenden Import höherwertiger Kohle war die Keutschacher Kohle nicht mehr konkurrenzfähig, was 1899 die Stilllegung der letzten Grube zur Folge hatte.

Ende des 1. Weltkriegs flackerte der Kohlebergbau noch einmal auf, um auf kleiner Flamme bis 1926 zu währen. Auch nach dem 2. Weltkrieg gab es Wiederbelebungsversuche, allerdings erfolglos. Einheimische schürften aber in der Not auf eigene Faust und schleppten die Kohle in Säcken aus dem Wald.

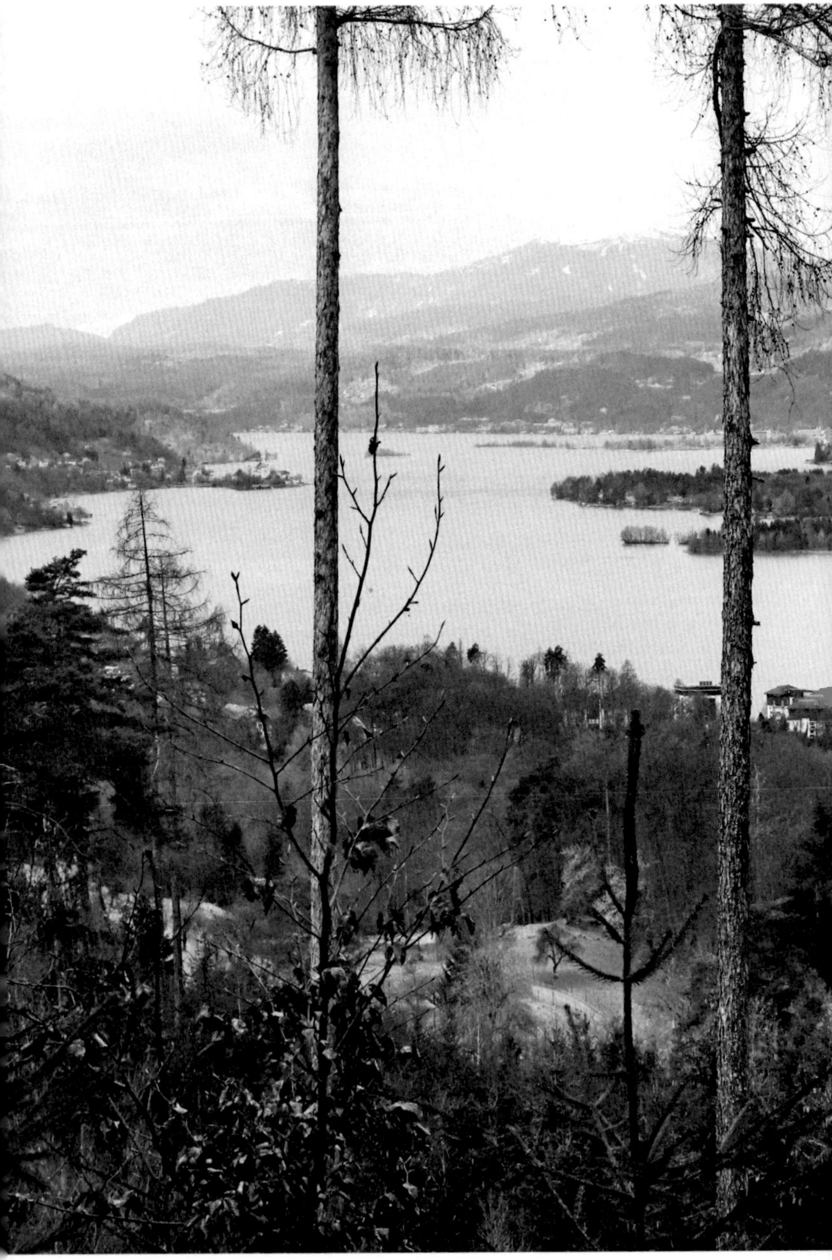

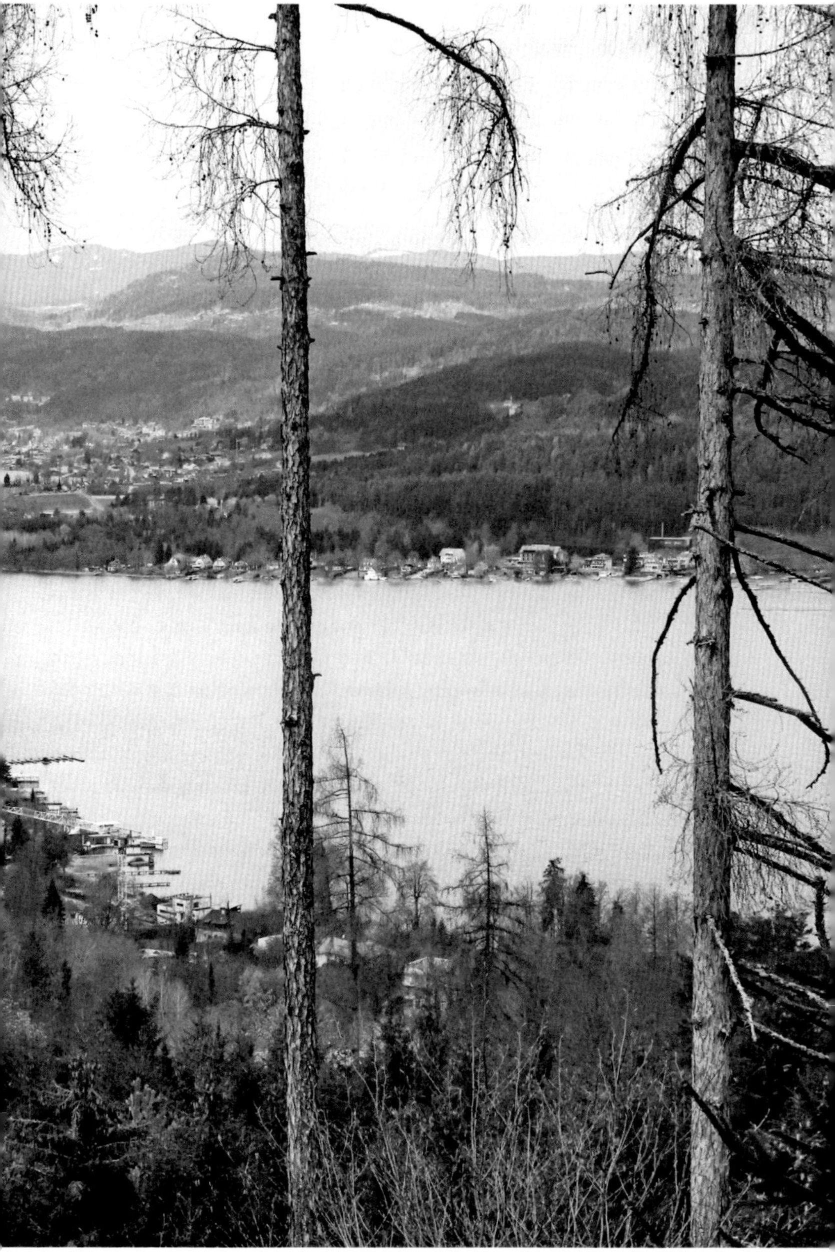

XVI. NICHTS ALS WEG
Wanderung bei Alpen/Planina

Ein gesteigertes Interesse an Landschaftsfraß und Ortsbildzerstörung wird bei dieser Wanderung nicht befriedigt, ganz im Gegenteil: Geboten wird ein vierstündiges, fast ungetrübtes Naturerlebnis, garniert mit Zeugnissen einer Geschichte, die vom Stift Viktring geprägt wurde. Es sind dies uralte Verbindungswege, manche von ihnen von Steinwällen und Mäuerchen begleitet, die der kleinteiligen Landschaft zusätzliche Struktur verleihen. Vom kurzen Auftakt abgesehen, bleibt man von Asphalt und Bausünden verschont, und das trotz der Nähe zu Klagenfurt/Celovec. Der Ausgangspunkt ist mit dem Stadtbus erreichbar.

Befürchtungen, die Wanderung könnte zu »waldlastig« und damit langweilig sein, sind unbegründet. Zwar ist man tatsächlich viel in der Vegetation unterwegs, doch ist diese erfreulich vielfältig. Einmal herrschen Laubbäume vor, dann verschiedenes Nadelgehölz, meist aber eine ausgewogene Mischung. Nur kurz vor dem Finale dominieren dürre Fichten, die zum Teil vom Sturm flachgelegt wurden. Für weitere Abwechslung sorgt das bemooste Blockgestein, dem der Schrottkogel seinen Namen verdankt. Zudem wandert man immer wieder im Offenen, sei es über große Lichtungen, sei es am Rande landwirtschaftlicher Flächen oder am Saum des Keutschacher Seentales mit weiten Blicken. Dazu kommen die verschwiegenen Spintikteiche und im Schlussteil ein schöner Panoramaweg über dem Wörthersee/Vrbsko jezero, nicht zu vergessen eine Reihe bezaubernder Bäche und Rinnsale, die im Frühjahr von unzähligen Blumen gesäumt werden. Dass die Wege fast durchgehend markiert und ausgeschildert sind, ist ein weiterer Pluspunkt.

INFORMATIONEN ZUR WANDERUNG

LÄNGE: 12,5 km

ANSTIEGE: 470 m

GEHZEIT: 4:00 Std.

« *Auf dem Wörthersee-Rundwanderweg*

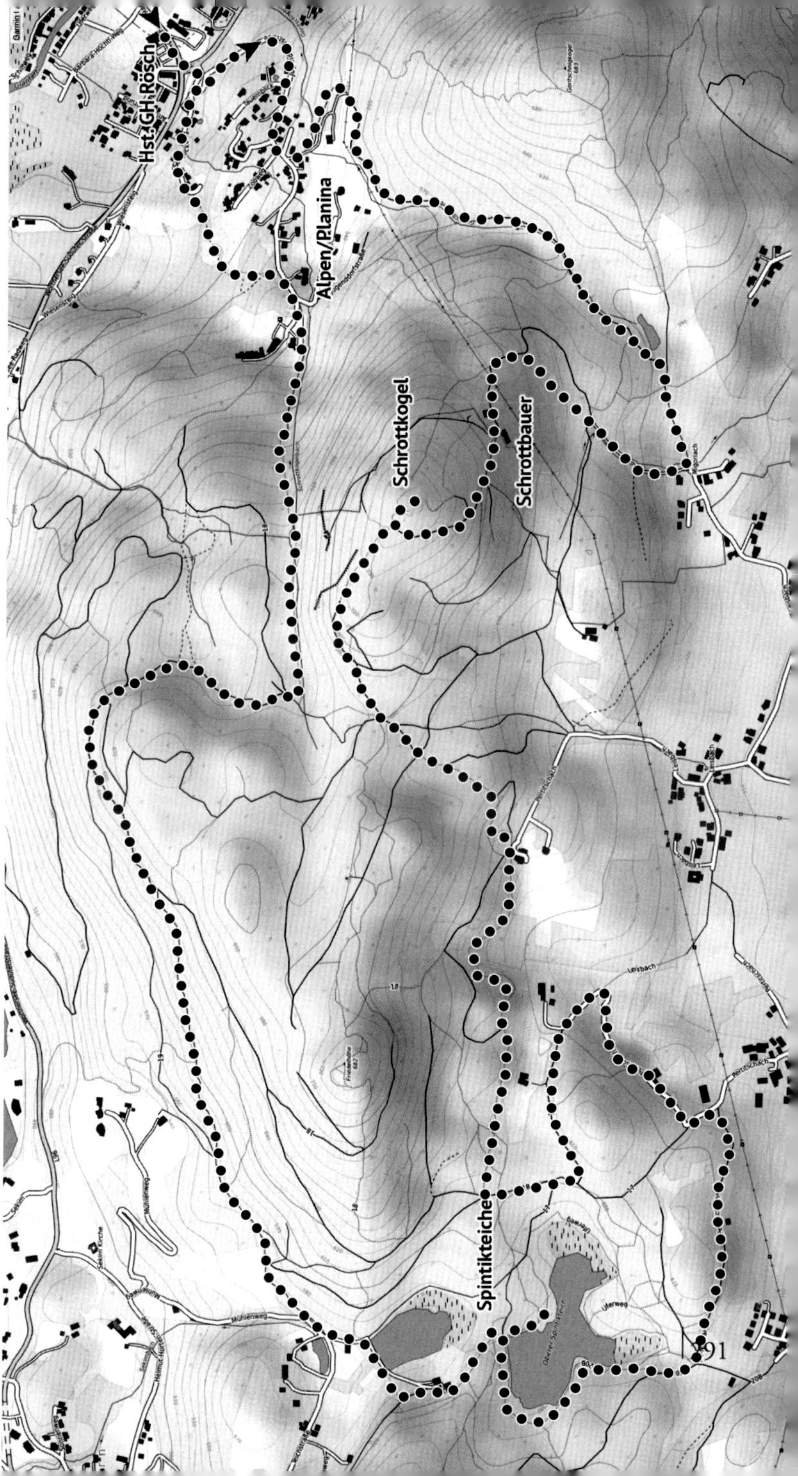
Hst.GH.Rösch
Alpen/Planina
Schrottkogel
Schrottbauer
Spintikteiche

ANFORDERUNGEN: Trittfestigkeit
KARTE: Kompass-Karte Nr. 61, Wörthersee, Karawanken West
ORIENTIERUNG: leicht
GASTSTÄTTEN: Schrottkogel
BUSVERBINDUNG: Linienbus Nr. 81 vom Heiligengeistplatz (Stadtzentrum Klagenfurt/Celovec) Richtung Krottendorf (Haltestelle Süduferstraße, GH Rösch)

WEGBESCHREIBUNG

Ausgangspunkt ist die **Bushaltestelle** Gasthof Rösch an der **Wörthersee-Süduferstraße** in Klagenfurt/Celovec. Man folgt der Straße bis zum BILLA, wendet sich in die **Ferdinand-Wedenigstraße** Richtung Viktring/Vetrinj nach links und biegt sofort nach rechts in die **Jugenddorfstraße** ein. 10minütiger Anstieg bis zur ersten **Abzweigung** nach links (**Wegweiser** »Schrottkogel«). Der Asphalt endet. Kurzer Anstieg bis zu einem breiten **Querweg**; auf diesem nach rechts. Angenehmer Anstieg im Wald; eine Abzweigung nach rechts (Wegweiser »Schrottkogel«) wird ignoriert. Weiter bergauf bis zu einer großen **Wiese**, wo man auf einem **Querweg** nach rechts geht (**Wegweiser** »Migoriach«). Kurz darauf wird die Abzweigung nach links (Wegweiser »Treimischer Teiche«) ignoriert. Weiter auf schönem **Feldweg** bis zu den ersten Häusern von **Migoriach/Megorje**, wo man sich auf einer **Straße** sofort nach rechts wendet (**Wegweiser** »Schrottkogel«). Nach 300 m nimmt man die **Abzweigung** nach rechts (Wegweiser »Schrottbauer«). [Nach 30 m empfiehlt sich ein kurzer Abstecher nach rechts zur Besichtigung einer historischen Trockenmauer.] Anstieg im Wald bis zum **Schrottbauer** (1:00 Std.).

Man passiert die Gaststätte und folgt dem **Wegweiser** »Schrottkogel« rechts bergauf. Bequemer Anstieg bis zu einer **Gabelung**; man geht halbrechts (**Wegweiser** »Schrottkogel«). 10minütiger Anstieg bis zum **Gipfel**. Schöner Rastplatz, Blick auf Klagenfurt/Celovec (1:30 Std.).

Zurück zur **Gabelung**; man geht rechts (**Wegweiser** »Rundwanderweg Keutschach«, **Weg Nr. 37**). Abstieg auf steilem Waldweg, dann auf breitem **Forstweg** mit schönem Blick zum Wörthersee/Vrbsko jezero bis zu einer breiten **Forststraße**; auf dieser nach links (**Wegweiser** »Rundwanderweg Keutschach«). Bei der nächsten **Kreuzung** geht man geradeaus (**Weg Nr. 35**). Der Weg windet sich bald zu einer **Häusergruppe** hinab, wo man dem **Wegweiser** »Spintikteiche«

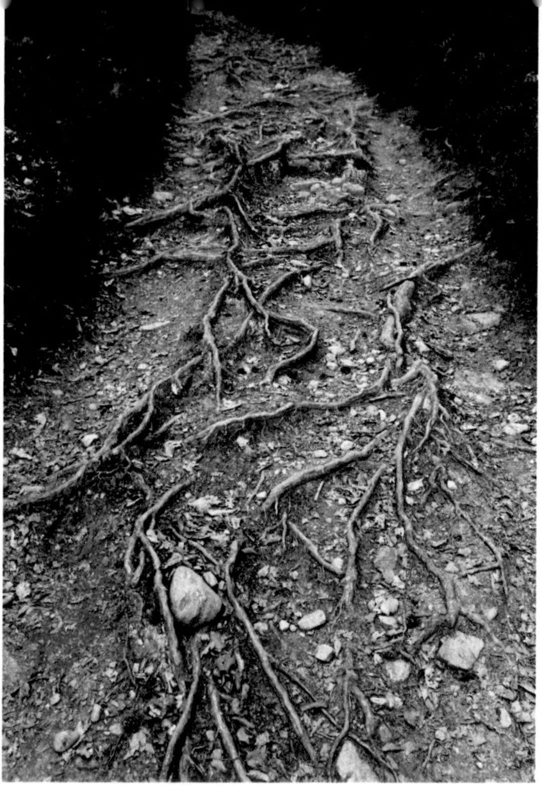

Beim Aufstieg zum Schrottkogel

(**Weg Nr. 17B**) folgt. Schöner Weg am **Waldesrand**, der bald wieder in den Wald eintaucht und an einer **Lichtung** vorbeiführt. Weiter bis zu einem breiten **Querweg**; auf diesem nach links (**Wegweiser** »Rundwanderweg Keutschach«, **Weg Nr. 18**). Die darauffolgende **Abzweigung** nach rechts wird ignoriert. Nach ca. 100 m nimmt man eine **Abzweigung** scharf nach links und verlässt damit die Markierung. Man trifft bald darauf auf den **Zufahrtsweg** eines Hauses, der bald nach rechts dreht. Hier geht man geradeaus und trifft auf einen weiteren **Fahrweg**, der einen großen Bogen beschreibt und an einem **Pferdehof** vorbeiführt. Kurz danach wird eine Abzweigung (Wegweiser »Spintikteiche«) ignoriert.

100 m danach wendet man sich in einen **Fahrweg** nach rechts. Der Asphalt endet sogleich. Sanfter Anstieg bis zu einem **Haus**; weiter auf einem schönen **Panoramaweg** mit Blick auf St. Nikolai/Šmiklavž bis zu einem **Querweg** unter einer mächtigen Eiche. Man geht rechts (**Wegweiser** »Spintikteiche«) und umgeht den ersten **Teich**

im Uhrzeigersinn bis zu seinem **Nordufer**. Hier folgt man dem **Wegweiser** »Rundwanderweg Keutschach« nach links (2:30 Std.). [150 m rechts finden sich schöne Rastplätze am Ufer.]

Der markierte Weg steigt an und führt an einem eingezäunten **Grundstück** vorbei. Unmittelbar danach folgt man, die Markierung verlassend, einem **Pfad** rechts bergab, der in einen **Fahrweg** mündet. Man folgt diesem, den **Unteren Teich** passierend, bis zu einer **Kreuzung** und geht halb rechts (**Wegweiser** »Maiernigg Strandbad«). Kurzer Anstieg bis zu einem schönen **Aussichtspunkt** bei einer Hausruine, welche man passiert. Weiter auf dem **Weg Nr. 7**. Gut 15minütiger, recht steiler Anstieg bis zur Einmündung in den **Wörthersee-Rundwanderweg**. Nach 50 m folgt man einer **Abzweigung** nach links und folgt von nun an stets der **blauweißen Markierung** durch den Wald. Eine Abzweigung (Wegweiser »Maiernigg-Strandbad«) wird ignoriert. Der Weg steigt noch einmal an und schlägt in einer **Senke** einen Haken nach links. Abstieg durch einen schönen **Graben** bis zu den ersten Häusern von **Alpen/Planina**, von wo man einem **Sträßchen** talwärts folgt (**Wegweiser** »Wörthersee-Rundwanderweg«). Nach 100 m wendet man sich nach links in einen breiten **Waldweg**. Abstieg bis zu einem **Haus**, weiter auf einem **Fahrweg** bis zum Ausgangspunkt (4:00 Std.).

AM WEGE

Alpen/Planina

Für einen Ort, der keine 100 Meter über dem Klagenfurter Becken liegt, mutet der Name seltsam an. Er stammt aus der Zeit, als er vom Stift Viktring als Viehweide genutzt wurde. Mittlerweile wurden die einstigen Futterwiesen von vermögenden BürgerInnen abgegrast und in Bauland umgewidmet. Die ästhetische Bandbreite ihrer »Almhütten« reicht von einem misslungenen Schlossimitat über eine eitle Hollywoodvilla bis zu einer düsteren Batman-Residenz. Je größer die Kubatur, desto höher die Böschungsmauern und breiter die Garagentore. Vor Menschengedenken fand oberhalb der heutigen Siedlung ein verheerender Bergsturz statt. (Der größte Felsbrocken diente im 18. Jahrhundert als Grenzstein und markierte eine wichtige Wegverbindung.) Nicht auszudenken, wenn sich das Ereignis wiederholte und die »Alpen« evakuiert werden müssten!

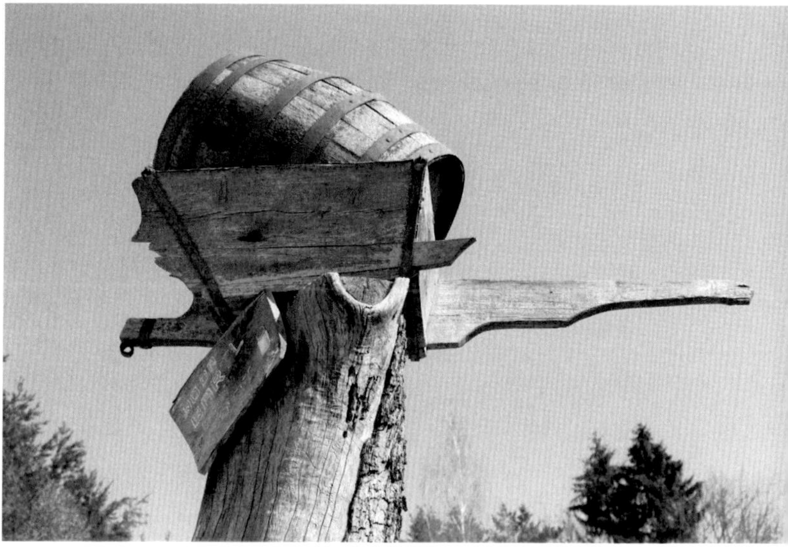

Beim Schrottbauer

Schrottkogel

Nördlich des Keutschacher Seentales unterscheidet sich die Sattnitz/Gure wesentlich von ihrem Hauptzug entlang der Drau/Drava. Ist dieser von lockerem Konglomerat geprägt (das einst der Gletscher herbeigeschafft und zusammengepresst hat), ist hier der kompakte (und erdgeschichtlich viel ältere) Glimmerschiefer dominant. Damit ist der Schrottkogel dem Klagenfurter Kreuzbergl näher verwandt als den Erhebungen über dem Rosental/Rož. (Das trifft auch auf den Pyramiden- sowie den Kathreinkogel zu, die in diesem Buch ebenfalls umrundet werden.) Der Sprachwissenschafter Heinz-Dieter Pohl führt den Namen der 759 Meter hohen Erhebung auf das alte deutsche Wort *schrot* zurück, das für »eine felsige, unwegsame Gegend« bzw. einen »Boden, aus dem Steine herausragen« steht. Das passt zu den Geröllhalden und dem Blockgestein in den bewaldeten Hängen, die von einstigen Bergstürzen zeugen. Nicht minder auffallend sind die fluoreszierend gelben Felswände an der Nordseite des Kogels. Verursacher des künstlich anmutenden Farbenspiels ist die sogenannte Schwefelflechte, eine Symbiose aus Pilzen und Algen, die nur im Schatten gedeiht.

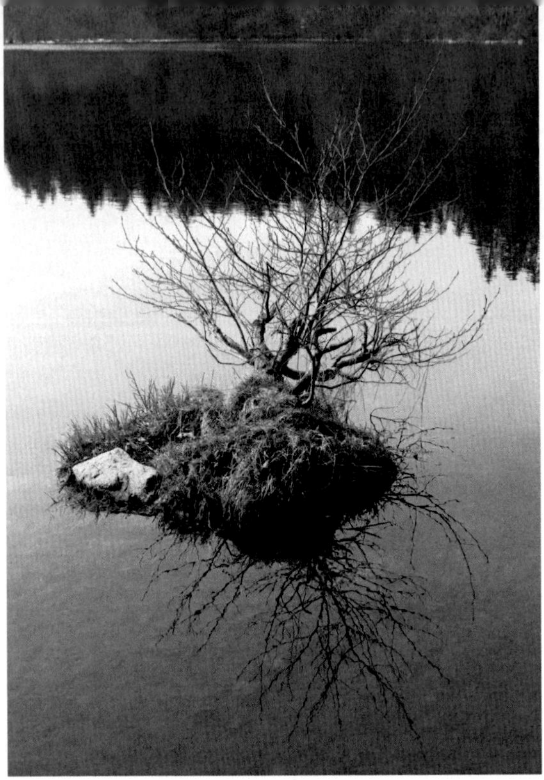

Am Oberen Spintikteich

Rätselhaft bleibt ein von Menschenhand bearbeiteter Steinblock an der Weggabelung unterhalb des Gipfels. Vier kleine Mulden sowie die Jahreszahl 1768 wurden in den Fels gehauen. Es ist ein sogenannter Schalenstein, wie er in der Alpenregion allenthalben vorkommt. Laut *Carinthia*, der Zeitschrift für geschichtliche Landeskunde, handelt es sich um ein »globales Phänomen«, das noch weitgehend unerforscht ist. Ähnliche Funde wurden andernorts der Bronzezeit, dem Altertum oder dem Mittelalter zugeordnet. Im konkreten Fall steht fest, dass die Vertiefungen und die Jahreszahl aus unterschiedlichen Epochen stammen. Mit Letzterer wurde – quasi »nachträglich« – das Territorium zwischen Keutschach/Hodiše und Viktring/Vetrinj abgesteckt. Über den Zweck der handtellergroßen Mulden gehen die Meinungen auseinander. EsoterikerInnen haben das Objekt, wenig überraschend, als »Kraftort« identifiziert, andere tippen auf einen Opferstein und die Kelten als Urheber.

Carinthia verweist wiederum auf die Ähnlichkeit mit Tiroler »Schwurlöchern« (an denen der Eid auf eine Grundstücksgrenze abgelegt wurde) und stellt die These in den Raum, dass in den Mulden kleine Leuchtfeuer entzündet wurden, die Reisenden als Wegweiser dienten. Mit Erik von Däniken könnte man daraus auf ein Netzwerk von Kultstätten zur Huldigung Außeridischer schließen. Wahrscheinlicher ist, dass sich hier die Viktringer Mönche und Novizen zum verbotenen Murmelspiel trafen.

EINKEHR:

Jausenstation Schrottbauer. Der Bauernhof existiert seit zwei Jahrhunderten, das Gasthaus wurde 1949 eröffnet. 13 Jahre später übernahm Frau Lauhsegger das Geschäft und führt es bis heute. Geöffnet hat sie »im Prinzip immer«, selbst wenn die Tür versperrt ist; man muss sich nur lautstark bemerkbar machen. Lustig sind die Sprüche an den Wänden, traurig der Plüsch-Schlumpf am Stammtisch, einmalig das Panorama. Most und Obstler stammen aus eigener Produktion; gegen den kleinen Hunger gibt's Speck und Hartwurst. Zum Andenken können Ansichtskarten aus besseren Zeiten erworben werden. 0043 463 281147

Spintikteiche

Von den ruhenden Gewässern im Keutschacher Seental ist der Obere Spintikteich der stillste. Keine Straße weit und breit, auch Verkehrslärm ist nicht zu hören. Mitten im Wald gelegen, bietet er dennoch sonnige Plätze, die von Eingeschworenen zum Baden genützt werden. Die braune Brühe mag nicht jedermanns Sache sein, wärmer als der nahe Rauschelesee ist sie allemal. Hält sich dort das Eis oft bis ins Frühjahr, kann man hier schon Anfang Mai schmerzfrei schwimmen. Wer sich ins Wasser wagt, ist nicht allein: Der Teich ist für seine kapitalen Karpfen bekannt, die ein Gewicht von 15 Kilogramm erreichen können. Auch Zander und Hechte sind vertreten. BotanikerInnen freuen sich über die üppige Ufervegetation, darunter nützliche Pflanzen wie das Sumpf-Blutauge, den Fieberklee oder die Wasserminze. Die helfen der Reihe nach gegen Durchfall, Appetitlosigkeit und Seitenstechen.

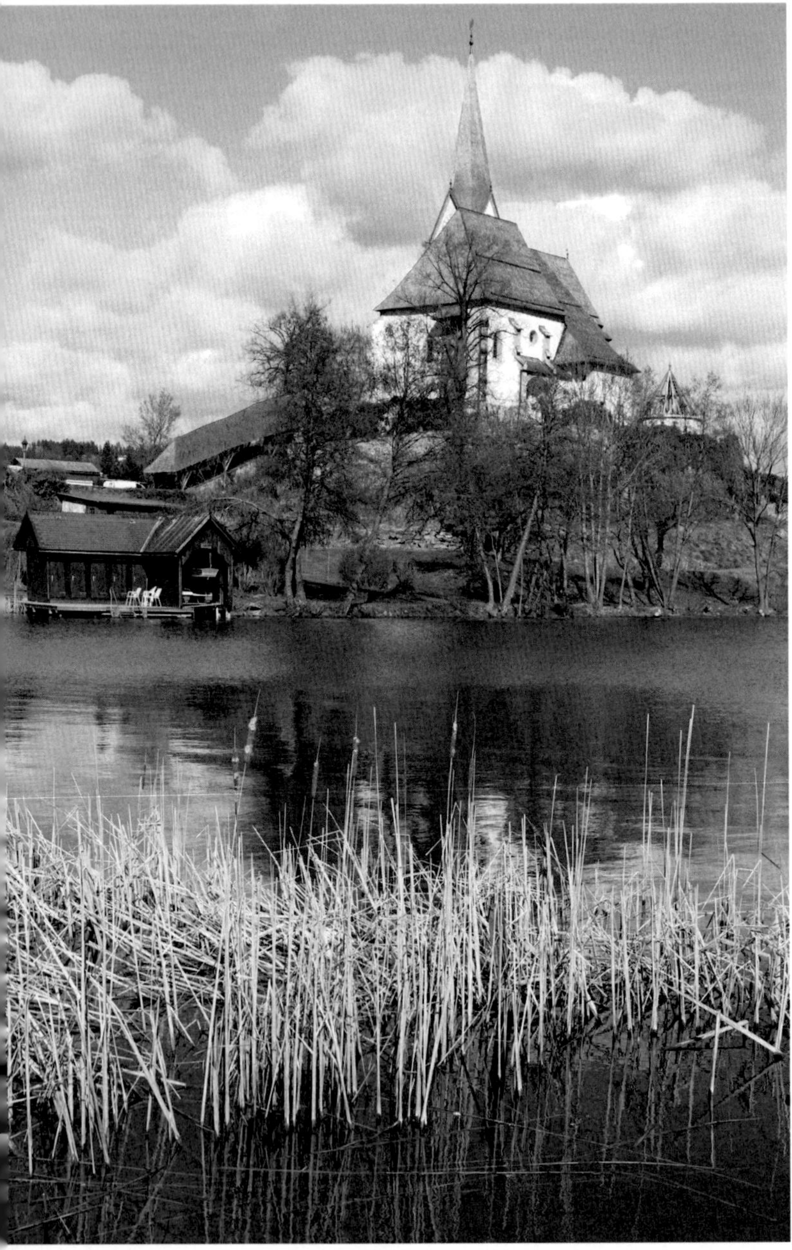

XVII. WECHSELBAD
Wanderung bei Reifnitz/Ribnica

Unversehrte Natur und harmonische Kulturlandschaften wird man sich im Umkreis des Wörthersees/Vrbsko jezero kaum erwarten. Erst recht nicht bei Reifnitz/Ribnica, das sich als Mekka der Golf-GTI-Fans einen zweifelhaften Ruf erworben hat. Der Ort besitzt aber auch eine andere, überraschend schöne Seite. Zu ihrer Erkundung bietet sich ein dichtes Netz an Wanderwegen an, die dem Autoverkehr geschickt ausweichen. Besonders abwechslungsreich ist die Umrundung des Pyramidenkogels/Jedvovca, der auf halber Höhe eine Reihe von Sehenswürdigkeiten besitzt.

Kaum hat man der Reifnitzer Asphaltwüste den Rücken gekehrt, ist die Welt wie ausgewechselt. St. Anna/Šentana posiert am ersten Aussichtspunkt, ein paar Schritte weiter steht ein alter Bauernhof wie gemalt am Hang. Auch der Weg zur Burgruine Reifnitz/Ribnica wurde mit weichem Pinsel in die Landschaft geschrieben. Zwei Keuschen verfallen um die Wette; je ein Holzturm krönen Wehrturm und Kirche. Erhebend ist der Blick auf den Keutschacher See/Hodiško Jezero, ebenso aussichtsreich der folgende Abschnitt: Stets am Waldesrand und die Karawanken vor Augen, wandert man bis Linden/Lipa, wo sich gleich zwei angenehme Einkehrmöglichkeiten bieten. Ein weiterer Rastplatz findet sich am Trattnigteich, den man auf unmarkierten Schleichwegen erreicht. Sacht kräuselt sich das Wasser, wenigstens ein Fußbad sollte man wagen. Nur ungern wendet man sich wieder dem Wald zu – und wird angenehm überrascht. Ein auratischer »Römerweg« führt entlang eines Bächleins zu einem sagenumwobenen Bildstock, wo man entweder dem Wörthersee-Rundwanderweg bis Reifnitz/Ribnica folgt oder sich für den Abstieg nach Maria Wörth/Otok entscheidet. Im ersten Fall beschließt man den Tag auf bequemen Waldwegen, im anderen Fall holt man sich eine kalte Dusche. Alle Auswüchse des Wörthersee-Tourismus manifestieren sich auf der berühmten

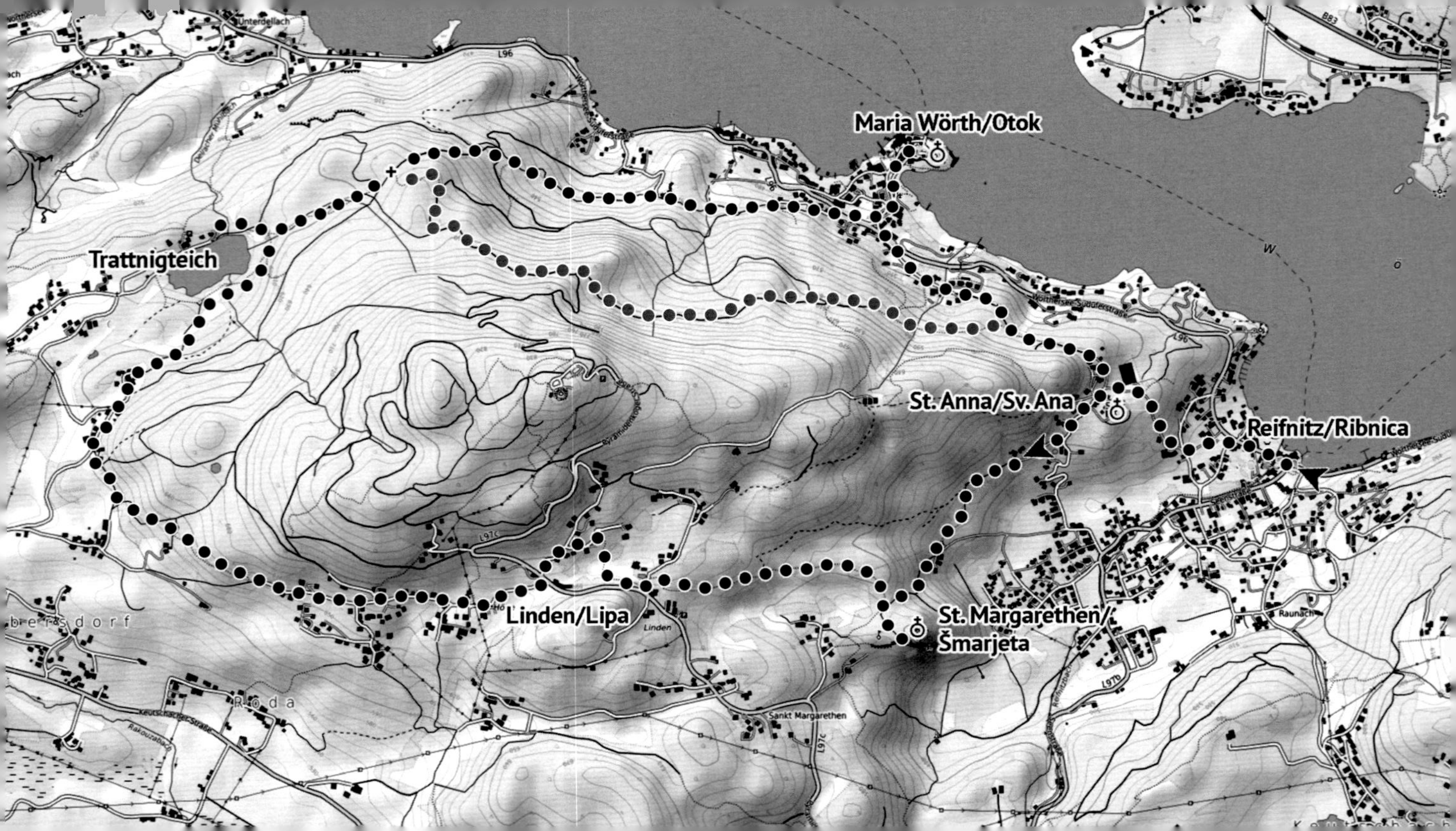
Maria Wörth/Otok
Trattnigteich
St. Anna/Sv. Ana
Reifnitz/Ribnica
Linden/Lipa
St. Margarethen/
Šmarjeta

Halbinsel. Ein Besuch der zwei Kirchen und des Karners lohnt allemal: Stimmiger könnte das Zusammenspiel von Romanik, Gotik und Barock kaum sein. Das lässt sich von den umliegenden Häusern schwerlich behaupten. Nicht ein Gebäude, das dem Ortsbild zuträglich wäre. Man tröstet sich mit einer Dose Bier und lässt das architektonische Elend im Laufschritt hinter sich. Wie gut, dass es im Wald noch ein paar Bäume gibt!

INFORMATIONEN ZUR WANDERUNG

LÄNGE: 14,5 km [13 km]
ANSTIEGE: 470 m
GEHZEIT: 5:15 Std. [4:15 Std.]
ANFORDERUNGEN: Ausdauer
KARTE: Kompass-Karte Nr. 61, Wörthersee, Karawanken West
ORIENTIERUNG: einfach
GASTSTÄTTEN: Linden/Lipa, Maria Wörth/Otok, Reifnitz/Ribnica
ANFAHRT: mit dem PKW von Klagenfurt/Celovec auf der Wörthersee Süduferstraße bis Reifnitz/Ribnica
BUSVERBINDUNG: Postbus ab dem Klagenfurter Busbahnhof
HINWEIS: In den Sommermonaten kann der Abschnitt von Maria Wörth/Otok nach Reifnitz/Ribnica mit dem Linienschiff überbrückt werden.

WEGBESCHREIBUNG

Ausgangspunkt ist der **Parkplatz** beim Golf-GTI-Denkmal in **Reifnitz/Ribnica**. Man folgt der **Süduferstraße** nach Westen, ignoriert die **Abzweigung** der L97b nach Keutschach/Hodiše, passiert den **Lindenweg** und folgt dem darauffolgenden **Sträßlein** nach links. Bei der darauffolgenden **Querstraße** geht man rechts bergauf. Anstieg zur **Häusergruppe St. Anna/Šentana**, kurzer Abstecher zur **Kirche**, dann weiter auf dem **Sträßlein**, das sich zu einem alten **Gehöft** senkt. Kurz davor geht man rechts (**Wegweiser** »St. Margarethen, Burgruine«). Der Weg steigt an und führt kurz darauf in den **Wald**. Schöner Weg im Laubwald, der bald ein **Bächlein** quert und zu einer **Straße** ansteigt. Man geht rechts. Anstieg bis zu einem bewaldeten **Sattel**. Man geht links, quert einen **Bach** und hält sich bei einer **Gabelung** links. Anstieg bis zur **Burgruine** und weiter zur **Kirche St. Margarethen** (1:15 Std.). Schöner Rastplatz mit Aussicht.

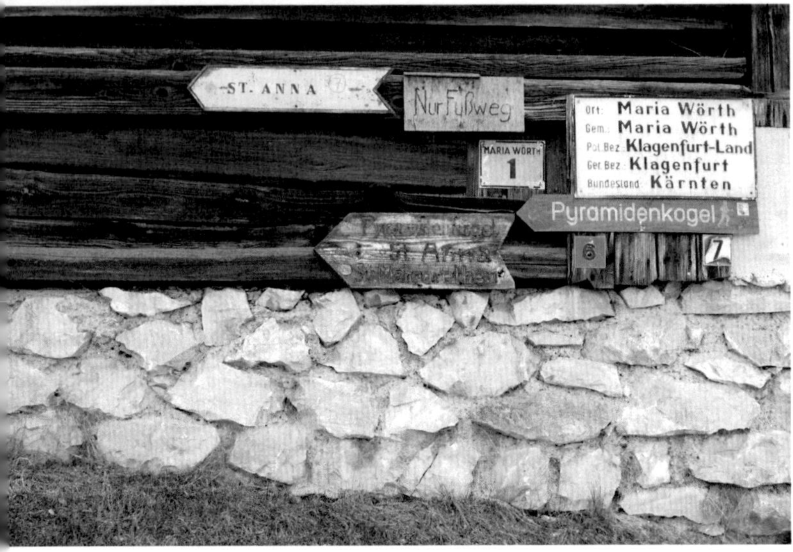

Auf dem Weg nach St. Anna/Šentana

Zurück zum **Sattel**, dann links bergauf (**Weg Nr. 27**, Rundwanderweg Keutschach). Schöner, sanft ansteigender Weg bis zu einer **Häusergruppe**, wo man auf eine **Querstraße** trifft; auf dieser nach links. Nach 50 m folgt man dem **Wegweiser** »Rundwanderweg Keutschach« nach rechts. Der **Wiesenweg** dreht bald nach rechts und steigt zu einem **Sträßchen** an; auf diesem nach links. Bei der nächsten **Querstraße** geht man wieder links und verlässt damit den ausgeschilderten Weg. Man trifft auf eine breite **Straße**, geht links und folgt sofort der **Abzweigung** nach rechts Richtung Höhenwirt.

Die **Straße** senkt sich und gabelt sich bald; man hält sich rechts (100 m links der Höhenwirt). Weiter der Nase nach mit schönem Panorama; eine Abzweigung nach rechts (Wegweiser »Pyramidenkogel«) wird ignoriert. Kurz darauf dreht die **Straße** nach links; man geht geradeaus (**Sackgasse**), der Asphalt endet bald. Man umgeht einen **Schranken** und wendet sich 50 m danach nach rechts in einen ansteigenden **Weg**. Nach 20 m biegt man nach links in einen **Pfad** ab. Der Weg führt in den Wald und senkt sich bald zu einem breiten **Querweg**; auf diesem nach links. Man folgt dem **Hauptweg** bergab bis zu einem **Feldweg** am Waldrand; auf diesem scharf nach rechts. Kurzer Anstieg bis zu einem **Haus**, weiter auf dem Zufahrtsweg bis zu einer **Querstraße**; auf dieser nach rechts (**Weg-**

weiser »Pyramidenkogelweg«). Kurz darauf wird eine Abzweigung scharf nach links (Wegweiser »Trattnigteich«) ignoriert. Man geht geradeaus und folgt nach 50 m dem **Wegweiser** »Trattnigteich-Rundwanderung« in den Wald. Fast ebener Weg, der sich bald gabelt; man nimmt den linken Weg. Angenehmer Weg, der nach rund 5 Min. bei einem **Bach** einen deutlichen Haken schlägt. Kurz danach ignoriert man einen undeutlichen Pfad scharf nach links. Weiter auf dem **Hauptweg** bis zur nächsten deutlichen **Abzweigung** scharf nach links. Abstieg auf schmalem **Pfad**, der sich oberhalb des Trattnigteiches mit einem **breiteren Weg** vereinigt. Man geht geradeaus, quert einen **Bach** und trifft auf den blau-weiß markierten **Wörthersee-Rundwanderweg** (WSRWW); auf diesem nach links bis zum **Trattnigteich** (3:15 Std.). Schöner Rastplatz am Ostufer; 200 m weiter eine öffentliche Bademöglichkeit.

Man macht kehrt und folgt dem **WSRWW** bergwärts bis zum **Teixlkreuz**, wo sich der Weg gabelt. Man geht links (Wegweiser »Schiffsanlegestelle Maria Wörth«).

[**Variante:** Man geht rechts und folgt dem WSRWW über **St. Anna/Šentana** bis **Reifnitz/Ribnic**a. Zeitersparnis 1 Std.]

Anfänglich steiler, dann moderater Abstieg, stets den Wegweisern folgend bis zur **Süduferstraße**, welche man quert, um auf der **Seepromenade** zur **Halbinsel** von **Maria Wörth/Otok** abzusteigen (4:15 Std.). Lohnende Besichtigung der zwei Kirchen. Einkehr.

Zurück auf der **Seepromenade** bis zu einer Gabelung, man geht links und trifft auf die **Süduferstraße**. Auf dieser kurz nach rechts, dann links in den ansteigenden **St.-Anna-Weg**. Der Weg führt bald in den Wald und vereinigt sich mit dem **WSRWW**, welchem man bis **St. Anna/Šentana** folgt. Zurück zum Ausgangspunkt auf bereits bekanntem Wege (5:15 Std.).

AM WEGE

Reifnitz/Ribnica

Wer Mitte Mai, Anfang Juni an den Wörthersee kommt, kann sie nicht übersehen: Sie treffen sich an Tankstellen, auf Parkplätzen oder an Bushaltestellen. Beim Start heulen die Motoren, Bassrhythmen dröhnen aus dem Autoinneren, die Gummireifen

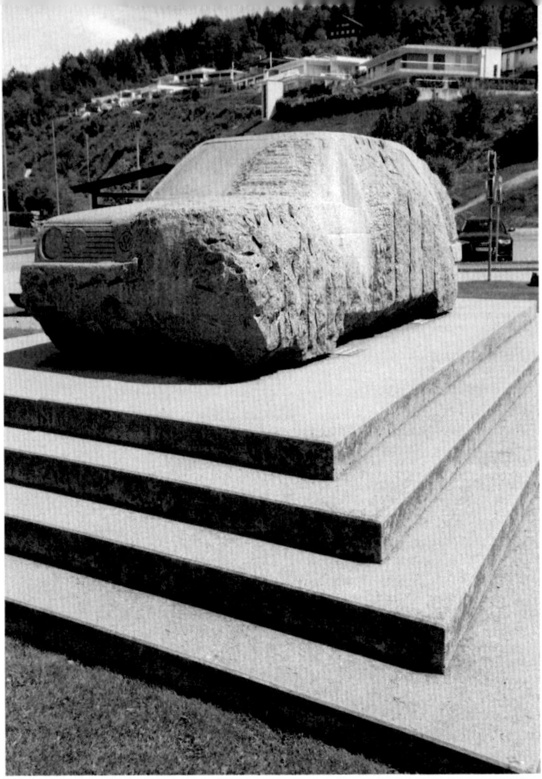

Golf-GTI-Denkmal in Reifnitz/Ribnica

quietschen auf dem Asphalt. Laute Maschinen, herausgeputzte, tiefergelegte und getunte Autos und ausgelassene Partys gehören zu den alljährlich stattfindenden Golf-GTI-Treffen in Reifnitz/Ribnica. Überall wird »Gummi, Gummi« gebrüllt, insbesondere am eigens dafür eingerichteten Reifnitzer Gummi-Gummi-Platz. Das vorsaisonale Reifnitz/Ribnica und die gesamte Umgebung werden für ein paar Tage zum pulsierenden Tummelplatz, wenn tausende GTI-Boliden von überall her zum internationalen Autotreff an den Wörthersee/Vrbsko jezero kommen. Polizeieinsätze, randalierende Jugendliche, viel nackte Haut und der Konsum von Unmengen Alkohol gehören zu den Horrorbildern, die in den Köpfen vieler entstehen, wenn sie an das motorisierte Traditionstreffen denken.

Als sich Isabel Brugger anlässlich ihrer ethnographischen Forschungsarbeit *Fremd-Fahren* dem GTI-Treffen in Reifnitz/Ribnica mittels Shuttlebus näherte, verfolgte sie folgende Szene: »Hinten im Bus schrie ein GTI-Fan: ›I kriag glei an Herzinfarkt – sovü GTIs auf an Haufen!‹. Ein anderer antwortete: ›Jo, dos Paradies auf Erden.‹« Am Gelände angekommen, beobachtete sie einen »GTIler«, der mit seinem Auto nach 100 Metern Fahrt auf einen Abstellplatz fuhr und seine Putzsachen herausholte. »Er hatte weiße Handschuhe an und der Fahrersitz war mit einem Handtuch ausgelegt, wahrscheinlich als Schutz vor seiner dreckigen Hose.« Zu Mittag hatte sie »eine Gruppe Tiroler getroffen, die schon angetrunken waren« und ihr »vom Jägermeisterzelt erzählten. Bei drei Schnäpsen bekommt man dort einen Schlüsselanhänger, bei fünf einen Hut und bei zehn ein T-Shirt – sie haben sich gleich 18 Jägermeister bestellt und hätten nun das komplette Outfit«.

Das GTI-Treffen polarisiert die Gemüter. Die GTI-FahrerInnen aus aller Welt verstehen sich als große Familie, zusammengehalten von ihren fahrbaren Untersätzen. Autofans pilgern nach Reifnitz/Ribnica zur internationalen GTI-Show, wo, ähnlich einem Catwalk, die schönsten und besten Boliden gekürt werden. Von seinen Anfängen bis heute hat sich die Berichterstattung über das GTI-Treffen stark verändert. Die anfangs noch positiven Meldungen über den pekuniären Erfolg des Treffens in der touristischen Vorsaison wurden rasch von Schreckensmeldungen über Autolärm, Sachbeschädigungen rücksichtsloser, betrunkener und randalierender Jugendlicher abgelöst.

In der rund 1.400-Seelen-Ortschaft Reifnitz/Ribnica herrscht also der bewusst herbeigeführte Ausnahmezustand. Beim ersten Internationalen Golf-GTI-Treffen im Jahre 1982 – damals war noch Maria Wörth/Otok Schauplatz der familiären Zusammenkunft – gaben sich gezählte 72 Autos und rund 160 GTI-FanatikerInnen ein Stelldichein, 20 Jahre später schoben sich beim mittlerweile nach Reifnitz/Ribnica verlegten Autospektakel über 200.000 Menschen durch die ansonsten verschlafene Ortschaft. Seit 1983 ist Volkswagen Mitveranstalter und Sponsor. Das Unternehmen erkannte die Werbewirksamkeit des Treffens und stellt dort seitdem seine neuesten Motoren und Modelle vor. Beim sechsten Internationalen GTI-Treffen wurde mitten in Reifnitz/Ribnica ein steinerner GTI aufgestellt. Die letzten 500 Meter bis zu seinem Bestimmungsort wurde das 25 Tonnen schwere Ungetüm von über 1.000 Fans gezogen.

Mittlerweile bewirbt VW auf seiner Webseite das GTI-Treffen am Wörthersee/Vrbsko jezero mit folgenden Worten: »Postkartenidylle vor Alpenkulisse, doch einmal im Jahr brodelt es richtig am Wörthersee. Dann verwandelt sich das beschauliche Reifnitz in einen automobilen Großspielplatz und tagelang leuchtet es in den Augen der Besucher: G - T - I.« Gleichzeitig finden sich auf der Webseite die aktuellen VW-Modelle sowie ein Webshop mit GTI-Merchandise-Produkten. Dem typischen GTI-Fan werden die Attribute jung, frech, schnell, dynamisch, wild und unkontrollierbar zugeordnet. Folgerichtig nennt die VW-Werbung ihren neuesten Golf »einen Rebellen, der wieder auf die Straßen geht«. Der GTI-Motor wird mit jugendlichen Eigenschaften wie »kraftvoll, sportlich und durchtrainiert« gleichgesetzt. Die FahrerInnen fahren demnach ein schnelles, getuntes Auto, feiern Partys, geben Gummi und rebellieren gegen die Ordnungsorgane.

2014 erhielt Ferdinand Piëch, umstrittener ehemaliger VW-Aufsichtsratsvorsitzender, die Ehrenbürgerschaft der Gemeinde Maria Wörth/Otok. Das traf sich gut, besitzt doch Piëch am Südufer des Wörthersees/Vrbsko jezero eine Seevilla. Verliehen wurde dem VW-Manager die Ehrenbürgerschaft vom Maria Wörther »GTI-Bürgermeister« Adolf Stark, einem langjährigen FPÖ-, FPK- und BZÖ-Politiker. Stark war auch Organisator und leidenschaftlicher Befürworter der motorisierten »Wallfahrt« an den Wörthersee/Vrbsko jezero.

Für die Fremdenverkehrsregion Wörthersee/Vrbsko jezero ist das GTI-Treffen zweifelsohne ein Publikumsmagnet mit Volksfestcharakter. Trotzdem wird den meist jugendlichen GTI-Fans ihre jahrzehntelange Treue zur Region wenig gedankt. Stattdessen wird die Szene von den lokalen Medien pauschal kriminalisiert und macht man ihr das Leben mit künstlichen Bodenwellen und Fahrverboten schwer. Von der fehlenden Infrastruktur, sprich Mangel an WC-Anlagen, ganz zu schweigen.

Nicht bedacht wird der soziale Stellenwert des Events. Mit den BesitzerInnen teurer GTI-Modelle treffen sich am Wörthersee/Vrbsko jezero auch geschickte HandwerkerInnen und MechanikerInnen, die jede Minute ihrer Freizeit an den geliebten Autos herumbasteln und Unsummen in ihr Hobby stecken. Die jährlichen

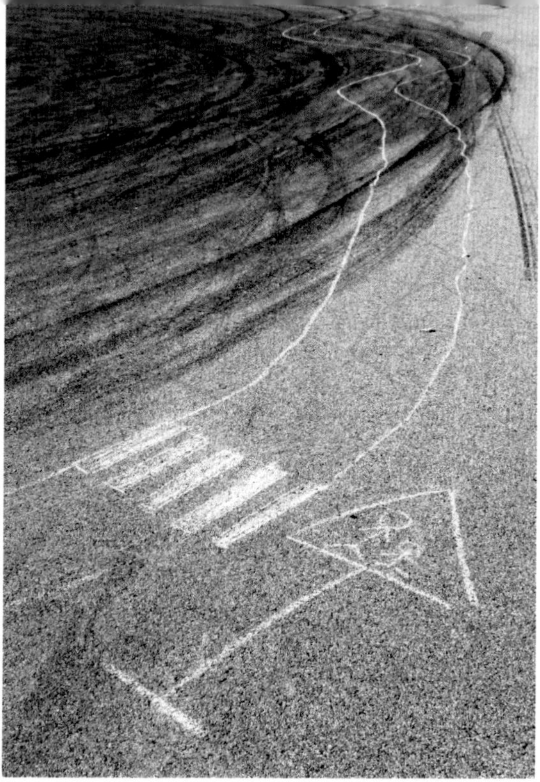

Gummi-Gummi-Platz in Reifnitz/Ribnica

Zusammenkünfte, ob bei den offiziellen Events, organisiert von VW-Konzern und Kommune, oder bei »wilden« GTI-Treffen, fördern letztendlich auch die soziale Verortung der GTI-Gemeinschaft. Als Subkultur braucht sie ihre Bühne, um sich ihrer selbst gewiss zu sein. Wer aus ökologischen Gründen darüber die Nase rümpft, sollte zumindest diesen Aspekt beachten: Lieber ein tiefergelegter Autonarr als ein auffrisierter Neonazi.

Werner Koroschitz

EINKEHR:

Café Bar C'est la Vie. Die leicht verruchte Kneipe an der Süduferstraße hat ganzjährig geöffnet, was in Reifnitz/Ribnica eine große Ausnahme und für Wandersleute ein Segen ist. Das Interieur stammt aus den 1970ern und kann sich noch immer sehen lassen. Auch die Musik lässt keine nostalgischen Wünsche offen. Die Getränkekarte ist überschaubar, zu essen gibt's »ofenfrische Pizzen«. 0043 676 9601202

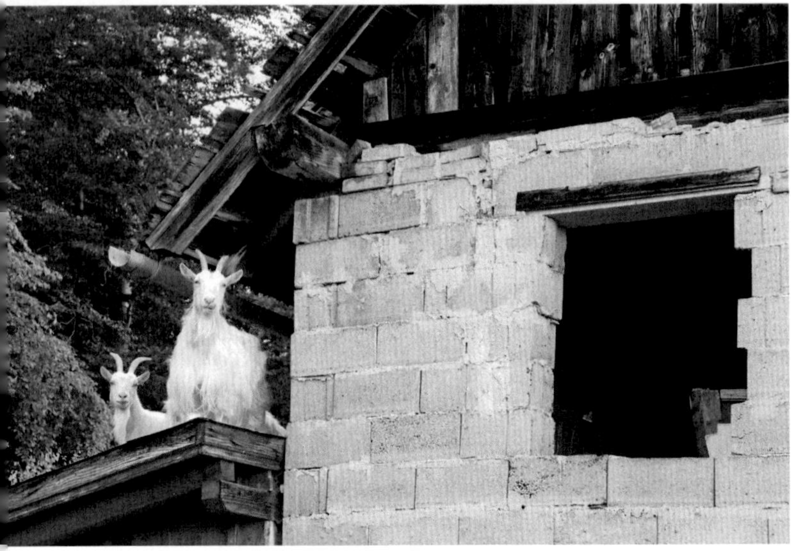

Auf dem Weg zum Trattnigteich

Strandrestaurant Sille. Von Ostern bis Anfang Herbst ist es die erste Essensadresse im Ort. Für den prominenten Platz gibt's auf ein mittelmäßiges Wienerschnitzel mit lauwarmen Kartoffeln einen Preisaufschlag von 100 Prozent. Das schwarz gekleidete (männliche) Personal wirkt nahkampfgeschult, Kritik verkneift man sich lieber. 0043 4273 244853

Burgruine Reifnitz/Ribnica und Kirche St. Margarethen/Šmarjeta
Schon im 8. oder 9. Jahrhundert, zur Zeit der gewaltsamen Christianisierung der Alpenslawen, entstand hier eine Wehranlage, die in den darauffolgenden Jahrhunderten zu einer der mächtigsten Burgen der Wörthersee-Region ausgebaut wurde. Besitzer waren bayrische, tirolerische und österreichische Adelsgeschlechter, darunter die Keutschacher (siehe Kapitel IX) sowie die Grafen Rosenberg, die die Festung nach 1700 dem Verfall preisgaben. Geblieben sind einige wenige Mauerreste sowie der Torso eines Wehrturms, dem man im letzten Jahrhundert eine Art Warte aus Holz aufgesetzt hat. Sie befindet sich in Privatbesitz und ist nicht zugänglich. Hohe Buchen versperren die Aussicht.

Offener ist der Blick vom benachbarten Kirchlein St. Margarethen/Šmarjeta auf den Keutschacher See/Hodiško jezero und die Sattnitz/Gure. Es ist aus der ehemaligen Burgkapelle hervorgegangen und birgt – wie man durch ein Guckloch sehen kann – einen bescheidenen Hochaltar mit der Namenspatronin im Zentrum. Am linken Seitenaltar ist der Heilige Antonius Eremita (geb. 251 n. Chr.) dargestellt, ein Ägypter, der 105 Jahre alt wurde und davon rund acht Jahrzehnte als Einsiedler verbrachte. Seine Hauptbeschäftigung bestand darin, der Versuchung (des Teufels und des Fleisches) zu widerstehen und Regeln wie diese aufzustellen: »Töte dich täglich selbst ab.«

Linden/Lipa

EINKEHR:

Gasthof Karawankenblick. Das ehemalige kleine Café ist heute 88 Meter lang und bietet fast 300 Gästen Platz. BesucherInnen des Pyramidenkogels freuen sich über eine preiswerte Alternative zur Gastronomie am Aussichtsturm. Der junge Wirt, Christoph Schaschl, dirigiert den Betrieb seit einem Sportunfall im Sitzen und spielt »nebenbei« im österreichischen Nationalteam der Rollstuhl-Basketballer. Dem Verkehrslärm auf der Terrasse entgeht man im neu gestalteten Bauernstüberl mit einem wandfüllenden historischen Panaromafoto aus einer Zeit, da Zersiedelung noch ein Fremdwort war. Die Speisekarte offeriert Altbekanntes; serviert wird mit rustikalem Kärntner Schmäh. Durchgehend warme Küche, kein Ruhetag. 0043 4273 2447, www.karawankenblick.info

Gasthaus Hotel Höhenwirt. Angenehmer wird man im Umkreis des Pyramidenkogels nirgends bewirtet. Die traumhafte Lage, den schönen Gastgarten und die gute Küche bekommt man nicht geschenkt, gemessen an der Qualität sind die Preise aber moderat. Ein Leckerbissen ist die fangfrische Reinanke aus dem Wörthersee/Vrbsko jezero, knackig der Salat aus eigenem Garten, nicht zu verachten das Schokomousse. Nach der Mahlzeit nimmt man sich am besten ein Zimmer und wandert erst am nächsten Tag weiter. 0043 4273 2328, www.hoehenwirt.at

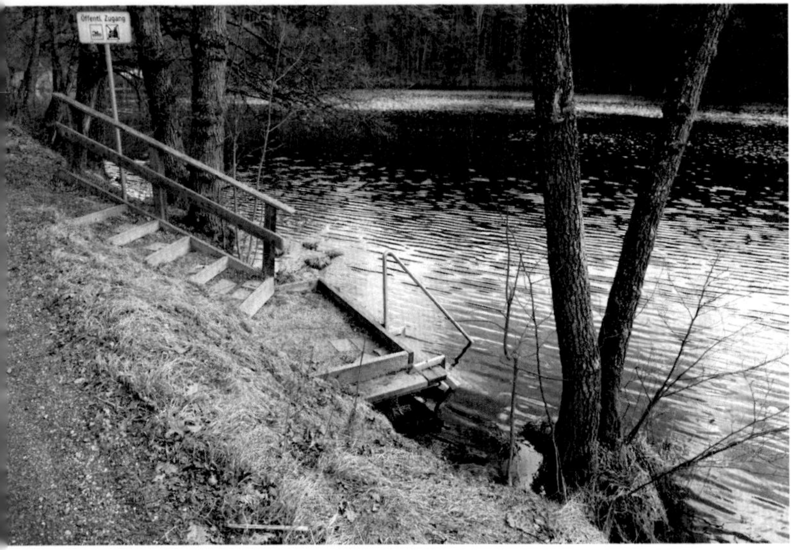

»Öffentlicher Zugang« zum Trattnigteich

Trattnigteich

Die schönsten Badeplätze befinden sich in Privatbesitz, einen öffentlichen Zugang hat man pro forma am Nordostufer geschaffen. Er besteht aus einer Holztreppe, die den Uferweg mit dem fast schwarzen Wasser verbindet. Badesteg? Fehlanzeige. »Willkommen in Kärnten« ist auf einer Tafel zu lesen. Aufgrund des geringen Durchflusses und einer maximalen Tiefe von drei Metern hat sich an der Sohle eine dicke Schlammschicht gebildet, die für die Eintrübung des Teiches verantwortlich ist. Das tut zwar der Wasserqualität wenig Abbruch, macht aber den Edelkrebsen das Leben schwer: Der ehemals dichte Bestand ist merklich zurückgegangen, entsprechend gering ist die Gefahr, von einem der Tiere – sie erreichen eine Länge von 20 Zentimeter und werden bis zu 20 Jahre alt – in die Zangen genommen zu werden. Größer ist die Wahrscheinlichkeit, sich einen Blutegel »einzufangen«. Der Biss ist schmerzlos und ungefährlich. Im Fall des Falles warte man 20 Minuten, bis das vollgesaugte Tier freiwillig von einem ablässt; von Brachialmethoden ist abzuraten. In der Zwischenzeit lasse man die Idylle des Trattnigteiches auf sich wirken. Dreifarbig spiegelt sich der Wald am Südufer; in Superzeitlupe fällt eine Fichte schräg nach vorn ins Aquarell.

Maria Wörth/Otok

Wer sich Maria Wörth/Otok auf der in diesem Buch vorgeschlagenen Route, also von oben und Westen her, nähert, wird mit einem einzigen Blick sowohl die Schönheit als auch das Elend des Wörthersees erfassen.

Für einen ehemaligen Bürgermeister »zeigt sich Maria Wörth weithin als die Perle des mit landschaftlichen Schönheiten reich gesegneten Wörther-See-Raumes«, ein Reiseführer aus 1957 nennt die Ortschaft »eine der reizendsten des Alpenraumes« und der Autor eines Buches über Maria Wörth/Otok, Hans Malloth, sieht noch 1979, dass sich dort »[...] alle Schönheiten der Landschaft ballen, [...] all ihre Reize einen unvergleichlichen Ausdruck finden und die Linien zusammenlaufen«.

Wenn es gelingt, den Blick streng auf die unten liegende Halbinsel zu fokussieren, dann kann diese pathetische Überhöhung durchaus nachvollzogen werden. Wörth kommt von *Werder*, das heißt Insel in einem Binnengewässer, und hat dem Ort und dem See seinen Namen gegeben, ehe der slowenische Name Vrbsko jezero, das heißt Veldener See, aus der Alltagsprache verschwunden ist. Verlandung machte eine bis 1770 bestehende Brücke funktionslos und nahm den beiden anderen Inseln im See, der Kapuzinerinsel und der Schlangeninsel (die wohl aus Rücksicht auf die Sommergäste in Blumeninsel umgetauft worden ist), ihre Nachbarin.

Einige Gemälde des Kärntner Landschaftsmalers Markus Pernhart (1824–1871) haben viel zur Romantisierung von Maria Wörth/Otok beigetragen. Noch Fotos aus der ersten Hälfte des 20. Jahrhunderts scheinen die Perspektive des Malers nachzustellen. Sie zeigen eine von wenigen hölzernen Bootshäusern flankierte Halbinsel, auf der sich drei Sakralbauten, die Pfarrkirche, die sogenannte Winterkirche und der Karner sowie der alte Pfarrhof harmonisch zusammenfügen.

In der Pfarrkirche sieht man am Hochaltar von 1658 eine sitzende Madonna mit Kind, die an den Altarflügeln von den Statuen der beiden Heiligen Primus (links) und Felicianus (rechts) flankiert wird. Diesen beiden Brüdern, die 305 während der Christenverfolgungen unter Kaiser Diokletian so standfest waren, dass sie sogar den Einsatz eines Bären überlebten und geköpft werden mussten, ist die 894 erstmals urkundlich erwähnte Kirche eigentlich geweiht. Aber Maria setzte sich schließlich »im Volk« (wie eine freundliche Pfarrmitarbeiterin erläutert) als Name durch, obwohl schon nach 884 sogar Gebeine der beiden Heiligen aus Rom herbeigeschafft worden waren. Ihrer ursprünglichen Rolle als Missionszentrum des Stifts Freising in Bayern scheint die Kirche noch heute subtil gerecht zu werden, ist sie doch beliebter Ort für Hochzeiten und Endstation einer jährlich am 15. August, zu Mariae Himmelfahrt, durchgeführten Schiffsprozession, deren Gründungsjahr 1954 und deren in einem Prospekt der Gemeinde angepriesener »Lichterglanz« wohl auch auf touristische Motive verweisen.

Im Vergleich zur barocken Pracht der Pfarrkirche, die sich nach einem Brand des ursprünglich romanischen Baus 1399 langsam zu entfalten begann, wirkt die zweite Kirche auf der Halbinsel, die Winter- oder Rosenkranzkirche auf einem kleinen Hügel gegenüber, bescheidener und dadurch intensiver. Die romanischen Fresken im Chor stammen aus dem 12. Jahrhundert und gelten als die bedeutendsten Reste frühmittelalterlicher Malerei in den Alpen. Die aus der Vorromanik stammende, nach einem Umbau 1155 neu geweihte Kirche ist von einem aufgelassenen Friedhof umgeben, in den man durch zwei uralte, mit Malereien verzierte Tore eintritt. Der Friedhof der Pfarrkirche hingegen ist noch in Betrieb. Beachtenswert ist dort der Karner mit zwei Geschoßen, vor 1278 gestiftet und den Heiligen Katharina, Elisabeth und Magdalena geweiht.

Wer nun hinunter und in das Bild hineingehen will und sich dazu ein wenig im Vordergrund orientiert, dem schiebt sich die hintere Fassade eines Hotels in den Blick, das sich 2021 Vivamayr nennt und dem Namen entsprechende Kuren anbietet. Es ist Sinnbild des Versuchs, die an manchen Stellen nicht nur von Maria Wörth/Otok, sondern am gesamten Wörthersee/Vrbsko jezero zu ahnende Dekadenz durch »Modernisierung« aufzuhalten. Ein besonders krasses Beispiel für dieses Bestreben ist der zuletzt noch 2018 ernsthaft erwogene Plan, eine schon auf Postkarten der 1920er Jahre als Karikatur (*Die Welt in hundert Jahren*) gezeichnete Seilbahn über den Wörthersee/Vrbsko jezero in der Realität umzusetzen und damit über Maria Wörth/Otok

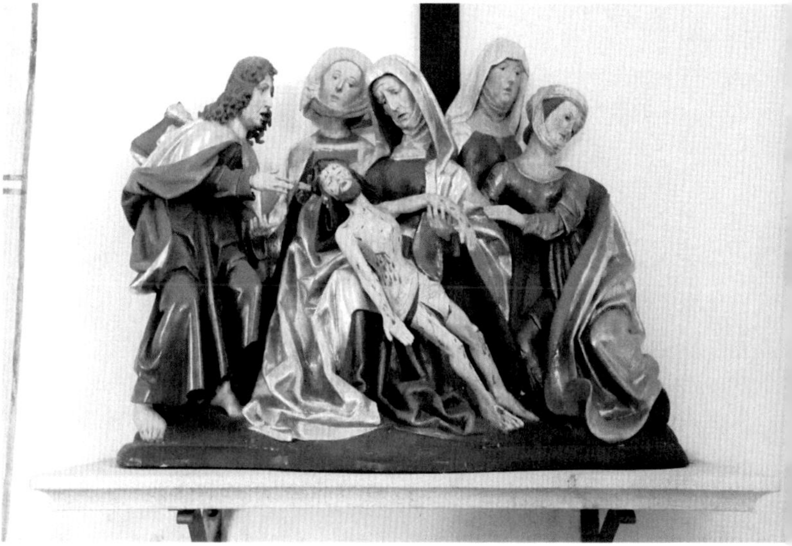

Spätgotische Beweinungsgruppe in der Winterkirche Maria Wörth/Otok

hinweg Pörtschach/Poreče mit dem Pyramidenkogel/Jedvovca zu verbinden. Während diese Reminiszenz an Disneyland bislang Phantasie geblieben ist, wird die ehemals berühmte Wörtherseearchitektur – eine Verbindung von Jugendstil und englischer Landhausarchitektur, die zahlreichen Hotels und Boothäusern eine unverwechselbare Form gab – in der Realität zunehmend von schuhschachtelartigen Gebäuden bedrängt oder ersetzt. Von diesen Blöcken aus schaffen am Südufer Überbrückungen der Straße private Zugänge zum See. Insgesamt gibt es – abgesehen von den Gemeindebädern – 2021 nur mehr etwa ein Dutzend öffentliche Zugänge zum See, für die man schon mal die Schutzplanken der Straße überklettern muss, die am Südufer oft direkt an ihnen vorbeiführt. Kein Wunder, dass andere in größeren Dimensionen denken. Der Versuch eines Industriellen, sich die gegenüber von Maria Wörth/Otok gelegene, durch ihren Baumbestand auffällige Halbinsel Walterskirchen, ein Naturschutzgebiet, gänzlich für die Zwecke seines Ruhestands einzuverleiben, ist vorläufig an Naturschutzregeln gescheitert. Aber schon eine Rundfahrt mit dem Linienschiff macht verständlich, wieso der Wörthersee/Vrbsko jezero den Beinamen Badewanne der Reichen trägt.

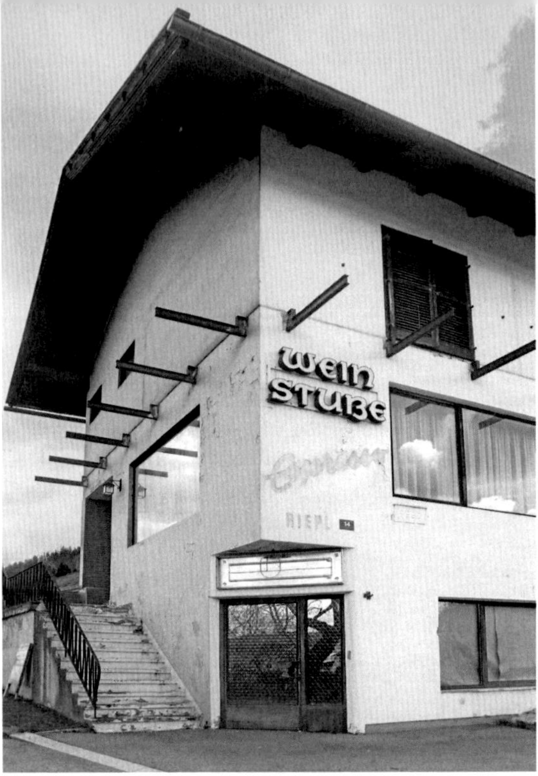

Auf der Halbinsel Maria Wörth/Otok

Im Hintergrund hört man das Dröhnen der Südautobahn. Ursprünglich als »Schnellstraße« geplant, sollte sie die von den Autos der Sommergäste verstopften Ortskerne von Krumpendorf/Kriva vrba, Pörtschach/Poreče und Velden/Vrba entlasten, was die ungewöhnlich hohe Zahl von Abfahrten (»Velden Ost«, »Velden West«, »Pörtschach West«, »Pörtschach Ost«) erklärt. Dass die Abfahrten selbst zu kleinen Autobahnen gerieten, die rücksichtslos in die Landschaft gefräst sind, macht sie zu Denkmälern des automobilen Größenwahns der 1960er Jahre. Zum Zeitpunkt ihrer Fertigstellung 1972 war die »Schnellstraße« längst Teil der Südautobahn geworden, für die man ursprünglich eigene Trassen bei Moosburg/Možberk, durch das Rosental/Rož oder sogar am Südufer in Betracht gezogen hatte. Eine Zeit lang wurde die Autobahn noch als »Panorama-Autobahn« schöngeredet – die Touristen würden, von der Schönheit der Landschaft betört, sogleich in die Fremdenverkehrsorte abfahren, soll ein besonders verblendeter Landeshauptmann gesagt haben – ehe fast durchgehende Schallschutzwände den Ausblick verstellten.

Wilhelm Berger

EINKEHR:

Zommstehn im Martin's. »Alpe trifft Adria« lautet das Motto des provisorischen Buffets auf der Halbinsel. Ein junges Team aus Slowenien versorgt die Touristen in der Sommersaison mit Krainer Wurst, Panini und Grillkäse sowie Eiscafé und Cremeschnitten. Letztere werden täglich aus Bled/Veldes »eingeflogen« und schmecken so gut wie dort. Im Hinterzimmer gibt's slowenische Spezialitäten á la Pršut und Malvazija.

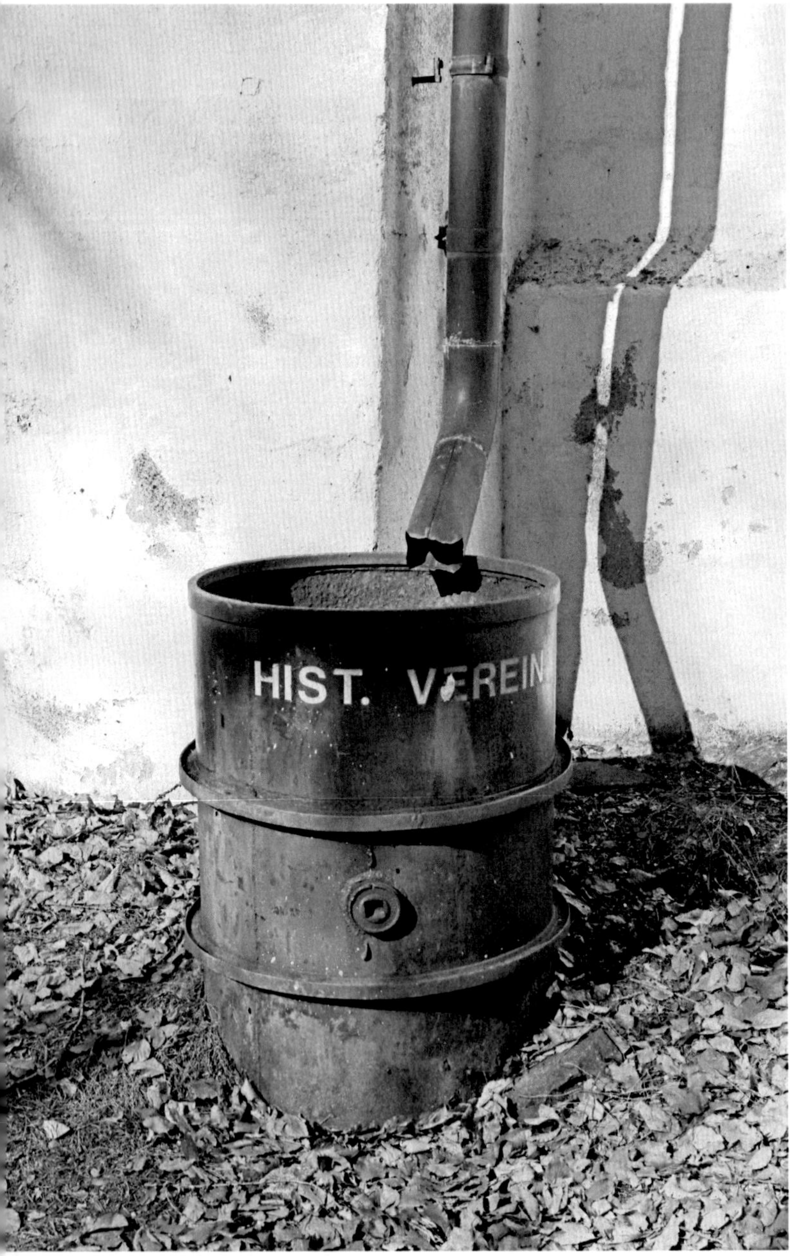
HIST. VEREIN

XVIII. ZEITSPRUNG
Wanderung bei Augsdorf/Loga vas

Am westlichen Ende des Sattnitzzuges werden Schiefling am See/Škofiče und St. Egyden/Šentilj keinen Schönheitspreis mehr gewinnen – zu nachhaltig zerstört sind die Ortsbilder. Umso angenehmer kann man in der Umgebung wandern. Zu verdanken ist es einem geschichtsträchtigen Berg und den harmonischen Wegen zu seinen Füßen. Dazu kommen unerwartete Fernblicke und eine angenehme Einkehrmöglichkeit auf halber Strecke.

Schon der Auftakt in Augsdorf/Loga vas lässt nichts zu wünschen übrig. Schön und selbstbewusst hält sich die Wehrkirche die Nachbarn vom Leib. In der Minderheit ist am Friedhof die Mehrheit. Man quert einen Graben, schlägt mehrere Haken und schleicht sich im Wald an den Kathreinkogel/Jerberk an. Zum kleinen Kraftakt wird der Aufstieg, eine Zeitreise ist die Gipfelrunde. Man genießt die Aussicht und besichtigt die bemoosten Grundmauern einer Römersiedlung. Zwei der einstigen Bewohner geistern durch das Museum. Dem bequemen Abstieg folgt ein Gleitstück im Offenen. Schon im Altertum wurde hier Getreide angebaut. Lamas und Alpakas beweiden den Hang. Gerade recht kommt der Gasthof in Aich/Dob. Achtlos hingewürfelt sind die Häuser, liebevoll angelegt ein Seerosenteich. Ein paar Schritte weiter hat man die Gerlitzen/Osojščica vor der Nase. Rossäpfel weisen die Richtung; die Pilger sind in der Gegenrichtung unterwegs. Augsdorf/Loga vas erscheint, ein Hund schlägt an, der Tag ist noch lang. Also pflückt man etwas Lorbeer von der Hecke, flicht einen Kranz und legt ihn am Partisanendenkmal nieder. *Slava padlim!*

INFORMATIONEN ZUR WANDERUNG
LÄNGE: 10 km
ANSTIEGE: 320 m
GEHZEIT: 3:45 Std.

Regentonne des Historischen Vereines am Kathreinkogel/Jerberk

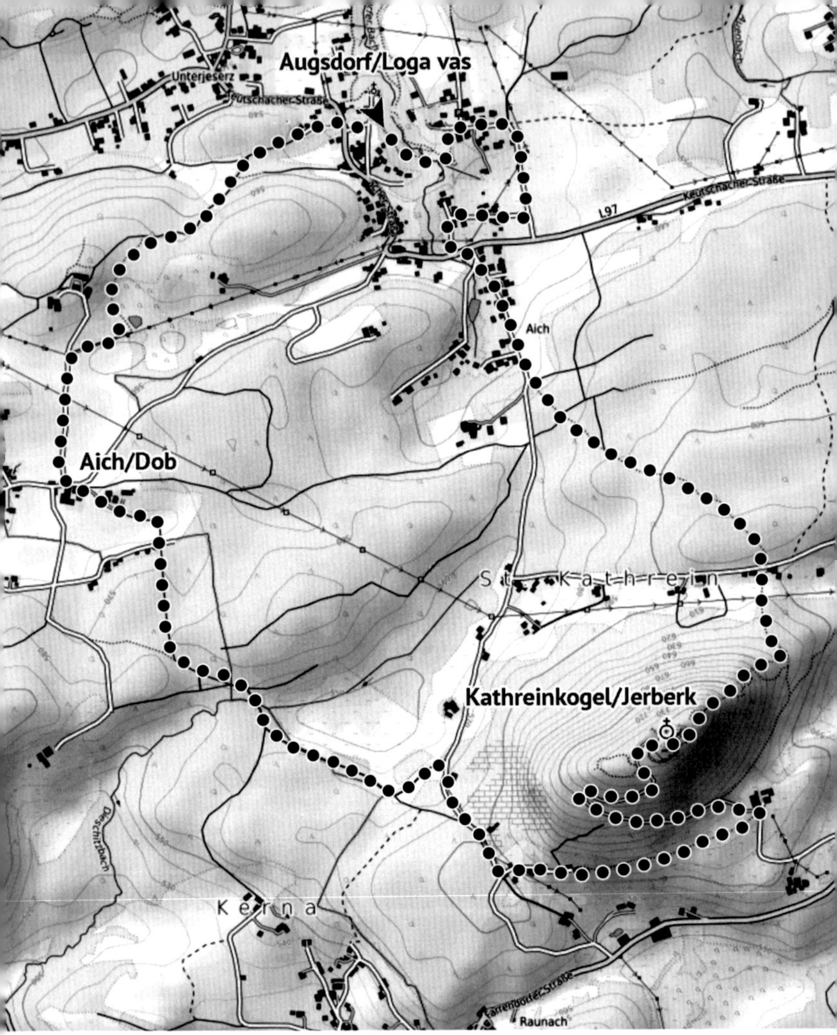

ANFORDERUNGEN: Trittfestigkeit
KARTE: Kompass-Karte Nr. 61, Wörthersee, Karawanken West
ORIENTIERUNG: einfach
GASTSTÄTTE: Aich/Dob
ANFAHRT: mit dem PKW von Velden/Vrba auf der L97 nach Augsdorf/Loga vas
BUSVERBINDUNG: Postbus ab dem Klagenfurter Busbahnhof nach Augsdorf/Loga vas

WEGBESCHREIBUNG

Ausgangspunkt ist der Parkplatz der **Kirche** von **Augsdorf/Loga vas**, wo man dem Wegweiser »Kathreinberg« (**Wanderweg Nr. 6**) in südöstlicher Richtung folgt. Der Weg senkt sich sogleich in einen **Graben**, wo man ein Bächlein quert. Nach der Brücke ein **Querweg**; man geht rechts (**Wegweiser** »Zur Kathreinkogelrunde«). Anstieg bis zum Birkenhof, dann auf der **Zufahrtsstraße** nach rechts bis zu einer **Querstraße**; auf dieser nach rechts (**Wegweiser** »Kathreinkogel-Runde«). Bei der nächsten **Abzweigung** geht man wieder rechts, um sich beim nächsten **Querweg** nach links zu wenden. Man trifft auf die **Hauptstraße**, geht links und biegt nach 50 m nach rechts ab. Man folgt dem **Sträßchen**, bis dieses nach rechts dreht und folgt hier dem **Wegweiser** »Kathreinkogel« in den Wald. Bei der darauffolgenden **Wegkreuzung** geht man geradeaus. Nach wenigen Metern wieder eine **Kreuzung**; man geht geradeaus. Angenehmer Weg, der über einen bewaldeten Hügel führt und sich zu einer **Querstraße** senkt.

Hier geht man kurz nach rechts, dann nach links (**Wegweiser** »Wunschbaum«). Moderater Anstieg bis zu einem kleinen hohlwegartigen **Sattel**, wo man einem **undeutlichen Pfad** nach rechts folgt. 10minütiger sehr steiler Anstieg bis zu einer **Gabelung**. Man hält sich rechts und steigt 15 Min. fast vertikal bis zum ersten **Aussichtspunkt** an. Weiter bis zum Gipfel des **Kathreinkogels/Jerberk** (1:30 Std.). Prächtige Aussicht, Besichtigung der Ausgrabungen, Besuch des Museums und der Panorama-Toilette.

Bequemer Abstieg auf dem **Hauptweg**; lohnender Stichweg zum **römischen Friedhof**. Nach 20 Min. erreicht man ein **Gehöft**, wo man dem **Wegweiser** »Kathreinkogel-Runde« scharf nach rechts folgt. Schöner **Panoramaweg**, der bald in ein **Sträßchen** übergeht und auf eine **Querstraße** trifft. Hier geht man rechts, passiert bald einen **Steinbruch**. Eine erste Abzweigung nach links wird ignoriert. Nach 200 m wendet man sich in einen abschüssigen **Waldweg** nach links. Man passiert eine kleine **Höhle** und ignoriert eine Abzweigung nach links. Kurz danach vereinigt sich der Weg am Rande eines großen **Feldes** mit einem von rechts kommenden breiten Weg. Man geht geradeaus, eine erste Abzweigung nach links ignorierend. Kurz darauf nimmt man (die Richtung beibehaltend) eine untergeordnete **Abzweigung** nach links. Eine weitere Abzweigung nach links wird

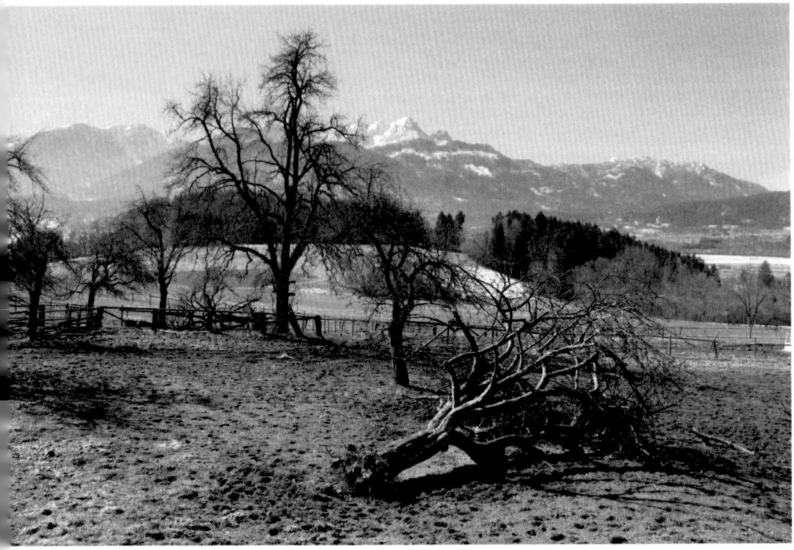

Am Fuße des Kathreinkogels/Jerberk

ignoriert. 50 m danach vereinigt sich der **Weg** mit dem von links kommenden **Wanderweg Nr. 5**. Man geht geradeaus (**Wegweiser** »Kathreinkogel-Runde«). Weiter auf dem **Weg Nr. 5**, stets den **Wegweisern** »Kathreinkogel-Runde« folgend, bis zu den ersten Häusern von **Aich/Dob** (3:15 Std.).

Hier geht man geradeaus in einen **Feldweg**, der kurz darauf in einen **Fahrweg** mündet; man geht geradeaus bis zu einer **Querstraße** und geht, die »Kathreinkogel-Runde« verlassend, nach links bis zum **Landhotel Fantur**. Einkehrmöglichkeit.

Weiter auf dem **Wüsterweg** in nördlicher Richtung (**Wegweiser** »Velden«) bis zum Wegweiser »Augsdorf«, welchem man folgt. Der Pfad führt zu einem **Teich**. Hier geht man links (**Weg Nr. 17**), erst am Rand einer **Wiese**, dann im Wald bis zu einem **Querweg**. Man geht rechts (**Wegweiser** »Augsdorf«), ignoriert eine Abzweigung nach rechts und hält sich bei der nächsten **Gabelung** wieder rechts (Wegweiser). Man erreicht **Augsdorf/Loga vas** und kann den Ausgangspunkt nicht mehr verfehlen (3:45 Std.).

AM WEGE

Augsdorf/Loga vas

Mit ihrem massigen Turm, dem zeltartigen Schindeldach und einer burgfriedartigen Friedhofsmauer, vor der ein zweistöckiger Bildstock Wache schiebt, gehört die Pfarrkirche zu den eindruckvollsten Wehrkirchen Kärntens. Sie ist romanischen Ursprungs und hat diverse Zu- und Umbauten ohne großen Schaden überstanden. Zur Schönheit des Ensembles trägt auch der Umstand bei, dass sie von anderen Gebäuden unbehelligt bleibt – eine Oase der Baukultur im Großraum Velden/Vrba. Die nachträglich eingefügten Balustraden in den Glockenfenstern und das misslungene Fresko an der südlichen Fassade aus dem Jahr 1915 lassen sich da leicht verschmerzen. Die Schönheitsfehler werden vom stattlichen barocken Pfarrhof wettgemacht, der auf die einstige Bedeutung der Pfarre hinweist. Ihr »Territorium« reichte zeitweilig über Velden/Vrba, Lind/Lipa, Aich/Dob und Schiefling/Škofiče hinaus.

Wer sich auf dem Friedhof umsieht, wird sofort auf die überwiegend slowenischen Grabinschriften aufmerksam. Sie sind Zeugnisse einer Zeit, in der sich Augsdorf/Loga vas als »slowenische Insel im stürmischen Meer der drohenden Germanisierung Südkärntens« verstand (so der Chronist Christian Pichler). Wie in vielen anderen Orten waren es die jeweiligen Pfarrer, die sich ab Mitte des 19. Jahrhunderts dem Kulturkampf verschrieben. Wetterten sie anfangs von der Kanzel gegen »Liberalismus« und den allgemeinen »Verfall der Sitten«, richtete sich der Zorn bald auf die 1869 eingeführte laizistische Schule. 1880 war in Velden/Vrba eine nicht-konfessionelle (deutschsprachige) Volksschule eingerichtet worden, die von der Geistlichkeit als »Brutstätte der Ausgelassenheit und Sittenlosigkeit« angeprangert wurde. Anlassfall war der Missbrauch einer Schülerin durch einen »deutschen« Lehrer. Eine von der Pfarre initiierte Unterschriftenaktion zur Wiedereinführung des katholischen Pflichtschulwesens verlief im Sand, das eigentliche Problem blieb bestehen: Zwei Drittel der Schüler waren slowenischsprachig, wurden aber utraquistisch unterrichtet, d. h. ab dem zweiten Schuljahr sukzessive auf deutsch »umgepolt«. Der mehrheitlich deutschsprachige Dorfschulrat verfügte überdies die Limitierung slowenischer Lehrmittel.

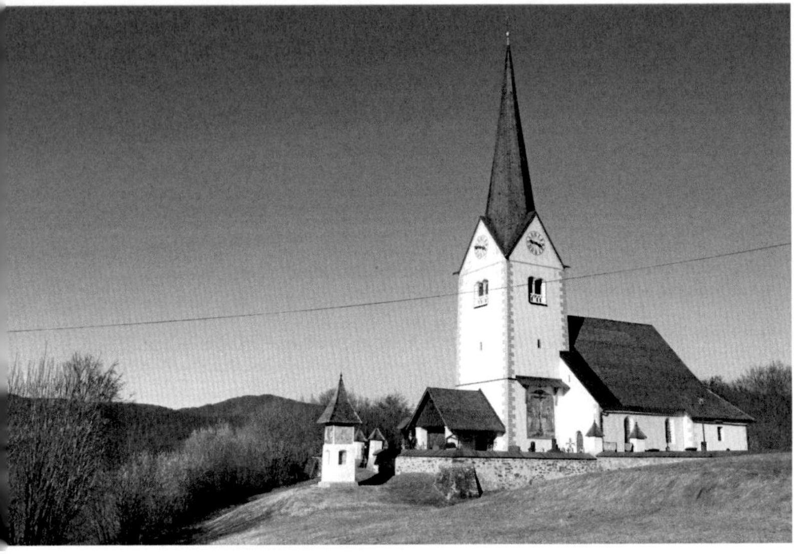

Pfarrkirche von Augsdorf/Loga vas

Der Konflikt verschärfte sich nach 1886, als sich das »liberale« Velden/Vrba von der klerikal geprägten Gemeinde Augsdorf/Loga vas trennte, die Augsdorfer Kinder jedoch weiterhin in Velden/Vrba zur Schule gehen mussten. Bemühungen, in Augsdorf/Loga vas eine eigene (slowenischsprachige) Schule zur errichten, hatten erst während der jugoslawischen Besetzung im Jahr 1919 (kurzfristigen) Erfolg. Auch die Gegenseite musste Niederlagen einstecken: Eine Initiative der bürgerlichen Augsdorfer SeeanrainerInnen zur Angliederung an das »urbane« und mehrheitlich deutschsprachige Velden/Vrba scheiterte nicht zuletzt am Veto des Pfarrers.

Spätestens nach 1900 nahm der Kampf des Klerus gegen den Liberalismus nationalistische Züge an. Wichtigster Protagonist war Pfarrer Stefan Singer, der im Klagenfurter Priesterseminar, das als Kaderschmiede für slowenisch-nationale Geistliche galt, ausgebildet worden war. Als er 1899 mit 28 Jahren sein Amt bezog, trat er nicht nur als Seelsorger gegen Germanisierung und »Glaubensabfall« an, sondern widmete sich auch weltlichen Dingen. So gründete er 1901 die slowenische Darlehenskasse Posojilnica für Augsdorf/Loga vas, Schiefling/Škofiče, St. Egyden/Šentilj und Maria Wörth/Otok und fungierte auch gleich als deren Sekretär und Kassier. Weiters gab er 1904 den Anstoß zur Gründung des Chores Slavček (Nachtigall) zur »Pflege des nationalen Volks- und Kunstgesangs« sowie zur »Kräftigung des Glaubens- und Nationalbewusstseins«, so das Vereinsstatut. Erzfeind war der deutschnationale Männergesangsverein Velden, mit dem es bis Ende des 20. Jahrhunderts (!) immer wieder Scharmützel um Auftritte bei kirchlichen Anlässen gab. O-Ton Singer, der dem MGV während seiner Amtszeit quasi Hausverbot erteilte: »Da könnte ja jede Cigeunerbande [auf dem Friedhof] musizieren.« Auch scheute sich der »windische Hetzpfarrer und Deutschenfresser« (so die *Freien Stimmen* 1913) nicht, höchstpersönlich in die Lokalpolitik einzugreifen und bei den Gemeinderatswahlen Propaganda für die slowenisch-klerikale Fraktion zu betreiben. Bis 1920 sollte »seine« Partei den Augsdorfer Gemeinderat dominieren. 1907 führte sie – unter dem Protest der Liberalen – Slowenisch als alleinige Amtssprache ein. Gleichzeitig legte sich Singer mit der Obrigkeit an, indem er sich weigerte, die Pfarrmatrikel (das Kirchenbuch) wie behördlich vorgeschrieben in deutscher Sprache zu führen.

Auch im 1. Weltkrieg blieb der Pfarrer seiner nationalen Gesinnung treu. Andererseits machte er sich um die Kriegsfürsorge verdient, indem er sich um Kriegswaisen und fast 100 Flüchtlinge aus dem Kanaltal kümmerte. Dazu kam die Seelsorge für 30 polnische Kriegsgefangene, die in Augsdorf/Loga vas Zwangsarbeit leisten mussten. Stand er schon lange unter dem Verdacht, Panslawist, serbophil und ein feindlicher Spion zu sein, schien er 1917 den endgültigen Beweis zu liefern: Er rief, gemeinsam mit 100 anderen slowenischen Priestern, zur Gründung eines selbstständigen südslawischen Staates auf, was zu dieser Zeit an Hochverrat grenzte. Polizeiliche Verhöre, Hausdurchsuchungen und ein Schussattentat auf den Pfarrer waren die Folge. Singer floh nach Kirschentheuer/Kožentavre und kehrte erst während der jugoslawischen Besatzung in seine Pfarre zurück. Sofort rührte er für den SHS-Staat die Werbetrommel und schwor seine Pfarrgemeinde darauf ein, bei der Volksabstimmung für den Anschluss an Jugoslawien zu stimmen. Letztendlich votierten aber »nur« 56,8 Prozent der Augsdorfer für Jugoslawien, was Singer als persönliche Niederlage empfand. Verbittert zog er sich von der politischen Bühne zurück. Er verfasste 1934 eine umfangreiche »Kultur- und Kirchengeschichte des unteren Rosentales«.

Singers Nachfolger, Stefan Bayer, galt ebenfalls als »Nationalslowene«, lockerte aber aufgrund des öffentlichen Drucks die Gottesdienstordnung, indem er gelegentlich auch deutsche Gebete und Gesänge zuließ. Der reaktionären politischen Linie seines Kollegen blieb er treu. So beklagte er den »Leichtsinn, die Genusssucht und das zügellose Leben« seiner Pfarrkinder, die in Velden/Vrba »mit dem Weltgeiste und moderner Lebensweise infiziert« würden.« »Die Mehrzahl«, hielt er 1930 fest, »sind jetzt Arbeiter und Professionisten und Kleinhäusler; Sozialismus und schon auch Communismus finden leicht Eintritt«. Da war es nur folgerichtig, dass er Engelbert Dollfuß huldigte und den Austrofaschismus als Bollwerk gegen Deutschnationalismus und Nationalsozialismus pries.

Bayer wurde von Richard Kanduth abgelöst, der sich, wenigstens dem Anschein nach, mit den Nazis zu arrangieren wusste. Noch bei Kriegsausbruch 1939 verhielt er sich loyal, obwohl die Repressalien gegen die katholische Kirche ständig zunahmen. So waren nur noch deutschsprachige Messfeiern erlaubt und mussten alle slowenischen Aufschriften (auch auf den Grabsteinen) entfernt werden (was in Augsdorf/Loga vas allerdings nicht umgesetzt wurde). 1941 ließen die Nazis 42 slowenische Priester verhaften und in verschiedene KZ abtransportieren. Unter ihnen befand sich auch Stefan Singer, der 1945 an den Folgen der Gefangenschaft in Oranienburg und Mauthausen verstarb. Drei weitere AugsdorferInnen kamen im KZ zu Tode: Friedrich Sumberaz, bekennender Kommunist, der 1940 in Mauthausen ermordet wurde; Emilie von Litassy, Billeteuse in Velden/Vrba jüdischer Herkunft, die im Ghetto Theresienstadt ermordet wurde; Maks Černic, der als »Nationalslowene« denunziert und 1945 in Dachau zu Tode gequält wurde, indem er tagelang »Strafe stehen« musste. An ihn erinnert eine Steintafel an der Kirchenmauer mit folgenden (gereimten slowenischen) Worten: »Gott zur Ehre hast du gesungen, dem Volke warst du treu / gemartert hat man Dich mit harter Faust / Selbst der Schlaf in heimatlicher Erde blieb dir verwehrt / Mögen wir uns dereinst über den Sternen wiedersehen.« Zu nennen ist auch

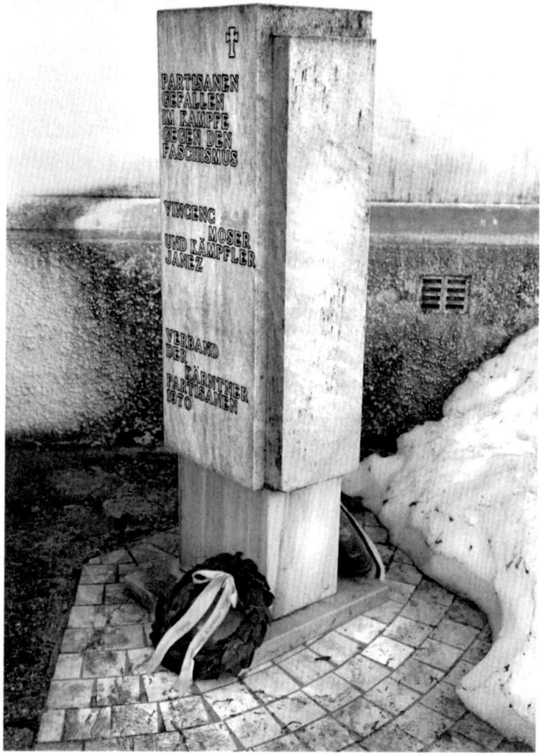

Partisanendenkmal in Augsdorf/Loga vas

Vincenc Moser, der 1943 von der SS als Widerstandskämpfer erschossen wurde. Ihm und seinem Kameraden Borec Janez errichtete der Partisanenverband 1970 ein Denkmal.

Betroffen war die Gemeinde auch von den Aussiedlungen slowenischer Familien im Jahr 1941. 16 AugsdorferInnen wurden ins »Altreich« deportiert, wo sie bis Kriegsende Zwangsarbeit leisten mussten, was einem von ihnen, dem Gastwirt Stefan Pachler, das Leben kostete. Trotz alledem pflegte der Pfarrer einen diplomatischen Umgang mit dem Nazi-Bürgermeister und erlaubte sich zugleich Verstöße gegen das Verbot der slowenischen Sprache in der Seelsorge. Die »Toleranz« beruhte offenbar auf Gegenseitigkeit: Von 1944 bis Kriegsende versteckte der Pfarrer den gesuchten »Partisanen-Kollaborateur« Thomas Sebunk im Kirchturm, was, wie vermutet wird, nur mit stillschweigender Duldung der Ortsparteileitung möglich war. Ein lebensgefährlicher Akt des Widerstands blieb es allemal.

Bald nach Kriegsende vollzog sich in der Gemeinde ein radikaler sozialer Wandel. Immer mehr Landwirte verlegten sich auf den Fremdenverkehr, Knechte und Mägde sattelten auf Kellner und Zimmermädchen um. Das spiegelte sich auch im Wahlverhalten wider. 1949 errangen die drei Linksparteien (SPÖ, KPÖ und Linksblock) bei der NR-Wahl über 63 Prozent der Stimmen – Augsdorf/Loga vas war über Nacht »tiefrot« geworden. »Fast die Hälfte der katholischen Familien ist bereits dem Geist des Materialismus verfallen«, schrieb der Pfarrer 1957 resignierend ins Kirchenbuch und meinte damit nicht den Marxismus. In den 1970er Jahren dürfte die andere Hälfte hinzugekommen sein: 6.000 Gästebetten, teils in Fremdenpensionen, teils in Privatzimmern, wurden in der Pfarrgemeinde angeboten. Mit den Übernachtungszahlen stieg auch die Nachfrage nach Unterhaltung, die man mit Brauchtumsveranstaltungen zu befriedigen trachtete. Geboten wurden Schuhplattler-Abende und andere Folklore, die mit authentischer Volkskultur nichts mehr zu tun hatten. Damit geriet auch die slowenische Kultur und Sprache zunehmend in die Defensive, zumal der Deutschnationalismus fröhliche Urständ' feierte. Proteste gegen die Aufstellung des Partisanendenkmals sowie Übermalungen zweisprachiger Ortstafeln durften da nicht fehlen. Spätere Bemühungen um interkulturellen Dialog verliefen im Sand, zu unversöhnt waren die beiden Lager. Der Niedergang der slowenischen Kulturarbeit war damit nicht mehr aufzuhalten und wurde mit der Auflösung des 1905 gegründeten Gesangsvereins im Jahr 2006 besiegelt. Augsdorf war endgültig zu einer überwiegend deutschsprachigen Pfarre geworden und Stefan Singers Kampf für immer verloren.

Kathreinkogel/Jerberk

Wer den bewaldeten Kegel in den Sommermonaten erklimmt und am Gipfel das Haus der Archäologie besichtigt, kommt vielleicht mit der Historikerin und Archäologin Renate Jernej ins Gespräch. Sie ist Obfrau des Historischen Vereines Schiefling–Velden–Rosegg und versieht regelmäßig ehrenamtliche Kustodendienste im kleinen Museum. Von ihr stammt der bemerkenswerte Satz: »Ausgraben bedeutet, die Quelle der eigenen Erkenntnis zu zerstören.« Das bringt ein grundsätzliches

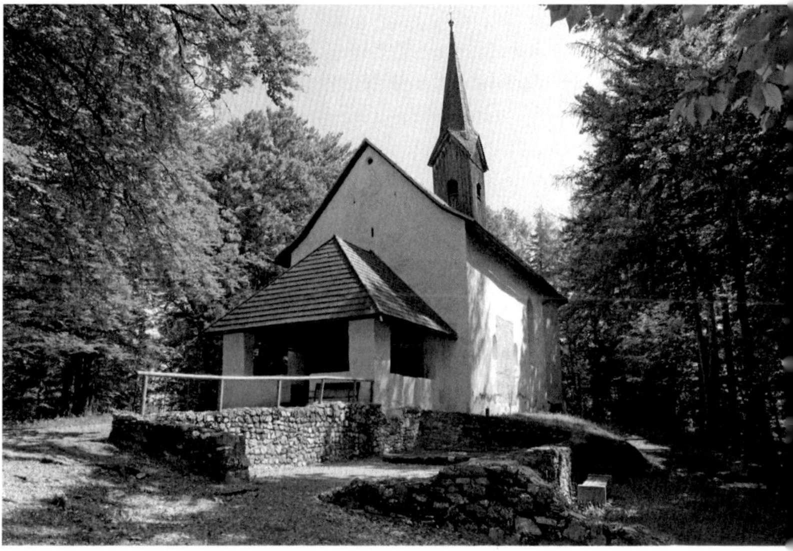

Bergkirche am Kathreinkogel/Jerberk

Dilemma der archäologischen Forschung auf den Punkt: Wer immer einen Fund (also ein bewegliches Objekt) dem Erdreich entnimmt oder einen Befund (das ist ein Gebäuderest) freilegt, verwischt zugleich Spuren und richtet Schäden an, die nur mit gewissenhafter Dokumentation abgemildert werden können. Dieses Prinzip wurde am Kathreinkogel/Jerberk nicht immer eingehalten.

Lange bevor man mit den fachgerechten Grabungen begann (nämlich erst Mitte der 1980er Jahre), waren bereits Schatzsucher und Souvenirjäger auf den geschichtsträchtigen Ort aufmerksam geworden, die ab Anfang des 20. Jahrhunderts den Berg aufsuchten und wohl manches Kleinod aus vergangenen Epochen mitgehen ließen. Dazu kamen etliche Heimatforscher und Hobbyarchäologen, die auf gut Glück mit Spitzhacke und Schaufel zugange waren. Dass der Kathreinkogel/Jerberk uraltes Siedlungsgebiet ist, vermutete man schon lange; die ursprüngliche Annahme einer mittelalterlichen Burg erwies sich jedoch als falsch. Stattdessen sollte man auf die Grundmauern einer römischen Wehranlage sowie Spuren einer bronzezeitlichen Siedlung stoßen.

Den Anstoß zu den ersten systematischen Grabungen gab ein Laie: Raimund Ferencic, gelernter Installateur und Mitarbeiter des Veldener Wasserwerkes. Er erfuhr 1983 von einem Depotfund im Bereich des heutigen Bildstocks und machte sich daraufhin selbst auf die Suche. Prompt wurde er fündig und alarmierte das Bundesdenkmalamt. Von da an ging es Schlag auf Schlag. Man entdeckte – mit Ferencic als treibender Kraft – einen bronzezeitlichen Webstuhlplatz, ein spätantikes Gräberfeld sowie eine große Zisterne aus der Römerzeit. Letztere bildet heute den »Keller« des Museums, das bereits 1986 eröffnet wurde. Binnen kürzester Zeit war der Kathreinkogel/Jerberk zu einem der herausragenden Ausgrabungsorte Kärntens geworden.

In weiterer Folge entdeckten die Archäologen das Fundament einer frühchristlichen Kirche, eine zweite Zisterne sowie etliche Grundmauern aus der Spätantike. Nicht zu vergessen die Wehrmauern des römischen Kastells, die von einem eifrigen Studenten zum Teil auf eigene Faust freigelegt wurden. Was heute an Gemäuer aus dem Waldboden ragt, ist Rekonstruktion, um die einstige Siedlungsstruktur zu visualisieren. Manche Grabungsstelle wurde wieder zugeschüttet, um auf diese Weise den Bestand zu konservieren. In der »Blütezeit« der Ausgrabungen waren kistenweise Keramikscherben, Glasfragmente, aber auch Werkzeuge, Speerspitzen und Schmuckstücke sowie Knochen gesammelt worden, die zum Teil bis heute der wissenschaftlichen Auswertung harren. Renate Jernej verbrachte Jahre später unzählige Stunden damit, die Objekte zu systematisieren und Dokumentationslücken so gut wie möglich zu schließen. 177 von ihr gesichtete Fundschachteln lagern seither im Depot des Bundesdenkmalamtes. 2009 stellte man den Kathreinkogel/Jerberk unter Denkmalschutz und verordnete – vermutlich ganz im Sinne Jernejs – ein generelles Grabungsverbot. Dennoch finden sich bis heute immer wieder Raubgräber ein, die sich mit Metalldetektoren auf die Suche nach verborgenen Schätzen machen. Nicht lange ist es her, dass ein unbekannter »Spaziergänger« bei der Plünderung eines antiken Grabes ertappt wurde. Raubgräberlöcher kann man abseits der Wege allenthalben entdecken.

Als überzeugter Sozialdemokrat und Mitglied des Veldener Gemeinderats war Raimund Ferenčic bestrebt, möglichst viele Menschen in die Arbeit des Historischen Vereines (den er bis 2015 leitete) einzubinden. Zahlreiche Freiwillige, HTL-SchülerInnen, StudentInnen, regionale Gewerbetreibende und Sponsoren ließen sich von ihm für die Sache begeistern. So betrachtet war »sein« Kathreinkogel/Jerberk auch ein soziokulturelles Projekt. Doch nicht alle Visionen des langjährigen Obmannes sollten sich erfüllen. So scheiterte die Errichtung eines fast 30 Meter hohen (von Schülern geplanten) Aussichtsturmes am Veto des Bundesdenkmalamtes und kam der Bau eines »Römerkarners« mangels Finanzierung nicht zustande. Im Ossarium hätten rund 30 römische Skelette, die unter dem Gipfel gefunden worden waren, ausgestellt werden sollen. Verwirklicht wurde hingegen ein Herzensprojekt von Renate Jernej: der Bau einer biologischen Panoramatoilette in Pfahlbauweise. Seit der Inbetriebnahme muss sich die Archäologin nicht länger mit den Hinterlassenschaften der BesucherInnen im Wald herumschlagen. Die schöne Anlage ist schon allein für sich den Besuch des Kathreinkogels/Jerberk wert.

Das im ländlichen Stil errichtete Museum dient als Schutzbau für die Zisterne und bietet zugleich Platz für ein gutes Dutzend Vitrinen, in denen die wichtigsten Funde der Ausgrabungen versammelt sind. Unter den »üblichen« Objekten, wie Keramik- und Glasfragmenten, Preziosen, Metallklingen, Pfeilspitzen, Werkzeugen, Münzen etc., finden sich Besonderheiten, die man leicht übersieht. Jernejs Favoriten sind eine winzige Feuersteinklinge aus der Steinzeit, ein paar Batzen Schlacke als Indiz für Eisenverarbeitung vor Ort und – quasi als Kontrapunkt zu den vielen kriegerischen Zeugnissen – zwei daumengroße im Kuss vereinte Köpfe aus Terracotta. Arm in Arm fand man die Gebeine eines Mannes und eines Kindes; sie bilden heute das Herzstück der Ausstellung. Über die Todesursache und den Grund der intimen Doppelbestattung kann nur spekuliert werden.

Als gesichert gilt, dass die letzte Siedlungsperiode auf dem Kathreinkogel/Jerberk vom 3. oder 4. bis 6. Jahrhundert n. Chr. währte. Man schätzt, dass damals rund 20 Familien den Berg bewohnten – gleichsam die letzten Mohikaner des Römischen Reiches im heutigen Kärnten. Aufgabe der Männer war die Verteidigung des Limes gegen germanische Stämme im Verbund mit ähnlichen Verteidigungsanlagen entlang der Drau. Dass am Kathreinkogel/Jerberk tatsächlich gekämpft wurde, lässt sich aus den Pfeilspitzenfunden im Bereich der Wehrmauer schließen. Die meiste Zeit war man aber wohl mit der Selbstversorgung beschäftigt. Dazu gehörte der Anbau von Getreide (am Fuße des Kogels), die Herstellung von Textilien, Gefäßen und Gerätschaften und nicht zuletzt der aufwändige Bau von Zisternen. Dass das Dorf nicht isoliert war, sondern auch am »internationalen« Handel partizipierte, beweisen weitere Funde. Aus den Skeletten wiederum lässt sich ablesen, dass die Bewohner unter Mangelernährung, Infektionskrankheiten und chronischen Entzündungen litten; entsprechend gering war die durchschnittliche Lebenserwartung. Auch waren die Leute, nach den Funden zu schließen, alles andere als wohlhabend. Die von ihnen erbaute frühchristliche Kirche zählt zu den kleinsten ihrer Art im Alpenraum.

Rund tausend Jahre jünger ist die heutige Bergkirche. Der Glockenturm war bis vor 50 Jahren von Velden/Vrba aus zu sehen, heute ist er von hohen Wipfeln umgeben. Seine Reize bezieht der etwas unbeholfene Bau aus den Details: zwei romanische Schlitzfenster, die ein verblichenes Fresko flankieren; ein gotisches Seitenportal mit eigentümlichen Beschlägen; in der Vorhalle ein Opferstock mit steinernem Ornament. Recht spartanisch ist der Innenraum eingerichtet; umso mehr kommt das wandteppichartige Fresko aus dem 14. Jahrhundert zur Geltung. Es stellt die drei Weisen auf dem Weg nach Bethlehem dar und gilt in seiner Farbenpracht als bedeutendes Beispiel gotischer Malerei in Kärnten. Dass das Gemälde in den 1930er Jahren freigelegt wurde, ist der Wiener Industriellen-Gattin Else von Pollack-Parnegg zu verdanken. Sie war Stammgast in Velden/Vrba und (wie ihr Mann) jüdischer Herkunft. Kunstinteressiert und vermögend finanzierte sie die Restaurierung des Freskos, was nicht ohne antisemitische Seitenhiebe des Kärntner Landeskonservators einherging. Pollack-Parnegg wurde 1939 von den Nationalsozialisten ermordet.

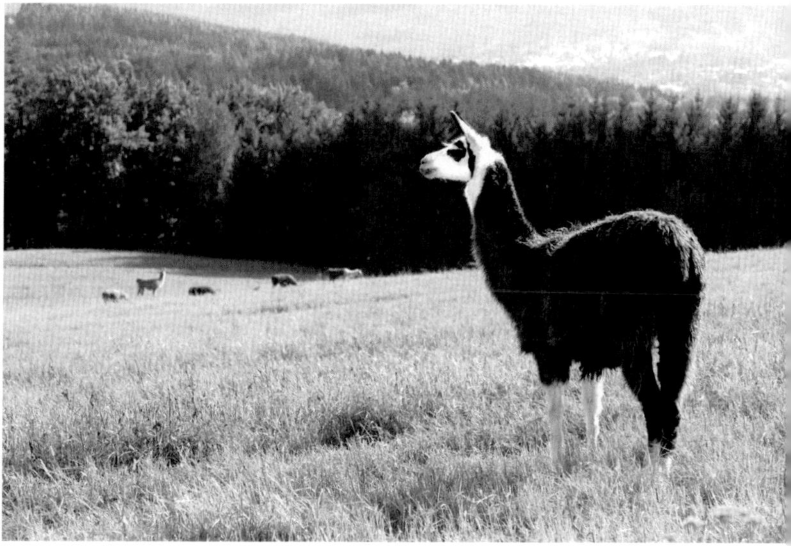

Lamaherde am Kathreinkogel/Jerberk

Aich/Dob

EINKEHR:

Landhotel Fantur. Im Niemandsland zwischen Velden/Vrba und Schiefling/Škofiče hat man in der Hochblüte des Kärntner Fremdenverkehrs einen alten Bauernhof zum rustikalen Hotel ausgebaut und unlängst »neu renoviert«. Die Gäste sind hochzufrieden und loben einhellig das gute Preis-Leistungs-Verhältnis. »Wir sind ein familiärer Betrieb mit freundlicher Stimmung«, heißt es auf der Homepage, wovon man sich bei einem kurzen Zwischenstopp während der Wanderung überzeugen kann. Erfrischend ist der weiße Spritzer, unterhaltsam die Szenen am Swimmingpool. Bei entsprechendem Timing lässt sich auch die »feinbürgerliche und traditionelle Küche« ausprobieren. 0043 04274 3008, www.hotel-fantur.at

ORTSREGISTER

Aich/Dob 331
Alpen/Planina 294
Am Teller/Talir 227
Angern/Ingarje 69
Augsdorf/Loga vas 321
Berg/Rute pri Medgorjah 106
Bischofskreuz 54
Burgruine Reifnitz/Ribnica und
Kirche St. Margarethen/Šmarjeta 308
Drau/Drava 50
Ebenthal/Žrelec 35
Ferlacher Stausee 226
Glanfurt/Jezernica 32
Göltschach/Golšovo 75
Großkleinberg/Mala gora 251
Guntschacher Au/Humški log 79
Guntschach/Humče 77
Gurnitz/Podkrnos 116
Höfleinmoor 90
Hollenburg/Humberk 228
Kaiserhütte 55
Kalmusbad 34
Kathreinkogel/Jerberk 326
Keutschach am See/Hodiše 212
Kohldorf/Vogle 105
Kossiach/Kozje 79
Köttmanndorf/Kotmara vas 234
Kreuth/Rute 92
Lambichl/Ilovje 23
Linden/Lipa 309
Ludmannsdorf/Bilčovs 255
Lukowitz/Koviče 275
Maria Rain/Žihpolje 46
Maria Waldesruh/Ovčičeva kapelica 226
Maria Wörth/Otok 311
Nadram/Nadrom 68

Neusaß/Vesava oder Novo selo 250
Obermieger/Zgornje Medgorje 106
Obertöllern/Zgornje Dole 64
Obitschach/Običe 108
Östliche Sattnitz/Gure 99
Penken/Klopce 285
Petelinz/Petelinec 55
Plöschenberg/Plešivec 209
Pugrad/Podgrad 262
Radsberg/Radiše 126
Reifnitz/Ribnica 303
Rottenstein/Podgrad 87
Rupertiberg/Na Gori 283
Saager/Zagorje 143
Saberda/Zabrda 81
Sabuatach/Zablate 142
Saligensitze/Sedliče und Teufelskanzel/Racava 284
Sattnitzquellen 30
Sattnitzschanze 28
Schrottkogel 295
Schwarz/Dvorec 89
Selkach/Želuče 272
Spintikteiche 297
Spitzach/Špice 122
St. Gandolf/Št. Kandolf 240
St. Margarethen/Šmarjeta 248
Trattnigteich 310
Treimischer Teich 209
Tschachoritsch/Čahorče 237
Tschrestal/Črezdol 247
Turiawald/Turje 266
Unterschlossberg/Pod Gradom 224
Viktringer Feld/Vetrinjsko polje 18
Viktring/Vetrinj 153
Wurdach/Vrdi 210
Zedras/Sodraževa 250
Zwanzgerberg/Osojnica 64

LITERATUR (Auswahl)

Klaus-Peter Arnold, Die östliche Sattnitz in Kärnten, Berlin 2014

Klaus-Peter Arnold, Spitzach. Das verlassene Tal, Amaliendorf 2012

Wilhelm Berger, Gerhard Pilgram, Stadt/Rand/Weg, Klagenfurt 1994

Isabel Brugger, Fremd-Fahren. Das 26. GTI-Treffen in Reifnitz im Blickwinkel der Ethnographie, Klagenfurt 2008

Otto Cichocki, Keutschach am See. Eine Chronik, Klagenfurt 2003

Hanzi Filipič, Der nationale Differenzierungsprozess in den Gemeinden Oberdörfl/Zgornja vesca, Ludmannsdorf/Bilčovs und Köttmannsdorf/Kotmara vas, Wien 1994

Helmut Findenig (Hg.), Stift Viktring 1142–1992. Festschrift zum 850. Jahrestag der Klostergründung, Klagenfurt 1992

Bettina Golob & Helmut Zwander (Schriftleitung), Die Sattnitz. Konglomerat der Natur im Süden Kärntens, Klagenfurt 2006

Anton Granitzer, Wilhelm Wadl (Hgg.), 800 Jahre Pfarre Gurnitz, Festschrift, Klagenfurt 2019

Tatjana Gregoritsch, Rosentalwanderungen, Klagenfurt 2015

Helmut Hartl, Kleinode Kärntens. Naturschutzgebiete, Landschaftsschutzgebiete, Naturdenkmale, Klagenfurt 1982

Historischer Verein Schiefling–Velden–Rosegg (Hg.), Entdeckungen rund um den Kathreinkogel, Klagenfurt 2017

Hannes Kastrun, Maria Rain im Wandel der Zeit, Maria Rain 2000

Theresia Köfer, Im Fluss des Lebens. Lebenserinnerungen, Klagenfurt 2015

Werner Koroschitz & Michael Koschat (Hg.), Vererbtes Schweigen, verdrängte Erinnerung. Velden unterm Hakenkreuz 1938–1945, Klagenfurt 2021

Gemeinde Köttmannsdorf (Hg.), Köttmannsdorf 1142–1992, Köttmannsdorf 1992

Eberhard Kranzmayer, Ortsnamenbuch von Kärnten, Klagenfurt 1958

Anton Kreuzer, Köttmannsdorf und Umgebung. Die Gegend zwischen dem Keutschacher Seental und dem Draufluss, Klagenfurt 2011

Anton Kreuzer (Hg.), Viktring und seine Umgebung. Klagenfurts XIII. Bezirk, Klagenfurt 2010

Friedrich Wilhelm Leitner, Seental Keutschach. Die Gemeinde Keutschach am See. Geschichte, Kultur, Natur, Klagenfurt 1989

Andrej Mohar, Otoki Spomina. Gedenkinseln, Klagenfurt 2018
Tomaž Ogris, Radiše. Preteklost in sedanjost kraja in njegovih ljudi. Radsberg. Vergangenheit und Gegenwart des Ortes und seiner Menschen, Klagenfurt 2009
Pfarre Ebenthal Kärnten (Hg.), Hundert Jahre Pfarre Ebenthal. 1908–2008, Ebenthal 2008
Christian Pichler, Leuchtturm im Sturm der Zeit. Zur Geschichte der Pfarre Augsdorf/Loga vas und der Filialkirche Selpritsch Žoprače, Klagenfurt 2008
Gerhard Pilgram, Wilhelm Berger, Gerhard Maurer, Kärnten. Unten durch, Klagenfurt 1997
Orlando Mejía Rivera, Heinz Goll 1934–1999. Sein Leben, sein Werk, Klagenfurt 2001
Florian Rulitz, Die Tragödie von Bleiburg und Viktring. Partisanengewalt in Kärnten am Beispiel der antikommunistischen Flüchtlinge im Mai 1945, Klagenfurt, Wien 2011
Franz Schofnegger, Siedlungs- und Wirtschaftsentwicklung im Bereich Stadt-Umland. Dargestellt am Beispiel der Sattnitzgemeinden Keutschach, Köttmannsdorf und Maria Rain, Klagenfurt 1984
Uši Sereinig, Sveti, sveti, zvezda krasna. Geschichte des Slowenischen Kulturvereines Zvezda. Zgodovina Slovenskega Prosvetnega Društva Zvezda, Keutschach 2011
Joseph Wagner, Klagenfurt und seine Umgebungen. Ein Wegweiser für Fremde und Einheimische, Klagenfurt 1849
Vinko Wieser (Hg.), Kotmara vas. Horni Kompájn, Konják in Hudár. Slovenska ledinska, krajinska in hišna imena. Köttmannsdorf. Horni Kompájn, Konják und Hudár. Slowenische Flur-, Gebiets- und Hofnamen, Köttmannsdorf 2008
Zdenko Zavadlav, Späte Beichte. Aus dem Tagebuch eines slowenischen OZNA-Mannes, Klagenfurt, Wien 2010
Zveza slovenskih izseljencev/Verband ausgesiedelter Slowenen et al. (Hg.), Narodu in državi sovražni. Pregon koroških Slovencev 1942. Volks- und staatsfeindlich. Die Vertreibung der Kärntner Slowenen 1942, Klagenfurt 1992
Zveza slovenskih izseljencev/Verband ausgesiedelter Slowenen (Hg.): Valentin Oman, Karl Vouk. Denk mal: Deportation! Klagenfurt 2012

AUTOR

Gerhard Pilgram, geb. 1955, Autor und bildender Künstler, langjähriger Geschäftsführer des Klagenfurter Universitätskulturzentrums UNIKUM Kulturni center univerze. Publikationen: Kärnten. Unten durch, Klagenfurt 1998; Verschütt gehen, Klagenfurt 2002; Slowenien entgegen, Klagenfurt 2004; Das Weite suchen, Klagenfurt 2006; Die letzten Täler, Klagenfurt 2008; Le ultime valli, Udine 2010; Über die Zäune, Klagenfurt 2011; Tiefer gehen, Klagenfurt 2011; Zu Rande kommen, Klagenfurt 2015; Aus der Enge, Klagenfurt 2019 (alle gemeinsam mit Wilhelm Berger, Werner Koroschitz und/oder Gerhard Maurer sowie Annemarie Pilgram-Ribitsch)

KO-AUTOREN

Wilhelm Berger, geb. 1957, Sozialwissenschaftler und Philosoph, ao. Univ.-Prof. am Institut für Technik- und Wissenschaftsforschung an der Universität Klagenfurt/Celovec

Werner Koroschitz, geb. 1961, freiberuflicher Historiker und Ausstellungsmacher. Wissenschaftliche Leitung des Vereines Industriekultur und Alltagsgeschichte in Villach/Beljak

Emil Krištof, geb. 1957, Kulturschaffender und Musiker. Längjähriger Geschäftsführer des Klagenfurter Universitätskulturzentrums UNIKUM Kulturni center univerze

ORTS- & WEGBESCHREIBUNGEN

Gerhard Pilgram, sofern nicht anders angegeben

WEGRECHERCHE UND ORTSERKUNDUNGEN

Wilhelm Berger, Werner Koroschitz, Emil Krištof, Annemarie Pilgram, Frieda Pilgram, Gerhard Pilgram, Thilo Pöhler, Bruno Taxenbacher

FOTOS

Gerhard Pilgram
Bildbearbeitung: Mark Duran, Gerhard Filei, Johannes Puch

LEKTORAT & KORREKTUREN

Tina Hofstätter, Annemarie Pilgram, Bruno Taxenbacher

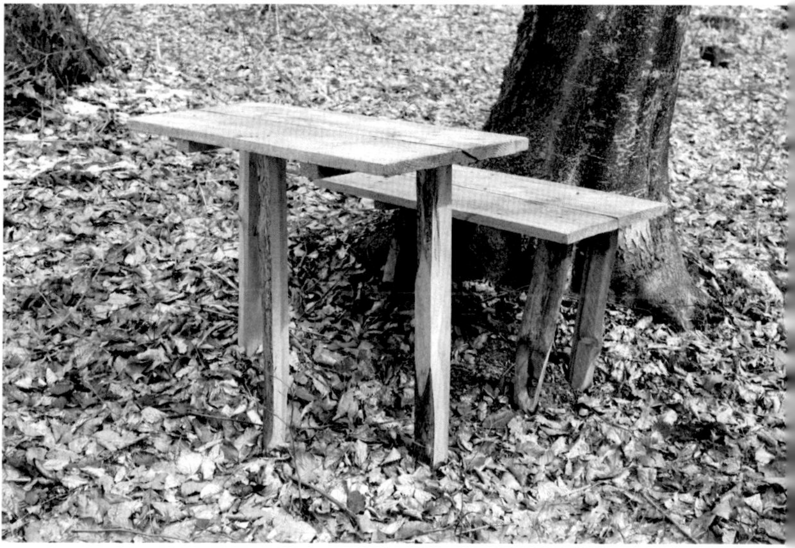

Schreibplatz im Wald bei Sabuatach/Zablate

KARTENMATERIAL

Opentopomap.org
Bearbeitung & Kartengrafik: Emil Krištof
GPS-Tracking: Emil Krištof, Bruno Taxenbacher

BUCHGESTALTUNG

Emil Krištof, Gerhard Pilgram

TESTWANDERINNEN & -WANDERER

Niki Meixner, Paulina Molnar, Katharina Müller, Annemarie Pilgram, Thilo Pöhler, Johannes Puch, Noah Puschnig, Lydia Zellacher

BUSFAHRPLÄNE

www.oebb.at
www.stw.at/privat/mobilitaet/fahrplan

ERLÄUTERUNGEN ZU DEN WEGBESCHREIBUNGEN

 geradeaus

 halbrechts

 rechts

 scharf rechts

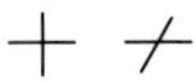 Kreuzung

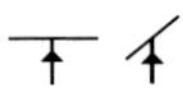 Querweg (▲ Gehrichtung)

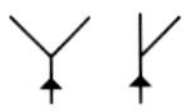 Gabelung (gleichwertige Wege)

 Dreifachgabelung

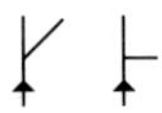 Abzweigung nach rechts (untergeordneter Weg)

 Einmündung von rechts

 Kehre

Sträßlein, Sträßchen = schmale Straße
Hauptweg = übergeordneter Weg
Forstweg = breiter Waldweg
Karrenweg, Feldweg, Fahrweg = zweispuriger Weg
Pfad, Steig = schmaler Weg
Sattel = markanter Einschnitt an einem Hügel- oder Bergkamm
Man *passiert* ein Gehöft = Man *geht* an einem Gehöft *vorbei*

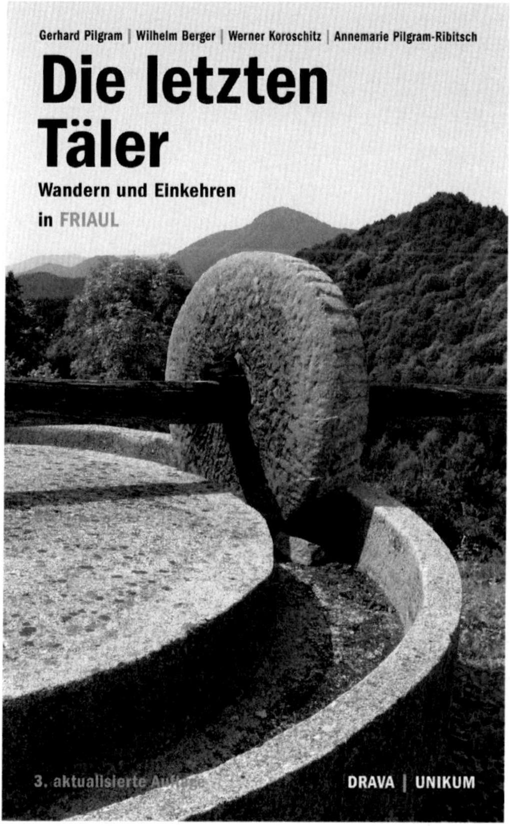

Gerhard Pilgram | Wilhelm Berger | Werner Koroschitz |
Annemarie Pilgram-Ribitsch
DIE LETZTEN TÄLER – Wandern und Einkehren in Friaul
Hg.: Universitätskulturzentrum UNIKUM, www.unikum.ac.at
416 Seiten mit Farbteil
Drava Verlag/Založba Drava 2008, Klagenfurt–Wien/Celovec–Dunaj
www.drava.at
3. aktualisierte Auflage 2010
ISBN: 978-3-85435-532-8
EUR 24,80

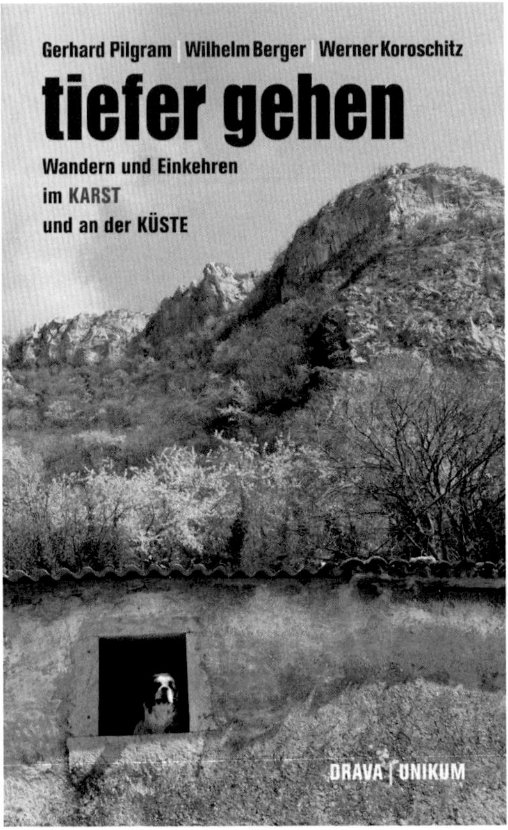
Gerhard Pilgram Wilhelm Berger Werner Koroschitz
tiefer gehen
Wandern und Einkehren
im KARST
und an der KÜSTE
DRAVA UNIKUM

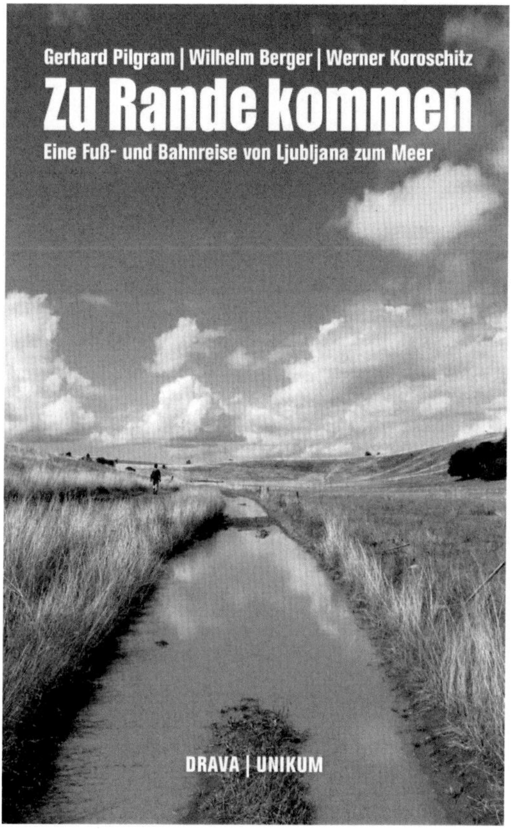

Gerhard Pilgram | Wilhelm Berger | Werner Koroschitz
ZU RANDE KOMMEN – Eine Fuß- und Bahnreise von
Ljubljana zum Meer
Hg.: Universitätskulturzentrum UNIKUM, www.unikum.ac.at
432 Seiten mit Farbteil
Drava Verlag/Založba Drava 2015, Klagenfurt–Wien/Celovec–Dunaj
www.drava.at
1. Auflage 2015
ISBN: 978-3-85435-743-8
EUR 24,80

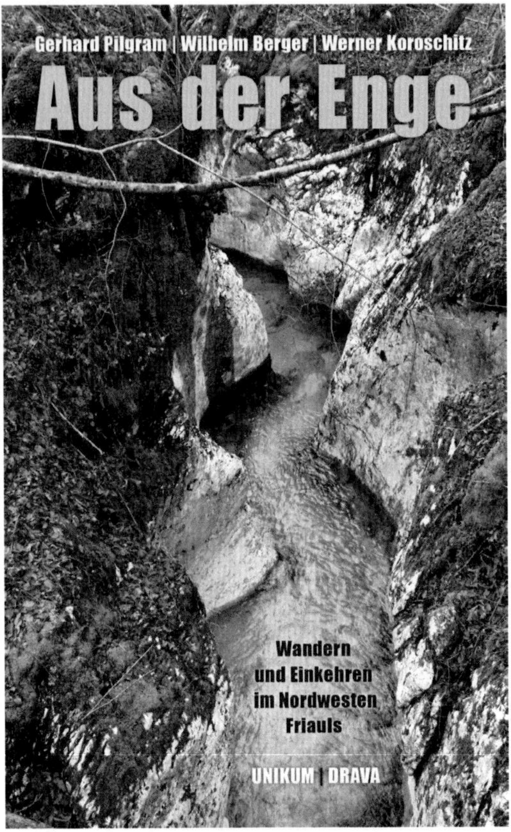

Gerhard Pilgram | Wilhelm Berger | Werner Koroschitz
Aus der Enge
Wandern
und Einkehren
im Nordwesten
Friauls
UNIKUM | DRAVA

THE RÍO CHAGRES, PANAMA

A Multidisciplinary Profile of a Tropical Watershed

edited by

RUSSELL S. HARMON

Army Research Office,
Research Triangle Park, NC, U.S.A.

Springer

A C.I.P. Catalogue record for this book is available from the Library of Congress.

ISBN-10 1-4020-3298-6 (HB)
ISBN-13 978-1-4020-3298-1 (HB)
ISBN-10 1-4020-3297-8 (e-book)
ISBN-13 978-1-4020-3297-4 (e-book)

Published by Springer,
P.O. Box 17, 3300 AA Dordrecht, The Netherlands.

www.springeronline.com

Cover illustration: Dry season flow in the upper Rio Chagres above the reach known as 'Three Falls', taken at a point (9:17:26N, 79:27:02W) looking downstream towards the first fall, which is about 2m in height. A scale is provided by the person on the right bank of the river with a surveying instrument. A mixed lithology boulder bar extends into the river from the right side of the picture. The bedrock outcrops are altered andesite. The river valley is typically bank full during the wet season. Annual high water marks are indicated by the location of significant bankside vegetation above the current water level. Photograph by Fred Ogden (U. Connecticut).

Printed on acid-free paper

Printed in the Netherlands.

Dedication

This book is dedicated to Lance Vander Zyl, Eric Nicoliasen, and Thomas Exenberger - colleagues and friends without whose dedicated support the upper Río Chagres basin fieldwork of 2002, which provided the foundation for much of the research described in this volume, would not have been possible.

Contents

Dedication v

Contributing Authors xi

Preface xvii

Part I: Setting the Scene

1. Geographic Overview of Panama: Pathway to the Continents and Link Between The Seas.....3
EUGENE J. PALKA

2. An Introduction to the Panama Canal Watershed.....19
RUSSELL S. HARMON

3. Light and Shadows in the Management of the Panama Canal Watershed.....29
STANLEY HECKADON-MORENO

4. The Geological Development of Panama.....45
RUSSELL S. HARMON

Part II: The Upper Río Chagres Basin

5. Igneous Geology and Geochemistry of Igneous Rocks of the Upper Río Chagres Basin..65
GERHARD WÖRNER, RUSSELL S. HARMON, GERALD HARTMANN, and KLAUS SIMON

6. GIS-based and Stream Network Analysis for the Upper Río Chagres Basin, Panama..83
DAVID A. KINNER, HELENA MITASOVA, ROBERT F. STALLARD, RUSSELL S. HARMON, and LAURA TOMA

7. Soils of the Upper Río Chagres Basin, Panama: Soil Character and Variability in Two First Order Drainages.............................97
J. BRUCE J. HARRISON, JAN M.H. HENDRICKX, DAVID VEGA, and LUCAS E. CALVO-GOBBETTI

8. Hydrology of Hillslope Soils in the Upper Río Chagres Watershed, Panama..113
JAN M.H. HENDRICKX, DAVID VEGA, J. BRUCE J. HARRISON, LUCAS E. CALVO-GOBBETI, PEDRO ROJAS, and TIMOTHY W. MILLER

9. Infiltration in the Upper Río Chagres Basin, Panama: The Soil Conservation Service "Curve Numbers"........................139
LUCAS E. CALVO-GOBBETI, FRED L. OGDEN, and JAN M. H. HENDRICKX

10. Runoff Production in the Upper Río Chagres Watershed, Panama......149
JUSTIN L. NIEDZIALEK and FRED M. OGDEN

11. Downstream Hydraulic Geometry Along a Tropical Mountain River..169
ELLEN WOHL

12. Bedrock Channel Incision Along the Upper Río Chagres Basin, Panama...189
ELLEN WOHL and GREGORY SPRINGER

13. Using TRMM to Explore Rainfall Variability in the Upper Rió Chagres Catchment, Panama..211
RYAN G. KNOX, FRED L. OGDEN and TUFA DINKU

14. Tree Species Composition and Beta Diversity in the Upper Río Chagres Basin, Panama..227
ROLANDO PÉREZ, SALOMÓN AGUILAR, AGUSTÍN SOMOZA, RICHARD CONDIT, ISRAEL TEJADA, CLARA CAMARGO, and SUZANNE LAO

15. A Note on Amphibians and Reptiles in the Upper Río Chagres Basin, Panama..237
ROBERTO IBÁÑEZ D.

Part III: The Regional Perspective

16. High Spatial and Spectral Resolution Remote Sensing of Panama Canal Zone Watershed Forests: An Applied Example Mapping Tropical Tree Species..245
STEPHANIE BOHLMAN and DAVID LASHLEE

17. Biogeographic History and the High Beta-Diversity of Rainforest Trees in Panama..259
CHRISTOPHER W.DICK, RICHARD CONDIT, and ELDRIDGE BERMINGHAM

18. World Holdings of Avian Tissues from Panama: with Notes on a Collection from the Upper Río Chagres, 2002 271
SIEVERT ROHWER and ROBERT C. FAUCETT

19. Estimation of Landslide Importance in Hillslope Erosion in the Panama Canal Watershed 281
ROBERT F. STALLARD and DAVID A. KINNER

20. Sediment Generation Rates for the Upper Río Chagres Basin: Evidence From Cosmogenic ^{10}Be..297
KYLE NICHOLS, PAUL BIERMAN, ROBERT FINKEL, and JENNIFER LARSEN

21. Estimation of Regional Actual Evapotranspiration in the Panama Canal Watershed 315
JAN M.H. HENDRICKX, WIM G.M. BASTIAANSSEN, EDWIN J.M. NOORDMAN, SUNG-HO HONG, and LUCAS E. CALVO-GOBBETTI

22. Operational Rainfall and Flow Forecasting for the Panama Canal Watershed 325
KONSTANTINE P. GEORGAKAKOS and JASON A. SPERFSLAGE

23. Projected Land-Use Change for the Eastern Panama Canal Watershed and its Potential Impact 337
VIRGINIA H. DALE, SANDRA BROWN, MAGNOLIA O. CALDERÓN, ARIZMENDIS S. MONTOYA, and RAÚL E. MARTÍNEZ

Index....................347

Contributing Authors

Salomón Aguilar
Smithsonian Tropical Research Institute
Center for Tropical Forest Science
P.O. 2072, Balboa, Ancón
Panama City, Panama

Wim G.M. Bastiaanssen
WaterWatch
Generaal Foulkesweg 28
Wageningen 6703 BS
The Netherlands

Eldredge Bermingham
Smithsonian Tropical Research Institute
Center for Tropical Forest Science
P.O. 2072, Balboa, Ancón
Panama City, Panama

Paul R. Bierman
Department of Geology
University of Vermont
Burlington, VT 05405 USA

Stephanie Bohlman
W. M. Keck Remote Sensing Laboratory
University of Washington
Seattle, WA 98195 USA
current affiliation:
Smithsonian Tropical Research Institute
Unit 0948, APO AA-34002-0948 USA
Panama City, Panama

Sandra Brown
Winrock International
Ecosystem Services Unit
1621 N. Kent Street, Suite 1200
Arlington, VA 22207

Magnolia O. Calderón
Engineering Division
Autoridad del Canal de Panama
Panama City, Panama

Lucas E. Calvo Gobbetti
Universidad Tecnológica de Panama
Centro de Inv. Hidraulicas e Hidrotecnicas
Universidad Tecnologica de Panama, Ext. Tocumen
Panama City, Panama

Clara Camargo
Smithsonian Tropical Research Institute
Center for Tropical Forest Science
P.O. 2072, Balboa, Ancón
Panama City, Panama

Richard Condit
Smithsonian Tropical Research Institute
Center for Tropical Forest Science
P.O. 2072, Balboa, Ancón
Panama City, Panama

Virginia H. Dale
Oak Ridge National Laboratory
P.O. Box 2008
Oak Ridge, TN 37831-6036, USA

Christopher W. Dick
Smithsonian Tropical Research Institute
Center for Tropical Forest Science
P.O. 2072, Balboa, Ancón
Panama City, Panama

Tufa Dinku
Department of Civil and Environmental Engineering
University of Connecticut
Storrs, CT 06269 USA

Robert C. Faucett
Burke Museum
Box 353010
University of Washington
Seattle, WA 98195-3010 USA

Robert Finkel
Center for Accelerator Mass Spectrometry
Lawrence Livermore National Laboratory
Livermore, CA 94405 USA

Konstantine P. Georgakakos
Hydrologic Research Center
12780 High Bluff Drive, Suite 250
San Diego, CA 92130 USA

Russell S. Harmon
Army Research Office
US Army Research Laboratory
PO Box 12211,
Research Triangle Park, NC 27709-2211 USA

J. Bruce J. Harrison
Department of Earth and Environmental Sciences
New Mexico Institute of Technology
Socorro, NM 87801 USA

Gerald Hartmann
Geoscience Center, Division of Geochemistry
University of Göttingen
37077 Göttingen, Germany

Stanley Heckadon-Moreno
Smithsonian Tropical Research Institute
Box 2072, Balboa
Panama City, Panama

Jan M.H. Hendrickx
Department Earth and Environmental Sciences
New Mexico Institute of Technology
Socorro, NM 87801 USA

Sung-Ho Hong
Department of Earth and Environmental Sciences
New Mexico Institute of Technology
Socorro, NM 87801 USA

Roberto Ibáñez D.
Smithsonian Tropical Research Institute
Center for Tropical Forest Science
P.O. 2072, Balboa, Ancón
Panama City, Panama

David Kinner
INSTAAR, University of Colorado
Boulder CO, USA
and
Water Resources Division
U. S. Geological Survey
3215 Marine Street
Boulder, CO 80302 USA

Ryan Knox
Department of Civil and Environmental Engineering
University of Connecticut
Storrs, CT 06269 USA

Suzanne Lao
Smithsonian Tropical Research Institute
Center for Tropical Forest Science
P.O. 2072, Balboa, Ancón
Panama City, Panama

Jennifer Larsen
Department of Geology
University of Vermont
Burlington, VT 05405 USA

David Lashlee
U.S. Army Yuma Proving Ground
Yuma, AZ 85365 USA

Raúl E. Martínez
Engineering Division
Autoridad del Canal de Panama
Panama City, Panama

Timothy W. Miller
Department of Earth and Environmental Sciences
New Mexico Institute of Technology
Socorro, NM 87801 USA

Helena Mitasova
Department of Marine, Earth, and Atmospheric Sciences
North Carolina State University
Raleigh, NC 27695 USA

Arizmendis S. Montoya
Engineering Division
Autoridad del Canal de Panama
Panama City, Panama

Kyle K. Nichols
Department of Geosciences
Skidmore College
Saratoga Springs, NY 12866 USA

Justin Niedzialek
Department of Civil and Environmental Engineering
University of Connecticut
Storrs, CT 06269 USA

Edwin J.M. Noordman
WaterWatch
Generaal Foulkesweg 28
Wageningen 6703 BS
The Netherlands

Fred L. Ogden
Department of Civil and Environmental Engineering
University of Connecticut
Storrs, CT 06269 USA

Eugene J. Palka
Department of Geography and Environmental Engineering
United States Military Academy
West Point, NY, USA 10996-1695

Rolando Pérez
Smithsonian Tropical Research Institute
Center for Tropical Forest Science
P.O. 2072, Balboa, Ancón
Panama City, Panama

Sievert Rohwer
Burke Museum
Box 353010
University of Washington
Seattle, WA 98195-3010 USA

Pedro Rojas
Autoridad Nacional del Ambiente
Deptartmento Conservación de la Biodiversidad Dirección Nacional de Patrimonio Natural
P.O. Box 0843, Zoná C , Balboa, Ancón.
Panama City, Panama

Augustín Somoza
Departamento Conservación de la Biodiversidad
Autoridad Nacional del Ambiente
P.O. Box 0843, Zoná C , Balboa, Ancón
Panama City, Panama

Klaus Simon
Geoscience Center, Division of Geochemistry
University of Göttingen
37077 Göttingen, Germany

Jason A. Sperfslage
Hydrologic Research Center
12780 High Bluff Drive, Suite 250
San Diego, CA 92130 USA

Gregory Springer
Department of Geological Sciences
Ohio University
Athens, OH, USA 45701

Robert Stallard
Water Resources Division
U. S. Geological Survey
3215 Marine Street
Boulder, CO 80302 USA

Israel Tejada
Autoridad Nacional del Ambiente
Deptartmento Conservación de la Biodiversidad
P.O. Box 0843, Zoná C , Balboa, Ancón
Panama City, Panama

Laura Toma
Department of Computer Science
Duke University
Durham, NC 27707 USA
current affiliation:
Department of Computer Science
Bowdoin College
Brunswick, ME, USA 04011

David Vega
Centro de Inv. Hidraulicas e Hidrotecnicas
Universitá Tecnologica de Panama, Ext. Tocumen
Panama City, Panama

Ellen Wohl
Department of Earth Resources
Colorado State University
Fort Collins, CO 80523 USA

Gerhard Wörner
Geoscience Center, Division of Geochemistry
University of Göttingen
37077 Göttingen, Germany

Preface

This book calls the attention of the scientific community, government organizations and non-government agencies, and the general public, to arguably one of the most important and complex of the world's tropical rainforest regions – the greater Panama Canal Watershed. The Río Chagres basin is the primary source for water to operate the Panama Canal, and also supplies water for electricity generation and potable water for municipal use, but this important national resource is largely unstudied from a scientific standpoint. The broad objective of the book is to characterize and understand the physical and ecological components of an isolated and largely pristine tropical rainforest and describe how the different natural components of a tropical rainforest interact with one another. The majority of the 23 papers contained in the volume are based upon presentations made at an international scientific symposium of the same title held at the Gamboá Rainforest Resort and Conference Center in Gamboá, Panama on 24-26 February 2003. In turn, most of the symposium presentations arose form research undertaken during a multidisciplinary field study conducted in the upper Río Chagres watershed in 2001 by an international group of scientists. Convened under sponsorship of the Autoridad del Canal de Panama, Smithsonian Tropical Research Institute, Universidad Tecnológica de Panama and US Army Yuma Proving Ground Tropic Regions Test Center, this conference brought together some 50 scientists, engineers, and government officials from the international community. The papers in this book follow two perspectives, regional-scale studies of the greater Panama Canal Watershed and more focused papers that consider specific aspects of the upper Río Chagres basin. The book begins with regional geographic overviews of Panama (Ch. 1) and the Panama Canal Watershed (Ch. 2-3). This is followed by two geological papers (Ch. 3-4), the first which describes the geological developmental history of Panama and the second of which presents the geological framework of the upper Río Chagres basin. The next ten papers (Ch. 6-15), forming the central portion of the volume, address the geomorphology, hydrology, and hydrometeorology, and biology of this largely pristine tropical rainforest. The final eight papers (Ch. 16-23) return to the broader perspective, considering similar issues from a regional perspective. A large amount of supplemental material, including a digital elevation model for Panama, species lists from the biological studies, the hydrologic rating curve report for the Rió Piedras, geological field notes and pictures, and other information are available to the interested reader on the web site: http://skagit.meas.ncsu.edu/~helena/riochagres/. A special thanks is due to Brendan Harmon, without whose useful proofreading and editorial assistance the timely preparation of this volume would not have been possible.

RSH

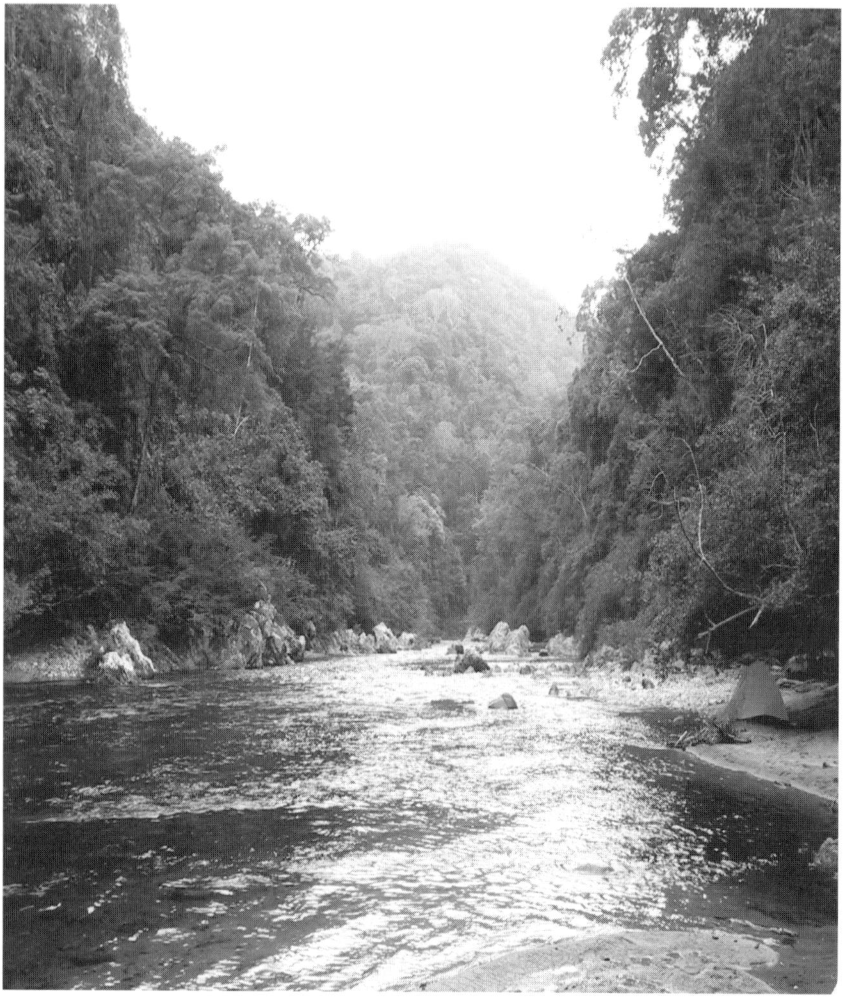

The Upper Río Chagres, Panama

Part I: Setting the Scene

Chapter 1

A GEOGRAPHIC OVERVIEW OF PANAMA:
Pathway to the Continents and Link between the Seas

Eugene J. Palka
United States Military Academy

Abstract: The Republic of Panama occupies about 77,382 km^2 and, despite its relatively small size, displays a remarkable degree of physical and cultural diversity. Part of the country's physical and biological variety can be attributed to its absolute location within the tropics. Panama's relative location, however, is equally responsible for both the physical and cultural complexity of the country. As the land bridge between the Americas and the major link between the world's two largest oceans, Panama is the crossroads of the western hemisphere. The country's position relative to the continents and oceans constitutes its most important situational advantage. This geographic analysis focuses on the physical geography of Panama, with the goal of providing an overview and larger context for the other papers of this volume. It considers the implications of its relative location and summarizes the physical geography of Panama in general terms drawing from geomorphology, climatology, and biogeography. Although the climate is tropical, Panama experiences significant climate diversity over relatively short distances. Panama also has considerable relief within its comparatively small territorial extent. Elevation differences and associated temperature and precipitation patterns produce distinct vegetative regimes and contribute further to the country's biodiversity. The country's most celebrated resource, however, is its unique location at the intersection of the western hemisphere's continents and oceans.

Key words: Panama; physical geography; geomorphology; climatology; biogeography

1. INTRODUCTION

As an integral part of the land bridge between the continents of North and South America, and as the major connecting link between the world's two largest oceans, the Republic of Panama has proven to be the crossroads of the western hemisphere. The country occupies a territorial extent of about 77,400 km^2, or an area slightly smaller than the US state of South Carolina (US DOD, 1999). Despite its relatively small size, Panama displays a

R. S. Harmon (ed.), The Río Chagres, Panama, 3-18.

remarkable degree of physical and cultural diversity. Part of the country's physical and biological complexity stems from its position within the tropics, a function of its absolute location. Panama's relative location, however, contributes even further to both the physical and cultural diversity of the country.

This chapter provides a general overview of the country's physical geography in order to provide a larger context for the more comprehensive multidisciplinary analysis of Panama's upper Río Chagres basin, which comprises the majority of this volume. To begin, the country's location is discussed, highlighting the implications of Panama's position relative to the continents and oceans. Then, the physical geography of Panama is examined within the context of three geographic subfields: geomorphology, climatology, and biogeography. The geomorphologic perspective describes the physical relief, principal landforms, and predominant drainage patterns. The climate is addressed in both local terms and within a regional context. Vegetative regimes are discussed in general terms and are connected to physiographic and climatic patterns.

2. THE GEOGRAPHIC PERSPECTIVE

Geography is an extremely broad academic discipline that offers a unique spatial perspective for examining a wide-range of problems, at various geospatial scales, at different points in time, and across disciplinary boundaries. Where geography overlaps with other disciplines, distinct geographic subfields emerge. While each of these subfields can be studied individually, they are also routinely applied in a collective fashion to particular places or regions.

To provide a larger context for the multidisciplinary study of the upper Río Chagres basin, this chapter draws from three distinct geographic subfields - geomorphology, climatology, and biogeography - and generalizes information about Panama using the regional method. As an approach to doing geography, the regional method is best described as a synthesis of the pertinent subfields applied to a specific place. Thus, by definition, most regional geography is both interdisciplinary and multidisciplinary. In this case, a regional geography of Panama introduces some of the distinguishing characteristics of the country and provides a point of departure for the more detailed analyses that comprise the remainder of this volume.

3. LOCATION

One of the keys to understanding the historical development, complexity, and importance of Panama, is derived from an examination of its location. The geographic center of the country lies at approximately 9 °N latitude and 80 °W longitude (Fig. 1). The N-S extent of Panama's borders run approximately from 7-10 °N latitude, and the country extends east to west from 77-83 °W longitude. This E-W extent of about 840 km is equivalent to the approximate distance from Washington, D.C. to Boston in the United States. The country's N-S distance varies between 60-180 km. The most important aspect of Panama's location, which is located entirely within the -5:00 hr GMT time zone, stems from its position on the Isthmus of Panama and its position within the tropics.

Panama is a Central American Republic that is bordered by Costa Rica in the west and Columbia in the east. The country is uniquely located at the crossroads of the western hemisphere. Although Panama has been a sovereign state since gaining its independence from Columbia just over a century ago in 1903, its geographic contiguity with the latter and its position astride the land bridge between continents of North America and South American has left an enduring imprint on its landscape and people.

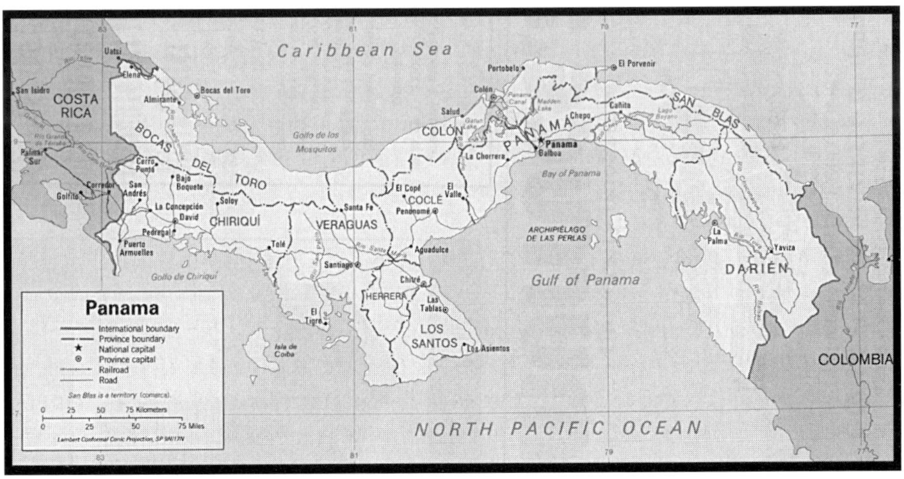

Figure 1. The Republic of Panama (after CIA, 1995).

Panama's location relative to other distinct cultures in the region is apparent in the many different ethnic groups and languages found within its current political borders, where traces of human presence date back more than 11,000 years (Labrut, 19). Located on the narrowest part of the Isthmus of Panama, the territory of the present-day Republic of Panama long has experienced the flow and interaction of flora, fauna, and people between the continents. Since the completion of the Panama Canal in 1913, the country also has served as the conduit between the Atlantic and Pacific Oceans, contributing further to its biodiversity and re-establishing a connection that previously existed up to about 3 million years ago when the current land bridge formed (Coates and Obando, 1996).

4. GEOMORPHOLOGY

Geomorphology involves the study of landforms and the underlying processes that shape them. It entails understanding the physical relief, or the 'lay of the land', and how it evolved. Coates (1997) provides a comprehensive discussion of the formation of Central American land bridge. He specifically notes that the 'Darién Bridge' of eastern Panama surfaced above sea level only 3 million years ago (Coates, 1997). In the western half of the country, the spine that forms the continental divide is the combined expression of earlier episodes of magmatism and tectonic uplift during which mountains were formed by sub-volcanic intrusions (Weil *et al.,* 1972).

The other more routine geomorphic processes that have continued to shape Panama's surface since the quiescence of magmatic activity include weathering and erosion. The former breaks down surface materials, either by physical or chemical means; the latter refers to the movement of weathered surface material by blowing wind, running water, or wave action. The result of these processes is a dynamic physical landscape that is continually reshaped by the forces of nature and one that is reflective of both the dominant geomorphic forces at work and the pervasive influence of climate and weather.

The territory of present-day Panama has been created over the past 140 million years by the interaction of five major tectonic plates: the South American, Caribbean, North American, Cocos, and Nazca plates (see Harmon, 2005, this volume). The Pacific margin of the country is active tectonically, as compared with the Caribbean (*i.e.,* Atlantic) side, which is passive and characterized by a wide continental shelf. This disparity in tectonic activity establishes the conditions for two distinct coastal zones.

One estimate approximates the total length of coastline in Panama to be about 3,000 km (US DOS, 2000). The Caribbean coastline extends for about 815 km and includes several good natural harbors, whereas the Pacific coast stretches for about 1450 km (Weil *et al.,* 1972). The Caribbean coast features extensive coral reefs and includes the 350 or so San Blas Islands that are arrayed along the coastline for more than 170 km (Meditz and Hanratty, 1987). Strung out along the Pacific coast are more than 1,000 islands (Meditz and Hanratty, 1987), including the Las Perlas Archipelago, the Coiba Island in the Gulf of Chiriquí, and the tourist island of Taboga. The country experiences two distinct tidal regimes, with a microtidal range of less than 2 m along the Caribbean coast, and a macrotidal variation between 4-6 m along the Pacific coast (US DOD, 1999).

The dominant inland terrain feature is a discontinuous spine of mountains running through the middle of southern Central America (Fig. 2), that has several regional names - the Cordillera de Talamanca in Costa Rica, the Serranía de Tabasará as it crosses the border into Panama, and then the Sierra de Veraguns as it straddles the former Canal Zone (Weil *et al.*, 1972; Miditz and Hanratty, 1987). Most sources generally use the term 'Cordillera Central' to refer to the range that extends from the border with Costa Rica to the Panama Canal. Other mountainous areas include the San Blas Mountains 'which attain elevations >900 m, the Sapo Mountains which attains heights of >1,100 m, and the Darien Mountains which reach 1,876 m. Thus, the combination of volcanism and tectonic uplift, weathering and erosion, and the pervasive influence of climate has established pronounced physiographic features on the landscape: volcanoes, drainage basins, rivers, and a complex coastline.

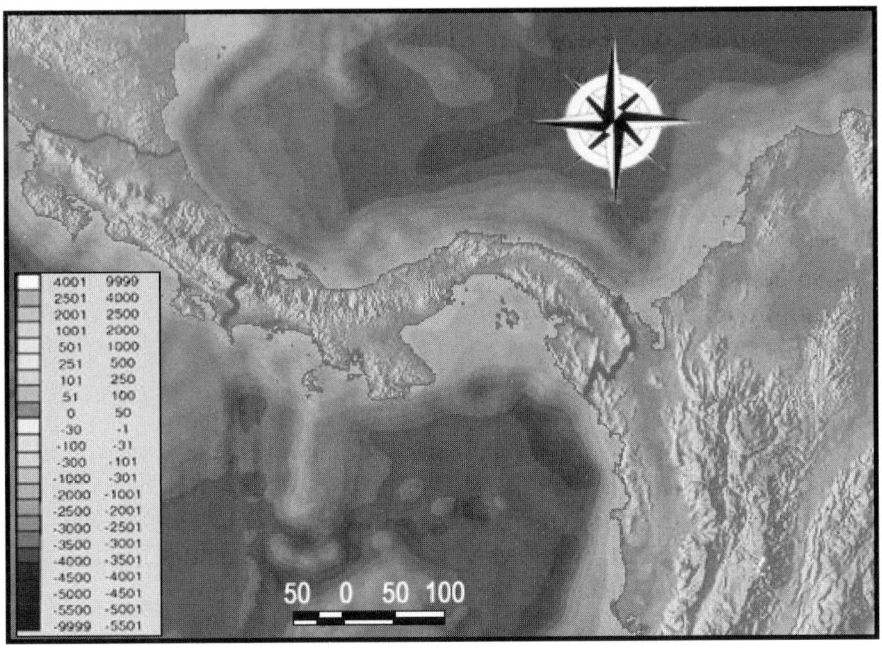

Figure 2. Relief map of southern Central America (USGS, 2001).

Perhaps the most clearly visible physiographic features on Panama's landscape are the mountain ranges and relict volcanoes (Fig. 3). The highest elevations occur in the vicinity of Mount Barú (3,475 m), - (formerly known as Volcán de Chiriquí) - a historically active volcano, which marks the eastern extremity of the Nicaragua volcanic belt in western Panama (Weil *et al.*, 1972). Other smaller volcanic peaks are scattered along the Central Cordillera from the border with Costa Rica eastward to El Valle, near the Panama Canal. Although dormant for several centuries, volcanic ash and lava from Mount Baru have contributed to the formation of fertile, nutrient rich soils (Coates, 1997). The relict volcanoes of the Cordillera Central have also had a profound influence on the drainage patterns in the country.

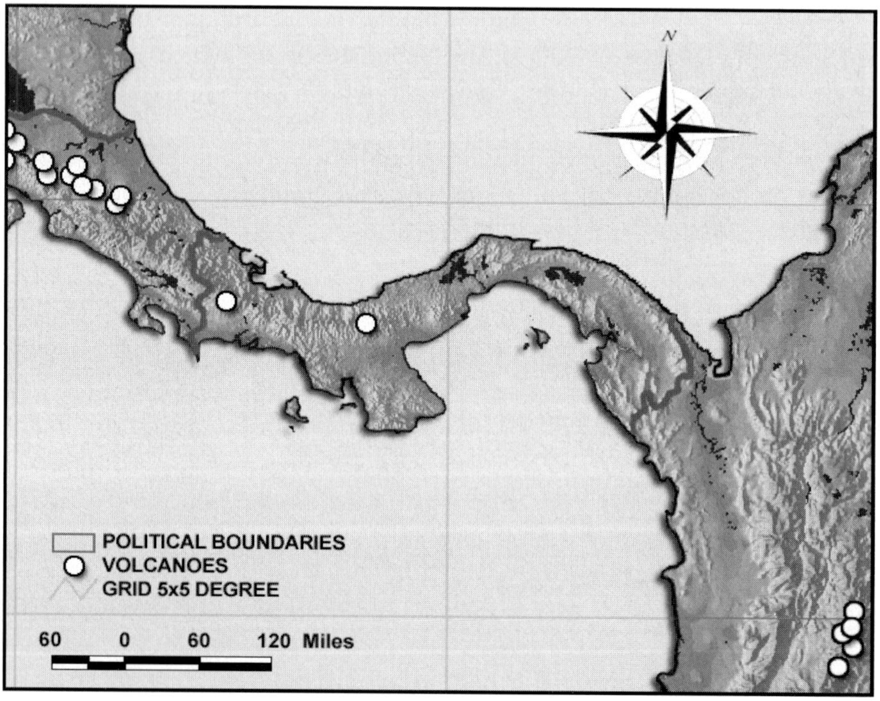

Figure 3. Volcanic activity across eastern Central America (USGS, 2001). White circles denote historically active volcanoes.

4.1 Volcanoes

Perhaps the most clearly visible physiographic features on Panama's landscape are the mountain ranges and relict volcanoes (Fig. 3). The highest elevations occur in the vicinity of Mount Barú (3,475 m), - formerly known as Volcán de Chiriquí - a historically active volcano, which marks the eastern extremity of the Nicaragua volcanic belt in western Panama (Weil *et al.*, 1972). Other smaller volcanic peaks are scattered along the Central Cordillera from the border with Costa Rica eastward to El Valle, near the Panama Canal. Although dormant for several centuries, volcanic ash and lava from Mount Baru have contributed to the formation of fertile, nutrient rich soils (Coates, 1997). The relict volcanoes of the Cordillera Central have also had a profound influence on the drainage patterns in the country.

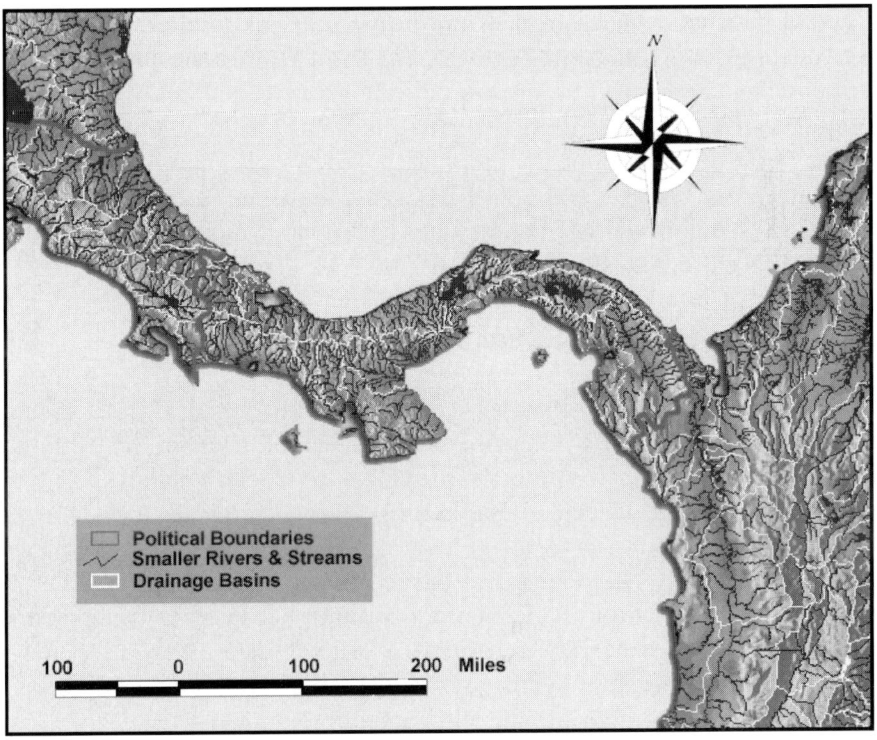

Figure 4. River drainages of Panama (USGS, 2001).

4.2 River Characteristics

Given the rugged nature of its relief and its tropical location, one would expect Panama to be well endowed with fresh water resources. The country has about 500 rivers by most accounts, about 350 of which discharge into the Pacific and the remaining 40% of which drain into the Atlantic (Fig. 4). Those rivers that flow into the Pacific are generally longer, of shallower gradient, and have longer, more developed basins. The steep, conical character of many of Panama's mountains results in radial drainage patterns, within which streams extend outward in all directions from the mountain summit. The more prominent patterns, however, are the parallel streams that are associated with elongated, parallel mountain ranges of steep relief in close proximity to the coast. For example, the Río Chagres exhibits a parallel pattern (see Kinner *et al.*, 2005, Chapter 5).

By several criteria, the Río Chagres is Panama's most important river (ANAM, 2000) and, uniquely, the only river in the world to flow into two oceans. Originally dammed in its lower section in 1914 to form Gatun Lake, a second dam was constructed in the lower portions of the upper basin in 1935 to form Lago Alajuela. Currently the Río Chagres provides about 40% of the water necessary to operate the Panama Canal and provides the drinking water for residents of Panama City and Colón, which amounts to nearly 50% of the country's population of 3 million (ANAM, 2000). Fortunately, the Chagres National Park was established in 1985 by Panama's Autoridad Nacional del Medioambiente (ANAM) to protect the hydrologic basin of this extremely significant river (ANAM, 2000).

4.3 The Panama Canal Watershed

The watersheds of the Panama Canal region (of which the Río Chagres basin is an integral part) comprise nearly 552,761 hectares, extending on both sides of the waterway into the provinces of Coclé, Panama, and Colón (ACP, 2001). Of the water withdrawn from these watersheds, 58% is used to operate the canal locks, 36% for generating electricity, and 6% for drinking water (ACP, 2001). The boundaries of the greater Panama Canal Watershed are defined by law within Panama's constitution because the watershed and its dense tropical rainforest constitute a critical natural resource for the country. The continuing health of the watershed and its rainforest are dependent upon favorable climate and compatible human activities.

5. CLIMATOLOGY

Climatology is the subfield of geography that examines the long-term conditions of the atmosphere and the interactions between the atmosphere and the earth's surface. Climate profoundly influences a host of environmental processes such as the growth of vegetation, soil formation, watershed hydrology, and geomorphic denudation. Climate also influences human activities ranging from agricultural to building practices. The term climate is often referred to as the 'average weather' of a location, but this can be overly simplistic and misleading. Depending on the spatial scale considered or the timeframe used, a variety of different climatic patterns emerge in the analysis of any region, regardless of its size. As the spatial scope narrows and as the timeframe shortens, a host of factors internal to the climate system begin to play an increasingly important role in developing a clear analysis of 'average' atmospheric conditions. Factors such as topography, vegetation, regional pressure variability, and El Niño phases may play an important part in determining the climate for a particular season or year. This is especially true for Panama. Thus, geographers typically examine climate from both a regional and local perspective.

5.1 Regional Climate Patterns

Panama has a tropical climate that stems in part from its location between 7-10° N latitude. Using the Köppen climate classification system, Panama's climate is generally characterized as an ***A*** type (tropical climate with all monthly mean temperatures over 18 °C. More specifically, the country exhibits a regional pattern that includes an ***Af*** climate (sufficient precipitation all months) along the Atlantic coast, and an ***Aw*** climate (dry season during the winter) along the Pacific coast and on the south side of the continental divide.

Despite uniformly high temperatures and precipitation year round, temperatures on the Atlantic side of the isthmus are slightly higher, in general, than on the Pacific, and precipitation is of higher intensity on the Atlantic side. Average annual temperatures range from 23-27 °C in coastal areas throughout the country and average a milder 19 °C in the interior highlands (Microsoft, 2001). The rainfall pattern is more pronounced with an average of 2,970 mm on the Atlantic side and about 1,650 mm on the Pacific side of the continental divide (Microsoft, 2001).

5.2 Climate Controls and Localized Patterns

Climate controls influence a variety of variables such as temperature, temperature range, precipitation, and wind; and are the cause of the N-S and coastal-upland variations in Panama's climate. Controls such as insolation, pressure, ocean currents, maritime influence, altitude, and topographic barriers, all play a role in determining the climate of Panama, due to the country's mountainous terrain, equatorial proximity, coastal position between the Pacific Ocean and the Caribbean Sea, and its location relative to the inter-tropical convergence zone (ITCZ).

The amount of incoming solar radiation, or insolation, that Panama receives is primarily a function of its latitude. Located between 7-10 °N latitude, Panama is only a short distance north of the equator. As a result, the country receives high amounts of insolation throughout the year, and maximum amounts during the summer, when the northern hemisphere is tilted towards the sun and periods of daylight are slightly longer. This results in year-round high temperatures with minimal seasonal and daily variation, especially at sea level locations.

The country's location on the Isthmus of Panama also contributes to the small annual and daily temperature range. The coastal orientation of the country subjects it to the moderating effects of the ocean and sea. This type of situation influences the temperature range between summer and winter, and even from day to night, regardless of latitudinal location. However, temperatures around the country can vary widely due to variations in elevation and rugged nature of the topography. Altitude has a dramatic effect on temperature. Air temperatures decrease with increasing elevation as a function of the dry environmental lapse rate, which averages about -10 °C per 1,000 meters increase in elevation. With much of Panama dominated by the continental divide, altitude must be considered carefully. Several peaks have elevations that exceed 3,500 m, so these mountains can experience temperatures that may vary by 10-15 °C over relatively short horizontal distances. Such temperature variability makes it very difficult to characterize broad regions as having uniform climate types. Moreover, elevation and orientation to prevailing winds can combine to produce microclimatic niches (Rees, 1997).

The influence of topographic barriers has a dramatic effect on precipitation regimes throughout the country. Orographic precipitation on the windward side of mountain ranges is common as moist air is forced upwards and cooled adiabatically. By contrast, air on the leeward side of mountain ranges descends and warms adiabatically resulting in a rain shadow effect where the air is warmer and much drier. The Atlantic coast of Panama experiences a sustained onshore flow of wind accompanied by orographic precipitation, except during the winter months. Thus, the Caribbean side has higher precipitation totals throughout the year, with only a short dry season during winter.

The Inter-Tropical Convergence Zone (ITCZ) has a significant impact on Panama's climate as the low-pressure system migrates seasonally across the country. Atmospheric pressure controls the amount and seasonality of precipitation. Parts of the country receive increased rainfall based on the presence of the ITCZ from May to December, and significantly less rain from January to April as the ITCZ migrates south.

Panama's climate is more complex than might be anticipated given the small territorial extent of the country. Attempting to characterize Panamanian climate regionally is difficult due to the interactions of several

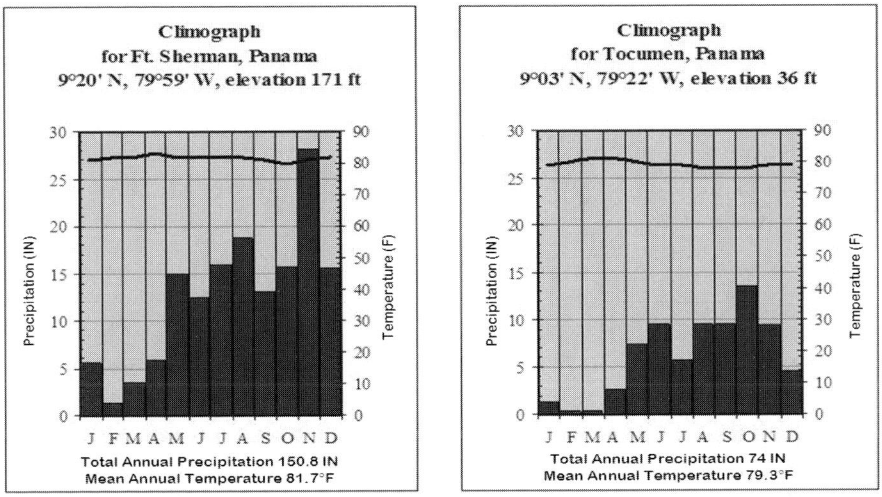

Figure 5. Climographs for two locations in central Panama demonstrating Atlantic versus Pacific variability – (left) for Ft. Sherman near the Atlantic coast and (right) for Tocumen near the Pacific coast (data from USAFCCC, 2003).

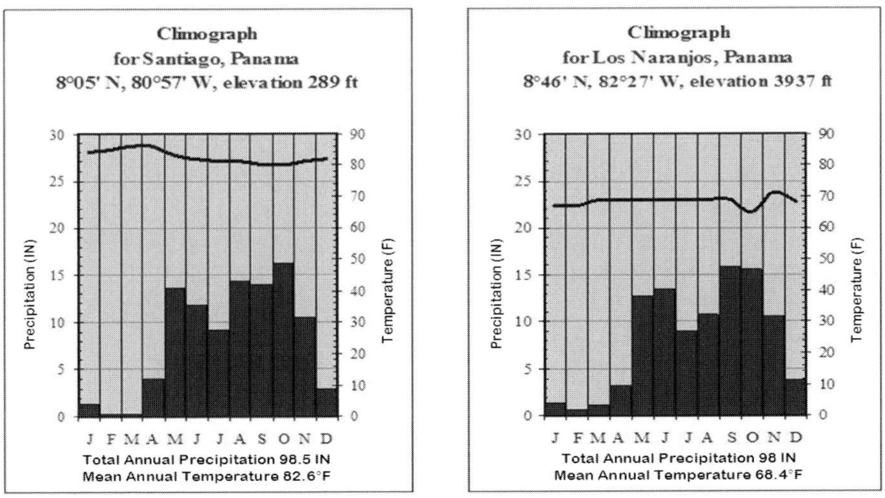

Figure 6. Climographs for two locations in central Panama illustrating interior lowland versus highland variability – (left) for Santiago a lowland site and (right) for Los Naranjos, a highland site (data from USAFCCC, 2003).

climate controls. Altitude and maritime location significantly affect temperature regimes, while pressure systems and topographic barriers influence precipitation patterns. The overall result is a tropical climate with local temperature and precipitation variations based on elevation, orientation, and proximity to the coast. Climographs, graphical representations of monthly mean temperature and monthly precipitation for a specific location, help to portray the impact of climate controls and provide a clearer picture of the climate diversity within the country (Figs. 5 and 6).

6. BIOGEOGRAPHY

Panama's biogeographic complexity stems from its geomorphology and climate. Biogeography is the study of the distribution of plants and animals, where these biotic entities occur, and why they occur at disparate locations. This field of study utilizes information derived from many other disciplines and subfields, such as meteorology, climatology, geomorphology, botany, zoology, ecology, and resource management. The biogeographic scale of study normally is regional to continental and global. However, based on being the focal point of the 'Great American Biotic Interchange' (Simpson, 1940), Panama's biogeography is as complex as any comparable area in the world.

6.1 Vegetation Patterns

Panama's incredible biodiversity is attributable to its tropical location and its position on the Central American land bridge. Webb (1997) provides a comprehensive statement of the 'Great American Biotic Interchange' noting that more than half of the present land mammals of South America came from North and Central America by way of the land bridge (Webb, 1997). Using Holdridge's (1967, 1974) classification scheme, Panama has twelve life zones, defined by climatic and soil conditions and associated forests. The biological diversity is highlighted by an estimated 10,000 species of plants (Labrut, 1993). More conservative surveys include up to 9,000 vascular plants, along with 218 species of mammals, 929 of birds, 226 of reptiles, and 164 of amphibians (Microsoft, 2001).

Natural vegetation zones include forested mountains, hills, lowlands, savannas, coastal mangrove swamps, and tidal flats. Dense tropical forests include multistory canopies that extend some 20-50 m above the ground in uncleared parts of the eastern and northwestern regions of the country (US DOD, 1999). Mangrove swamps are common along the Caribbean coast, with savannas and rolling foothills in other coastal locations. Land cover estimates vary, but Tomaselli-Moschovitis (1995) concludes that some 54% of the country's 77,400 km² is classified as forest and woodland, 15% as meadows and pastures, 6% as arable mixed, 2% as permanent crops, and 23% as supporting other vegetative covers. Figure 7 provides a general picture of the country's land cover.

Panama's tropical rainforests deserve special mention because of their incredible biodiversity. Most forests are broadleaf evergreen that include more than 1,000 varieties of trees, including brazilwood, tropical cedars, ceiba, espave, jacaranda, laurel, lignumvitae, and rosewood (Weil *et al.*, 1972). Deforestation, however, continues to be a major concern. One estimate identifies an average annual loss of 51,000 hectares of forest, with only three million hectares of forest remaining (Brokema, 1999). Other assessments indicate that tree cover has been reduced by 50% since the 1940s (Meditz and Hanratty, 1987).

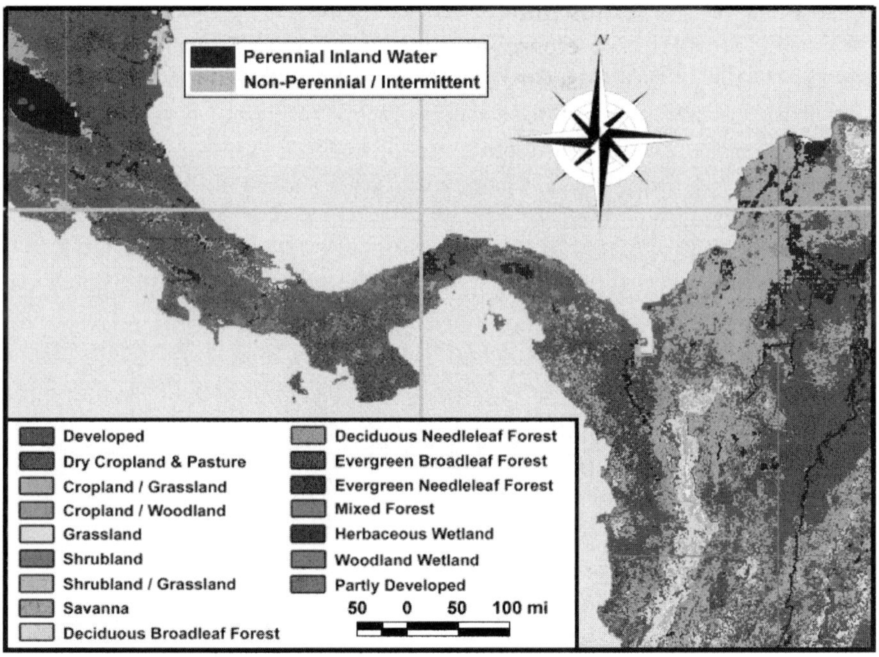

Figure 7. Land cover map of Panama (USGS, 2001).

7. CONCLUSION

Volcanism and tectonic activity have forged the territorial extent and physical relief of the Panama over the past 140 million years, with the most visible development occurring during the past 10 million years (Coates, 1997; Harmon 2005, this volume). The effects of the 'Great American Biotic Interchange', which began in Central America less than 3 million years ago, still linger and have contributed significantly to Panama's remarkable biological diversity (Webb, 1997). The country's biodiversity is also enhanced by its tropical location, where warmer and wetter natural environments generally result in increased biological variety. Scholars agree that biodiversity is critical to the stability of ecosystems (such as Panama's tropical rainforest) because the health of the latter depends on their ability to withstand the loss of some of their members (Clawson, 2000). Additionally, researchers believe that nearly half of all life forms on the planet are associated with tropical rainforests, so these unique environments are important wherever they occur (Clawson, 2000).

Not to diminish the importance of its tropical rainforests, but some would argue that Panama's greatest natural resource is its relative location, which just over a century ago made the young Republic an attractive locale for constructing a canal to link the world's two major oceans. From this perspective, the Panama Canal holds the greatest promise for Panama's continued economic development and modernization, especially since the implementation of Carter-Torrijos Treaty on 31 December 1999 (see Heckadon, 2005, Chapter 3). To be sure, efforts to maintain and modernize the canal to promote economic development must recognize the concomitant need to protect the hydrological and biological integrity of the entire Panama Canal Watershed. In this regard, the upper Río Chagres hydrographic basin is a critical natural resource, whose forests supply 40% of the water necessary to operate the canal, as well as drinking water for nearly 50% of the country's population (ANAM, 2000). The multidisciplinary scientific study of this unique tropical watershed described in this volume is an important step towards ensuring that this irreplaceable natural resource is carefully managed, now and for future generations.

ACKNOWLEDGEMENTS

Thanks are extended to several colleagues for assistance with this chapter, particularly colleagues in the Department of Geography and Environmental Engineering at the US Military Academy. W. C. King and F. A. Galgano reviewed previous versions of this paper, J. Malinowski assisted with the graphics, and R. S. Harmon provided editorial expertise.

REFERENCES

Augelli, JP, 1986, The Panama Canal area: *Focus* 36: 20-29.

Autoridad Nacional del Ambiente de Panama, 2000, *Parques Nacionales de Panama*: Balboa, Panama.

Autoridad del Canal de Panama. 2002, *The Panama Canal: How the Canal Works*: Corporate Communications Division, Balboa-Ancon, Panama.

Autoridad del Canal de Panama, 2002, *The Panama Canal: Historical Background and Physical Features of the Waterway*: Corporate Communications Division, Balboa-Ancon, Panama.

Authoridad del Canal de Panama, 2001, *The Panama Canal, Information Brochure*: Corporate Communications Division, Balboa-Ancon, Panama.

Blouet, BW and Blouet, OM, 1997, *Latin America and the Caribbean: A Systematic and Regional Survey*: John Wiley Inc., New York, NY.

Blouet, BW and Blouet, OM, 2002, *Latin America and the Caribbean: A Systematic and Regional Survey*: John Wiley Inc., New York, NY.

Bonini, WE, Hargraves, RB, and Shagam, R, eds., 1984, *The Caribbean-South American Plate Boundary and Regional Tectonics*: Geol. Soc. Am., Boulder, CO.

Brokema, I, 1999, Position of the International Primate Sanctuary of Panama in the scheme of conservation areas: A report prepared to help clarify policy development at the International Primate Sanctuary of Panama.

Clawson, DL, 2000, *Latin America & the Caribbean: Lands and Peoples*: McGraw-Hill Inc., New York NY.

Coates, AG, ed., 1997, *Central America: A Natural and Cultural History*: Yale Univ. Press, New Haven, CT.

Coates, AG and Obando, JA, 1996, The geologic evolution of the Central American isthmus: in *Evolution and Environment in Tropical America* (JBC. Jackson, AF Budd, and AG Coates, eds.), Univ. Chicago Press, Chicago, IL: 21-56.

Goodwin, PB, 2000, *Global Studies: Latin America*: Dushkin/McGraw-Hill, Guilford, Canada.

Harmon, RS, 2005, The Geologic Development of Panama: in *The Río Chagres: A Multidisciplinary Perspective of a Tropical River Basin* (RS Harmon, ed.), Kluwer Acad. Press, New York, NY: 43-62.

Heckadon, S, 2005, Light and Shadows in the Management of the Panama Canal Watershed: in *The Río Chagres: A Multidisciplinary Perspective of a Tropical River Basin* (RS Harmon, ed.), Kluwer Acad./Plenum Pub., New York, NY: 29-44.

Holdridge, LR, 1967, *Life Zone Ecology*: Tropical Science Center, San Jose, Costa Rica:

Holdridge, LR, Renke, WC, Hathweay, WH, Liang, T, and Tofy, JA, 1974, *Forest Environment in Tropical Life Zones*: Pergamon Press, San Francisco, CA.

Kinner, D, Mitasova, H, Stallard, R, Harmon, RS, and Toma, L, 2005, GIS database and stream network analysis for the upper *Río* Chagres Basin, Panama: in *The Río Chagres: A Multidisciplinary Perspective of a Tropical River Basin* (RS Harmon, ed.), Kluwer Acad./Plenum Pub., New York, NY: 83-95.

Labrut, M, 1993, *Getting to Know Panama*: Focus Publications, El Dorado, Panama.

Longman, KA and Jenik, J, 1987, *Tropical Forest and its Environment*, Longman Ltd., London, UK.

Martinson, T, 1997, Physical Environments in Latin America: in *Latin America and the Caribbean: A Systematic and Regional Survey* (BW Blouet and OM Blouet, eds.), John Wiley Inc., New York, NY: 11-44.

Meditz, SW, and Hanratty, DM, eds., 1987, *Panama - A Country Study*: Library of Congress, Federal Research Division, Washington, DC.

Microsoft, Encarta, 2001, Interactive World Atlas: Panama.

Place, SE, ed., 1993, *Tropical Rainforests: Latin American Nature and Society in Transition*: Scholarly Resources Inc., Wilmington, DE.

Rees, P, 1997, Central America: in *Latin America and the Caribbean: A Systematic and Regional Survey* (BW Blouet and OM Blouet, eds.), John Wiley Inc., New York, NY: 237-271.

Simpson, GG, 1940, Mammals and land bridges: Jour. Wash. Acad. Sci., 30: 137-163.

Tomaselli-Moschovitis, V, ed., 1995, *Latin America on File*: Facts on File Inc., New York, NY.

Chapter 2

AN INTRODUCTION TO THE PANAMA CANAL WATERSHED

Russell S. Harmon
US Army Research Office

Abstract: The Panama Canal Watershed is a hydrologically complex, ecologically diverse managed natural-artificial managed water resource system composed of many sub-basins, rivers, and dammed lakes extending across 2,982 km^2 on both sides of the Panama Canal. The upper Río Chagres basin is the largest headwater unit in the watershed, occupying about one-third the total area but supplying almost half of the water needed for canal operation. Total runoff across the watershed is such that there is inadequate input of water during low-flow years to provide the all of 4.1×10^5 m^3 of water needed to operate the canal, generate electricity, and provide public drinking water. At present, forest preservation is arguably the most important water resources management issue for the Panama Canal Watershed because deforestation causes enhanced soil erosion and reservoir sedimentation and also strongly affects the timing of the runoff. Overall, prospects for the long-term sustainability of the water resources of the Panama Canal Watershed are good, given the large percentage of land within the watershed that is federally protected. However, the challenge for the immediate future is to develop and enforce a consistent set of informed and enforced land management to ensure that the water resources will continue to be available to operate, if necessary, and expand the Panama Canal for the benefit of Panama and the world.

Key words: Panama, Panama Canal Watershed

1. THE PANAMA CANAL

The construction of the Panama Canal was one of the most profoundly important engineering and historic feats of the 20th Century (McCulloch, 1977). The canal is an 80 km long waterway that connects the Atlantic Ocean with the Pacific Ocean across the Isthmus of Panama (Fig. 1). To accomplish the building of canal and float ships across the continental divide, it was necessary to create Lake Gatun by building a dam across the lower reaches of the Rio Chagres and three sets of locks – at Gatun, Pedro

R. S. Harmon (ed.), The Río Chagres, Panama, 19-28.

Miguel, and Miraflores – that raise and lower ships 26 m from sea level to Lake Gatun and *vice versa.* On the Pacific side, Pedro Miguel is a single-step lock and Miraflores is a 2-step lock, whereas Gatun on the Atlantic side consists of a 3-step of lock (ACP, 2001). Smaller dams for operational water supply were also built at the Pedro Miguel and Miraflores lock sites and, subsequently a large dam was constructed across the upper Rio Chagres to create Lago Alhajuela (Fig. 2).

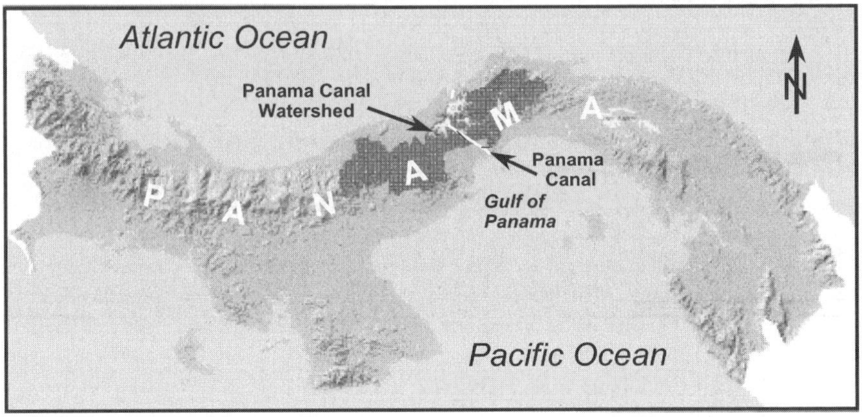

Figure 1. Topographic map of Panama sowing the location of the Panama Canal and the Panama Canal Watershed (modified from ACP, 2005)

With 38 ships making the ocean-to-ocean transit each day, the Panama Canal is an important contributor to the global economy as canal fees and related activities generate some 10% of the GDP of Panama (Cullen, 2005). The Panama Canal Watershed (Fig. 2) is a hydrologically and ecologically complex managed watershed that extends along both sides of the Panama Canal (ACP, 2001). Not only does the watershed provide the $1.91x10^5$ m^3 of non-recycled water required for the passage of each ship through the canal, but its waters are also used to generate electricity and provide potable water for the more than one million residents of Panama City, Colon, and San Miguelito (Heckadon, 1993). With a large number of political, public, commercial, and individual interests presently competing for use and/or preservation of the varied resources of the basin, the of the Panama Canal Watershed represents one of the most high-profile examples of a sustainable land management challenge for the world in the 21st Century. Priority issues of immediate concern include water supply, population growth, deforestation, erosion, and reservoir sedimentation.

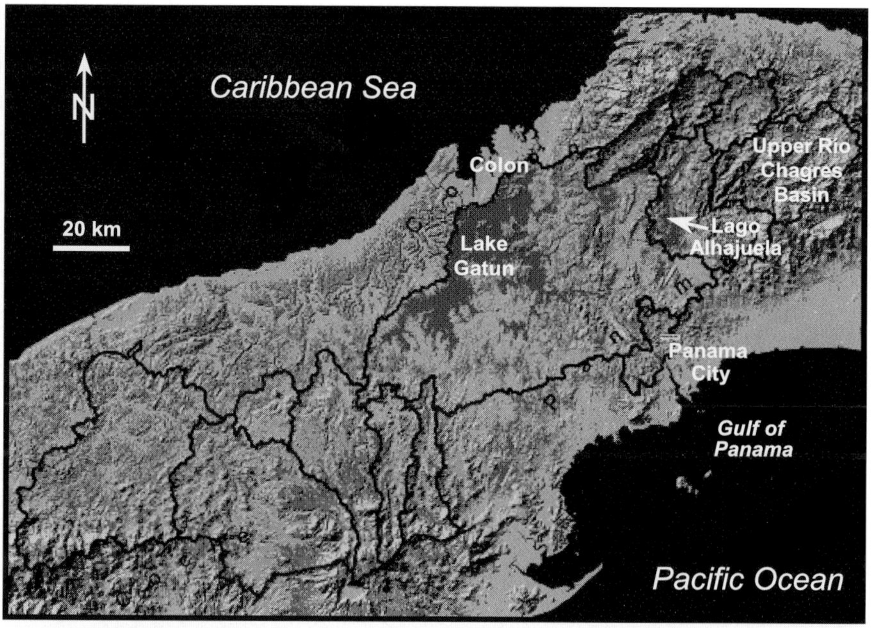

Figure 2. Topographic map of central Panama showing the location of the 13 sub-basins of the Panama Canal Watershed, Lake Gatun, Lago Alhajuela, and the upper Río Chagres basin (modified from ACP, 2005).

2. THE PANAMA CANAL WATERSHED

2.1 The Physical Watershed

As defined by Law 44 of the Panama Legislative Assembly enacted in August of 1999, which established the boundaries in law, the Panama Canal Watershed consists of 552,761 hectares (*i.e.,* 2,982 km^2) of land spread across 13 sub-basins in the provinces of Panama, Colon and Cocle (Fig. 2). Elevations across the Panama Canal Watershed range from sea level to about 1000 m, with most of the watershed at an elevation of <300 m. The construction of Lake Gatun in 1914 flooded a significant portion of the original Río Chagres basin (Fig. 3). This construction, together with the building of the Madden dam in 1936 to form Lago Alhajuela, divided the Río Chagres drainage into three parts, the upper basin above Lago Alhajuela, the lower basin, Gatun Lake, and river course between the dam and the Atlantic Ocean (Fig. 2). Today, Gatun Lake and Lago Alhajuela occupy about 14% of the total area of the Panama Canal Watershed. The upper Río Chagres basin, which occupies about one-third the area of total watershed, is the largest headwater unit in the watershed, and arguably the most important of the 13 sub-basins, as it supplies almost half of the water needed for canal operation. This basin is a combined natural-artificial managed water resource system composed of many sub-basins, rivers, and dammed lakes. An understanding of the hydrometeorological characteristics of the watershed and interrelationships among different hydrometeorological variables (including: precipitation, evapotranspiration, soil storage, water losses, gross and net runoff, and water uses) are required for the upper Río Chagres basin as the foundation for sound water resources management across the entire watershed. Fortunately, the entire upper Río Chagres basin is included within the Chagres National Park, which presently serves to protect the hydrologic resources of this critical component of the Panama Canal Watershed.

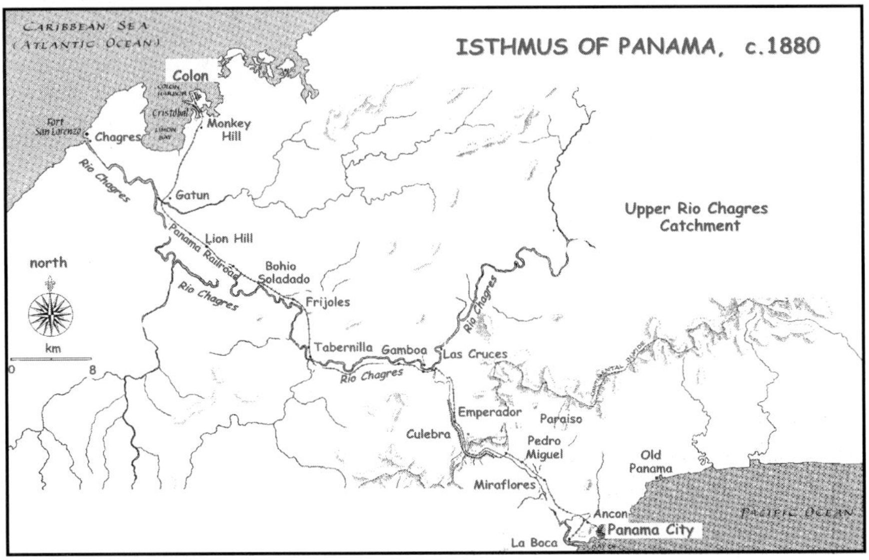

Figure 3. Map of central Panama, *c.* 1880, at the time of the unsuccessful French effort to build a sea-level canal across the Isthmus of Panama (modified from McCulloch, 1977).

2.2 Watershed Hydrometeorlogy

Central Panama is located in the moist lowland tropics where rainfall well exceeds evapotraspiration and has a distinct rainy season, typically lasting from May to mid-December, with wet season storms generated in the Caribbean. This situation produces a pronounced variation in annual rainfall and a strong rainfall gradient from one coast to the other, with the Atlantic side of the isthmus receiving an average of 3,000 mm as compared with some 1,700 mm at the Pacific coast on the leeward side of the continental divide (Condit *et al.,* 2000). The total runoff across the watershed is 4.4×10^5 m^3, which has been observed to decrease by up to 25% during low precipitation El Niño year years (Espinosa *et al.*, 1997). This situation has caused concern because the current water budget is such that there is inadequate input of water during such low-flow years to provide all of 4.1×10^5 m^3 of water needed to operate the canal, generate electricity, and provide public drinking water (Condit *et al.,* 2001). Hence, prudent management of the water resources within the Panama Canal Watershed is vital for the day-to-day operation of the Panama Canal and, therefore, the Panama Canal Authority also is considering the construction of a new lake in the western portion of the watershed and (Vargas, 2003).

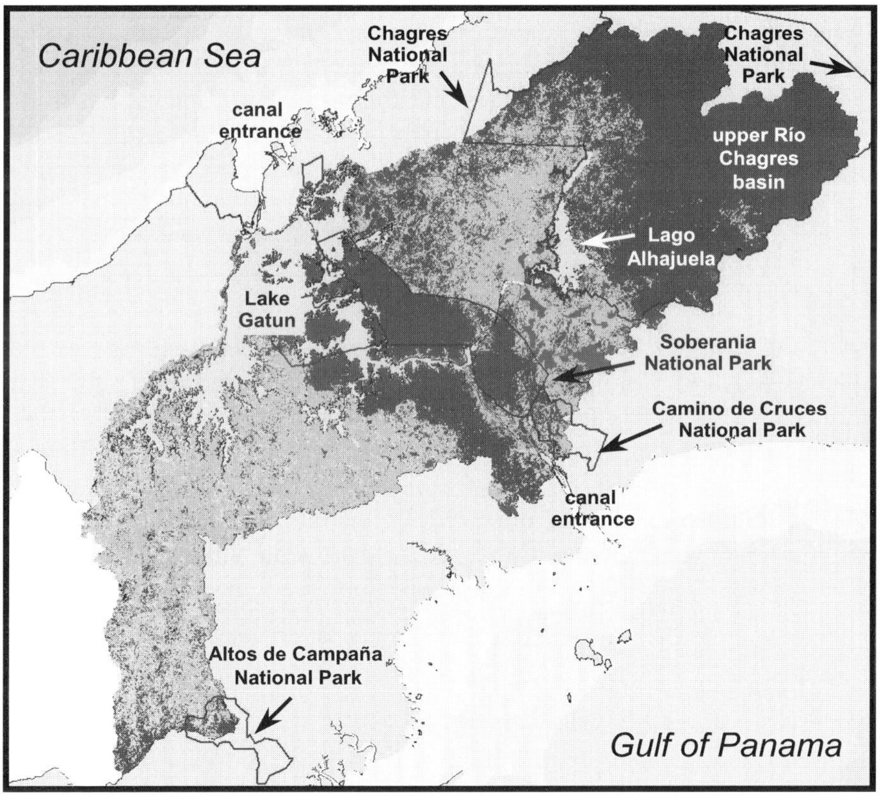

Figure 4. Land-cover map of the Panama Canal Watershed area (black = forest, dark grey = urban, light grey = agriculture, pasture, grassland, and shrubland). Also shown are the National Park boundaries, Lake Gatun, Lago Alhajuela, the upper Río Chagres basin, and the entrances to the Panama Canal (modified from Dale *et al.,* 2003).

2.3 Ecosystem Considerations

The ecosystem in central Panama, particularly that within the Panama Canal Watershed, is one of the most diverse anywhere around the world (Myers *et al.,* 2000; Condit *et al.,* 2001; Ibáñez *et al*., 2001). The long-term maintenance and sustainability of this biodiversity depends on the preservation of the tropical forest cover, which presently covers some 1570 km^2 of the watershed (Heckadon *et al*., 1999). Prospects for preservation are good, since almost 70% of this watershed cover is pristine, old-growth tropical forest contained in national parks and nature monuments located within two large blocks of land (Fig. 4) - one in a 16 km corridor along both sides of the former Canal Zone and the other in the sub-basins northeast of Lago Alhajuela, particularly the upper Río Chagres basin. These two areas of largely unbroken forest cover form a nearly continuous band across the isthmus. As illustrated in Figure 4, the vast majority of the agricultural, pasture, grasslands, and shrublands are concentrated in two zones - one between the forested canal corridor and the upper Río Chagres basin in the northeast sector of the watershed that contains a patchwork of forest fragments (Condit *et al.,* 2001) and the other in the southeast sector of the watershed.

2.4 Urbanization

Urbanization in central Panama is largely concentrated in the cities Panama City and Colon at both ends of the canal and along the Trans-Isthmusian Highway connecting these two urban centers. More than a million people reside in this narrow zone (Heckadon *et al*., 1999). However, as noted by the *Proyecto de Monitoreo de la Cuenca del Canal* (PMCC), a USAID program conducted from 1996-99, the rate of population growth was greater within the Panama Canal Watershed than anywhere else in the country (PMCC, 1999). Importantly, this study recognized that the high rate of population growth was not confined to the suburban areas of metropolitan Panama City, such as Chilibre and Las Cumbres, but was also affecting the area immediately to the south and west of Lago Alhajuela as well as rural areas of the western sector of the watershed. It was also noted that the number of people living within the boundaries of the national parks, where most people are engaged in subsistence agriculture, more than doubled during the census period from 1980 to 1990 (Condit *et al.,* 2001; Ibáñez *et al*., 2001). This high rate of population growth presents a major land management challenge because of the many different land use pressures exerted by the expanding number of people living within the Panama Canal Watershed.

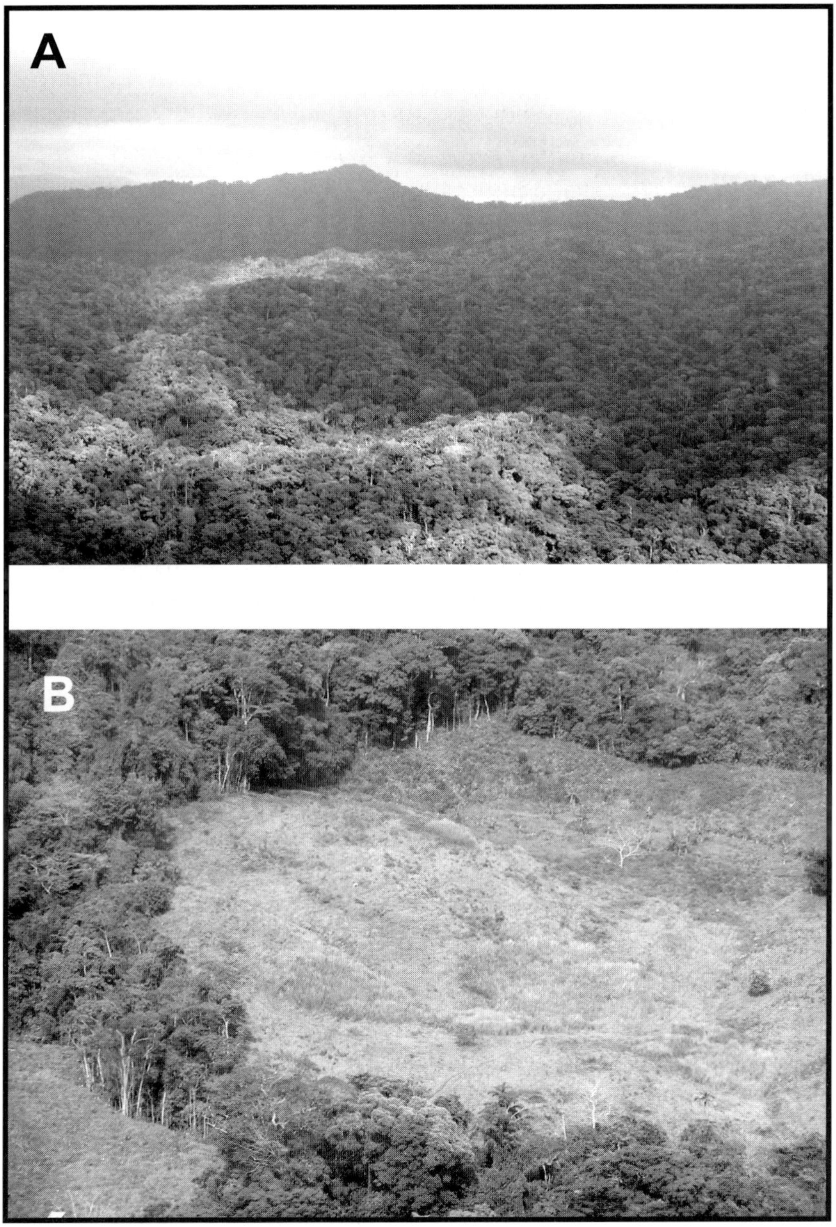

Figure 5. Example of (A) pristine tropical forest in the Chagres National Park and (B) of slash-and-burn clear cutting to create land for subsistence agriculture (photos by M. Kaplan).

2.5 Deforestation

One of the most important issues related to water resources management across the Panama Canal Watershed at present is ongoing deforestation of primary tropical rain forest (Ibáñez *et al.*, 2001). In many of the more rural parts of the basin, as well within the national parks, deforestation is undertaken to clear land for agriculture (Fig. 5). Typically crops are planted for only few years on such cleared land parcels because of the low fertility of the soil, which leads to further cutting of forest in a repeated cycle of deforestation. Such land practice leads to erosion, landslides, sediment transport downstream by rivers, and ultimately reservoir siltation (Wadsworth, 1974; Nichols *et al.,* 2005, Chapter 21). Larsen (1984) estimated that 5% of the storage capacity of Lago Alhajuela had been lost to deforestation driven sedimentation by 1975. However, it is also very important to realize that deforestation has another important negative consequence in that it directly affects the timing of water delivery to channels following precipitation events, as runoff is more immediate in deforested areas. For example, for two adjacent basins of similar topography and geology within the Soberania National Park, Ibáñez *et al.* (2001) noted that 26% of rainfall in the deforested catchment was conveyed to streams almost immediately as compared with only 14% in the forested catchment. The implications of this observation is that continued deforestation within the Panama Canal Watershed has the potential to lead to increased flow volumes during the rainy season and, concomitantly, would cause reduced flow volumes during the dry season, the most critical time for canal operation. Other issues, such as the role deforestation in generating landslides and the extent to which deforestation enhances overall erosion, have not yet been studied in detail.

3. CONCLUDING REMARKS

Overall, prospects for the long-term sustainability of the water resources of the Panama Canal Watershed are good, given the growing awareness of the importance of this most valuable water resource and the large percentage of land within the watershed that is federally protected. However, there must be a understanding at all levels of society in Panama - within government, industry, and the public - that deforestation, with all of its many consequences, is the single most important threat to the long-term operability of the Panama Canal. Certainly, the challenge for the immediate future is to develop and enforce a consistent set of informed land management policies at all levels of government that are supported by informed stakeholders to ensure that the water resources will continue to be available to operate, if necessary, and expand the Panama Canal for the benefit of Panama and the world.

ACKNOWLEDGEMENT

Thanks are due to V. Dale of the US DOE Oak Ridge National Laboratory for providing the land-cover map for the Panama Canal Watershed, M. Calderón of the Autoridad del Canal de Panama for redrafting the figure, and Micki Kaplan for the forest photographs of the Chagres National Park.

REFERENCES

Autoridad del Canal de Panama, 2005, The Panama Canal: www.pancanal.com/eng/ cuenca.

Autoridad del Canal de Panama, 2002, *The Panama Canal: How the Canal Works*: Corporate Communications Division, Balboa-Ancon, Panama.

Condit, R, Robinson, WD, Ibáñez, R, Aguilar, S, Sanjur A, Martínez, R, Stallard, RF, García, T, Angehr, G, Petit, L, Wright, SJ, Robinson, TR, and Heckadon, S, 2001, The status of the Panama Canal watershed and its biodiversity at the beginning of the 21st century. BioScience, 51: 389-398.

Condit, R, Pitman, N., Leigh, EG, Chave, J, Terbaugh, J, Foster, RB, Nuñez, PV, Aguilar, S, Valencia, R, Villa, G, Muller-Landua, H, Losos, E, and Hubbell SP, 2000, Beta-diversity in tropical forest trees: Science, 295: 666-669.

Cullen, B, 2005, Panama Rises: Smithsonian Magazine, 34: 44-55.

Dale, VH, Brown, S, Calderon, MO, Montoya, AS, and Martínez, R, 2003, Estimating baseline carbon emissions for the eastern Panama Canal Watershed: Mitigation Adapt. Strat. Global Change: 8: 323-348.

Espinosa, D, Méndez, A, Madrid, I, and Rivera, R, 1997, Assessment of climate change impacts on the water resources of Panama: the case of the La Villa, Chiriquí, and Chagres river basins: Climate Change, 9: 131-137.

Heckadon, S., Ibáñez, R, and Condit, R, 1999, La Cuenca del Canal: Deforestación, Urbanización, y Contaminación: Proyecto de Monitoreo de la Cuenca del Canal de Panama (PMCC), Sumario Ejecutivo del Informe Final, Smithsonian Tropical Research Institute.

Heckadon, S, 1993, The impact of development on the Panama Canal environment: Jour. Inter-Amer. Stud. World Affairs, 35: 129-149.

Ibáñez, R, Condit, R, Angher, G, Aguilar, S, Garcia, T, Martínez, R, Sanjur, A., Stallard, RF, Wright, SJ, Rand, AS, and Heckadon, S., 2001, An ecosystem report on the Panama Canal: Monitoring the status of the forest communities and the watersged: Env. Monitor. Assessment., 80: 65-95.

Larsen, MC, 1984, Controlling erosion and sedimentation in the Panama Canal watershed: Water Int., 9: 161-164.

McCulloch, D, *The Path Between the Seas: The Creation of the Panama Canal 1870-1924:* Simon and Shuster, New York, NY.

Myers, N, Mittermeier, RA, Mittermeier, CG, da Fonseca, GAB, and Kent, J, 2000, Biodiversity hotspots for conservation priorities: Nature, 403: 853-858.

Nichols, KK, Bierman, PR, Finkel, R, and Larsen, J, 2005, Long-term sediment generation rates for the upper Río Chagres basin: Evidence from Cosmogenic ^{10}Be: in *The Río Chagres: A Multidisciplinary Perspective of a Tropical River Basin* (RS Harmon, ed.), Kluwer Acad./Plenum Pub., New York, NY:

Vargas, CA, 2003, Panama Canal water resources management: Proc. Int. Sci. Symp. 'The Río Chagres: A Multidisciplinary Profile of a Tropical Watershed', Gamboa, Panama: 52.

Wadsworth, FH, 1974, Deforestation: Death to the Panama Canal: Proc. US Strategy Conf. on Tropical Deforestation, USAID, Washington, DC: 22-24.

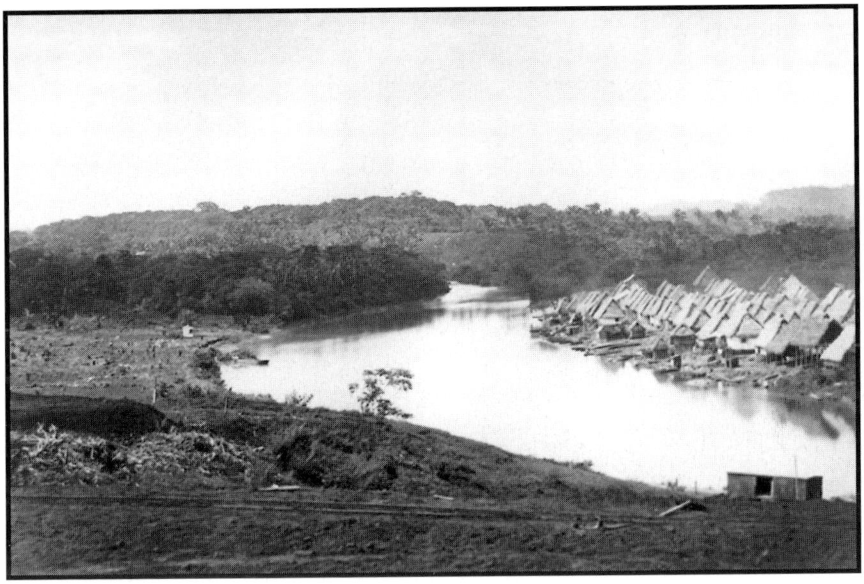

Figure 3. A village on the Río Chagres circa 1890, during the French Era of the Panama Canal. Image by the French photographer De Sablá (source: Archives, Panama Canal Commission).

Another reason for population decrease was the damming of the Río Chagres and the formation of Lake Gatún and later Lago Alhajuela (1930-1935). Their rising waters of these artificial lakes drowned over 500 km^2 of tropical forest and over 50 towns and villages (Figs. 4 and 5). Some of the families displaced by Lake Gatún built the first villages on the banks of the new lake, the '*pueblos del lago*', whose economy was based on the cultivation of root crops for self-subsistence and bananas for cash. Other early settlers of Lake Gatún were West Indians, a black, English speaking people of Protestant religion. Many were former canal diggers from the Caribbean who chose to remain in Panama rather than return to their densely-populated home islands. Thus, the town of Nueva Providencia (*i.e.,* New Providence) was created in 1916 on the banks of Lake Gatún by former laborers from Barbados. By the end of the 1930s it is estimated that the Río Chagres watershed held some 8,000 inhabitants.

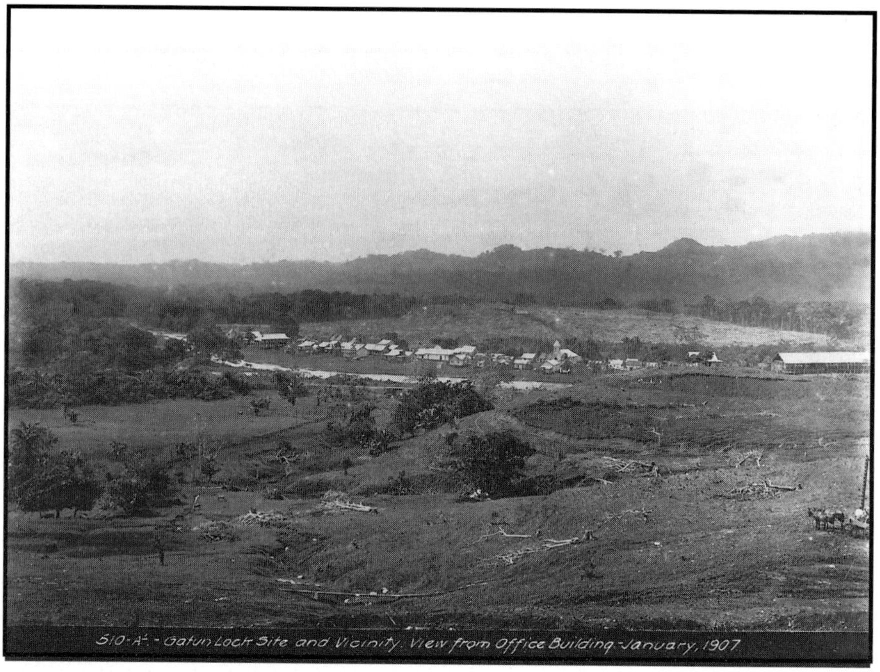

Figure 4. The old village of Gatún seven miles from the mouth of the Río Chagres in 1907 and soon to lie buried under the Gatún locks and dam (source: Archives, Panama Canal Commission).

The second wave of settlement of the canal watershed occurred after World War II. These settlers were primarily peasants from the interior and the western plains of the drier, Pacific side of Panama – namely from the provinces of: Coclé, Herrera, Los Santos, Veraguas and Chiriquí. Emberá Indians from the Río Bayano area in Darien and from the Chocó region in Colombia were also among those emigrating in this second wave of settlement.

The third, the contemporary wave of settlement, has had two root causes. The first was the growth of the population within the watershed. The second, and more important reason, was the intense migration of low income urban families from the cities of Panama and Colón, who have been seeking cheaper land for housing along the Trans-Isthmian Highway and proximity to local labor markets.

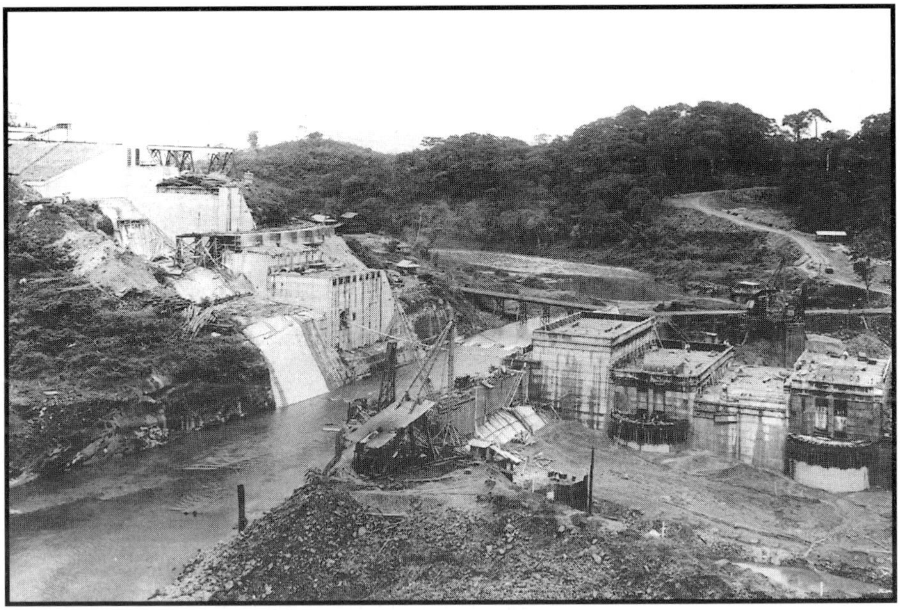

Figure 5. The construction of Madden Dam (1930-1935) across the Río Chagres gave birth to Lago Alhajuela. The dam had three purposes: flood control, storage of water for canal operations during the dry season, and the eneration of electricity for the Canal Zone and canal operations (Panama. Source: Archives, Panama Canal Commission).

3. THE TRANSISTHMIAN HIGHWAY: EPICENTER OF INDUSTRIALIZATION AND URBANIZATION

From the century between the 1850s to the 1940s, people and goods moved between the two population centers of the isthmus region, Panama City and Colón, by train. That changed in 1950 with the opening of the '*Transistmica'*, or Trans-Isthmian Highway. As a result, the canal and the Río Chagres watershed became a colonization front for logging, 'slash-and-burn' agriculture, extensive cattle ranching, and an unplanned process of industrial and urban growth. From 1950 to 1990, the population of this area rose fivefold, from 21,000 to 113,00. Between 1980 to 1990, the annual growth rate stood at 3.8%, compared with the national average of 2.7%.

Today nearly 80% of the watershed's population is concentrated within a 2.5 km wide strip along the *Transistmica.* The other 20%, live on the west side of the canal in an overwhelmingly rural setting, depending on subsistence agriculture and cattle ranching.

Given the reasons outlined above for the ongoing settlement of the Chagres, the PMCC gave special attention to Chilibre, the largest '*corregimiento*' or administrative area. This area was subject to the most intense demographic and economic growth and the consequent effects of environmental degradation. The environmental deterioration of the Río Chilibre and one of its tributaries, the Río Chilibrillo, were selected as a the most relevant case studies. Almost 50% of the population of the Río Chagres watershed is crowded into the corregimiento of Chilibre. At the end of the 1990s, Chilibre had an estimated at 71,000 inhabitants.

At the turn of the 1950s, few industries existed on the Trans-Isthmian Highway; today there are hundreds; ranging from the industrial rearing of chickens and pigs for urban markets to metal foundries and factories for recycling paper, the fabrication of plastics and detergents, mosaics, cement blocks, and batteries. As private car ownership has rapidly increased, so has the number of mechanical garages to serve these vehicles and the ever-increasing number of buses that move passengers along the *Transistmica* between Panama City and Colón. In addition, Panama's most intensive mining activity takes place within the watershed, along or near the *Transistmica,* including the country's only two cement plants. The Río Chagres basin is the main source of raw materials for the vital construction industry in Panama City and Colón, which generates thousands of jobs and millions of dollars in bank loans. A core dilemma that has arisen is that the intense process of urbanization and industrialization in the watershed has taken place without the installation of systems for the collection and treatment of sewage and garbage.

4. A SOCIO-ECONOMIC SKETCH

Although the Río Chagres watershed has an extremely high water-production capacity and is rich in biological diversity, the socio-economic condition of its growing population is a cause for serious concern. In 1990, the region lacked a complete high school. To finish secondary education, students had to travel either to Panama City or Colón. Furthermore, the educational system is not preparing students with the skills demanded by the job markets of the 21st Century. For example, students are not provided with technical skills in areas such as information technology and computer sciences, foreign languages, environmental science, or such sectors as nature tourism and the hospitality industry that are required for the modern economy of Panama.

Unemployment amongst the watershed population stands at 16%, while the national average is over 13%. An additional 30% of people are underemployed. Many of those able to work do so as daily laborers. Men labor in the construction industry or hawk cheap wares in city streets and plazas. Women usually work as maids or waitresses. Unlike the middle and upper income groups, who shop in supermarkets on a weekly basis, the unemployed and underemployed buy in small quantities in tiny local stores paying higher prices. Winning the minds of such large mass of daily laborers is a challenge to societal goals, such as nature conservation that requires planning and a long-range vision of common benefits.

Until the early 1990s, most new houses were self-constructed by migrant families. It is estimated that housing by self-construction grows 4% yearly. Due to incentives to the construction industry, a boom presently is occuring in housing development by construction companies funded by the banking sector. In Chilibre and Chilibrillo, about 5000 housing units are planned for construction.

The plan for the development of the canal watershed, prepared by the Authority of the Interoceanic Region (ARI) and approved by the National Legislature of Panama, calls for slowing housing developments within the watershed. New housing is to be oriented to the pacific and Atlantic sides of the isthmus. However, this proposal faces major hurdles given large improvements to the transportation sector, such as the Panama-Colón Highway, the reconstituted Panama Railroad, and the building of modern ports at both ends of the canal.

5. FROM FOREST 'CONQUEST' TO PROTECTION

One of Panama's greatest achievements is government legislation for the protection of the Río Chagres watershed. During the past two decades, there has been a slowdown in the aggressive expansion of cattle ranching towards the forests of the basin. The expansion of the pasture lands, a process started in the 1950s as part of a national development policy known as the 'conquest of the jungle', resulted in the loss of some 50% of the forest cover in the Río Chagres watershed. This policy seems to have come to an end. The percentage of existing forest cover is holding constant, and in some sectors, it is recuperating. Today, forest cover stands at some 158,000 hectares, or 47% of the total surface area of the basin. About 69% of the existing forests are under some form of protection. Most protected natural areas have been established since 1980.

A comparison of deforestation rates during the droughts caused by the last two *El Nino* events, indicates that there is a clear decrease in the annual rate of deforestation. In the 1982-1983 drought, some 3,000 hectares of forest were burned. However, in the dry period 1996-1997 the PMCC detected the destruction of less than 30 hectares of primary forest.

5.1 Forestry Plantations and Secondary Growth Recuperation

Since 1993, a significant change in land use has been taking place in the watershed. More people are planting trees for commercial purposes. The land planted covers well over 3000 hectares. This move toward the cultivation of commercial timber species by the private sector is due to new fiscal policy incentives to forestry. Another factor has been the forestry concessions granted by ARI to companies to reforest degraded areas within the old Canal Zone, mainly in land occupied by canal grass or '*Paja canalera*'.

In addition, there is a perceptible expansion in land covered by secondary growth or '*rastrojo*'. This is taking place in areas under state protection and on private lands. A growing number of landholders are allowing vegetation recovery along stream banks, hillsides, and ridges. This change partly reflects a new environmental awareness on behalf of the community. Slowly, but gradually, people are placing greater value on the positive benefits of trees and greater tree cover.

The reduction in deforestation rate, and gradual regeneration of the tree cover, can also be attributed to changes in loan policies by the Banco Nacional de Panama. Since 1990, the bank began to refuse loans for livestock if it led to the conversion of forest to pastures. This measure has been paired with a program to raise the environmental awareness of cattle ranchers, including a stress on the importance of saving farm forest cover. Protecting secondary forest cover is perhaps one of the most sensible and economical ways of reforesting degraded lands and protecting biodiversity in the Río Chagres watershed.

5.2 Protected Forests

Today, Panama is harvesting the fruits of decisions made 10 to 15 years ago to save the forests of the Río Chagres Watershed in support of the long-term well being of the Panama Canal. A crucial role was played by both Panamanian and United States researchers to facilitate the conservation measures enacted by Panamanian government decision makers. Among the most notable of these actions was the creation of Soberania National Park in 1980, during the tenure of President Aristides Royo, which resulted in the protection of some 20,000 hectares of forest on the east bank of the Panama Canal. The direct forerunner of the Soberaniá Park was the old Madden Road Forest Reserve from the former Canal Zone days. Also of critical importance was the action by President Eric A. del Valle in 1985 to establish the Chagres National Park (see Figure 4 of Chapter 2), at the insistence of the Task Force on the Panama Canal Watershed. This action safeguarded nearly 130,000 hectares of forest in the upper Río Chagres basin, the headwater area for the rivers that provide the bulk of the water for operation of the Panama Canal: the Río Chagres and its major tributaries, Río Pequení, and Río Boquerón. It can be said that, with this legislation, Panama bought the life insurance policy for the canal and the water plants of Panama City and Colón.

Also of crucial importance to the protection of the natural areas within the Panama Canal Watershed were the creation of the Metropolitan Natural Park within Panama City and the Gatun Recreation Park in Colón. In 1993, during the term of President Guillermo Endara, and thanks to the strong lobbying of the Panamanian civil society, the National Legislature established the Cruces Trail National Park, encompassing some 4000 hectares of dry forests contained within the former U.S. military bases at Albrook and Clayton. Through these various land preservation actions, a trans-isthmian environmental green belt was created that crosses central Panama from the Pacific to Atlantic paralleling the canal. More recently, the lowland humid forests of the Fort Sherman and the old Spanish Fort San Lorenzo areas on the Caribbean entrance to the canal were added to this green belt. To conclude this recounting of the steps to protect the forests of the Canal Watershed, mention also should be made of the creation of Altos de Campaña National Park in 1966, by Ruben Dario Carles, then Minister of Agriculture. The suggestions of scientists at the Smithsonian Tropical Research Institute (STRI) had a positive influence in this decision.

Together with the consolidation of this system of natural protected areas, the development, expansion, and improvement of a corps of park rangers has taken place within ANAM and the National Police. This natural resources protection force is supplemented by the wardens of Barro Colorado Natural Monument. Established in 1923 by Jay Morrow, Governor of the Canal Zone, at the petition of the international scientific community, and in particular, by men of science like James Zetek and Thomas Barbour, Barro Colorado is Latin America's oldest wildlife protection area.

5.3 Flattening the Pyramid: The Administration of Protected Areas

For 500 years, Panama developed a major institutional disease: a highly centralized public administration system that concentrated all political powers with the central government in Panama City. This bureaucratic structure resembles a pyramid and is tends to be very inefficient, as the management of the growing number of protected areas has been almost the exclusive concern of the central government, first, under the agency RENARE, later INRENARE, and currently ANAM (Autoridad Nacional de Ambiente de Panama). In the future, it will be vital for proper environmental management to flatten the administrative pyramid and essential to incorporate local governments, the private sector, and the civil society into both the decision-making process and the management of Panama's important environmental resources. New and creative ways of citizen participation need to be explored.

In 1994, for the first time in Panama, mayors were elected directly by the voters, thus becoming accountable to their constituency. It is the start of a new process of '*municipalizacion', i.e.*, the empowerment of the municipalities and decentralization of state power. New municipal responsibilities ultimately will include the use and protection of natural resources. In the 21st Century, it becomes a matter of sound government, to strengthen the capacity of local governments to manage the environment.

In the Panama Canal Watershed, it is vital to promote and strengthen the existence of both municipal and privately held protected areas. It will also be necessary to garner community support for environmental stewardship. A pioneering example of the new forms of participation that are developing is the Patronato, or Board, that manages the Metropolitan Natural Park. This Patronato represents institutions of the central government and the private sector and is led by the Mayor of Panama City.

5.4 Roads, Highways, and Soils

Increased protection of primary and secondary forests is leading to a gradual and continuing reduction in the rate of soil erosion and silting of rivers and lakes. However, the PMCC was still able to detect a substantial level of sediment transport in river courses, especially in those with larger water flows such as the Río Chagres and Río Pequeni. This is directly attributable to the construction of rural access roads, poorly built and with out proper maintenance. The same process is also evident on the west side of the canal, in the Río Trinidad and Río Ciri Grande basins that flow into Lake

Gatun. In the future, road construction in the watershed should only be carried out after sound environmental impact studies, followed by the implementation of sediment erosion mitigation measures.

However, by far the most worrisome situation regarding soil erosion within the Canal Watershed are the major roads, the Corredor Norte and the Panama-Colón Highway. These 4-lane cement highways have cut a path across such protected areas as the Metropolitan Natural Park, the Cruces Trail Park, and Soberania National Park (see Figure 4 of Chapter 2) Additionally, these developed transportation corridors are generating additional pressure for new settlements and economic development across the greater Panama Canal Watershed.

5.5 On Water Quantity

As the Panama Canal and cities of the metropolitan region demand more water, it is possible to envisage that the peak water production capacity of the Canal Watershed will be reached within a limited number of years. This would then require Panama to tap other Caribbean rivers, damming them and diverting part of their flow towards Lake Gatun, a costly but perhaps inevitable measure that would fall to the Panama Canal Authority (ACP). On 31 August 1999, the National Legislative Assembly passed Law 44, which enlarged the boundaries of the Panama Canal Watershed by an additional 2000 km^2. This area covers portions of three rivers: the Río Indio, Río Cocle del Norte, and Río Cano Sucio.

An irreplaceable priceless resource of Panama has been the exceptional water quality of the Río Chagres watershed. Sanitation engineers have labeled this water as ‘Panamanian champagne’. This water is treated at a low cost and offered to urban consumers at a rate of 13 gallons/cent. Appropriate measures to stop and reduce water contamination need be taken soon so that the population of the metropolitan region will not have to buy bottled water in stores at $4-5/gallon. The economic and social costs of water quality loss within the Río Chagres basin would lead to severe consequences for all Panamanians.

Thus, Panama needs to establish a modern water quality monitoring system and support this critical infrastructure for the long term by strengthening its academic capacity in environmental engineering. Although water quality near city water plants is still favorable, the number of contaminated streams is gradually growing. Such degradation is more serious along the ‘Transistmica’, measured by such indicators as organic, inorganic, and microbiological contamination. Unlike deforestation, which is visually arresting and affects the erosion potential of an area over the long term, water contamination is far more dangerous and insidious. Among its most readily detectable symptoms are an expansion of the mass of aquatic vegetation that results from increased levels of detergents, fertilizers, and human waste in rivers and streams. Such vegetation is thicker and larger in the mouths of streams flowing into lakes Gatun, Alhajuela, and Miraflores than elsewhere. In some rivers, swimming is causing skin irritations. It is also imperative to take preventive measures along the new Panama-Colón Highway and the Panama Railroad, so as not to repeat the ecologically destructive style of development that previously occurred place on the 'Transistmica'.

5.6 Science, Policy, and Water Husbandry

A prevalent social myth among Panamanians in the 20th Century was that, irregardless of the style of development that took place in the Panama Canal Watershed, a landscape of steep hillsides and nutrient poor soils, it would always yield endless volumes of high quality water. Until recently, it has been the custom to first undertake development projects and then later ascertain the negative environmental impacts, or at the most, to study their effects while a project is underway. A message from the work of the PMCC is that this approach, in some cases, might be overstepping the boundaries of tolerance of tropical natural system.

Just as in the past measures were successfully taken to protect Canal Watershed forests, it would be a matter of good governance, for the immediate future, to establish policies for water husbandry. This will require new forms of institutional cooperation among public and private organizations to establish water quality norms and long term environmental monitoring programs. Like the concept of maintenance, monitoring has been absent from the national dialogue. A change in this attitude is urgently needed.

6. SUMMARY AND CONCLUSIONS

Protecting and monitoring water quality in the Panama Canal Watershed is a national priority and one of the greatest challenges to Panama for the 21st Century. The health and well being of almost a million people ultimately depend such action. Success or failure will hinge in the national capacity to generate a critical mass or researchers, technical cadres, and environmental mangers. It was an unstated aspiration of the PMCC that the results of the study of the relationships between man and nature in the setting of the Río

Chagres tropical river system would be useful in the decision-making process to safeguard this extraordinary natural heritage.

REFERENCES

Jaen, O, 1981, Hombres y Ecología en Panama. Editorial Universitaria y Smithsonian Tropical Research Institute, Panama City, Panama.

The Canal Record, 1907, Matachín: An Interesting History of the Name: Written for the Canal Record by General Davis, First Governor of the Canal Zone. Isthmian Canal Commission, Ancon, Canal Zone, Panama: 1: 133.

The Canal Record, 1908, Removal of Gatun Village: Isthmian Canal Commission, Ancon, Canal Zone, Panama, 1: 249.

The Canal Record, 1908, Crossing the Isthmus in 1852: Report of the Regimental Surgeon, Fourth Infantry, U.S. Army, Isthmian Canal Commission, Ancon, Canal Zone, Panama, 1: 347.

The Canal Record, 1911, The Lake Villages: Hamlets and Towns Whose Sites will be Covered by Gatun Lake: Isthmian Canal Commission, Ancon, Canal Zone, Panama, 5: 120-121.

The Canal Record, 1913, Movement of Squatters in Canal Zone: Isthmian Canal Commission, Ancon, Canal Zone, Panama, 6: 321.

The Canal Record, 1913, Emigrants from the Lake Area.: Isthmian Canal Commission, Ancon, Canal Zone, Panama, 7: 22.

The Canal Record, 1913. Health Conditions in the Chagres River Villages: Isthmian Canal Commission, Ancon, Canal Zone, Panama, 7: 21.

The Canal Record, 1920, Commercial Woods Native of Canal Zone and Republic of Panama and in Structural Use by the Panama Canal: Isthmian Canal Commission, Ancon, Canal Zone, Panama, 13: 315-319.

Harmon, RS, 2005a, The Panama Canal Watershed: in *The Río Chagres: A Multidisciplinary Perspective of a Tropical River Basin* (RS Harmon, ed.), Kluwer Acad./Plenum Pub., New York, NY: 19-28.

Heckadon-Moreno, S, 1981, Sistemas de producción campesina y recursos naturales en la Cuenca del Canal de Panama: Dirección de Recursos Naturales Renovables y Agencia para el Desarrollo Internacional, Panama.

Heckadon-Moreno, S (ed.), 1986, La Cuenca del Canal de Panama: Actas de los Seminarios Talleres, Grupo de Trabajo sobre la Cuenca del Canal de Panama, Panama City, Panama.

Heckadon-Moreno, S (ed.), 1986. Informe del grupo de trabajo sobre la Cuenca del Canal de Panama (Sumario Ejecutivo): Grupo de Trabajo sobre la Cuenca del Canal de Panama, Panama City, Panama.

Heckadon-Moreno, S, 1987, Impacto Ambiental del Desarrollo de La Cuenca del Canal de Panama. Pensamiento Iberoamericano: Inst. Cooperación Iberoamericana y Comisión Econ. para la América Latina, Madrid, Spain, 12: 167-177.

Heckadon-Moreno, S, 1993. Impact of development on the Panama Canal environment. Jour. Interamerican Studies, 35: 129-149.

Heckadon-Moreno, S, 1998, Naturalistas del Istmo de Panama: Smithsonian Tropical Res. Inst. y Fundación Santillana para Iberoamérica, San Jose, Costa Rica.

Heckadon-Moreno, S; Ibáñez, R, and Condit, R, 1999, La Cuenca del Canal: deforestación, urbanización y contaminación: Smithsonian Tropical Res. Inst., Panama City, Panama.

Lecompte, D, 1984, Transformación del Medio Geográfico en la Región Canalera. Tierra y Hombre: Revista Dept. Geogr.. Univ. Panama, Panama City, Panama: 57-76.

McKay, A, 1977, Salud Comunitaria y Colónización rural en Panama: el caso de Cerro Cama: in *Colónización y Destrucción de Bosques en Panama. Asociación Panameña de Antropología* (S Heckadon-Moreno and A Mckay, eds.), Panama, City, Panama: 50-75.

Minter, JE, 1948, *The Chagres: River of Westward Passage*: Rinehart, New York, NY.

Mollien, GT, 1944, Viaje por la República de Colombia en 1823: Biblioteca de la Cultura Colombiana, Bogotá, Colombia.

Nelson, W, 1889, *Five Years at Panama: The Trans-Isthmian Canal:* Belford, New York, NY.

Pereira, B, 1960, *Biografía del Río Chagras*: Imprenta Nacional, Panama City, Panama.

US Department of Commerce, 1924, The Republic of Panama (Agricultural Products, bananas): Trade Information Bulletin, No 257, US Gvmt. Print. Office, Washington, DC: 1-115.

Chapter 4

GEOLOGICAL DEVELOPMENT OF PANAMA

Russell S.Harmon
US Army Research Office

Abstract: The Panama that geologists see today is a young landscape that in form comprises a reclined S-shaped, generally E-W oriented isthmus produced through complex geotectonic processes that created and assembled a diverse suite of geological units since late Cretaceous/early Tertiary time. The geological development of Panama is a consequence of the relative motions of the North and South American continental plates and four oceanic plates over the past 150 million years, and is a part of the larger story of the tectonic development of the Caribbean basin and Central America. The igneous rocks that comprise much of present-day Panama formed during Tertiary time as an oceanic plateau associated with the Galapagos plume and from an oceanic volcanic island arc complex that presently extends from the southern margin of Nicaragua to the northwestern Colombia. About 10 million years ago, the Panama-Costa Rica arc began to collide with northwestern South America, cutting off the deep-water circulation between the Pacific and the Caribbean. Development of Central America was completed around 3 million years ago, creating the land bridge between North and South America and terminating the shallow marine circulation between the Pacific and Caribbean.

Key words: Panama; geological history; Caribbbean basin; plate tectonics

1. INTRODUCTION

The thin isthmus of land that comprises Panama is geologically young and its development can only be described and understood within the framework of plate tectonics, the unifying theory for modern geology. This concept, which is well described in current physical geology textbooks (see *e.g.,* Davidson et al, 1997; Skinner and Porter, 2000), holds that the lithosphere (*i.e.,* the solid outer portion of the Earth) is divided into seven major and many minor plates about 100 km thick that are in motion relative

R. S. Harmon (ed.), The Río Chagres, Panama, 45-62.

to one another due to thermal convection deep within the Earth. These plates are rigid and move on the curved surface of the Earth as integral physical entities and interact with one another along three types of margins.

Divergent plate margins are found where two plates have ruptured, are spreading apart as magma rises up from the Earth's mantle to form new oceanic crust (*e.g.,* the mid-Atlantic ridge). Transform margins occur where two fractured plates are sliding past one another and generating earthquakes when built-up stresses are released and movement occurs (*e.g.,* the San Andreas fault in California).

Convergent margins are located where two plates are moving toward one another. Where two plates containing continents converge, a Himalayan-type mountain range will be produced during collision of the two continental land masses. Where two oceanic plates or an oceanic plate and a continental plate collide, one plate will be subducted beneath the other back into the mantle. As the subducted oceanic lithosphere is being pushed slowly down into the mantle at an oceanic trench, it is progressively heated. This heating releases water and other volatiles, previously acquired during deep-sea hydrothermal alteration and weathering, from the subducting oceanic crust and fluxes the ovberlying convecting mantle wedge to cause melting. This melting produces magmas that coalesce and rises to the surface to form a linear array of volcanoes on the opposite plate oriented parallel to the zone of subduction (either an oceanic-island arc like the Lesser Antilles or a continental-margin arc like the Andes).

Table 1. A Portion of the Geological Time Scale that relates to the geological development of Panama (Numerical ages for the Period boundariesare derived from radiometric dating).

ERA	PERIOD	EPOCH	Time - Millions of years before present (Ma)
Cenozoic	Quaternary	Holocene	
			0.1
		Pleistocene	
			2.0
	Tertiary	Pliocene	
			5.1
		Miocene	
			24.6
		Oligocene	
			38.0
		Eocene	
			54.9
		Paleocene	
			65.0
Mesozoic	Cretaceous		
			144.0
	Jurassic		

Elongate sedimentary basins are common features behind volcanic island arcs. Frequently, plate motions will transport a section of geologic crust (*e.g.*, a seamount, an island arc complex, or a fractured piece of continental margin) that formed in one place to a far distant location and juxtapose it in a geologic context that is totally unrelated to its origin. Such units are called 'exotic terranes'. Occasionally, a upwelling heat plume develops deep within the Earths mantle and produces a 'hotspot' beneath a an oceanic or continental plate that remains stationary for tens of millions of year. When such plumes occur under an oceanic plate, the result can be a large oceanic volcanic chain, like the Hawaiian islands, or a large ocean floor plateau, such as that associated with the Galapagos plume. The geological development of Panama can be understood within this general plate tectonic framework and global plate motions over the past 150 million years (Table 1; Fig. 1).

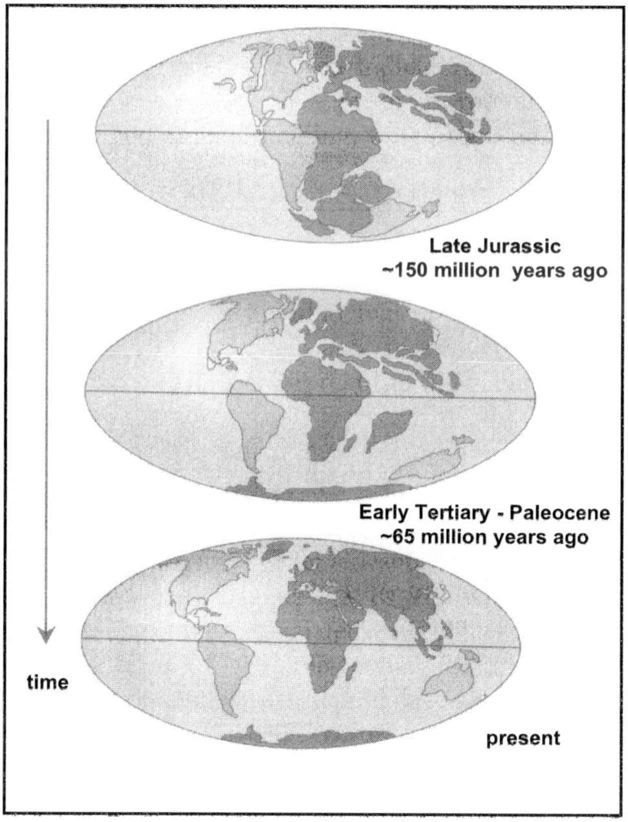

Figure 1. Plate motions in the Western Hemisphere over the past 150 million years (after Davidson *et al.*,1997).

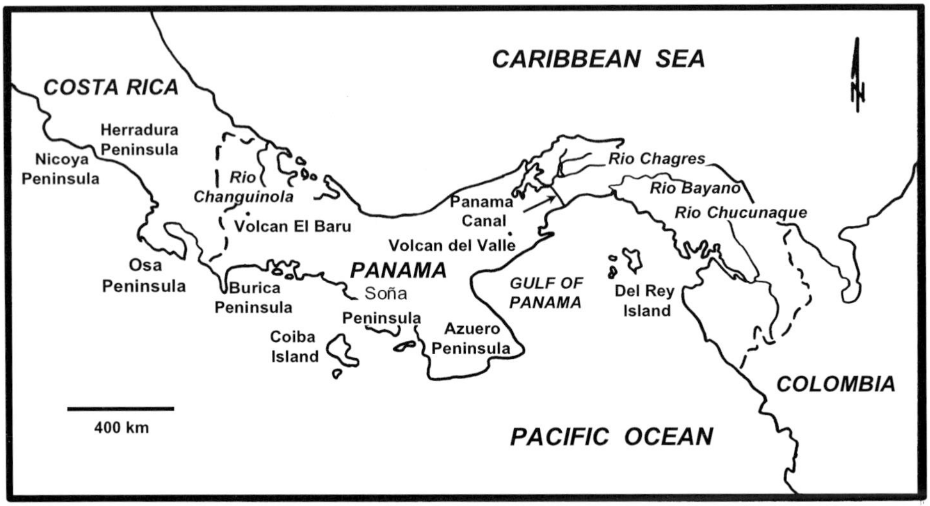

Figure 2. Map of southern Central America showing the locations of geographic features mentioned in the text.

2. THE PANAMA OF TODAY

As the southernmost portion of Central America, Panama (Fig. 2) forms the last and youngest segment of the land bridge between North and South America. The development of this land bridge, which only occurred during late Pliocene – early Pleistocene time around 3.5 million years ago with the closure of the Caribbean-Pacific seaway (Fig. 3), had profound biological, oceanographic, and climatological consequences (Duque-Caro, 1990; Coates *et al.,* 1992). Not only did it profoundly change the distribution of flora and fauna across the Americas and in adjacent oceans, but this event also affected the pattern of ocean circulation and global climate.

Together, Panama and Costa Rica presently define a small, northward-moving microplate (the 'Panama block' of Kellogg *et al.,* 1995) that is situated between the Nazca and Caribbean oceanic plates and occupies a geographic position between the foreland of continental South America and the Chortis block of Nicaragua that defines the continental basement of Central America (Fig. 4). This southern region of Central America has asymmetric geological character such that the Pacific side is a geologically active margin characterized by a deep oceanic trench, a narrow marine shelf, active subduction and consequent volcanic activity and earthquakes, whereas the Atlantic side is a passive, stable margin with a broad marine shelf.

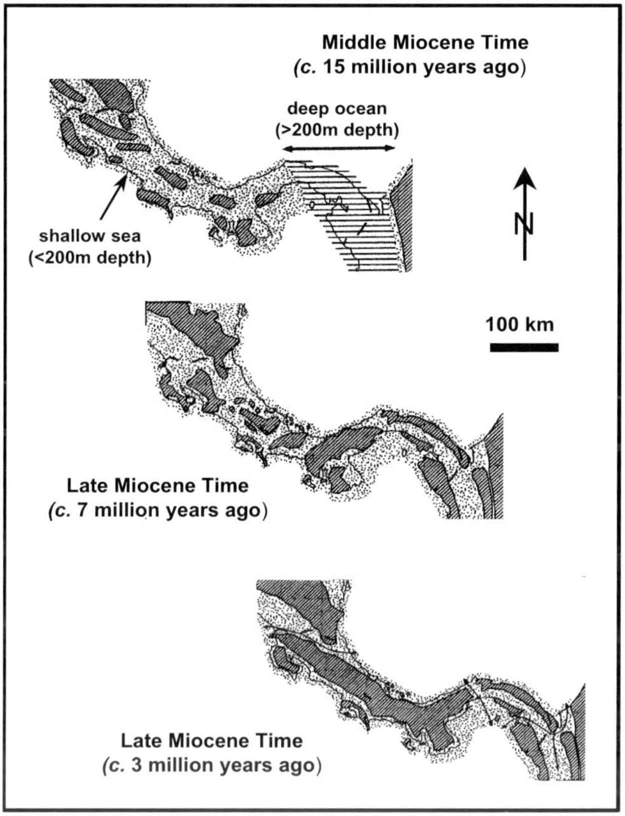

Figure 3. Paleographic reconstruction of the development of the Central American isthmus since Middle Miocene time. The lined pattern denote deep ocean conditions with the sea floor at a depth in excess of 200m and the stippled pattern indicates the inferred position of the marine shelf with water depth of less than 200m (modified from Coates, 1998).

Early studies recognized the geological complexity of Central America, noticed the complicated structural patterns present across the region, and described the stratigraphic patterns developed within narrow elongate sedimentary basins (Vaughn, 1918; Woodring, 1928; Schubert, 1935). Of particular note were the distinct differences in stratigraphy and structural character between northern and southern Central America. Subsequent studies (Lloyd, 1963; Dengo, 1969) placed Guatemala, Honduras, and most of Nicaragua into a geological province or terrane of continental affinity termed the Chortis block. Although subsequently subdivided into two different geological terranes (Fig. 4), the Chortega block and the Chocó block (Dengo, 1962) on the basis of a sharp gravity difference in central Panama at the narrowest part of the isthmus (Case, 1974; Dengo, 1985), the remainder of southern Central America from southernmost Nicarauga, to northwestern Colombia was observed to have a similar geological character that was quite distinct from that of the Chortis block. This region, termed the 'Panama microplate' (Fig. 4), has been subdivided into two different, but geologically similar geological terranes the Chortega block and the Choco̩ block (Dengo, 1962) on the basis of a fault inferred from a sharp gravity difference in central Panama at the narrowest part of the isthmus (Case, 1974; Dengo, 1985).

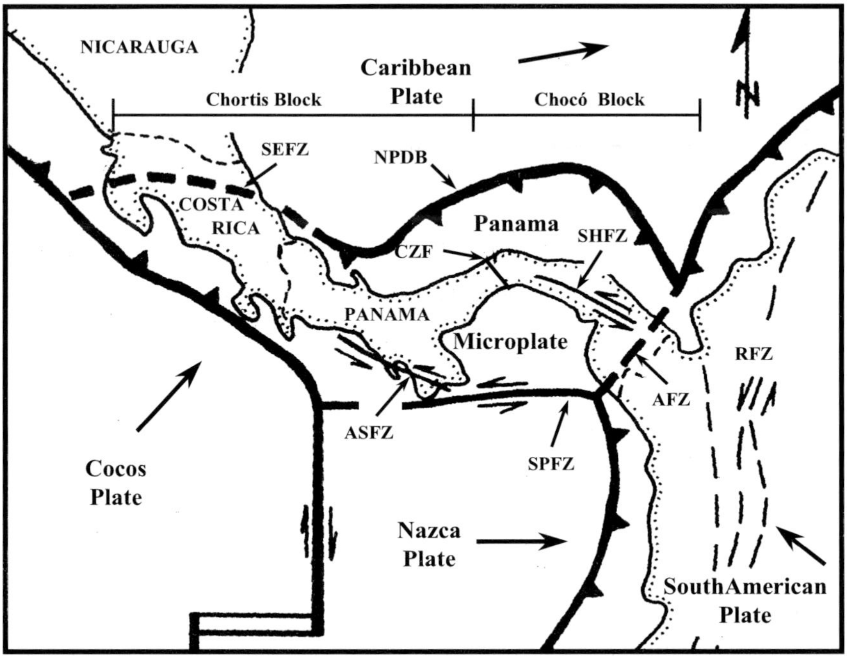

Figure 4. Present-day tectonic setting of southern Central America and northwestern South America, showing the area defined as the Panama block. The northern boundary of this microplate is defined by the North Panama Deformed Belt (NPDB), the southern boundary by the South Panama Fault Zone (SPFZ), the western boundary by the Santa Elena suture (SEFZ) with the continental Chortis terrane of northern Central America, and the eastern boundary with South America by the Atrato Fault Zone (AFZ), a southwestward extension of the South Caribbean Fault. The bar in the upper center of the figure indicates the division of the Panama microplate into the Chortega block and Choco̩ block, which are separated by the Canal Fracture Zone (CFZ). The large arrows represent the direction of plate convergence. The active volcanism of Nicarauga, Costa Rica and western Panama is a result of the near orthogonal convergence of the Cocos plate with the Panama microplate, whereas the lack of volcanism in central and eastern Panama is attributed to the highly oblique motion between the Panama microplate and the Nazca plate (after Duque-Caro, 1990; de Boer *et al.,* 1995; Kellog *et al.,* 1995; Mann and Kolarsky, 1995).

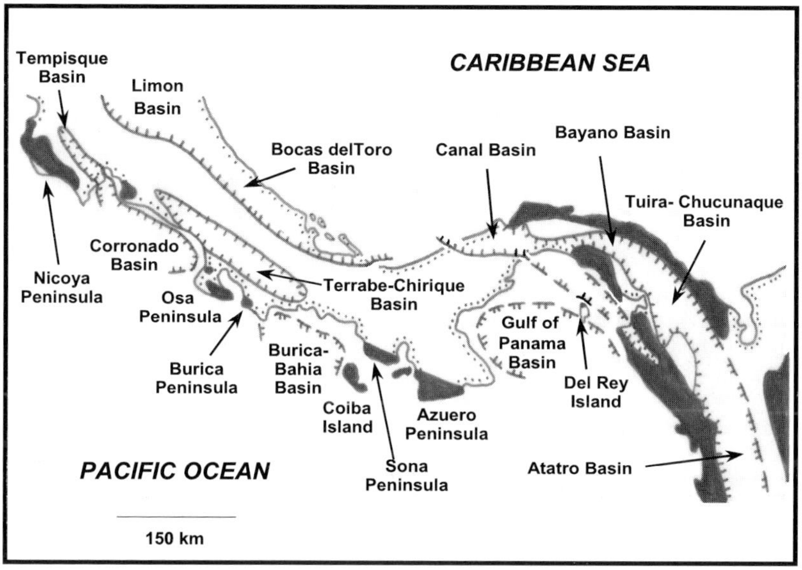

Figure 5. Location of obducted ophiolitic basement rocks (in black) and sedimentary basins (hatchured boundaries) in southern Central America and northwestern South America (after Escalante, 1990).

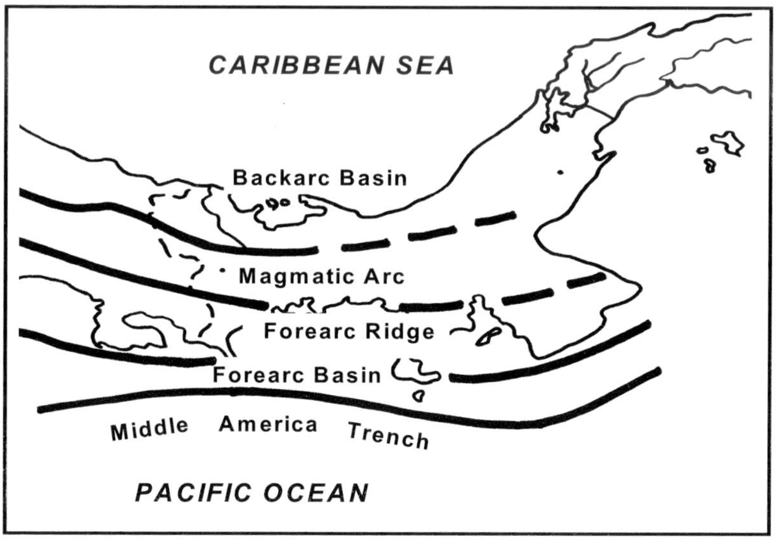

Figure 6. A portion of the Chortega block of eastern Costa Rica and western Panama showing the approximate locations of the structural components of the Panama-Costa Rica arc (after Escalante, 1990).

The Chortis block is a fragment of continental crust that was translated into its present position from a location beyond northern Mexico (see Fig. 7 below). By contrast, the basement of the Chortega and Chocó Blocks of southern Central America and northwestern Colombia consists predominantly of oceanic mafic igneous rocks of ophiolitic affinity and associated cherts and silicious limestones that form a tectonic belt (Fig. 5) along the Pacific side of Costa Rica and western Panama and on both the Pacific and Caribbean sides of eastern Panama and western Colombia (Weyl, 1969; Case, 1974; de Boer, 1979; Wildberg, 1984). Pichler *et al.* (1974) recognized that these mafic rocks belonged to a single, coherent association and Escalante (1990) speculates that this ophiolitic suite may comprise a single stratigraphic unit that extends as far southward as Ecuador.

Overall, the Panama that geologists see today is a young landscape that in form comprises a reclined S-shaped, generally E-W oriented isthmus (Fig. 2) constructed during the recent geological past (Fig. 3) as the result of a complex set of geotectonic processes that created and assembled a diverse suite of geological units over the past 150 million years. Much of present-day Panama formed in Tertiary time from a calc-alkaline oceanic volcanic island arc complex that presently extends from the southern margin of the Chortis Block in Nicaragua to the northwestern end of the South American continent (Fig. 6). The volcanic arc, deposits of related volcaniclastic sediments, and shallow marine sediments deposited in narrow back-arc basins (Escalante, 1990), together, were developed upon a plateau of late Cretaceous to early Cenozoic age oceanic crust (Bowland and Rosencrantz, 1988). A significant portion of the Chortega block and more than half of the Chocó block in eastern Panama, particularly the region east of the former Canal Zone (Case, 1974), consists of intrusive and extrusive mafic igneous rocks generated in the Paleoocene-Oligocene volcanic island arc (Kesler *et al.,* 1977; de Boer *et al.,* 1995; Grosser, 1988; Maury *et al.,* 1995). A single carbonate marine sequence of Cretaceous age has been mapped on the Pacific side of Panama (Fisher and Pessagano, 1965), and both carbonate and clastic marine sequences of equivalent age outcrop in Costa Rica (Escalante, 1990). Marine basins filled predominantly with clastic materials and volcaniclastic sequences extend across southern Central America. Some of the younger marine sedimentary basins, such as the Bocas del Toro and Bayano and Tuira-Chucunaque basins of Panama and the Limon basin in Costa Rica, have been uplifted over the past few million years to be included in the present-day landscape.

Significant additions to the southern, Pacific margin of the developing arc volcanic terrane also occurred on the fore-arc side of southern Central America. This occurred through both the obduction of local Cretaceous-age oceanic crust (Berrange *et al.,* 1988) and the docking of younger exotic terranes consisting of oceanic rises and plateau, seamounts, and primitive oceanic arcs (Bowland and Rosencranrz, 1988; Escalante, 1990) that had been transported from locations far to the south and west. The most notable areas are the Azuero, Soná, and Burica peninsulas of Panama and the Osa, Herradura, Nicoya, and Santa Elena peninsulas in Costa Rica (Figs. 5). These ophiolitic sequences date back to late Jurassic – early Cretaceous time (Bourgois *et al.,* 1984) and are the oldest exposed rocks in southern Central America. In such areas, it is not uncommon to find strikingly diverse geological strata which bear no common genetic relationship or stratigraphic continuity spatially juxtaposed. Subduction-related volcanism occurred throughout the Cenozoic development of Panama and has continued into historic time at Volcán El Baru and Volcán El Valle. Subduction of the Cocos Ridge beneath southern Central America has been responsible for the continuing uplift of southern Costa Rica and western Panama during Quaternary time.

3. GEOLOGICAL DEVELOPMENT OF PANAMA

As illustrated in Figures 1 and 7, the geological development of Panama is a direct consequence of the relative motions of the North and South American continental plates and four oceanic plates over the past 150 million years (Adamek *et al.,* 1988; Bandy and Casey, 1973; Case and Holcombe, 1980; Case *et al.*, 1971; Coates *et al.*, 1992; de Boer *et al.,* 1986; Donnelly, 1989; Duncan and Hargreaves, 1984; Duque-Caro, 1990; Escalante, 1990; Gardner *et al.,* 1992; Hoernle *et al.,*2002; Keigwin, 1982; Keller *et al.,* 1989; Lonsdale and Kiltgord, 1978; Mann *et al.,* 1990; Mann and Kolarsky, 1995; Pindell and Barrett, 1990; Vergara-Muñoz, 1988; Wadge and Burke, 1983).

The development of Panama is but one small part of the larger story of the tectonic development of the Caribbean basin and Central America. The paragraphs that follow briefly summarize this story within the framework of the geological time scale presented in Table 1. The starting point for this story is the supercontinent of Pangea (the amalgamated land mass of North America, South America, Eurasia, Africa, India, Australia, and Antarctica) which and began to breakup during the Jurassic some 200 million years ago It was at this time that North America began to separate from South America, a processes would ultimately lead to the present continental geography of the Western Hemisphere that we see today (Fig. 1).

3.1 Late Jurassic (*c.* 140 Ma, Fig. 7a)

By this time, the rifting separating North and South America was sufficient for a proto-Caribbean seaway to have developed along the E-W trending mid-ocean ridge system between the continents. The Yucatan block had rotated eastward into the Gulf of Mexico and the continental fragments underlying the Bahamas had moved southeastwards to be in their present positions relative to North America as this separation proceeded. A backarc basin opened within the Mexican terrane, an oceanic volcanic arc extending along the west coast of North America and the western margin of the Chortis terrane that, together with Jamaica, was moving southeastwards toward the Mexican peninsula. The proto-Greater Antilles arc began to develop at the eastern, subducting margin of the Farallon plate and another volcanic arc extended along the western margin of South America.

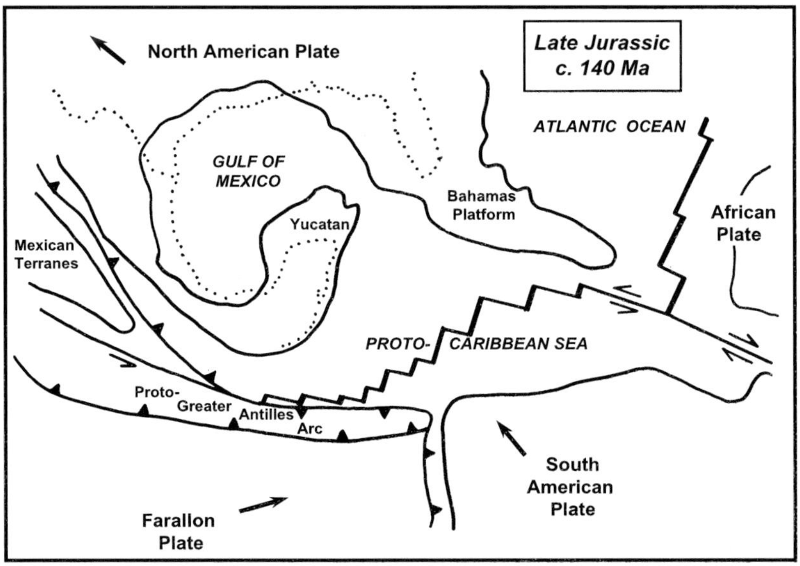

Figure 7a. Plate tectonic reconstruction for late Jurassic time at about 140 Ma. The dotted in this and subsequent figures denote the present-day coastline of North and Central America; the solid line indicates the inferred coastlines at the specific time in the past.

3.2 Middle Cretaceous (*c.* 100 Ma)

A very wide proto-Caribbean-Pacific seaway had developed through continued sea-floor spreading, which had also begun in the equatorial Atlantic initiating the separation of South America and Africa. Arc volcanism continued along the western margins of North and South

America. In the eastern Pacific, southward-dipping subduction began along the north side of what was to become the Caribbean plate and Greater Antilles arc, initiating in the progressive migration of the arc northeastwards into the Caribbean basin.

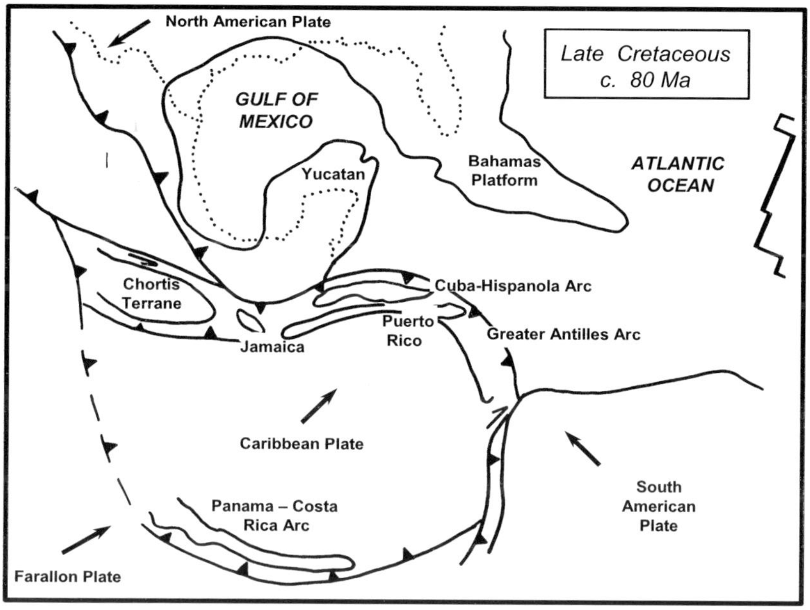

Figure 7b. Plate tectonic reconstruction for Late Cretaceous time at about 80 Ma.

3.3 Late Cretaceous (*c.* 80 Ma, Fig. 7b)

Sea-floor spreading between North and South America reached its maximum extent during this time. Suduction-generated volcanism continued along the western margins of South and North America, including the Chortis block. At this time, the Galapagos hotspot was established in the east-central Pacific Ocean and began the emission of voluminous amounts of mafic basaltic magma. This magmatism generated a vast lava plateau that that ultimately would extend over an area of 3 million $km^{2,}$ form the floor of the Caribbean Sea, and produce the ridges that presently are being underplated beneath Central America as a result of subduction of the Cocos plate (see Fig. 7b below). The Caribbean plate had begun to move northeastwards, with subduction-related volcanic activity developing along the leading edge of the Caribbean plate. The Greater Antilles and Cuba-Hispanola arcs began to develop at the leading edge of the plate margin and the continental Chortis terrane was moving southeastwards. Accretion of oceanic rocks to the western margin of South America was initiated

Collision of the Greater Antilles arc with the North American continent had begun with the emplacement of ophiolites along the southern margin of Yucatan. Large quartzose turbidite sequences developed off northern South America from sediments shed from the northwestern edge of the continent and oceanic rocks of were accreted to the continental-margin arc. Sea-floor spreading had begun in the central Pacific. In the eastern Pacific, this led to the initiation of subduction of the Farallon plate beneath the western edge of the Caribbean plate and inception of the Costa Rica-Panama volcanic arc that was ultimately to produce the Chortega and Chocó terranes.

3.4 Paleocene (*c.* 60 Ma)

Arc volcanism continued along the western margins of South and North America, including the southeastward-moving Chortis block. The Caribbean plate continued to move northeastward. The leading edge of the Cuban arc suite began to run up against the Bahamas platform. With the initiation of the Yucatan and Grenada back-arc basins, the Greater Antilles arc was able to enlarge to ring the entire Caribbean basin. Convergence between the Chortis block and the Costa Rica-Panama arc continued.

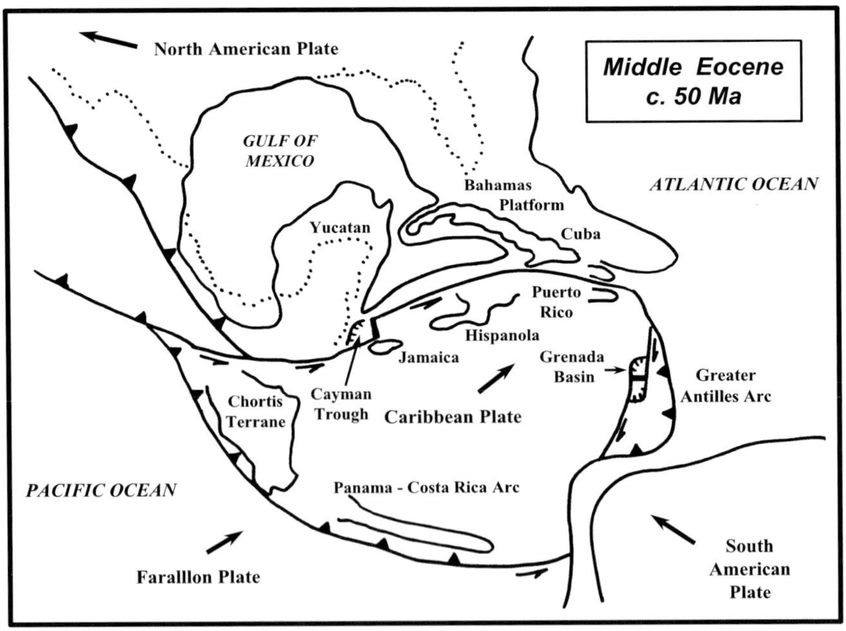

Figure 7c. Plate tectonic reconstruction for Middle Eocene time at about 50 Ma.

3.5 Middle- Late Eocene (*c.* 50-40 Ma, Fig. 7c)

The collision of the Cuba- Hispañola arc with the Bahamas platform was complete, which prevented further northeastward movement of the Caribbean plate. This initiated an eastward migration of the Caribbean plate, leading to the development of a new subduction zone and, subsequently, the Lesser Antilles volcanic arc. Eastward subduction continued along the western margins of South and North America, including the Chortis block. In the north, the Farallon plate was almost entirely subducted beneath North America and the Pacific mid-ocean ridge had intersected the continent. The Chortis block was beginning to impinge on southern Mexico and the Chortis block and the Costa Rica-Panama arc became aligned to form the proto-Central America magmatic arc. The emplacement of the ophiolite complexes and the docking of exotic terranes consisting of oceanic ridges and seamounts that had been transported from locations far to the south and west that ultimately would form the basement of the Chortega and Chocó Blocks was completed by middle Eocene time.

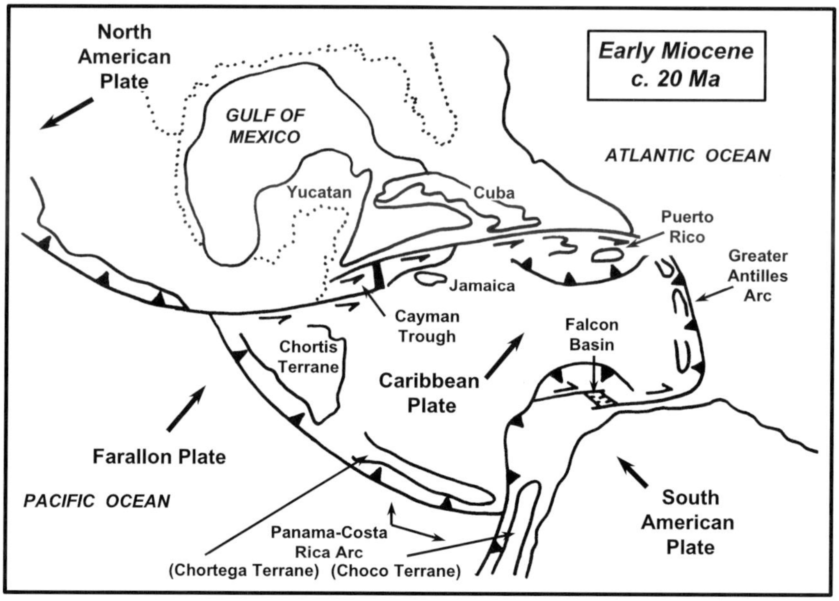

Figure 7d. Plate tectonic reconstruction for Early Miocene time at about 20 Ma.

3.6 Early Miocene (*c.* 20 Ma, Fig. 7d)

Eastward movement of the Caribbean plate continued, with Puerto Rico separating from Hispanola and Jamaica continuing its eastward migration.

The East Venezuela basin formed in response to foreland loading along the southern margin of the Caribbean plate. The remainder of the Farallon plate separated into two plates, a southern Nacza plate and a northern Cocos plate, divided by a small E-W trending mid-ocean ridge and N-S trending transform faults (the South Panama Fracture Zone). Proto-Central America was formed as the Chortis block collided with southern Mexico and the Panama - Costa Rica arc was fully aligned with the Chortis Block.

3.7 Mid-Late Miocene (*c.* 10 Ma)

Eastward movement of the Caribbean plate continued, with compressional deformation occurring along the continental margins of the basins. The Panama-Costa Rica arc, which was to become the Chortega and Chocó blocks, collided with the Western Cordillera of South America, cutting off the deep-water circulation between the Pacific and the Caribbean. This collision initiated uplift of the Andean arc and the migration of Andean terranes (*i.e.,* the Andean Orogeny) in northern Colombia. Volcanic islands developed along the Panama-Costa Rica arc in the present location of southern Central America. The doubly-curved shape of present-day Panama (began to develop as the E-W trending volcanic arc (Fig. 3). The doubly-curved shape of present-day Panama began to develop as the E-W trending volcanic arc began to be internally deformed and northwestward-trending strike-slip faulting was initiated as a result of this collision (Fig. 4).

3.8 Present (Fig. 8)

Eastward movement of the Caribbean plate continued, with increased compressional deformation continuing along the continental margins of the basins. This movement is being accommodated through left-lateral strike slip faults along its northern boundary within continental lithosphere at the edge of the North American plate and right lateral strike-slip faults within the oceanic and continental lithosphere along the margin of the South American plate. Development of Central America was completed, creating the land bridge between North and South America and the termination of shallow marine circulation between the Pacific and Caribbean in latest Pliocene – early Pleistocene time. N-S compressive stresses between North and South America have created the Panama block microplate (Fig. 4), which is defined on the north by the North Panama Deformed Belt, on the south by the Middle America Trench, the Santa Elena Fault System on the western side of the Chortega Block and the Atrato Fault Zone on the eastern side of the Chocó Block.

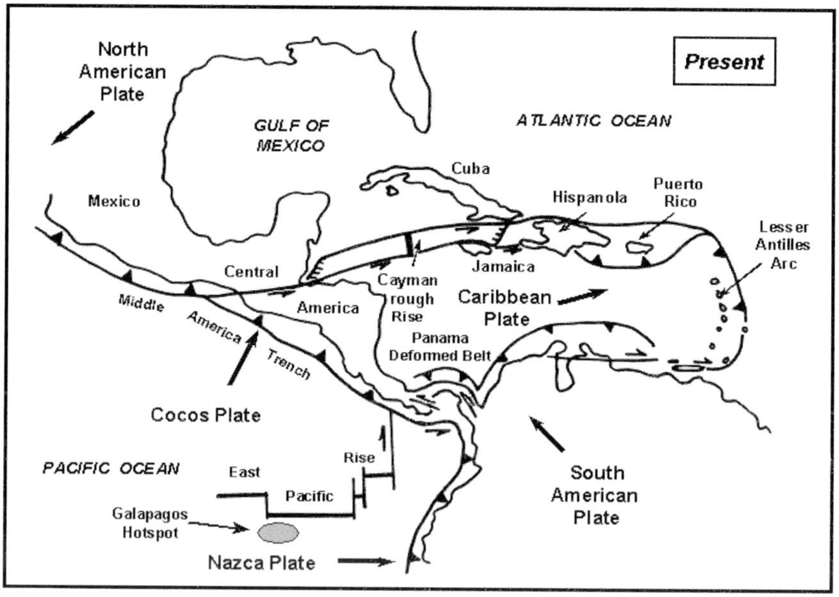

Figure 8a. Present plate tectonic configuration of the Caribbean region.

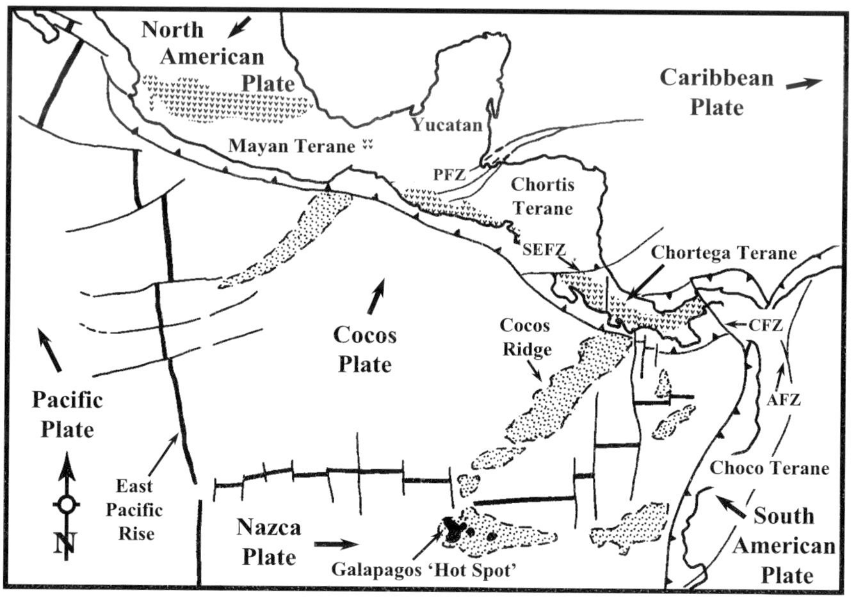

Figure 8b. Present plate tectonic configuration of the southern Central America region (after de Boer *et al.*,1995).

Having separated from the Caribbean Plate in late Tertiary or early Quaternary time, the Panama microplate is currently moving northward as a result of collision of the Panama-Costa Rica volcanic arc with South America to the east and the indenting of the Chortega block by the Cocos Ridge to the south. Together, the basinwide compressive stress regime and northern movement of Panama have led to regional uplift, the oroclinal bending, and the left-lateral strike-slip faulting that that generated the Panama foldbelt and led to the curved Panamanian isthmus. Near orthogonal subduction of the Cocos plate beneath Central America has resulted in an active and well-defined continental-margin volcanic arc extending from Guatemala to Costa Rica. The shallow subduction of the Cocos Ridge, a thick sequence of oceanic crust formed by submarine volcanic activity associated with the Galapagos hot spot, beneath the central portion of the Chortega block during the Plio-Pleistocene time has resulted in the rapid uplift of the Cordillera de Talamaca in Costa Rico and western Panama. The E-W movement of the Nacza plate along the margin of Panama is sub-parallel to the direction of motion of the Caribbean plate so subduction beneath Panama is restricted and volcanic activity limited, although not entirely absent.

REFERENCES

Adamek, S, Frolich, C, and Pennington, W, 1988, Seismicity of the Caribbean-Nazca boundary: Constraints on microplate tectonics of the Panama region: Jour. Geophys. Res., 93: 2053-2075.

Bandy, OL and Casey, R., 1973, Relector horizons and paleobathymetric history, eastern Panama: Geol. Soc. Amer. Bull., 84: 3081-3086.

Berrange, J, Bradley, D, and Snelling, N., 1988, K-Ar dating of the ophiolitic Nicoya complex of the Osa peninsula, southern Costa Rica, Jour. South Amer. Earth Sci., 2: 49-59.

Bourgois, J, Azema, J, Baumgartner, PO, Bournon, J, Desmet, A, and Aubboin, J, 1984, The geologic history of the Caribbean-Cocos plate boundary with special reference to the Nicoya ophiolite complex (Costa Rica) and D.S.D.P. results: A synthesis: Tectonophys., 108: 1-32.

Bowland C and Rosencrantz, E, 1988, Upper crustal structure of the western Colombian Basin, Caribbean Sea: Geol. Soc. Amer. Bull., 100: 534-536.

Case, JE, 1974, Oceanic crust forms basement of eastern Panama: Geol. Soc. Amer. Bull., 85:645-652.

Case, JE and Holcombe, TL, 1980, Geologic-tectonic map of the Caribbean region: US Geol. Surv. Misc. Inv. Series Map 1-1100, scale 1:2, 5000,000.

Case, JE, Duran, LG, Alfonso, Lopez, RA, and Moore, WR, 1971, Tectonic investigations in western Colombia and eastern Panama: Geol. Soc. Amer. Bull., 82: 2685-2712.

Coates, AG, 1998, The Forging of Central America: in *Central America: A Natural and Cultural History*, (AG Coates, ed), Yale Univ. Press, New Haven, CT: 1-39.

Coates, AG, Jackson, JBC, Collins, LS, Cronin, TM, Dowsett, HJ, Bybell, LM, Jung, P, and Obando, JA, 1992, Closure of the Isthmus of Panama: The near-shore marine record of Costa Rica and western Panama: Geol. Soc. Amer. Bull., 104: 814-829.

Davidson, JP, Reed, WE, and Davis PM, 1997, *Exploring the Earth: An Introduction to Physical Geology:* Prentice-Hall Inc., Upper Saddle River, NJ.

de Boer, JZ, 1979, The outer arc of the Costa Rica orogen: Oceanic basement complexes of the Nicoya and Santa Elena peninsulas: Tectonophys., 56:221-259.

de Boer, JZ, Drummond, MS, Bourdelon, MJ, Defant, MJ, Bellon, H, and Maury, RC, 1995, Cenozoic magmatic phases of the Costa Rican island arc (Cordillera de Talamanca): in *Geologic and Tectonic Development of the Caribbean Plate Boundary in Southern Central America* (P Mann, ed.), Geol. Soc. Amer. Spec. Paper 295: 35-55.

Dengo, G, 1969, Problems of tectonic relations between Central America and the Caribbean: Trans. Gulf Coast Assoc. Geol. Soc., 19: 311-320.

Dengo, G, 1962, Tectonic-igneous sequence in Costa Rica: in *Petrologic Studies – A Volume to Honor AF Buddington*, (AEJ Engel, H.L James, and BF Leonard, eds.), Geol. Soc. Amer.: 133-161.

Dengo, G, 1985, Mid America; Tectonic setting for the Pacific margin from southern Mexico to northwestern Colombia: in *The Ocean Basins and Margins* (AEM Nairn and FG Stehli, eds.), Plenum Press, New York, NY, 7: 123-180.

Donnelly, TW, 1989, Geological history of the Caribbean and Central America: in *The Geology of North America – An Overview* (AW Bally and AR Palmer, eds.), Geol. Soc. Amer., A: 299-321.

Duncan, RA and Hargraves, RB, 1984, Plate tectonic evolution of the Caribbean region in the mantle reference frame: in *The Caribbean-South American Plate Boundary and Regional Tectonics* (WE Bobini, RB Hargraves, and R Shagam, eds.), Geol. Soc. Amer. Mem. 162: 81-84.

Duque-Caro, H, 1990, Neogene stratigraphy, paleoceanography, and paleobiogeography in northwest South America and the evolution of the Panama Seaway: Jour. South Amer. Earth Sci., 4: 262-269.

Escalante, G, 1990, The geology of southern Central America and western Colombia: in *The Geology of North America,* Vol. H, The Caribbean Region, (G Dengo and JE Case, eds.), Geol. Soc. Amer.: 201-230.

Fisher, DM.; Gardner, TW; Marshall, JS, and Montero, PW, 1994, Kinematics associated with late Cenozoic deformation in central Costa Rica; western boundary of the Panama Microplate: Geology, 22: 263-266.

Fisher, SP and Pessagano, EA, 1965, Upper Cretaceous strata of northwestern Panama: American Association of Petrooeum Geologists Bulletin, 49: 433-444.

Gardner, TW, D Verdonck, N M Pinter, R Slingerland, K P Furlong, TF Bullard, and SG Wells, 1992, Quaternary uplift astride the aseismic Cocos Ridge, Pacific coast, Costa Rica: Geol. Soc. Amer. Bull. 104: 219-232.

Grosser, JR, 1989, Geotectonic evolution of the Western Cordillera of Colombia: New aspects from geochemical data on volcanic rocks: Jour. South Amer. Earth Sci., 2: 1449-1458.

Keigwin, L, 1982, Isotopic paleoceanography of the Caribbean and East Pacific: Role of Panama uplift in late Neogene time: Science, 217: 350-353.

Kellogg, JN and Vega, V, 1995, Tectonic development of Panama, Costa Rica, and the Colombian Andes: Constraints from global positioning system geodetic studies and gravity: in *Geologic and Tectonic Development of the Caribbean Plate Boundary in Southern Central America* (P Mann, ed.), Geol. Soc. Amer. Spec. Paper 295: 75-90.

Keller, G, Zenker, C, Stone, S, 1989, Late Neogene history of the Pacific-Caribbean gateway: Jour. South Amer. Earth Sci., 2: 73-108.

Kesler, SE, Sutter, JF, Issigonis, J, Jones, LM, and Walker, RL, 1977, Evolution of porphyry copper mineralization in an oceanic island arc, Panama: Econ. Geol., 72: 1142-1153.

Lloyd JJ, 1963, Tectonic history of the south Central American orogen: Amer. Assoc. Petrol. Geol. Mem. 2: 88-100.

Lonsdale, P and Kiltgord, KD, 1978, Structure and tectonic history of the eastern Panama basin: Geol. Soc. Amer. Bull., 89: 981-999.

Mann, P and Kolarsky, RA, 1995, East Panama deformed belt: Structure, age, and neotectonic significance: in *Geologic and Tectonic Development of the Caribbean Plate Boundary in Southern Central America* (P Mann, ed.), Geol. Soc. Amer. Spec. Paper 295: 111-130.

Mann, P, Schubert, C, and Burke, K, 1990, Review of Caribbean neotectonics: in *The Geology of North America,* Vol. H, The Caribbean Region, (G Dengo and JE Case, eds.), Geol. Soc. Amer.: 307-338.

Maury, RC, Defant, MJ, Bellon, H, Stewart, RH, and Cotte, J, 1995, Early Tertiary arc volcanics from eastern Panama: in *Geologic and Tectonic Development of the Caribbean Plate Boundary in Southern Central America* (P Mann, ed.), Geol. Soc. Amer. Spec. Paper 295: 29-34.

Pichler, H, Stibane, FR, and Weyl. R, 1974, Basischer Magmatismus und Krustenbau in südlichen Mittelamerika, kolumbien, und Ecuador: Neues Jahrbuch fur Geol. Palëontol. Monatschefte, 2: 102-126.

Pindell, JL and Barrett, SF, 1990, Geological evolution of the Caribbean region: A plate tectonics perspective: in *The Geology of North America,* Vol. H, The Caribbean Region, (G Dengo and JE Case, eds), Geol. Soc. Amer.: 405-432.

Skinner, BJ and Porter, SC, 2000, *The Dynamic Earth: An Introduction to Physical Geology*, John Wiley and Sons Inc., New York, NY.

Schubert, C, 1935, *Historical Geology of the Antillean-Caribbean Region*, John Wiley and Sons Inc., New York, NY.

Vaughn, TW, 1918, Geological history of Central America and the West Indies during Cenozoic time: Geol. Soc. Amer. Bull., 29: 615-630.

Vergara-Muñoz, A, 1988, Tectonic patterns of the Panama block deduced from seismicity, gravitational data, and earthquake mechanisms: Implications to the seismic hazard: Tectonophys,, 154: 253-267.

Wadge, G, and Burke, K, 1983, Neogene Caribbean plate rotation and associated Central American tectonic evolution: Tectonics, 2: 633-643.

Weyl, R, 1969, Magmatische Forderpahsen and Gesteinschemisimus in Costa Rica: Neues Jahrbuch für Geologie und Palëontologie, 7: 423-446.

Wildberg, H, 1984, Der Nicoya-Komplex, Costa Rica, Zentralamerika: Magmatismus und Genese eines polygenetischen Ophiolith-Komplexes: Münstersche Forschung. Geol. Palëontol., 62: 123p.

Woodring, WP, 1928, Tectonic features of the Caribbean region: Proceedings 3rd Pan-Pacific Sci. Congress, Tokyo: 401-431.

Part II: The Upper Río Chagres Basin

Chapter 5

IGNEOUS GEOLOGY AND GEOCHEMISTRY OF THE UPPER RÍO CHAGRES BASIN

Gerhard Wörner[1], Russell S. Harmon[2], Gerald Hartmann[1], and Klaus Simon[1]
[1]Universität Göttingen, [2]US Army Research Office

Abstract: The geological basement of the upper Río Chagres basin (RCB) is primarily a mixture of Cretaceous to Upper Tertiary age volcanic and intrusive rocks. Exposed rocks consist of highly deformed mafic basalts, basaltic andesites, gabbros, diorites as well as chemically more evolved granodiorites, tonalities, and granites. Ultramafic rocks, that would provide evidence for an oceanic basement/lithospheric mantle basement to the RCB, are absent. Primary stratigraphic relations and contacts are generally obscured, either tectonically or by deep weathering. Most rocks, in particular the volcanics, volcaniclastic sediments, and granites are all strongly deformed and chemically altered. Mafic and granitic rocks have distinct weathering characteristics that influence stream channel morphologies throughout the RCB. The mafic complexes are most resistant to weathering and mechanical erosion, producing narrow river channels, rapids, and deeply cut gorges. Granitic lithologies are most easily weathered and generate straight and wide river courses. Massive altered basalts are intermediate in their style of weathering. Dike swarms crosscut all lithologies and strongly influence river channel form and orientation. The geochemical composition of the rocks suggest that the majority are derived from extensive volumes

Key words: Panama; Río Chagres; igneous geology; geochemistry

1. GEOLOGICAL SETTING

The Central American land bridge between the Santa Elena transform fault in northern Costa Rica, the boundary with the continental Chortis terrane of northern Central America, and the Atrato Fault Zone in northern Colombia, a southwestward extension of the South Caribbean Fault is characterized by a distributed series of mafic complexes that form the

R. S. Harmon (ed.), The Río Chagres, Panama, 65-82.

foundation of the Central American land bridge (Fig.1; see also Harmon, 2005, this volume; Figs. 2 and 4). These mafic terranes have been tectonically amalgamated onto an early Tertiary tholeiitic volcanic island arc system (Goossens *et al.,* 1977), which subsequently evolved from tholeiitic to a more mature calc-alkaline volcanic arc from the Oligocene to present (Alvarado *et al.,* 1993; de Boer *et al.,* 1995; Hoernle *et al.,* 1995, and references therein).

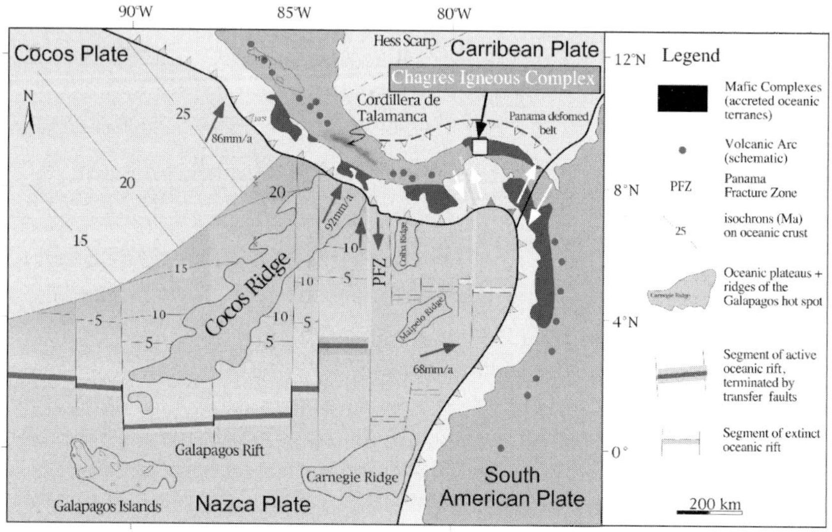

Figure 1. Plate tectonic setting of the Central American land bridge following Gutscher *et al.* (1999) and Meschede and Barckhausen (2001) with accreted mafic complexes from Gossens *et al.* (1978).

Presently, active volcanism in Costa Rica, western Panama, and northern Colombia is associated with the northwestward subduction of the Cocos Plate beneath Central America (Fig. 1). Two volcanic gaps exist, one where the Cocos Ridge has collided with the arc in southern Costa Rica, and the other in eastern Panama, where convergence has been taken up since the mid-Miocene time by movement along the N-S trending Panama Fracture Zone. As a consequence, the convergent plate boundary in central Panama has locked, arc volcanism has ceased, and related northward displacement of central and eastern Panama has been accommodated by strike-slip motion, oroclinal bending, and extension (Fig. 1). The result of this complex tectonic situation is the low topography of the central Panama in the canal region as compared to mountainous landscapes generated by the compressional regime operating to the west of the Panama Fracture Zone and transpressional deformation occurring in northern Colombia.

The history of tectonic deformation of the mafic basal complexes in north-central Panama is documented by unconformably overlying shallow marine sediments. Abundant large displacements of these rocks (*e.g.,* the SW-NE trending Río Gatun Fault in the Gatuncillo Fm. of Middle to Upper Eocene age) date the last major displacements older than about 15 Ma (where 1 Ma = 10^6 years B.P.). By contrast, the Gatun Fm. and Chagres Fm. were deposited by about 8 Ma and 6 Ma, respectively, in a narrow, inter-oceanic strait about 200-500m deep (Collins *et al.,* 1996). Their exposure along the present coast directly overlying the RCB mafic igneous complex supports the idea that uplift in the Panama Canal area since Miocene time has been minor and restricted to the emergence of shallow marine sediments by no more than a few hundred meters.

Rocks directly underlying the upper Chagres basin belong to a series of mafic complexes that occur throughout southern Central America and northern Colombia (Fig. 1). These mafic complexes are thought to have been accreted onto the convergent plate margin during Tertiary time (Escalante, 1990; Hoernle *et al.,* 2002). Goossens *et al.* (1977) noted their age range from the Cretaceous to the Eocene, described the distribution, lithology and geochemistry of these rocks, recognized the tholeiitic character, and proposed their correlation from northern Costa Rica to the northern Colombian Andes. More recently, Hoernle *et al.* (2002) suggested the term "Carribean Large Igneous Province" (CLIP) for this region and linked the CLIP-rocks to the thickened oceanic crust of the Carribean Plate and to the abundant Pacific aseismic ridges offshore along the western coast of Central America. They also confirmed previous evidence of a continuous age range from the Cretaceous to Miocene for these mafic complexes. The ultimate origin of all these occurrences was proposed to be the Cretaceous plume head and subsequent trace of the Galapagos hot spot on the Nazca plate.

In general, CLIP lithologies are dominated by submarine lava effusions. Although intrusive equivalents of these submarine volcanics also have been described within the Central America region, the mafic igenous complex of the upper Río Chagres basin (RCB) is characterized by an abundance of intrusive lithologies, gabbros and granites. This suggests a similar geological setting, but a relatively deeper level of erosion for the rocks of the RCB compared to other CLIP mafic complexes.

This paper describes the lithologies that are exposed across the RCB, examines their distribution, and discusses the geological control that these rocks exert on the drainage system of the upper Río Chagres watershed and its tributaries (see Fig.1 of the Introduction). Geochemical data are used to consider possible correlatives in other terranes of the CLIP in Central America as well as the ultimate origin of the magmas that produced igneous rocks of the RCB.

2. ROCK TYPES OF THE RCB

Bedrock exposures within the RCB are strictly limited to the river channels. Thus, it is impossible reconstruct in any detail the areal extent and structural relations between the rock suites or their stratigraphic framework. Observed contacts between lithologies either are continuous, tectonic, or obscured by deep erosion. Because lithologies have a major control on the river courses at least at a 10 m to 100 m scale, the different rock types are discussed below according to their erosional resistance and their relation to riverbed morphology.

Three basic rock types have been observed within the upper Río Chagres basin:

(i) volcanic rocks that were erupted as submarine lava flows,

(ii) volcaniclastic rocks derived from the submarine eruption and fragmentation of lavas, and

(iii) coarse-grained igneous rocks that intruded into the volcanic pile and cooled slowly.

Compositionally, two broad classes of igneous rock are distinguished across the upper Río Chagres basin – *mafic* lithologies and *felsic* lithologies. Mafic rocks are those with a silica (SiO_2) content of <52% (basaltic lavas and gabbros) that are rich in magnesium (Mg) and iron (Fe). These mafic rocks represent original magmas generated by partial melting of a source within the Earth's mantle. Magmatic evolution by fractional crystallization of silicate and oxide solid phases will produce geochemically evolved *silicic* compositions that are enriched in silica (SiO_2), alumina (Al_2O_3), and alkali elements (Na and K). Within the RCB, the differentiation of mafic magmas produced more silica-rich products andesites (if the magmas were erupted as lavas) or diorites and various types of granites and tonalites (if intruded and crystallized at depth).

Figure 2 is a map of the river network of the upper Río Chagres basin showing the locations of different lithologies observed. Figure 3 shows typical examples of the prevalent lithologies in river channel outcrop.

2.1 Basalts, Andesites, and Related Volcanic Rocks

Basalts and related volcanic rocks of the RCB with <52% SiO_2 are mostly fine-grained and contain rare phenocrysts of pyroxene or plagioclase. Only three in-situ outcrops of amphibole-bearing volcanic rocks (younger dikes), a lithology expected in a volcanic island arc setting, have been found within the RCB.

Vesicles in the volcanic rocks are very rare and, when present, are spherical in shape. The majority of RCB volcanics are massive and non-vesicular. Breccias of aphyric dense clasts up to 15 cm in diameter occur rarely. Pillow lavas and related volcaniclastic rocks (pillow breccias), which are unequivocal evidence for submarine eruptions, are rare in the RCB. However, more abundant occurrences have been described from related stratigraphic sequences in Central Panama (Mapa Geologico de Panama, 1:250.000). Also outside the limits of the RCB watershed to the north, abundant volcaniclastic submarine debris flows have been observed that contain clasts with sizes up to several meters in diameter. These sediments contain strongly vesicular volcanic clasts and red-oxidised, subaerial scoria.

The observed association of volcanic rocks suggests a submarine emplacement, mostly well below the vesiculation depth of about 200 m. The persistently massive nature of the basalts (>90% in volcanic terrain) and their rare but recurrent intercalations with submaine volcaniclastics reflects their eruption as thick submarine sheet lava flows. Such sheetflows form as the result of massive submarine effusive events at high eruption rates. The chemical composition of all basaltic and low-K andesitic rocks has been affected by submarine alteration (*e.g.,* the secondary formation of albite and chlorite during submarine hydrothermal alteration – see section 3.1 below) and, more recently, by deep tropical weathering.

Extensive areas of volcanic rock are found in the headwaters of the upper Río Chagres and the Río Chagresito (Fig. 2). These basalts and andesites are observed to be more resistant to river incision than granites, except where strongly cross cut by faults.

2.2 Intermediate to Mafic Intrusive Rocks (Diorites and Gabbros)

Mafic intrusive rocks are variable in composition and texture, ranging from fine-grained (sub-mm) micro-diorites with 52-63% SiO_2 to coarse-grained (*c.* 5 mm) gabbros with <52% SiO_2, that sometimes exhibit schlieren textures of mixed mafic and silicic lithologies. These rock types are often

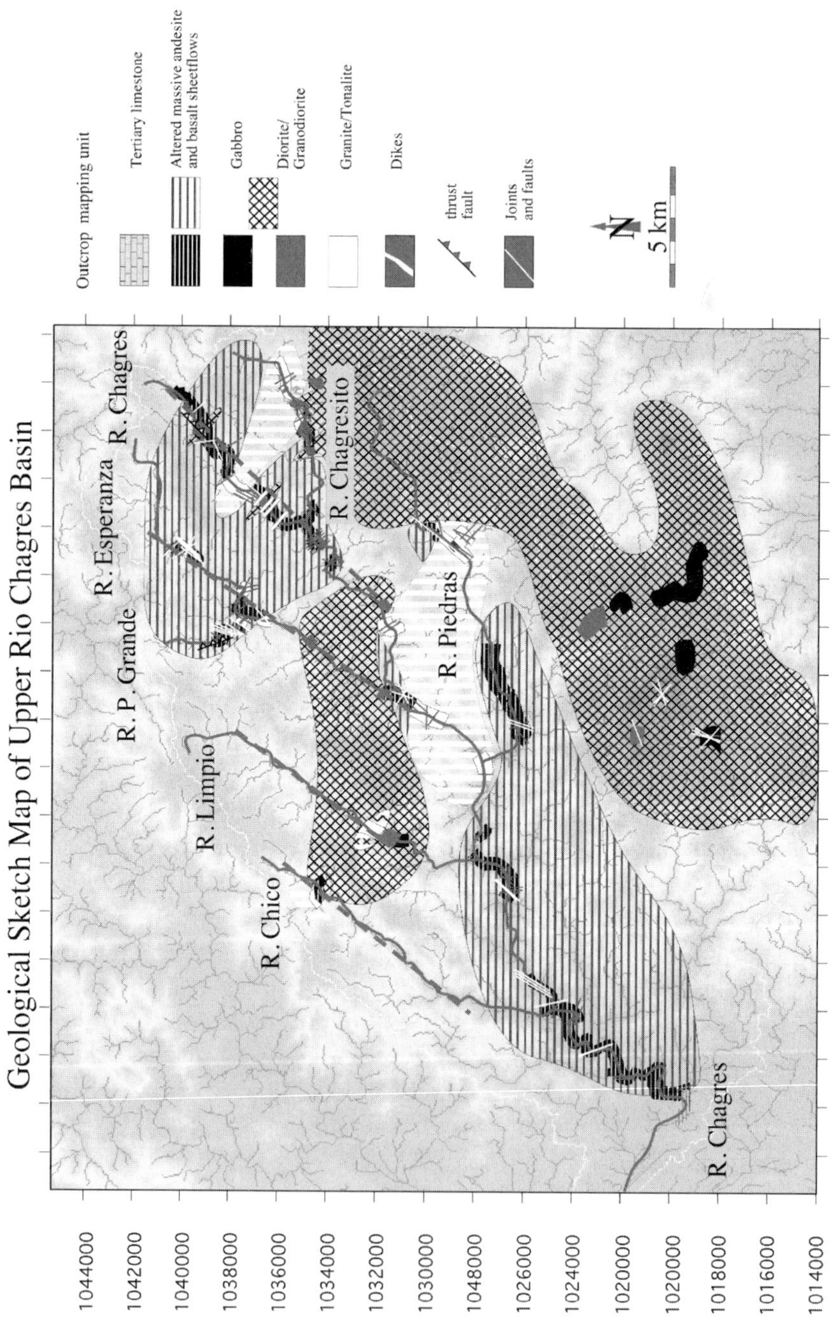

Figure 2. Preliminary geological map of the the upper Río Chagres basin showing the distribution of different lithologies described in the text.

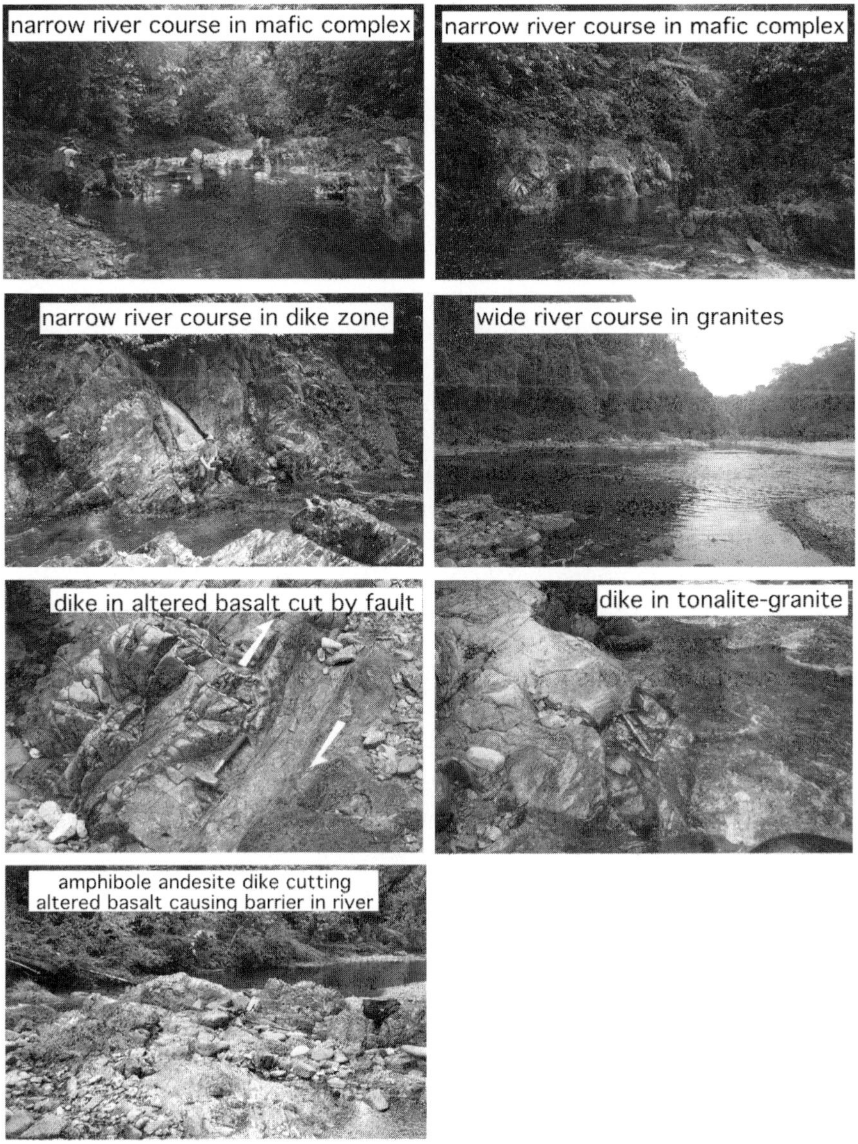

Figure 3. Examples of typical lithologies observed along the Río Chagres and its tributaries.

closely associated in localized "mafic complexes", which range from a few tens of meters to up to >1 km in size. Contacts are always obscured, but given the lensoid shape of the smaller bodies, tectonic fragmentation of competent mafic rocks within a package of more easily deformed volcanic rocks is likely. It is not possible to structurally relate mafic intrusive complexes to the basalts and andesites. However, their geochemical fingerprints are identical (see section 3.2 below) and, therefore, a genetic link is confirmed. It is likely that these mafic complexes represent the tectonized equivalents of the magma chambers related to submarine volcanism that produced the basalt sheet flow extrusions.

Mafic complexes are the most resistant to erosion of all RCB lithologies. These rocks typically form narrow rapids and waterfalls up to tens of meters in height, as is observed, for example, in the headwaters of Río Chico (Figs. 2 and 3).

2.3 Granites and Tonalites

The most evolved intrusive rocks observed are plagiogranitic in composition with a silica content of >68%. Transitional granodiorite with 58-68% SiO_2 is frequently observed in association with the granitic rocks. These intrusive rocks are abundant in the upper reaches of the Río Piedras, Río Chagres, and the Río Esperanza-Playa Grande area, as well as to the south in the middle course of the upper Río Chagres (Figs. 2 and 3). All of these evolved coarse-grained rocks (tonalites, granites, and plagiogranites) are here denoted by the collective field term of 'granite'.

Both, the coarse-grained character and the abundance of easily-weathered sheet silicates and feldspars as primary mineral constituents make these rocks particularly sensitive to chemical alteration and softening by deep tropical weathering. In addition, granites, like all rocks of the RCB, are affected by strong tectonic movements and abundant faults. As a result, river courses in granitic lithologies are typically of low gradient, uniformly meandering, and without narrow reaches and rapids.

2.4 Dikes

Dikes of basaltic to andesitic composition up to 1-3 m in width are abundant across the RCB and often form dike swarms that occasionally form the bedrock of the river channel for several tens of meters. Dikes are observed to cross cut all all other lithologies, but tend to be more abundant in the basaltic and andesitic volcanics than in the mafic intrusive or granite terrains. This is probably due to the fact that the volcanic rock pile is fed by dikes, whereas the intrusive rocks represent discrete magma chambers from which many of the dikes originate. Chilled, previously glassy dike margins are now deeply altered to clay. Vesicles have not been observed in dike rocks. With few exceptions, these dikes are sub-vertical in orientation (Fig. 3). Conjugate sets of dikes at an angle of about 60° are often observed but are usually strongly biased to one of the directions. Swarms of dikes are observed, as are multiple dike-in-dike injections. Such dike swarms may comprise > 90% of the exposed bedrock along a reach of river for several tens of meters and sometimes more. On a larger (>km) scale, there appears to be no systematic orientation of dikes that can be related to a regional tectonic fabric. This is mostly due to the fact that younger strike-slip fault motions have displaced and rotated both the dikes and their host rocks. The abundance of dikes and dike swarms confirms the assertion from the sheet flows, that the RCB is characterized by high eruption rates.

Dike swarms into basalts and mafic intrusive rocks tend to form narrow (< 50 m) and steep-sided river sections and one or more series of rapids. In silicic lithologies, andesite and granite, occasional dikes often form small isolated rapids when crossing at a high angle. Crossing at lower angles, the dike swarms may determine river reach orientation for 100 m or more.

2.5 Deformation

Limited exposures and missing lithological differentiation prohibit the observation of strata and depositional boundaries. Observations of tectonic deformation, therefore, are restricted to types and patterns of faults. Exposed faults are characterized by intensively deformed zones, which occur often in sub-parallel swarms (Fig. 2). Individual faults are no more than 50 cm wide and are generally part of fault swarms over tens of meters wide (Fig. 3).

Deformation locally produced thinly stretched mylonites, which are and layered at a mm-scale and sometimes show internal folding. Vertical fold axes prove the strike-slip nature of observed displacements. These fault zones are characterized by pronounced weathering and bleaching by fluids and, sometimes, by secondary mineralization (pyrite). With few exceptions, faults are generally steep, mostly vertical.

The observed association of volcanic rocks suggests a submarine emplacement, mostly well below the vesiculation depth of about 200 m. The persistently massive nature of the basalts (>90% in volcanic terrain) and their rare but recurrent intercalations with submaine volcaniclastics reflects their eruption as thick submarine sheet lava flows. Such sheetflows form as the result of massive submarine effusive events at high eruption rates. The chemical composition of all basaltic and low-K andesitic rocks has been affected by submarine alteration (*e.g.,* the secondary formation of albite and chlorite during submarine hydrothermal alteration – see section 3.1 below) and, more recently, by deep tropical weathering.

Extensive areas of volcanic rock are found in the headwaters of upper Río Chagres and the Río Chagresito (Fig. 2). These basalts and andesites are observed to be more resistant to river incision than granites, except where strongly cross cut by faults.

3. GEOCHEMISTRY

3.1 Alteration

Fluid-rock interactions associated with submarine emplacement and subsequent strong tectonic deformation resulted in high degrees of chemical alteration even before exposure of the RCB rock suite to tropical weathering in the near-surface environment. Primary textures are preserved in all rock types. However, primary mineralogies are restricted to rare fresh phenocrysts (pyroxenes, feldspars and amphibole) in volcanic rocks and occasionally the cores of large pyroxene grains in the intrusive rocks. Chloritization of biotite and amphibole, sassuritization of feldspars in granites, and the almost complete alteration of finer-grained mafic lithologies to albite and chlorite attest to the profound chemical changes. These resulted from a combination of of early hydrothermal processes during and after submarine emplacement and chemical alteration from present-day low-temperature tropical weathering. Deformed rocks tend to become silicified.

Sampling was restricted to the least weathered rocks, but the effects of hydrothermal alteration could never be completely avoided. Consequently, the mobile 'Large-Ion-Lithophile Elements' (LILE), *e.g,* Cs, Ba, Rb and K, are affected by this process and, thus, show a large variation in geochemical composition (Fig. 4). As such, these elements cannot be used as geochemical tracers of magma source. By contrast, the 'Rare Earth Elements' (REE) and 'High Field Strength Elements' (HFSE), *e.g.* Nb, Ta, Hf, Zr and Ti, are known to be largely immobile during alteration. These elements show systematic behavior and can be used for petrogenetic interpretations.

3.2 Major and Trace Element Compositions

Concentrations of major element vary on a water-free normalized basis from (rare) ferro-gabbros with 45% SiO_2 to granites that have 78.5% SiO_2. Potassium contents are generally below 1%, often much lower. This attests both to the initially low K_2O contents of many rocks and the strong post-emplacement, low-temperature hydrothermal alteration that affected these rocks. The majority of rocks (60% of the samples analyzed) have SiO_2 contents that range between 48-57%. Rocks of intermediate composition, such as the amphibole-bearing andesites, are rare. In essence, the RCB igneous assemblage is bimodal in composition consisting of basalts, basaltic andesites, and their intrusive counterparts on the one hand and granodiorites and granites on the other.

Trace elements are reported here as conventional "spider-diagrams" where trace concentrations have been normalized to primordial mantle values (Fig. 4). The advantage of such diagrams is the representation of the full spectrum of trace element patterns that facilitates rapid comparison between different rock types.

All RCB rocks are characterized by a large scatter for K, Sr, Rb, and, to a lesser extent, Ba (Fig. 4a, b) as expected for elements that are affected by hydrothermal alteration. The REE, HFSE, Th and U appear to be more stable throughout the RCB rock suite. Their patterns, however, are rather inconclusive as regards identifying the source of the RCB magmas. No clear subduction zone signature, *e.g.* negative Nb and Ta troughs associated with high Pb and Sr peaks, is displayed in Figure 4. While the latter do indeed show positive spikes, there are no clear depletions in Ta and Nb over immobile neighboring elements (such as La). However, none of the RCB rocks analyzed show a clear indication of a typical intra-plate, ocean island basalt (OIB) signature, *e.g.* relative enrichment of Nb and Ta. By comparison, the data published by Hoernle *et al.* (2002) from accreted mafic complexes in Central America (Fig. 1) do show, at least for one group of rocks, such OIB patterns (Fig. 4c). By contrast, early Tertiary rocks from the Darien mafic complex, located to the northeast of the RCB (Fig. 1), have trace element patterns with low Nb, leading Maury *et al.* (1995) to infer their origin from an island arc volcanism generated by a Cretaceous/Tertiary subduction zone.

Figure 5 attempts to resolve the ambiguity by plotting trace element ratios of mantle-normalized compositions. Typical intra-plate basalts (OIB) and oceanic crust (MORB) are indicated in the figure, as well as the compositional trends expected from dehydration of subducted oceanic crust

Figure 4. (overleaf). Trace element ratios (a, b, normalized values) of igneous rocks from the upper Río Chagres basin. The fields of typical basalts from different tectonic settings are indicated. The field in the lower left of (a) could be considered the forbidden quadrant of this plot: rocks with low La/Ta (i.e. positive Ta anomaly = enriched pattern) should not have a low La/Yb ratio (depleted pattern).

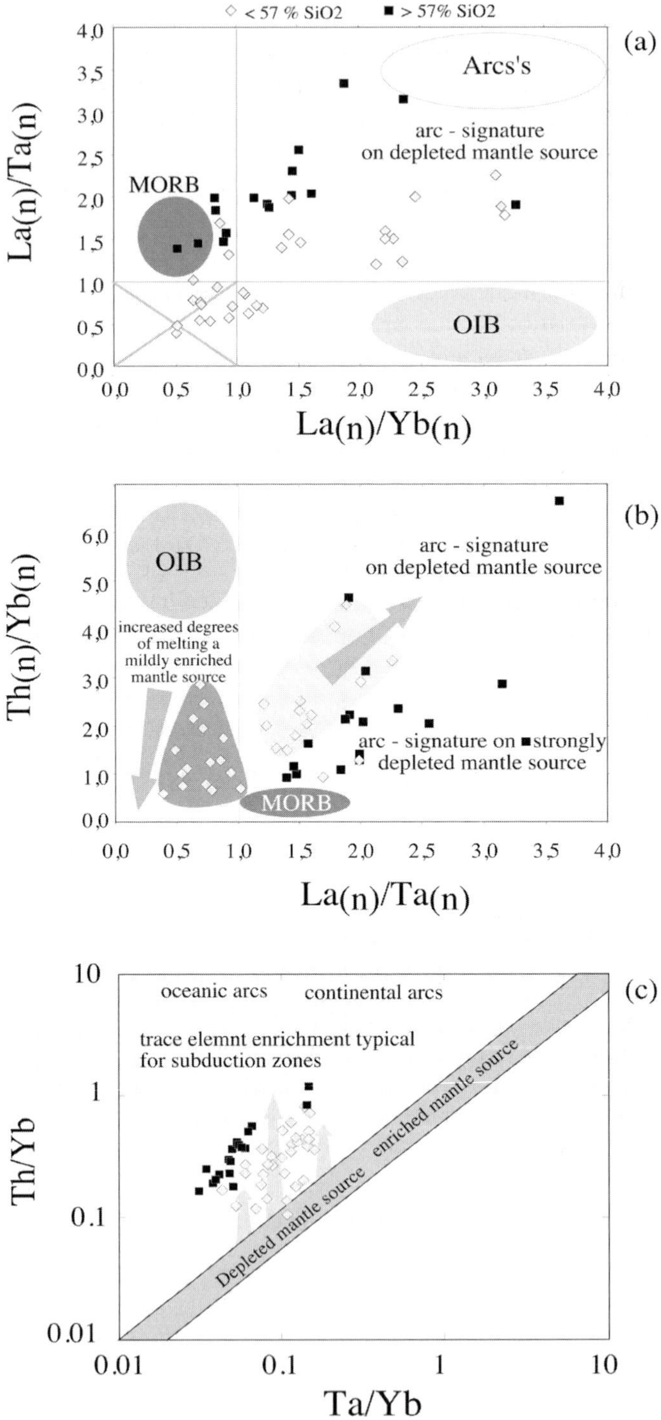
◇ < 57 % SiO2 ■ > 57% SiO2
(a)
Arcs's
arc - signature
on depleted mantle source
MORB
OIB
La(n)/Ta(n)
La(n)/Yb(n)
(b)
OIB
arc - signature
on depleted mantle source
increased degrees
of melting a
mildly enriched
mantle source
arc - signature on strongly
depleted mantle source
MORB
Th(n)/Yb(n)
La(n)/Ta(n)
(c)
oceanic arcs
continental arcs
trace elemnt enrichment typical
for subduction zones
Depleted mantle source
enriched mantle source
Th/Yb
Ta/Yb

in an island arc setting. Considering only mafic rocks (*i.e.,* rocks with <57.5 % SiO_2), there is one group of RCB samples that lies close to the arc trend. These rocks have slight characteristics of subduction zone magmas.

This evidence, together with that from the Th/Yb-Ta/Yb diagram (Fig. 5c) suggests that the mantle source of the Chagres rocks was rather depleted, with some RCB rocks having a slight subduction zone character. Importantly, not a single sample exhibits a trace element character that could be taken as evidence for a typical (trace element-depleted) mid-ocean ridge basalt (MORB) spreading center origin.

Considering the close association of the RCB with the island arc rocks of the nearby Darien belt in Panama (to the north of the RCB) studied by Maury *et al.* (1995), we conclude that the mafic complex of central Panama and the rocks of the upper Río Chagres basin do not represent oceanic crust and the accretion of ocean floor (ophiolites). Rather, the link between undepleted intraplate tholeiites, rare OI-type basalts (OIB), and arc tholeiites in the RCB suggests a different origin. Lithologies suggest massive eruptions at rather deep subaerial conditions. Intrusive rocks attest a focused intrusion of large mafic accretion of ocean floor (ophiolites). Rather, the link between undepleted intraplate tholeiites, rare OIB basalts, and arc tholeiites in the RCB suggests a different origin. Lithologies suggest massive eruptions at rather deep submarine levels (>200 m), occasional emergence to shallow and even subaerial conditions. Intrusive rocks attest a focused intrusion of large mafic as well as geochemically-evolved magma chambers into the volcanic pile (for a schematic reconstruction see Fig. 5). The geochemistry of most rocks suggests melting from an undepleted (plume-type) mantle source. This is the typical setting for an intra plate oceanic plateau with high melting and eruption rates

The starting point in the evolution of the CRB basement thus was likely the accretion of such an oceanic plateau, probably derived from intra-plate (OIB-type) magmatism associated with initiation of the Galapagos hot spot (Hoernle *et al.,* 2002) during Upper Cretaceous time. This was followed by the onset (and further evolution) of an early tholeiitic island arc system near the Cretaceous-Tertiary boundary. This volcanic island arc was largely submerged below sea level. Further construction of the arc and closure of the Caribbean-Pacific seaway resulted from continued arc magmatism, deposition of volcaniclastic and marine sediments, and tectonic uplift and transform faulting over the past 20 My. The volcanic pile was thus severely deformed and dismembered (Fig. 5). Volcanism ceased at about 8-6 Ma, and since then large compressive movements have all but stopped in the Canal Zone region and the nearby upper Río Chagres basin.

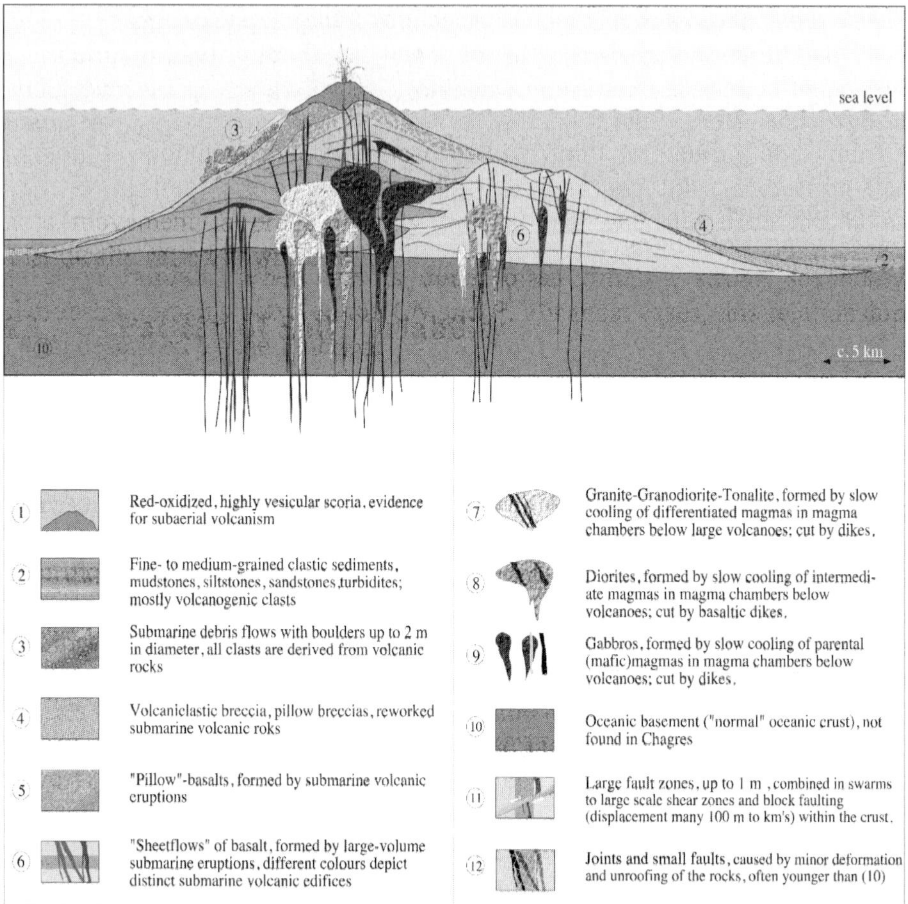

Figure 5a: Schematic representation of the volcanic and instrusive geological associations of the upper Río Chagres basin igneous complex 2:1 vertical exaggeration). This conceptual model is based on the lithological, geochemical, and structural observations discussed in the text.

4. SUMMARY & CONCLUSIONS

Exposed rocks of the upper Río Chagres basin comprise highly deformed basalts and basaltic andesites, gabbros, diorites, granodiorites, and granites. Intercalated volcaniclastic breccias and sandstones are also observed. Most rocks, in particular the volcanic and volcaniclastic sediments and granites, are all strongly deformed and chemically altered. Mafic intrusive rocks are relatively fresh and form less-deformed domains surrounded by more deformed lithologies. Primary structures and contacts are generally obscured, either tectonically or by deep weathering. Consequently, the basement rocks have very distinct compositions and weathering characteristics.

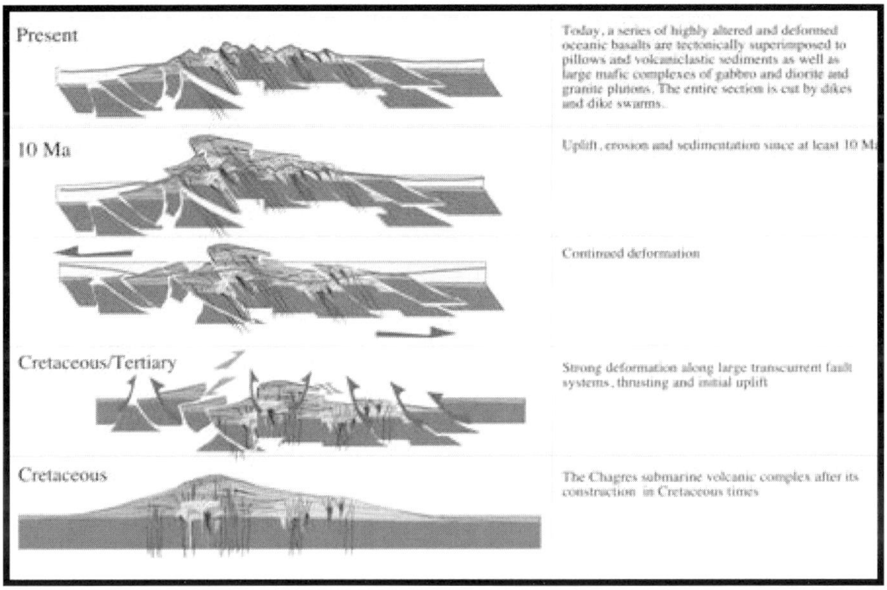

Figure 5b. Schematic illustration of the geological evolution of the original upper Río Chagres submarine volcanic complex of Figure 6a through deformation, sedimentary vcover, and erosion to produce the geology observed today in the upper Río Chagres basin (no vertical exaggeratrion).

The assemblage of lithologies observed within and immediately adjacent to the RCB is interpreted as package of (i) volcanic structures with submarine lava flows, (ii) dikes associated with breccias and sediments, and (iii) intrusive complexes of variable composition (magma chambers). Evidence for subaerial or shallow marine emplacement is lacking. The mafic complexes, followed by mafic dike swarms, are the most resistant to weathering and mechanical erosion. Fluvial erosion in these lithologies results in deeply cut gorges and narrow rapids. Granite lithologies are most easily weathered and produce straight and wide river courses during erosion. Massive altered basalts are intermediate in their style of weathering.

Geological correlation and geochemical compositions suggest that the mafic complex belongs to the series of Cretaceous to Early Tertiary mafic igneous suite, which characterize Central America from northern Costa Rica to the Colombian Andes. These mafic rocks have been accreted and incorporated into the Central American landbridge since Oligocene time. Geochemically, the igneous rocks belong to the tholeiitic series. Mobile elements (Cs, Ba, Rb, K, Sr) are highly variable. Immobile trace elements show a pattern intermediate between the typical depleted MORB patterns and enriched ocean island basalts (OIB). A trace element signature typical of a subduction zone setting is not supported by the data. These patterns and the lithological observations support the model of an origin from an oceanic plateau that was probably formed by the Galapagos plume.

ACKNOWLEDGEMENTS

We are grateful for helpful comments by an anonymous reviewer and compelled to acknowledge the skills of chief helicopter pilot Thomas Exenberger of Helipan, Inc. who facilitated much of our fieldwork by landings at almost impossible places, leaving both us, and the nearby waterfowl, deeply impressed. This work was funded by the Leibniz-Award of the DFG (German Science Foundation to GW) and an Army Research Laboratory Fellow award (to RSH).

REFERENCES

Alvarado, GE, Kussmaul, S, Chiesa, S, Gillot, PY, Appel, H, Wörner, G, and Rundle, C, 1993, Resumen crono-estratigrafico de las rocas igneas de Costa Rica basada en dataciones radometricas: J. South Am. Earth Sci., 6: 151-168.

Collins, LS, Coates, AG, Berggren, WA, Aubry, MP, and Zhang J, 1996, The Late Miocene Panama isthmian strait: Geology 24: 687-690.

DeBoer, JZ, Drummond, MS, Bordelon, MJ, Defant, MJ, Bellon, H, and Maury, RC, 1995, Cenozoic magmatic phases of the Costa Rican island arc (Cordillera de Talamanca), in *Geologic and Tectonic Development of the Carribean Plate Boundary in Southern Central America (*Mann P, ed.): Geol. Soc. Am. Spec. Paper 295: 35-55.

Escalante, G, 1990, The geology of southern Central America and western Colombia: in *The Geology of North America,* Vol. H, The Caribbean Region, (G Dengo and JE Case, eds.), Geol. Soc. Amer.: 201-230

Goossens, PJ, Rose, WI, Flores D, 1977, Geochemistry of tholeiites of the Basic Igneous Complex of northwestern South America, Geol. Soc. Am. Bull., 88: 1711-1720.

Gutscher, MA, Malavieille, J, Lallemand, S, Collot, JY, 1999, Tectonic segmentation of the North Andean margin: Impact of the Carnegie Ridge collision. Earth Planet. Sci. Lett. 168: 255-270.

Harmon, RS, 2005, The geological development of Panama: in: *The Río Chagres: A Multidisciplinary Perspective of a Tropical River Basin* (RS Harmon, ed.), Kluwer Acad./Plenum Pub., New York, NY: 45-62.

Hoernle, K, Bogaard, vdP, Werner, R, Lissinna, B, Hauff, V, Allvarado, G, and Garbe-Schönberg, D, 2002, Missing history (16-71 Ma) of the Galapagos hotspot: Implications for the tectonic and biological evolution of the Americas: Geology 30: 795-798.

Maury, RC, Defant, MJ, Bellon, H, deBoer, JZ, Stewart ,RW, and Cotten, J, 1995, Early Tertiary arc volcanics from Eastern Panama. in *Geologic and Tectonic Development of the Caribbean Plate Boundary in Southern Central America* (P Mann, ed.): Geol. Soc. Am. Spec. Paper 295: 29-34.

Meschede, M, and Barckhausen, U, 2001, The relationship of the Cocos and Carnegie ridges: age constraints from paleogeographic reconstructions: Int. J. Earth Sci. 90: 386-392.

Sun, SS, and McDonough, WF, 1989, Chemical and isotopic systematics of oceanic basalts: implications for mantle composition and processes, in: *Magmatsim in the Ocean Basins* (AD Saunders and MJ Norry, eds), Geol. Soc. London Spec. Publ. 42: 313-345.

Chapter 6

GIS-BASED STREAM NETWORK ANALYSIS FOR THE UPPER RÍO CHAGRES BASIN, PANAMA

David Kinner[1,2], Helena Mitasova[3], Robert Stallard[1], Russell S. Harmon[4], and Laura Toma[5]
[1]US Geological Survey, [2]University of Colorado [3]North Carolina State University, [4]Army Research Office, [5]Duke University

Abstract: To support a number of projects focused on diverse biological and physical science aspects of the upper Río Chagres basin, a detailed stream network was extracted from digital elevation data obtained by interferometric radar survey. The elevation data represented the bald earth surface plus a forest canopy of varying height. Therefore, different algorithms for stream network extraction were qualitatively evaluated in terms of their capability to extract accurate stream locations from this challenging type of elevation data. The programs based on a shortest path algorithm and an imposed gradients constraint provided stream locations that were closer to on-ground GPS measurements than the tools based on depressions filling and iterative linking. The influence of different spatial resolutions on network structure and orientation was also explored.

Key words: Radar topography; DEM; stream network extraction; GIS

1. INTRODUCTION

The multidisciplinary study conducted in 2002 included investigators with a diverse set of interests and goals. The common objective of participants was to provide information about geology, hydrology, and ecosystems within the upper Río Chagres basin (Fig. 1). This region of the Panama Canal Watershed was mapped at a relatively coarse resolution until the mid 1990s. In the most-detailed map available, major stream channels were shown at a resolution 1:50,000, but little topographic information was included on the map. The relative inaccessibility of this mountainous

R. S. Harmon (ed.), The Río Chagres, Panama, 83-95.

tropical rain forest watershed and a persistent cloud cover over the basin's western edge have inhibited mapping of this region. A recent Interferometric Synthetic Aperture Radar Elevation (IFSARE) survey by the United States Army, LANDSAT imagery, and subsequent field investigations have provided new, more detailed information about the topography, land cover, and streams in the basin. To support continuing research, this paper describes existing and new geospatial data integrated within a common Geographic Information System (GIS) database. This integration creates a spatial framework for the field observation data obtained along the main channel of the upper Río Chagres during fieldwork in Feburary-March of 2002.

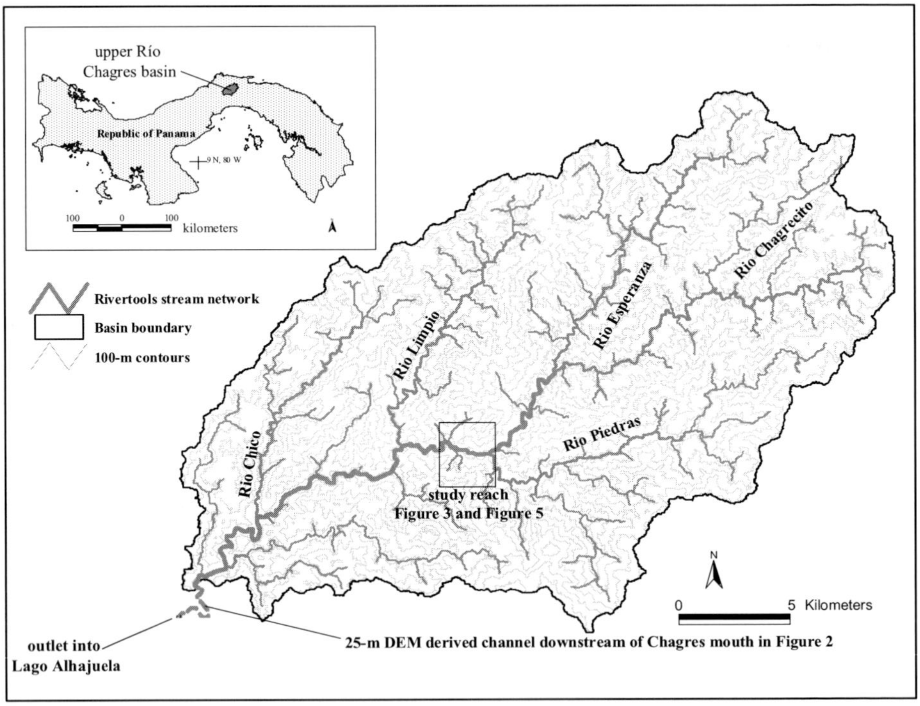

Figure 1. Map of the upper Río Chagres basin showing contours, rivers and the catchment boundary, all derived from an IFSARE DEM.

The GIS database provided an environment for deriving secondary map layers with valuable information both for fieldwork and modeling. One of the most important derived map layers for a hydro-geologic study is a watershed stream network. In a tropical forested landscape, it is usually impossible to map the locations of streams from satellite or aerial imagery, particularly those of a lower-stream order. The only recourse is to apply terrain analysis algorithms to a Digital Elevation Model (DEM) to determine the channel network. Various approaches have been developed to perform this task, most of them designed for application to the bare ground 30-m USGS DEM product (see *e.g.,* O'Callahan and Mark, 1984; Peckham, 1998; Garbrecht and Martz, 1997; and Jenson and Domingue, 1988). However, IFSARE-based elevation models have different properties than the DEMs used for the development of the stream extraction tools. Therefore, it is necessary to evaluate different methods and identify the one most suitable for the data available and the type of terrain in a particular study area. Georeferenced stream and geology data were collected at selected sites along the upper Río Chagres and its tributaries, providing on-ground data for verification of the quality of the IFSARE data set and the extracted stream network and evaluation of flow routing algorithms. The modeled and observed data are qualitatively compared in this work.

2. STREAM NETWORK ANALYSIS

Generating river networks using digital-elevation data is a multi-step, interpretive process. The assumptions that resolve flow directions on DEMs will ultimately affect the locations of the derived-stream network. Properties like contributing area, length, and bifurcation ratios may be influenced by choice of stream delineation algorithm. Accuracy in stream network position is particularly critical in the case of the upper Río Chagres basin because there has not been extensive mapping of the river channels and the analysis output provides the 'best-available' map of the river network. Moreover, the elevation data - the 10 m resolution digital surface model (DSM) based on the IFSARE survey - represents the surface of the earth with vegetation rather than bare ground, posing additional challenges for stream extraction. Two systems with tools for watershed analysis were used to extract the stream network (i) *RiverTools v. 2.4* and (ii) *GRASS GIS.*

River Tools v. 2.4 (Rivix LLC, 2001) is a commercially-available terrain analysis system for analyzing DEM-derived river basin characteristics (the use of trade, product or firm names is for descriptive purposes only and does not imply endorsement by the US Government). It includes single and multiple flow direction (SFD, MFD) algorithms, visualization tools, and tools for extracting statistical properties of river networks (*i.e.,* bifurcation ratio, statistical similarity, *etc.*). *GRASS GIS* is an Open Source/Free software general purpose GIS; it includes a number of modules for basin analysis. We have used the SFD-based *r.watershed* and SFD/MFD-based *r.terraflow* for massive DEMs. The Panama Canal Watershed DEM with approximately 11,000x11,000 pixels is an example of a 'massive' DEM. In general, the stream extraction algorithms compute the stream network by routing flow through the DEM and using a selected threshold of stream-order or contributing upslope area to determine which cells are stream cells.

2.1 Filling Sinks in IFSARE Data

The first step used by *RiverTools* and *r.terraflow* in determining the location of river networks is creating a depression-free landscape by removing sinks. Sinks are DEM pixels that have a lower elevation than all surrounding pixels. These sinks can be hydrologic features like lakes, natural depressions or sinkholes, or they could be artefacts of the DEM-construction process (Jenson and Domingue, 1988). For the upper Río Chagres basin DSM, an intermittent canopy overhanging stream channels may have generated at least some of the depressions. In some locations, the radar survey may measure the distance to the riverbed; in other locations the top of the canopy is measured. This discontinuity means that areas that have no cover may appear to be sinks and, for some algorithms, they have to be filled to the level of the surrounding cells in order to route flow through topography. In a radar-based DSM, this filling may be a source of additional error in the stream delineation process.

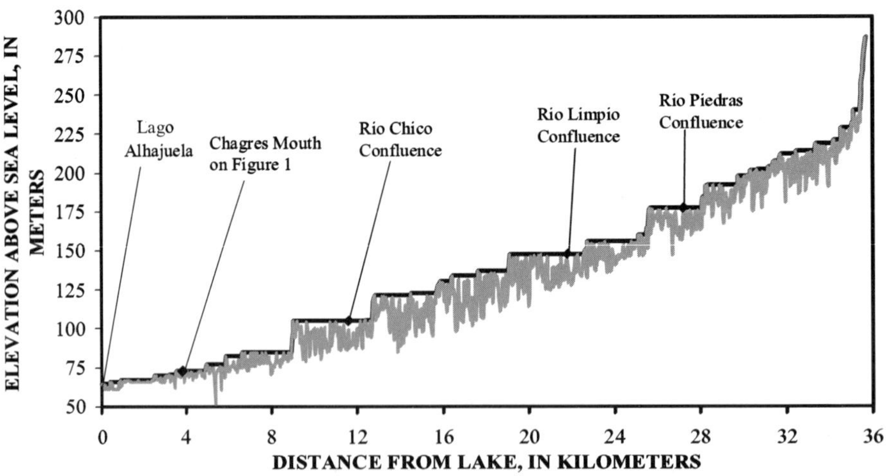

Figure 2. Comparison of filled topography (dark line) and IFSARE original topography (gray line) for a 35 km reach of the upper Río Chagres basin. The reach begins on the DEM at Lago Alhajuela at the shoreline on the land-cover map and traverses upstream.

Figure 2 shows a longitudinal profile comparison of the initial and *RiverTools* filled IFSARE DSMs at a 25 m grid cell resolution. As shown in the figure, the filling process creates a step-like stream profile, but the non-filled, DSM-based stream profile has many elevation spikes. Also, elevation errors are dampened on the upper Río Chagres near Lago Alhajuela (a distance of 0-4 km on the x-axis in Fig. 2). Land-use data indicates shrubs and grass along the channel through this reach, a feature confirmed by on-site inspection that would likely cause fewer elevation errors than an overhanging forest canopy. The average filling necessary to route water through the reach in Figure 2 is 8.37 m. To put this value in context, the average filling for 40 km long headwater reaches in the Nishnabotna River Basin in Iowa and for the Boulder Creek Watershed in Colorado are 0.48 m and 0.99 m respectively. These estimates were created using USGS 1:25,000, comparably scaled, 30 m resolution grid cell DEMs that were constructed from topographic maps. The combined effects of IFSARE radar and the forest canopy appear to significantly increase the number, depth, and spatial extent of sinks in the DSM.

It is necessary to make a cautionary note about the IFSARE-based DSM. Sinks may affect slope, curvature, and other terrain analysis calculations. It is necessary to average stream slope estimates over a large enough area to remove the effects of these discontinuities in elevation. Smoothing of topography also may be useful to better compute average gradients terrain characteristics.

2.2 Computing Flow Direction and Resolving Flats

A core step in stream network analysis is resolving the flow directions of water on the landscape for each cell in a DEM. Except for *r. terraflow* (see section 2.5 below), a single-direction flow algorithm (SFD) with eight possible directions of flow (D-8) was used (O'Callahan and Mark, 1984). For a given grid-cell, the center to center slope from that cell to an adjacent cell is calculated for all cells in an 8-cell neighborhood. 'Flow' proceeds in the direction of the cell with the greatest slope. Contributing areas for each pixel are determined recursively in a down gradient direction and represent the number of cells that 'flow' into a given cell.

Using the D-8 algorithm, flow direction is easy to compute in areas where slope is well defined. As the size of a river basin increases, channels become larger and the river gradient decreases. Areas where the gradient magnitude is zero are called 'flats', for which the flow direction is undefined. In DEMs represented with centimeter to millimeter vertical precision, areas with zero slope are rare (*e.g.,* in the currently used floating point DEMs as opposed to older integer DEMs that had vertical precision of 1 m) and most flats are created by filling large, multi-pixel depressions like the ones shown in Figure 2. Several approaches have been developed to route flow through flats, of which only the 'iterative linking' and 'imposed gradients' methods are considered here.

Iterative linking (Jenson and Domingue, 1988) defines the flow direction for all of the cells in a flat. The method starts from the spill points of flat areas and iteratively assigns flow directions to the neighbours of the spill points. The program then proceeds to the neighbours of the neighbours, and continues recursively until all of the flow directions in a flat are defined. The final form of the network therefore depends heavily on the order that cells are defined (cells could be defined along a row for example) rather than any physically based criteria. There is no physical basis to iterative linking, but it resolves flow direction and can be numerically efficient. *RiverTools*, *r.watershed,* and *r.terraflow* all use iterative linking for flats. *R.watershed* does not fill sinks to create multi-pixel flat areas, but applies iterative linking only in areas that are flat on the original DEM.

The imposed gradients method is a second flat resolution approach described by Garbrecht and Martz (1997). In this method, artificial topography is created over flat areas by adding micrometer increments to the elevations of the flat. This addition is completed both longitudinally and laterally such that topography slopes downstream and from the sides of the flats towards the outlet. Of the software used here, imposed gradients has only been implemented in *RiverTools.*

Topography is not filled in the *r.watershed* program; rather flow is routed through sinks (Ehlschlaeger, 1989). The *r.watershed* flow direction algorithm is based on the A^T search algorithm for finding the 'least cost' path between an upstream cell and a downstream cell. The sum of the elevations along a given path represents the 'cost' of the path. The algorithm begins at the watershed outlet or any internal sinks, like a lake, and it begins working upslope (Ehschlaeger, 1989).

In the case of programs that fill sinks before determining flow directions like *RiverTools*, flow can only be routed to cells of a lower elevation. Because of this requirement, sinks must be filled so that the slope from any grid cell is at least zero. Negative slopes are not permitted along a flow path. In the A^T method, flow directions can proceed in the direction of negative slope. Because sinks are not removed from the dataset, more of the original information from the DEM is preserved in deriving final flow grid. This preservation may enhance the accuracy of flow paths in areas that are filled by other algorithms because some of the filled data could be close to the actual elevations of stream channels.

2.3 Algorithm Comparison

Figure 3 is a comparison of channels generated using *RiverTools* iterative linking and imposed gradient methods and the *GRASS r.watershed* program with GPS point locations of the upper Río Chagres channel for the section labeled 'study reach' in Figure 1. The vector representations of the stream network in the figure were created by converting the raster stream network to a vector format. All three methods seem to track the observed channel fairly well for most of the measured reach. However, both the imposed gradients and the shortest path methods seem to match the channel better than iterative linking. The difference suggests that, qualitatively, the combined use of filling sinks and iterative linking for a complex DSM, with spatially variable vegetation cover implemented in *RiverTools,* reduces the accuracy of stream extraction and was not fully robust. Several upper Río Chagres basin sub-watersheds were excluded from the river basin when the imposed gradients approach was used. This is probably because the topography constructed on the large flats becomes higher than the surrounding terrain and creates sinks in the already filled topography. The imposed gradients method was designed for USGS 1-m vertical scale DEMs and not the floating point, millimeter precision DEMs like the upper Río Chagres watershed DSM (Peckham, personal communication). However, this problem does not appear to affect the delineation of the main channel in Figure 3.

In this work, two different methods were used to differentiate grid cells that represent streams and those that are part of the surrounding landscape. After completing the flow direction step in *RiverTools*, the flow paths were used to compute Strahler stream order. This process starts at ridge cells and follows flowpaths down gradient. The flow paths that begin at ridges are considered first order streams; if two streams of the same order n converge, then Strahler ordering rules dictate that the stream below the convergence has a stream order of $n+1$ (Strahler, 1957). This process continues in a downstream direction until all streams receive a Strahler order. *RiverTools* was used to prune the stream network by cutting all streams below a given Strahler order threshold, which for the 10-m DEM, was a third-order stream.

To differentiate between hillslope and channel cells in *r.watershed*, a threshold contributing area of 100 cells was used. To compare the impact of resolution on the level of detail and structure of the extracted stream network we performed the analysis at 10-m, 25-m, 50-m, 100-m and 200-m resolutions, so the selected threshold area increased with increased cell size, leading to effective generalization of the resulting network. The selection of the 100-unit threshold was arbitrary, based on cartographic rather than physical criteria. This leads to fewer major streams being extracted at lower resolutions. The resulting series of stream networks extracted from DSM at 50-m, 100-m, and 200-m resolutions is in Figure 4.

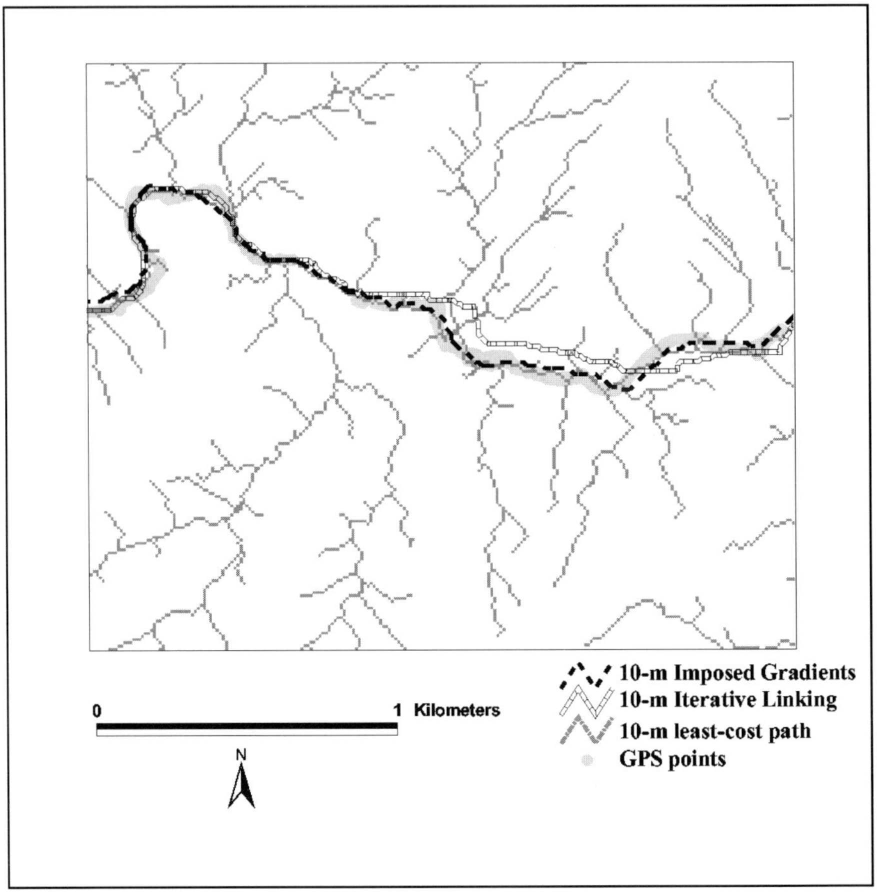

Figure 3. Comparison of observed GPS data (light gray symbols in background) and flow networks derived using the *GRASS r.watershed* shortest path approach (light gray).

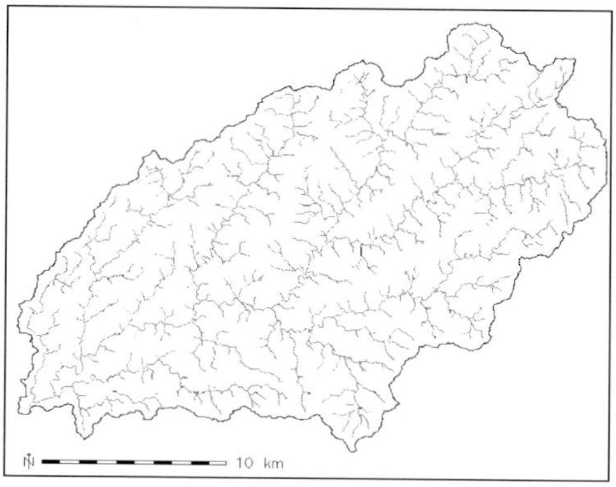

Figure 4a. Stream network derived using *r.watershed* and 50-m grid cells.

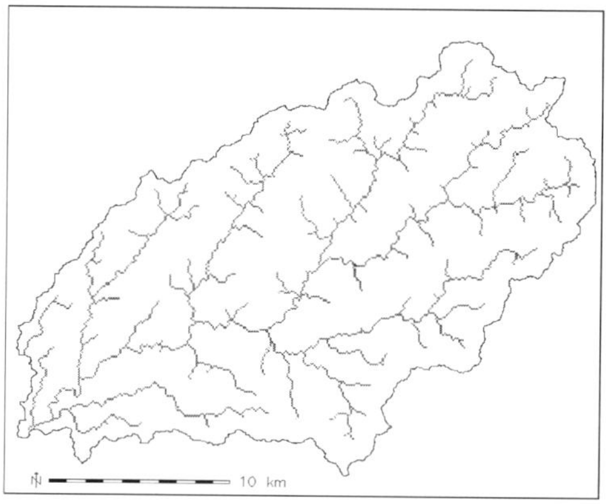

Figure 4b. Stream network derived using *r.watershed* and 100-m grid cells.

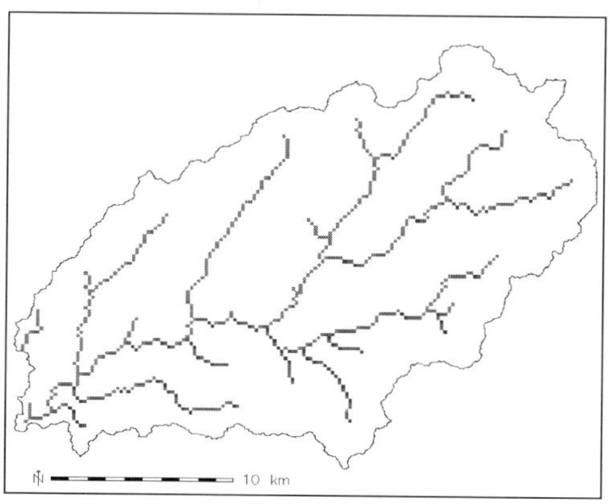

Figure 4c. Stream network derived using *r.watershed* and 200-m DEM.

2.4 Extracting the Stream Network

Extraction of stream networks at a series of decreasing resolutions shown in Figure 4 reveals the stream network geometry at different scales and levels of detail. The coarser-scale resolution highlights the difference between the northern half-basin with clearly parallel stream orientation and the southern half-basin with greater variability of stream orientation and lengths. It is unclear from this work what may control the fundamental differences in stream structure between the northern and southern halves of the river basin. However, the coarser data more readily resolve the underlying network structure.

The density and structure of stream network derived from the 10-m resolution DSM and 100 cells = 10,000 m^2 threshold by *r.watershed* was practically identical with the stream network extracted by *RiverTools* with the Strahler stream order 3 at the same resolution; the most significant differences were in the areas with large filled sinks. New field data will allow us to set the threshold more accurately and to determine whether contributing area, stream order or curvature provides the best method to determine where channels begin.

2.5 Computing the Stream Network for the Upper Río Chagres Basin and the Panama Canal Watershed

As is apparent from the multi-algorithmic comparison, the program *r.watershed* works fast and produces reasonable matches to observed data when applied to small datasets. However, this algorithm is not efficient on larger datasets. For example, the computation of the stream network for the upper Río Chagres basin at 10-m resolution (3200x3600 pixels) took 12 hours. Computation of the stream network for all of the Panama Canal Watershed (~11,000X11000 pixels) is not readily feasible using *r.watershed.*

The inefficiency is likely due to the *r.watershed* design assumption that data are small enough to fit in the internal memory of the computer. If datasets are large, they do not meet this requirement and reside on disk instead. Because program execution using external disks is much slower than when using the computer main memory, the bottleneck during analysis of large datasets is typically the movement of information between main memory and disk rather than the CPU computation time.

The *r.terraflow* module was recently implemented in GRASS GIS for computing flow direction and flow accumulation. It was designed and optimized for massive digital elevation datasets and was tested here as an efficient alternative to *r.watershed.* The *r.terraflow* design uses the standard ideas for computing flow direction and flow accumulation described above, but encodes them using scalable Input/Output (I/O)-efficient algorithms. As a result, *r.terraflow* is scalable to very large datasets. For instance, it computes flow direction and flow accumulation for the entire Panama Canal Watershed dataset in approximately 3 hours.

The module *r.terraflow* can compute both SFD and MFD flow routing. It can also use a combination of the two by switching to SFD, if contributing area exceeds a user-defined threshold. In flat areas, *r.terraflow* uses the iterative linking process proposed by Jenson and Domingue (1988) that was incorporated into *RiverTools*. In depressions, *r.terraflow* routes flow by computing the lowest-height path from each cell outside the terrain. It can be formally shown (Arge *et. al.*, in press) that computing lowest-height paths for all cells in the terrain can be done using a bottom-up plane sweep of the terrain which simulates the process of flooding the terrain (or rather of uniformly raising a water table).

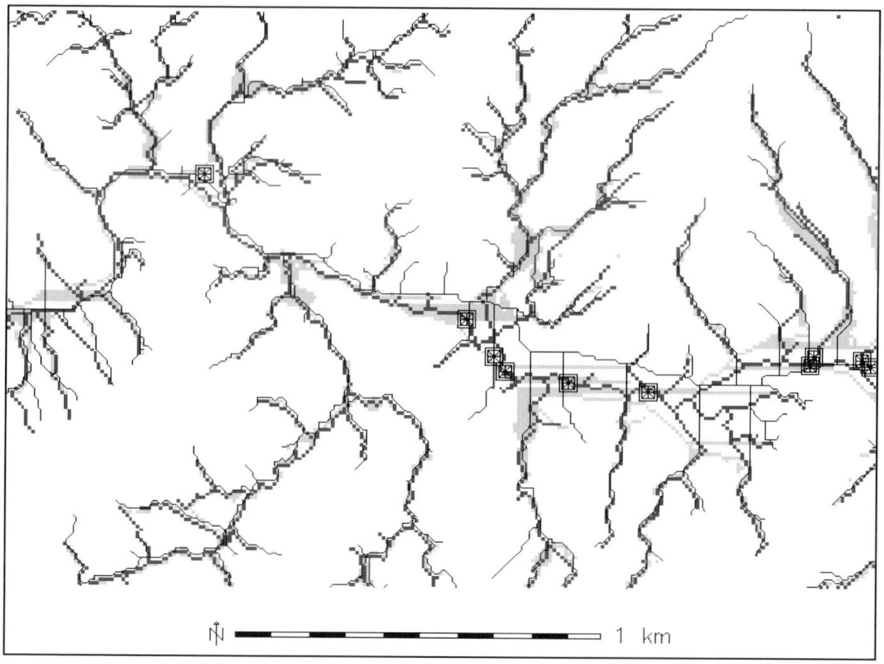

Figure 5. Comparison of stream channel output from *r.terraflow* (light gray), *r.watershed* (dark gray), river tools with sink filling (black line) and observed data (square symbols) for a 2km segment of the Chagres river. The streams were extracted from 10-m resolution DSM.

A detailed analysis of the accuracy of *r.terraflow* is under investigation. Figure 5 indicates that for some parts of the DSM, *r.terraflow* is remarkably similar to the other algorithms. Because it uses iterative linking, it has many of the same issues with flats, including the parallel flow paths indicated in Figure 5. Additionally, *r.terraflow* often diverges from the more accurate *r.watershed*-generated stream channels. The stream networks produced by extracting cells with flow accumulation larger than 100 cells look different for MFD and SFD flow routing. With either method the stream network contains big wet areas in the flat parts of the terrain. The *r.terraflow* output is therefore more suitable for identifying areas susceptible to floods, than to narrowly delineating the stream network. Further work is necessary to incorporate into *r.terraflow* a procedure for refining the stream network.

3. CONCLUSIONS

For most of the portions upper Río Chagres basin examined in this study, all algorithms tested produced a realistic stream network in locations that were identical or very close to the observed streams. The results were surprisingly accurate given the fact that the flow was traced on top of vegetation cover that was several tens of meters high throughout most of the basin, rather than on the bare ground. The most significant artefacts, in the form of long straight stretches of stream channels located tens of meters away from the observed stream locations, were produced by the tools that fill in the depressions caused by gaps in tree cover creating large artificial flats and then use iterative linking to overcome these flats. The algorithms that use the shortest path or imposed gradients generated more accurate results for these areas.

The software tools tested also differed in computational efficiency. While *r.watershed* provided the most accurate results it was slower than *r.terraflow.* The computed the stream network for the upper Río Chagres basin at 10-m resolution was computed almost ten times faster using *r.terraflow* than *r.watershed.* Furthermore, *r.terraflow* extracted the stream network from the DSM for the entire Panama Canal Watershed in 3 hours where the other *r.watershed* had not completed this task after running a full day. The efficiency of algorithms in *RiverTools* have not been systematically compared to the *GRASS GIS* algorithms *r.watershed* and *r.terraflow*; this comparison remains the subject of future work.

Identification of stream origin and first order stream location remains an open research question due to the fact that it is a dynamic phenomenon. Therefore, the resulting 10-m resolution stream network based on 10,000 m^2

upslope area threshold (or third order Strahler threshold) should be interpreted as a map of all potential streams, rather than actual streams. Field data are needed for sound selection of thresholds defining the stream origin instead of using the arbitrary threshold methods reported in this work.

ACKNOWLEDGEMENTS

We would like to acknowledge the generous funding of this research by the US Geological Survey, National Research Council, and US Army Research Office. The Panama Canal Monitoring Project provided land use data that helped in analysis. We would also like to thank J. Syvitski and S.Peckham for providing computer and other resources that aided in completion of the *RiverTools* work. D. Mixon, S. Murphy and D. Lashlee provided helpful reviews of this manuscript. S. Howe and E. Wohl kindly provided their field survey data.

REFERENCES

Arge, L, Chase, J, Halpin, P, Toma, L, Urban, D, Vitter, J, Wickremesinghe, R, 2005, Flow computation on massive grid terrains: Geoinformatica, in press.

Ehlschlaeger, CR, 1989, Using the AT search algorithm to develop hydrologic models from digital elevation data: Proc. Int. Geogr. Inf. Sys. (IGIS) Symp., Baltimore, MD, 275-281.

Garbrecht, J and Martz, LW, 1997, The assignment of drainage directions over flat surfaces in raster digital elevation models: Jour. Hydrol., 193: 204-213.

Jenson, SK and Domingue, JO, 1988, Extracting topographic structure from digital elevation data for geographic-information system analysis: Photogram. Eng. Remote Sens., 54: 1593-1600.

O'Callahan, J and Mark, D, 1984, The extraction of drainage networks from digital elevation data: Comput. Vision Graph. Image Proc., 28: 323-344.

Peckham, SD, 1998, Efficient Extraction of River Networks and Hydrologic Measurements from Digital Elevation Data: in *Stochastic Methods in Hydrology: Rain, Landforms and Floods* (EO Barndorff-Nielsen, ed.), World Scientific, Singapore: 173-203

Rivix Limited Liability Company, 2001, RiverTools™ - User's Guide, release 2001: Research Systems, Inc., Boulder, CO.

Strahler, AN, 1957, Quantitative analysis of watershed geomorphology: EOS, Trans. Am. Geophys. Union, 38: 913-920.

Chapter 7

SOILS OF THE UPPER RÍO CHAGRES BASIN, PANAMA

Soil Character and Variability in Two First Order Drainages

J. Bruce J. Harrison[1], Jan M.H. Hendrickx[1], David Vega[2], Lucas E. Calvo-Gobbetti[2]
[1]New Mexico Institute of Technology, [2]Universidad Tecnológica de Panama

Abstract: Understanding the relationship between rainfall, and stream flow in mountain terrain requires the quantifying of rates of water movement into and through regolith covered hillslopes. General theory holds that infiltration rates in humid tropical are higher than rainfall intensities so surface runoff is minimal. However, soil profile characteristics can vary significantly on a hilslope, with concomitant changes in soil hydrologic characteristics. The pattern of soils within two small first order drainages was evaluated within the upper Río Chagres basin. Two main influences on soil distribution were identified. Mass movements primarily translational sliding and treefall result in stripping of the upper soil horizons and exposure of weathered saprolite. Soils forming in the deposits are characterized by higher infiltration rates and a more uneven surface topography than the stable soils. A catenary relationship was also observed with stable, oxidizing soil profiles in upper slope positions and reduced (gleyed) soils at the outlet of the drainage basin.

Key words: Panama; Río Chagres; tropical soil catenas; saprolite; mass movements

1. INTRODUCTION

A fundamental question when studying streamflow in tropical and humid environments is the role that hillslope characteristics play in determining streamflows. The hydrologic properties of soils developed in the unconsolidated regolith in first order drainage basins can have a major influence on how rainfall is translated into steamflow. If the infiltration rate of the soil is low, then surface runoff becomes a major factor in streamflow response to rainfall (Ridolfi *et al.*, 2003). By contrast, if the infiltration rate on steep hillslopes is high, then subsurface flows will be an important component of streamflow (Montgomery and Dietrich, 2002). Within the soil

R. S. Harmon (ed.), The Río Chagres, Panama, 97-112.

profile, the depth to bedrock or a less permeable layer and the soil porosity become important factors influencing water movement through the regolith and into the stream channel.

Detailed measurements of soil hydrologic properties are time consuming and only represent a point estimate of hydrologic properties of the soil. The hydrologic properties of a hillslope result from an integration of the hydrologic properties of the different soil units on the hillslope. Thus, it is important to characterize the range of hydrologic properties on a hillslope and to determine the proportion of the drainage basin hillslope characterized by the individual soil units. Measured infiltration rates on hillslopes in the Luquillo Mountains of Puerto Rico ranged from 0-106 mm/hr (Harden and Scruggs, 2003), which largely exceeded the rainfall rates in this area. However, no estimate was made of the proportion of the hillslope characterized by each infiltration measurement. Determining the spatial variation of soils on a forested hillslope is also a time consuming and difficult process. There are logistical constraints to developing a statistically significant, randomly sampled, data set of soil hydrologic properties within a drainage basin. One approach to determining variability of soil properties is to identify the major controls on the spatial variability within the drainage basin. From this starting point, it is possible to locate soil sampling sites in a pattern which will encompass the major range of soil profile characteristics.

Hillslopes can be broadly classified as stable or unstable systems. Unstable hillslopes occur in geomorphically active drainage basins, where patterns of erosion and deposition are reflected in the distribution of eroded and buried soil profiles. The pattern of soil variability is determined by pattern of erosion and deposition and the degree of soil development is determined by the age of the land surface. This has been described as temporal soil variability (Tonkin, 1993).

On stable hillslopes, topography produces systematic changes in soil profile characteristics with the two main influences being slope orientation and the position of a soil profile within the drainage basin. Slope orientation results in differences in solar radiation and/or exposure to eolian or atmospheric deposits of dust or salts. (Birkeland, 1999). On stable hillslopes, throughflow in the regolith produces systematic changes in soil properties in the direction of water movement. Usually, soils in upper slope positions are more leached than soils in lower slope positions because they are not receiving any replenishment from upslope soils. However, while major differences in soil morphology can be determined, the boundaries between the different soils are usually gradual (Young, 1988). This pattern of soil variability has been described as a soil catena. (Milne, 1935; Birkeland, 1999). Thus, the pattern of soil distribution is different according to whether the drainage basin is stable or unstable. The goal of the soil studies in the upper Río Chagres drainage basin described here was to determine the controls on soil variability and to identify the range and spatial extent of soil profiles present.

2. TROPICAL SOILS

The distinct features of tropical soils are a reflection of the moist warm climate typical of tropical regions of the world. This climate promotes strong weathering resulting in the formation of deeply weathered bedrock or unconsolidated regolith termed saprolite. The strong weathering environment results in a soil with a high clay content, with the common mineralogy being kaolinitic, and enriched in the more residual elements such as Fe, Si, and Al. Organic matter levels are usually low, often only a thin organic layer is found at the soil surface and low (<4%) organic carbon is found within the soil profile. These soils usually are classified within the Oxisol and Ultisol orders of the USDA soil taxonomy (USDA, 1994).

3. METHODS

The upper Río Chagres watershed is a strongly dissected, densely forested landscape with most hillslopes bearing first and second order streams. Two small first order drainages were chosen for detailed soil studies, one developed on a granitic lithology in the upper portion of the Río Chagrictio drainage and the other in altered rhyolite in the upper reaches of the Río Piedras drainage (see Fig. 1 of the Preface for the site locations).

Soil pits were described down the axis of the drainage, from the intersection of the drainage basin with a main ridge, down to where a perennial stream issued from the regolith. Pits were hand dug into the underlying saproloite to a depth of at least 50 cms. Soils were described following the standard procedures (USDA, 1993). Samples were taken from every pedogenic horizon and, where the horizon was greater than 20 cm thick, sampled at 20 cm intervals. Subsequently, each soil sample was analyzed in the laboratory. Particle size was determined using the pipette method and bulk density by the paraffin clod method (Singer and Janitzky, 1986). The clay mineralogy was determined for selected samples, which covered the range of weathering observed in the field. Infiltration studies were carried out at different depths for each of the soils described here by Hendrickx *et al.,* (2005, this volume).

4. OBSERVATIONS AND RESULTS

The drainage basins have similar morphologies; both are small, narrow, and steep. The Río Chagrecito basin has a 2 m scarp at the head of the basin, where it connects to the dissected ridge. Saprolite is exposed at the base of the scarp. The upper Río Piedras drainage lacks a scarp at the head of the basin. However, the soil at this point in the drainage is shallow and weakly developed. Both drainages have irregular downslope topographic profiles, with up to 2 m of relief developed through mass movements. The mass movement erosion scars expose saprolite, indicating that the failure plane occurs at the soil/saprolite boundary. Erosion scars are widespread along the upper slopes of the drainage. but almost totally lacking in the lower part of the drainage. Trees are rafted in an upright position downslope with mass movements so that it is often difficult to identify areas of mass movement. Large cracks at the soil surface in both drainages appear to be tension cracks related to the mass movements.

Treefall is a common feature in both drainages, but occurs more frequently on the ridge crests into which the drainages are developing. This process produces a pit and mound topography, which can create a preferred pathway for water to enter a soil (Schaetzl *et al.,* 1990).

4.1 The Río Chagrecito Study Site

The first order drainage basin studied along the middle reaches of the Río Chagrecito is at an elevation of 1391 m. It is 150 m from ridge crest to the point of free flowing water, and approximately 50 m wide. The drainage is developed in deeply weathered granitic bedrock. Slope angles range from 55° at the head of the basin to 20 ° at the toe of the slope. Soils from three sites were described down the axis of this first order drainage basin. The relative thickness and horizonation of each soil profile are shown in Figure 1 and compositional characteristics of the three soils examined are listed in Tables 1 and 2.

The Chagrecito-1 soil is from the edge of an erosion scarp near the ridge crest. This soil is strongly developed and overlies deeply weathered bedrock or saprolite (Fig. 2a). It has a thin A horizon and several B horizons of clay and iron accumulations that grade into saprolite at 3 m depth. A large pipe, probably an old root channel, at 30 cm depth is lined with dark humus and clay coatings. The soil has a coarse angular blocky structure in the upper part of the profile, with large soil ped faces coated with humus and clay. This soil is very fine textured, containing less than 10 % sand and having high silt and clay contents. There is a marked change in the texture at the soil/saprolite contact where the sand and clay contents decrease and the silt content of the profile increases significantly (Table 2).

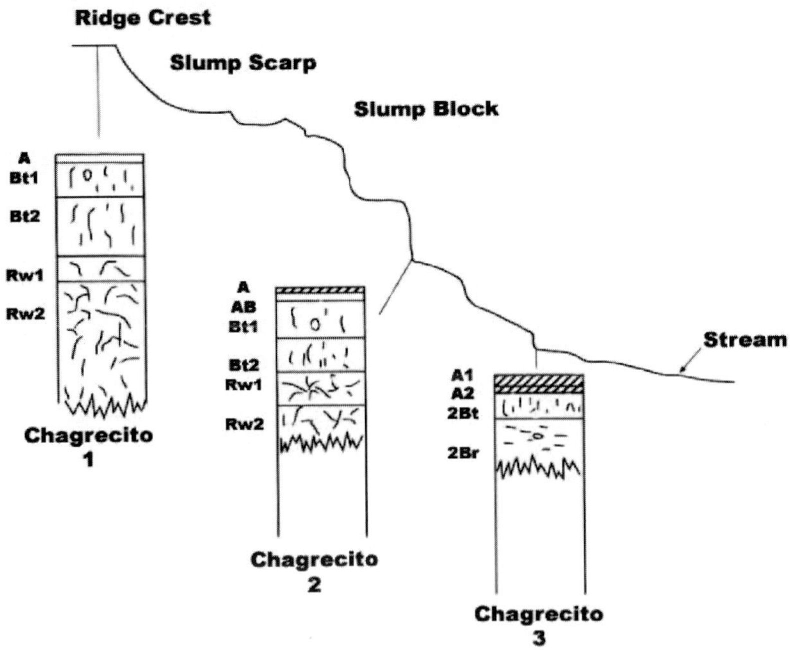

Figure 1. Diagrammatic representation of the Río Chagrecito soil profile locations.

The Chagrecito-2 soil (Fig.2b) is from a midslope in an area of uneven surface topography. It has a similar A horizon to the Chagrecito-1 soil, but the B horizons are not as strongly developed. This soil contains more weathered clasts and has less red coloring than the Chagrecito-1 soil. A coarse blocky structure occurs in the top 60 cm, with humic and clay coatings on ped faces. The sand content of this profile is higher and the clay content a little lower than in the Chagrecito-1 soil (Table 2).

The Chagrecito-3 soil is developed at the base of the hillslope. It has a very weakly-developed A horizon and contains gravely B horizons. The presence of gleyed colours and iron oxide concretions indicates that a reduced soil environment exists for periods of time during the year (Fig 2c). As this soil was being described, water was flowing from pores and old root channels (Fig 2d). This soil has the highest sand content and a lower silt content than the other soils in this drainage (Table 1).

Table 1. Morphological description of Chagrecito site soils.

Soil	Slope Position	Horizon	Color (moist)	Depth (cm)	Texture	Structure	Consistency (dry)
CH-1	crest						
		litter		5-0			
		A		0-5	SiCl	3mcr	h
		AB		5-10	Cl	3lsbk	h
		B1		10-50	Cl	3msbk	h
		B2		50-120	Cl	M	vh
		Rw		120-150	SiCl	M	h
		Rw2		150-300	SiL	M	sh
CH-2	back	litter		5-0			
	slope	A	7.5YR3/3	0-5	SiClL	3msbk-3Lcr	sh
		AB	7.5YR4/6	5-15	Cl	3msbk-3Lcr	h
		B1	5YR4/6	15-60	Cl	3msbk-3Lcr	h
		B2	5YR5/6	60-100	Cl	3msbk-3Lcr	
		Rw1	2.5YR4/8	100-140		M	
		Rw2	10YR5/6	140-280+		M	
CH-3	foot	Litter		5-0			
	slope	A1	10YR4/4	0-10	Cl	3msbk	h
		A2	10YR4/3	10-20	grSCl	2msbk	sh
		2B1	2.5YR6/1	20-50	Cl	3msbk	h
		2B2	5BG4/6	50-100+	Cl	3msbk	h

Soil	Slope Position	Consistency (moist)	Roots	Pores	Comments
CH-1	crest				
		ss,sp	3vf,f,m,l	2l	pores 5-6 cm diam
		s,p	2vf2f2m1l		large cracks
		s,p	1vf1f2m		large cracks
		s,p	1vf1f1m1l		large root burrows
		s,sp	1f1m		transition to saprolite
		nsnp	1vf1f		
CH-2	back				
	slope	ss,sp	3vf3f3m	3f2m	animal burrows,
		s,p	1vf2f2m	cracks+2L	35%wk-st w'd clasts
		s,p	1vf2f1m	cracks 1m	10%wk w'd rocks
		s,p	1f1m	10-0.5cm pores	
					strongly weathered bedrock (saprolite)
					strongly weathered bedrock, more homogeneous color than above)
CH-3	foot				
	slope	s,p	1vf2f	large cracks	
		s,p	2vf2f1m	3m	
		s,p	2f2m1l	5cm pipe, cracks	
		s,p	2f2m1l	pipes and cracks	strongly gleyed, mottled

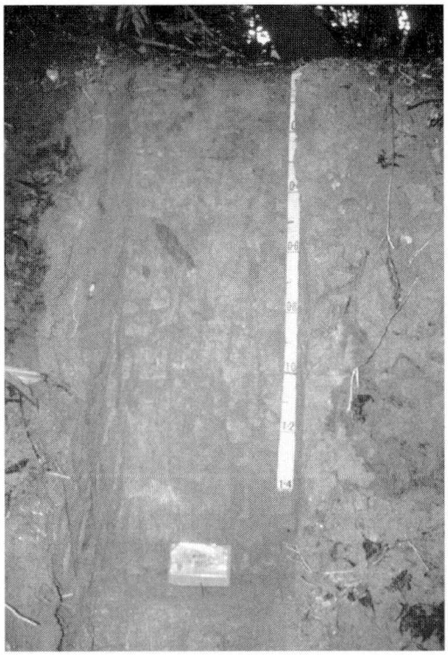

Figure 2a. Chagricito-1 soil.

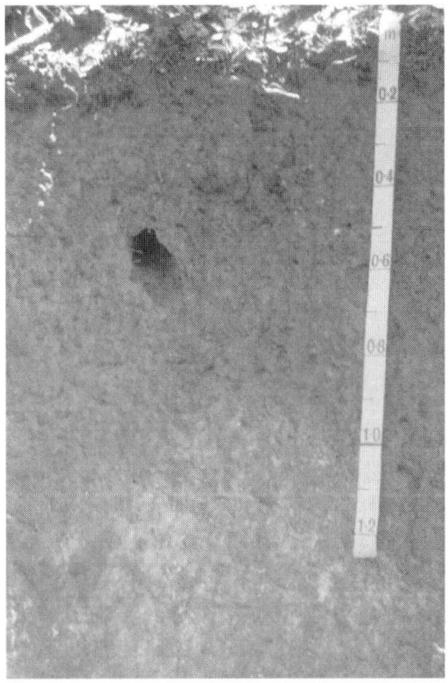

Figure -2b. Chagricito-2 soil.

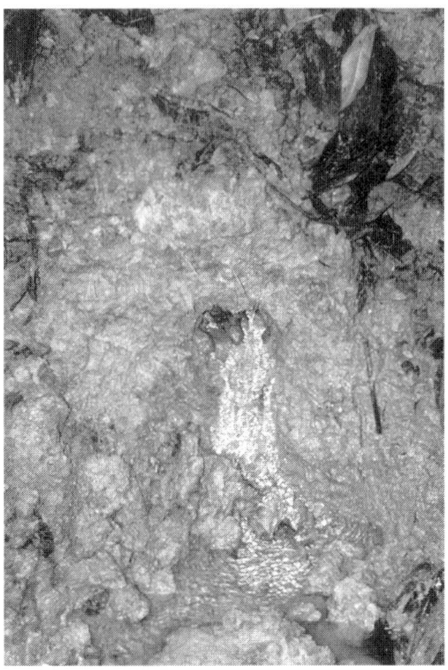

Figure 2c. Chagricito-1 soil.

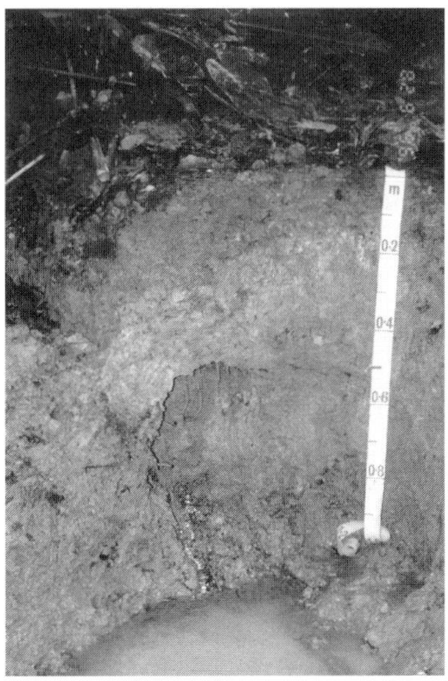

Figure 2d. Water flowing from former root channel in Chagrecito-3 soil.

Table 2. Particle size and bulk density data for the Chagrecito site soils.

Soil	Slope Position	Horizon	Bulk Density (g/cm^3)	Sand %	Silt %	Clay %
CH-1	crest	Litter				
		A	1.2	9.1	67.9	23
		AB	1.3	7.8	54	38.2
		B1	1.36	5.9	53.6	40.4
		B1	1.4	6.1	57.8	36
		B2	1.38	6.4	59.7	33.8
		B2	1.45	6.7	44.4	48.8
		B2	1.45	4.7	52	43.4
		RW1	1.47	6	61	32.9
		RW1	1.4	8.9	87.6	3.5
		RW2	1.3	9.2	68.9	22
		RW2	1.25	9.2	72.8	22
		litter				
CH-2	backslope	A	1.21	16.7	67.9	15.4
		AB	1.27	15.4	63.2	21.4
		B1	1.38	16.9	65.1	18
		B2	1.5	14.5	72.4	13
		Rw1	1.38	11.1	71.8	17.1
		Rw2	1.2	15	70.8	14.2
CH-3	footslope	Litter		25.6	67	8
		A1		42.3	40.9	17
		A2		48.2	35.1	16.7
		2B1		9.2	68.8	22
		2B2		14.6	69.7	15.7

4.2 Upper Río Piedras Drainage

The first order basin examined in the upper Río Piedras drainage is similar to the upper Río Chagrecito study area in size and slope angle. The drainage basin is developed off a major ridge, but lacks the steep head scarp found in the Chagrecito drainage. Four soils were described down the axis of this drainage basin. The relative thickness and horizonation of each soil profile are shown in Figure 3 and the morphological and compositional characteristics of the four soils examined are listed in Tables 3 and 4.

The Piedras-1 soil is described in a ridge crest position. It is a shallow soil developed over strongly fractured and weathered granite bedrock. The weathering is located primarily along joints and fractures. A weak A horizon overlies a transitional AB horizon which grades to a strong clay rich Bt horizon extending into the fractures. The bedrock fractures in the upper 40 cm of the profile are tilted in a downslope direction suggesting gradual creep downslope. The sand content of this soil is similar to that of the lowest soil in the Chagrecito drainage (Table 4).

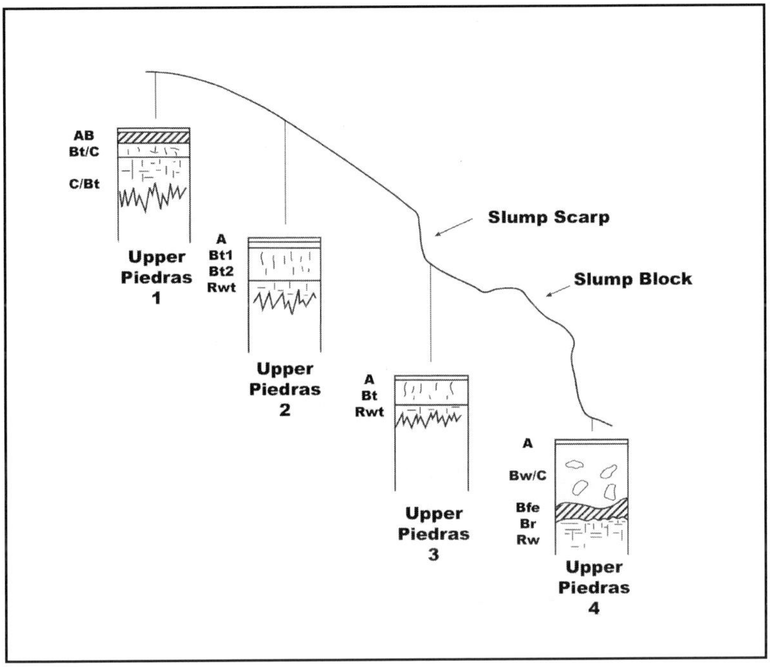

Figure 3. Diagrammatic representation of the Río Piedras soil profile locations

The Piedras-2 soil was from the steep backslope. It is the deepest soil of the four sampled in this drainage basin. Large fractures are found at the surface, which is covered in litter. This soil has a well developed A horizon and thick clay rich B horizons which overlie strongly weathered granite bedrock. A large root channel in the Bt horizon has clay and organic matter coatings suggesting that this is a conduit for water movement through the soil. The sand content of this soil is the highest of any soil in this drainage with equal amounts of silt and clay.

The Piedras-3 soil pit is located on the edge of a head scarp (45°) of a landslide. The soil has a thin weakly developed A horizon overlying 37 cm of yellow Bt on strongly weathered granite bedrock. Large fractures and joints in the bedrock are filled with clay and organic matter. The sand silt and clay contents are similar to that of the Piedras-1 soil.

The Piedras-4 soil is from a site at the base of the small drainage and consists of a large slump block. There is evidence of mixing of soil and unweathered regolith with weakly weathered and unweathered clasts juxtaposed. The soil regolith is loosely packed with numerous large pores and cracks with clay and organic matter staining along the edges. Parts of the soil profile have developed under reducing conditions, indicated by gley coloring and the formation of a weakly developed iron pan at the base of the reduced zone. This soil has a fine texture with 40 % sand, and equal amounts of silt and clay.

Table 3. Morphological description of the Piedras drainage soils.

Soil	Slope Position	Horizon	Color (moist)	Depth (cm)	Texture	Structure	Consistency (dry)
PD1	crest	litter		5-0			
		A1	10YR3/4	0-5	SiCl	3fcr	sh
		AB	10YR4/6	5-20	Cl	3msbk-3mcr	sh
		Bt/C	10YR5/8	20-40	Cl	M/3msbk	h
		C/Bt	10YR5/8	40-90	Cl	M/3msbk	h
PD-2	backslope (upper)	litter		5-0			
		A	10YR3/6	0-5	Sil	3mcr	sh
		Bt	10YR6/6	5-15	Cl	3msbk	sh
		Bt2	7.5YR6/4	15-60	Cl	3lsbk	sh
		Ct	7.5YR5/8	60-80+	SiCL	M	sh
PD-3	backslope (middle)	litter		3-0			
		A	10YR4/4	0-3	SiCL	3mcr	sh
		Bt1	10YR5/8	3-40	Cl	3msbk	sh
		Coxt		40-60	strongly weathered bedrock, fractures filled with clay, decrease with depth.		
PD-4	backslope (lower)	A	10YR4/3	0-3	SiCl	3fcr	s
		Bw/C	10YR4/6	3-100	Cl	3msbk	s
		Bfe	thin 3 cm iron pan at boundary with underlying gleyed horizon				
		Br	5BG4/7	103-120	Cl	M	NA
PD-5	terrace 25m above river	A	10YR3/3	0-15	SiL	3mcr	sh
		Bw/A	10YR4/6	15-27	SSiL	3msbk	sh
		2Ab	10YR3/6	27-45	SiCL	3msbk	sh
		2Btb	10YR5/6	45-80	CL	3msbk	sh
		2Coxrb	10YR6/4	80-120	SiCL	M	NA

The Piedras-3 soil pit is located on the edge of a head scarp (45°) of a landslide. The soil has a thin weakly developed A horizon overlying 37 cm of yellow Bt on strongly weathered granite bedrock. Large fractures and joints in the bedrock are filled with clay and organic matter. The sand silt and clay contents are similar to that of the Piedras-1 soil.

The Piedras-4 soil is from a site at the base of the small drainage and consists of a large slump block. There is evidence of mixing of soil and unweathered regolith with weakly weathered and unweathered clasts juxtaposed. The soil regolith is loosely packed with numerous large pores and cracks with clay and organic matter staining along the edges. Parts of the soil profile have developed under reducing conditions, indicated by gley coloring and the formation of a weakly developed iron pan at the base of the reduced zone. This soil has a fine texture with 40 % sand, and equal amounts of silt and clay.

Table 3. (cont.). Morphological description of the Piedras drainage soils.

Soil	Slope Position	Consistency (moist)	Roots	Pores	Comments
PD1	crest	ss,sp	2vf2f1m1l	3f large inter-granular spaces	
		ss,p	2vf3f2m1l	2f2m plus inter-granular spaces	
		s,p	1f1m	1m1l plus 4cm pipe	
		s,p	1f1m1l	1m root channel	
PD-2	backslope	so,sp	2vf2f2m	2vf2f	abundant worm burrowing
	(upper)	s,p	1vf1f1m1l	1f1m1l	3cm root channels
		s,p	1f1m1l	1vf1l	cracks from surface
		s,p	1m	1m	
PD-3	backslope	ss,sp	3vf3f2m1l	abundant inter-granular spaces	large factures with clay fims
	(middle)	s,p	1f2m2l	4 5-6 cm pipes	large fractures with clay Plus OM cutans
		ss,sp	2f1m1l	2f2m2l	several large pipes 4-5 cm diameter
PD-4	backslope	s,p	1f1m	2f2m2l	disturbed soil mass
	(lower)	s,p	2f2m	2m	
		so,po	2vf2f2m1l	2f	
PD-5	terrace	ss,sp	1vf2f1m1l	2vf2f	charcoal fragments
	25m	ss,sp	1vf1f1m	1vf1f	
	above	s,p	1f1m	1f1m	
	river	ss,sp	1m	1f	mottled plus concretions 2.5YR4/6

4.3 Clay Mineralogy

Six soil horizons were analysed to determine the dominant clay mineralogy of these soils. Three samples were from the Chagrecito-1 soil, the A, B1 and Cw horizons. All samples had the same dominant clay mineral, kaolinite or halloysite, the non-expanding halloysite. Three samples were taken from the Piedras-2 soil, A, B, and Cw horizons. These soils showed some variability in clay mineralogy but all were dominantly halloysite. The lowest horizon contained trace amounts of illite, smectite and interlayered illite/smectite.

Table 4. Particle size and bulk density data for the Chagrecito site soils.

Soil	Slope Position	Horizon	Bulk Density (g/cm3)	Sand %	Silt %	Clay %
Piedras-1	crest	litter				
		A1	1.2	45.4	28.5	26.1
		AB	1.42	45.4	24.6	29.8
		Bt/C	1.5	38.5	21.1	40.4
		C/Bt	1.42	41.1	23	35.8
Piedras-2	backslope	litter	1.33	66.1	24.3	9.5
	(upper)	A	1.37	55.1	21.9	22.9
		Bt	1.5	33.3	26.1	40.6
		Bt2	1.48	24.1	35.9	39.9
		Ct	1.46	49.8	32.1	18.1
Piedras-3	backslope	litter				
	(middle)	A	1.22	43.9	33.1	23
		Bt1	1.7	44.4	24.9	30.8
		Bt1	1.3	37	42.8	20.2
		Coxt	1.3	53.8	37.3	9
Piedras-4	backslope	A	2.05	43.9	33.1	23
	(lower)	Bw/C	1.37	44.4	24.9	30.8
		Bfe	N/A	N/A		
		Br	1.4	37	42.8	20.2
Piedras-5	Terrace	A		50.3	27.4	22.3
	25m above	Bw/A		55.7	22.2	22.1
	river	2Ab		50.8	25.9	23.2
		2Btb		36.1	20.7	43.2
		2Coxrb		31.8	21.5	46.7

5. DISCUSSION

5.1 Soil Development

In the absence of numerical ages for the landsurfaces in the study area, the degree of soil development can be used to determine the relative age of the regolith. Soil development in tropical regions is strongly controlled by the rate of weathering. The warm temperatures and abundant moisture mean that chemical weathering is rapid and is mostly occurring under oxidizing conditions. Characteristic changes in soil morphology and chemistry occur as a soil profile weathers over time. In general, a soil progressively loses the more mobile cations (*e.g.* Na, K, Ca) from exchange sites, which become dominated by Fe, Mg, Al, and silica. The particle size will decrease, and the soil texture will become more clay rich and there will be fewer unweathered clasts in the regolith. Soil horizonation will be more pronounced, especially with strong clay and red iron rich B horizons (Birkeland 1994). Generally tropical soils lack well developed A horizons as most the organic material is rapidly oxidized.

The soils can be ranked in order of increasing development based on the characteristics listed above – for the Chagrecito site: C-2 < C-3 < C-1 and for the Piedras site: P-4 = P-3 < P-1 < P-2 = P-5. Although the soils in the different drainage basins have similar morphology, there is insufficient data to determine if rates of soil development are similar on different lithologies in the two areas. In the Chagrecito drainage, the most strongly developed soil is at contact between the drainage basin and the main ridge. This soil has the greatest depth to saprolite, the strongest red color in the B, and the highest clay content of any soil. The other two soils in this basin are developed on transported regolith. They contain unweathered clasts and have a lower clay content. At the upper Piedras site, the most strongly developed soil is UP-2, on the upper part of the basin. The soil at the top of the basin is shallow, weakly developed, and is developing into weakly weathered bedrock, suggesting that pedogenesis is of short duration. The other two Piedras soils are both forming in transported regolith, have a significant proportion of unweathered clasts. The range of development of the soils in the study area is a reflection of different ages of site stability. This indicates that the landsurface in the drainage basins is diachronous, *i.e.* consists of individual soil elements of different age. The soil developed on a terrace surface in the upper Piedras location shows a similar degree of soil development as the most strongly developed soil on the hillslopes

5.2 Landscape Stability

The hillslopes in both drainages show evidence of extensive mass movement. At the Chagrecito site, the top of the drainage basin has a 2m head scarp exposing the most strongly developed soil in this drainage basin. Weathered saprolite is exposed at the base of the scarp in a linear erosion scar. This is the scar of a translational mass movement, which occurs at the boundary between the soil profile and saprolite. Vepraqskas *et al.* (1996) describe the physical changes that occur at the contact between the soil profile and saprolite that are reflected in the minimum K_{sat} determined in deeply weathered soil. They found that soil pores become blocked with clay and organic coatings, significantly reducing the saturated hydraulic conductivity at this point. Such physical changes may determine the failure plane for translational mass movements. Translational mass movements are slides that occur on shallow planar surfaces. The failure plane appears to be below the rooting depth of many of the trees and, therefore, trees may be moved while remaining in an upright position. The depositional part of the mass movement is reflected in the uneven topography and more weakly developed soils in the lower part of the basin. The two lowermost soils in this drainage contain numerous partially weathered clasts and weaker horizon development, which indicates less overall weathering and younger soils. Large trees are growing on the uneven topography, indicating that mass movement is predominantly translational and the trees are being episodically rafted downslope.

5.3 Pattern of Soil Variability

Although the soil pattern is determined by the frequency of disturbance, the mode of disturbance - translational flows - means that there is evidence of catenary relations as well within the drainage basins. The most stable soils were observed in upper slope positions, soils in the mid-slope and toe-slope positions were always forming in transported regolith. However, the lowermost soils in both drainages were strongly gleyed, indicating that reducing conditions exist in the soil for considerable periods of time. This was also the point where throughflow was observed exiting the hillslope regolith through pores, fractures, and root channels in the soil. In-situ soil profiles occupied an estimated 10-15% of the total area of the drainage basin in both study areas, with exposed saprolite incorporating another 10%, and the rest of the area consists of mass movement debris and disturbed soils.

5.4 Hydrologic Significance of Soil Properties

Soil properties influence the ease with which water enters and moves through the soil. The uppermost soil horizon for all soils is a weakly developed and thin A horizon. It contains little organic matter and the horizon has a high clay content. Large fractures were frequently found underneath the litter layer leading to the high infiltration rates measured in this part of the soil (Hendrickx *et al.,* 2005, this volume). Such features are not uncommon in soils with high clay contents, but the clay mineralogy of these soils is predominantly the non-expanding halloysite, kaolinite. The fractures may be tension cracks produced by the frequent mass movement occurring on these steep hillslopes. The fractures and uneven topography create preferred pathways for water movement from the surface. The mass movement deposit appears to have a lower bulk density and the regolith is loosely packed indicating increased macroporosity. The role of macropores in influencing streamflows in steep forested drainages has been described by Mozley (1982) and Casanova *et al.,* (2003). This work suggests that infiltration rates will be greater in the mass movement deposits than in soils higher on the hillslope. Another avenue for water entry into the soil is through the uneven topography created by mass movement and tree fall. Tree fall was observed frequently throughout the two drainage basins, but was more prevalent on the ridges - the more stable parts of the landscape. The process of tree fall produces a pit and mound topography, which persists in the landscape long after a tree, has disappeared. The upper soil horizons are removed and large fractures develop where tree roots have been torn out of the soil, creating preferred pathways into the subsoil. In temperate regions, enhanced leaching has been described as occurring in the pits indicating increased water movement through this part of the landscape (Schaetzl *et al.,* 1990).

In all soils of the upper Río Chagres basin study areas, preferred pathways for water movement were observed. Soil structure was mostly large angular blocky in the upper 50 cm. Along the faces of these soil peds, clay and organic staining was observed indicating water movement along these structural features. In each soil large former root channels, which were also coated with clay and organic staining, were observed.

6. CONCLUSIONS

The pattern of soil variability within two upper Río Chagres drainages reflects elements of both stability and instability. Translational mass movements, which raft weathered soil regolith downslope, are the dominant geomorphic process in both areas. The base of the translational mass movements appears to be the contact between the pedogenic soil profile and saprolite. Soils developed in transported regolith form the majority of the landsurface within the drainages, estimated at 60%. More stable soil profiles with higher clay contents and deeper weathering profiles are present in upper slope positions and form an estimated 10% of the total landsurface area. Catenary soil relations are observed in both drainages, with the stable soils in upper slope positions and gleyed soils occupying the lowermost parts of the drainages making up less than 5% of the area.

Soil properties strongly influence the entrance of water into the regolith and the stability of the regolith. The high clay content of even the less well-developed soil profile means that the soils will have high moisture retention values and the tree roots and disturbances due to mass movement mean that the soils should also have high macroporosity.

ACKNOWLEDGEMENTS

The 2002 fieldwork in the upper Río Chagres watershed was funded by the Tropical Regions Test Center (US Army Yuma Proving Ground), and we thank the organizers for their support. Other support was provided by the Universdad Technologica de Panama and New Mexico Institute of Technology.

REFERENCES

Birkeland PW, 1999, *Soils and Geomorphology*: Oxford Univ. Press, New York, NY.

Casanova, M, Messing, I, Abraham, J, 2000, Influence of aspect and slope gradient on hydraulic conductivity measured by tension infiltrometer: Hydrol. Proc., 14: 155-164.

Harden, CP and Scruggs, PD, 2003. Infiltration on mountain slopes: a comparison of three environments. Geomorph., 55, 5-24

Milne G, 1935, Some suggested units for classification and mapping, particularly for East African soils: Soil Res., 4: 183-198.

Mosley, MP, 1982, Subsurface flow velocities through selected forest soils, South Island, New Zealand: Jour. Hydrol., 55: 65-92.

Montgomery, DR and Dietrich, WE, 2002, Runoff generation in a steep, soil-mantled landscape: Water Resour. Res., 38: 1168, doi:10.1029/2001WR000822

Schaetzl, RJ, Burns, SF, Small, TW, Johnson, DL, 1990, Tree uprooting: Review of types and patterns of soil disturbance: Phys. Geogr., 11: 277-291.

Singer, MJ and Janitzky, PJ, eds., 1986, Field and Laboratory Procedures used in Soil Chronosequence Study: USGS Bull. 1648.

Tonkin, PJ, 1994, Principles of soil-landscape modelling and their application in the study of soil-landform relations within drainage basins. in Soil-landscape modelling in New Zealand: (TH Webb, ed.), Manaaki Whenua Press, Canterbury, NZ: 21-37.

USDA Soil Conservation Service, 1994, Keys to Soil Taxonomy: US Government Printing Office, Washington, DC.

USDA Soil Survey Staff, 1993, Soil Survey Manual: USDA Handbook No 18, US Government Printing Office, Washington, DC.

Vepraskas M.J., Guertal, W.R., Kleiss, H.J., Amoozegar, A., 1996, Porosity factors that control the hydraulic conductivity of soil-saprolite transitional zones: Soil Sci. Soc. Am. Jour., 60: 192-199.

Young, AW, 1988, A catena of soils on Bealey Spur, Canterbury, New Zealand. PhD Dissertation, Univ. Canterbury, NZ.

Chapter 8

HYDROLOGY OF HILLSLOPE SOILS IN THE UPPER RÍO CHAGRES WATERSHED, PANAMA

Jan M.H. Hendrickx[1], David Vega[2], J. Bruce J. Harrison[1], Lucas E. Calvo Gobbetti[2], Pedro Rojas[3], and Timothy W. Miller[1]

[1]New Mexico Institute of Technology, [2]Universidad Tecnológica de Panama, [3]Autoridad Nacional de Ambiente de Panma

Abstract: Soil hydrologcal processes determine how precipitation is partitioned into infiltration, runoff, evapotranspiration, and ground water recharge in the upper Río Chagres basin. The focus of this study is to investigate the soil hydrological processes by which precipitation excess on first order drainage basins enters the streams feeding the upper Río Chagres and its major tributary rivers. Infiltration rates, water retention curves, and water repellency of surface soils have been measured. These measurements together with the soil morphological observations by Harrison *et al.* (2005, Chapter 7) and hydrological observations by Calvo *et al.* (2005, Chapter 9) and Niedzialek and Ogden (2005, Chapter 10) are used to formulate a comprehensive conceptual model of runoff production in the upper Río Chagres watershed.

Key words: Panama, Panama Canal Watershed; upper Río Chagres basin; hillslope processes; soil hydrology

1. INTRODUCTION

The partition of precipitation into infiltration, runoff, evapotranspiration, and groundwater recharge in watersheds with steep slopes depends to a large extent on hillslope soil water dynamics (*e.g.,* Dingman, 2002; Anderson and Burt, 1990; Kirkby, 1978). These processes are not well understood, particularly in tropical rainforests. Bonell (1993) reviews the runoff generation process in forests, with an emphasis on tropical rainforests and states... "the varying runoff responses in tropical environments hinge on the delicate balance of rainfall intensity-soil hydraulic properties-topography".

R. S. Harmon (ed.), The Río Chagres, Panama, 113-138.

Calvo *et al.* (2005; Chapter 9) and Niedzialek and Ogden (2005; Chapter 10) present data that confirm Bonell's findings for the tropical upper Río Chagres basin. These investigators observed a disproportionably large volume of runoff during storms occurring immediately after the dry season and larger than normal runoff volumes during the wettest periods of the year. In addition, Niedzialek and Ogden (2005, Chapter 10) report that the discrete quasi-stable baseflows in the upper Río Chagres are not observed in the internal Río Piedras drainage which exhibits a more ephemeral behavior. The objective of this study was to identify the soil hydrological processes that cause the temporal variability in the rainfall-runoff relationships observed in the upper Río Chagres watershed.

2. SOIL HYDROLOGICAL PROCESSES THAT PRODUCE STREAM RESPONSES

This section presents an overview of the soil hydrological processes that may affect stream responses to precipitation events. Immediately after the start of a storm a large proportion of the precipitation contributes to 'surface storage'; later after infiltration of water into the soil, there is also soil 'moisture storage'. Two types of surface storage are recognized: retention and detention. Retention is storage held for a long period of time and depleted by evaporation; detention is short-term storage depleted by flow away from the storage location (Chow *et al.,* 1988). As the detention storages are filling up, flow away from them starts: surface runoff over the land surface, saturated flow through aquifers underlying the hillslope, and unsaturated flow through the soil near the land surface. The precipitation that becomes stream or channel flow reaches the stream either by falling directly into the channel or by surface runoff and/or subsurface flow.

Dingman (2002) classifies flow mechanisms that produce stream event responses with a focus on the soil hydrological processes. This classification has been slightly with the inclusion of water repellency in Table 1, which presents the soil hydrological processes contributing to stream flow during and after precipitation events on steep hillslopes.

Surface runoff or overland flow is caused either by saturation from above or by saturation from below. Runoff resulting from saturation from above has been first described by Horton (1933, 1945) and is also named 'Hortonian overland flow'. This type of runoff occurs when the rain intensity exceeds the infiltration capacity of the soil. Since the infiltration capacity of soils is in most cases higher than observed rainfall intensities, it is generally accepted that Hortonian overland flow occurs rarely on vegetated surfaces in humid regions (Chow *et al.,* 1988; Dingman, 2002). Saturation from above occurs mainly on impervious surfaces in urban areas, and on natural surfaces with thin soil layers and low infiltration capacity as in some semiarid and arid lands.

Table 1. Classification of soil hydrological processes contributing to stream flow in a first order drainage basin.

I. Surface Runoff or Overland Flow
  A. Saturation from Above (*i.e.,* Hortonian overland flow)
    1. Precipitation rate exceeds soil hydraulic conductivity
    2. Water repellent soil surface
  B. Saturation from Below
    1. Decreasing soil hydraulic conductivity with depth
II. Subsurface Flow
  A. Saturated Subsurface Flow to Stream
    1. Flow from ground water mounds in shallow aquifer
      a. Gradual mound development
      b. Sudden mound development
    2. Flow from perched saturated zones
      a. Darcian flow through soil matrix
      b. Pipe and macropore flow
  B. Unsaturated Flow
    1. Darcian flow through soil matrix
    2. Macropore flow

One important soil condition that can affect surface runoff is water repellency. It has been reported to occur worldwide: Australia, Canada, Colombia, Egypt, India, Italy, Japan, New Zealand, Poland, Portugal, South Africa, Spain, The Netherlands, and the USA (Jaramillo *et al.,* 2000). However, no reports were found on its occurrence in tropical lowland rainforests. In wettable 'normal' soils the initial infiltration rate is highest immediately after wetting and then decreases with time. In water repellent or hydrophobic soils the infiltration rate is lowest immediately after wetting and then increases with time (*e.g.,* Feng et al., 2002). The negligible to low infiltration rates after the start of a storm may cause water repellent soils to exhibit Hortonian behavior. Almost forty years ago, Krammes and DeBano (1965) argued that water repellency is a neglected factor in watershed management. In the late 1980s, Burch *et al.* (1987, 1989) report the occurrence of saturation from above due to water repellency in eucalypt forests. Yet, today water repellency is still not considered in most hydrology textbooks (*e.g.,* Chow *et al.,* 1988; Dingman, 2002; McCuen, 1998) and handbooks (*e.g.,* ASCE, 1996; Maidment, 1992). The effect of water repellency on surface runoff is most dramatically demonstrated after forest fires. Neary *et al.* (2003) summarize what is known about the effects of fire on watershed resources in the southwestern USA. Flood flows after wildfires often increase considerably due to factors such as combustion of vegetation and forest floor cover, development of water repellent layers in the soil, and accelerated development of post-fire thunderstorms. Increases in storm flows of 1.5 to 2,300 times the measured pre-fire flood peaks have been documented. The effect is especially severe in steep watersheds. Since the senior author observed water repellency during a previous visit in Panama, one important objective of this study was to systematically explore whether water repellency plays a role in the rainfall-runoff relations of the upper Río Chagres watershed.

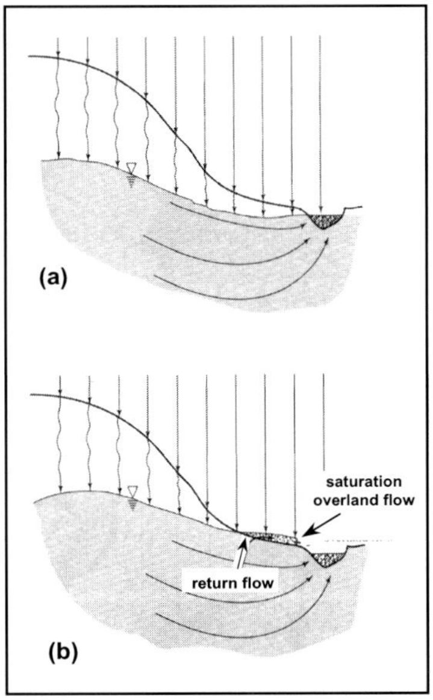

Figure 1. Saturation overland flow and sub-surface event flow due to near-stream ground water mounding. (a) Early stages of event; overland flow is absent and only regional ground water flow is (base flow) occurring. (b) Later, water table has risen to the surface in near-stream areas due to local and upslope recharge, infiltration ceases, and saturation overland flow results along with subsurface event flow. Return flow is the portion of saturation overland flow contributed by 'breakout' of ground water. Flow contributing to mounding results from both vertical recharge and downslope flow in the saturated zone (modified from Dingman, 2002; after Ward, 1984).

Runoff resulting from saturation from below occurs when the soil profile contains horizons with relatively low permeability or is underlain by a shallow ground water table. Once the soil becomes saturated, infiltration ceases and detention storage fills up resulting in surface runoff on hillslopes.

Surface runoff is the result of precipitation on saturated parts of the hillslope plus the contribution of ground water 'break-out' from upslope (Fig. 1).

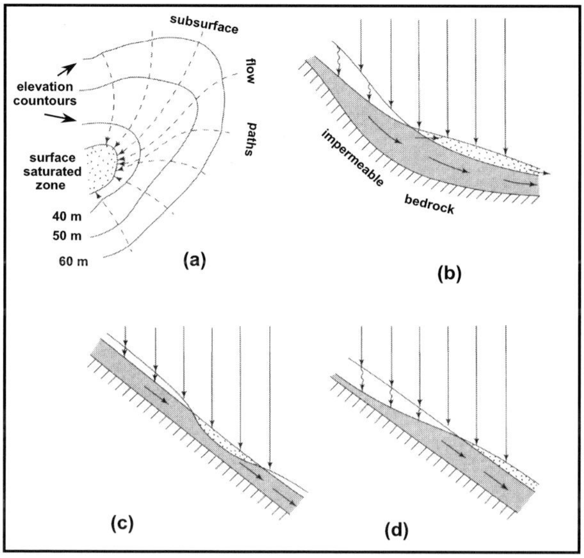

Figure 2. Situations in which saturation overland flow may arise on hillslopes outside of near-stream areas. (a) Plan view showing convergence of subsurface flow paths. (b) Cross-section showing downslope reduction in hydraulic gradient associated with slope break. (c) Cross-section showing local area of thin soil. (d) Cross-section showing formation of perched saturated zone above low-conductivity layer with constant slope and soil thickness. (modified from Dingman, 2002; after Ward, 1984).

Field studies (Dunne and Black, 1970; Dunne, 1978; Ward, 1984) and modelling (Freeze 1972, 1974) have shown that this mechanism is important in humid areas. Although saturation from below will most likely occur in drainage basins with concave hillslope profiles and in flat valleys, it is not restricted to near-stream areas. Ward (1984) describes four different scenarios where surface runoff may arise on hillslopes away from the streams (Fig. 2): (a) Convergence of water flow paths into slope concavities; (b) Downslope reduction in hydraulic gradient associated with slope break; (c) Subsurface flow conducted through thin soil layers; and (d) Zones of perched ground water 'break-out' at soil surface. Within a watershed the extent of areas saturated from below varies greatly with time. In many regions this temporal variability of overall watershed wetness causes a large temporal variability in storm runoff (Dingman, 2002).

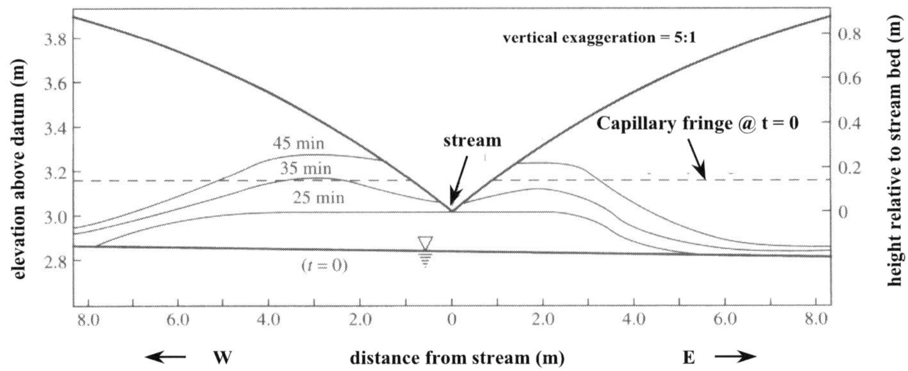

Figure 3. Quick response of a near-stream water table due to pressurization of the capillary fringe during a simulated rain of 2 cm/hr in a sandy soil. Lines show position of ground water table at successive times after onset of the rain (modified from Dingman, 2002; after Abdul and Gillham, 1989).

Saturated subsurface flow is generally considered the source of most streamflow between precipitation events, *i.e.* the base flow. It is recognized that the travel times of regional ground water flows are so large that the short-term pulses of precipitation are damped out before reaching the streams. However, tracer studies have revealed that under certain conditions ground water can be a significant part of short-term stream response to precipitation events (*e.g.,* Sklash and Farvolden, 1979; Space *et al.,* 1991).

Saturated subsurface flow to streams can occur due to local gradual ground water mound development near streams as well as from flow through perched saturated zones. Ground water recharge during rainfall events can produce a mound that increases the hydraulic gradient toward the stream and so produces a prompt contribution to streamflow. A special case is where sudden pressurization of the capillary fringe and unsaturated zone above shallow ground water tables causes an almost instantaneous formation of sudden ground water mounds (Abdul and Gillham, 1984, 1989; Jayatilaka *et al.,* 1996). The streamflow contribution generated by this mechanism may greatly exceed the amount of water needed to pressurize the capillary fringe and unsaturated zone from negative to positive pressure (Fig. 3).

Unsaturated subsurface flow can never be a direct source of water to a stream. Soil water pressures in unsaturated flow are negative, whereas water pressures in a stream are positive. Only when soil water pressures build up in a soil to slightly positive pressures, can water leave the unsaturated zone and enter the shallow aquifer or move through a seepage face into the stream.

During wetting events infiltration on hillslopes is nearly vertical for most soils, while shallow unsaturated flow tends to become parallel with the slope during drying events (Jackson, 1992). This phenomenon typically leads to two distinct flow regimes on steep hillslopes: one during wet episodes and another during dry periods. During wet periods, infiltrating water can cause a perched saturated zone that feeds the stream on hill slopes that consist of a thin permeable soil layer overlying a relatively impermeable layer, (Fig. 4).

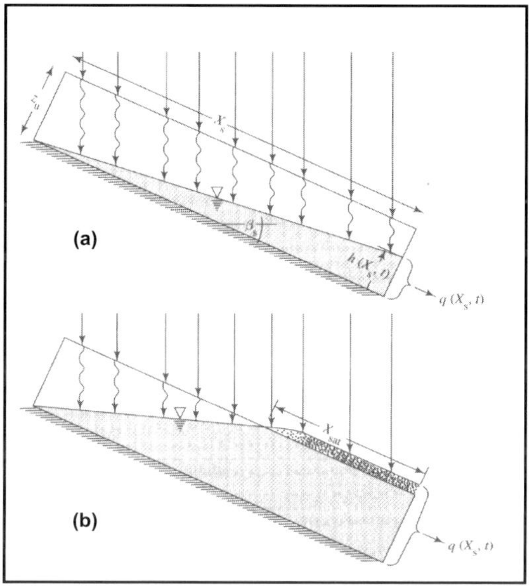

Figure 4. Formation of a perched saturated zone on a hill slope in which a soil horizon with relatively high hydraulic conductivity overlays a soil horizon with relatively low hydraulic conductivity. (a) Subsurface storm flow from basal saturated zone at slope base. (b) Sloping slab with 'breakout' water near the stream, producing saturation overland flow with subsurface storm flow (from Dingman, 2002).

The response time of this runoff process on steep slopes can be evaluated using simple conceptualisations and is on the order of hours (Dingman, 2002). During dry periods on steep hillslopes, the near-surface soil water equipotential lines become normal to the slope which causes unsaturated water flow parallel to the slope and accumulation in the 'toe' (Fig. 5). Since unsaturated flow parallel to a hillslope is a slow process, this flow will not contribute to event response but it can be a main source of base flow during the dry season (*e.g.,* Anderson and Burt, 1977; Hewlett and Hibbert, 1963; Nutter, 1975; Weyman, 1970).

Hewlett and Hibbert (1963) demonstrated the potential for base flow maintenance by unsaturated flow from uplands with an illustrative experiment. They saturated a confined column soil (1m x 1m x 15m) of homogeneous sandy-clay-loam, covered it to prevent evaporation, tilted the soil column at a 40° slope, and its discharge was measured at the slope base. Since unsaturated flow parallel to a hillslope is a slow process, this flow will not contribute to event response, but it can be a main source of base flow during the dry season (*e.g.,* Anderson and Burt, 1977; Hewlett and Hibbert, 1963; Nutter, 1975; Weyman, 1970). As expected, the discharge rates declined very rapidly during the first five days from *c.* 620 to *c.* 50 liters per day. However, drainage persisted until the experiment was terminated on day 145. After three months (*i.e.,* the approximate length of the dry season in the upper Río Chagres watershed), the discharge was still about 1 liter/day.

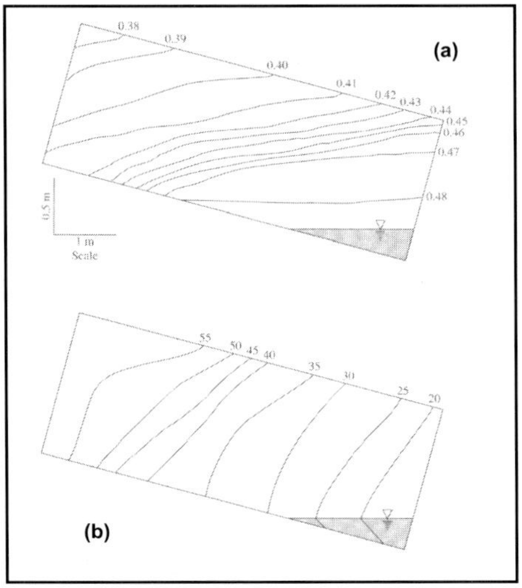

Figure 5. (a) Water content and (b) hydraulic head distribution in a sloping slab after 749 hours of drainage. The slope is 15°. The equal head lines are perpendicular to the soil surface indicating slope parallel flow, which is typical for draining conditions between storm events. Also, note the saturated wedge at the toe slope (from Dingman, 2002; after Nutter, 1975).

Macropores and pipes are produced by roots, soil fauna, or desiccation cracking. Their sizes can vary from a few millimetres to more than 100 mm. Stresky (1991) observed in a New Hampshire forest that macropore networks were generally oriented downslope and were interconnected over distances of at least tens of meters. Therefore, these features provide pathways for water to bypass the soil matrix and to move downslope to the shallow aquifer at velocities of several millimetres per second (*e.g,* Beven and German, 1982; Hendrickx and Walker, 1997; Mosley 1979, 1982). In many cases, it is unclear whether the soil matrix surrounding the macropores was saturated or unsaturated, but for water to enter larger macropores and pipes soil water pressures need to become slightly positive at the point of entrance. Once water is inside the macropore network, it can be transported downslope through otherwise unsaturated soils. Many studies indicate that the importance of macropore flow increases with the amount of precipitation in an event (Dingman, 2002). German (1986) analysed drainage responses to storms observed during a 7-year period in the Coshocton monolith lysimeters (Northeast Experimental Watershed, USDA-ARS, Coshocton, Ohio). Rains of only 10 mm/day caused a drainage response at 2.4 m depth on the same day as precipitation when volumetric water content in the upper meter of the undisturbed soil profile exceeded a threshold value of 0.3 m^3/m^3, whereas at soil water contents below this threshold value storms greater than 50 mm per day were found not to cause any drainage flow. This demonstrates that macropore flow also increases with soil water.

3. METHODS AND MATERIALS

Most of the data for this study have been obtained during the upper Río Chagres field campaign of 4-16 March 2002. The field work was conducted in two small, narrow, and steep first order drainage basins with similar morphologies: at a site in the upper Río Chagrecito drainage (approximate coordinates: 9°22′ N latitude, 79°19′ E longitude) and the upper Río Piedras drainage (approximate coordinates: 9°18′ N latitude, 79°20′ E longitude). Harrison *et al.* (2005, Chapter 7) describe the methods for soil morphology and geomorphological observations in the field. In addition, to these qualitative observations we have also measured infiltration rates and water repellency in the field.

Tension disc infiltrometers (*e.g.*, Clothier and Scotter, 2002) were taken to the field. However, these instruments of choice could not be employed for the following reasons: (1) Even during the dry season the upper Río Chagres basin receives frequent showers wetting the river sand beds. Since moist sands cannot be sieved, it was difficult to obtain the supply of fine sand needed to install the infiltrometer on the soil; (2) Especially in the upper soil layers roots tend to damage the sensitive membrane; (3) Each infiltration measurement in the fine textured soils would have taken a long time, thus limiting the total number of measurements possible. For these reasons, the crude method of 'test pits' (USBR, 1984) had to be used. A small test pit (0.3x0.3 m with depth 0.2 m) was dug out in the soil horizon of interest. After filling it with water to a depth of about 0.15 m, the fall of the water level in time, *i.e.* the infiltration rate, was monitored by reading a ruler placed in the bottom of the pit (Fig. 6). When the water level had fallen by about 0.05 m, the water level was brought back to its original level. This method definitively overestimates the infiltration rates but it yields information on the relative infiltration rates of representative soil horizons. Measurements were made in four soil pits at the Piedras drainage site (RP-1, RP-2, RP-3, and RP-4) and in two soil pits at the Chagrecito drainage site (C-1 and C-2). A full description of these soil profiles is given by Harrison *et al.*, 2005, Chapter 7).

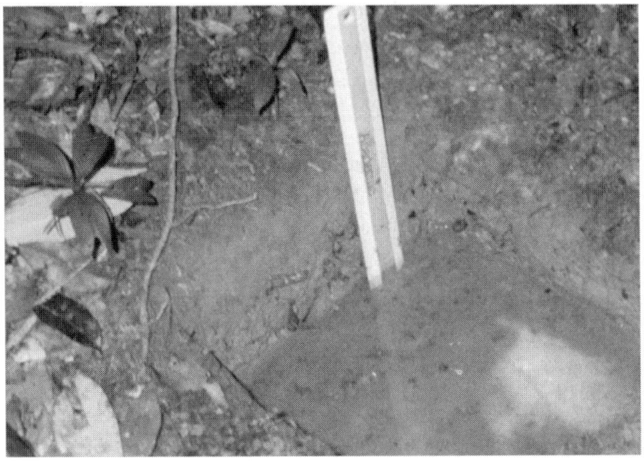

Figure 6. Measurement of upper limit of infiltration rates in small test pits.

Soil water repellency in the field and in the laboratory is determined with the empirical 'Water Drop Penetration Time' (WDPT) test described by several investigators (*e.g.,* Dekker and Jungerius, 1990; King, 1981; Krammes and DeBano, 1965; Letey *et al.*, 1975). Three drops of water from a standard medicine dropper are placed on the smoothed surface of a soil sample, and the time that elapses before the drops are absorbed is determined. Using the WDPT test on dried samples in the laboratory gives the persistence of the potential water repellency while its use on field-moist samples yields the actual water repellency (Dekker and Ritsema, 1994). Different classification systems for water repellency are used (King, 1981; Dekker, 1998). A soil is considered wettable if the penetration time is less than 5-10 sec; slightly water repellent if the penetration time is 10-60; water repellent if the penetration time is 60-90 sec; and strongly water repellent at longer penetration times.

In the field, 1-m long transects were selected close to the soil profile pits described by Harrison *et al.* (2005, this volume). Along each transect, the litter was carefully removed to expose the surface soil. Next, 20 soil rings (diameter = 0.05 m; height = 0.05 m) were inserted side by side. Then, the WDPT test was administered on the soil surface within each of the rings. The soil sample within each ring was put in a plastic bag for transport to the hydrology laboratory at New Mexico Tech. There, the soil water content was measured. In addition, the WDPT test was repeated after air drying the samples for several weeks. Soil ring samples (diameter = 0.05 m; height = 0.05 m) were collected in six of the representative soil horizons described by Harrison *et al.* (2005, this volume), for determination of the soil water retention curve at New Mexico Tech using the hanging water column technique (Dane and Hopmans, 2002).

4. RESULTS AND DISCUSSION

This section discusses what has been learned about the soil hydrological processes that contribute to stream flow response in the upper Río Chagres basin. The discussion is structured along the soil hydrological processes presented in Table 1, based upon both field and laboratory measurements as well as the field observations described by Harrison *et al.* (2005, this volume).

4.1 Surface and Soil Moisture Storage

The shapes of the first order drainage basins in the upper Chagrecito and upper Río Piedras drainages are similar to those shown in Figures 2a and 2b. Slope angles in the two basins vary from approximately 55° at the head of the basin to approximately 20° at the toe. Harrison *et al.* (2005, Chapter 7) observed extensive mass movement in both drainages that generated an uneven topography, especially in the lower slope areas. They also observed frequent tree fall (Fig. 7), especially on the higher, more stable, parts of the drainages.

After a tree has fallen a pit and mound topography will persist in the landscape long after the tree has disappeared. Despite the steep slopes the uneven topography creates many local depressions that provide a considerable volume for surface storage of precipitation and run-on water from upslope. Some of the detained water will evaporate, but most will infiltrate into the soil to increase soil moisture storage and, therefore, the propensity for macropore flow. Ponding of surface water in small depressions will result in small positive water pressures that also allow water to enter the macropore and pipe system. It will be hypothesized below how the combination of these local depressions with water repellent soil surfaces after the dry season could create a system of bypass flow that allows quick downward transport of storm water into the pipe network through an unsaturated soil matrix.

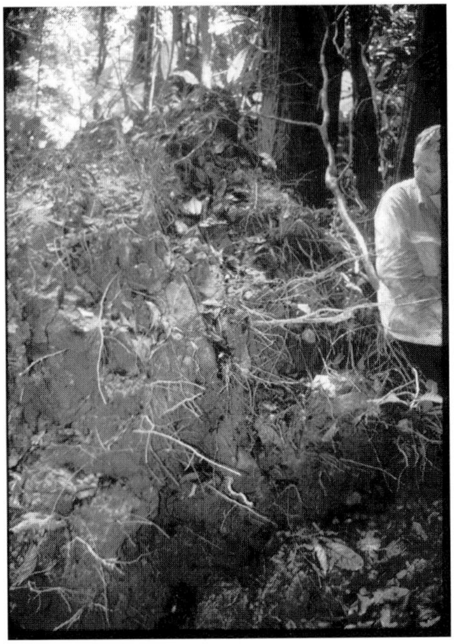

Figure 7. Fallen tree - a common occurrence throughout the upper Río Chagres basin.

4.2 Surface Runoff Caused by Saturation from Above

Saturation from above occurs when the precipitation intensity exceeds the infiltration capacity of the soil. The upper limits of the infiltration rates measured in the different soil profiles are presented in Table 2. The infiltration rates measured near the soil surface appear to be relatively high given the amount of clay in the soil (Harrison *et al.*, 2005, this volume). However, the blocky soil structure and the large number of cracks and macropores close to the soil surface often result in high infiltration rates in tropical forest soils (*e.g.,* Bonell *et al.*, 1981). These high infiltration rates will make the occurrence of Hortonian flow most unlikely as long as the soil surface is wettable, i.e. not water repellent.

Water repellent soil surfaces have a much lower infiltration rate than the same soil surface under wettable conditions. Since water repellency is enhanced when the soil becomes dry, it is expected that the effect of water repellency on runoff is the strongest immediately after the dry season. The degree of water repellency has been measured in the field and in the laboratory. The results are presented in Tables 3 and 4.

Table 2. Upper limits of infiltration rates in selected profiles of the upper Río Piedras (RP) and upper Río Chagrecito (C) drainages. See Harrison *et al.* (2005, Chapter 7) for full soil profile descriptions.

Profile	Depth (cm)	Horizon Description	Upper Limit Infiltration Rate (cm/day)
RP-1	10	A/B	5,760
	40	C/Bt Clay in fractures	26
	80	C/Bt Clay in fractures	19
RP-2	40	Bt2	9
	80	Cox/t Saprolite with clay in fractures	55
RP-3	40	Cox/t Saprolite with clay in fractures	180
	80	Cox/t Saprolite with clay in fractures	160
RP-4	10	Bw/C Disturbed horizon	14,400
C-1	10	Bt	60
	120	Saprolite	180
	300	Saprolite	85
C-2	50	Bt	85

The 'Water Drop Penetration Test' (WDPT) measurements show that water repellency does occur in the upper Río Chagres watershed, but the areal extent of water repellency is not at all clear. At the Chagrecito-1 site, four of the laboratory dried samples are water repellent (Table 3), two samples are slightly water repellent at Chagrecito-2, and at Chagrecito-3 no sample shows any degree of water repellency. The field measurements on 7 March 2002 at the Chagrecito-1 site resulted in 17 out of 20 samples water repellent or strongly water repellent. However, on 8 March 2002, the field measurements at the Chagrecito-2 and Chagrecito-3 sites documented no water repellency. This negative result was probably caused by the moist soil conditions, as measured gravimetric water contents ranged from 0.54 to 1.77 kg/kg following heavy showers which occurred during the previous night. At the Piedras-1 site, 13 field samples exhibit strong water repellency and the other samples some degree of water repellency, At the Piedras-2 site, 11 field samples were water repellent, whereas at the Piedras-3 only a single field sample was slightly water repellent. By contrast, samples from the Piedras-1 and Piedras -2 sites were much less water repellent when measured under laboratory conditions.

Table 3. Gravimetric field soil water content and results of Water Drop Penetration Test (WDTP) on soil surface samples from the Chagrecito drainage. Wettable = 0-10 sec, slightly water repellent = 10-60 sec, water repellent = 0-90 sec, strongly water repellent = >90 sec. WDPT of field is average of three drops; WDPT lab is average of five drops.

Site	**Chagrecito - 1**			**Chagrecito - 2**			**Chagrecito - 3**		
-----------	Field	Field	Lab	Field	Field	Lab	Field	Field	Lab
Distance (cm)	wc (g/g)	WD PT (sec)	WD PT (sec)	wc (g/g)	WD PT (sec)	WD PT (sec)	wc (g/g)	WD PT (sec)	WD PT (sec)
5	0.55	8	1	1.08	1	1	0.72	1	1
10	0.58	58	1	1.29	2	4	0.80	2	1
15	0.54	12	3	1.21	6	1	0.85	1	1
20	0.62	21	3	1.36	4	1	0.76	1	2
25	0.59	2	75	1.41	3	6	0.86	1	2
30	0.57	20	95	1.41	3	10	0.65	1	1
35	0.61	203	13	1.33	2	14	0.73	1	1
40	0.65	27	3	1.27	3	2	0.67	1	0
45	0.65	3	8	1.30	1	1	0.70	1	1
50	0.64	20	1	1.28	1	7	0.80	1	1
55	0.64	151	1	1.28	2	2	0.82	1	1
60	0.64	236	2	1.42	2	4	0.83	1	1
65	0.62	92	4	1.49	1	1	0.75	1	1
70	0.61	161	1	1.53	4	2	0.72	1	1
75	0.64	46	10	1.73	2	6	0.59	1	1
80	0.63	93	1	1.77	2	3	0.89	1	1
85	0.63	286	6	1.18	2	5	0.65	1	1
90	0.61	186	2	1.49	1	2	0.63	1	2
95	0.63	34	2	1.29	2	3	0.64	1	1
100	0.64	26	1	1.32	2	1	0.65	1	1
Average	0.61	84	12	1.37	3	4	0.73	1	1

The dynamic behavior of soil water repellency is not yet understood. In general, the degree of soil water repellency decreases with soil moisture content. It also has been reported that the degree of water repellency changes with different drying temperatures. For example, Dekker (1998) found for 4 out of 7 sandy soil sites in The Netherlands that water repellency was greater after drying at 65°C relative to 25°C, whereas it decreased for 2 others, and remained unchanged for one. Doerr *et al.* (2002) found that an increase in relative humidity from typical ambient laboratory conditions, *i.e.,* 40-50% relative humidity, to 98% for a time period of less than one day increased the degree of water repellency strongly. This finding may explain the large differences observed between field and laboratory WDPT values observed at Chagrecito-1 site and the Piedras-1 and Piedras-2 sites. The much lower degree of water repellency measured in the laboratory compared to that determined in the field, may have been caused by the low humidity in arid New Mexico versus the high humidity in the field in Panama.

The field and laboratory measurements, together with observations of water repellency made by the senior author during the dry season of 2001, leave no doubt that water repellency does occur in the in the upper Río Piedras watershed. It is hypothesized that a combination of dry soil surfaces and high relative humidity create patches of severe water repellency just before the first storms after the dry season. Instead of precipitation filling up the dry soil profiles – as is assumed by many hydrological models – it will run off into the many depressions created by the uneven topography of the drainages. At the lowest points in these depressions, a slightly positive water pressure will develop that allows the runoff water to enter the system of macropores and pipes. As soon as the water starts flowing in this natural drainage system, it can bypass the large dry soil mass on the hillslope and move downward at a high velocity. At the toe of the hillslope, this water contributes to the shallow aquifer feeding the stream. After the surface soils have been wetted at the start of the rainy season, water repellency probably does not any longer affect the relation between precipitation and runoff.

4.3 Surface Runoff Caused by Saturation from Below

Saturation from below occurs when the soil profile contains less permeable layers or is underlain by a shallow ground water table. Our infiltration measurements (Table 2) and the observations by Harrison *et al.* (2005, Chapter 7) show that the occurrence of a less permeable B horizon is a typical feature of the hillslope soils in the watershed. At the Piedras site, the upper limits of the infiltration rates in the B horizon are two to three orders of magnitude less than those of the overlying soil horizons. Therefore, it is expected that saturation from below is a common feature during the wet season when soil water content is high and precipitation frequent (Fig. 2d). The severe decrease of saturated hydraulic conductivity with depth seems to be not uncommon in tropical watersheds, having been reported in tropical Australia (Bonell *et al.,* 1981) and in the Amazon (Elsenbeer *et al.,* 1992). Saturation from below due to a shallow ground water table may occur during wet periods at the toe slope (Fig. 1b) or where the ground water table breaks out the slope due to a reduction in hydraulic gradient associated with slope break or local areas of thin soil (Fig. 2b, c).

Table 4. Gravimetric field soil water content and results of the 'Water Drop Penetration Test' on soil surface samples from the Piedras drainage. Wettable 0-10 s, slightly water repellent 10-60 s, water repellent 60-90 s, strongly water repellent >90 s. WDPT of field is average of three drops; WDPT lab is average of five drops.

Site	Upper Río Piedras-1			Upper Río Piedras-2			Upper Río Piedras-3		
----------	Field	Field	Lab	Field	Field	Lab	Field	Field	Lab
Distance (cm)	wc (g/g)	WD PT (sec)	WD PT (sec)	wc (g/g)	WD PT (sec)	WD PT (sec)	wc (g/g)	WD PT (sec)	WD PT (sec)
5	0.28	54	43	0.25	4	2	0.31	1	1
10	0.27	334	101	0.24	29	2	0.30	2	1
15	0.26	337	94	0.23	27	1	0.32	2	1
20	0.33	55	92	0.21	64	20	0.32	1	1
25	0.30	11	23	0.23	93	12	0.32	2	2
30	0.26	31	14	0.22	103	6	0.32	3	2
35	0.29	59	16	0.23	121	2	0.30	8	1
40	0.28	33	62	0.25	20	12	0.32	2	1
45	0.37	307	7	0.22	21	10	0.30	8	1
50	0.30	513	10	0.22	99	2	0.32	2	1
55	0.26	767	150	0.22	21	2	0.31	2	1
60	0.28	1127	87	0.30	6	1	0.30	2	1
65	0.30	775	71	0.29	5	1	0.30	2	1
70	0.29	351	32	0.29	2	1	0.29	12	1
75	0.29	632	96	0.29	3	1	0.27	7	1
80	0.31	428	81	0.27	3	2	0.28	5	1
85	0.30	470	24	0.29	2	22	0.28	3	1
90	0.29	232	47	0.31	19	3	0.27	3	1
95	0.30	78	67	0.28	2	2	0.30	3	1
100	0.33	251	38	0.26	2	1	0.29	2	1
Average	0.30	342	58	0.26	32	5	0.30	4	1

4.4 Saturated Subsurface Flow

The presence of (almost) permanently saturated flow in soil profiles is marked by reduced conditions that lead to distinctive blue-greyish gley mottles. Harrison *et al.* (2005, Chapter 7) have observed such gley mottles in the soil profiles at the toe slopes of the drainages. No gley mottles have been observed in any of the soil profiles on either the hill crests or backslopes, which indicates that saturated subsurface flow is not a permanent condition on the hillslope. Although saturated through flow as a result of perched water tables almost certainly will occur during wet periosds, such flow events will have a short duration. Most likely, the network of macropores and pipes on the hillslope will act as a subsurface drainage system that quickly evacuates large volumes of water to the shallow aquifer under the toe slope adjacent to the stream.

The inflow of water into the shallow aquifer will lead to the build up of a groundwater mound and an increased discharge into the stream (Figs. 1b, 2b, 4b). The steep soil water retention curves presented in Figure 8 indicate that a relatively small amount of water can cause a large sudden change in soil water pressure along the hillslope resulting in sudden ground water mounds (Fig. 3). For example, under moist conditions (*i.e.,* soil water pressure about 250 cm), the soil in the B horizon of Chagrecito-1 at depth 120 cm needs only 2-3 cm of infiltration to raise the ground water level 250 cm.

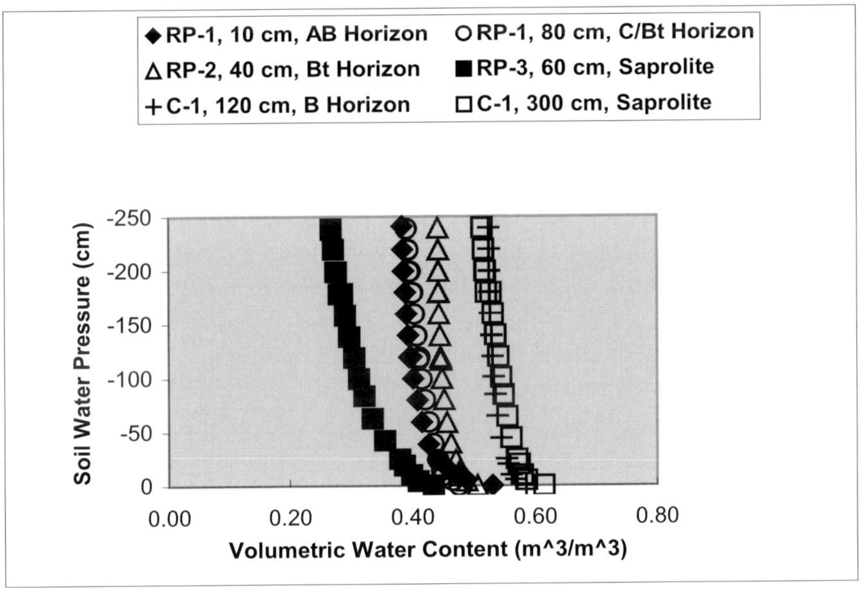

Figure 8. Soil water retention curves from different soil horizons in the Chagrecito and Piedras drainages.

Saturated shallow subsurface flows appear to be periodic in nature with the exception of the waters seeping from toe slopes. However, deep saturated subsurface flows in the aquifers underlying the hillslopes are a permanent feature of the upper Río Chagres basin, as is observed in the 10 to 20 m deep wells used by the local population for drinking water. These deep ground water supplies are expected to become important for the future development of water resources in the watershed especially during episodic periods with scarce water supplies. Since little is know about the hydrogeology of the watershed the investigation of aquifers, recharge, and the ground water volumes available for exploitation should have a high priority.

4.5 Unsaturated Subsurface Flow

Three types of unsaturated subsurface flow are recognized along the hill slopes in the two drainages: (i) a vertical downward flow from the soil surface into the soil matrix after the start of and during precipitation events, (ii) a continuous vertical downward flow leaving the less permeable B horizons and entering into weathered and unweathered bedrock, and (iii) a lateral downhill flow component parallel to the soil surface after precipitation has ceased.

As has been discussed above, the unsaturated downward flow from the soil surface will be overtaken by saturated flow during storm events due to saturation from below at the interface of the A and B horizons, which is caused by the lesser permeability of the Bt horizons. This phenomenon is well recognized in surface water hydrology. However, it also should be acknowledged that the less permeable B horizon is not completely impermeable and, therefore, a substantial volume of water will pass through it to become ground water recharge. The volume of ground water recharge in the upper Río Chagres watershed is a major unknown; quantification of this component of the water balance is critical for the development of water resources management strategies during drought periods.

It is hypothesized that the lateral downhill unsaturated flow component is critical to maintain base flow during the dry season and in between major precipitation events. Support for this idea is found in the large water holding capacity of the hillslope soils, which varies from about 60 to 45 vol. % (Fig. 8). These water holding volumes are similar to those observed in the soils for the lateral unsaturated flow experiments by Hewitt and Hilbert (1963) described in Section 2. Further evidence is provided by the discharge measurements made for one of the springs exiting from the toe slope of the Chagrecito site at the end of the 2002 dry season. Before the heavy rain during the night of 7-8 March 2002, the spring discharge measured 5.5 liters/min; on the morning after the rain it measured 6.5 litres/min. The relatively small effect of the precipitation on spring discharge during the dry season indicates that the springs are mainly fed by unsaturated flow (Fig. 5), which is a slow process. Thus, contrary to many other watersheds where the source of base flow is the regional aquifer, baseflow in the upper Río Chagres basin between storm events and during the dry season is mainly fed by downward- seeping unsaturated flow. As shown by the experiments of Hewlitt and Hibbert (1963,) this kind of flow can maintain considerable discharge where precipitation events occur on a regular basis. At the

Chagrecito site, where drainage covers about 1 hectare; 2 to 3 springs were estimated to yield a total discharge of about 15 litres/min from the drainage. Extrapolating this discharge to the entire approximately 400 km^2 of the upper Río Chagres watershed yields a discharge of 600 m^3/min or 10 m^3/sec. The latter discharge is quite similar and certainly at the same order of magnitude as the estimate presented by Niedzialek and Ogden (2005, this volume) during the dry season of 2001.

4.6 Macropores and Pipes

An abundance of macropores, cracks, and pipes was observed in each of the eight soil profiles described by Harrison *et al.* (2005, this volume). The diameter of the pipes could be up to about 10 cm (Fig. 9), a dimension similar to subsurface drains used in agriculture.

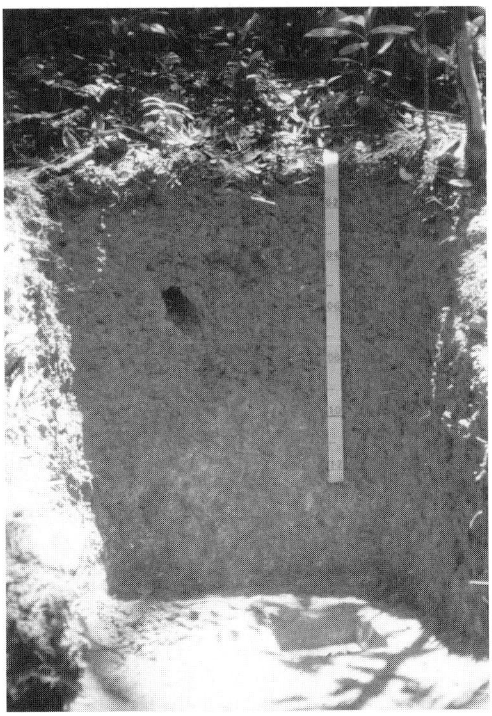

Figure 9. A typical soil pipe with diameter 12 cm in soil profile RP-2.

For water to enter the pipes and macropores a positive water pressure is required. Two mechanisms are recognized for a positive water pressure to develop along the hill slope. The first is the situation where saturation from below leads to saturated conditions, *i.e.* a positive water pressure, around soil pipes. This mechanism could develop very quickly, especially in moist soil where only a small amount of infiltration is needed to make soil water pressures positive due to the steep water retention curves measured in the hill slope soils (Fig. 8). The second mechanism would operate where water accumulation in small soil surface depressions leads to ponding and positive water pressures. This mechanism will convey runoff water into the soil pipe network even when the hill slope soils are unsaturated. Critical factors for the latter mechanism are the uneven topography and the occurrence of water repellency after dry periods.

Co-author Rojas, a ranger in the Parque Nacional Chagres (Chagres National Park), has often observed that the pipes release jets of water during heavy precipitation events. This not only indicates that some pipes carry water under considerable pressure at full flow condition, but also that a water drop may travel downhill through a sequence of surface runoff and pipe flowpaths. The exfiltration of water from pipes on tropical hill slopes has also been reported by Bonell *et al.* (1984) and Elsenbeer and Cassel (1990).

5. CONCEPTUAL RUNOFF PRODUCTION MODEL

Calvo *et al.* (2005, Chapter 9) and Niedzialek and Ogden (2005, Chapter 10) have analysed preciptation-runoff relations in the upper Río Chagres basin and found anomalously high runoff production at the start of the wet season and discrete quasi-stable baseflows during the hydrologic year. The soil hydrology observations discussed here form the basis for the formulation of a hypothetical, comprehensive conceptual model for runoff production that explains the apparently anomalous precipitation-runoff situation observed in the upper Río Chagres watershed.

The key factors that affect runoff production along the tropical hill slopes of the upper Río Chagres watershed are: steep gradients, extensive macropore and pipe networks, soils with high water retention, B horizons with relatively low permeability overlain by A/B horizons with relatively high infiltration capacity, the occurrence of water repellency and cracks when soil surface dries out, uneven topography with many small surface depressions, and high precipitation events.

The model discussion begins at the start of the wet season when the soil surfaces are relatively dry and soil cracks have developed. At this time, the water content of the upper layers of the soil profile is relatively low. The relatively few water content measurements made suring this study indicate that at least 20 vol. % pore space is available for soil water storage. The measurements presented in Tables 3 and 4 indicate the occurrence of a state of water repellency after the dry season.

Calvo *et al.* (2005, this volume) and Niedzialek and Ogden (2005, this volume) report anomalously high runoff volumes during the first storms of the subsequent wet season. Obviously, bypass flow carries a large volume of precipitation quickly downhill without wetting the soil matrix. Since about 20 vol. % of the soil is available for water storage, saturation from below has to be excluded as a possible runoff mecihanism. Overland flow is also unlikely given the relatively high infiltration rate of the soil surface and the uneven topography. The only other quick response flow pathway is the macropore and pipe network. However, for water to enter this network a positive water pressure is needed.

Therefore, it is hypothesized that the uneven topography caused by mass movement along the unstable slope and tree fall results in a large number of small surface depressions which provide the necessary source of water. These surface depressions accumulate water relatively quickly as rains begin due to the water repellency that prevents infiltration into the soil surface and enhances the runon towards the lowest points in the depressions. Here, almost immediately a positive water pressure develops that allows the runon water to enter the pipe network. Once the water is in the pipes it moves rapidly downhill. Niedzialek and Ogden (2005, Chapter 10) argue that dry season soil cracks would lead to increased soil storage [and reduced runoff, *sic*]. This is true for cracks without an outlet. However, along the hill slopes in the two drainages, the cracks would fill up with water swiftly and create additional water sources with positive water pressures that feed into the pipe network. Thus, the quick filling of small depressions and cracks due to a water repellent soil surface allows the development of water sources with positive water pressures that feed immediately into the downhill pipe network. It is this process that is envisaged to cause the anomalously high runoff volumes observed for the upper Río Chagres basin at the start of the wet season.

Once the wet season has started, the moist soil surface causes the water repellency disappear and infiltration into the soil matrix starts to fill the soil water storage reservoir. In addition, most soil cracks will have disappeared due to swelling of the clay minerals upon wetting. As a consequence, the volume of runon water towards the lowest points in the small surface depressions will decrease. This, in turn, leads to lower positive water pressures and less water entering the downhill pipe network. Therefore, it is expected that the amount of runoff for a given storm will decrease as compared to the runoff observed at the start of the wet season. Indeed, Calvo *et al.* (2005, Chapter 9) report a sharp decrease in the 'Curve Number', *i.e.* a measure of the runoff volume, immediately after the first storms of the wet season. Their analysis supports our hypothesis.

During the wet season, two critical sequential threshold values of soil moisture are recognized: one where the macropores and pipes become active due to localized saturation inside the soil profile around the pipes and another where saturation from below reaches the soil surface and starts to enhance surface runoff. The steep water retention curves of the soils along the hill slopes (Fig. 8) create a situation where a small amount of water added to a moist soil can generate the rapid development of a positive water pressure around macropores and pipes. This will cause water to enter the pipe network and leads to an increased runoff volume. The soil moisture content at which this process starts is the 'critical soil moisture threshold for macropore flow'. For example, German (1986) found a threshold value of 30 vol. % water which is well below saturation.

Finally, during the peak of the rainy season and during prolonged storms soil moisture conditions will reach saturation throughout the soil profile at the 'critical soil moisture threshold for saturation from below'. Now, not only the pipe network will be conveying water downhill, but also surface runoff that is caused by saturation from below. As a consequence, the runoff volume for a given storm will increase as compared to the events occuring earlier in the wet season when soil water contents were lower. The increase of the 'Curve Number' during periods of high soil moisture (see Fig. 3 of Calvo *et al.,* 2005, this volume) supports this hypothesis.

The increasingly higher quasi-stable base flows reported by Niedzialek and Ogden (2005, this volume) can be explained, at least in part, by inspecting the experimental work by Hewlett and Hibbert (1963). The more moist the soil, the higher the unsaturated hydraulic conductivity and, therefore, the higher the unsaturated flow parallel to the slope towards the shallow aquifer at the toe slope which feeds the stream. However, it is not clear what causes the step-wise increase in base flow during the wet season. This may be a caused by the soil hydraulic properties and/or components of saturated ground water flow.

Niedzialek and Ogden (2005, Chapter 10) observed that the runoff behavior for the upper Río Chagres basin differs from that in the Río Piedras sub-basin. They discuss possible causes for the almost ephemeral flow regime of the Río Piedras, including the contributions of ground water to base flow and the change in land use that has occurred on part of the Río Piedras catchment. Another possible cause is the unsaturated flow regime along the hill slope. A small difference in soil moisture storage and/or unsaturated hydraulic conductivity could easily lead to a dramatic stop of baseflow during the dry season and between storms. Harrison *et al.* (2005,

Chapter 7) observed that the soils at the Piedras site are much thinner that those in the Chagrecito site. If this observation holds for the entire upper Chagrecito and Piedras sub-catchments, then it would indicate that soil moisture storage in the upper Río Piedras sub-catchnment is much less than in the upper Río Chagrecito sub-catchment. As a consequence, the water level of the upper Río Chagres watershed falls dry in the dry season due to a lack of water supply by unsaturated flow down the hill slope.

6. RESEARCH NEEDS

Much progress has been made with the development of a conceptual model that describes all aspects of runoff production in the upper Río Chagres watershed. However, more research is required to quantify all components of the runoff process and verify the conceptual model and hypotheses posed in Sections 4 and 5 of this paper. Specifically, we see the following research needs:

(i) Determination of (i) exactly how and over what distance macropores and soil pipes are connected, (ii) if soil pipes and macropores start at the soil surface or inside soil profile, and (iii) what is the connection between pipes and small surface depressions.

(ii) Measurement of runoff rates to study the occurrence of Hortonion runoff due to lower infiltration rates caused by water repellency and a measurement of infiltration rates to investigate the effects of macropores and cracks.

(iii) Determination of the degree of water repellency in the field as a function of soil moisture, air temperature, and relative humidity.

(iv) Determination of what part of dry season base flow is a result of soil drainage (unsaturated subsurface flow) and what part is from inflowing ground water (saturated subsurface flow) in order to quantify how future groundwater exploitation in the basin will affect base flow.

(v) A hydrologic characterization of the behaviour of aquifers underlying the upper Río Chagres basin and the amount of ground water recharge, about which little is presently known. Since these aquifers are an important and accessible source of water during periods of water scarcity in El Niño years, their assessment should have a high priority.

ACKNOWLEDGEMENTS

This study was partly funded by US Army Research Office, Terrestrial Sciences Program. Other support was provided by the Universidad Tecnológica de Panama and New Mexico Tech Support for the fieldwork was provided by the Yuma Proving Ground Tropic Regions Test Center.

REFERENCES

Abdul, AS and Gilllham, RW, 1984, Laboratory studies of the effects of the capillary fringe on stream flow generation: Water Resour. Res. 20:691-698.

Abdul, AS and Gillham, RW, 1989, Field studies of the effects of the capillary fringe on streamflow generation: Jour. Hydrol., 112:1-18.

ASCE, American Society of Civil Engineers, 1996, Hydrology Handbook. Second Edition. ASCE Manuals and Reports on Engineering Practice No. 28, New York, NY.

Anderson, MG and Burt, TP, 1977, A laboratory model to investigate the soil moisture conditions on a draining slope: Jour. Hydrol., 33:383-390.

Anderson, MG and Burt, TP, eds., 1990, *Process Studies in Hillslope Hydrology*, John Wiley and Sons, New York, NY.

Beven, K and Germann, P, 1982, Macropores and water flow in soils: Water Resour. Res., 18:1311-1325.

Bonell, M, Gilmour, DA, and Sinclair, DF, 1981, Soil hydraulic properties and their effect on surface and subsurface water transfer in a tropical rainforest catchment: Hydrol. Sci. Bull. 26:1-18.

Bonell, M, Hendricks, MR, Imeson, AC, and Haselhoff, ., 1984, The generation of storm runoff in a forested clayey drainage basin in Luxembourg: Jour. Hydrol., 71:53-77.

Bonell, M, 1993, Progress in the understanding of runoff generation dynamics in forests: Jour. Hydrol., 150:217-275.

Burch, GJ, Bath, RK, Moore, ID, and O'Loughlin, EM, 1987, Comparative hydrologic behaviour of forested and cleared catchments in south-eastern Australia: Jour. Hydrol., 90:19-42.

Burch, GJ, Moore, ID, and Burns, J, 1989, Soil hydrophobic effects on infiltration and catchment runoff: Hydrol. Proc., 3:211-222.

Calvo, LE, Ogden, FL, and Hendrickx, JMH, 2005, Infiltration in the Upper Río Chagres Basin – The Soil Conservation Service "Curve Numbers": in *The Rio Chagres: A Multidisciplinary Perspective of a Tropical River Basin* (R.S. Harmon, ed.), Kluwer Acad./Plenum Pub., New York, NY: 139-147.

Chow, VT, Maidment, DR, and Mays, LW, 1988, *Applied Hydrology*, McGraw-Hill, Inc., New York, NY.

Clothier, B and Scotter, D, 2002, Unsaturated water transmission parameters obtained from infiltration: in *Methods of Soil Analysis. Part 4. Physical Methods. Soil Science* (JH Dane and GC Topp, eds.), Soil Sci. Soc. Amer., Madison, WI: 879-898.

Dane, JH, and Hopmans, JW, 2002, Hanging water column: in *Methods of Soil Analysis. Part 4. Physical Methods. Soil Science* (JH Dane and GC Topp, eds.), Soil Sci. Soc. Amer., Madison, WI: 680-683.

Dekker, LW, 1998, Moisture variability resulting from water repellency in Dutch soils: PhD Thesis, Wageningen Agricultural Univ., The Netherlands. 240p.

Dekker, LW and Jungerius, PD, 1990, Water repellency in the dunes with special reference to the Netherlands: Catena Suppl., 18:173-183.

Dingman, SL, 2002, *Physical Hydrology*, Prentice-Hall, Inc., Upper Saddle River, NJ.

Doerr, SH, Dekker, LW, Ritsema, CJ, Shakesby, RA, and Bryant, R, 2002, Water repellency of soils: the influence of ambient relative humidity: Soil Sci. Soc. Amer. Jour., 66:401-405.

Dunne, T, 1978, Field studies of hillslope flow processes, in *Hillslope Hydrology* (MJ Kirkby, ed.), John Wiley and Sons, New York, NY: 227-293.

Dunne, T and Black, RD, 1970, Partial area contributions to storm runoff in a small New England watershed: Water Resour. Res., 6:1296-1311.

Elsenbeer, H and Cassel DK, 1990, Surficial processes in the rain-forest of western Amazonia: IAHS Publ., 192:289-297.

Elsenbeer, H, Cassel, K, and Castro, J, 1992, Spatial analysis of soil hydraulic conductivity in a tropical rain forest catchment: Water Resour. Res., 28:3201-3214.

Feng, GL, Letey, J, and Wu, L, 2002, The influence of two surfactants on infiltration into a water-repellent soil: Soil Sci. Soc. Amer. Jour., 66:361-367.

Freeze, RA, 1972, Role of subsurface flow in generation surface runoff: 2. Upstream source areas: Water Resour. Res., 8:1272-1283.

Freeze, RA, 1974, Streamflow generation: Rev. Geophys. Space Phys., 12:627-647.

German, PF, 1986, Rapid drainage response to precipitation: Hydrol. Proc., 1:3-13.

Harrison, JBJ, Vega, D, Calvo-Gobbetti, LE, Rojas, P, and Hendrickx, JMH, 2005, Spatial variability of soil in two small first order drainage basins, Río Chagres watershed, Panama: in *The Rio Chagres: A Multidisciplinary Perspective of a Tropical River Basin* (R.S. Harmon, ed.), Kluwer Acad./Plenum Pub., New York, NY: 97-112.

Hendrickx, JMH and Walker, G, 1997, Recharge from precipitation. in *Recharge of Phreatic Aquifers in (Semi)-Arid Areas.* (I. Simmers,ed.), Balkema, Rotterdam, The Netherlands.

Hewlett, JD and Hibbert, AD, 1963, Moisture and energy conditions within a sloping soil mass during drainage: Jour. Geophys. Res., 68:1081-1087.

Horton, RE, 1933, The role of infiltration in the hydrologic cycle: Trans. Am. Geophys. Union, 14:446-460.

Horton, RE, 1945, Erosional development of streams and their drainage basins: hydrophysical approach to quantitative morphology: Bull. Geol. Soc. Amer., 56:275-370.

Jackson, CR, 1992, Hillslope infiltration and lateral downslope unsaturated flow: Water Resour. Res., 28:2533-2539.

Jaramillo, DF, Dekker, LW, Ritsema, CJ, and Hendrickx, JMH, 2000, Occurrence of soil water repellency in arid and humid climates: Jour. Hydrol., 231-232:105-114.

Jayatilaka, CJ, Gillham, RW, Blowes, DW, and Nathan, RJ, 1996, A deterministic-empirical model of the effect of the capillary fringe on near-stream area runoff. 2. Testing and application: Jour. Hydrol., 184:317-336.

King, PM, 1981. Comparison of methods for measuring the severity of water repellency of sandy soils and assessment of some factors that affect its measurement: Aust. Jour. Soil Res., 19:275-285.

Kirkby, MJ, ed, 1978, *Hillslope Hydrology*, John Wiley and Sons, New York, NY.

Krammes, JS and DeBano, LF, 1965, Soil wettability: a neglected factor in watershed management: Water Resour. Res., 1:283-286.

Letey, J, Osborn, JF, and Valoras, N, 1975, Soil water repellency and the use of non-ionic surfactants: Calif.Water Resour. Center Contr. No. 154, Univ. California, Davis CA.

McCuen, RH, 1998, *Hydrologic Analysis and Design*: Prentice Hall, Inc., Upper Saddle River, NJ.

Mosley, MP, 1979, Streamflow generation in a forested watershed, New Zealand: Water Resour. Res., 15:795-806.

Mosley, MP, 1982, Subsurface flow velocities through selected forest soils, South Island, New Zealand: Jour.Hydrol., 55:65-92.

Neary, DG, Gottfried, GJ, and Folliott, PF, 2003. Post-wildfire watershed flood responses: 2nd Int. Wildland Fire Ecology and Fire Mgmt. Congress; Session 1B, Fire effects on soils/watershed. Orlando, FL.

Niedzialek, JM, and Ogden, FL, 2005, Runoff production in the Upper Río Chagres Catchment, Panama: in *The Rio Chagres: A Multidisciplinary Perspective of a Tropical River Basin* (R.S. Harmon, ed.), Kluwer Acad./Plenum Pub., New York, NY: 149-168.

Nutter, WL, 1975, Moisture and energy conditions in a draining soil mass: Atlanta, GA: Georgia Inst.Tech. Env. Resour. Center ERC 0875.

Sklash, MG and Farvolden, RN. 1979, The role of groundwater in storm runoff: Jour. Hydrol., 43:45-65.

Space, MI, Ingraham, NI, and Hess, JW, 1991, The use of stable isotopes in quantifying groundwater discharge to a partially diverted creek: Jour. Hydrol., 129:175-193.

Stresky, SJ, 1991, Morphology and flow characteristics of pipes in a forested New England hillslope: M.Sc. Thesis, Univ. New Hampshire, Durham, NH.

USBR, 1984, *Drainage Manual: A Water Resources Technical Publication*. USDI Bureau of Reclamation, Denver CO.

Ward, RC, 1984, On the response to precipitation of headwater streams in humid areas: Jour., Hydrol. 74:171-189.

Weyman, DR, 1970, Throughflow on hillslopes and its relation to the stream hydrograph: Int. Assoc. Sci. Hydrol. Bull., 15:25-32.

Chapter 9

INFILTRATION IN THE UPPER RÍO CHAGRES BASIN, PANAMA:

The Soil Conservation Service "Curve Numbers"

Lucas E. Calvo[1], Fred L. Ogden[2], and Jan M.H. Hendrickx[3]
[1]Universidad Tecnológica de Panama, [2]University of Connecticut, [3]New Mexico Institute of Technology

Abstract: Annual runoff hydrographs recorded by the Panama Canal Authority in the upper Río Chagres basin indicate several peculiar features. First, the annual hydrograph is strikingly seasonal, with very few signs of direct runoff and a continuous decay in base flow during the dry season. Secondly, there are signs of anomalously high runoff production efficiencies early in the wet season. Thirdly, the base flow from the catchment exhibits up to three different "quasi-stable" base flow discharges as the wet season progresses. This study examined runoff generation in the upper Río Chagres basin using the US Department of Agriculture, Natural Resources Conservation Service '*Curve Number*' *(CN)* methodology. Specifically, variation curve of the *CN* was analyzed using rainfall and runoff observations from the basin. Results indicate significant influence of seasonality on the *CN*. Furthermore, there are significant inter-seasonal changes in the *CN* that invalidate the applicability of the *CN* approach in this tropical watershed.

Keywords: Panama; Río Chagres; rainfall-runoff; hydrograph analysis

1. THE UPPER RÍO CHAGRES BASIN

The upper Río Chagres basin is one of the most important hydrologic catchments in Panama. Runoff from this basin represents a significant fraction of the water used to transit ships through the Panama Canal. Furthermore, this catchment provides drinking water for a large fraction of the population of Panama City. The basin is located on the eastern edge of the Panama Canal Watershed, as shown in Figure 1 (Panama Canal Commission, 1994).

R. S. Harmon (ed.), The Río Chagres, Panama, 139-147.

According to Robinson (1985): ..."A large portion of the basin is covered with thick, tropical rainforest. The terrain found along the river is probably the most rugged found in the entire Panama Canal Watershed. Landslides are seen in many places and indicate that even with thick foliage, erosion does occur. High hills with 45 degree slopes are common and the divide elevation rises up to 2500 ft (760 m) near the headwaters."

Rainfall and streamflow have been continuously recorded since 1933 at the Chico gage, located at the outlet of the upper Río Chagres basin, which has a drainage area of 411 km^2. A second gage, located in the downstream reaches of one of the major Río Chagres tributaries - the Río Piedras - has been recording rainfall and river stages since 1985. However a stage-discharge relation for the Piedras gage was not developed until after December, 2000 (Ogden, 2003, see CD accompanying this volume). Beginning in 1998, additional five rain gaging stations were installed in or near the boundary of the catchment at places called: Candelaria, Esperanza, Limpio, Río Piedras and Vista Mares. Figure 1 shows also the location of these stations inside the upper Río Chagres basin.

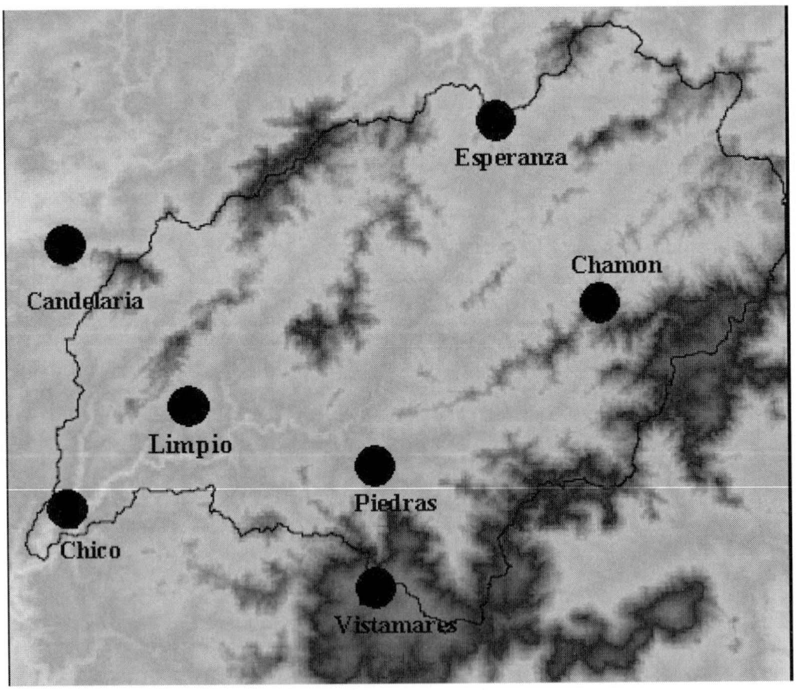

Figure 1. The upper Río Chagres basin, showing major rivers and streams.

2. DETERMINATION OF CURVE NUMBERS

Design rainfall runoff hydrology and environmental impact analysis draws heavily on the *'Curve Number' Method'* (USDA-SCS, 1972). The centerpiece of the method is the *'Curve Number'* coefficient (or *CN*), a measure of a watershed's hydrologic response potential, and usually selected from handbooks based on soils, cover, and land use. It can be shown that, when used to calculate rainfall excess and synthesis of composite hydrographs, the *CN* value is the most influential factor that determines flood peaks and volume,

The *CN* concept has been around for a considerable length of time (Ponce and Hawkins, 1996). The longevity of the approach lies in its simplicity. It has been re-interpreted several times (Steenhuis *et al.,* 1995), and has been the subject of much discussion. Limited comparisons elsewhere have suggested significant departures between handbook and data-defined *CN*s. In addition, the primary reference for the *CN* method, National Engineering Handbook#4, suggests that the soils-based table values are only guides, and that local values should be used if possible. A joint workgroup was formed by the US Department of Agriculture to review the *CN* procedure in terms of current field measurements. As a result of this workgroup much of the National Engineering Handbook has been rewritten to improve consistency and clarity (Hjelmfelt *et al.,* 2000). Furthermore, an asymptotic method was developed for determining *Curve Numbers* from rainfall-runoff data.

One of the principal modifications done by the group was to remove reference to the antecedent moisture conditions (AMC). Variability is incorporated by considering *CN* as a random variable and the AMC-I and AMC-III conditions as bounds on the distribution.

The equation utilized by the Soil Conservation Service for direct runoff estimation is:

$$Q = \frac{(P - 0.2S)^2}{(P + 0.8S)} \tag{1}$$

for $P > 0.2S$, where Q and P are the direct runoff and rainfall depths, and S is a storage index, all in inches. *CN* is a transformation of *S*, or:

$$CN = \frac{1000}{S + 10} \tag{2}$$

The runoff equation can be solved via the quadratic formula to yield:

$$S = 5\left(P + 2Q - \sqrt{4Q^2 + 5PQ}\right) \tag{3}$$

If values for Q and P are available from local watersheds, then S and CN can be calculated for every event with $0 < Q < P$. CN may vary from 0 to 100, although CNs are typically in the range of 55-95.

The above procedure works well using "ordered" P and Q data (Hawkins, 1993). That is, when P and Q are matched by rank order. This unnatural pairing matches the frequency of each, in keeping with the dominant usage of the method. That is, to estimate the (for example) 100-yr runoff from the100-yr rainfall. When this is done, often times a strong secondary relationship remains between the CN and P. For most cases, this relationship is well described by the function:

$$CN = CN_{\infty} + (100 - CN_{\infty})e^{-kP} \tag{4}$$

where CN_{∞} and k are coefficients to be determined. A least squares procedure for fitting the above equation can be developed. As CN_{∞} is the asymptotic stable value approached as P grows larger, it is more appropriate for large events, such as design storms, and thus CN_{∞} is taken as the defining CN for the watershed.

3. DETERMINATION OF CURVE NUMBERS FOR THE UPPER RÍO CHAGRES BASIN

A total of 31 storm events were selected for which precipitation and discharge were recorded from 1998 to 2000 in the upper Río Chagres basin (Table 1). Within this period at least five rain gauges were working in the basin. Discharge measurements were used from the Chico gage, at the basin outlet.

The Thiessen Polygon Method was used to estimate the average rainfall depth, P, in the basin. For the 1998 and 1999 storms, data were available from six rain gage stations; for 2000 no data were available for the Limpio gage. After constructing the polygons and measuring the areas, the weights shown in Table 2 were obtained. Care should be taken in the determination of P to include only those precipitation intervals that corresponds in fact to the analyzed event.

The total direct runoff, Q, is obtained by separating the baseflow from the total hydrographs measured on Chico gage. Baseflow was separated by a

Table 1. Selected storm events and estimated CNs

Date (dd/mm/yy)	**P** (inches)	**Q** (inches)	**S** (inches)	**CN**	**Q_i** (ft^3/sec)
23/07/99	2.83	0.76	3.70	73.01	2000
25/05/98	2.03	0.71	2.05	82.96	1700
11/08/99	1.69	0.27	3.13	76.16	1210
26/08/99	1.94	0.44	2.87	77.69	1670
19/08/98	2.54	0.29	5.58	64.20	773
17/05/98	2.34	2.15	0.17	98.35	290
27/09/98	1.07	0.23	1.65	85.87	1052
22/11/98	0.89	0.22	1.24	89.00	1100
04/07/98	1.68	0.29	3.01	76.89	521
03/08/98	0.61	0.16	0.81	92.52	975
25/09/99	1.72	0.37	2.64	79.09	1003
11/07/99	1.42	0.52	1.38	87.91	1619
10/11/99 I	0.25	0.07	0.31	96.99	1440
10/11/99 II	1.09	0.32	1.31	88.40	1980
31/08/99	0.81	0.18	1.22	89.15	1424
26/09/99	1.56	0.18	3.41	74.58	1392
13/11/99	0.87	0.13	1.69	85.58	2110
25/04/98	1.05	0.68	0.41	96.06	290
15/06/98	1.27	0.19	2.44	80.39	700
25/08/99	1.18	0.22	2.01	83.26	1336
22/06/99	2.98	0.61	4.75	67.80	1296
08/10/00	2.02	0.98	1.37	87.95	2150
11/09/00	2.42	0.43	4.21	70.37	1040
03/08/00 I	2.60	0.49	4.36	69.63	720
03/08/00 II	1.37	0.16	3.01	76.86	1890
21/10/00	2.22	0.29	4.57	68.62	1344
17/02/99	2.15	0.33	4.07	71.07	635
07/09/98	0.51	0.09	0.89	91.82	685
11/11/99	0.20	0.07	0.19	98.16	2200
27/07/99 I	1.80	0.21	3.96	71.65	1595
27/7/99 II	0.76	0.09	1.67	85.72	2500

The values of S and CN in Table 1 were calculated using equations (3) and (2), respectively. Figure 3 shows the calculated CN values plotted versus the total rainfall P used in the calculations. Contrary to what was proposed by Hawkins (1993), the natural P and Q pairs were used in the calculation of the *CNs*, *i.e.,* those P and Q values that belong to the same hydrologic event. By choosing natural P and Q, better reproductions of the registered hydrographs were obtained.

straight line projection of the flow prior to the flood runoff (initial discharge, Q_i on Fig. 2) with a slight rise to intersect the recession curve. The surface runoff hydrograph is obtained by subtracting the baseflow ordinates from the total runoff hydrograph ordinates. The area under this hydrograph curve represents the surface runoff volume, Q. This volume was obtained by adding up the average ordinates of the surface runoff hydrograph and multiplying the result by the 15-minute time interval. Finally, this volume is expressed in inches of runoff over the drainage area.

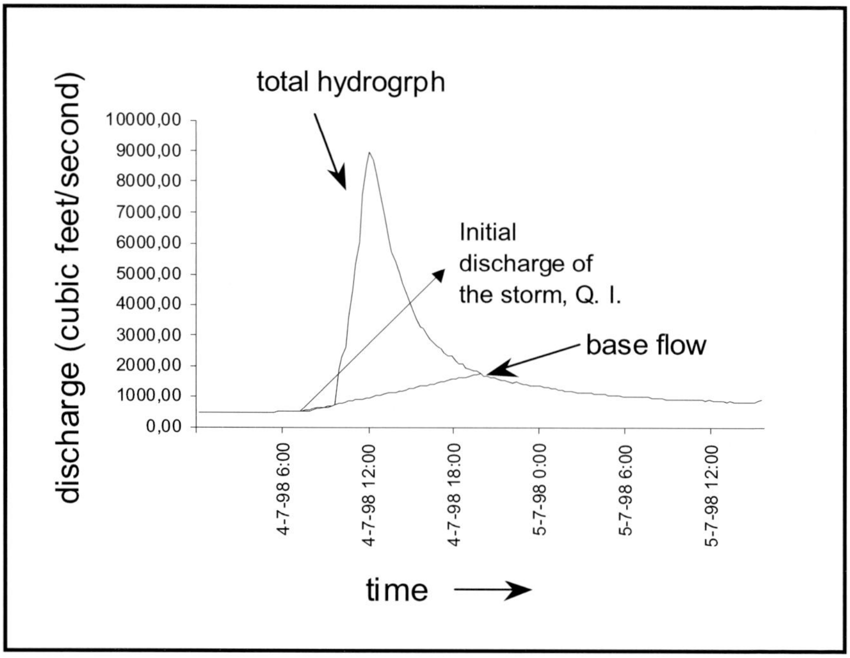

Figure 2. Registered total hydrograph for the storm of 4/7/98.

Table 2. Rain gage rainfall weights for 1998-2000

Rain Gage	1998-1999	2000
Chico	0.0563	0.1158
Río Piedras	0.2461	0.3056
Esperanza	0.4046	0.4343
Limpio	0.2080	-
Vista Mares	0.0729	0.0729
Candelaria	0.0119	0.0714

As observed in other studies, the *CN* values decline with increasing total storm precipitation *P* and then approach and/or maintain a near constant value with increasingly larger storms. Hjelmfelt *et. al.* (2000) call this the most common scenario.

The influence of the soil moisture, or the so-called antecedent moisture condition (AMC), can be considered in the effective determination of *CN*s. Three different antecedent moisture conditions have been previously defined. The AMC is identified by using the baseflow at the initial moment of the runoff event, Q_i, as a guide. A high Q_i value would indicate that a lot of water had been infiltrated recently in the basin to produce high soil moisture conditions. A low Q_i would indicate that no significant precipitation events have occurred in some time, so the soil moisture state would be low.

As shown on Figure 3, when Q_i was less than 300 ft^3/sec, as for the events of 25/04/98 and 17/05/98 (Table 1) that occurred in the dry season, the resulting *CN* values were unusually high. This suggests some process that increases runoff production efficiency, such as hydrophobicity due to water- repellent soils, with the very first rains at the end, or in the middle, of the dry season. When the Q_i was between 500 and 1600 ft^3/sec the *CN* values varied regularly with the total precipitation, which corresponds to the normal soil moisture conditions AMC-II described in the National Engineering Handbook #4. The moisture state equivalent to AMC-III was observed for Q_i >1600 ft^3/sec. In this case the *CN* values were higher than those on the previous case indicating elevated soil moisture.

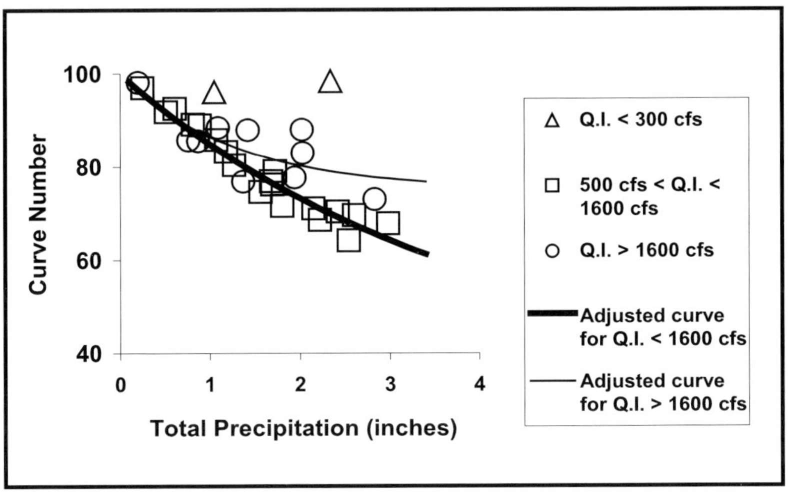

Figure 3. Variation of *CN* with total precipitation *P* for the upper Río Chagres basin.

The asymptotic exponential curve of the equation (4) was adjusted for the following cases: 500 $ft^3\ s^{-1} < Q_i <$ 1600 $ft^3\ s^{-1}$ and $Q_i >$ 1600 $ft^3\ s^{-1}$ with the help of the least squares method. The values for CN_∞ and k obtained on both cases were: $CN_\infty = 34$; k = -0.26 and $CN_\infty = 75$; k = -0.78, respectively. If the "ordered pairs" proceeding would have applied over all the storm events of Table (1), the resulting values would be CN_∞ = 66; k = -0.68. Thus, a recommended *CN* value for extreme storm events on the upper Río Chagres basin is: *CN* = 75 during the wet season.

4. CONCLUSION

The infiltration coefficient *CN* was determined using rainfall and discharge data from the Chico stream gage on the upper Río Chagres basin. This analysis used *P* and *Q* pairs belonging to the same event, and different infiltration behaviors were investigated according to the different antecedent moisture conditions, AMC, defined using the baseflow at the initial discharge prior to a runoff event, Q_i. The AMC conditions evaluated are, to a strong degree, influenced by the seasonality of the Panamanian climate.

Unusually-high runoff *CNs* were calculated (>0.95) for two events that occur very early in the wet season, during April and May 1998 (denoted by the open diamonds on Fig. 3). It is not known exactly why these anomalously-high values of *CN* occur. Possible explanations include water repellent soils (hydrophobicity) that may arise in the upper Río Chagres basin in the presence of hard rains at the beginning of the wet season (*e.g.*, Hendrickx *et al.*, 1993; Jaramillo *et al.*, 2000). In fact, water repellent soils were observed on several instances during dry season field investigations. Other explanations might include errors in rainfall estimation, or some other unknown phenomena.

5. FUTURE RESEARCH DIRECTIONS

The role of rainfall interception by vegetation is poorly understood in triple-layer tropical forest canopy under the seasonal climatic conditions of Panama. Similarly, the role of evaporation from interception is poorly understood for Panamanian conditions. Finally, quantification of evapotranspiration is complicated by the triple layer canopy, large canopy heights, and rugged terrain.

Discharges to the river due to deep groundwater circulation have not been quantified to date, which adds considerable uncertainty to our base flow separation technique. Rainfall observations from the existing network of gages in the catchment may not adequately describe the true spatial distribution of rainfall, as it seems highly dependent upon both elevation and latitude (Knox *et al.,* 2005, this volume).

The issue of hydrophobic soils remains unsettled. The exact process or compounds that cause hydrophobicity or their persistence into the wet season is not known for the conditions that exist in Panama. Furthermore, the soils in the watershed have been observed to exhibit significant cracking during the dry season due to shrinking. Undetermined at this time are both the spatial extent of soils with high shrink/swell potential and the role of soil cracking on hydrology in this tropical watershed.

REFERENCES

Hawkins, RH, 1993, Asymptotic determination of runoff curve numbers from data: Jour. Irrig. Drainage Eng., 119: 344-345.

Hendrickx, JMH, Dekker, LW, and Boersma, OH, 1993, Unstable wetting fronts in water repellent field soils: Jour Envi. Qual., 22: 109-118.

Hjelmfelt, AT, Woodward, DA, Conaway, G, Plummer, A, Quan, QD, Van Mullen, J, Hawkins, RH, and Rietz, D, 2000, Curve Numbers, Recent Developments: USDA Nat. Resour. Cons. Serv., Washington, DC.

Jaramillo, DF, Dekker, LW, Ritsema, CJ, and Hendrickx, JMH, 2000, Occurrence of soil water repellency in arid and humid climates: Jour. Hydrol., 231/232: 105-114.

Knox, R, Ogden, FL, and Dinku, T, 2005, Using TRMM to Explore Rainfall Variability in the Upper Río Chagres Catchment, Panama: *The Río Chagres: A Multidisciplinary Perspective of a Tropical River Basin* (RS Harmon, ed.), Kluwer Acad./Plenum Pub., New York, NY: 211-226

Ogden, FL, 2003, Rating Curve Development for the Río Piedras Stream Gaging Station Upstream from the Río Chagres in the Panama Canal Watershed: Project report submitted to the US Army Res. Office and Panama Canal Authority, Dept. Civil Env. Eng., U-2037, Univ. Connecticut, Storrs, CT.

Panama Canal Commission. 1994, Panama Canal Watershed Hydrology 1993: Balboa, Panama.

Ponce, VM and Hawkins, RH, 1996, Runoff curve number: has it reached maturity?: Jour. Irrig. Drainage Eng., 1:1-19.

Robinson, F, 1985, A Report on The Panama Canal Rain Forest: Meteorol Hydrog. Branch, Eng. Div., and Eng. Const. Bureau, Panama Canal Commission.

Steenhuis, TS, Winchell, M, Rossing, J, Zollweg, JA, and Walter, MF, 1995, SCS runoff equation revisited for variable-source runoff areas, Jour. Irrig. Drainage Eng., 121: 234-238.

USDA Soil Conservation Service, 1972, National Engineering Handbook, Section 4: Hydrology, US Dept. Agriculture Nat. Resour. Cons. Serv. (formerly SCS), Washington, DC.

Chapter 10

RUNOFF PRODUCTION IN THE UPPER RÍO CHAGRES WATERSHED, PANAMA

Justin M. Niedzialek and Fred L. Ogden
University of Connecticut

Abstract: Runoff production in tropical watersheds is governed by a wide variety of potential sources and there have been few rigorous studies to date. The 414 km^2 upper Río Chagres basin offers a unique opportunity to better understand the runoff production mechanisms in tropical watersheds through data analysis and modeling with rainfall and runoff data. Flow data and tipping bucket rain gage data are available at both the basin outlet (Chico gage) and for an 80.6 km^2 internal basin location (Piedras gage). Modeling is performed using the Sacramento Soil Moisture Accounting Model (*SAC-SMA*), calibrated using data from 2000 and verified using data from 2001. The flood event of 28-31 December 2000 was examined in detail. Data analysis and modeling reveal critical threshold storages in the catchment, and anomalously high runoff production at the start of the wet season. This conclusion is supported by field studies that reveal evidence of high storage capacity and dry season water repellency. Observation of discrete quasi-stable baseflows in the upper Río Chagres is not seen in the internal Rió Piedras drainage, which is shown to exhibit ephemeral behavior year-round. New data collection and monitoring is proposed for the upper Río Chagres catchment, including measurements of rainfall above canopy, cloud stripping, stemflow, throughfall, soil moisture, interflow, and overland runoff measurements.

Key words: Panama; Río Chagres; tropical runoff production; hydrologic modeling; hydrologic monitoring;

1. INTRODUCTION

The 414 km^2 upper Río Chagres basin offers a unique opportunity to better understand runoff production mechanisms in tropical watersheds through data analysis and modeling using rainfall and runoff data. This paper examines the hydrologic properties and quantifies runoff production mechanisms relevant to the upper Río Chagres basin.

R. S. Harmon (ed.), The Río Chagres, Panama, 149-168.

The hydrology of tropical, forested watersheds varies significantly from that of their well-studied, temperate counterparts. Therefore, detailed field studies of the hydrologic cycle at the watershed scale are of significant interest to the hydrologist. Results of field studies to quantify the various components of tropical forest hydrology have provided mixed results to date. According to Fournier (1978), throughfall by leaf drainage of water reaching the ground has been estimated to be approximately 60-80% in the tropics. Stemflow in tropical forests has been shown in to vary between 1-18% in Puerto Rico and interception by the tree canopy observed to be about 5% in Costa Rica. Variations in these results highlight how difficult it is to quantify the many factors that need to be considered in tropical watershed hydrology. Not surprisingly, results vary considerably from one study watershed to another. Thus, generalizations of tropical runoff production mechanisms should be made with care.

Analysis of the upper Río Chagres from the Chico gage (Fig. 1) discharge record suggests the presence of discrete quasi-stable baseflow levels. Conversely, small and intermittent baseflow levels are observed at the internal Piedras gage, a station located in the lower reaches of the Rió Piedras sub-basin (Fig. 1). Providing an acceptable explanation of the baseflow differences is not a trivial task. There is evidence for several conflicting runoff production mechanisms within the upper Río Chagres basin. On one hand, there is evidence of dry season soil cracking in parts of the watershed, which would imply that there is an increased storage volume for rainfall during the dry season. However, qualitative results of simple field studies indicate that there is evidence of dry season soil water repellency (Hendrickx *et al.,* 2005, Chapter 8) that would tend to increase runoff in the dry season and perhaps early wet season.

Modeling of the upper Río Chagres basin to gain further insight into the exact runoff mechanisms is accomplished with the use of the Sacramento Soil Moisture Accounting Model, *SAC-SMA* (Burnash *et al.,* 1973). Gan and Burges (1990a, b) performed a comparison of *SAC-SMA* with a fully distributed, physics-based hydrologic model to evaluate the physical interpretation of SAC model parameters. Gan and Burges (1990a. and 1990b) concluded that SAC model parameters provided little meaning in the way of hydrologic reality and performed poorly when predicting extreme events. Their advice was heeded regarding *SAC-SMA* parameter interpretation, however when the immense distributed model data sets are not available *SAC-SMA* can still be a valuable resource when used with careful consideration. In fact, *SAC-SMA* is the hydrologic component used in the National Weather Service (NWS) river forecast system and has been implemented by the Autoridad del Canal de Panama (ACP). Future research is envisioned using a distributed modeling framework.

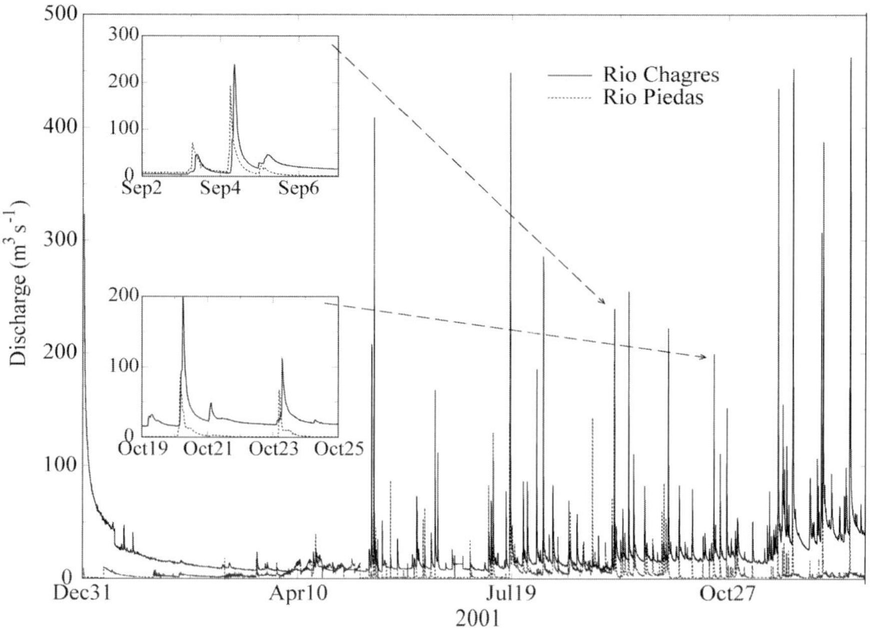

Figure 1. Discharge record for 2001 from the Rió Piedras and the upper Río Chagres. Inset figures illustrate the detailed hydrograph hs for two arbitrarily chosen runoff producing events.

2. DATA ANALYSIS

In and around the upper Río Chagres basin, there is a wide range of data sources available to facilitate a detailed hydrologic analysis. ACP operates seven rain gages, two of which provide a historical record almost 50 years in length. Two stream gages have been continuously monitored for an extended period, one gage is at the Chico station located in the lower reaches of the upper Río Chagres basin just above the outflow to Lago Alhajuela. The other, the Rió Piedras station, is located within an internal sub-basin just upstream of the Rió Piedras confluence with the Río Chagres. The locations of these stations and rain gage locations within the upper Río Chagres basin are shown in Figure 2.

There is a well-established rating curve for the Chico stream gage that defines the upper Río Chagres watershed. River stage levels have been continuously monitored at the Rió Piedras gage station for nearly 50 years, however a traditional rating curve was never developed to relate the stage level to discharge. The Piedras stream gage rmonitors a catchment area of approximately 80.6 km^2. A combination of river cross-sectional surveys, velocity measurements, and the US Army Corps of Engineers *HEC-RAS* software package was used to develop an approximate rating curve (Ogden, 2003). The rating curve was developed using survey data from February 2001, thus any significant sediment deposition or changes in channel geometry, from an extreme event, since that time will create errors in the rating curve. Further, the rating curve should only be applied to stage data from 2001 to the present as there was an extreme runoff producing event in December 2000. Periodic re-surveying should be performed to minimize errors. The rating curve should be accurate to within 50% for flows less than 10 cm and within 10-15% for larger flows. A copy of the report and the rating curve is provided on the CD that accompanies this volume.

Comparison of the Chico gage discharge records for the Río Chagres with those for the internal Piedras gage for the Rió Piedras tributary provides a unique opportunity to study the runoff production mechanism within each catchment. Discharge data for both gages are plotted together in Figure 1. Precipitation in Panama consists of a distinct rainy season, typically lasting from early May until mid-December, this trend is observed in the runoff record shown in Figure 1. A further description of the relevant climatology of Panama is given by Espinosa (2003) and Palka (2005, Chapter 1).

There are several interesting features of the two catchments shown in Figure 1. As would be expected for an internal catchment, the timing of discharge is offset and there is an overall smaller volume of discharge for the Rió Piedras. This is particularly easy to see with the insets of Figure 1 that focus on two arbitrarily selected runoff-producing events. It is also interesting to note that the first inset event shows that the Rió Piedras contributes nearly all of the runoff of the upper Río Chagres basin whereas this behavior is not observed in second inset. The upper Río Chagres discharge record from the Chico station exhibits periods of quasi-stable baseflow that are seemingly triggered by critical threshold storages. The Rió Piedras, by contrast, does not exhibit the same baseflow behavior; in fact, its character more closely resembles that of an ephemeral stream.

Why are there such different baseflow responses for the upper Río Chagres and the Rió Piedras? There are several possible explanations for the differences in groundwater discharges as seen at these two different spatial scales. Perhaps there is a larger, regional groundwater circulation from the headwaters of the upper Río Chagres to the outlet bypassing the Rió Piedras. In the upper parts of some catchments, tributary streams are often perched above the regional groundwater table (Foster, 1993).

Ward (1984), from the results of Hewlett and Hibbert (1967), points out that the majority of precipitation infiltrates the soil surface and enters the stream channels through a mechanism referred to as 'quickflow.' Ward (1984) concluded that the distribution of these variable source areas is related to subsurface flow convergence.

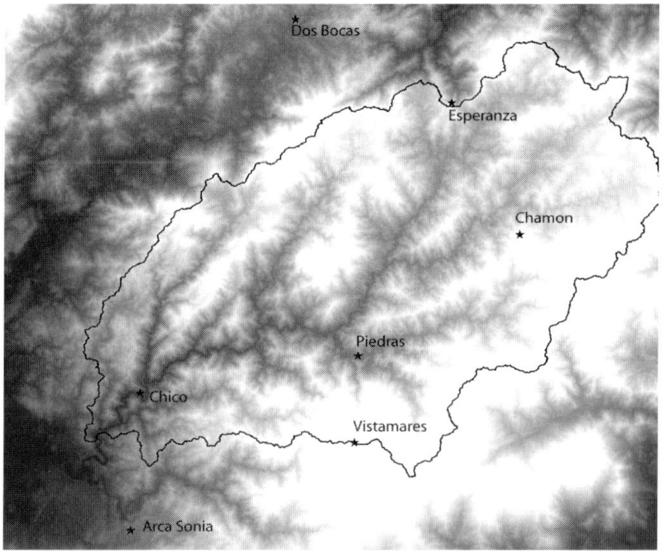

Figure 2. The location and name of rain gages in the upper Río Chagres basin. The sites designated 'Piedras' and the 'Chico' indicate the approximate locations of the two stream gages discussed in the text.

Bonnel (1993) concludes that compaction of cleared lands makes Hortonian runoff more likely and decreases groundwater recharge. There is also qualitative evidence that increased overland and subsurface flows result in increased peaks during the wet season and smaller baseflows in the dry season (Lal, 1993). This explanation is one possible explanation for the curious baseflow behavior of the Rió Piedras. However, the overall percentage of developed and deforested land seems to be rather small. There is conflicting evidence and it would be hard to quantify the effect of land use changes on baseflow. In either case, it is a potential explanation that should not be discounted.

Runoff efficiencies were computed for each basin to examine runoff response to varying rainfall inputs. The runoff efficiency of an event is defined as ratio of the volume of runoff to the volume of rainfall. Runoff efficiencies computed for selected upper Río Chagres and Rió Piedras precipitation events during 2001 are shown in Tables 1 and 2. Runoff efficiencies for the extreme event of December 2000, are also included in Table 3, as defined by Figure 3.

Table 1. Runoff efficiencies for selected rainfall-runoff events in the upper Río Chagres watershed during 2001.

Julian Day(s)	Rainfall (mm)	Runoff (mm)	Runoff Efficiency (%)
102	28.0	1.8	6
112	18.0	1.2	7
122-128	109.0	18.0	17
130-131	56.0	32.0	57
137-138	91.0	14.0	15
156-160	78.0	22.0	28
165-168	53.0	20.0	38
209-212	88.0	52.0	59
221-222	66.0	30.0	45
249	73.0	22.0	30
270-276	140.0	61.0	44
290-297	264.0	104.0	39

Table 2. Runoff efficiencies for selected rainfall-runoff events in the Rió Piedras watershed during 2001.

Julian Day(s)	Rainfall (mm)	Runoff (mm)	Runoff Efficiency (%)
106-110	302.3	84.1	28
154-157	78.7	20.5	26
258-260	78.7	14.9	19
309-312	55.9	9.6	17
326-328	119.3	18.3	15
334	106.7	16.3	7

Runoff efficiencies for the upper Río Chagres basin are generally lower during the dry season indicating large storage potential in all compartments. There is one notable exception near day 130-131, where the runoff production efficiency is anomalously high compared with all times during the dry season. During the wet season, runoff efficiencies are higher, with values averaging slightly over 40%. As seen in Table 3 for the extreme event of 2000, there is a wetting period during the beginning of the event and runoff efficiencies increase. This is followed by a marked decrease in efficiencies, as the subsurface must have drained somewhat, before runoff efficiencies again increase with increasing rainfall. This final increase in runoff production is culminated by the largest runoff event on 31 December 2000.

Table 3. Computed runoff efficiencies in the upper Río Chagres at the Chico gage for the extreme event of December 2000.

Event	Rainfall (mm)	Runoff (mm)	Runoff Efficiency (%)
1	225.0	95.7	43
2	39.8	24.3	61
3	10.7	6.5	61
4	41.4	15.0	36
5	113.0	64.4	57
6	177.0	137.0	77

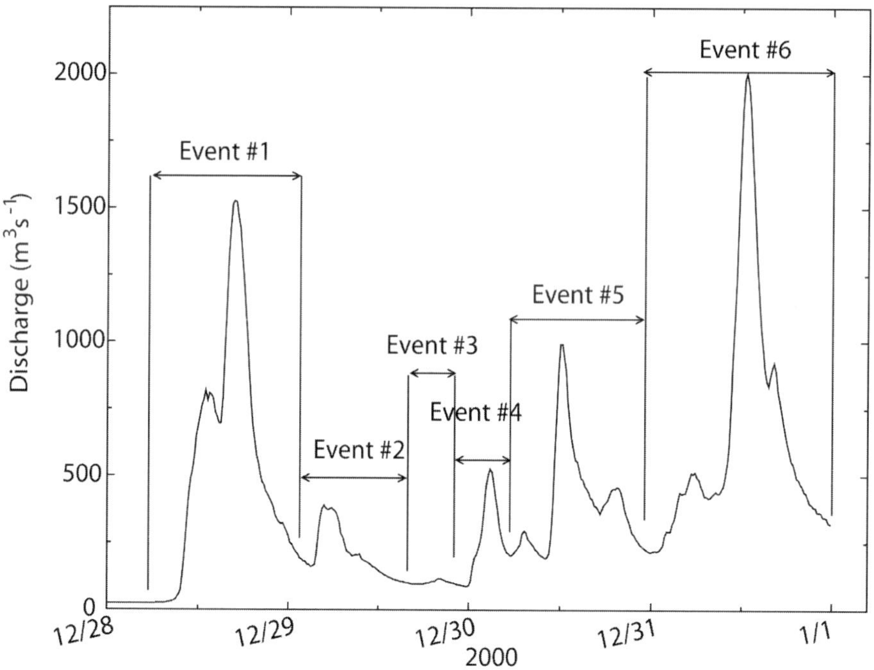

Figure 3. Definitions for the extreme runoff event of late December 2000.

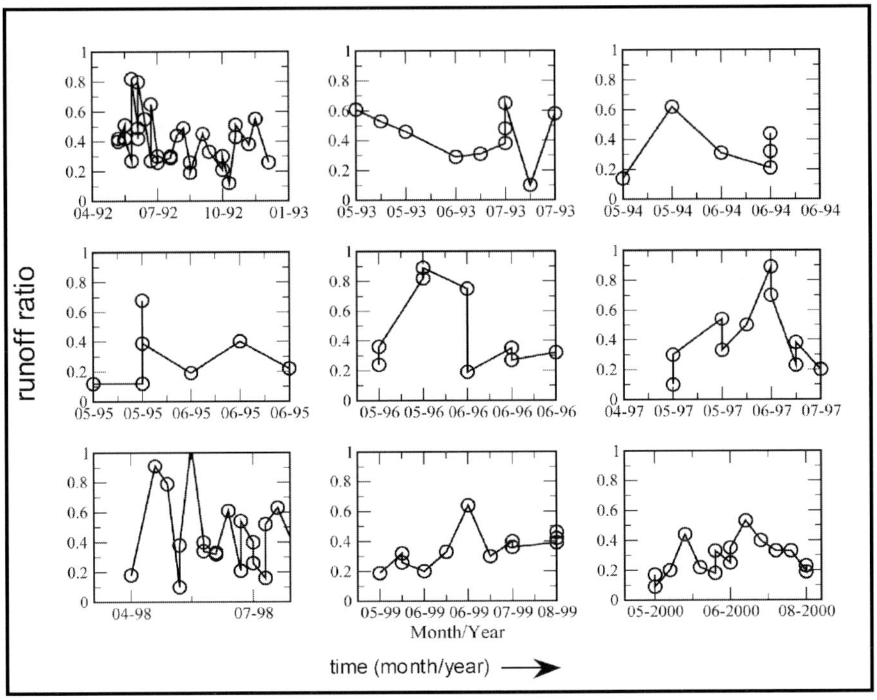

Figure 4. Historical record of runoff efficiencies calculated for the upper Rio Chagres watershed above the Chico gage.

Although a smaller sample of runoff efficiencies was computed for the Rió Piedras, significant differences are observed in Table 2. Runoff efficiencies actually decrease later in the year as the wet season progresses. On average during the dry season, runoff production efficiency for the Rió Piedras appears to be a bit larger than for the upper Río Chagres, as observed at the Chico gage. This type of response would seem to indicate increased overland flow. More analysis needs to be performed before any statistically meaningful comparisons can be made.

The anomalously high runoff efficiency observed near day 130-131 spurned interest in a further examination of several years worth of data for the Chico gage. During a typical year the largest runoff efficiencies were usually seen shortly after the start of the wet season, such as all of 1992 plotted in Figure 4. Computation of runoff efficiencies encompassing the transition from the dry to wet season were tabulated for several years and are shown in Figure 4, which illustrates that the runoff ratio frequently approaches 80%. A qualitative study showed that the high runoff ratios early in the wet season were more or less insensitive to rain rate.

3. MASS BALANCE AND SOIL MOISTURE STORAGE

A simple mass balance model reflecting the major processes of rainfall, runoff, soil moisture storage, and evapotranspiration was applied to the upper Río Chagres basin. The following form was chosen to represent each of these processes:

$$S_{t+1} = P_t - Q_t - AET_t + S_t \qquad (1)$$

where S is the storage, P is the precipitation, Q is runoff, AET is the actual evapotranspiration, and t is the time resolution which will be months in this case. Each term in the mass balance equation has units of length; in particular mm will be used in the following discussion. In this simple mass balance the actual evaporation is not exactly known, therefore the following approximation based on potential evapotranspiration and soil moisture is applied:

$$AET_t = PET_t \left[\frac{S_{t+1} + S_t}{2S_{Max}} \right] \qquad (2)$$

where AET is the actual evapotranspiration, PET is the potential evapotranspiration, and S_{Max} is the maximum storage. Thus the approximation of AET is based on the change in storage scaled by the maximum storage. Substituting (2) into (1) and then solving for the storage at the next month yields the final form of the mass balance equation:

$$S_{t+1} = \frac{P_t - Q_t + S_t(1 - PET/2S_{Max})}{\left(1 + \dfrac{PET}{2S_{Max}}\right)} \qquad (3)$$

This particular form was chosen because the only unknowns in the final form are the storage terms. Rainfall and runoff are known from gage data and the PET can be approximated as 6.0 mm/day or in this application 180.0 mm/month (Hendrickx *et al.,* 2005, this volume). A simple optimization, such as Excel solver can be applied to minimize the residuals of delta S and solve for S_{Max}. An initial guess is required for S_t, which has little influence beyond the first few months of the model, this parameter can also be included in the optimization.

Results of the mass computations using 16 years of data and averaged for each month of the year are shown in Figure 5 along with the average runoff. Figure 5 illustrates how the watershed starts with some residual storage in January from the recent cessation of the wet season and decreases as the dry season progresses. The model seems to indicate the watersheds' storage tendency to wet or dry unless a major perturbation, such as the start or the end of the wet season is applied. While this modeling exercise is lumped into a monthly temporal resolution, this observation is analogous to observations of runoff efficiencies previously mentioned and other studies at the hillslope scale, such as Dykes (2000). It must be noted that the storage terms will have some error terms built in such as interception and subsequent re-evaporation, which was not built into this simplistic representation.

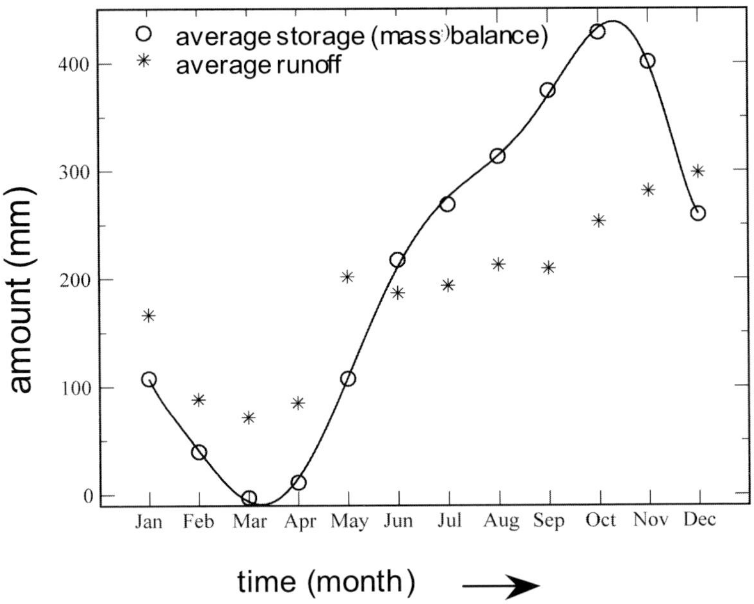

Figure 5. Monthly average values of relative soil moisture storage based on the mass balance calculations, average runoff shown for comparison.

Because the mass balance exercise hinted at a tendency for insignificant runoff perturbations during the dry season a means of quantifying such transitions was examined. One simple method of testing this theory is to determine if there is an approximately constant storage that must be filled in order to trigger a rise in baseflow. Computation of the storage required to raise baseflow was accomplished by examining upper Río Chagres hydrographs that had a clear transition in baseflow levels shortly after the wet season onset, such as Figure 1. The date of this transition was recorded and was then plotted against the cumulative depth of rainfall thus far in the wet season. The results are shown in Figure 6a, along with a trend line inserted for visualization purposes. This analysis reveals that a mean storage of 363 mm is required to trigger an increase in baseflow with a standard deviation of appoximately 60 mm.

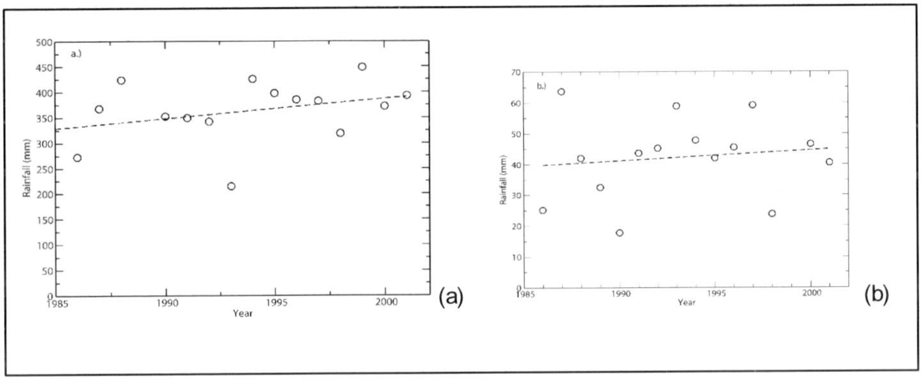

Figure 6. Historical record of the amount of rainfall required to (a) elevate the baseflow level and (b) trigger substantial runoff following the onset of the wet season as seen at the Chico gage. The trend lines are shown for visualization purposes.

The upper Río Chagres at the Chico gage rarely has significant runoff events during the dry season. The obvious explanation is the paucity of large rainfall events during this time of year. Clearly, there is enough rainfall to frequently produce flashy hydrographs once the wet season begins. A typical annual upper Río Chagres hydrograph, such as that in Figure 1, shows a sharp transition from gradually decaying baseflow during the dry season to frequent large runoff producing events early in the wet season. The date of the first large runoff event was determined and the cumulative amount of rainfall required to produce the first significant runoff was evaluated for 16 years of record. On average, approximately 42 mm of rainfall, with a standard deviation of 4.6 mm, is required to produce the first signs of significant runoff. Wheras a large spread in the data is expected due to the dynamic nature of storm events, it is instructive to note that there is a hydrologic storage that must be filled to produce the observed rises in the hydrograph at the onset of the wet season. Certainly, these observations raise many implications for the actual runoff production mechanisms, but the main point is that there is some storage that must be filled before the dynamics of runf are initiated.

4. SACRAMENTO MODELING

Watershed modeling is performed with the Sacramento Soil Moisture Accounting Model (*SAC-SMA*). The *SAC-SMA* model is a conceptual, lumped-parameter, soil moisture accounting hydrologic model included in the US National Weather Service river forecast system. Details of the model formulation are given by Burnash *et al.* (1973). Model inputs consist of rainfall and evaporation from which model output is compared against observed hydrographs. *SAC-SMA* contains a total of eight input parameters and six state variables, many of which must be computed by calibrating the model to observed data.

In *SAC-SMA*, soil-moisture storage of the watershed is conceptualized by dividing the soil into an upper and lower zone. The upper zone is sub-divided into two distinct components of storage - referred to as tension water storage, which must be filled before moisture becomes available to enter other storages, and free water storage. Percolation from the upper to the lower zone storage is partitioned similarly into a tension and free water storage. However, within the lower zone there are two storage compartments available to percolation, primary and supplementary free water storage. This sub-division allows for groundwater drainage at two different rates. The *SAC-SMA* formulation can conceptually simulate surface water runoff, direct runoff, lateral interflow, and baseflow.

Owing to the large number of *SAC-SMA* parameters and its conceptual formulation, it was decided to use an automated calibration procedure to fully explore the model parameter space. The Shuffled Complex Evolution (SCE) optimization method of Duan *et al.* (1992) was selected for this purpose. The SCE method was developed specifically for the automated calibration of lumped parameter hydrologic models. The SCE method requires the computation of a cost function; the hydrograph Root Mean Square Error (RMSE) is subjectively used as a goodness of fit indicator.

The importance of spatially varied rainfall on the performance of the upper Río Chagres basin modeling was also investigated. There is a significant amount of spatial rainfall variability within the upper Río Chagres catchment. It was initially hypothesized that a general Precipitation-Elevation (P-E) relationship existed in the watershed, perhaps due to an orographic enhancement effect. Evidence exists for this hypothesis because the higher elevation rain gages in the watershed receive significantly more rainfall than gages at lower elevations. Initially, an area-weighting scheme was applied to bins of basin elevation. For the case of the Rió Piedras sub-basin, a weighting scheme was applied using the Piedras and the Chamon rain gages. The Piedras, Chamon, Chico, Vista Mares, Dos Bocas, and Arca Soñia rain gages initially were used for the upper Río Chagres basin. In reality, the situation is more complex (Knox *et al.*, 2005, Chapter 13). Thus, the area-weighting scheme initially applied was only an approximation. However, because of the geographic distribution of elevations and the NE-SW orientation of the two gages in the Rió Piedras catchment, the area-weighting scheme used seemed to closely mirror that of the true spatial rainfall distribution. A compromise in weighting schemes was needed and the Rió Piedras area-weighting scheme was used for testing of *SAC-SMA*. Using area-weighted rainfall, as compared to a single-gage rainfall, both the calibration and verification results for the upper Río Chagres watershed are improved. The year 2000 was chosen as a calibration year due to the limited availability of rainfall records at several of the newer rain gages.

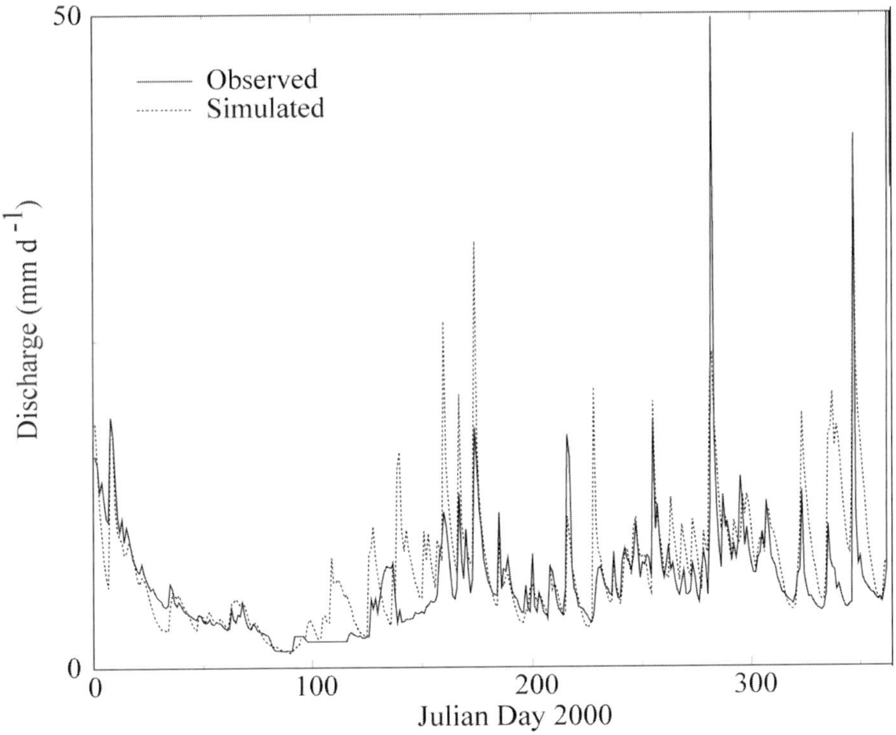

Figure 7. Sacramento model calibration results on the upper Río Chagres at the Chico monitoring station using multiple gage average rainfall.

Figures 7 and 8 show results of *SAC-SMA* calibration to the upper Río Chagres watershed with both the spatially varied rainfall and the single gage rainfall inputs. RMSE values are improved from 26.0 to 22.7% for the calibration event and the baseflow levels are accurately simulated. Furthermore, the timing and the peak discharge for many of the runoff events are more closely matched.

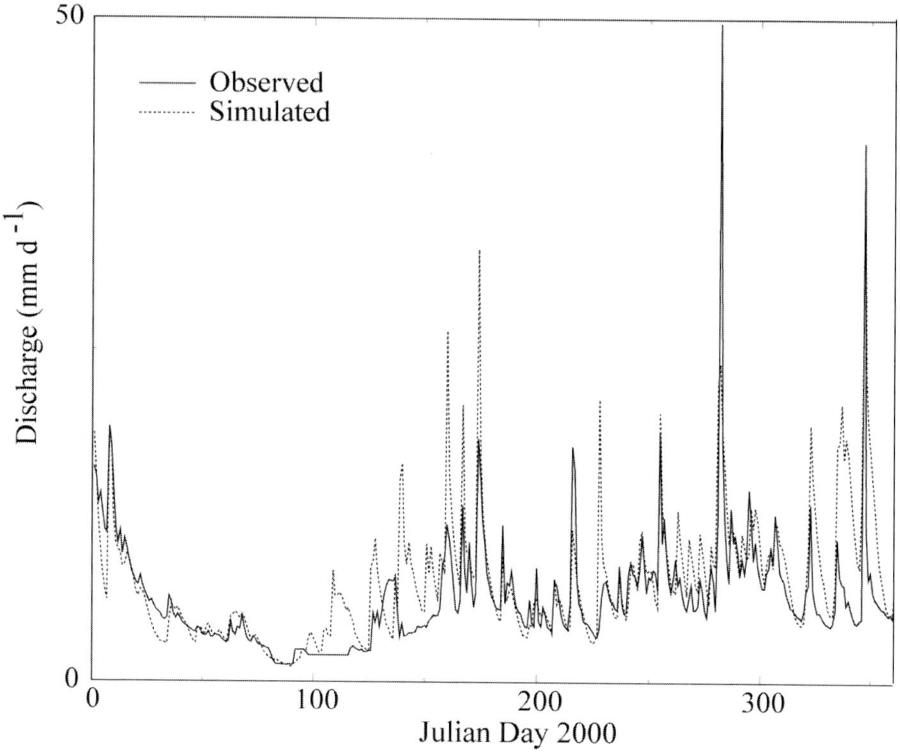

Figure 8. Sacramento model calibration results for the upper Río Chagres at the Chico gage using multiple gage average rainfall.

Results from the verification runs in Figure 9 and 10 show an improvement of the RMSE from 31.1 to 25.9%. Simulations using both the single-point and spatially-varied rainfall inputs had some trouble predicting runoff in the wet season of 2001. Particularly problematic for *SAC-SMA* are the shifts in baseflow levels exhibited during the wet season. Furthermore, the Sacramento model could not accurately reproduce the runoff observed at the Rio Piedras gage, as shown in Figure 11. The predicted baseflow is much higher than the observed data mirroring the differences in baseflow between the upper Río Chagres and Rió Piedras basins.

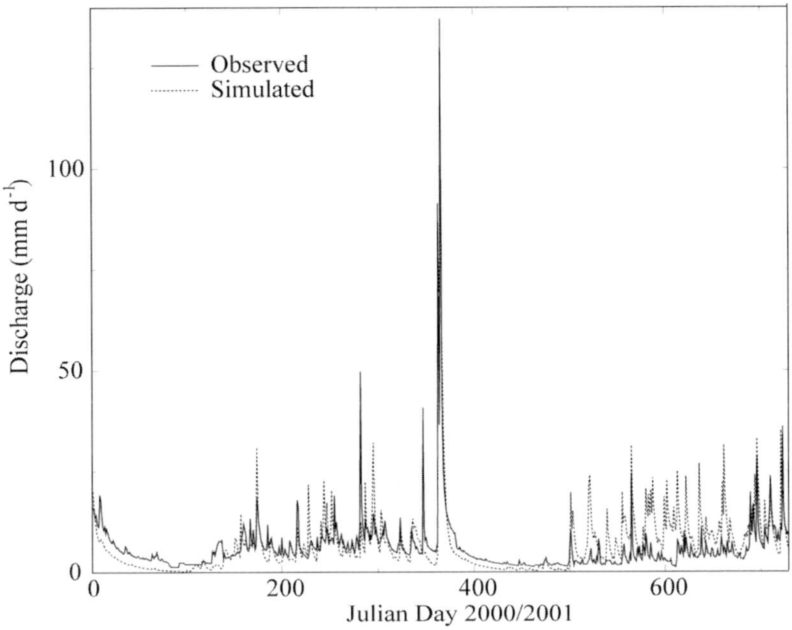

Figure 9. Upper Río Chagres verification for the single gage case.

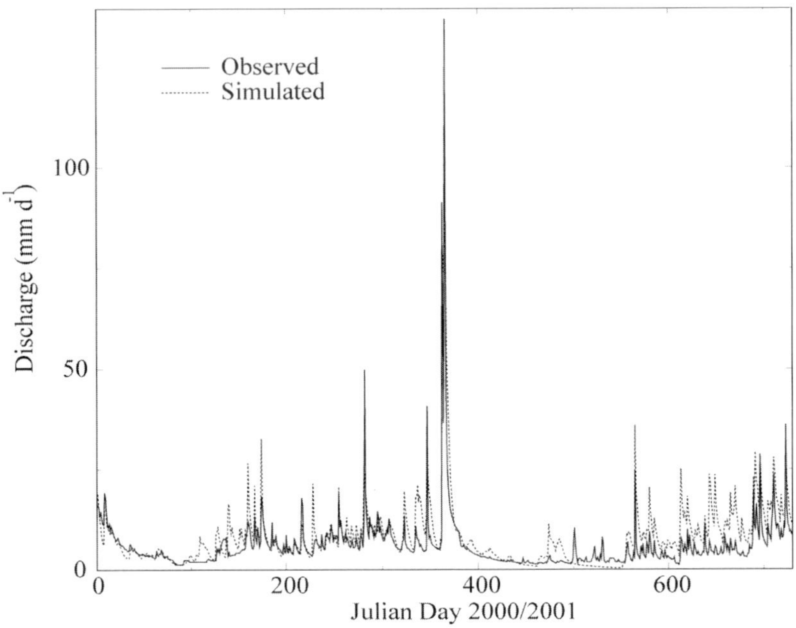

Figure 10. Upper Río Chagres verification using multiple rain gage input.

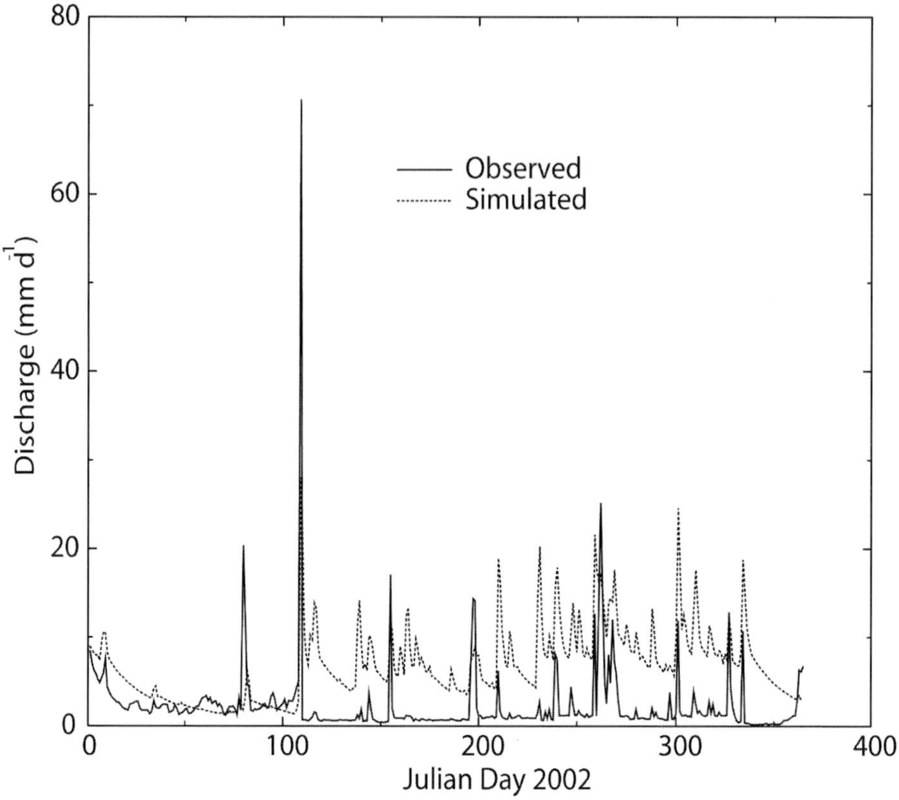

Figure 11. Sacramento modeling results for the Rió Piedras catchment using the parameter set derived from calibration of *SAC-SMA* on the upper Río Chagres at the Chico gage.

5. CONCLUSION

Results from our study of the upper Río Chagres basin indicate that rainfall climatology consideration is essential for accurate rainfall runoff simulation. Analyses from this study and by Knox *et al.* (2005, Chapter 13) in this volume indicate large rainfall gradients primarily oriented from north to south, but also increasing with elevation. Therefore, use of a single point measurement in the upper Río Chagres can lead to erroneous assumptions in the volume of rainfall input. Both model calibration and verification results showed marked improvement when a spatially distributed rainfall field was used as input.

Contribution of groundwater to streams in the Rió Piedras catchment (80.6 km^2) is much less than the entire upper Río Chagres basin (414 km^2). Unfortunately, there is no obvious explanation as to the exact mechanism.

Possible explanations include large scale, regional groundwater flows from the headwaters that bypass much of the Rió Piedras sub-basin. Potential changes in runoff production mechanisms that accompany land use changes in the Rió Piedras area should also be further examined. The latter explanation is considered less likely as the percentage of land use changes in the Rió Piedras are relatively small, but cannot be discounted because of growing clear-cutting of the tropical forest for subsistence farming and development along its southern margin.

A simple mass balance computation considering the processes of rainfall, runoff, and evaporation does a relatively good job in predicting the average soil moisture storage of the watershed. While the mass balance was performed at a monthly timescale, results indicate that dry season rainfall has little lasting effect on runoff or soil moisture. This notion is further supported by an analysis of discrete baseflow levels that were observed for the upperRío Chagres, such as Figure 1.

There was evidence to suggest that on average a constant storage of 360 mm must first be filled before large changes in the baseflow runoff are observed. Furthermore, a storage of 42 mm on average must be filled at the onset of the wet season for significant runoff to initiate in the watershed. Examination of several years of rainfall and runoff data indicates that the highest runoff ratios during the year occur shortly after the transition to the wet season. These high runoff ratios also roughly correspond to the time between wet season initiation and the 360 mm storage limit. The exact mechanism responsible for this abnormal behavior must be examined in further detail.

There is a lack of Sacramento model parameter transferability between the upper Río Chagres basin and the Rió Piedras sub-basin. In general, calibrated model parameter transfer should provide meaningful results when applied to an internal basin. This lack of transfer between the two watersheds tends to further support the notion that there may be inherent differences in the runoff production mechanisms in each catchment.

6. AREAS OF FURTHER RESEARCH

As the conclusions from this paper suggest, there is still much hydrological research needed in the upper Río Chagres watershed to better characterize runoff production. Thus, the inclusion and the importance of this section is to highlight the potential means of answering many of the questions posed by this paper. Work is presently underway to identify and install two additional stream gages in the upper Río Chagres basin. Ideally,

Lal, R, 1993, Challenges in Agriculture and Forest Hydrology in the Humid Tropics: in *Hydrology and Water Management in the Humid Tropics*, UNESCO, Div. Water Sci., Paris, France: 395-404.

Ogden, FL, 2003, Rating Curve Development for the Rió Piedras Stream Gaging Station Upstream from the Río Chagres in the Panama Canal Watershed: Report for U.S. Army Research Office, Univ. Connecticut Dept. Civil Env. Eng., Storrs, CT: 18 p.

Palka, EJ, 2005, A geographic overview of the republic of Panama: Pathway to the continents and link between the seas: in *The Río Chagres: A Multidisciplinary Profile of a Tropical Watershed* (RS Harmon, ed.), Kluwer Acad./Plenum Pub., New York, NY: 1-18.

Ward, RC, 1984, On the response to precipitation of headwater streams in humid areas: Jour. Hydrol., 74: 171-189.

Chapter 11

DOWNSTREAM HYDRAULIC GEOMETRY ALONG A TROPICAL MOUNTAIN RIVER

Ellen Wohl
Colorado State University

Abstract: The upper Río Chagres basin drains 414 km^2 of mountainous topography in central Panama. Hillslopes exceed 45° in over 90% of the basin and are highly dissected by a predominantly bedrock channel network. A variety of igneous bedrock lithologies are exposed discontinuously along the channels, which both follow and cut across geologic structures. Local changes in channel gradient and geometry occur where the channel crosses a more resistant bedrock unit, but the longitudinal profile as a whole is concave. Coarse sediment is introduced via tributary channels and landslides. The basin has high values of discharge per unit area. Channel geometry, bed grain-size, velocity, and discharge were surveyed for 40 short (50-200 m-long) channel reaches throughout the basin to examine how downstream hydraulic geometry relations and other channel characteristics (i) compare to those from mountain drainages in temperate regions, and (ii) reflect site-specific variables versus variables such as drainage area and discharge that change progressively downstream. Downstream hydraulic geometry exponents are 0.36 for hydraulic radius, 0.43 for channel top-width, and 0.24 for mean velocity. These values are similar to the average values for rivers worldwide, despite the inclusion of step-pool, pool-riffle, and bedrock gorge reaches in the data set. The presence of strong downstream hydraulic geometry trends indicates that hydraulic driving forces sufficiently exceed resisting forces to override specific lithologic influences on channel width and depth when averaged across sub-basin to basin scales. Poor correlations between grain size and drainage area, discharge, or reach gradient and between reach gradient and drainage area or discharge suggest that landslides and bedrock lithology locally control grain size and reach gradient.

Key words: Panama; Río Chagres; river hydraulic geometry

R. S. Harmon (ed.), The Río Chagres, Panama, 169-188.

1. INTRODUCTION

Few investigators have examined river networks in mountainous tropical environments. The tropical networks might be expected to share several characteristics present in some mountain networks of temperate regions (Wohl, 2000), such as steep gradients and a segmented longitudinal profile, as expressed in knickpoints, the absence of strong linear relations between downstream hydraulic geometry variables and discharge, or abrupt changes in valley morphology.

Tropical mountain networks might also be expected to contain resistant channel boundaries dominated by bedrock and very coarse clasts; coarse sediment supplied directly from hillslopes; an abundant supply of large woody debris (LWD); minimal flood plain development; a seasonally variable hydroclimatic regime; high boundary roughness and highly turbulent flow; and stochastic bed load movement as a result of high entrainment thresholds.

Tropical river networks might differ from those in other mountainous regions because of the absence of past or contemporary glaciation. River dynamics in tropical mountainous regions might also differ because of high rates of rock weathering and LWD decay; high rates of discharge per unit drainage araea generated in portions of the tropical basins or across the entire basin by monsoonal or cyclonic precipitation; and the larger transport capacities associated with more frequent heavy precipitation across the basin. These differences might produce channels with less downstream segmentation because of the lack of glacial influence and less pronounced variability in bedrock resistance.

Tropical rivers might also be more dynamic in terms of local channel adjustment, on timescales of a year to a few decades, because of the frequent high discharges and associated high values of velocity, shear stress, and stream power, as well as an absence of stable LWD. If these inferences are correct, tropical mountain rivers might better approximate the downstream hydraulic geometry relations for fully alluvial rivers than mountain river networks in drier regions, because the tropical rivers would be more capable of adjusting channel form to discharge.

Published studies of downstream hydraulic geometry along mountain rivers are relatively few. Such studies include the work of Caine and Mool (1981) in the Middle Hills of Nepal, where hydraulic geometry relations were similar to those reported from other regions of the world (Park, 1977). Studies from the Canadian Rockies (Ponton, 1972) and the Colorado Rockies (Phillips and Harlin, 1984) demonstrated that channel characteristics did not follow the expected downstream hydraulic geometry trends because of either gradient changes related to glaciation or substantial changes in alluvial substrate. Molnar and Ramirez (2002), using data published by McKerchar *et al.* (1998) and Ibbitt *et al.* (1998) for two mountain rivers in New Zealand, found consistent downstream trends in channel width, but weaker and less consistent downstream trends in hydraulic radius and velocity.

None of these previous studies focused on the downstream trends of mountain river channels in tropical environments. In this paper, field data from the upper Río Chagres in Panama are used to examine how downstream hydraulic geometry relations and other channel characteristics (i) compare to those from mountain drainages in temperate regions, and (ii) reflect site-specific variables versus variables such as drainage area and discharge that change progressively in a downstream direction.

2. FIELD AREA

The entire Río Chagres watershed drains 3340 km^2 in central PanamaThe 1934 creation of Madden Dam and Lago Alhajuela divided the watershed into upper and lower catchments, known as the Gatun basin and Alhajuela basin, respectively. Alhajuela is drained by three major river networks: the Río Pequeni, Río Boqueron, and upper Río Chagres, which collectively provide nearly half the water supply of the entire Río Chagres watershed. The upper Río Chagres drains 414 km^2 of this steep, mountainous terrain (Fig. 1), where hillslopes exceed 45° in over 90% of the sub-basin (Larsen, 1984; Robinson, 1985). The 60 km-long upper Río Chagres descends approximately 850 m from its headwaters to Lago Alhajuela, which currently serves as its effective base level.

The majority of the upper Río Chagres basin lies within Parque Nacional Chagres, although 30% of the land is in private ownership. Human land use is primarily cultivation that is restricted to these private land holdings, and road and trail access is minimal. The majority of the land surface is covered by intact primary tropical and seasonally tropical rainforest. Trees can attain a height of 30 m and a diameter of 2.2 m (R. Condit, Smithsonian Tropical Research Institute, pers. comm., 2003).

Preliminary geologic mapping (Wörner *et al.,* 2005, this volume) indicates that the bedrock geology underlying the upper Río Chagres basin comprises a series of strongly faulted and variably altered intrusive, volcanic, and volcaniclastic lithologies outcropping discontinuously along the channels of the upper Río Chagres. They subdivided the bedrock into four general types: (i) coarse-grained igneous rocks ranging in composition from gabbro to granite, (ii) mafic to intermediate composition volcanic rocks erupted as submarine lava flows, (iii) volcaniclastic rocks that derive from the submarine eruption and fragmentation of lavas, and (iv) andesite dikes which crosscut all other lithologies. The age of these rocks is difficult to assess without absolute age dating, but related sediments are of lower Tertiary age. At the sub-basin to basin scale of tens to hundreds of square kilometers, bedrock structural characteristics appear to influence regional drainage net development in that the NE-SW trend of the major channels coincides with regional fault and dike patterns, as denoted from a 10 m-resolution digital elevation model (DEM) of the basin (H. Mitasova, pers. comm., 2002). The movement along these faults is mostly, but not exclusively, near vertical and probably represents strike-slip displacement during bending of the Central American isthmus (R. Harmon, pers. comm., 2002).

Figure 1. Location map of the upper Río Chagres drainage basin, Panama. The channel

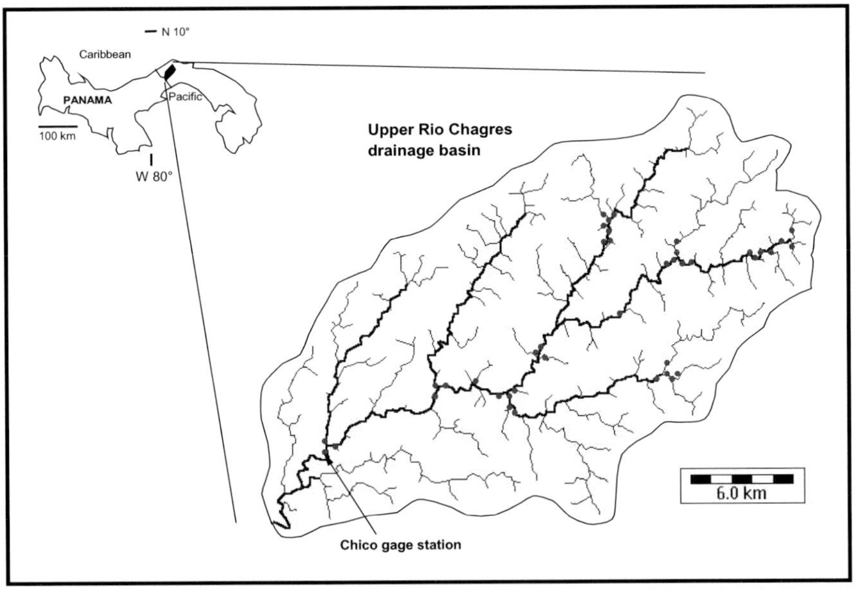

network is derived from the 10 m digital elevation map of the region. Lighter dots indicate the 40 study reaches.

Mean annual precipitation at the headwaters of the upper Río Chagres has not been measured, but recorded data at Lago Alhajuela indicate a mean annual precipitation of 2590 mm during 1914-1995. Some 90% of this rain falls during May-December (Houseal, 1999). Preliminary soils investigations in the drainage basin suggest that overland flow dominates hillslopes during the dry season. Soil water repellency causes a disproportionate increase in runoff during the first few storms after the dry season. Subsurface flow dominates hillslopes during the wet season, with positive soil water pressures leading to non-Darcian flow through pipes and macropores (Harrison *et al.,* 2005, Chapter 7 and Hendrickx *et al.,* 2005, Chapter 8).

Discharge in the upper Río Chagres basin has been measured at the Chico gage (Fig. 1) since 1933. Discharge typically varies between 10-20 m^3/s during the dry season and over 1000 m^3/s during the monsoon season. Mean annual peak flow is 1049 m^3/s, and the flood of record was 3780 m^3/s in November 1966.

Dense canopy cover along even the largest channels prevents the derivation of an accurate longitudinal profile from the 10 m-resolution DEM of the upper Río Chagres basin. However, the general DEM-derived profile and our field observations suggest that the river has a concave longitudinal profile with some knickpoints up to 10 m high in the headwaters, and one smaller knickpoint 3 m high midway down the basin.

3. METHODS

An initial aerial reconnaissance of the basin was conducted via helicopter in order to select appropriate channel reaches for surveying. Site selection was based on both spatial importance in the context of the research objectives and accessibility. Forty short channel reaches (50-200 m long) were designated throughout the upper Río Chagres basin river network. At each reach, a geographic position was obtained using a Trimble Pro XRS global positioning unit. Channel geometry was surveyed, including gradients for channel-bed, water-surface, and high-flow marks. Gradients for some channel reaches were estimated from DEM coverage of the basin and are likely less accurate than those gradients surveyed directly. Reaches with DEM-based estimates are indicated in Table 1.

Channel width, depth, paleostage indicators, and bed form wavelength and amplitude were also surveyed using either a total station or a hand level, metric tape, and stadia rod. Bed form wavelength is defined as the average downstream distance between equivalent points (riffle crest to riffle crest, for example), and bed form amplitude is defined as the average elevation difference between the step lip and the base of the step for step-pool channels, and the average residual pool depth for pool-riffle channels. Low-flow velocity was measured at the time of field work using a 1-D Marsh-McBirney electromagnetic current meter and. bed grain-size distribution measured using a random walk (Wolman, 1954). At bedrock outcrops along the channel, rock-mass strength was measured below the high-flow mark (Selby, 1980).

Data analysis focused on calculating bankfull hydraulic variables for each study reach. In this context, bankfull flow represents the mean annual high flow, defined in the field based on both the interface between vegetative growth parallel to streamflow and growth normal to channel flow and the presence of fluvially deposited wood and debris. Bankfull discharge was calculated using the surveyed channel geometry and field-estimated Manning's *n* value for high flow based on visually-assessed boundary roughness. The *n* value was constrained by measured low-flow velocity and calculated discharge at the time of the survey. Cross-sectionally averaged values of hydraulic variables during bankfull flow were calculated as:

$$\text{bed shear stress, } \tau = \gamma \, R \, S \qquad (1)$$

$$\text{stream power per unit area, } \omega = \tau \, v \qquad (2)$$

$$\text{total stream power, } \Omega = \gamma \, Q \, S \qquad (3)$$

$$\text{Darcy-Weisbach friction factor, } f = (8gRS)/v^2 \qquad (4)$$

where γ is the specific weight of water (9800 N/m^2), R is hydraulic radius in m, S is streambed gradient in m/m, v is mean velocity in m/s, Q is discharge in m^3/s, and g is gravitational acceleration (9.8 m/s^2).

Critical shear stress for mobilizing the D_{84} grain size at each study reach was calculated using Komar's (1987) equation:

$$\tau_c = 0.045(\rho_s - \rho) \, g \, D_{50}^{0.6} \, D_{84}^{0.4} \qquad (5)$$

where ρ_s is sediment density (2.65 g/cm^3), ρ is water density (1 g/cm^3), and τ_c is in dynes/cm^2.

4. RESULTS

4.1 Observed Channel Characteristics

Helicopter flights across the upper Río Chagres drainage basin permitted observation of vegetated abandoned meanders that occur approximately 5-30 m above the active channel. These relict channels indicate that the sinuous upper Río Chagres is migrating laterally as it incises, despite its narrow, confined valley geometry.

The helicopter flights and the ground-based field work also revealed many vegetated and recent landslide scars. From the soil profiles exposed along the hillslopes where landsliding has occurred, landslides apparently have introduced a full range of clay- to boulder-size sediment into the channels. The lack of fine sediment deposits in the channels at or immediately downstream from the landslides suggest that flows are competent to transport clay- to gravel-size sediment downstream quickly after a landslide. Some of the landslides were associated with cobble-boulder deposits immediately downstream, but these seldom formed a deposit noticeably larger than other steps or riffles present upstream from the landslides, again suggesting highly competent flows in the channel.

Very little large woody debris (LWD) was observed along the channels in the upper Río Chagres basin, despite the density of mature forest in the basin. A few recently deposited logs were present in headwater areas, but not in the middle and lower portions of the upper Río Chagres. Where LWD was observed, it occurred mostly in depositional zones along channel margins and did not apparently serve the geomorphic roles commonly described for LWD in temperate-zone mountain rivers, such as creating sediment storage zones, stabilizing channel banks, or providing nucleation sites for bars or islands. The absence of LWD in and along the channel network is probably primariy a result of the extremely high decay rate of wood in Panama; logs of some tree species decay within 6 months, and even the most persistent woods decay within 20 years (R. Stallard, USGS, pers. comm., 2002). The high values of velocity and stream power present throughout the upper Río Chagres network probably also help to mobilize and physically break down LWD.

Numerous discontinuous bedrock outcrops along the channel bed and banks suggest that bedrock is present at shallow depths below an alluvial veneer throughout the channel network. At the cross-sectional to reach scale of tens to hundreds of square meters, bedrock lithology and joint geometry are consistently associated with characteristic channel width/depth ratios, gradients, and bend angles. Wide, low gradient channels having minimal exposed bedrock during low flows are associated with granites, microdiorites, and altered volcanic andesitic and volcaniclastic lithologies. Granites are also associated with abundant grus (sand-gravel size sediment) and large, rounded boulders (Fig. 2). Narrow, incised, higher gradient channel reaches with continuous bedrock exposure and sharper bends are associated with gabbros and diorites (Fig. 3). Individual channel reaches of tens to hundreds of meters in length both follow and cut across joints and faults.

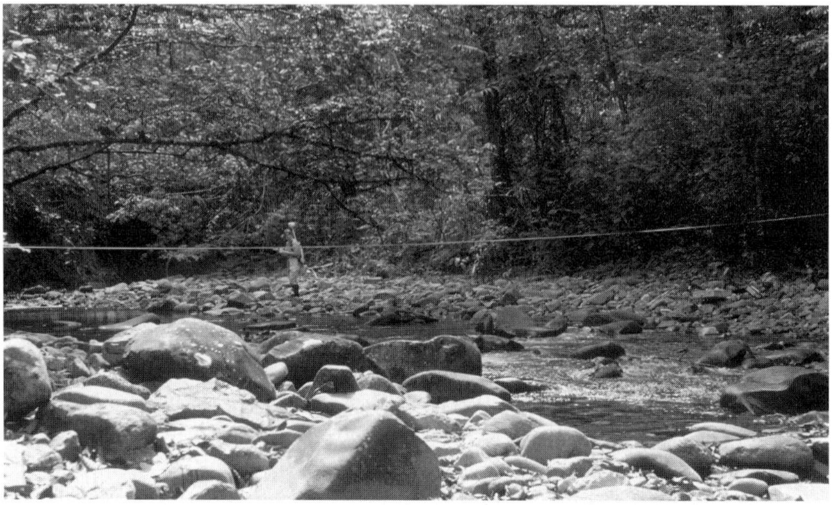

Figure 2. View upstream in a study reach where the pool-riffle channel is formed in granite.

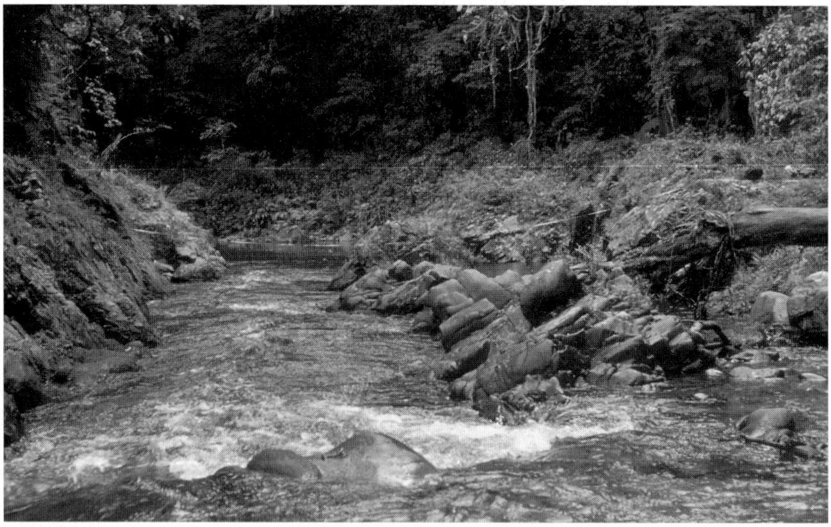

Figure 3. View downstream in a study reach where the channel forms a bedrock gorge in a mafic substrate.

Surveyed reaches included three basic channel types: step-pool (Fig. 4), pool-riffle (Fig. 2) and bedrock gorge (continuous bedrock exposure, generally step-pool or pool-rapid bedforms; Fig. 3). Steps and pools occurred along channels with smaller drainage areas, very coarse sediment, and high gradients. Pools and riffles occurred at a range of drainage areas, but had smaller clasts and lower gradients. Bedrock gorges had a range of drainage areas, grain sizes, and gradients. Although the larger step-forming clasts in some of the step-pool channels appeared to be mobilized infrequently, most of the channel-bed clasts were imbricated but not tightly packed, suggesting more frequent mobility.

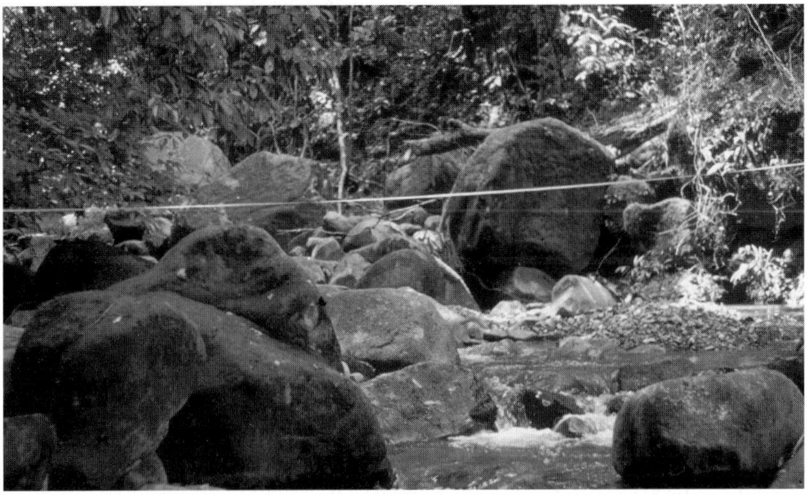

Figure 4. View upstream in a study reach where the step-pool tributary channel is formed in granitic substrate.

Channel Characteristics

The summary of the cross-sectionally averaged characteristics at the 40 study reaches (Table 1) indicates a wide range in the values of most variables. Field-estimated bankfull discharge has a strong log-linear correlation with drainage area (Fig. 5). Downstream hydraulic geometry exponents for bankfull hydraulic radius (Fig. 6a), bankfull channel top width (Fig. 6b), and bankfull mean velocity (Fig. 6c) were calculated using the reach data. These values, 0.36 for radius, 0.43 for width, and 0.24 for velocity, are similar to the average values for rivers worldwide (Park, 1977). Discharge has a strongly log-linear relation with both hydraulic radius and channel top width, although some outliers exist. These outliers do not consistently represent alluvial or bedrock channels, small or large drainage areas, or any one of the three primary channel types (step-pool, pool-riffle, or bedrock gorge). The relation between discharge and velocity is more variable (Fig. 6c), and again outliers exhibit no consistent characteristics.

Table 1. Listing of variable values by study reach for the upper Río Chagres basin, Panama.

Area	S	Q	D_{50}	D_{84}	T	T_c	ω
21.2	.0344	397	18	32	573	170	3785
22.3	.0069	431	11	23.5	183	112	737
36.6	.0050	148	30	38.5	98	249	220
37.5	.0109	374	24	35	256	209	1198
60.6	.0109	909	19	33	278	178	1812
60.8	.0015	87	14	24	29	130	36
75.9	.0092	857	18.5	30	306	168	1660
10.8	.0125	47	16.5	26.5	80	150	168
15.0	.0132	323	14	19	272	119	1282
15.5	.0080	97	16	23.5	73	140	205
20.6	.0138	390	30	52.5	298	282	1481
0.5	.0340	22	21	42	267	208	848
20.0	.0340	431	18	40	733	186	4574
2.5	.0174	93	14	24	256	130	1106
13.0	.0166	216	40	64	277	362	1271
32.7	.0094	318	33	45.5	211	282	865
47.8	.0040	423	20	35	74	188	237
1.0	.0267	46	11	22.5	314	110	1159
48.7	.0040	216	30	92.5	63	353	136
1.1	.0670	14	35	63.5	394	333	1036
29.3	.0146	206	24	39	272	219	1261
29.6	.0083	131	21	34	114	191	325
12.8	.0143	228	18	36	280	178	1329
6.1	.0133	48	13	27.5	143	132	439
6.3	.0835	159	21	36	1227	196	9293
92.8	.0068	221	20.5	36	127	193	402
3.6	.0253	10	15	25.5	174	139	436
88.3	.0309	241	10.5	19	363	100	1802
175.8	.0110	2620	20	38	356	194	2070
171.7	.0271	1063	21	33.5	744	190	6085
2.9	.0360	36	20	55.5	353	226	1340
4.4	.0821	66	48	102.5	805	488	3844
269.0	.0178	1525	30	46	436	267	3537
1.6	.0727	48	21	43.5	285	211	834
49.4	.0102	344	15	25.5	210	139	870
280.3	.0125	1586	26	36.5	429	224	2765
329.8	.0100	683	8.5	16	186	82	942
41.8	.0099	216	8	13	204	73	832
364.0	.0004	1058	13	20.5	24	117	53
407.0	.0014	1231	11	16	80	96	242

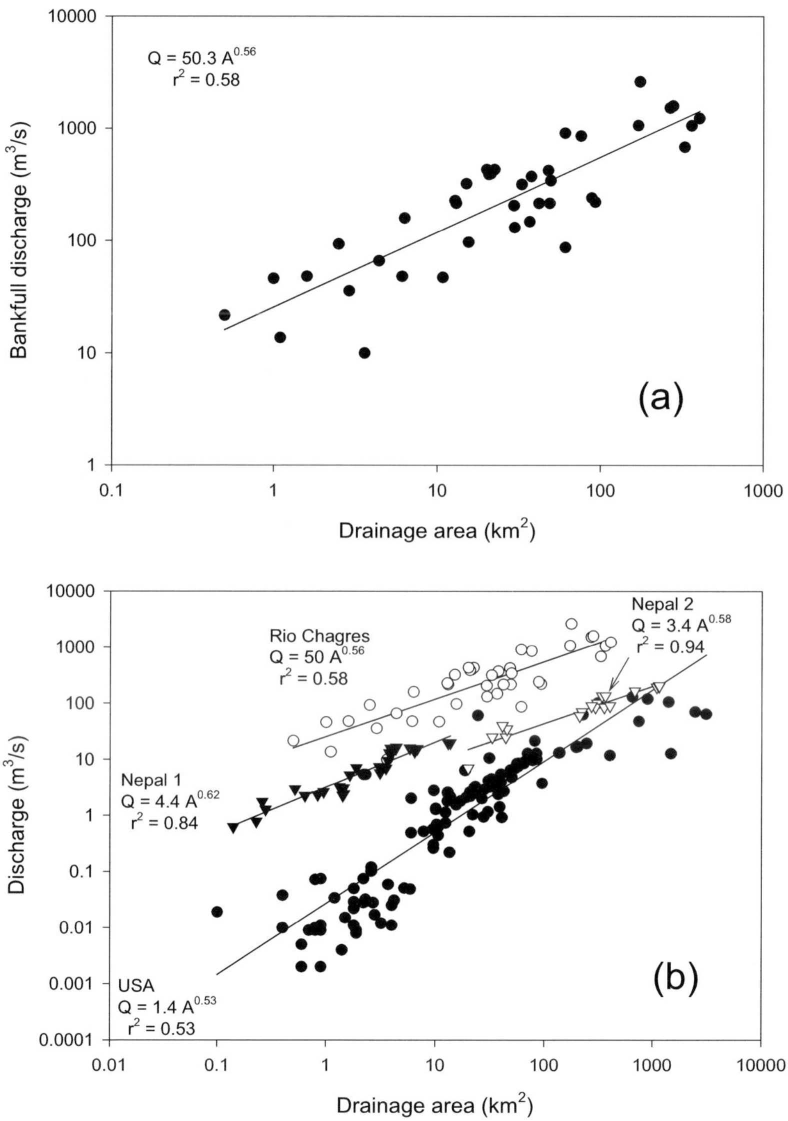

Figure 5. (a) Regression of drainage area and bankfull discharge estimated from high-flow indicators at study sites throughout the upper drainage basin. (b) Comparison of discharge-drainage area relations for the Río Chagres and for mountain drainage basins elsewhere in the world. "Nepal 1" is the Middle Himalaya, "Nepal 2" is the upper Himalaya, "USA" includes data from Colorado, Wyoming, Montana, Washington, and Alaska (Data sources: Caine and Mool, 1982; Curran and Wohl, 2003; MacFarlane and Wohl, 2003; E. Wohl, unpublished data.)

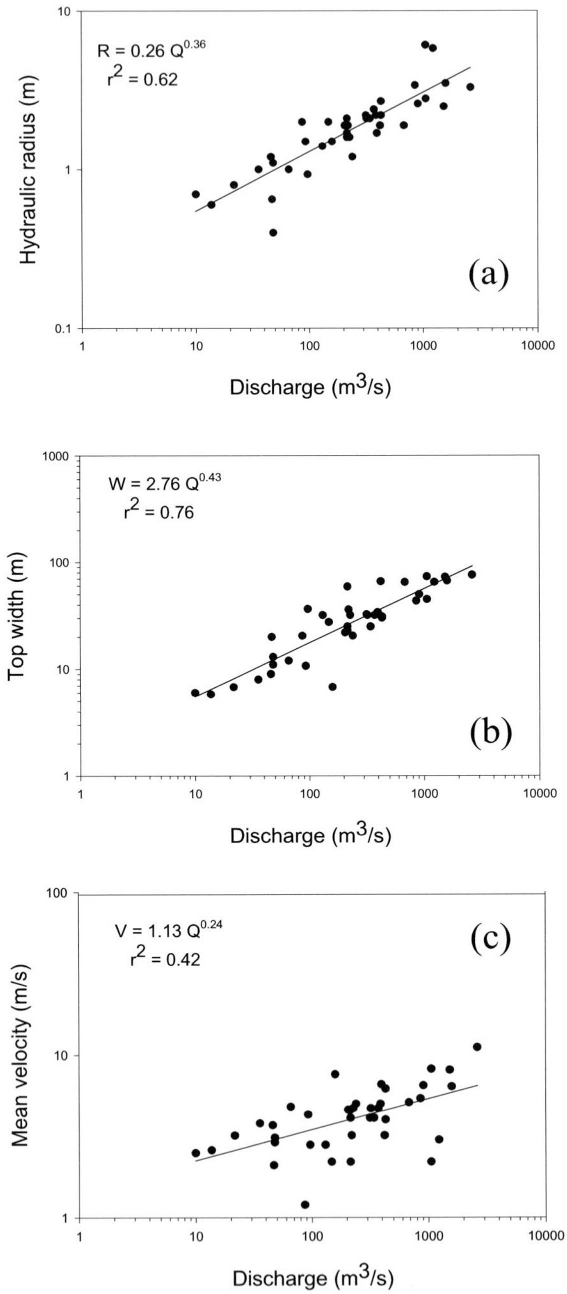

Figure 6. Downstream hydraulic geometry relations. (a) hydraulic radius, (b) channel top width, and (c) mean velocity.

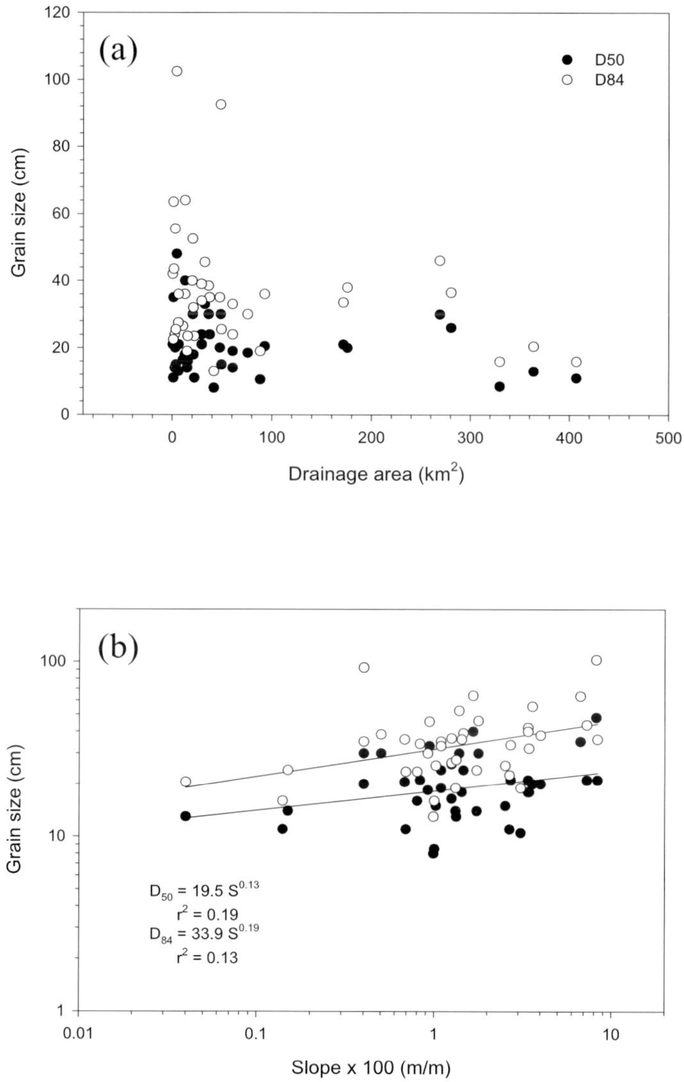

Figure 7. Grain size at each study reach, represented by D50 and D84, versus (a) drainage area and (b) reach gradient.

Using D_{50} and D_{84} as indicators, grain size at a reach correlates poorly with bankfull discharge, drainage area (Fig. 7a) and reach gradient (Fig. 7b). Reach gradient also correlates poorly with discharge and drainage area (Fig. 8). Critical shear stress for D_{84}, as calculated using equation 5, is greater than bankfull shear stress at more than half of the study reaches (28 out of 40; Fig. 9). This suggests that the coarsest clasts throughout the channel network are generally mobilized on approximately an annual basis.

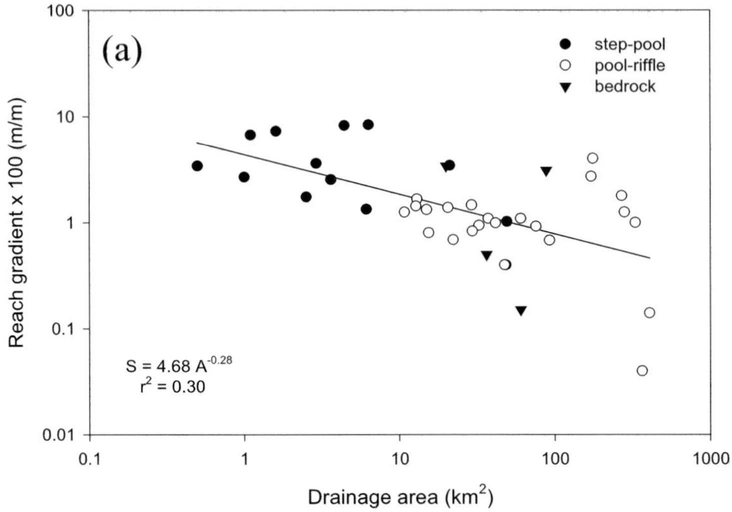

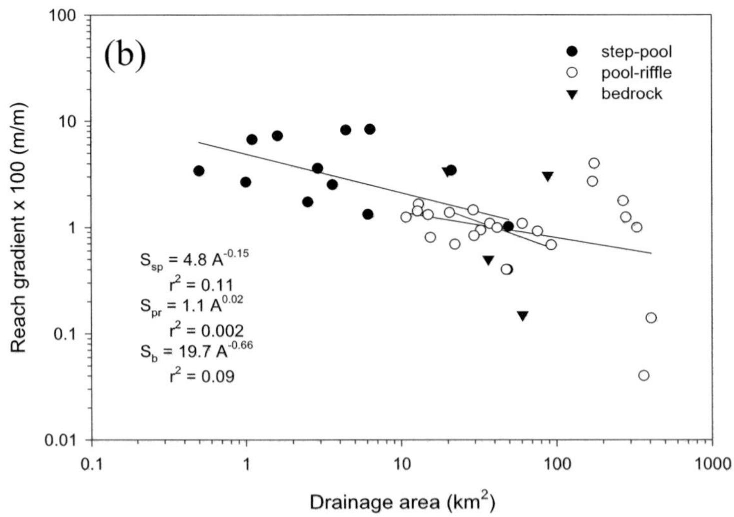

Figure 8. Reach gradient versus drainage area, plotted with (a) a single regression line and (b) a regression line for each channel type.

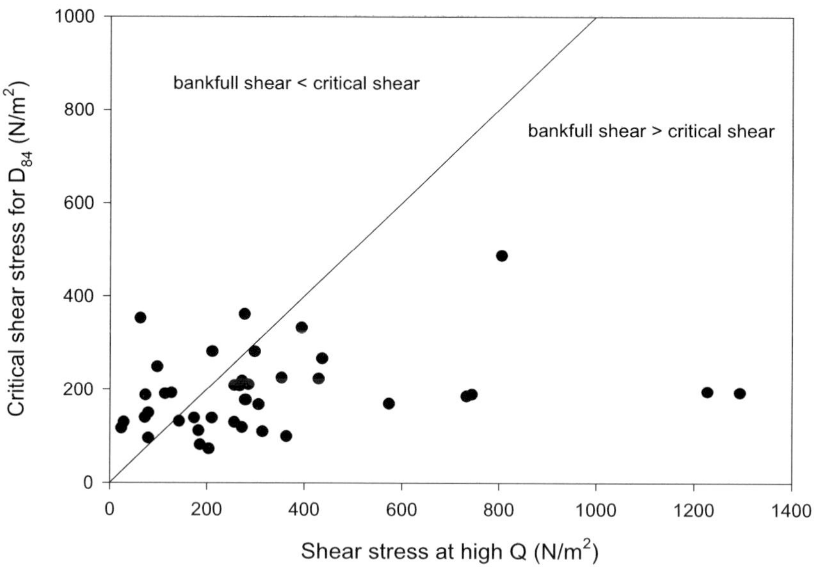

Figure 9. Estimated bed shear stress during bankfull flow versus critical shear stress for the D_{84} grain size at each study reach, estimated using Komar (1987).

Both stream power per unit area (Fig. 10a) and total stream power (Fig. 10b) peak approximately halfway down the drainage basin. Searches for correlations between potential control variables and the response variables of bed form wavelength and amplitude and Darcy-Weisbach friction factor revealed that friction factor correlates with hydraulic radius (Fig. 11) and bed form wavelength correlates with reach gradient (Fig. 12). However, the wavelength-slope correlation reflects the presence of both step-pool and pool-riffle channels in the data set. Bed form wavelength does not correlate with reach gradient within either the step-pool or pool-riffle subset. The spacing of pools in the pool-riffle channels averages 3.5 times bankfull channel width (range 1.1 to 8), which is within the range of spacing values found for temperate rivers (Keller and Melhorn, 1978). Along the step-pool channels, the ratio of step amplitude/ wavelength/ reach gradient fell between 1 and 3, similar to the values found for channels in temperate regions (MacFarlane and Wohl, 2003). The ratio of step amplitude to step wavelength also approximated 1.5 times the reach gradient, the condition described by Abrahams *et al.* (1995) as creating maximum flow resistance and greatest channel stability for step-pool channels.

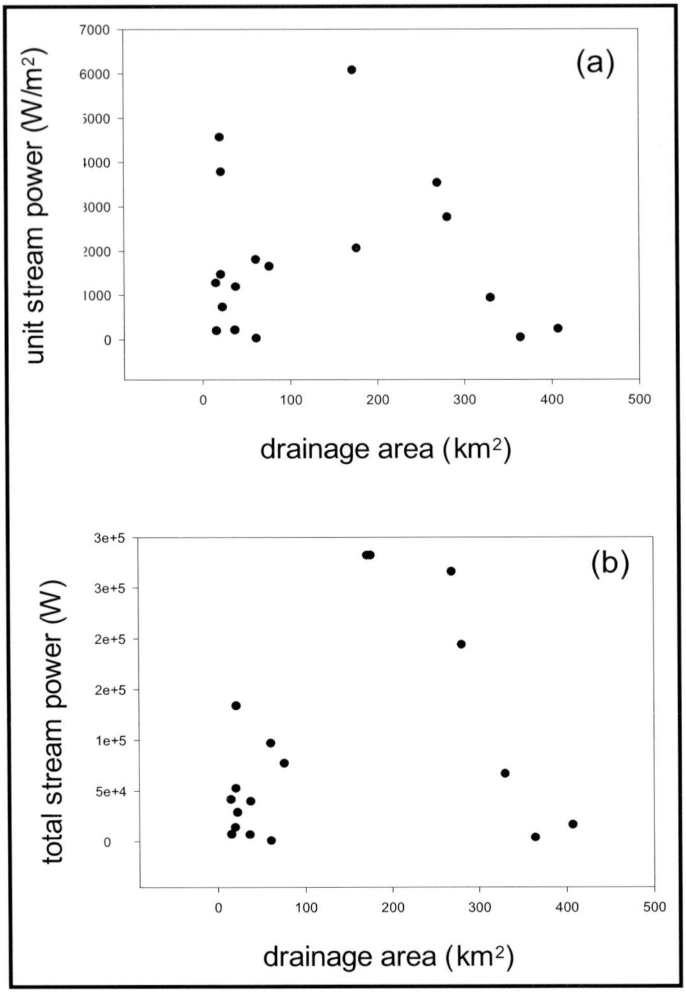

Figure 10. Downstream distribution of (a) unit stream power and (b) total stream power.

5. DISCUSSION AND CONCLUSIONS

Specific lithologies often correspond to distinctive channel geometries throughout the basin. However, the similarity between the upper Río Chagres hydraulic geometry exponents and the average values for rivers worldwide, as well as the strong log-linear correlations for hydraulic radius and channel width with respect to discharge, imply that hydraulic driving forces sufficiently exceed substrate resistance to erosion to override specific lithologic influences on channel width and depth at sub-basin to basin scales. This may result from the combination of (i) high rates of rock weathering in the humid tropical climate of the upper Río Chagres basin; (ii) the limited along-channel exposure of any particular lithology; and (iii) the very high values of discharge (Fig. 5b), velocity, and stream power relative to drainage area, and hence the large hydraulic driving forces, of the upper Río Chagres. Local influences appear to strongly influence some channel characteristics, however. The lack of correlation between grain size and either reach gradient, discharge, or drainage area suggests that local influences in the form of landslides and bedrock lithology complicate these relationships.

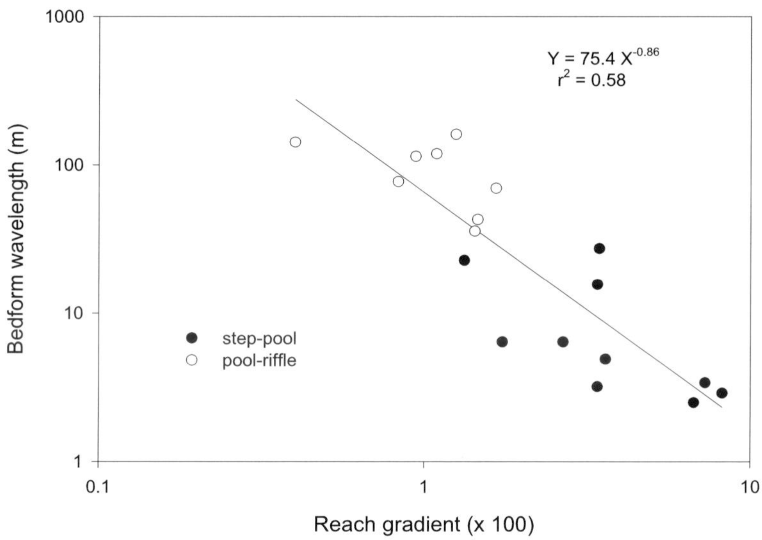

Figure 11. Regression relation between bankfull hydraulic radius and bankfull Darcy-Weisbach friction factor.

The other reach-scale channel characteristics considered generally fall within the range of values from rivers in temperate regions. Reach-scale bed gradients for step-pool and pool-riffle reaches, for example, are very similar to those for temperate mountain rivers as cited in Montgomery and Buffington (1997). Knighton's (1999) empirical and theoretical study of downstream trends in stream power suggested that total stream power peaks at an intermediate distance between a river's headwaters and mouth, whereas stream power per unit area peaks closer to the headwaters. Both measures of stream power peak at an intermediate distance along the upper Río Chagres, but too few studies of this type exist for temperate-region rivers to allow a detailed comparison. The wavelength and amplitude of bed forms along the upper Río Chagres channels correspond to those described for temperate mountain rivers, as do the bankfull values of Darcy-Weisbach friction factor and the correlation between friction factor and bankfull hydraulic radius (Curran and Wohl, 2003; MacFarlane and Wohl, 2003; E. Wohl, unpublished data).

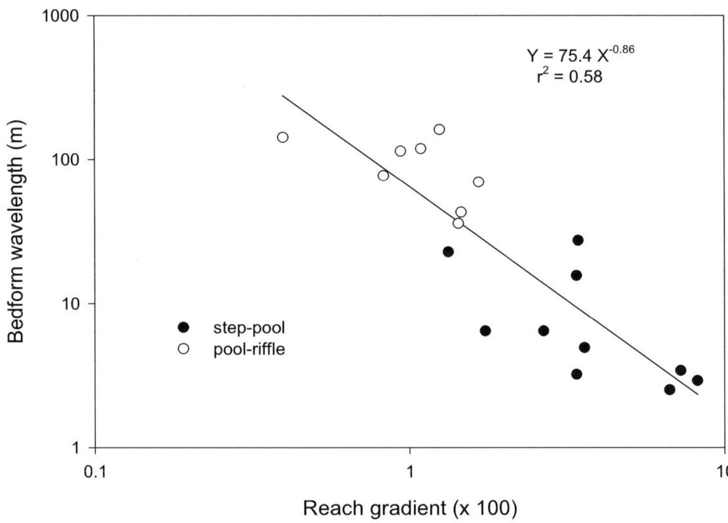

Figure 12. Plot of bed form wavelength for step-pool and pool-riffle channels versus reach gradient. Bed form wavelength was not measured at all study reaches (n = 18). This plot only includes sites for which reach gradient was measured (not those sites for which reach gradient was estimated from the 10-m DEM).

Returning to the potential differences between rivers draining mountainous catchments in tropical and temperate environments, data from the upper Río Chagres suggest that this tropical river has less downstream segmentation than many temperate mountain rivers. Downstream segmentation, expressed via the presence of large knickpoints, the absence of strong linear relations between downstream hydraulic geometry variables and discharge, or abrupt changes in valley morphology, is largely absent along the upper Río Chagres. The relatively consistent downstream trends in width and depth relative to discharge along the upper Río Chagres may reflect the combination of rapid rates of rock weathering and high values of unit discharge, velocity, and stream power. In this context, Caine and Mool's (1981) data from Nepal, which also display good downstream hydraulic geometry relations, plot closest to the upper Río Chagres data in terms of unit discharge (Fig.5). The combination of rapid weathering and high unit discharge along the Río Chagres facilitates the adjustment of channel reaches to relatively consistent downstream trends, despite the abundance of bedrock of differing lithologies. Calculations of critical shear stress and observations of the lack of LWD and the lack of tightly packed streambed substrate suggest that the upper Río Chagres is also subject to more frequent flood-related bed mob ility and disturbance than many mountain rivers in drier temperate regions.

In summary, the upper Río Chagres results provide a starting point for characterizing the downstream hydraulic geometry relations of rivers in tropical mountain environments. More extensive downstream hydraulic geometry data are needed from a variety of mountain river networks to fully explore the inferences presented here that mountain rivers in tropical environments, despite local influences on grain size and gradient, may better approximate average downstream hydraulic geometry relations for fully alluvial rivers than do mountain river networks in drier regions.

ACKNOWLEDGEMENTS

This research was funded by grant DAAD 19-00-1-0474 from the US Army Research Office. The 2002 field work, organized by the Tropical Regions Test Center (US Army Yuma Proving Ground). S. Howe, A. Alveo, R. Stallard, and A. Iglesias provided critical field assistance; and L. deWong and the staff at IEASA (Investigacion y Evaluacion Ambiental, S.A.) kept the field work going with vital logistical support. I thank them all.

REFERENCES

Abrahams, AD, Li, G, and Atkinson, JF, 1995, Step-pool streams: adjustment to maximum flow resistance: Water Resour. Res., 31: 2593-2602.

Caine, N and Mool, PK, 1981, Channel geometry and flow estimates for two small mountain streams in the Middle Hills, Nepal: Mt. Res. Dev., 1: 231-243.

Curran, JH and Wohl, EE, 2003, Large woody debris and flow resistance in step-pool channels, Cascade Range, Washington: Geomorph., 51: 141-157.

Harrison, JBJ and Hendrickx, JMH, Vega, D, and Calvo, LE, 2005, Character and Spatial Variability of Soils in Two Small First Order Drainage Basins, Upper Río Chagres Watershed, Panama: in *The Río Chagres: A Multidisciplinary Perspective of a Tropical River Basin* (RS Harmon, ed.), Kluwer Acad./Plenum Pub., New York, NY: 97-112.

Hendrickx, JMH, Vega, D, Harrison, JBJ, Calvo, LE, Arias, P, and Miller, TW, 2005, Soil Hydrology along Steep Hillslopes in the Río Chagres Watershed: in *The Río Chagres: A*

Multidisciplinary Perspective of a Tropical River Basin (RS Harmon, ed.), Kluwer Acad./Plenum Pub., New York, NY: 113-138.

Houseal, B, 1999, Plan de manejo y desarrollo del parque nacional Soberania: in *Protecting Watershed Areas - Case of the Panama Canal* (MS Ashton, JL O'Hara and R Hauff, eds.), Food Products Press, New York, NY.

Ibbitt, RP, McKerchar, AI, and Duncan, MJ, 1998, Taieri river data to test channel network and river basin heterogeneity concepts: Water Resour. Res., 34: 2085-2088.

Keller, EA and Melhorn, WN, 1978, Rhythmic spacing and origin of pools and riffles: Geol. Soc. Am. Bull., 89: 723-730.

Knighton, AD, 1999, Downstream variation in stream power: Geomorph., 29: 293-306.

Komar, PD, 1987, Selective gravel entrainment and the empirical evaluation of flow competence: Sedimentol., 34: 1165-1176.

Larsen, CL, 1984, Controlling erosion and sedimentation in the Panama Canal watershed: Water Int.: 161-164.

MacFarlane, WA and Wohl, EE, 2003, The influence of step composition on step geometry and flow resistance in step-pool streams of the Washington Cascades: Water Resour. Res., 39: ESG 3-1 to 3-13.

McKerchar, AI, Ibbitt, RP, Brown, SLR, and Duncan, MJ, 1998, Data for Ashley river to test channel network and river basin heterogeneity concepts: Water Resour. Res., 34: 139-142.

Molnar, P and Ramirez, JA, 2002, On downstream hydraulic geometry and optimal energy expenditure: case study of the Ashley and Taieri Rivers: Jour. Hydrol., 259: 105-115.

Montgomery, DR and Buffington, JM, 1997, Channel-reach morphology in mountain drainage basins: Geol. Soc. Am. Bull., 109: 596-611.

Park, CC, 1977, World-wide variations in hydraulic geometry exponents of stream channels: an analysis and some observations: Jour. Hydrol., 33: 133-146.

Phillips, PJ and Harlin, JM, 1984, Spatial dependency of hydraulic geometry exponents in a subalpine stream: Jour. Hydrol., 71: 277-283.

Ponton, JR, 1972, Hydraulic Geometry in the Green and Birkenhead Basins, British Columbia: in *Mountain Geomorphology: Geomorphological Processes in the Canadian Cordillera* (HO Slaymaker and HJ McPherson, eds.), Tantalus Research Ltd., Vancouver, Canada: 151-160.

Robinson, FH, 1985, A Report on the Panama Canal Rain Forest: Meteorol. Hydrol. Branch, Eng. Div., Panama Canal Commission, Balboa Heights. Panama: 70p.

Selby, MJ, 1980, A rock mass strength classification for geomorphic purposes: with tests from Antarctica and New Zealand: Zeitsch. Geomorph., 24: 31-51.

Wohl, E, 2000, *Mountain Rivers*: Am Geophys. Union Press, Washington, DC.

Wolman, MG, 1954, A method of sampling coarse river-bed material: EOS, Trans. Am. Geophys. Union, 35: 951-956.

**Wörner, G, Harmon, RS, Hartmann, G, and Simon, K, 2005, Igneous Geology and Geochemistry of the Upper Río Chagres Basin: in *The Río Chagres: A Multidisciplinary Perspective of a Tropical River Basin* (RS Harmon, ed.), Kluwer Acad./Plenum Pub., New York, NY:

Chapter 12

BEDROCK CHANNEL INCISION ALONG THE UPPER RÍO CHAGRES BASIN, PANAMA

Ellen Wohl[1] and Gregory Springer[2]
[1]Colorado State University, [2]Ohio University

Abstract: Examination of various types of bedrock channel segments throughout the upper Río Chagres network indicates the influences of lithology, rock-mass strength, jointing, and resistance to weathering on channel geometry. Bedrock channel segments throughout the upper Río the Chagres basin take the form of step-pool sequences, pool-riffle sequences, and knickpoints and gorges. Mafic lithologies in the catchment have the greatest rock-mass strength and the longest exposures along the active channel, and are more likely to exert a strong local control on channel geometry. The longest continuous exposure of resistant rocks in the middle and lower portions of the upper Río Chagres occurs in the Dos Cascadas reach, where upstream migration of two knickpoints has created a gorge. Surface textures (*e.g.*, the presence of potholes) and erosion mechanisms of individual rock units in the Dos Cascadas reach correlate strongly with fracture spacing and rock hardness.

Key words: Panama; Río Chagres; bedrock channels; river knickpoints; lithologic effects

1. CHARACTERISTICS OF BEDROCK CHANNELS

Bedrock channels occur where at least half of the river bed and banks are exposed bedrock, or are covered by an alluvial veneer that is largely mobilized during high flows, such that underlying bedrock geometry strongly influences flow hydraulics and sediment movement (Tinkler and Wohl, 1998). The presence of bedrock at the surface or at very shallow depth indicates a lack of sediment supply relative to the transport capacity of the river, a situation more likely to be present in high-relief environments such as mountainous catchments. Even rivers in mountainous regions are unlikely to have continuous bedrock exposure along their entire length, however; alternating alluvial and bedrock channel segments are more

R. S. Harmon (ed.), The Río Chagres, Panama, 189-209.

commonly present. The location of bedrock segments can reflect a local limitation to sediment supply, localized tectonic uplift, or the presence at the surface of bedrock units relatively resistant to weathering and erosion (Tinkler and Wohl, 1998).

The bed and banks of bedrock channel segments have much higher cohesion and resistance to erosion than alluvial segments. Where bedrock and alluvial channel segments alternate downstream, the bedrock segments can thus create local base levels that limit the adjustment of upstream alluvial segments. The importance of weathering during periods of low flow in weakening bedrock channel boundaries remains unclear (Hancock and Small, in press). Most bedrock channel erosion likely occurs during periods of high flow through a combination of abrasion, quarrying, and cavitation (Wohl, 1998). Heterogeneities in the rock surface produced by bedding planes, joints, or crystal boundaries initiate flow separation that leads to differential erosion through abrasion. The differential erosion further enlarges the heterogeneity, creating a self-enhancing feedback that produces sculpted forms such as grooves and potholes (Wohl, 1993; Tinkler and Wohl, 1998; Wohl, 1998; Springer and Wohl, 2002). In densely bedded or jointed rocks, quarrying of detached blocks through hydraulic lift forces provides a very effective mechanism of erosion (Hancock *et al.,* 1998). Deep flows with high velocities can induce cavitation that effectively erodes cohesive boundaries (Wohl, 1998).

Bedrock channel segments are likely to have a higher gradient, a lower width/depth ratio, and coarser-grained alluvial deposits than fully alluvial reaches (Tinkler and Wohl, 1998). Bedrock channel forms include anastomosing, meandering, undulating walls, pool-riffle, step-pool, inner channel, and knickpoints (Wohl, 1998). These different forms reflect the balance between hydraulic driving forces and substrate resistance, as expressed through varying mechanisms of erosion. As with alluvial channels, the morphology of a bedrock channel segment thus provides insight into the forces and processes acting on that segment.

Knickpoints and associated gorges are much more common along bedrock channel segments than along alluvial segments. A knickpoint is a step-like discontinuity in the longitudinal profile of a river. Unlike bed-steps, which commonly maintain their longitudinal position over time, knickpoints are likely to migrate headward at varying rates (Wohl, 2000a). A knickpoint may be created when base level fall, or uplift of the drainage basin, increases channel gradient and the river's incisional capability so that a knickpoint originating at the river mouth erodes upstream (Seidl and Dietrich, 1992). A knickpoint may also result from an increase in the ratio of water/sediment discharge (Wohl, 2000a), or from the exposure of particularly resistant material in the river bed (Miller, 1991). The steep face of a knickpoint may be maintained during headward erosion in bedded or jointed substrates (Holland and Pickup, 1976; Bishop and Goldrick, 1992; Wohl *et al.,* 1994; Pyrce, 1995), but is likely to become less pronounced with time in massive, homogeneous substrate (Gardner, 1983; Stein and Julien, 1993). A knickpoint created by the presence of aresistant substrate will either disappear or become a more gradually steepened knickzone once the river has incised an inner channel through the resistant unit (Biedenharn, 1989). Jointed or bedded, resistant rocks and an unstable base level history are thus probably necessary for knickpoints to be maintained over any but very short time periods (Tanaka *et al.,* 1993; Seidl *et al.*, 1994).

Knickpoints represent sites of great concentration of energy dissipation along a river (Young, 1985). Reported rates of knickpoint migration range from 2 to 100 cm/kyr (Tinkler and Wohl, 1998; Wohl, 1999), and can be two orders of magnitude greater than erosion rates elsewhere along a river (Seidl *et al.,* 1997). The presence of knickpoints along a river can indicate that other forms of channel incision cannot keep pace with uplift, resulting in steepening of the channel longitudinal profile until a knickpoint is formed and incision occurs fairly rapidly. Thus, the formation and headward retreat of a knickpoint can determine the extent to which a bedrock channel segment is serving as a local base level limiting incision along upstream alluvial segments.

Headward retreat of a knickpoint or knickzone through a resistant substrate unit can leave behind a deep, narrow gorge. The maintenance of a deep, narrow channel cross section following knickpoint recession both reflects the erosional resistance of the channel boundaries, and maximizes the shear stress and stream power per unit area for a given discharge and channel gradient (Baker, 1988; Wohl, 1992, 1998, 2000a; Wohl and Ikeda, 1997).

This chapter describes the characteristics of bedrock channel segments along the upper Río Chagres, with a focus on the morphology, forces, and processes of the Dos Cascadas reach of the main channel. Two prominent knickpoints and a gorge occur in the Dos Cascadas reach.

2. METHODS

Several field and analytical methods were used to examine the relations among bedrock channel form and process along the upper Río Chagres. Cross-sectional and longitudinal channel geometry was surveyed as described in Wohl (2005, this volume). Coarse-clast deposition within each channel segment was characterized by measuring the intermediate diameter of clasts selected using a random-walk method (Wolman, 1954). Rock-mass strength was characterized using the index developed by Selby (1980), which includes joint geometry, relative weathering, groundwater seepage, and bedrock compressive strength as measured with a Schmidt hammer. Also utilized in this analysis were bedrock channel segments studied during the 2002 field season (Wohl, 2005, this volume), to which was added a detailed characterization of the channel segment around Dos Cascadas, where two prominent knickpoints occur (Fig. 1). Each of the bedrock channel segments measured during 2002 included one surveyed cross section and one measurement of rock-mass strength. For the Dos Cascadas segment, several cross sections were surveyed in order to use step-backwater modeling to estimate high-flow hydraulics, and rock-mass strength was measured at 29 sites along the channel in order to characterize lateral and longitudinal variability. Some portions of the Dos Cascadas channel segment have well-developed sculpted forms of potholes and grooves (Fig. 2), whereas other portions lack sculpted features. Joint density measurements were made in two sculpted and two unsculpted sections of bedrock. At each site, spacing was measured between 175 consecutive joints along a transect roughly parallel to the channel trend.

Step-backwater modeling utilized the 1-D model *HEC-RAS* (USACE, 1998). In this steady-flow model, the channel is characterized by surveyed cross-sections, with information provided about distance and elevation change between cross-sections in order to specify longitudinal gradient. The 1-D energy equation is coupled with an equation specifying head loss between successive cross sections. The most important adjustable parameter in this equation is the roughness coefficient, which is visually estimated (Miller and Cluer, 1998). The model predicts longitudinal water-surface profile for a specified discharge, and estimated discharge can of interest matches high-water marks surveyed in the field (O'Connor and Webb, 1988). The model also calculates user-specified hydraulics variables such as velocity, shear stress, or stream power – either as cross-section averages or as averages pertaining to a specific portion of the cross-section (Miller and Cluer, 1998). Because the 1-D *HEC-RAS* model does not adequately address the highly developed flow separation and turbulence likely to be present in very deep, narrow cross sections, a flow-modeling reach was surveyed in the upper portion of Dos Cascadas, above the upstream knickpoint. No attempt was made to model flow in the constricted inner channel that is present downstream from the first knickpoint.

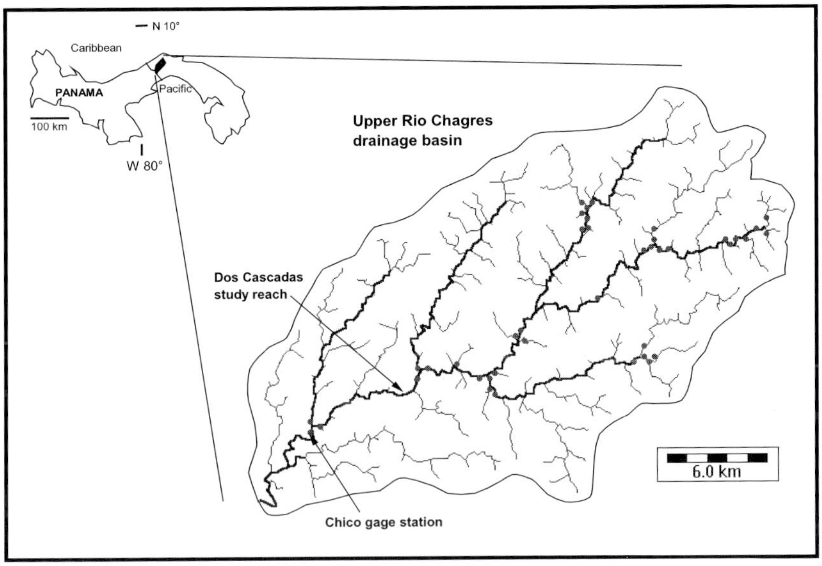

Figure 1. Location map of the upper Río Chagres drainage basin, Panama. Channel network is derived from the 10-m digital elevation map of the region. Lighter dots indicate the 40 river reaches studied in 2002.

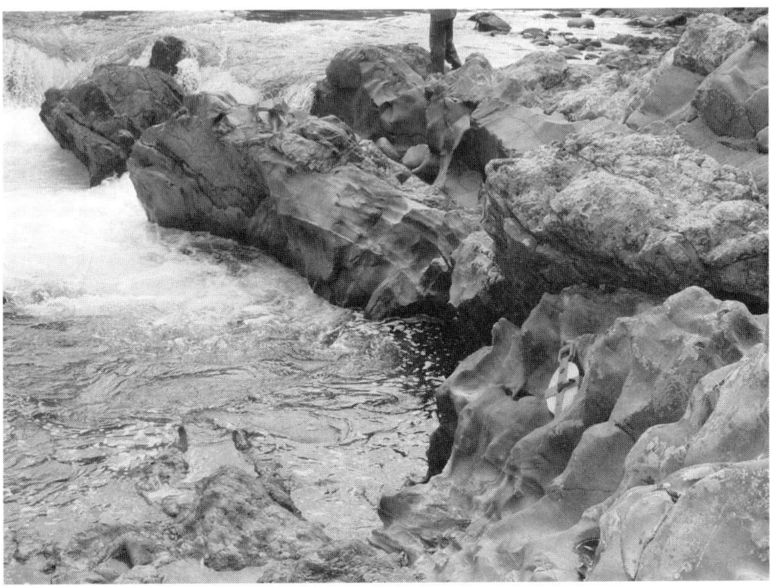

Figure 2. Sculpted forms on river left at Dos Cascadas (upstream knickpoint at left of photograph). Sixty-meter tape and pair of legs provide a scale.

3. BEDROCK CHANNEL SEGMENTS ALONG THE UPPER RÍO CHAGRES

The upper Río Chagres basin drains 414 km^2 of steep, mountainous terrain. The channel of the main river descends approximately 850 m from its headwaters to Lago Alhajuela, which currently serves as its effective base level. Mean annual precipitation at the headwaters of the upper Río Chagres basin has not been measured, but recorded data for Lago Alhajuela, at the basin outlet, indicate a mean annual precipitation of 2590 mm during 1914-1995. Ninety percent of this rain falls during May-December wet season (Houseal, 1999). Discharge in the upper basin has been gaged at the Chico station (Fig. 1) since 1933. Discharge typically varies between 10-20 m^3/sec during the dry season and over 1000 m^3/sec during the monsoon season. Mean annual peak flow is 1049 m^3/sec, and the flood of record was 3780 m^3/sec was recorded in November 1966.

Preliminary geologic mapping (Wörner *et al.*, 2005, Chapter 5) indicates that the bedrock geology underlying the upper Río Chagres basin comprises a series of strongly faulted and variably altered intrusive, volcanic, and volcaniclastic lithologies that outcrop discontinuously along the channels of the upper Río Chagres. Four general bedrock types were recognized: (i) coarse-grained igneous rocks ranging in composition from gabbro to granite, (ii) mafic to intermediate composition volcanic rocks erupted as submarine lava flows, (iii) volcaniclastic rocks derived from the submarine eruption and fragmentation of lavas, and (iv) andesite dikes which crosscut all other lithologies. The age of these rocks is difficult to assess without absolute age dating, but related sediments are of lower Tertiary age.

As in many mountainous drainage basins, bedrock and alluvial channel segments alternate throughout the upperRío Chagres catchment. Step-pool and pool-riffle sequences constitute the most commonly found types of channel morphology. Step-pool sequences consist of vertical steps formed of bedrock or coarse clasts with a plunge pool at the base of each step (Wohl, 2000a). Throughout the upper Río Chagres basin, step-pool sequences are most common at channel gradients of 0.010-0.082 (Wohl, 2005, this volume). Pool-riffle sequences consist of alternating topographic depressions (pools) and topographic rises (riffles) in the channel bed (Wohl, 2000a). Pools and riffles most commonly occur throughout the Río basin in alluvium at channel gradients of 0.004-0.018, but are also occasionally formed in bedrock (Wohl, 2005, this volume).

Channels throughout the upper Río Chagres catchment tend to display typical downstream hydraulic geometry relationships such that channel width, flow depth, and velocity increase proportional to discharge; $w = Q^{0.4}$,

$d = Q^{0.4}$, and $v = Q^{0.2}$, respectively (Wohl, 2005, this volume). However, the relationships among discharge, channel dimensions, and flow hydraulics include variability introduced by site-specific factors such as bedrock outcrops.

The influence that a bedrock outcrop exerts on channel geometry appears to depend on both the extent of the outcrop and the lithology. Outcrops limited to a downstream exposure of a few meters may locally constrict the channel width, or induce flow separation that creates localized scour in the channel bed. For example, most of the channel segments within the upper Río Chagres catchment are sinuous, and bedrock outcrops less than 10 m in downstream length commonly occur along the outside of meander bends in association with a well-developed pool. Abandoned meanders 5-30 m above the presently active channel provide evidence that meanders migrate laterally as they incise. This indicates that the presence of bedrock does not 'fix' a meander bend in place, although the bedrock probably influences the geometry of the bend. Where bedrock is exposed for more than approximately 10 m along the channel boundaries, that segment of channel is likely to have a slightly steeper gradient, lower width/depth ratio, and coarser-grained alluvial veneer than an alluvial channel segment located at a similar position in the drainage basin. For example, six bedrock and alluvial channel segments with comparable drainage areas had average values as follows: $S_b = 0.032$, $S_a = 0.011$, $w/d_b = 13.2$, $w/d_a = 17.5$, $D_{84b} = 32$ cm, $D_{84a} = 28$ cm, where subscript *b* denotes bedrock channel segments and subscript *a* denotes alluvial channel segments.

The various lithologic types present along the channels within the upper Río Chagres basin likely differ in their resistance to both weathering and processes of fluvial erosion such as abrasion and quarrying. Bedrock exposures greater than a few meters in length along the channel are almost entirely mafic lithologies such as andesite dikes. This presumably reflects the greater resistance of these units to weathering and fluvial erosion. A comparison of rock-mass strength for felsic versus mafic lithologies supports this interpretation (Fig. 3).

Knickpoints are widespread in the uppermost reaches of the upper Río Chagres basin (S. Howe, pers. comm., 2003), as expected for channel segments with small drainage areas and low values of stream power that presumably cannot keep pace with base level fall (Merritts and Vincent, 1989). Substantial knickpoints are also present along the upper portion of the Río Chagres upstream from its confluence with the Río Chagrecito, and in the Dos Cascadas segment of the main channel of the upper Río Chagres between the its confluences with the Río Limpio and the Río Chico (Fig. 1). Each of these knickpoints is formed in a mafic lithology that is strongly jointed. Headward retreat of the two knickpoints at Dos Cascadas has produced a long gorge downstream from the knickpoints.

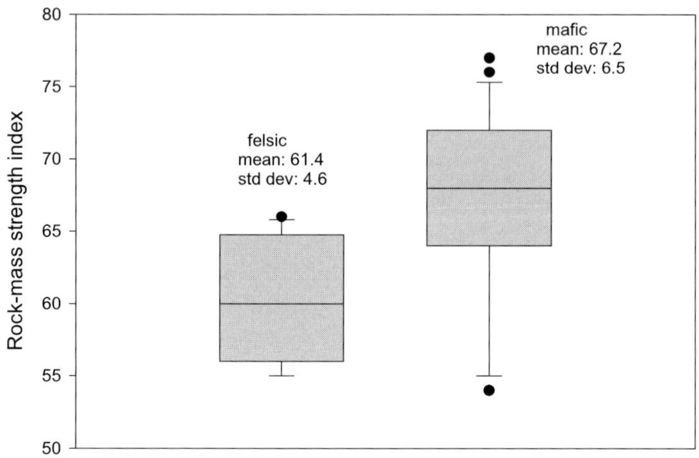

Figure 3. Comparison of rock-mass strength values for felsic and mafic lithologies exposed along the channels of the Río Chagres drainage basin. Note that the sample size is much greater for the mafic lithologies. The mean values for felsic and mafic lithologies are significantly different at $\alpha = 0.05$.

4. THE DOS CASCADAS SEGMENT

4.1 Substrate Characteristics and Resistance

The two knickpoints that form Dos Cascadas represent the most substantial profile discontinuity along the upper Río Chagres downstream from its confluence with the Río Chagrecito. The lithologic units in which the knickpoints and gorge are formed also represent the longest continuous exposure of bedrock present along the mainstem of the upper Río Chagres. The channel upstream from the knickpoints has a pool-rapid sequence with coarse-grained alternate bars (D_{50} = 145 mm, D_{84} = 245 mm) and bedrock outcrops in the active channel. Four cross-sections were surveyed upstream from two substantial rapids above Dos Cascadas (Fig. 4). Although the channel reach examined did not include the rapids, average channel gradient was still fairly high at 0.0023 m/m. Using high-water marks in the form of vegetation changes and fluvial debris, channel top width during high flow was estimated as approximately 46 m, and average depth as 2 m.

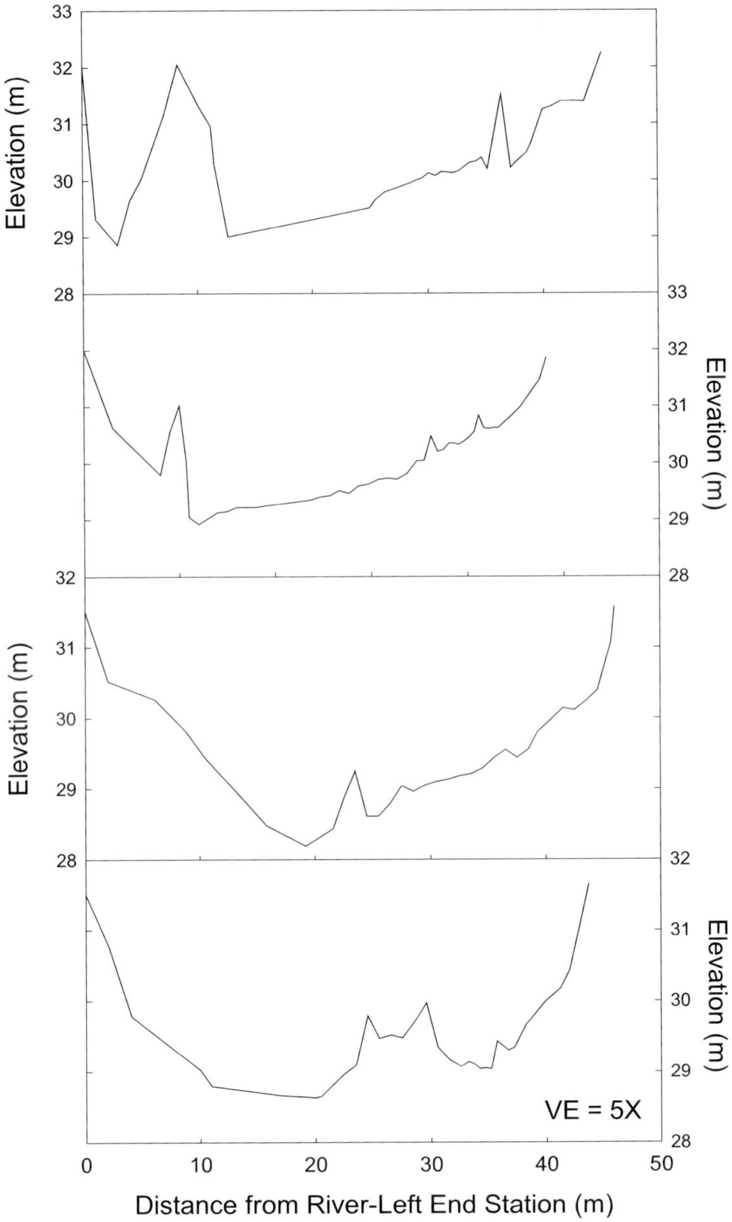

Figure 4. Cross-sections surveyed in the upper reach at Dos Cascadas on the Río Chagres. The uppermost cross-section is the upstream-most cross-section and vice versa. Note the relatively low relief of channel surfaces

A second reach was surveyed that included one cross-section approximately 50 m upstream from the first knickpoint, a second cross-section at the knickpoint lip, and a third cross section approximately 100 m downstream from the knickpoint lip, and well upstream from the second knickpoint (Fig. 5). The gradient approaching the knickpoint lip is 0.005. Top width was estimated during high flow as 40 m, and average depth as 5 m. In the gorge downstream from the knickpoint lip, high-flow top width decreases to 28 m and average depth is 4.2 m, suggesting very rapid and presumably turbulent flow along the gorge. The first knickpoint had a water-surface drop of 1.6 m during the low-flow conditions at the time of the survey (13 March 2005), but the high-water marks suggest that the water-surface drop would be negligible during high-flow conditions. Gradient in the gorge downstream from the first knickpoint is 0.004.

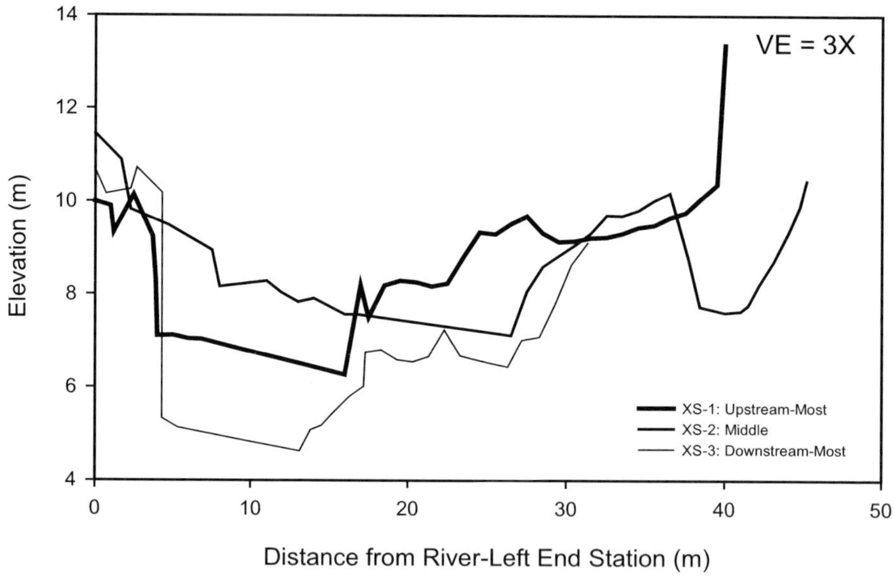

Figure 5. Cross-sections surveyed in the lower reach at Dos Cascadas on the upper Río Chagres. The cross-sections are superimposed to show the change in elevation surfaces and shape as a function of position relative to the knickpoint, which is located a few meters downstream of cross-section 2 (XS-2).

The lip of the upstream knickpoint is composed of andesite. Meter-thick andesite dikes and volcanoclastics lie below (downstream). Surface textures and erosion mechanisms of individual rock units are controlled by fracturespacings and, apparently, rock hardness. For instance, well-developed sculpted forms cover the surfaces of a chloritized andesite beneath the lip-forming andesite (Fig. 2). The rock hardness of the sculpted andesite is 50 ± 5 (n = 30). The remaining beds in the knickpoint score between 54 and 59, with mean scores statistically distinguishable from the sculpted bed for $\alpha = 0.01$. Joint spacing along sculpted portions of bedrock near the upper knickpoint is significantly larger ($\alpha = 0.05$) than joint spacing along un-sculpted portions (Fig. 6). The two unsculpted sites do not differ significantly from one another, but the two sculpted sites are different at $\alpha = 0.05$. The right bank sites (boxes 1 and 3, reading Fig. 6 from left to right) have more widely spaced joints than the left bank sites. The association of sculpted forms with the softest lithology present in the reach is, therefore, reflective of wider joint spacing in sculpted bed(s); jointing plays an important role in determining meso-scale erosion patterns in the vicinity of the upper knickpoint.

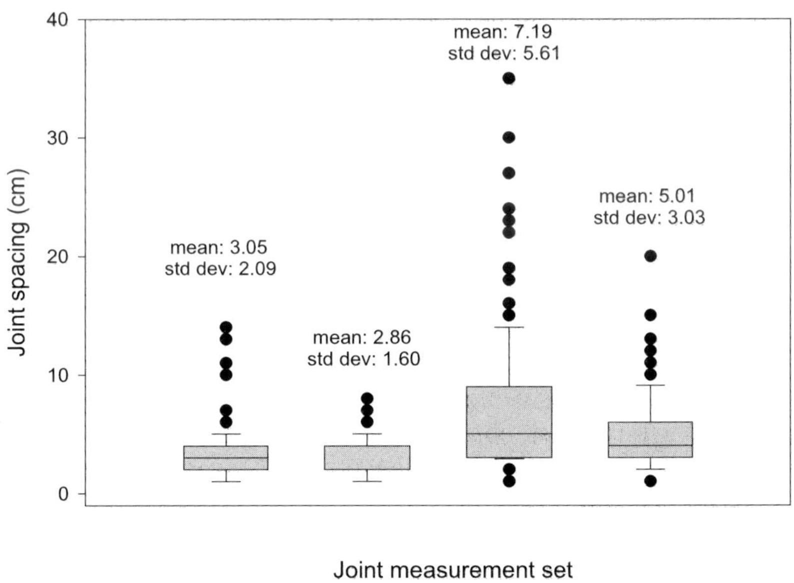

Figure 6. Joint spacing along unsculpted and sculpted portions of the channel boundaries downstream from the upper knickpoint at Dos Cascadas.

The influence of jointing is most important among rocks of similar composition. Based on rock-mass strength measurements taken throughout the upper Río Chagres drainage in 2002, mafic lithologies have a higher average rock-mass strength than felsic lithologies (Fig. 3). Average rock-mass strength measured along the gorge downstream from the upper knickpoint at Dos Cascadas is intermediate in value, but rock hardnesses of felsic rocks are significantly lower than adjacent rocks. The overall resistances of individual felsic units are also lower, as measured by Selby scores (Fig. 7). The erosivity contrast is expressed in the vicinity of the upper knickpoint by the presence of alcoves excavated into felsic rocks along the channel margins. As discussed previously, exposures of felsic rocks are less common than mafic rocks in the watershed and bedrock outcrops in the channel are most commonly andesites and mafic rocks. Locally, exposure of felsic rocks reflects dynamic, cross-strike incision near the knickpoint, which is actively maintaining exposures of all local stratigraphic units.

Rock properties within the vicinity of the upper knickpoint are most varied downstream from the knickpoint. Passage of the upper knickpoint has produced an inner channel whose overall relief, as measured from flat surfaces on either bank, is greater than that upstream of the knickpoint (Figs. 4 and 5). Relief is as little as 2 m above the knickpoint (Fig. 5). Additional accommodation space is created in the form of an inner channel downstream during upstream translation of the knickpoint. The result is an increase in relief and longitudinal exposures of both felsic and mafic rocks.

As a result, whereas contrasts between felsic and mafic rocks are expressed as variations in the presence and length of exposures in the low relief channel upstream of the knickpoint, erosivity contrasts between the rock types are expressed as large-scale horizontal and vertical undulations of channel surfaces. Less resistant felsic rock units have been eroded to form the negative relief structures and the comparatively more resistant mafic rock units form the positive relief surfaces. Figure 7 indicates that the increased access to felsic rocks is associated with large variations in rock hardness and Selby scores over the short distances that represent typical unit thickness (meter-scale). Contrasts in resistance are highlighted by coefficients of variation (*CV*), which are sample standard deviations divided by means. Values of *CV* are plotted in Figure 7 for rock hardness values. Larger values indicate wider variations in rock hardness for a given unit. It is inferred that greater variations in rock hardness within a unit are associated with greater erosivity because weak areas are preferentially eroded, which aids erosion of more resistant portions of the unit. Rock units with greater values of *CV* are more fractured or weathered at Dos Cascadas. These units typically have negative relief in comparison to units with low *CV* values.

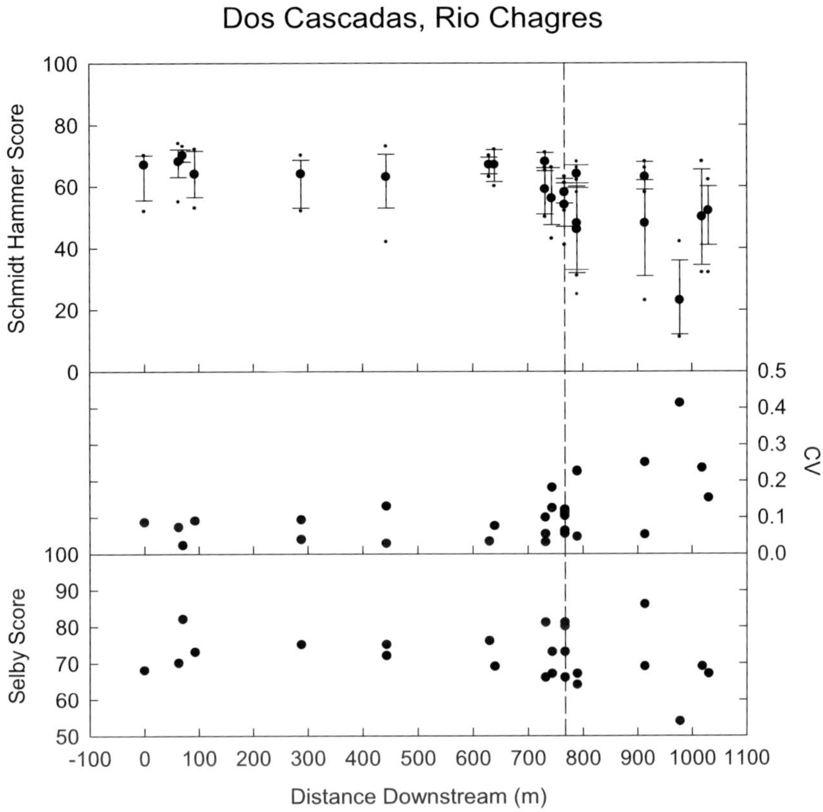

Figure 7. Longitudinal distribution of select variables associated with substrate resistance in both of the reaches examined at Dos Cascadas. The 0 x-position is the location of the upstream-most cross section used in the hydraulic models. The vertical dashed line represents the position of the upstream knickpoint. The better exposure of felsic rocks downstream of the knickpoint partially explains the large change in the variability of all three y-axis variables. The felsic rocks are less resistant (e.g., hard) and typically yield greater variations in Schmidt hammer scores because of fracturing and weathering.

Flow in the reach containing the first (upstream) knickpoint is against the bedrock dip, which probably increases substrate resistance (Wohl, 2000b). However, the river crosses the rock units obliquely, with individual units trending downstream from outcrops on the river-right bank (Fig. 8). The effect of this geometric arrangement is that hydraulic forces acting upon blocks on the river-right bank can slide or accelerate blocks in the downstream direction and into the channel. In contrast, hydraulic forces acting on the river-left bank accelerate blocks into the bank. The effect of this dichotomy is that blocks are more readily detached from the river-right bank. As a result, there are many alcoves and vertical undulations where blocks have been removed from the river-right bank and slide into the mainstem channel (Fig. 9). In contrast, the river-left bank is partially cliff-lined and variations in surface relief are step-like with comparatively flat surfaces bounded by sharp discontinuities. This asymmetry (Fig. 9b) is also present at the downstream knickpoint. The general failure of blocks to slide into the channel on the river-left bank translates to longer residence times of large blocks, which must be removed by corrasion and comparatively small-scale block detachment or wholesale cliff collapse as a result of gradual undercutting. Such asymmetry in erosivity may aid inner channel development at Dos Cascadas by favoring greater transverse and vertical persistence of river-left bank surfaces during channel incision in the form of in-channel cliffs.

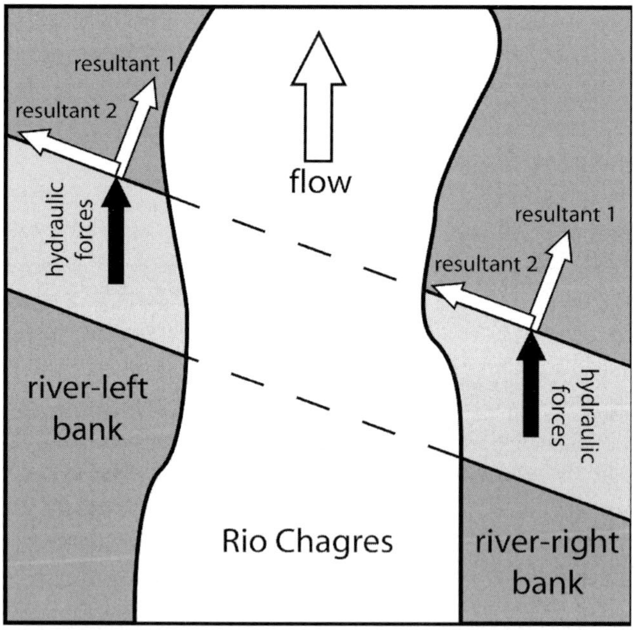

Figure 8. Schematic illustration of how the orientation of inclined strata to the direction of flow influences the alignment of acceleration vectors created by hydraulic phenomena. Acceleration of blocks on the upstream portion of an outcrop, which is river-right in this diagram, will have a resultant vector that is oriented toward the channel and is, hence, favorable for displacement (e.g., sliding) of blocks into the channel. In contrast, blocks on the downstream outcrop will be accelerated into the channel bank and will therefore be less likely to be quarried.

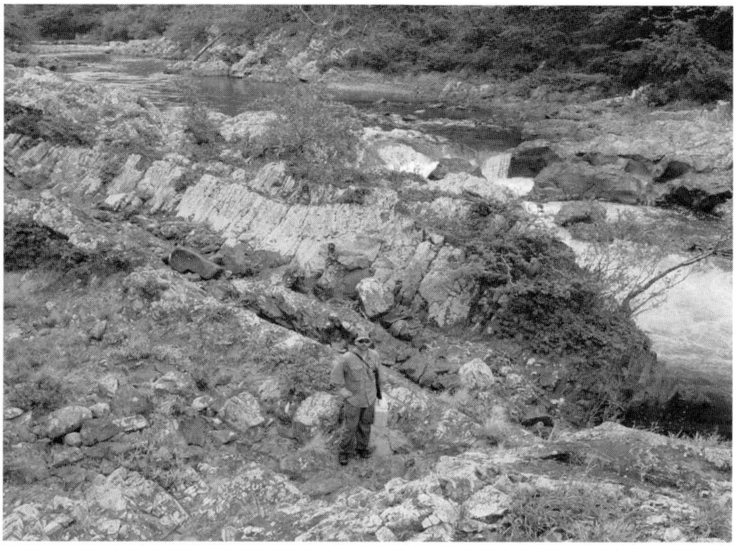

Figure 9a. Upstream view of river-right just below first knickpoint. A person is standing in embayment for scale.

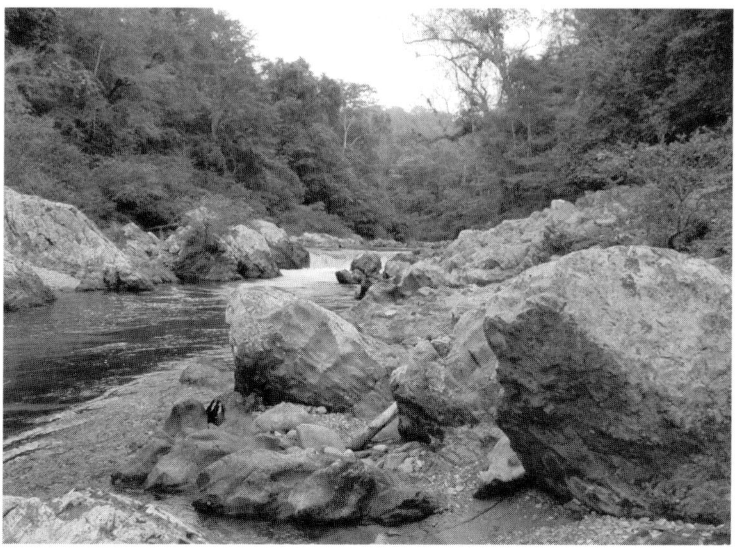

Figure 9b. Upstream view below first knickpoint. Note oblique passage of rock units across the river and differences in channel topography between river-left (foreground) and river-right (across the river in this view).

4.2 Hydraulics

The forces associated with erosion in bedrock streams can be roughly approximated via in-channel velocities and select hydraulic-related variables. To this end, flood hydraulics were modeled for the upstream reach using the four cross-sections obtained from the channel survey (Fig. 5) and the 1-D, step-backwater program *HEC-RAS* (USAHEC, 1998). The cross-sections are spread along a longitudinal distance of 250 m. Additional cross-sections were interpolated between the surveyed cross-sections so as to improve model stability. A model discharge of 680 m^3/sec was used for all model runs. The discharge is an approximated value obtained from fieldwork conducted in a nearby reach in 2002. Values of Manning's n were estimated and two model runs were made using values of $n = 0.035$ and $n = 0.045$.

Table 1. Selected streamflow variables from a reach 400-800 m upstream of Dos Cascadas

Discharge (m^3/s)	n	Maximum Depth (m)	Top Width (m)	u (m/s)	Froude No.	Ω (W)	ω (W/m^2)	T (N/m^2)
680	0.035	5.3	45	4.1	0.7	580	13	140
680	0.045	5.7	45	3.6	0.6	630	14	170

Model results (Table 1) are consistent with the presence of a bedrock channel. Velocities, stream powers, and shear stresses are large compared to lowland alluvial channels (Wohl, 2000a). The average velocity is ~4 m/sec for both values of n. These velocities are sufficient to transport large clasts, even in the absence of intense vortices and highly variable water surfaces associated with standing and breaking waves, which are likely to be present given the high Froude numbers. Reported Froude numbers are width-averaged values (Table 1). Actual Froude numbers near the thalweg are likely to be higher. This places constraints on the ability to interpret the results of the model runs because the limited data available require flow to be modelled as uniform and steady. Nonetheless, the results clearly support the conclusion that the model discharge is associated with large erosion potentials. Additional evidence comes from the values of stream power and shear stress calculated for the reach (Table 1). Stream power is large compared to lowland and alluvial streams, although unit stream power is unexpectedly small for calculated velocities and shear stresses. The low value of unit stream power is explained by the dependence of the variable on discharge, which is comparatively small for the channel width. The shear stress values are very large and can be interpreted to mean that the stream is readily capable of transporting large clasts and of detaching blocks of bedrock. Evidence of this is seen in the coarse cobble bars observed within and near the reach and by the fact that the channel is in large part bedrock-lined (*i.e.*, supply limited).

4.3 Substrate Erosion and Sediment Transport

The grain sizes observed in the active channel (D_{50} = 145 mm, D_{84} = 245 mm) attest to the ability of the stream to transport coarse sediments, although large boulders were not observed. Drag and lift forces acting on clasts are proportional to velocity and the square of the effective diameter of the particle (D) and the square of velocity (Hancock *et al.*, 1998). The large velocities and shear stresses are therefore important with respect to channel erosion and morphology because they simultaneously preclude occlusion of the bed by sediment and serve to accelerate abrasive and percussive tools (larger clasts). Percussion marks score the edges of some bedrock faces. However, the majority of surfaces within a few vertical meters of the low-water surface show evidence of abrasion by suspended sediment or small clasts. Low-lying surfaces are smooth compared to higher surfaces, although not polished. Polishing is only displayed in sculpted forms, which include: isolated potholes; longitudinally asymmetrical, flow-aligned, meter-high outcrops that resemble roche moutonees with downstream faces partially hollowed out by sculpted forms; wavy undulations on channel walls that resemble lateral potholes; and flutes. Sand banks and meter-thick slackwater deposits composed of sand are found in the gorge. The high velocities suggest that sand, a potentially potent agent of erosion, is probably transported as suspended load. This interpretation is supported by the presence of slackwater deposits several meters above bed surfaces exposed during the dry season. The overall importance of sculpted forms in long-term erosion of this reach of the upper Río Chagres is difficult to assess without monitoring of annual changes in bed surfaces, but the effects of abrasion are pervasive and we saw few displaced blocks attributable to nearby bed surfaces. The lack of obviously coincident detached blocks and concavities could reflect the ability of the upper Río Chagres to rapidly transport quarried blocks away from their source.

The effects of quarrying are most obvious on the river-right bank in the vicinity of the upper knickpoint at Dos Cascadas. Comparatively weak strata are preferentially eroded to form alcoves and strike-oriented depressions. A prominent strike-oriented depression lies to the river-right of the waterfall that is the upper knickpoint. The depression is carved into felsite and descends from the river-right channel margin to a short drop-off into the dry-season water-surface within the inner channel. The depression apparently acts as an overflow feature during moderate flows. The corresponding outcrop on the river-right bank does not display a depression, in agreement with the expectation that quarrying of blocks is probably eased on the river-right bank by the favorable orientation of acceleration vectors (Fig. 8).

5. DISCUSSION AND CONCLUSIONS

Bedrock properties including lithology, jointing, dip, and resistance to weathering clearly play an important role in controlling the distribution and geometry of bedrock channel segments within the upper Río Chagres basin. Bedrock outcrops a few meters in length along the active channel may locally constrict the channel or induce flow separation and streambed scour. Scour associated with bedrock outcrops along the channel banks is particularly common in meander bends. Bedrock exposures greater than approximately 10 m along the active channel are likely to create channel reaches with slightly steeper gradient, lower width/depth ratio, and coarser-grained alluvial veneer than adjacent alluvial channel segments. These longer bedrock outcrops are likely to be present in mafic lithologies, which have greater values of rock-mass strength than felsic lithologies.

The Dos Cascadas reach, which represents the most substantial profile discontinuity and the longest continuous bedrock exposure in the middle and lower reaches of the upper Río Chagres, is formed predominantly in mafic lithologies. The two knickpoints in this reach are formed in andesite. The surface textures and erosion mechanisms of individual rock units at the knickpoints and in the gorge downstream from the first knickpoint correlate strongly with fracture spacing and rock hardness. Sculpted portions of the channel are formed in softer rocks with more widely spaced joints. Felsic rock units, which tend to be more fully excavated along the river banks, have larger coefficients of variation in rock-mass strength. Local dip also appears to control channel geometry in the gorge; rocks on river-right strike into the channel and are more excavated than equivalent rock units on river-left.

The presence of the gorge downstream from the first knickpoint suggests that this knickpoint has been maintained through time as it has migrated upstream. The formation of the knickpoint and gorge presumably result from the presence of an extensive outcrop of resistant mafic rocks. These rocks are present for at least several hundred meters upstream from the first knickpoint, suggesting that the knickpoint will also be maintained as it migrates headward through this portion of the Río Chagres. The existence of two knickpoints only a few hundred meters apart along the channel suggests that the rate of migration of the upstream knickpoint is not keeping pace with downstream profile lowering, causing a second knickpoint to form and migrate upstream. These knickpoints together form a local baselevel for the upstream portion of the basin and limit the rate at which the upper basin can respond to changes in ultimate baselevel.

ACKNOWLEDGEMENTS

The bulk of the field work described in this paper was conducted during a visit to the upper Río Chagres in March 2005, although we also draw on data from the 2002 field season. We thank Susan Howe and Aquilino Alveo for field assistance in 2002 and LuisYen for field assistance in 2005. During both field seasons, Russell Harmon and the staff of IEASA in Panama provided invaluable assistance with logistics. Russell Harmon and Gerhard Wörner provided the information on the geological field mapping and bedrock lithologic data. This research was funded under grant DAAD 19-00-1-0474 from the US Army Research Office.

REFERENCES

Baker, VR, 1988, Flood erosion, in *Flood Geomorphology* (VR Baker, RC Kochel and PC Patton, eds.), John Wiley, New York, NY: 81-95.

Biedenharn, DS, 1989, Knickpoint migration characteristics in the loess hills of North Mississippi, USA: in US-China Sedimentation Symposium.

Bishop, P and Goldrick, G, 1992, Morphology, processes and evolution of two waterfalls near Cowra, New South Wales: Australian Geogr., 23: 116-121.

Gardner, TW, 1983, Experimental study of knickpoint and longitudinal profile evolution in cohesive, homogeneous material. Geol. Soc. Amer. Bull., 94: 664-672.

Hancock, GS and Small, EE, 2005, The coupling of weathering and rock erosion in streams. Jour. Geophys. Res. Earth Surfaces, in press.

Hancock, GS, Anderson, RS, and Whipple, KX, 1998, Beyond power: bedrock river incision process and form: in *Rivers Over Rock: Fluvial Processes in Bedrock Channels* (KJ Tinkler and EE Wohl, eds.), Amer. Geophys. Union Press, Washington, DC: 35-60.

Holland, WN and Pickup, G, 1976, Flume study of knickpoint development in stratified sediment: Geol. Soc. Amer. Bull., 87: 76-82.

Houseal, B, 1999, Plan de manejo y desarrollo del parque nacional Soberania. USAID/INRENARE, Panama City, Panama, in *Protecting Watershed Areas. Case of the Panama Canal* (MS Ashton, JL O'Hara and R Hauff, eds.), Food Products Press, New York: 4.

Merritts, DJ and Vincent, KR, 1989, Geomorphic response of coastal streams to low, intermediate, and high rates of uplift, Mendocino triple junction region, northern Califorina: Geol. Soc. Amer. Bull., 100: 1373-1388.

Miller, AJ and Cluer, BL, 1998, Modeling considerations for simulation of flow in bedrock channels: in *Rivers Over Rock: Fluvial Processes in Bedrock Channels* (KJ Tinkler and EE Wohl, eds.). Amer. Geophys.Union Press, Washington, DC: 61-104.

Miller, JR 1991, The influence of bedrock geology on knickpoint development and channel-bed degradation along downcutting streams in south-central Indiana: Jour. Geol., 99: 591-605.

O'Connor, JE and Webb, RH, 1988, Hydraulic modeling for paleoflood analysis: in *Flood Geomorphology* (VR Baker, RC Kochel and PC Patton, eds.), John Wiley and Sons, New York, NY: 393-402.

Pyrce, RS, 1995, A Field Investigation of Planimetric Knickpoint Morphology from Rock-Bed Sections of Niagara Escarpment Fluvial Systems: MA Thesis, Wilfrid Laurier Univ., Canada.

Seidl, MA and Dietrich, WE, 1992, The problem of channel erosion into bedrock: Catena, Supplement, 23: 101-124.

Seidl, MA, Dietrich, WE, and Kirchner, JW, 1994, Longitudinal profile development into bedrock: an analysis of Hawaiian channels: Jour. Geol., 102: 457-474.

Seidl, MA, Finkel, RC, Caffee, MW, Hudson, GB, and Dietrich, WE, 1997, Cosmogenic isotope analyses applied to river longitudinal profile evolution: problems and interpretations: Earth Surface Proc. Landforms, 22: 195-209.

Selby, MJ, 1980. A rock mass strength classification for geomorphic purposes: with tests from Antarctica and New Zealand: Zeitschr. Geomorph., 24: 31-51.

Springer, GS and Wohl, EE, 2002. Empirical and theoretical investigations of sculpted forms in Buckeye Creek Cave, West Virginia: Jour. Geol., 110: 469-481.

Stein, OR and Julien, PY, 1993, Criterion delineating the mode of headcut migration. Jour. Hydraul. Eng., 119: 37-50.

Tanaka, Y, Onda, Y, and Agata, Y, 1993, Effect of rock properties on the longitudinal profiles of river beds: comparison of the mountain rivers in granite and Paleozoic sedimentary rock basins: Geogr. Rev. Japan, 66A: 203-216.

Tinkler, K and Wohl, EE, 1998, A primer on bedrock channels, in *Rivers Over Rock: Fluvial Processes in Bedrock Channels* (KJ Tinkler and EE Wohl, eds.), Amer. Geophys. Union Press, Washington, DC: 1-18.

US Army Corps of Engineers, 1998, HEC-RAS River Analysis System: Hydraulic Reference Manual. USACE Hydrologic Engineering Center,, Davis, CA.

Wohl, EE, 1992, Bedrock benches and boulder bars: floods in the Burdekin Gorge of Australia: Geol. Soc. Amer. Bull., 104: 770-778.

Wohl, EE, 1993, Bedrock channel incision along Piccaninny Creek, Australia: Journ. Geology, 101: 749-761.

Wohl, EE, 1998, Bedrock channel morphology in relation to erosional processes, in *Rivers Over Rock: Fluvial Processes in Bedrock Channels* (KJ Tinkler and EE Wohl, eds.), Amer. Geophys. Union Press, Washington, DC: 133-151.

Wohl, EE, 1999, Incised bedrock channels, in *Incised River Channels* (SE Darby and A Simon, eds.), John Wiley and Sons, Chichester, UK: 187-218.

Wohl, EE, 2000a, *Mountain Rivers*, Amer. Geophys. Union Press, Washington, DC:, 320p.

Wohl, EE, 2000b, Substrate influences on step-pool sequences in the Christopher Creek drainage, Arizona: Jour. Geol., 108: 121-129.

Wohl, EE, 2005, Downstream hydraulic geometry along a tropical mountain river: in *The Río Chagres: A Multidisciplinary Profile of a Tropical Watershed* (RS Harmon, ed.), (RS Harmon, ed.), Kluwer Acad./Plenum Pub., New York, NY: 169-188.

Wohl, EE, Greenbaum, N, Schick, AP, and Baker, VR, 1994, Controls on bedrock channel incision along Nahal Paran, Israel: Earth Surface Proc. Landforms, 19: 1-13.

Wohl, E and Ikeda, H, 1997. Experimental simulation of channel incision into a cohesive substrate at varying gradients: Geology, 25: 295-298.

Wolman, MG, 1954, A method of sampling coarse river-bed material: EOS, Trans. Amer. Geophys. Union, 35: 951-956.

Worner, G, Harmon RS, Hartmann, G, and Simon, K, 2005, Igneous geology and geochemistry of the upper Río Chagres basin: in *The Río Chagres: A Multidisciplinary Profile of a Tropical Watershed* (RS Harmon, ed.), Kluwer Acad./Plenum Pub., New York, NY: 65-82.

Young, RW, 1985, Waterfalls: form and process: Zeitschr. Geomorph., 55: 81-95.

Chapter 13

USING TRMM TO EXPLORE RAINFALL VARIABILITY IN THE UPPER RÍO CHAGRES CATCHMENT, PANAMA

Ryan G. Knox, Fred L. Ogden and Tufa Dinku
University of Connecticut

Abstract: The upper Río Chagres basin is a significant source of water for operation of the Panama Canal, producing a disproportionate share of the total runoff to the canal and also serving as the source of metropolitan drinking water for Panama City and Colon. To better understand the distribution of rainfall in the upper Río Chagres watershed, a study was performed using rainfall observations from both ground- and space-based platforms in a geo-spatial statistical framework. The ground-based data are from two rain gages with long-term records and five additional gages installed in 1998. Given the significant topographic relief, and the sparsely distributed network of rain gages, it is likely that the spatial variability of rainfall is not accurately measured by this rain gage network. This paper asks two questions: Does a significant relationship exist between precipitation and elevation? Can the fraction of total catchment's rainfall coverage for storm events be determined? Three methods are to answer these questions using TRMM (Tropical Rainfall Measurement Mission) data products. The TRMM satellite provides 4 km^2 resolution PR (Precipitation Radar) and much coarser TMI (TRMM Microwave Imager) observations multiple times per day. The instruments observe swath widths of 220 and 758 km respectively. Full basin coverage of a spatially distributed rain field observation is possible at PR resolution, allowing for determination of the areal extent of rain. Moreover, TRMM data can be used to develop a statistical model of the spatial variability of rainfall in an effort to make basin average estimates. Thirdly, available TRMM rainfall estimates are used directly, in validation of rain gage data.

Key words: Panama; Río Chagres; climatology; rainfall monitoring; potential evaporation; TRMM

R. S. Harmon (ed.), The Río Chagres, Panama, 211-226.

1. INTRODUCTION AND BACKGROUND

For the purposes of modeling and studying catchment runoff phenomena, hydrologists are often confronted with assessing the spatial variability of precipitation. There are various practical reasons for performing such analysis, especially in areas where water balance is carefully scrutinized. The general interest is to explore the basin scale spatial variability of rainfall intensity estimates and test for a general precipitation relationship to orography.

The upper Río Chagres basin, situated north of the Panama Canal on the Isthmus of Panama, has many attractive features for study. As a primary contributor of water to the Panama Canal and its operations, there are long-term data sets for the region. Data are available from telemetered rain gage stations situated in and around the upper Río Chagres catchment, provided by the Autoridad del Canal de Panama (ACP). While most records are available continuously since early 2000, data exist as far back as the late 1970s for two of the gages. The upper Río Chagres basin covers 414 km^2 with elevation range of roughly 180 to 1000 meters. There are steep mountainous slopes in most of the catchment. Furthermore, at the Isthmus scale, Espinosa (1998) indicates the region is characterized by seasonal climatic conditions with frequent heavy rainfall.

The first motivation for this study arose from parallel efforts by Niedzialek and Ogden (2005, this volume). In considering topography, local climatic conditions of heavy rainfall and steep climatological gradients, significant and quantifiable spatial trends in rainfall may exist. Therefore, the use of data from the TRMM (Tropical Rainfall Measurement Mission) satellite are investigated to discern any spatial patterns and trends in precipitation across the upper Río Chagres watershed. If a statistical relationship between rain rate and elevation can be detected, then it should be possible to develop a generalized functional relationship between elevation and mean rainfall. Also of interest are other discernable forms of spatial variability in mean rainfall

2. METHODOLOGY

Data were utilized from seven active ACP rain gages. These gages each have continuous data records dating back to the spring of 2000. Figure 1 shows rain gage locations in and around the upper Río Chagres basin featured on a digital elevation map.

To process the rain gage data, rainfall tips were summed over daily time intervals to record total rainfall depth, the sums were conditional on the event that all gages received rain on a given day. Daily measurements presented much noise. To reduce this data, conditioned daily totals were summed at monthly resolution. Monthly accumulations were normalized by the average of the field during that month. Figure 2 shows normalized monthly rainfall accumulations for the rain gages versus elevation. The null hypothesis for the study was that relative rainfall accumulation is not dependant on elevation with statistical significance. A linear regression was fit to the data assuming relative rain accumulation and elevation are the dependant and independent variables, respectively, and an F statistic used as an objective function. This compares the divergence of gage means from the field average to the amount of variability expected at each gage. In this case, a small F statistic ($F = 0.8525$) and weak slope are reported. This indicates that the rainfall accumulation change is insignificant at different elevations compared to the amount of internal variance.

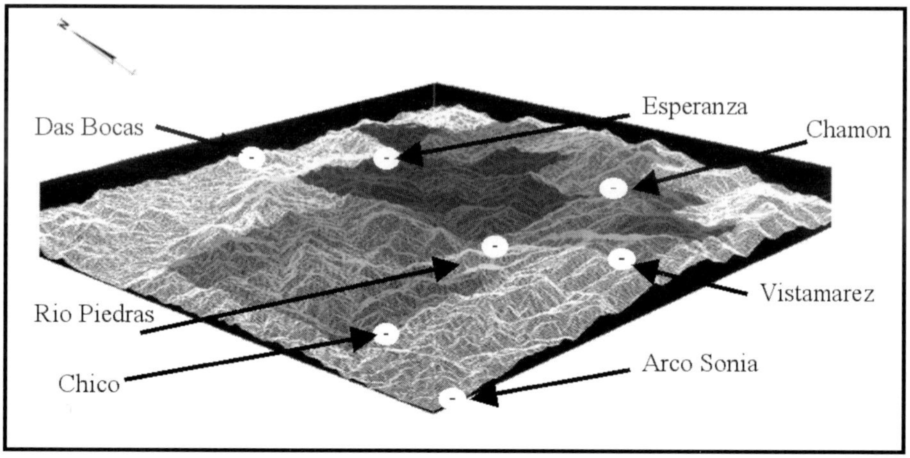

Figure 1. Digital elevation map of the upper Río Chagres watershed illustrating the spatial layout of rain gages across the basin

Espinosa (1998), in a climatological report, depicts the relative monthly wind directional intensities for the town of Cristobal on the northern Atlantic coast of Panama. The mean wind direction is significantly biased towards the north and northeast in the dry season and moderately biased towards the north in the wet season. Considering that the upper Río Chagres basin may be subject to such climatological influences like moist airflows from the north, this analysis tested for the presence of relative precipitation to location relationships. Normalized monthly rainfall versus latitude is plotted in Figure 3, rather than elevation as in Figure 2. The plan view orientation of the gages in Figure 1 can be referenced to the latitudinal distribution shown. Again, a regression fit was again applied to the data. This case shows a more pronounced slope and robust F-statistic (F = 106.6) compared to those cases showing generalized elevation effects.

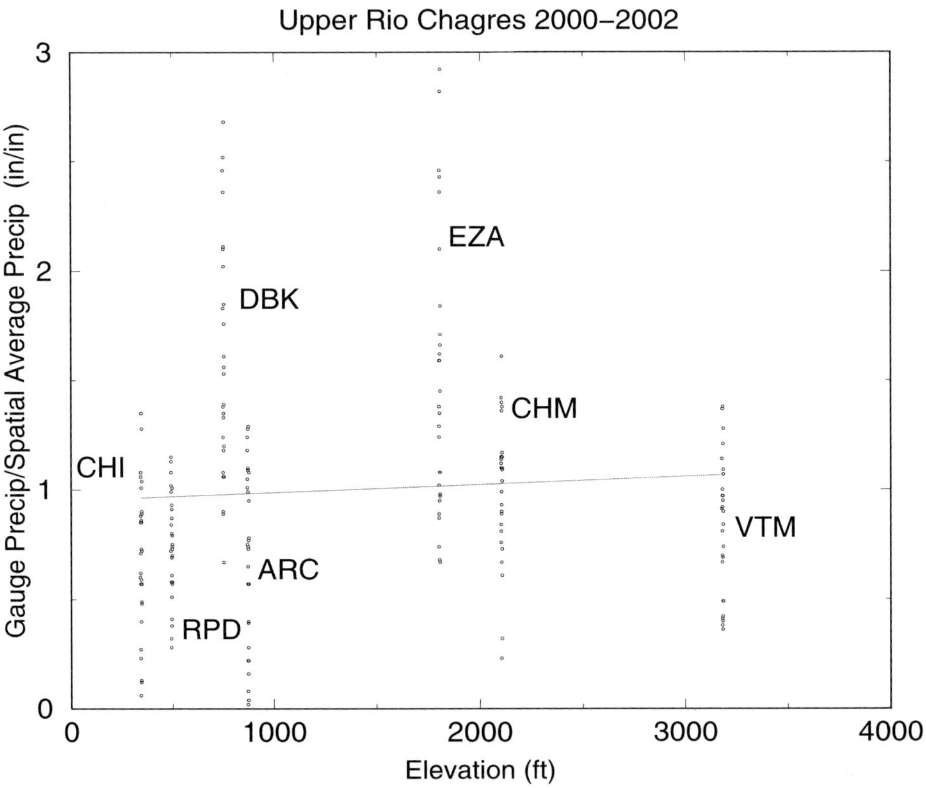

Figure 2. Normalized monthly rain accumulations as seen by recorded by the local rain gages plotted on respective elevation. Data record is from spring 2000 through 2002.

Comparing Figures 2 and 3, it is apparent that there is a strong N-S gradient in rainfall, with rainfall being highest at gages in the north, and lowest in the south. This feature points to added complexity in addition to elevation, given the poor relationship displayed in Figure 2. However, it is impossible to continue much further inference about the spatial structure of the rainfall from the given rain gage network.

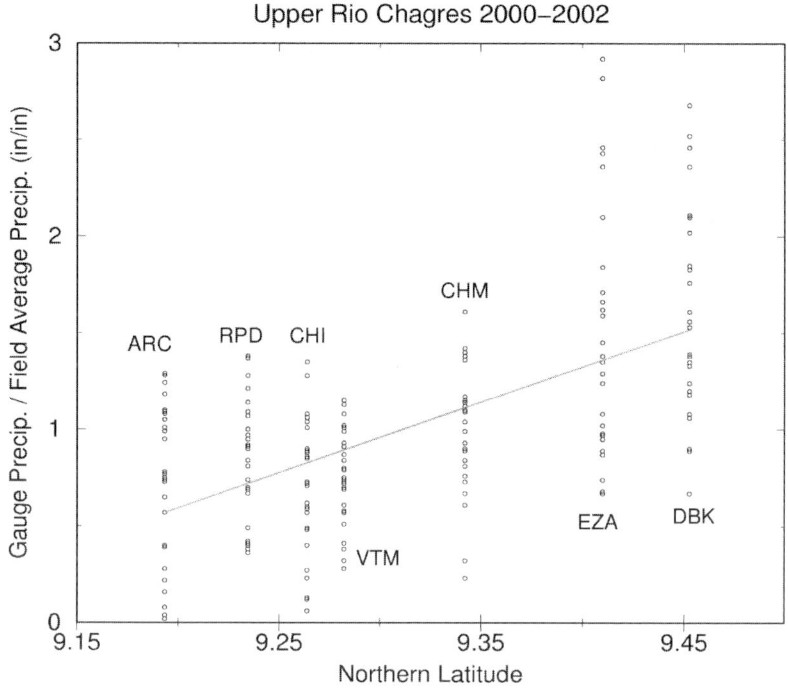

The TRMM (Tropical Rainfall Measurement Mission) satellite is a joint project between the US National Aeronautics and Space Administration (NASA) and the National Space Development Agency of Japan (NASDA). TRMM has a 35° orbital inclination, which restricts the satellite to the tropics and sub-tropics. The TRMM satellite is a current leading technology available for space-based remote sensing precipitation estimation. The platform hosts several instruments including a Lightning Image Sensor, a Cloud-Earth Radiant Energy System and a Visible Infrared Scanner. This work targeted the use two instruments; the TRMM Microwave Imager along with the Precipitation Radar. The spatial resolution of the TMI is approximately 5x7 km^2 at highest frequency channels up to 63x37 km^2 at low frequency. Interested that TMI swath widths offer more overpasses of the basin on average, it was observed that the resolution was too coarse at most channels to portray spatial variability at the spatial scale of interest For this reason, use of the TMI data was not considered. Follow-up studies could use the highest frequency TMI band (*e.g.,* 85 GHz) for rainfall estimation. A value study on resolution and overpass frequency is being considered.

TRMM Precipitation Radar (PR) products have better resolution of approximately 4-5 km depending on orbit height, and the off-nadir look angle. This resolution allows rainfall over the basin to be discretized into a 28-cell grid, which is acceptable to portray spatial variability of rainfall. 2A25 data provide instantaneous rainfall products of 3-D rain fields derived from active Precipitation Radar reflectivity. The 2A25 rainfall data are based on a Z-R conversion and attenuation correction algorithm. Iguchi and Menghini (1994) explain the technique as a hybrid of Hitschfeld-Bordan and surface reference methods used to produce vertical reflectivity profiles. Rainfall intensities are distributed horizontally and vertically. The vertical precipitation profile comprises 80 swath height elevations at 250 m apart reaching a ceiling of 20 km. The data files available in HDF format contain individual orbital swaths (earth overpasses) of rain rates, location, scan time and various supplementary data. TRMM 2A25 rainfall data were acquired compliments of the NASA Goddard Space Flight Center DAAC web server. Figure 4 shows the UTM projection view of typical PR swaths of the region, the overpass swath width of approximately 214 km can be seen by the straight lines. Grey-scale contours indicate precipitation seen by the TRMM overlaid on the Panamanian coastline. The Panama Canal and eastern contributing basins are featured in the figure.

The first steps taken in processing TRMM data consisted of performing a spatial search on TRMM 2A25 looking for all available events within the central Panama area of interest (8.58°N latitude, 80.72°W longitude to 9.5°N latitude, 79.17°W longitude). A mask identifying the 28 grid centers covering the upper Río Chagres basin was merged with a second algorithm to geo-locate those nearest PR pixels defining TRMM data. Nearest PR pixels within a 5x5 km^2 box surrounding stationary grid cells were averaged and assigned to the surface grid cells. PR precipitation swaths are non-stationary in their location and require geo-referencing per each event. No-rain events and orbitals without complete basin coverage were discarded. All available overpasses of 2A25 PR data were selected from 1999-2002 and were applied to the algorithms. A total of 506 overpasses were retrieved over the box enclosing the upper Río Chagres basin that met our conditioning criteria, 100 orbits were found to have rainfall in at least one of the 28 bins over the upper Río Chagres for that overflight.

The effect of ground clutter on data quality was considered. The 2A25 data separate surface clutter ranges from clutter free ranges by observing complimenting PR 1C21 outputs, however surface clutter can, on occasion, be unavoidably misinterpreted as rain echoes, especially in mountainous regions (TRMM, 1999). As previously noted, there is an approximate 1000m height differential between high mountain peaks within the upper Río Chagres watershed and sea level. Moreover, the geometry of the TRMM satellites travel and declination angle results in radar reflectivity bins that are not horizontal far from the nadir. The tipped bins can extend to a maximum of 500 meters from edge to center swath height. To avoid complications and potential clutter, we elected to use minimum bin height of 1750 meters, to positively avoid ground clutter. The TRMM 2A25 product returns a specified signal for bad or cluttered data, which was filtered during data processing. In the event that any of the 2A25 grid cells above the charges basin returned this clutter signal, that event was omitted entirely. It was found that at higher elevations, there were much fewer occasions where clutter was present in captured rainfall events.

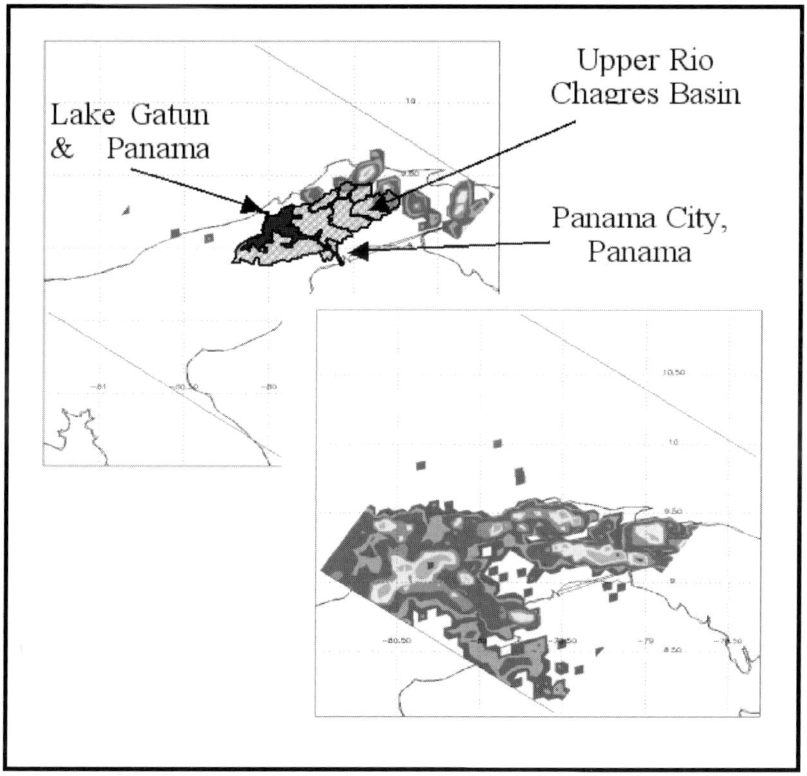

Figure 4. Sample images of precipitation as viewed by TRMM orbital swaths. The upper panel features the catchment boundaries and reference locations. Precipitation is contoured in grey scale by variable intensity in the lower panel.

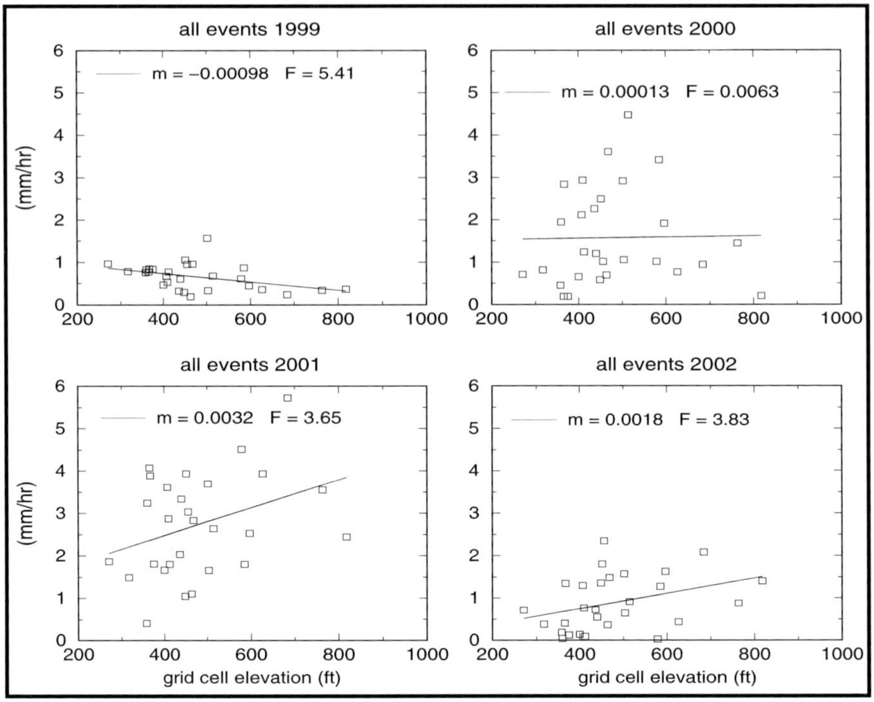

Figure 5. Mean TRMM precipitation intensity estimates of grid cells in the upper Río Chagres basin. Comparison of yearly means. Cell values are plotted against average topographic elevation.

The initial objective of the TRMM data analysis was to test the hypothesis that there may be a generalized orographic effect. Of the 100 positive rain events, various yearly time frames and seasons were further grouped for analysis. Captured rain events by the TRMM PR were cycled for each year of the study, rainfall intensities on each of the cells were averaged over their respective time interval. Figure 5 compares the yearly mean rainfall (mm/hr) estimated at 2000 meters to the individual elevation of the cell. Cell center elevations were determined by averaging the nearest grid cells. The elevation data was retrieved from a 90 m digital elevation model.

Mean PR rain intensities over a four-year period at bin heights of 2000 and 1750 meters are compared in Figure 6. Likewise for each elevation, wet season only data were compared to full years for the time span of 1999-2002. The wet season was selected as including all events from July through January.

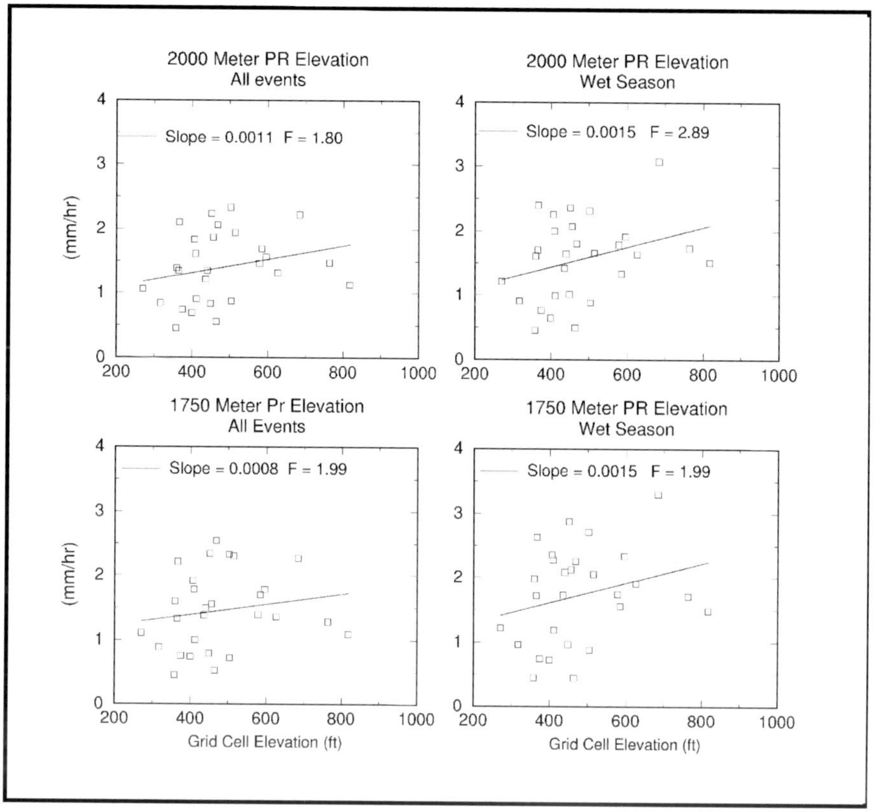

Figure 6. Mean TRMM precipitation intensity estimates of grid cells in upper Río Chagres basin. Dual comparison of 1750 and 2000 m swath height estimates coupled with wet season only and yearly data. Cell values are plotted against average topographic elevation.

Recalling that the rain gages reported a positive and more robust linear regression of rain accumulation with increased latitude than that of purely generalized orography, a similar approach was taken with TRMM data. TRMM rainfall estimates for each grid cell were normalized by the spatial mean and plotted against their individual latitudes. A slight trend was noticed and it can be interpreted from the linear regression in Figure 7 that the gross difference in mean rain at latitudinal extremes was 24%. However, the powerful multidimensionality of the TRMM spatial estimates is shadowed. Furthermore, the statistics are not as significant as those latitudinal effects present in the rain gages.

GRASS open-source GIS software was used to display areal projections of TRMM rainfall accumulations on 4x4 km^2 grids over the upper Río

Chagres watershed. Figures 8 and 9, show the two dimensional relative rainfall intensity. Rainfall for each grid cell was accumulated over the course of TRMM observations. Each cell was then normalized by the spatial mean accumulation, therefore making a mean relative rainfall accumulation of 1. Values have been scaled by 1000 for mapping purposes. Higher rainfall accumulation is characterized by darker shades but more directly the fraction.

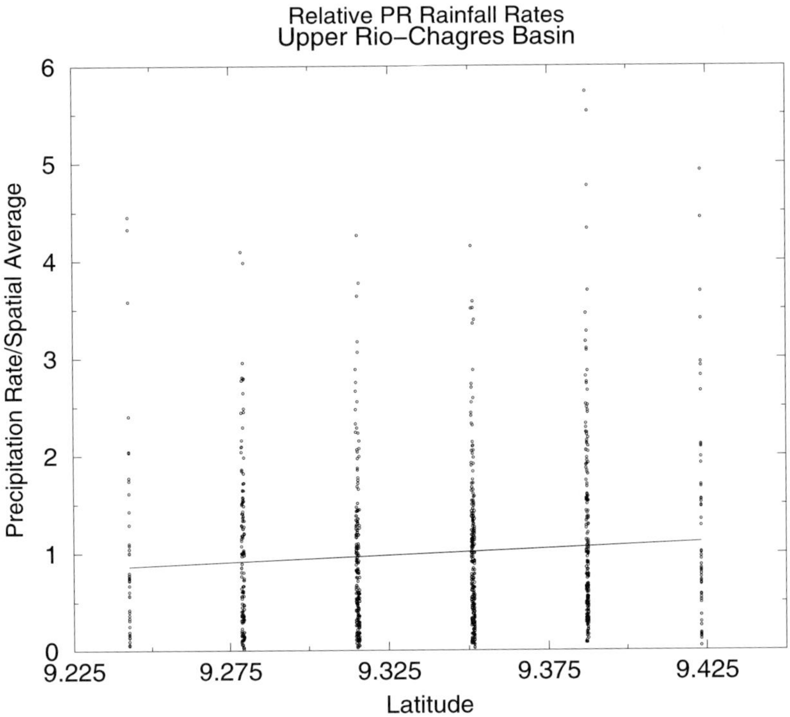

Figure 7. Spatially normalized TRMM precipitation estimates at variable latitude. Data taken from season observations 1999-2002.

Note that the relative rainfall accumulations shown in Figure 9 are summations of random samples from a continuous space-time series of rainfall. The probability was calculated that TRMM observed rainfall in each grid cell out of the total one hundred events with positive rainfall inside the basin. All events that contributed to deriving the relative spatial rainfall accumulation field were summed to total positively recorded events per grid. Figure 10 shows the percentage of times rain was captured by TRMM for each grid cell.

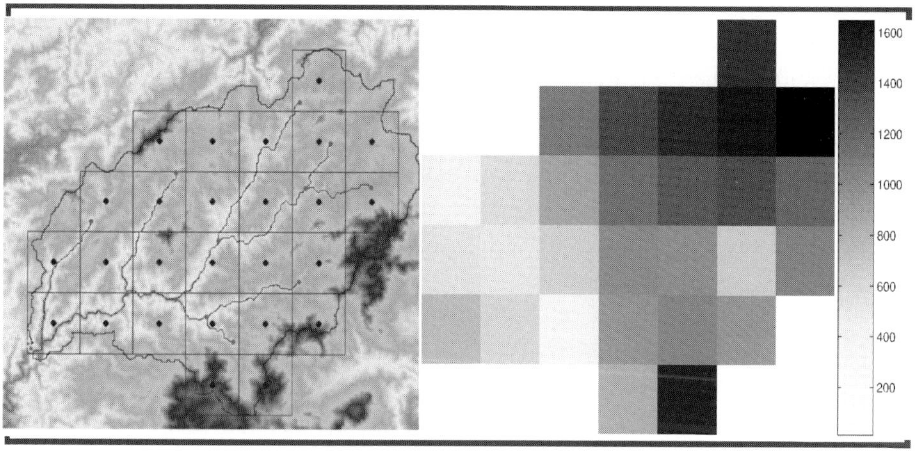

Figure 8. (left) and *Figure 9* (right). Stationary TRMM pixel locations are overlaid on a digital elevation model in the left panel. The right panel refers to the same location in space, and portrays the relative mean rainfall accumulation for the period of TRMM observations. Values portrayed as integers, fractional amounts can be achieved by scaling down by 1000.

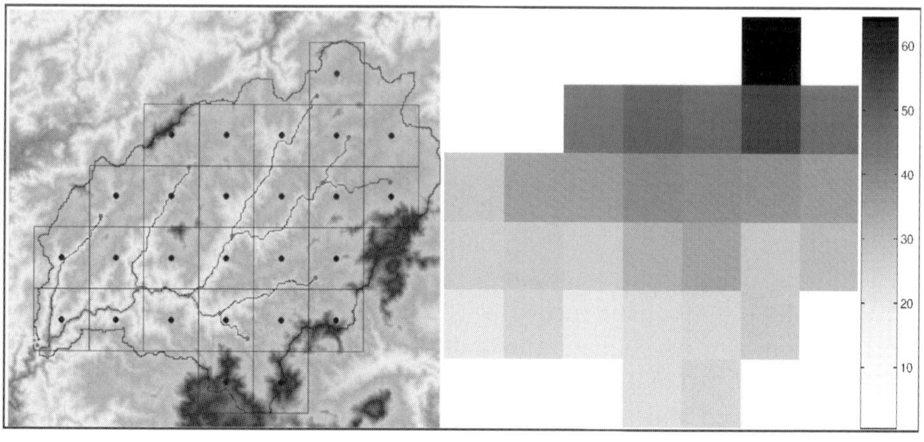

Figure 10 (left) and *Figure 11* (right). Stationary TRMM pixel locations are featured with total counts of rain events per each grid cell over the total period of observation. The right panel refers to the same location in space, and portrays the relative mean rainfall accumulation for the period of TRMM observations. Values portrayed as integers, fractional amounts can be achieved by scaling down by 1000.

3. DISCUSSION AND ANALYSIS

In this analysis effort, a weighting scheme was needed to describe the spatial variability of rain for input to hydrologic models. The null hypothesis was set that rain rate could not be related as a function of orography. If negated, there is potential that rain rates could be described by an elevation function. A functional relation (P-E) could be used to assign weights for hydrologic model inputs. It was decided to consider the rain events over the continuous record from 2000 through 2002 as a random process, and compare monthly precipitation values to their respective elevations to ascertain if a robust linear relationship could be found indicating that generally more precipitation occurs at higher elevation? The obvious variance in the rain gage data as described by Figure 2, as well as the near-zero slope and small F statistic do not statistically support the presence of a general and linear orographic effect through the data.

It should be noted that, at some locations such as the Dos Bocas and Esperanza gages, there is significantly higher relative monthly rainfall. These locations can be cited as places of relatively high North latitude, not elevation. If a generalized relationship did exist, it would be expected that rain gauges at the highest elevations, such as Chamon and especially Vista Mares, to have much larger rainfall accumulations. This is not the case. The highest recorded precipitation was present in those gauges farther north. The data in Figure 3 indicate that there is a much stronger general linear relationship between normalized monthly rainfalls as a function of latitude. The TRMM latitudinal rainfall intensity data shown in Figure 7 indicates that the trend is positive with respect to latitude, however the relationship is weak. It can be concluded, for instance, that the mean rainfall observed over Dos Bocas is separated from mean rainfall at Chico. This only implies a non-homogenous spatial rainfall probability irrespective of gradient. A generalized spatial gradient as sought with TRMM analysis may still exist.

According to rain gage record, a weak positive trend is observed in mean precipitation as a function of elevation, conditional upon rainfall over a 4-year time span. Additionally in Figure 5, those TRMM data for 2002 were the first observed and hinted that there may be some general P-E relation. Further assessment indicated that this tendency was not consistent in 2001, 2000, and 1999. This was especially apparent in 1999. Representing a year of drought, 1999 may be characteristic of abnormal seasonal weather conditions. However, these graphs show little to no indication of a P-E relation of statistical significance for the upper Río Chagres watershed.

Figure 6, compared elevation swaths and returned relatively similar results, as did the wet season. Changing observation criteria had little effect on uncovering a more robust relationship. This was consistent with the results forwarded by the rain-gauge data, affirming that a generalized P-E relationship does not exist.

The TRMM PR makes approximately 1.1 overflights per day, on average, at the latitude of the region of interest. It is critical to realize that one should not regard the 2A25 estimates as having the ability to infer a temporal statistic, random observations at roughly daily time scales can not support this. Instead, the observations must be viewed purely as a 100 random events within the 4-year time domain. However, TRMM PR estimates can be used to identify mean climatological difference in space, over the appropriate time and space scales. The working spatial scale is quite small for this study, and does not allow for spatial averaging which can eliminate noise. However, given 100 overflights during rain, it is possible to make qualitative assessments and distinctive observations of the rainfall variability within the basin. This assumption is dependant on the fact that TRMM overpasses are not diurnally biased in time. The probability of occurrence for rainfall events on a sub-daily scale may not be consistent with the probability of TRMM capture.

Considering that the hourly overflight probability of the TRMM satellite is distributed uniformly across the day, the probability of capturing a rain event by the TRMM radar would theoretically match the distribution of actual rain occurrence. Figure 12 shows the probability of TRMM and gage based rain occurrence taken from five local gages over the 1999-2002 TRMM overflight time domain as a function of hour of the day (local Panama time). Figure 12 illustrates that the peak probability of capturing rain match, and there is some agreement that TRMM probability of capture is commensurate with the rainfall occurrence probability derived from the gage data

Based on this observation it is inferred from the mean rainfall intensity maps and the latitude effect of rain gauges displayed in Figure 3, that the headwaters of the basin are receiving generally more rainfall than the outlet. This is a qualitative observation that in the northeast part of the watershed we notice generally higher rainfalls.

It was observed that Esperanza and Dos Bocas had higher rain averages than did the Vista Mares and Chamon gages. Similarly, we can see the TRMM data estimates higher rainfall over the Esperanza gage and less over the Chamon and Vista Mares as well. If, for instance, moisture flows from the Caribbean Sea, the precipitation recorded by a rain gage or observed by TRMM may be effected by topography. Figure 13 gives a three dimensional representation of the landscape of the upper Rio Charges basin. A color grid much like those portrayed in figures 9 and 10 represents relative rainfall

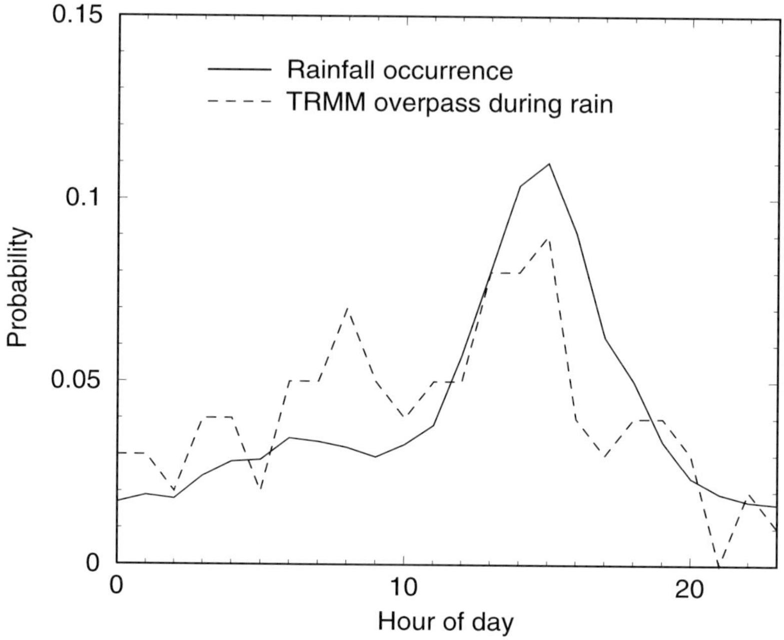

Figure 12. Diurnal probability mass curves of TRMM and rain gage capture of rainfall events. Observations were taken over the joint parameter space January 2000 through December 2002.

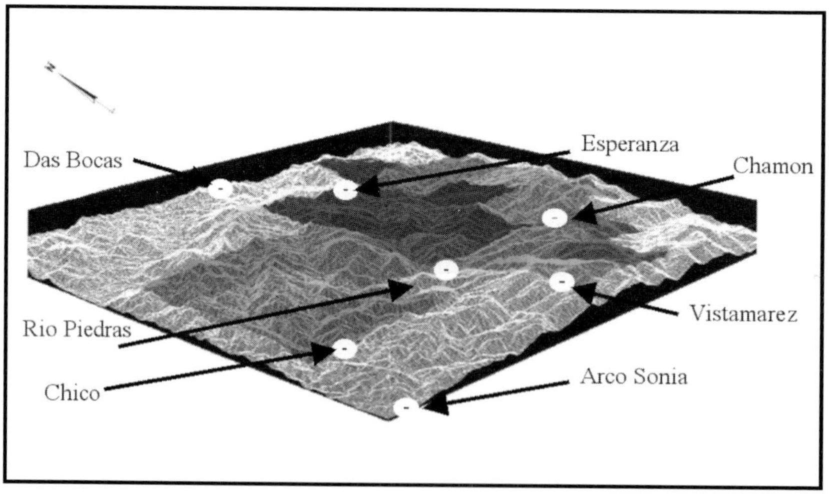

Figure 13. A 3-D relief image of the upper Río Chagres drainage basin, showing rain gages, overlaid with mean precipitation intensity from TRMM PR observations. Intensities are shown by grey scale intensity.

intensity, which is essentially the relative rainfall accumulation map scaled by the relative frequency of events per cell. The locations of the gauges are highlighted as well. The Vista Mares gage is situated on the south side of a ridge, yet is located at a relatively high elevation. Moisture flowing from the north could possibly create a rain shadow effect on southern aspects of ridges. The adjoining cell on the ridge, which is also the highest elevation, will receive the highest rainfall in the basin, while the cell over the Vista Mares gage does not. Furthermore, the Esperanza gage is located on the northern side of the ridge while the Dos Bocas gage is situated closest to the Caribbean coast.

4. CONCLUSIONS

The results of this analysis of rain gage and TRMM data indicate that there is no general P-E relation in the upper Río Chagres catchment. There appears to be a trend of decreasing rainfall from the NE to SW part of the basin. In summary, it is noted that defining spatial climatologic gradients using TRMM is for the most part inadequate at our current time and space scales and as well when used at exceedingly high swath elevations in the presence of signal noise. Qualitative observation can be made that the headwater region of the watershed receives generally more rainfall than other parts of the catchment.

One of the attractive features of using space-based platforms is that remote locations of the globe can be accessed. Getting a first look at particular basins of interest with TRMM data products could yield very useful information on how to optimally site rage gages in a basin.

Our analysis of TRMM data needs further study. It is planned to make use of local radar estimates to evaluate quantitative comparisons of rainfall estimates based on both rain gage and TRMM observations of rainfall.

ACKNOWLEDGEMENTS

This work was funded by the U.S. Army Research Office, Terrestrial Sciences Program, Grant DAAD19-01-1-0629. We appreciate the help of Jon Zahner, M.S. Candidate at the University of Connecticut. TRMM data were provided by NASA/NASDA TRMM, DAAC. We appreciate receiving data from Michael Hart and Carlos Vargas of the Panama Canal Authority.

REFERENCES

Espinosa, JA, 1998, Veranillo De San Juan within the Panama Canal Watershed: Meteorological and Hydrographic Branch, Engineering Division Panama Canal Commission. Balboa Heights, Panama.

Iguchi, T and Meneghini, R, 1994, Intercomparison of single frequency methods for retrieving a vertical rain profile from airborne or spaceborn data: Jour. Atm. Oceanic Tech., 11: 1507-1516.

Niedzialek, JM and Ogden, FL , 2003, Runoff Production in the Río Chagres Catchment, Panama, proc. Intl. Scientific Symp., The Río Chagres: A Multidisciplinary Profile of a Tropical Watershed, Abstract Volume, 24-26 Feb., Gamboa Panama.

TRMM Precipitation Radar Team. 1999, Tropical Rainfall Measuring Mission Precipitation Radar Algorithm: Instruction Manual. (1.0) National Space Development Agency of Japan (NASDA) and National Aeronautics and Space Administration (NASA)

Chapter 14

TREE SPECIES COMPOSITION AND BETA DIVERSITY IN THE UPPER RÍO CHAGRES BASIN, PANAMA

Rolando Pérez[1], Salomón Aguilar[2], Agustín Somoza[2], Richard Condit[1], Israel Tejada[2], Clara Camargo[1], and Suzanne Lao[1]
[1]*Smithsonian Tropical Research Institute,* [2]*Autoridad Nacional del Medioambiente de Panama*

Abstract: Tree species composition at two sites in the upper Río Chagres basin of central Panama was evaluated using rapid inventory methods. At each site, two 40x40 m quadrats were demarcated, and each was thoroughly searched for tree and shrub species. The 40x40 m quadrats had a mean of 155 species each, and the four pooled had 285 species; 29 other species were noted along trails near the survey plots. These inventories were compared to 81 others within the Panama Canal Watershed, and forest composition and diversity was evaluated relative to mean dry season duration. The upper Río Chagres sites have high rainfall and are rich in tree species relative to most of the area; the only area with higher diversity is the Santa Rita Ridge, along the Caribbean coast, which is even wetter. Many tree species are restricted to these wet areas of central Panama, not occurring in drier areas of the Pacific slope or central Panama.

Key words: Panama, Panama Canal Watershed; upper Río Chagres basin; rain forest; tree species; β-diversity

1. INTRODUCTION

1.1 Forest Tree β-Diversity, Central Panama

Central Panama has high β-diversity of forest trees. In ecological jargon, this means that species turnover from site to site is high (Condit *et al.*, 2002).

R. S. Harmon (ed.), The Río Chagres, Panama, 227-235.

Individual sites in the area, however, have only moderate diversity by tropical forest standards. For instance, a single hectare of forest on Barro Colorado Island in the Panama Canal has about 90 tree species (Leigh, 1999). By contrast, sites in Amazonia and Southeast Asia can have three times this number (Phillips *et al.*, 1994). But, Panama's total diversity is as high as anywhere in the world (Barthlott *et al.*, 1996), because high β-diversity makes up for middling local diversity.

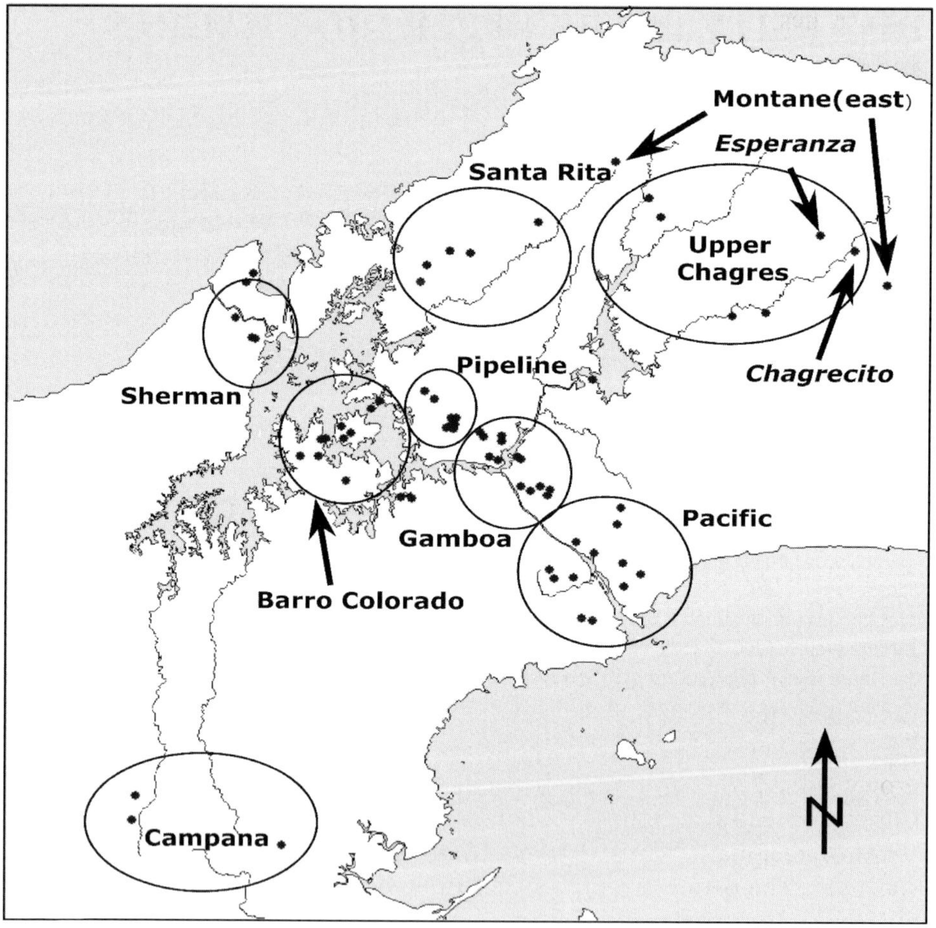

Figure 1. Tree inventories and regions of the Panama Canal Watershed. Inventory sites are denoted solid points; these sites are grouped into regions as indicated by ovals. The new inventories carried out as part of the 2002 field program are the upper Río Chagres sites are labelled 'Esperanza' and 'Chagrecito'.

High species turnover in central Panama is at least partly due to the climatic gradient across the Isthmus (Pyke *et al.*, 2001; Condit *et al.*, 2002). The Pacific slope is relatively dry, whereas the Caribbean coast is wet. High ridges along the Caribbean coast are especially wet. Tree species composition changes markedly from dry to wet zones. However, most of our studies to date (Pyke *et al.*, 2001; Condit *et al.*, 2002) have been restricted to the corridor of forest immediately adjacent to the Panama Canal. East of this corridor lies a much larger block of forest - along the Santa Rita Ridge near the Caribbean coast, and in the upper Río Chagres basin (Fig. 1). Both areas are wet, relative to the Canal corridor, but neither has been studied in any detail. In particular, the upper Río Chagres region, which has no roads, is heavily forested, and is of difficult access. As a result, current knowledge of tree species on the Santa Rita Ridge and in the upper Río Chagres regions is sparse. Because the climate in these two regions is much wetter than the rest of the Panama Canal Watershed, it is likely that many unusual and previously unknown species are present there.

1.2 Precipitation Patterns in Central Panama

All of central Panama has a distinct dry season, typically lasting from late December until late April. This dry season is crucial to the forest: some species are deciduous during the dry season, and fruit production in many species is synchronized with the dry season. Many species are stressed at by water shortage the end of the dry season (Leigh *et al.,* 1990, Engelbrecht *et al.*, 2002). This is most evident during unusually long dry seasons, such as in 1983, when many trees wilted and died (Condit *et al.*, 1995; Leigh, 1999).

We have been examining the degree to which tree species ranges are limited by the length of the annual dry period. Of particular interest is whether species able to tolerate long drought occur widely compared to drought-sensitive species, which are restricted to the wet slopes of the Caribbean coatsal region of the country. To estimate the intensity of the dry season, precipitation data from the Autoridad del Canal de Panama (ACP) was used. The period during which evapotranspiration exceeds rainfall at 40 different sites was determined from smoothed weekly curves rainfall of and evapotranspiration, (see details in Condit *et al.*, 2000, 2005). The longest dry season occurs near Panama City on the Pacific coast, averaging 149 days. At the other extreme, the dry season is 90-110 days long on the Santa Rita Ridge and in the northern parts of the upper Río Chagres basin (Fig. 1).

A linear regression was fit of dry season length on latitude, longitude, and elevation, and this model used to model to interpolate to each tree-inventory site (Pyke *et al.*; 2001). The simple, linear model is crude and preliminary, and precipitation data are scanty from the upper Río Chagres area, but for now it is the best available interpolation method. With advancements presented in this volume (Georgakakos *et al.*, 2005, Chapter 23; Hendrickx *et al.,* 2005, Chapter 8; Knox *et al.,*2005, Chapter 13), it is hoped to eventually generate more precise estimates of annual dry-season length at all inventory sites.

2. TREE INVENTORIES

Data has been assembled on the tree species present at 87 sites in the vicinity of the Panama Canal Watershed, using three different inventory methods. One method was the census plot, in which every individual tree was measured and mapped, including three large plots of 4, 6, and 50 ha (Condit *et al.,* 2005) and 46 small plots of 0.32 ha or 1 ha (Pyke *et al.,* 2001; Condit *et al.*, 2002). In most plots, trees ≥1 cm dbh (*i.e.,* diameter at breast height) were counted, but in nine, only trees ≥10 cm dbh were included (Pyke *et al.,* 2001). The second technique, called the 'quick plot' method: all species in square plots of either 0.16 ha (40x40 m) or 1 ha (100x100 m) are recorded. In 'quick plots', an area is demarcated precisely and searched exhaustively for species, but individuals are neither marked nor counted. In the final type of inventory, or 'transect' approach, tree species are recorded along trails covering <1 km, with no attempt to cover any specific area and withput attempting to be exhaustive. A total of 24 transects have now completed. Figure 1 shows the location of all sites, both plots and inventories (some inventory sites are so close together that they appear as single points on the map).

During February and March, 2002, six of these inventories were completed in the upper Río Chagres basin, as part of a program of scientific fieldwork organized by US Army Research Office. The upper Río Chagres region is protected within the Chagres National Park by Panama's Autoridad Nacional del Medioambiente, (ANAM) and includes more than 150,000 ha of near-pristine old-growth forest (Ibáñez *et al.*, 2002). The entire region is devoid of roads, and the eastern section contains no human settlements (Condit *et al.*, 2001; Ibáñez *et al.*, 2002). Previously, four forest plots had been established in the upper Río Chagres basin (Fig. 1), but no plots were located in the most remote northeastern section.

Two new sites were visited in 2002 (Fig. 1). The first was situated in the upper portion Río Esperanza drainage, which is a major sub-basin of the upper Río Chagres basin.The second site is a location adjacent to the confluence of the upper Río Chagres, and Río Chagrecito. Forests near both sites were tall, old-growth forest that was free of any visible human disturbance. Two plot locations were chosen at each site for detailed tree inventory, largely based on convenience: the plots were within 1 km of the fieldwork campsites, far enough above the rivers to avoid floodplain or recent fluvial depositions, and on ridge crests and upper slopes to avoid steep gullies. Beyond this, no attempt was made to select specific features of the forest and, as far as could be ascertained during the short time in the field, the plots were representative of overall diversity and structure of the surrounding forest.

At each site, two quick plots of 40x40 m square (0.16 ha) were completed, for a total of four inventories. Each plot was marked with orange flagging at approximately 5 m intervals, and each 5x40 m rectangle was walked systematically. Every tree larger than 1 cm in stem diameter within the plot was checked, and it is considered that very close to all the species present in each plot were located. In addition, tree species were recorded along the trails between campsite and plots, matching the transect method of species inventory.

Any tree species that could not be immediately identified in the field, based on prior experience throughout central Panama, was collected, whether flowering or not. In addition, nearly all flowering or fruiting specimens were collected (except for very familiar, widespread species). If necessary, a slingshot was used to collect on tall trees. Specimens were folded in newspapers for the return trip to Panama City, then dried and eventually compared with herbarium specimens at the Smithsonian Tropical Research Institute and the National Herbarium at the University of Panama.

Lists were assembled of every species encountered in each of the 40x40 m plots and along the transects. These were compared with species lists from the 81 other inventory sites in the Panama Canal Watershed. The complete species list is given at the web site: http://ctfs.si.edu.

For a broad assessment of species' ranges relative to dry season, the 87 inventories were divided into three climatic regions: (i) Caribbean and montane wet, (ii) intermediate, and (iii) Pacific dry. The wet region included the upper Río Chagres, Santa Rita, Campaña, and Montane East sites (Fig. 1), where the estimate of dry-season duration was 94-130 days with a mean of 118 days). The dry region included Gamboa, the Pacific sites, and a single transect at the Madden Dam (Fig. 1); where the dry season estimate is 129-147 days, with a mean of 138 days. The intermediate region included all remaining sites, where the dry season lasted 116-135 days, with a mean of 127 days.

3. TREE SPECIES DIVERSITY IN THE UPPER RÍO CHAGRES BASIN

The four 40x40 m plots at the Río Esperanza and Río Chagrecito sites included a mean of 155 tree species ≥1 cm in stem diameter (Tables 1 and 2). An average of 174 species was recorded in one full plot and one quick plot on the Santa Rita ridge. No other region in the Canal watershed averaged 100 species per 40x40 m quadrat (Table 1). The four plots at the Río Esperanza and Río Chagrecito sites included a total of 285 species, when their species lists were pooled. In addition, 29 more species were recorded on the transects, bringing the total number to 314. Of these 314 species, 50 of them had never before been encountered elsewhere in the Panama Canal Watershed.

Table 1. Species diversity in different regions of the Panama Canal Watershed, per 4 0x40 m inventory plot. Data from both full plots and quick plots are combined, with the number of each plot type indicated.

Site	Species	Full Plots	Quick Plots
Santa Rita	174.0	1	1
Upper Chagres	155.0	0	4
Pipeline	99.7	10	0
Sherman	94.9	34	0
Barro Colorado	92.6	35	0
Laguna	87.5	2	0
Gamboa	70.7	6	6
Pacific	56.7	22	3

4. RANGES OF UPPER RÍO CHAGRES TREE SPECIES ACROSS THE PANAMA CANAL WATERSHED

Besides the inventories undertaken at Río Esperanza and Río Chagrecito sites, four additional tree census plots previously had been completed with in of the upper Río Chagres region (Pyke *et al.* 2001). Two of these were immediately adjacent to the Río Chagres, downstream from its confluence with the Río Esperanza (Fig. 1). The other two were at sites located between the Río Boquerón and Río Pequení, north of Lago Alajuela (Fig. 1). Species lists from those plots were pooled with the list of 314 species recorded at the

Río Esperanza and Río Chagrecito sites. This produced a total list of 435 tree species for the upper Río Chagres region.

Table 2. UTM coordinates and elevation (ASL) of the four upper Río Chagres inventory plots, based on GPS. Coordinates refer to the corner of each quadrat furthest to the southwest.

Site	UTM east	UTM north	Elevation
Chagrecito-1	684333.3	1034639.5	309 m
Chagrecito-2	684397.0	1035202.5	413 m
Esperanza-1	680538.4	1036732.7	306 m
Esperanza-2	680113.2	1036889.2	286 m

Of the regions designated in Figure 1, Santa Rita is the locale most similar to the upper Río Chagres area in terms of its tree species composition. The pooled list for five Santa Rita sites included 408 tree species, 228 of which were also found in the upper Río Chagres basin. Altogether, Santa Rita and the upper Río Chagres inventories included 615 tree species. Adding two plots at elevation >600 m, but immediately adjacent to the upper Río Chagres region (referred to as Montane East in Fig. 1), this pooled list reached 698 tree species.

In 67 inventory sites along the Panama Canal (all but Santa Rita, Upper Chagres, Montane East, and Campaña; Fig. 5-1) there were 667 tree species. Only 291 of these species were also recorded in the Santa Rita, Upper Río Chagres, and Montane East regions.

At all 87 inventory and plot sites throughout the Panama Canal Watershed, 1162 tree species were recorded. The largest number of these were restricted to the wet region (Table 3). The next largest number of species were widespread, occurring from the driest to the wettest regions. Only 101 species were restricted to the driest zone.

5. CONCLUSIONS

The biggest break in tree species composition in the Panama Canal Watershed region occurs between the Santa Rita region and the forests in the vicinity of the Panama Canal. The wettest zone – which includes the Santa Rita Ridge along the Caribbean coast, the upper Río Chagres region, and montane sites in the far east and far west of the watershed - carries the highest number of species in the area, and most of these are restricted to the wet zone. In contrast, the dry zone carries fewer species and has few restricted species.

The region of the upper Río Chagres basin in the far east of the Panama Canal Watershed area remains poorly explored botanically. It is expected, in the future, that more species will be uncovered there that are currently not known from central Panama. Further exploration of the region is clearly warranted.

Table 3. Number of tree species with various geographic ranges in Central Panama. The three regions – wet, intermediate, and dry – are defined in the methods. These ranges refer only to local occurrence; most species occur widely throughout the neotropics.

Species Range in the Panama Canal Watershed	# Species	% of Total Species
Widespread	198	17.0
Wet forest only	495	42.3
Wet-intermediate	113	9.7
Intermediate only	114	9.8
Dry-intermediate	131	11.3
Dry side only	101	8.7
Wet and dry, not intermediate	10	0.9
TOTAL	1162	100

ACKNOWLEDGEMENTS

The 2002 fieldwork in the upper Río Chagres basin was facilitated by the Tropical Regions Test Center (US Army Yuma Proving Ground), and we thank the organizers and the entire camp crew for their support. The Smithsonian Tropical Research Institute provided herbarium support and miscellaneous funding. The University of Panama offered access to the National Herbarium on the campus.

REFERENCES

Barthlott, W, Lauer, W, and Placke, A, 1996, Global distribution of species diversity in vascular plants: towards a world map of phytodiversity: Erdkunde, 50, 317-327.

Condit, R, Aguilar, S, Hernández, A, Pérez, R, Lao, S, Angehr, G, Hubbell, SP, and Foster, RB, 2005, Tropical forest dynamics across a rainfall gradient and the impact of an El Niño dry season: Jour. Tropical Ecol., in press.

Condit, R, Hubbell, SP, and Foster, RB, 1995, Mortality rates of 205 neotropical tree and shrub species and the impact of a severe drought: Ecol. Monogr., 65: 419-439.

Condit, R, Hubbell, S., and Foster, RB, 1996, Changes in a tropical forest with a shifting climate: results from a 50 ha permanent census plot in Panama: Jour. Tropical Ecol., 12: 231-256.

Condit, R, Pitman, N, Leigh, EG, Chave, J, Terborgh, J, Foster, RB, Núñez, PV, Aguilar, S, Valencia, R, Villa, G, Muller-Landau, H, Losos, E, and Hubbell, SP, 2002, Beta-diversity in tropical forest trees: Science, 295: 666-669.

Condit, R, Robinson, WD, Ibáñez, R, Aguilar, S, Sanjur, A, Martínez, R, Stallard, R, García, T, Angehr, G, Petit, L, Wright, SJ, Robinson, TR, and Heckadon, S, 2001, Maintaining the canal while conserving biodiversity around it: A challenge for economic development in Panama in the 21st century: Bioscience, 51: 135-144.

Condit, R, Watts, K, Bohlman, SA, Pérez, R, Hubbell, SP, and Foster, RB, 2000, Quantifying the deciduousness of tropical forest canopies under varying climates: Jour. Veg. Sci., 11: 649-658.

Engelbrecht, BMJ, Wright, SJ, and De Steven, D, 2002, Survival and ecophysiology of tree seedlings during El Niño drought in a tropical moist forest in Panama: Jour. Tropical Ecol., 18: 569-579.

Georgakakos, KP and Sperfslage, JA, 2005, Operational Rainfall and Flow Forecasting for the Panama Canal Watershed: in *The Río Chagres: A Multidisciplinary Perspective of a Tropical River Basin* (RS Harmon, ed.), Kluwer Acad./Plenum Pub., New York, NY: 323-333.

Hendrickx, JMH, Bastiaanssen, WGM, Noordman, EJM, Hong, S-H, and Calvo, L, 2005, Estimation of Regional Actual Evapotranspiration in the Panama Canal Watershed using *SEBAL*: in *The Río Chagres: A Multidisciplinary Perspective of a Tropical River Basin* (RS Harmon, ed.), Kluwer Acad./Plenum Pub., New York, NY: 313-321.

Ibáñez, R, Condit, R, Angehr, G, Aguilar, S, Garcia, T, Martínez, R, Sanjur, A, Stallard, R, Wright, SJ, Rand, AS, and Heckadon, S, 2002, An ecosystem report on the Panama Canal: monitoring the status of the forest communities and the watershed: Env. Mon. Assess., 80: 65-95.

Knox, RG Ogden, FL and Dinku, T, 2005, Using TRMM to explorerRainfall variability in the upper Río Chagres catchment, Panama: in *The Río Chagres: A Multidisciplinary Perspective of a Tropical River Basin* (RS Harmon, ed.), Kluwer Acad./Plenum Pub., New York, NY: 211-226.

Leigh, EGJ, Windsor, DM, Rand, AS, and Foster, RB, 1990, The impact of the "El Niño" drought of 1982-83 on a Panamanian semideciduous forest: in *Global Ecological Consequences of the 1982-83 El Niño-Southern Oscillation* (PW Glynn, ed.), Elsevier, Amsterdam, The Netherlands: 473-486

Leigh, EG, Jr., 1999, *Tropical Forest Ecology: A View from Barro Colorado Island*: Oxford Univ. Press, Oxfoed, UK.

Phillips, OL, Hall, P, Gentry, AH, and Vásquez, R., 1994, Dynamics and species richness of tropical rain forests: Proc. Nat. Acad. Sci., 91: 2805-2809.

Pyke, CR, Condit, R, Aguilar, S, and Lao, S, 2001, Floristic composition across a climatic gradient in a neotropical lowland forest: Jour. Veg. Sci., 12: 553-566.

Chapter 15

A NOTE ON AMPHIBIANS AND REPTILES IN THE UPPER RÍO CHAGRES BASIN, PANAMA

Roberta Ibáñez D.[1,2]
[1]*Smithsonian Tropical Research Institute and* [2]*Universidad de Panama*

Abstract: Twenty-nine amphibians and six reptiles were recorded at a site in the upper Río Chagres basin at the confluence of the Río Chagrecito with the upper Río Chagres. Most of them are assumed to be the common species, partly due to the brief time and search effort spent at the site. The amphibians and reptiles found at this site are also present in nearby sites, such as Las Pavas stream and along the Piedras-Pacora ridge. This survey provides information on the herpetofauna present in a virtually unexplored area of the upper Río Chagres basin. The treefrog *Hyla boans* was not previously known from the upper Río Chagres region.

Key words: Panama; Río Chagres; herpetofauna; amphibians; reptiles

1. INTRODUCTION

The upper Río Chagres basin, including the Río Chagres and the Río Pequení, was explored biologically during the 1910-1912 "Smithsonian Biological Survey of the Panama Canal Zone" (Heckadon-Moreno, 1998). Although no herpetologist participated in this survey, a few amphibian and reptile specimens were collected by the researchers (Schmidt, 1933).

Dunn and Bailey (1939) compiled a list of 37 species of snakes recorded from ridges of the Río Chagres watershed, mainly based on the collection of specimens made during the surveys to map the area in the period 1927-1936. During the 1992-1993 study entitled "Estudio de las Alternativas al Canal de Panama", an inventory of amphibians and reptiles was undertaken in San Juan de Pequení and Tranquilla (Ibáñez *et al.,* 1995a). This study recorded 60 species of amphibians and reptiles in San Juan de Pequení and 43 species

R. S. Harmon (ed.), The Río Chagres, Panama, 237-242.

in Tranquilla, including a new frog species of the genus *Atelopus* (Ibáñez *et al.,* 1995b).

The herpetofauna of the Piedras-Pacora ridge, in the upper Río Chagres basin, is one of the best known in the region. Ibáñez *et al.* (1994) published a list of 60 amphibians and 71 reptiles that were observed along this mountain ridge. An effort to expand the knowledge of the amphibians and reptiles of the upper Río Chagres watershed was undertaken during the dry season of 1997, as part of the project "Monitoreo en la Cuenca del Canal de Panama" (PMCC). During this effort, the amphibians and reptiles were sampled at four sites of difficult access: Cerro Bruja, Cerro Brewster, the Las Pavas stream, and the Río Pequení-Río San Miguel confluence, where additional species were found that had not been previously recorded in the region (PMCC, 1999). This paper reports on the amphibians and reptiles recorded during a short visit in February 2002 to a site at the upper Río Chagres-Río Chagrecito confluence in a virtually unexplored region of Panama.

2. METHODOLOGY

This herpetological survey was undertaken as part of a fieldwork program organized during February-March 2002 by US Army Research Office. The upper Río Chagres basin lies within a region of more than 150,000 ha of near-pristine old-growth forest in the Chagres National Park and is protected by Panama's Autoridad Nacional del Ambiente - AMAM (Ibáñez *et al.*, 2002). The study site was located at the confluence of the upper Río Chagres and its tributary the Río Chagrecito at 9°21'29.67" N latitude and 79°19'23.13" W longitude (see Fig.1 of Kinner *et al.,*2005, Chapter 6). Except for the field campsite, which had been cleared a few days before the field visit, the vegetation the vegetation at the site was mature tropical moist forest. The adjacent reach of the upper Río Chagres had a low water level, and its margins consisted of the exposed rocky riverbed.

A generalized search for amphibians and reptiles was undertaken at this site by a pair of researchers on March 12-13, 2002, following the procedure described by Ibáñez *et al.* (1995a). The elevation range surveyed at the site was 290-475 m above sea level. This search was conducted during a single 24-hr period, *i.e.,* during both day and night, by walking the area and inspecting suitable locations, in order to detect the maximum possible number of species. The diurnal search effort amounted to 9.54 person-hrs, the nocturnal search effort to 4.76 person-hrs (total 14.3 person-hrs). The search was limited primarily to terrestrial habitats and small forest streams. Only the shallow edges of the large rivers, the upper Río Chagres and Río

Table 1. List of amphibian species observed at the Río Chagres-Río Chagrecito confluence, upper Río Chagres basin, Panama.

taxon	# of individuals	relative abundance (%)
CLASS AMPHIBIA (29 species)		
ANURA (29)		
Bufonidae (3)		
Bufo coniferus	1	0.6
B. haematiticus	95	53.1
B. marinus	6	3.4
Centrolenidae (1)		
Cochranella albomaculata	2	1.1
Dendrobatidae (6)		
Colostethus flotator	5	2.8
C. inguinalis	-	-
C. pratti	-	-
C. talamancae	1	0.6
Dendrobates auratus	1	0.6
D. minutus	3	1.7
Hylidae (5)		
Agalychnis callidryas	-	-
Gastrotheca cornuta	-	-
Hyla boans	-	-
Smilisca phaeota	-	-
S. sila	5	2.8
Leptodactylidae (14)		
Eleutherodactylus opimus	2	1.1
E. bufoniformis	1	0.6
E. cerasinus	3	1.7
E. crassidigitus	4	2.2
E. cruentus	3	1.7
E. diastema	-	-
E. fitzingeri	6	3.4
E. gollmeri	8	4.5
E. ridens	3	1.7
E. talamancae	3	1.7
*E. quidditus**	5	2.8
Leptodactylus pentadactylus	-	-

* Includes two species similar in appearance that have different advertisement calls, both present at the site.

Chagrecito, were inspected. Some species were not visually observed, but detected by their vocalizations (*i.e.,* advertisement calls). A few others were opportunistically seen and/or heard at times when no active search was being performed. The number of individuals refers only to juveniles and adults, not to tadpoles.

Table 2. List of reptile species observed at the Río Chagres-Río Chagrecito confluence, upper Río Chagres basin, Panama.

Taxon	# Individuals	Relative Abundance (%)
CLASS REPTILIA (6 species)		
LACERTILIA (6)		
Iguanidae (5)		
Anolis humilis	2	1.1
A. limifrons	4	2.2
A. poecilopus	2	1.1
Basiliscus basiliscus	6	3.4
Corytophanes cristatus	1	0.6
Teiidae (1)		
Ameiva festiva	7	3.9

3. RESULTS AND DISCUSSION

Twenty-nine amphibians and six reptiles were recorded during the site survey (Tables 1 and 2). Most of the species found are probably common at this site, given the limited time that was available for the search effort. A relatively high number of anurans were found, despite the low search effort and the timing of that effort (dry season). This suggests that a higher number of anuran species may be present in the site. Moreover, anuran communities of the greater Panama Canal Watershed are known to be more diverse at moderate elevations (Condit *et al.,* 2001; Ibáñez *et al.,* 2002), such as the elevation range sampled in the area of the Río Chagres-Río Chagrecito confluence.

A few species of reptiles, but no snakes, were recorded. For the reptiles, a more detailed and prolonged sampling effort is required to adequately determine the species present in the area, particularly in the case of snakes (Myers and Rand, 1969). The treefrog, *Hyla boans,* constitutes a species not previously recorded in the upper Río Chagres basin, despite its extremely wide distribution range in Panama (Duellman, 2001). Some individuals of this species were heard calling, and many schools of tadpoles were observed along the edges of the upper Río Chagres. The relatively high proportion of individuals of *Bufo haematiticus* (Table 1) was due to the numerous juveniles observed along the margins and banks of the river.

The herpetofauna observed at Río Chagres-Río Chagrecito confluence area is also present in nearby sites, such as Las Pavas stream (a tributary of the upper Río Chagres) and along the more intensively and thoroughly surveyed Piedras-Pacora ridge to the southeast. At the Las Pavas stream site at 130-300 m elevation, 29 species of amphibians and 18 species of reptiles were observed during a 9-10 day survey conducted during the 1997 dry season (PMCC, 1999). An equal number of anuran species were recorded at the upper Río Chagres-Río Chagrecito confluence and Río Chagres-Las Pavas confluence, with 71% of species observed present in both sites.

The diversity and abundance of frogs of the genus *Eleutherodactylus* present at the Río Chagres-Río Chagrecito confluence may be partly related to the well-preserved condition of its forest. In addition, the variety of frogs associated with streams, found at this site, points to a healthy anuran community.

ACKNOWLEDGEMENTS

The fieldwork was funded by the Tropical Regions Test Center (US Army Yuma Proving Ground) and the organizers and the entire camp crew are thanked for their support. Thanks are also extended to A. Almanza for assistance in the field and laboratory.

REFERENCES

Condit, R, Robinson, WD, Ibáñez, R, Aguilar, S, Sanjur, A, Martínez, R, Stallard, RF, García, T, Angehr, GR, Petit, L, Wright, SJ, Robinson, TR, and Heckadon, S, 2001, The status of the Panama Canal Watershed and its biodiversity at the beginning of the 21st century: BioScience, 51: 389-398.

Duellman, WE, 2001, The hylid frogs of Middle America: SSAR Contrib. Herpetol., 18: 1-1180.

Dunn, ER, and Bailey, JR, 1939, Snakes from the uplands of the Canal Zone and of Darien: Bull. Mus. Comp. Zool., 86: 1-22.

Heckadon-Moreno, S, 1998, *Naturalistas del Istmo de Panama*: Editorial Santillana, Panama.

Ibáñez, R, Arosemena, FA, Solís, FA, and Jaramillo, CA, 1994, Anfibios y reptiles de la Serranía Piedras-Pacora, Parque Nacional Chagres: Scientia (Panama), 9: 17-31.

Ibáñez, R, Condit, R, Angehr, GR, Aguilar, S, García, T, Martínez, R, Sanjur, A, Stallard, RF, Wright, SJ, Rand, AS, and Heckadon, S, 2002, An ecosystem report on the Panama

Canal: monitoring the status of the forest communities and the watershed: Env. Monitor. Assess., 80: 65-95.

Ibáñez, R, Jaramillo, CA, Arrunátegui, M. Fuenmayor, Q, and Solís, FA, 1995a, II. Inventario biológico del Canal de Panama. Estudio Herpetológico: Scientia (Panama), Número Especial, 2: 107-159.

Ibáñez, R, Jaramillo, CA, and Solís, FA, 1995b, Una especie nueva de *Atelopus* (Amphibia: Bufonidae) de Panama: Carib. Jour. Sci., 31: 57-64.

Kinner, D, Mitasova, H, Stallard, RF, Harmon, RS, and Toma, L, 2005, GIS Database and Stream Network Analysis for the Upper Río Chagres Basin, Panama: in *The Río Chagres: A Multidisciplinary Perspective of a Tropical River Basin* (RS Harmon, ed.), Kluwer Acad./Plenum Pub., New York, NY: 83-96.

Myers, CW, and Rand, AS, 1969, Checklist of amphibians and reptiles of Barro Colorado Island, Panama, with comments on faunal change and sampling: Smithsonian Contrib. Zool., 10: 1-11.

PMCC, 1999, *Proyecto de Monitoreo de la Cuenca del Canal, Informe Final, Junio 1999*, USAID-STRI-ANAM, Panama City, Panama.

Schmidt, KP, 1933, Amphibians and Reptiles Collected by the Smithsonian Biological Survey of the Panama Canal Zone: Smithsonian Misc. Coll., 89: 1-20.

Part III: The Regional Perspective

Chapter 16

HIGH SPATIAL AND SPECTRAL RESOLUTION REMOTE SENSING OF PANAMA CANAL ZONE WATERSHED FORESTS:

An Applied Example Mapping Tropical Tree Species

Stephanie Bohlman[1,3] **and David Lashlee**[2]
[1]*University of Washington,* [2]*Yuma Proving Ground,* [3]*Current Affiliation: Smithsonian Tropical Research Institute*

Abstract: High spatial resolution airborne and satellite sensors have been used with varying degrees of success to measure deciduousness, canopy structure, and light interception, and to identify tree species in the Panama Canal Watershed. Results reported to date indicate that remotely sensed data have a high degree of accuracy in measuring deciduousness and leaf density in the upper canopy, but less accuracy than in temperate systems in measuring canopy light interception for semi-deciduous lowland tropical forests in the canal watershed. Of particular relevance to evergreen forests like the upper Río Chagres basin, this work examines whether high spectral resolution data, like that collected by the HYDICE system, can separate canopy species based on hyperspectral signatures in the 0.4 to 2.5-µm wavelength region. If a few well-selected spectral bands could accurately differentiate species, tropical canopies in remote and rugged terrain could be mapped using relatively simple, but optimized sensor systems.

Key words: Panama Canal Watershed; remote sensing; HYDICE; tree species mapping

1. INTRODUCTION

Remote sensing of the world's forests has become increasingly important for various ecological applications, including inputs to biogeochemical cycling models and tracking land use changes (Field *et al.,* 1995; Achard *et al.,* 2002). An important advantage of using remote sensing over point field studies is that it can provide continuous data on ecosystem variables that cannot readily be collected from the ground, and this approach can be used

R. S. Harmon (ed.), The Río Chagres, Panama, 245-258.

to monitor these parameters through time. Most uses of remote sensing have been global or regional in extent, covering areas of 100's to 1,000's of kilometers, but remote sensing holds great promise also for augmenting finer, large-scale studies; for example, focusing on individual watersheds. Remote sensing can assist in watershed studies in two ways, by (i) placing the watershed within the context of the wider array of vegetation types across the landscape and (ii) providing canopy information, which can be difficult to study from the ground in remote areas. For obtaining biophysical information of tropical watersheds, high-resolution images (with pixel sizes of 5 m or less) are more appropriate than coarse resolution data (with pixel sizes from 10 m to 1 km) because the higher resolution better matches the spatial information and the scale of the field studies.

When verifying remote sensing interpretations, it is important to link environmental data to specific image pixels, which is easily accomplished using high-resolution data, since they have a similar spatial scale as the field measurements. In this way, intense ecological studies paired with high-resolution images provide an important way to test the interpretations that are made routinely on coarser scale data. For the past five years, we have been using remote sensing images with high spatial and spectral resolution to study the ecology of lowland tropical forests within the Panama Canal Watershed. This paper presents some results on the type of information that can be gained from these data in tropical forests, focusing on mapping individual tree crowns of different species.

The high species diversity and inaccessibility of many tropical forests make it exceedingly difficult to map distributions of tree species from the ground. Studies of landscape species diversity are almost always based on a series of small plots 1 ha or less in size (Condit *et al.;* 2002; Perez *et al.;* 2005, this volume). Remote sensing, which can cover large extents with continuous coverage, offers potential of increasing our understanding of species distributions. Remote sensing has been used successfully to discriminate different tropical forest 'ecotypes' (Weishampel *et al.,* 1998; Tuomisto *et al.,* 1995; Adams *et al.,* 1995) but, until recently, spatial resolutions of available sensors were too poor to reliably discriminate individual crowns or species. However, there are some airborne sensors now available that have sufficiently high spectral and spatial resolutions to detect individual crowns. A fundamental question then becomes whether or not tropical tree pecies have sufficient spectral differences to be distinguished by remote sensing techniques. Previous studies in temperate forests (Gougeon *et al.,* 1999; Key *et al.,* 2001) suggest that different species are discernable, but this has not yet been investigated in species-rich tropical forests.

There are numerous characteristics of tree crowns that potentially could generate spectral differences among species. Spectra of individual tree crowns result primarily from the reflectance, absorption, and transmission properties of leaves and wood, the arrangement of the leaves and wood in the crown, and the shape of the crown, which creates shading and shadowing (Adams *et al.,* 1995). Lianas and epiphytes present in the crown may have different spectral properties than the host tree. Furthermore, spectra of individual leaves can vary with age, water content, chemical composition or epiphyll cover (Guasman 1985; Roberts *et al.,* 1998; Yoder *et al,.* 1995). Even if individual species are not separable, groups of species with common functional characteristics, like deciduous trees, can potentially be mapped from remotely sensed images. In a highly diverse forest, it is impossible to distinguish all species with current sensor technology. However, it may be possible to map either common species or species that exhibit distinct spectral signatures at certain periods of the year that make them distinguishable from the 'matrix' of other species.

This study focuses on testing the statistical separability of species in a small number of broad wavelength ranges derived from hyperspectral images. The interest is in determining if a small number of wavelength bands, which could be incorporated into future sensors, can accurately map common species as a precursor to more detailed analyses using the full dimensionality of hyperspectral data.

2. METHODS

2.1 The Study Site

The Parque Natural Metropolitano – Metropolian National Park - (8°56'N latitude, 9°33'W longitude) is located within the city limits of Panama City on the Pacific side of the Isthmus of Panama. It has a strong dry season from January to April. The average annual rainfall is 1850 mm with 90% on average falling in the wet season from June to November. During the dry season, part of the forest is deciduous (Fig. 1).

2.2 Image Data Collection

During the dry season in March 1998, the airborne Hyperspectral Digital Imagery Collection Experiment (HYDICE) sensor collected images of various locations across the Panama Canal Watershed. These images have a spatial resolution of 1 m to 3.5 m and contain 210 1.0-µm wide wavelength bands in the range 0.4-2.5 µm. In this study, we are using 1-m resolution images of the Parque Metropolitano. During the flight, four wooden (painted) and four canvas calibration panels were placed in a clearing within 100 m of the crane to calibrate the images from radiance to apparent spectral reflectance using the 'Empirical Line Method'. Average radiance values of each panel were extracted from the image and used to develop regression equations between image radiance and reflectance for each panel measured in the field during the HYDICE mission using a portable ASD FieldSpec spectrometer (Analytical Spectral Devices, 1995; note: The use of trade, product or firm names is for descriptive purposes only and does not imply endorsement by the US Government). The slope and intercept (gain and offset) of the regression equations were applied to each pixel in the image.

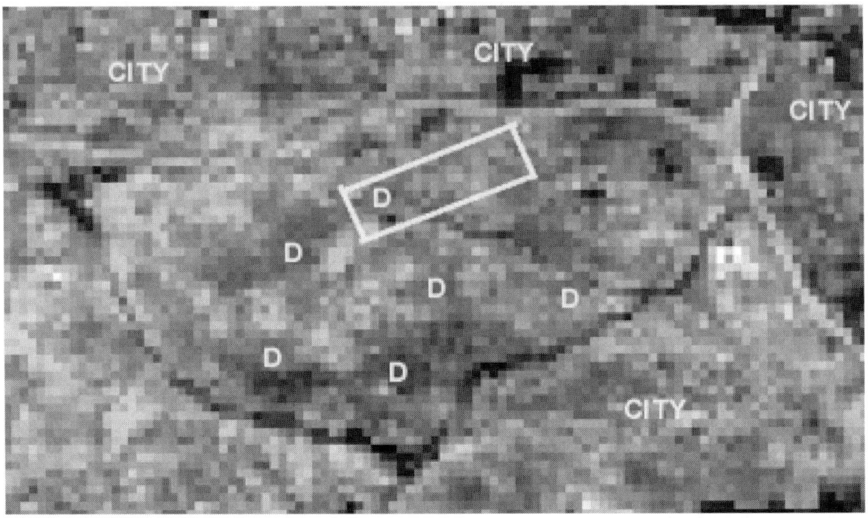

Figure 1. Grayscale rendition of color a LANDSAT TM image of Parque Natural Metropolitano, Panama City, Panama from the dry season in April 1998. The original color figure is provided on the CD accompanying this volume. The letter "D" in the figure indicates patches of forest that are highly deciduous. The rectangular box indicates the area shown in Figure 2.

In 1991, the Smithsonian Tropical Research Institute erected a 50-m tall construction crane in the park for accessing and studying the forest canopy. The dominant species at Parque Metropolitano are *Anacardium exelsum* and *Luehea seemanii* (Fig. 2). There are many species that lose their leaves for the entire dry season, including *Bursera simarouba*, *Cavanillesia platanifolia*, *Calycophyllum candidissimum*, *Guazuma ulmifolia*, *Pseudobombax septenatum*, and *Spondias mombin*. Numerous studies of canopy physiology and ecology have been conducted on the tree crowns at the crane site (*e.g.,* Mulkey *et al.,* 1996; Meinzer *et al.,* 1997).

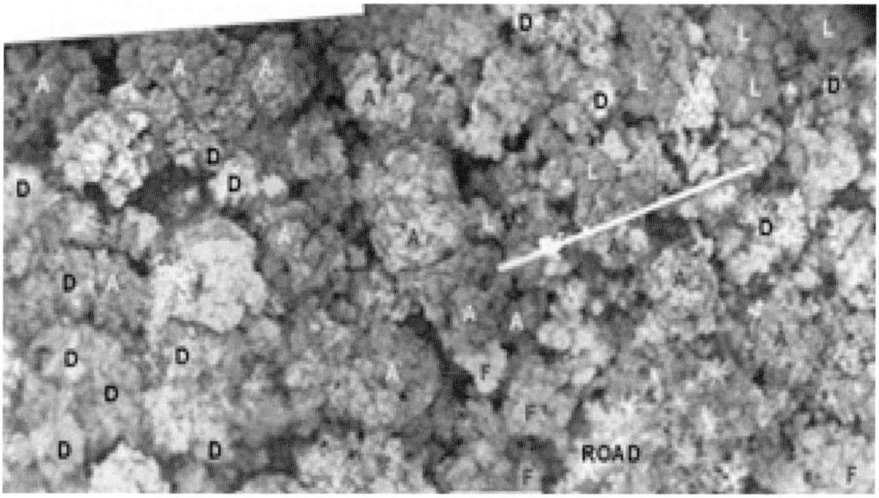

Figure 2. Grayscale rendition of the high-resolution multispectral color image of the area immediately adjacent to the canopy crane in the Parque Natural Metropolitano, Panama City, Panama. The original color figure is provided on the CD accompanying this volume. The pixel resolution is 0.2 m, 4 times greater than that for HYDICE images. The white line is the arm of the crane and letters indicate different species or types of tree crowns: "A" = Anacardium exelsum, "L" = Luehea seemanii "F" = Ficus insipida and "D" = deciduous tree crowns.

2.3 Ground Data Collection

Individual tree crowns were located on the ground by taking a three-band color composite of the images in the field. Crowns on the ground were matched with those in the images using landmarks and visual inspection. The many man-made features, such as roads and buildings, visible in the images allowed navigation to individual crowns. Once a crown was co-located in the image and on the ground, it was identified to species. Percent liana coverage of the upper surface of the canopy was estimated by visual inspection using binoculars. Overall, 266 crowns from 25 species were identified.

2.4 Data Analysis

For the initial data analysis described in this paper, species with six or more crowns with no liana coverage and no part of their crown over a road or grassy area were selected for study. The species that fit this description were *Anacardium exelsum*, *Luehea seemanii*, *Ficus insipida*, and *Phoebe cinnamomifolia*. *Anacardium* and *Luehea* also had six or more crowns with liana coverage ≥50%, which were used to test the impact of high liana load on reflectance patterns. All deciduous crowns were considered together, as previous experience has shown that individual deciduous species are not separable. The deciduous species used were *Bursera simarouba*, *Cavanillesia platanifolia*, *Calycophyllum candidissimum*, *Guazuma ulmifolia*, *Pseudobombax septenatum*, and *Spondias mombin*. Reflectance data were extracted from the images by drawing polygons of 10-100 pixels over individual crowns. All image processing was done with the Environment for Visualization of Images (ENVI) software package (Research Systems Inc., Boulder, CO, USA).

Differences between species pairs were compared on a band-by-band basis using statistical 2-tailed 't'-tests. Bands in the major water absorption wavelengths (1.33-1.5 μm and 1.7-2.04 μm) and at the beginning and end of the sensor wavelength range (<450 μm and >2.27 μm) were excluded due to system noise. Therefore, only 129 bands were analyzed. All possible pair combinations (23), including high and low liana density for *Anacardium*, *Luehea,* and deciduous trees, were compared. Significant differences between species pairs at the 0.05 significance level were found to be similar in distinct wavelength ranges. Thus, the data were further reduced from 129 bands to 8 bands with similar relationships between species pairs (Table 1).

Table 1. Wavelength ranges used in HYDICE analysis, including the physiological properties that most strongly influence each range.

Spectral Region	Wavelength Range (μm)	Physiological Driver
Blue	0.451 – 0.519	Chlorophyll
Green	0.524 – 0.572	Leaf material
Red	0.579 – 0.675	Chlorophyll
NIR1	0.684 – 0.909	Leaf material
NIR2	0.923 – 1.10	Water content
NIR3	1.11 – 1.33	Leaf material
MIR1	1.50 – 1.91	Water content
MIR2	2.04 – 2.27	Water content

3. RESULTS

The most easily separable groups of species using the March 1998 HYDICE images are deciduous versus non-deciduous species. Deciduous species (combined as a group) differed from each non-deciduous species in most bands – blue, red, NIR1, NIR2, NIR3 and MIR2 (for acronym definitions, see Table 1), but not in the green or MIR1 bands (Table 2, Figs. 3 and 4). Among the non-deciduous species, *Luehea*'s spectral signature was the most distinct. *Luehea* varied from *Anacardium*, *Ficus* and *Phoebe* in blue, red, NIR3, MIR1 and MIR2 bands (Table 2, Figs. 3 and 4). *Ficus* and *Phoebe* are spectrally similar to *Anacardium*. *Phoebe* and *Anacardium* do not have any significantly different bands. *Ficus* and *Anacardium* contrasted only in the blue region. However, *Ficus* is separable from *Phoebe* in all the visible bands – blue, green and red, as well as MIR2.

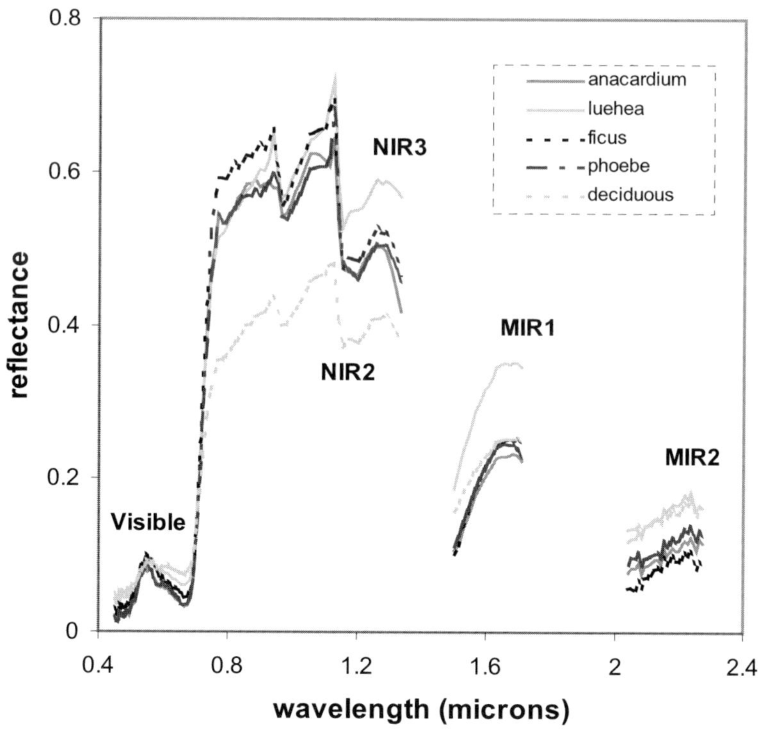

Figure 3. Average percent reflectance for deciduous species combined and four non-deciduous species at the Parque Natural Metropolitano, Panama City, Panama. The original color figure is provided in Appendix II on the CD accompanying this volume.

Table 2. Significant differences between pairs of species (or deciduous species combined) for different broad spectral regions from the HYDICE data for Parque Natural Metropolitano, Panama City, Panama. Differences were determined using 't'-tests. A difference at the 0.05 significance level is indicated by a "+".The letter designations are: B = blue, R =red, and G = green.

Species 1		**Species 2**		**Wavelength Region**							
Species	Liana load	Species	Liana load	B	G	R	NIR1	NIR2	NIR3	MIR 1	MIR 2
Anacardium	high	*Anacardium*	none	-	-	-	-	-	-	-	-
Luehea	high	*Luehea*	none	-	-	-	-	+	+	+	-
deciduous	high	Deciduous	none	-	+	+	-	-	-	-	+
Anacardium	none	*Luehea*	none	+	-	+	-	-	+	+	+
Anacardium	none	*Ficus*	none	+	-	-	-	-	-	-	-
Anacardium	none	*Phoebe*	none	-	-	-	-	-	-	-	-
Anacardium	none	Deciduous	none	+	-	+	+	+	+	-	+
Luehea	none	*Ficus*	none	+	-	+	-	-	+	+	+
Luehea	none	*Phoebe*	none	+	-	+	-	-	+	+	+
Luehea	none	Deciduous	none	+	-	+	+	+	+	-	+
Ficus	none	*Phoebe*	none	+	+	+	-	-	-	-	+
Ficus	none	Deciduous	none	+	-	+	+	+	+	-	+
Phoebe	none	Deciduous	none	+	-	+	+	+	+	-	+
Anacardium	high	*Luehea*	none	+	-	-	-	-	+	-	-
Anacardium	high	*Ficus*	none	+	-	-	-	-	-	-	-
Anacardium	high	*Phoebe*	none	-	-	-	-	-	-	-	+
Anacardium	high	Deciduous	none	+	-	+	+	+	+	-	-
Anacardium	high	Deciduous	high	-	+	-	+	+	+	+	+
Luehea	high	*Anacardium*	none	+	-	+	-	-	-	+	+
Luehea	high	*Ficus*	none	-	-	+	+	-	-	+	+
Luehea	high	*Phoebe*	none	+	-	+	-	-	-	+	-
Luehea	high	Deciduous	none	-	-	-	+	+	+	+	+
Anacardium	high	Deciduous	none	+	-	+	-	-	+	+	+

For *Luehea*, *Anacardium* and the deciduous species, there were few consistent trends in how high liana coverage affected reflectance. For all three species, high liana coverage decreased reflectance in NIR1 and NIR2, but the difference was only statistically significant for *Luehea* (Table 2, Fig. 5). Low and high liana coverage canopies of *Luehea* also contrasted in NIR3 and MIR1. For *Anacardium*, there were no significant differences in reflectance between trees with and without lianas in any band. However, deciduous trees with and without lianas differed in the green, red and MIR2 bands. For *Anacardium*, high liana loads did not change its separability from the other species. High liana loads only changed the separability of *Luehea* in NIR3. Overall, the most useful bands for separation were blue, red, NIR3, and MIR2, while the green band was the least useful.

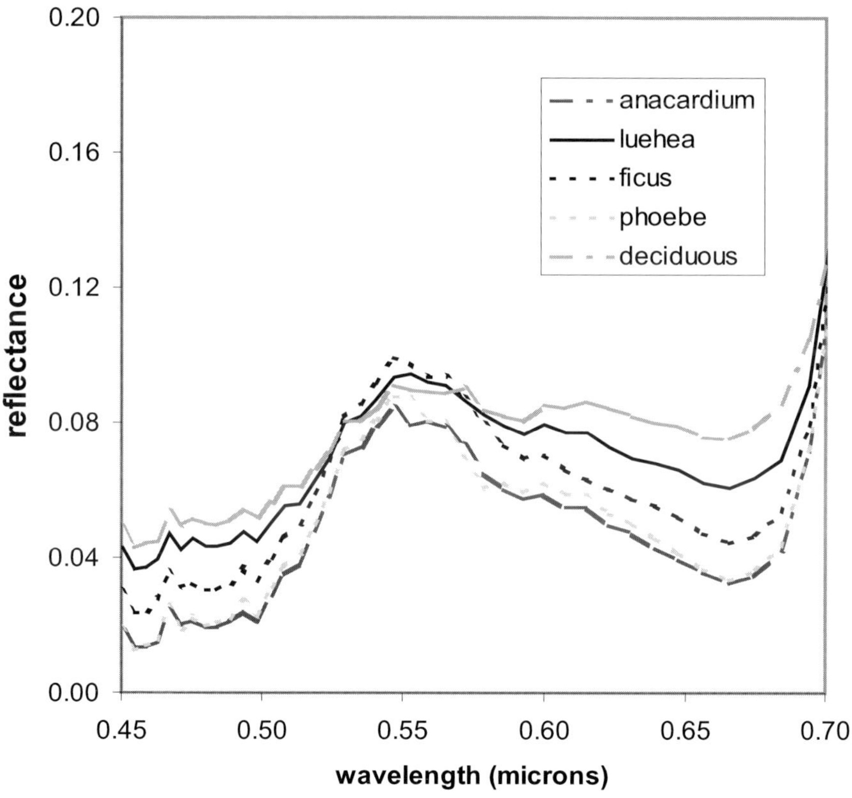

Figure 4. Average percent reflectance in the visible bands for combined deciduous species and four non-deciduous species at Parque Natural Metropolitano, Panama City, Panama. The original color figure is provided on the CD accompanying this volume.

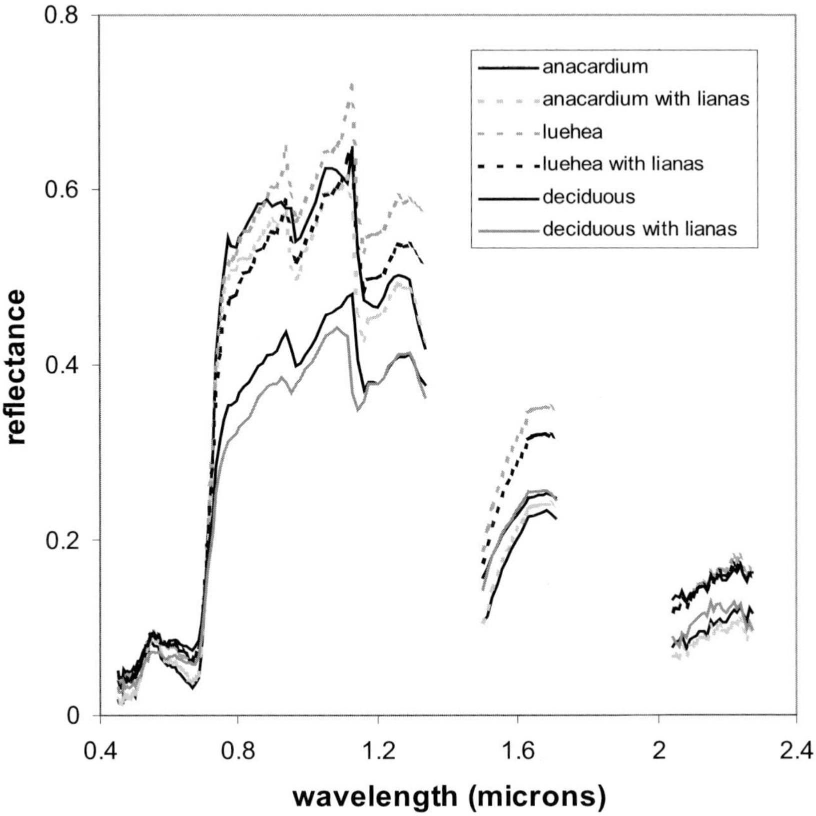

Figure 5. Average percent reflectance in the visible bands for crowns with and without lianas at Parque Natural Metropolitano, Panama City, Panama. Crowns with lianas have 50% liana coverage. The original color figure is provided on the CD accompanying this volume.

4. DISCUSSION

4.1 Deciduous Versus Non-Deciduous

The greatest contrast in reflectance throughout the visible and infrared portions of the spectrum is between deciduous and non-deciduous species (Figs. 1 and 2). Using HYDICE data, non-deciduous species differed from deciduous species in all bands except green and MIR1. Spectral differences between deciduous and non-deciduous species are due to the amount of wood exposed at the canopy surface in deciduous crowns. Wood and leaves have distinct spectral signatures throughout the visible-infrared portions of the electromagnetic spectrum. Deciduous spectra look like a mixture of wood and leaves whereas fully leaved tree spectra look more like that of a stack of leaves.

Spectral differences between trees with and without leaves are apparent in multiple spectral bands and at many spatial scales. Thus, two well-placed spectral bands may be sufficient to distinguish fully leaved versus deciduous crowns. In a separate study at the Parque Metropolitano canopy crane, it was observed that the Normalized Difference Vegetation Index, or NDVI (a ratio of the red and NIR1 bands) has a strong correlation with the percent deciduousness of overstory trees through time (Bohlman, 2005). Furthermore, we found that even in images with reduced spatial and spectral resolution in which individual crowns cannot be resolved, the percentage of deciduous versus non-deciduous trees can be mapped. Using LANDSATt Thematic Mapper data, which has a 30-m pixel size (Fig. 1), a strong correlation was observed between deciduousness predicted by a spectral mixture model applied to the satellite image and percent of deciduous trees measured on the ground (Bohlman, 2005). Mapping deciduous versus non-deciduous trees on the landscape is important for modeling forest function because leaf density is an important determinant of both carbon and water cycling.

4.2 Deciduous Versus Non-Deciduous

Spectral differences among species within the deciduous or non-deciduous groups are much smaller than between the two groups. Previous work examining deciduous species indicates that they are not spectrally separable (Bohlman, 2005), and no attempt was made to separate them in this study. The non-deciduous species had varying levels of separability in the dry season. The species *Luehea* was the most spectrally distinct, which may be due to several physiological characteristics it displays in the dry season. *Luehea* has reduced leaf density in the dry season, which may allow more wood in the canopy to be exposed. The *Luehea* leaves that are held in the canopy in the dry season are physiologically distinct from *Luehea* leaves in the wet season (Kitajima *et al.*, 1997). *Luehea* leaves have a distinctly brown color in the dry season but are green in the wet season. Dry season leaves are adapted to take advantage of the high light conditions in the dry season (Graham *et al.*, 2003).

The other non-deciduous species studied, *Anacardium*, *Ficus*, and *Phoebe,* were not easily separable using the broad band analysis in this study. *Anacardium* and *Phoebe* have no significant differences in any band and *Anacardium* and *Ficus* were only separable in the blue band. Although these three species have high leaf density in the dry season, their canopy structures are different. The species *Anacardium* and *Phoebe* have deeper canopies without distinct layers, whereas *Ficus* has several distinct monolayers of leaves.

4.3 Liana Loads

High liana loads had surprisingly little effect on the spectral signatures and separability of species. Lianas had the greatest effect on the deciduous trees and *Luehea*, which have decreased leaf density in the dry season. There was no significant effect of liana load on *Anacardium*, which has high leaf density in the dry season. Despite the spectral differences for deciduous trees and *Luehea* between crowns with no lianas and high liana density, these species were still separable from the other species in the study.

5. FUTURE ANALYSES

Other analysis techniques should increase the separability of *Anacardium*, *Ficus* and *Phoebe*. Future analyses that will be applied to the data include narrow band comparisons, band ratios, and first derivative analysis, which shows the changes between spectral areas, shape indices and principle components analysis (Cochrane, 2000). However, band-by-band comparison is important in the context of developing a simple multi-band imaging system that is more cost effective than hyperspectral sensors such as HYDICE. All species pairs with statistically significant differences had at least one significant difference in a visible color band - blue, green or red. Therefore, traditional color aerial photography could be useful in separating some species, such as *Luehea* in the dry season. However, for most species pairs, multiple differences in both visible and infrared bands would allow these species to have greater separability using a visible-infrared imaging systems rather than color photography alone.

Time of year and the phenological pattern of a species are important considerations in determining if species are separable. Targeting a species when it has low leaf density, senescent leaves, flower or fruits, may make it more separable from the species matrix in which the species occurs. For example, *Luehea* has low leaf density and distinctly colored brown leaves in the dry season. In the wet season, *Luehea*, like nearly all other species at the site, has high leaf density and green-colored leaves. Thus, *Luehea* may not be spectrally separable in the wet season.

ACKNOWLEDGEMENTS

Ideas to use HYDICE for species identification were developed in collaboration with M. Clark of the University of California, Santa Barbara. Support for S. Bohlman was provided by a Mellon Research Exploration Award in Tropical Biology from the Smithsonian Tropical Research Institute. V. Morrill, YPG Conservation Program Manager, provided a technical review of the paper, which. also has been reviewed by the US Army for Operational Security and approved for public release; distribution is unlimited.

REFERENCES

Achard, F, Eva, HD, Stibig, H-J, Mayaux, P, Gallego, J, Richards, T, and Malingreau, J-P, 2002, Determination of deforestation rates of the world's humid tropical forests: Science 297: 999-1002.

Adams, JB, Sabol, DE, Kapos, V, Filho, RA, Roberts, DA, Smith, MO, and Gillespie, AR, 1995, Classification of multispectral images based on fraction of endmembers: Applications to land-cover change in the Brazilian Amazon: Rem. Sens. Env. 52: 137-154.

Analytical Spectral Devices, 1995, Technical Guide: Analytical Spectral Devices, Inc., Boulder, CO.

Bohlman, SA, 2005, The Relationship Between Canopy Structure, Light Dynamics and Deciduousness in a Seasonal Tropical Forest in Panama: A Multiple Scale Study Using Remote Sensing and Allometry: PhD Dissertation, Univ. Washington, Seattle, WA.

Condit , R, Pitman, N, Leigh, E, Chave, J, Terborgh, J, Foster, RB, Nunez, P, Aguilar, S, Valencia, R, Villa, G, Losos, E, Muller-Landau, H, and Hubbell, SP, 2002. Beta diversity in tropical forest trees: Science, 295: 666-669.

Cochrane, MA, 2000, Using vegetation indices variability for species level classification of hyperspectral data: Int. Jour. Rem. Sens., 21: 2075-2087.

Field, CB, Randerson, JT, and Malmstrom, CM, 1995, Global net primary production: combining ecology and remote sensing: Rem. Sens. Environ., 51: 74-88.

Gausman, HW, 1985, Plant Leaf Optical Properties in Visible and Near-Infrared Light: unpubl. report, Texas Tech Univ., Lubbock, TX: 78p.

Graham, EA, Mulkey, SS, Kitajima, K, Phillips, NG, and Wright, SJ, 2003, Cloud cover limits net CO_2 uptake and growth of a rainforest tree during tropical rainy seasons: Proc. Nat. Acad. Sci. 100: 572-576.

Gougeon, FA, Leckie, DG, Paradine, D, and Scott, I, 1999, Individual Tree Crown Species Recognition: The Nahmint Study. in *International Forum on Automated Interpretation of High Resolution Digital Imagery for Forestry* (DA Hill and DG Leckie, eds.), Canadian Forest Service, Victoria, BC.

Key, T, Warner, TA, McGraw, JB, and Fajvan, MA. 2001, A comparison of multispectral and multitemporal information in high spatial resolution imagery for classification of individual tree species in a temperate hardwood forest: Rem. Sens. Env., 75: 100-112.

Kitajima, K, Mulkey, SS and Wright, SJ, 1997b, Seasonal leaf phenotypes in the canopy of a tropical dry forest: Photosynthetic characteristics and associated traits: Oceologia. 109: 490-498.

Meinzer, FC, Andrade, JL, Goldstein, G, Holbrook, NM, Cavelier, J and Jackson, P, 1997, Control of transpiration from the upper canopy of a tropical forest: the role of stomatal, boundary layer and hydraulic architecture components: Plant Cell Env., 20: 1242-1252.

Mulkey, SS, Kitajima, K, and Wright, SJ, 1996, Plant physiological ecology of tropical forest canopies: Trends Ecol. Evol., 11: 408-412.

Pérez, R, Aguilar, S, Somoza, A, Condit, R, Tejada, I, Camargo, C, and Lao, S, 2005, Tree Species Composition and Diversity, Upper Chagres River Basin, Panama: in *The Río Chagres: A Multidisciplinary Perspective of a Tropical River Basin* (RS Harmon, ed.), Kluwer Acad./Plenum Pub., New York, NY: 227-135.

Roberts, DA, Nelson, BW, Adams, JB, and Palmer, F, 1998, Spectral changes with leaf aging in Amazon caatinga: Trees, 12: 315-325.

Tuomisto, H, Ruokolainen, K, Kalliola, R, Linna, A, Danjoy, W, and Rodriguez, Z, 1995, Dissecting Amazonian biodiversity: Science, 269: 63-66.

Weishampel, JF, Sloan, JH, Boutet, JC and Godin, JR, 1998, Mesoscale changes in textural pattern of 'intact' Peruvian rainforests (1970s-1980s): Int. Jour. Rem. Sens., 19: 1007-1014.

Yoder, BJ and Pettigrew-Crosby, RE, 1995, Predicting nitrogen and chlorophyll content and concentrations from reflectance spectra (400-2500 nm) at leaf and canopy scales: Rem. Sens. Env., 53: 199-211.

Chapter 17

BIOGEOGRAPHIC HISTORY AND THE HIGH BETA-DIVERSITY OF RAINFOREST TREES IN PANAMA

Christopher W. Dick, Richard Condit, and Eldridge Bermingham
Smithsonian Tropical Research Institute

Abstract: In a recent study examining the degree to which tree species composition differs among rainforest sites (*i.e.*, *β*-diversity), Condit *et al.* (2002) found that plots in the Panama Canal Watershed separated by 50 km were more highly differentiated than plots in western Amazonia separated by nearly 1400 km. The high *β*-diversity of trees in Panama was attributed to sharp environmental gradients between the Atlantic and Pacific coasts. However, the pattern may also result from Panama's history as a land bridge over which floras from Central America and South America mixed during the Great American Biotic Interchange (GABI) roughly 3 million years ago. Under this scenario, it would be expected that wetter Panamanian forests would contain more trees of South American origin, whereas drier Panamanian forests would have more trees of Mesoamerican origin due to the historical prevalence of dry habitats in Mesoamerica. This idea was tested by quantifying the geographic distributions of 714 tree species found in three sites in the Panama Canal Watershed, which represent a gradient in annual rainfall. Nearly identical proportions of geographic representation of trees among the three sites, with species distributions of *ca.* 15% Mesoamerican, 17% South American, 9% Panama endemic, and 59% widespread. These data do not support the biotic interchange hypothesis. However, this analysis found that 433 of the 714 tree species (61%) have a cross-Andean distribution, which suggests that these tree species may be sufficiently old to have participated in the GABI.

Key words: Panama; rain forest; tree species; biotic interchange; β-diversity; biogeography

1. INTRODUCTION

In species-rich tropical rainforests, most ecological studies are performed within forest inventory plots of ≤50 ha, which have yielded huge numbers of tree species and, thus, high levels of α-diversity (Condit *et al.*, 2000).

R. S. Harmon (ed.), The Río Chagres, Panama, 259-269.

Networks of small inventory plots have also been able shed light on patterns of β-diversity (change in species composition between sites) of Neotropical rainforest trees. In a comparison of forest inventory plots from Panama and the western Amazon, Condit *et al.* (2002) observed that β-diversity was higher along a 50 km latitudinal transect in Panama than between the widely scattered Amazonian sites. Rainfall gradients are steeper and soils more variable in Panama, and local adaptations may result in high β-diversity (Ruokolainen *et al.,* 2002). However, Panama is also a contact zone for floras that originated in North and South America, so biogeographic history may also explain landscape patterns of species diversity. In order to understand how these forests communities were assembled, one must consider the geographic origins of their constituent species.

1.1 History of Rain Forests in North and South America

The rainforests of Amazonia have experienced a relatively stable and moist climate since the mid-Tertiary time, and its flora may be largely autochthonous (Hooghiemstra and van der Hammen, 1998). Mesoamerica, on the other hand, was a refuge for the broadly distributed North American rainforest flora that persisted through the greenhouse climates of the Paleocene (*ca.* 65-55 Ma) and Eocene (*ca.* 54-35 Ma) time (Morley, 2000). Following a period of drying during the Oligocene (*ca.* 35-24 Ma), North American rainforests receded into Mesoamerica, and the core Mesoamerican forests were dry and seasonal, with wetter forests clinging to narrow strips of coastline (Morley, 2000).

The floras of Central and South America have had two major opportunities for floristic interchange since South America separated from Africa during mid Cretaceous time (*ca.* 96 Ma). In the late Paleocene (*ca.* 54 Ma), the eastward migrating Proto-Antillean archipelago (see Harmon, 2005b, Chapter 4) permitted some rainforest plants to island hop between North and South America (Raven and Axelrod, 1974; Gentry, 1982). This may explain some taxonomic affinities between South America and the Eocene flora (*ca.* 54 Ma) of the southeast United States (*e.g.,* Herendeen and Dilcher, 1990). South America remained an island continent for roughly 50 million years, until the consolidation and uplift of Panama about 3 million yeas ago (Coates and Obando, 1996) provided the first continuous land bridge between North and South America. The Panama land bridge allowed two independently evolved biotas to mix, producing the phenomenon designated by Simpson (1940) as the'Great American Biotic Interchange' (GABI). Although studies of the interchange usually consider migrations between Central and South America, the islands that formed the pre-

Isthmian archipelago (Harmon, 2005, this volume) may have harbored its own endemic floras and faunas, much as the West Indies do today. Excavations of mid-Miocene (*ca.* 18 Ma) fossils from the Gatun Fm. in central Panama provide evidence of rainforest vegetation and large grazing animals, such as horses and rhinoceroses (Whitmore and Stewart, 1965).

1.2 Weedy Amazonian Trees

The exchange of plant taxa between North and South America could have greatly enriched the floristic diversity of both continents. Gentry (1982) has suggested, however, that the exchange was disproportional. North America contributed many of the montane taxa (>2000 m) found in the Andes, a few of which have descended into the lowland forests (<1000 m), whereas the great majority of lowland plant taxa crossed the landbridge from South America. Gentry (1982) suggested that lowland Mesoamerican forests are comprised largely of widespread Amazonian species, with few representatives of the original North American lowland flora. Gentry's conclusion was based on extensive observations and field collections in the northern South America and in the Panama Canal Watershed area, but it finds only limited support in a study by Croat and Busey (1975) of the geographic distributions of the known tree species of Barro Colorado Island (BCI), which were 13% endemic to Panama, 17% widespread endemic between Costa Rica, Panama, and Colombia, 13% South American (extending as far north as Costa Rica), and 45% widespread (Table 1).

Table 1. Geographic affinities of the Barro Colorado Island, Panama flora (modified from Table 1 of Croat and Busey, 1975). Included are trees, lianas, and epiphytes. N refers to the number of species per life form. PE = Panama endemic; WE = wide endemic and refers to a range that includes Costa Rica and/or Colombia; CA = Central America and refers to a range that extends from Mexico to Colombia; SA = South America and refers to a distribution that extends as far north as Costa Rica; W = Widespread and applies to species that occur in most of the Neotropical countries and extend occasionally to the West Indies.

life form	N	PE	WE	CA	SA	W
Tree	53	15%	17%	9%	13%	45%
Liana	103	11%	11%	16%	16%	46%
Epiphyte	147	12%	8%	15%	7%	55%

The years following Croat and Busey (1975) brought a surge of information on the taxonomy and species distribution of Panamanian trees, due to (i) the intensive forest inventories in Panama initiated in the 1980's (Hubbell and Foster, 1983; Pyke *et al.*, 2001), and (ii) the electronic cataloguing of herbarium collections, from which species ranges may be quickly tabulated. Whereas Croat and Busey (1975) were able to consider 53 tree species on Barro Colorado Island (BCI), we now have information about 983 tree species in the Panama Canal Watershed (Condit *et al.,* 2001).

2. OBJECTIVES

This study had two primary objectives. The first was to expand upon the analysis of Croat and Busey (1975) and address the observation by Gentry (1982) about the geographic distributions of rain forest tree communities. Under Gentry's hypothesis, the tree species in Panama should have widespread distributions between Central and South America, with the broadest geographic coverage in South America or the Amazon basin. However, if the flora represents a mixture of floral elements from Central and South America, one would expect to find a comparable number of species with primarily Mesoamerican and primarily South American geographic distributions. This question was addressed through reference to the geographic distributions of Panamanian trees obtained from the TROPICOS-VAST database of the St. Louis Botanical Garden, the Flora Neotropica monograph series, and the checklist of the Flora of Panama (D'Arcy, 1987).

The second objective of the study was to examine the hypothesis that high β-diversity in Panamanian trees derives in part from the mixing of independently derived floras during the Great American Biotic Interchange, first suggested by Dick *et al.* (2003). Under this hypothesis, it would be expected that the seasonal forests of the Panama Canal Watershed would contain more species with Central American distributions, whereas the wetter forests of the watershed should contain species with geographic affinities to South America, since Mesoamerican forests were highly seasonal compared to Amazonian forests prior to the biotic interchange. Our approach assumes that geographic distributions reflect dispersal from areas of origins (Willis, 1922), and that many of the tree species under consideration in fact participated in the biotic interchange.

3. MATERIALS AND METHODS

3.1 Study Species and Sites

Our analysis considered 714 tree species found in the Center for Tropical Forest Sciences (CTFS) inventory plots in the Panama Canal Watershed. The species are classified into 327 genera and 40 families, and are all angiosperms, with the exception of the conifer *Podocarpus oleifolius* (Podocarpaceae).

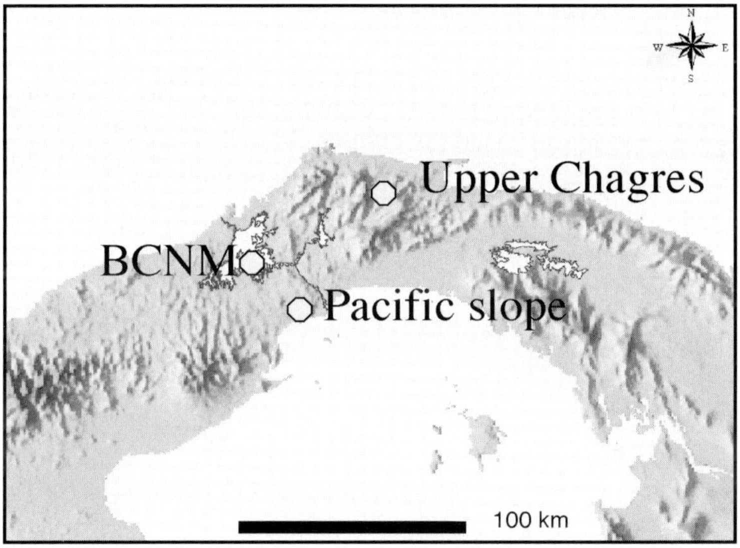

Figure 1. Locations of the 3 study sites along the N-S gradient of central Panama.

Table 2. Three Central Panamanian sites considered in this study, number of tree species (N) and annual rainfall (drawn from Pyke et al. (2001).

site	N	annual rainfall
Upper Chagres	337	3500 mm
Barro Colorado	275	2637 mm
Pacific	358	1800 mm

The geographic distribution was compared of species from three tree communities located along a climatic gradient in the Panama Canal Watershed (Fig. 1; Table 2). The information on rainfall and geological substrate is drawn from Pyke *et al.* (2001). The upper Río Chagres area (327 species) is the wettest and most northern location. It is situated close to the Atlantic coast in an area where soils have developed over pre-Tertiary basaltic bedrock (see Wörner *et al.*, 2005, Chapter 5). The Barro Colorado National Monument (BCNM; 275 species) falls in the center of the north-south climatic gradient and contains several geological substrates, including Oligocene limestone and sandstone and Miocene basalt. The Pacific lowland sites (358 species) contain the most seasonal forests and lie on a bedrock of pre-Tertiary basalts. Because of seasonality and an intense dry season along the Pacific side of Panama, it was expected that the Pacific lowland forests would contain the greatest number of Mesoamerican-derived species.

3.2 Geographic Range Data

The geographic ranges of the Panamanian trees was evaluated through reference to the TROPICOS-VAST database of the Missouri Botanical Garden (www.mobot.org). TROPICOS provides collection information on 1,634,040 specimens housed at the Missouri Botanical Garden, with links to the collections database of the New York Botanical Garden. Additional range information was obtained from Flora Neotropica, which provided information for about 10% of the species in this study. For each species, presence or absence was determined in all of the Neotropical countries that contain rainforest: Mexico, Belize, El Salvador, Guatemala, Honduras, Costa Rica, Panama, Colombia, Ecuador, Peru, Bolivia, Paraguay, Argentina, Brazil, French Guiana, Surinam, Guyana, and Venezuela. Determinations were made whether populations were found east and/or west of the northern Andean cordilleras for species with a southern limit in Colombia or Ecuador.

Table 3. Nine fine-scale geographic range designations (column 1) and four broad range categories (column 2) applied the presence/absence data in each Neotropical country for the 714 tree species of the Panama Canal Watershed.

Geographic Range	Geographic Center
1. Panama to north of Costa Rica	Mesoamerica
2. Endemic to Panama	Panama
3. Panama and Costa Rica only	Panama
4. Panama, Costa Rica and Colombia	Panama
5. Colombia to north of Costa Rica	Mesoamerica
6. Panama and Colombia only	Panama
7. Panama to beyond Colombia	South America
8. Costa Rica to S. America beyond Colombia	South America
9. North of Costa Rica to beyond Colombia	Widespread

3.3 Range Classifications

Nine non-overlapping geographic range categories were defined based on the country presence/absence data (Table 6-3). These nine distributions were lumped into four broad categories, based on the approximate center of geographic distribution: (i) The 'Mesoamerica' center of distribution included Mesoamerican countries that lie north of the Nicaragua/Costa Rica border, with a southern range limit of Panama or Colombia; (ii) The 'Panama' center included species endemic to Panama or extending to Costa Rica or Colombia; (iii) 'South America' species occurred in the Amazon basin and did not occur north of Costa Rica; (iv) 'Widespread' species are those ranging north of Costa Rica, and extending east of the Colombian Andes. It is not possible to infer a continental origin of the widespread species.

4. RESULTS

Table 4 lists the geographic distributions of Panamanian tree communities as percentages. Widespread species made the largest percentage in all sites and ranged from 47% (336 species) in the Panama Canal Watershed area as a whole to 63% of species in the upper Río Chagres area. The proportion of Mesoamerican species ranged from 16% to 13% (upper Río Chagres), and is comparable to the proportion of South American trees, which ranged from 21% in the greater Panama Canal Watershed to 16% in the upper Río Chagres. The proportion of endemics ranged from 16% in the entire area to 8% in the upper Río Chagres area. Sites within Panama did not have a notably different geographic composition of their tree floras, although the Panama Canal Watershed region as a whole contained fewer widespread species and more endmic species (12%) have been collected in the Caribbean islands, which suggests the potential for water dispersal, and/or anthropogenic introductions.

Table 4. Geographic affinities of Panamanian rainforest tree species from three study sites. The number of tree species documented in the inventory plots in the entire Panama Canal area is provided in the second row. The geographic designations are described in Table 3.

Site	**N**	***Mesoamerica***	***Panama***	***South America***	***Widespread***
Canal area	714	16%	16%	21%	47%
Chagres	337	13%	8%	16%	63%
BCNM	275	15%	10%	17%	57%
Pacific	356	16%	9%	17%	58%

5. DISCUSSION

Despite the limited tree species pool available for their study (n = 53), Croat and Busey (1975) found similar proportions of widespread and South American tree species (Table 3). By contrast, Croat and Busey (1975) listed over twice the proportion of Panama-centered species observed in this study. This discrepancy may be explained by the greater geographic coverage of botanical collecting since the early 1970's, which has expanded our knowledge of species' ranges. Many of the Croat and Busey (1975) endemics would probably now be placed in the Mesoamerica or South America geographic categories.

The results of this study indicates that Gentry (1982) was partly correct in his appraisal of Central America as a colonization front for widespread Amazonian species. Approximately 63% of the tree species of the Canal watershed also occur in Amazonia. However, our study indicates that only 21% of the widespread species are primarily Amazonian in distribution. The other 47% are so widely distributed that, without information about their broader phylogenetic relationships, it would be impossible to infer a North or South American origin.

It is notable that 433 species cross over the Andes. This suggests that these species originated prior to the formation of the Panama isthmus, since the Andes has provided a strong dispersal barrier for lowland rainforest plants since its major emergence and uplift during late Miocene to early Pliocene (*ca.* 11-3.6 Ma) time (Lundberg *et al.,* 1998) (The dispersed islands of proto-Panama coalesced slightly later at about *ca.* 3 Ma (Coates and Obando, 1996)). Raven (1999) noted that approximately 30% of the lowland flora in Ecuador (1,431 species) occur on both slopes of the Andes, implying ages of several million years for those species. Molecular clock analyses of DNA sequences from the cross-Andean tree populations lend support to an Andean vicariance hypothesis (Dick *et al.,* 2003; C. Dick, unpublished data), although some species-rich and cross-Andean tree groups, such as the *Inga*, have probably diversified much more recently (Richardson *et al.,* 2001) and therefore have successfully dispersed across the northern Andes.

Of the various categories of geographic distribution, only the endemic taxa varied proportionally among the three sites. The upper Río Chagres area, for example, contained only half (8%) the proportion of endemics represented in the Panama Canal Watershed as a whole (16%). The higher level of endemism in the overall flora suggests that our study sites do not encompass areas with unique habitats and specialized floras. The unanticipated broad geographic distribution of most species in the Panamanian tree community is positive news for conservation, as it suggests that the loss of local populations will not produce global extinctions.

However, although endemics represent a small proportion of the species that were examined, their absolute numbers are high (n = 114). Endemic species, along with those that haven't yet received taxonomic descriptions, may be globally threatened by the extirpation of populations in the Panama Canal Watershed as it faces growing threats from development and urbanization (Condit *et al.,* 2001).

In conclusion, the distribution data do not provide strong support for a historical explanation for Panama's high β-diversity. It was expected that the Pacific site species would exhibit a geographic affinity with Mesoamerica and the upper Río Chagres species would show a high floristic affinity with Amazonia. Our approach did not permit that distinction to be made, however, because so many species are widespread and can probably persist at low population densities in suboptimal habitats. Studies that consider the relative abundances of tree species in relation to their geographic distribution – rather than simple presence or absence – may yet reveal a biogeographic signature in the distribution of tree species in central Panama.

ACKNOWLEDGEMENTS

We would like to thank R. Harmon for organizing the Chagres Scientific Symposium that produced this volume. The Panama tree inventories were coordinated under the auspices of the Center for Tropical Forest Sciences (CTFS) of the Smithsonian Tropical Research Institute (STRI) and were funded in large part by the US Agency for International Development (US AID) and Panama's Autoridad Nacional del Medio Ambiente (ANAM). We also acknowledge the botanical and database expertise behind the Panama data, in particular, R. Pérez, S. Aguilar and S. Lao. We thank M. Correa for important discussions, and Catalina Perdomo for help in determining the cross-Andean distribution of Colombian and Ecuadorian tree species.

REFERENCES

Coates, AG and Obando, JA, 1996, The Geologic Evolution of the Central American Isthmus: in *Evolution and Environment in Tropical America* (JBC Jackson, AF Budd, and AG Coates, eds.), Univ. Chicago Press, Chicago, IL: 21-56.

Condit, R, Ashton, PS, Baker, P, Bunyavejchewin, S, Gunatilleke, S, Gunatilleke, N, Hubbell, SP, Foster, RB, Itoh, A, LaFrankie, JV, Lee, HS, Losos, E, Manokaran, N, Sukumar, R, and Yamakura, T, 2000, Spatial patterns in the distribution of tropical tree species: Science, 288: 1414-1418.

Condit, R, Pitman, NCA, Leigh, EG, Chave, J, Terborgh, J, Foster, RB, Nuñez, P, Aguilar, S, Valencia, R, Villa, G, Muller-Landau, HC, Losos, E, and Hubbell, SP, 2002, Beta-Diversity in tropical forest trees: Science 295: 666-669.

Condit, R, Robinson, D, Ibañez, R, Aguilar, S, Sanjur, A, Martinez, R, Stallard, RF, García, T, Angehr, G, Petit, L, Wright, SJ, Robinson, T, and Heckadon, S, 2001, The status of the Panama Canal Watershed and its biodiversity at the beginning of the 21st Century: BioScience, 51: 389-400.

Croat, TB, and Busey, P, 1975, Geographic affinities of the Barro Colorado Island flora: Brittonia, 27: 127-135.

D'Arcy, WG, 1987, Flora of Panama: Checklist and Index, Part 1: The Introduction and Checklist: Missouri Botanical Garden, St. Louis, MO.

Dick, CW, Abdul-Salim, K, and Bermingham, E, 2003, Molecular systematics reveals cryptic tertiary diversification of a widespread tropical rainforest tree: Am. Nat., 162: 691-703.

Gentry, A, 1982, Neotropical floristic diversity: phytogeographical connections between Central and South America - Pleistocene climatic fluctuations or an accident of Andean Orogeny?: Annals Missouri Bot. Garden, 69: 557-593.

Harmon, RS, 2005b, The Geological Development of Panama: in *The Río Chagres: A Multidisciplinary Perspective of a Tropical River Basin* (RS Harmon, ed.), Kluwer Acad./Plenum Pub., New York, NY: 45-62.

Herendeen, PS, and Dilcher, DL, 1990, Fossil mimosoid legumes from the Eocene and Oligocene of southeastern North America: Rev. Palaeobot. Palynol., 62: 339-362.

Hooghiemstra, H, and van der Hammen, T, 1998, Neogene and Quaternary development of the neotropical rain forest - the forest refugia hypothesis, and a literature overview: Earth Sci. Rev., 44: 147-183.

Hubbell, SP, and Foster, RB, 1983, Diversity of Canopy Trees in a Neotropical Forest and Implications for Conservation: in *Tropical Rain Forest: Ecology and Management* (AC Chadwick, ed.), Blackwell Sci. Pub., Oxford, UK.

Lundberg, JG, Marshall, LG, Guerrero, J, Horton, B, Malabarba, MC, and Wesselingh, F, 1998, The Stage for Neotropical Fish Diversification- A History of Tropical South American Rivers: in *Phylogeny and Classification of Neotropical Fishes*, (LR Malabarba, RE Reis, RP Vari, SM Lucena & CAS Lucena, eds.), Edipucrs, Porto Alegre: 13-48.

Morley, RJ, 2000, *Origin and Evolution of Tropical Rain Forests*: John Wiley & Sons Ltd, West Sussex, UK.

Pitman, NCA, Terborgh, J, Silman, MR, Núñez, PV, Neill, DA, Cerón, CR, Palacios, W., and Aulestia, M, 2001, Dominance and distribution of tree species in upper Amazonian terra firme forests: Ecology, 82: 2101-2117.

Pyke, CR, Condit, R, Aguilar, S, and Lao, S, 2001, Floristic composition across a climatic gradient in a neotropical lowland forest: Jour. Veg. Sci., 12: 553-556.

Raven, PH, 1999, Forward: in *Catalogue of the Vascular Plants of Ecuador* (PM Jørgensen and S León-Yánez, eds.): Missouri Botanical Garden, Saint Louis, USA: vi-viii.

Raven, PH, and Axelrod, DI, 1974, Angiosperm biogeography and past continental movements: Ann. Missouri Botanical Garden, 61: 539-673.
Richardson, JE, Pennington, RT, Pennington, TD, and Hollingsworth, PM, 2001, Rapid diversification of a species-rich genus of neotropical rain forest trees. Science, 293: 2242-2245.
Ruokolainen, K, Tuomisto, H, Chave, J, Muller-Landau, HC, Condit, R, Pitman, NCA, Terborgh, J, Hubbell, SP, Leigh, EG, Duivenvoorden, JF, Svenning, J-C, and Wright., SJ, 2002, Beta diversity in tropical forests. Science, 297: 1439-1440.
Simpson, GG, 1940, Mammals and land bridges: Jour. Wash. Acad. Sci., 30: 137-163.
Whitmore, FC, and Stewart, RH, 1965, Miocene Mammals and Central American seaways: Science, 148: 180-185.
Willis, J., 1922, *Age and Area*: Cambridge Univ. Press, Cambridge, UK.

Chapter 18

WORLD HOLDINGS OF AVIAN TISSUES FROM PANAMA:

With Notes on a Collection from the Upper Río Chagres, 2002

Sievert Rohwer and Robert C. Faucett
University of Washington Burke Museum

Abstract: The avifauna of Panama may be better documented than that of any other country in Central America. Museum expeditions over the past 100 years have yielded a wealth of traditional specimens and an excellent understanding of bird distribution and occurrence across the country. Unfortunately, most of these expeditions were mounted in the first half of the century well before the importance of preserving tissue samples had been realised. Consequently, the world holdings of avian tissue from Panama are grossly inadequate. A compilation of the world holdings of avian tissue from Panama is presented which illustrates the need for continued general collecting throughout Panama. Recent contributions made during a recent field visit to the upper Río Chagres basin in 2002 are listed and guidance provided about where future collecting is needed.

Key words: Panama; Río Chagres; avifauna

1. INTRODUCTION

Over 900 species of birds have been recorded from the Republic of Panama and roughly a third of these probably occur in the upper Río Chagres drainage basin (see Fig. 1 of Chapter 1). The University of Washington Burke Museum collected birds at two localities in the upper Río Chagres basin in late February to mid-March of 2002 as part of a much larger investigation of the geohydrology and biota of this region. In a 3-week survey, just over 200 specimens of 72 species of birds were collected and about 40 additional species observed. With such a short time in the field, there seemed little to be gained by reporting exclusively on the specimens collected at the two localities examined. Instead, this report summarizes world holdings of avian tissues samples from the Republic of Panama,

R. S. Harmon (ed.), The Río Chagres, Panama, 271—280.

including the new specimens collected during the upper Río Chagres basin field work, hoping that this summary will help guide future avian collecting in Panama.

With the revolution in sequencing technology of the last 20 years, genetic studies of variation across geography have become the preferred tool for investigations of relationships among populations and of the history of populations. For example, DNA sequences from different geographic regions might be reciprocally monophyletic, suggesting a history of isolation and helping identify cryptic species. Further, coalescence analyses reveal population increases and the magnitude and direction of gene flow (Hewitt, 1966; Templeton, 1988; Emerson et al., 2001). This new field, collectively known as phylogeography (Avise, 2000), is becoming an important tool in conservation biology. Gene sequence data is much more effective than morphological measurements at quantifying population differentiation and at identifying lineages that could represent undescribed species or the incipient differentiation of new species. Because the preservation of tissue samples for research in genetics began less than 25 years ago, only a relatively small fraction of the world's fauna is represented by even single tissue samples in museum collections throughout the world.

General collecting is the most effective way to generate the samples needed for future phylogeographic analyses. Ideally, a region or country would be covered with a grid of localities from which at least 3-5 individuals of common birds had been sampled. These would provide a basis for preliminary investigations that might then lead to more intensive sampling of individual species in regions of genetic transition or possible isolation. It is fundamentally important to recognize that comparative phylogeographic studies of the birds of a country or large region cannot be pursued efficiently if collecting takes place on a species-by-species basis. Instead, localities must be collected generally if the basic genetic resources required for phylogeography analyses of multiple species are to be generated in a timely and economical fashion. Fortunately, this has been the approach to avian collecting in Panama. Here we review the world's holdings of avian tissues from Panama and summarize the geographic distribution of the localities from which these tissues were collected.

2. SUMMARY AND ANALYSIS OF AVIAN TISSUES FROM PANAMA

By consulting with colleagues and by reviewing museums web-sites for institutions with significant tissue collections, it was determined that only four museums held significant numbers of tissues from Panama, the National

Museum of Natural History (NMNH), the Louisiana State University Museum of Natural Science (LSU), the Academy of Natural Sciences of Philadelphia (ANSP), and the University of Washington Burke Museum (UWBM). Curators at each of these institutions kindly supplied us with electronic lists of their tissue samples from Panama along with locality records. These were combined into a single list using the nomenclature of Parker *et al.* (1996) to resolve differences in species names among institutions. The full list of holdings for these four institutions is presented in Appendix 1.

The total number of tissue specimens from Panama was 3,874, making it one of the best sampled countries for its size in the world. Nonetheless, there were a remarkable number of gaps in the sampling. For example, 915 species of birds have been recorded from the Republic of Panama, yet no tissue sample from Panama exists for 45% of these species (Fig. 1); another 24% of Panamanian birds are represented by just 1-3 tissues from Panama (Fig. 1). Only 25% of Panama birds are represented by five or more tissue specimens, and three of the 28 species represented by samples of more than 20 individuals have already been the subject of detailed phylogeographic studies (Brumfield *et al.,* 2001; Gonzalez *et al*., unpub. manuscript)

To explore differences among species in the number of tissue samples available from Panama, the overview provided in Figure 8-1 was subdivided according to the information on residency status and abundance provided by Parker *et al.* (1996). Birds that breed in Panama are much better represented in collections than either regular non-breeders or vagrants (Fig. 2).

Just 37% of the breeding species of Panama are unrepresented in collections and 223 of these species (32%) are represented by 5 or more tissue samples. In contrast, more than 70% of regular non-breeders and more than 85% of vagrants are not represented by tissue samples collected in Panama. The high percentage for vagrants is not surprising because these species are rarely encountered.

The very high percentage of regular non-breeders that are not represented in tissue collection is disturbing. Many of these Panamanian birds are migrants that breed in North America. For migrants, genetic and stable isotope analyses are becoming increasingly useful in establishing connectivity between wintering and breeding populations (Marra *et al.,* 1998; Hobson 1999). Thus, tissue samples from these Panamanian birds could be of great value in determining whether future population declines (or increases) were due to habitat changes in those parts of their breeding range that produce the populations wintering in Panama or, instead, were due to habitat changes in Panama. For this reason, institutions collecting in Panama should be encouraged to collect migrants, in addition to the tropical resident species that normally are impetus for mounting expeditions.

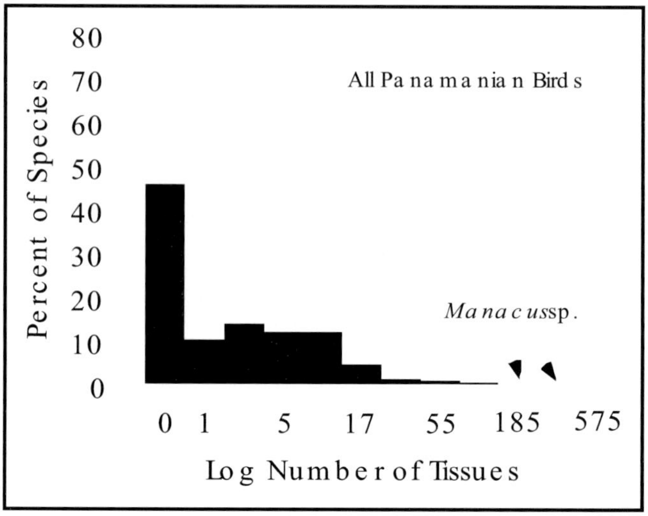

Figure 1. Percent of bird species occurring in Panama plotted by the number of tissue samples available from Panama. The horizontal axis is plotted on a log scale because only a few of these species are represented in the world's collections by large numbers of tissues from Panama.

The summary of avian tissue holdings from Panama was also subdivided by the relative abundance categories provided in Parker *et al.* (1996). In this analysis we collapsed the designations 'Common' and 'Fairly Common' into 'Common' and used the primary designation for species with intermediate status (*i.e.,* 'Uncommon/Fairly Common'as 'Uncommon'). Not surprisingly, Common species are much better represented in the world's tissue collections than 'Uncommon' and 'Rare' species; yet, more than 41% of Neotropical birds that are considered 'Common' are not represented by even a single sample in the world's tissue collections from Panama (Fig. 3)!

Species that are 'Common' and that also breed in Panama hold the most potential for phylogeographic studies for two reasons. First, 'Common' breeders tend to be resident species that may be prone to population differentiation and even the formation of cryptic species because they generally have low dispersal. Further, the very fact that these species are 'Common' makes feasible assembling the samples required for phylogeographic studies. For this summary, the species collected in Panama were partitioned into a combined category of 'Common Breeders' (from Parker *et al.,* 1996), which represent the union of the top two graphs in Figures 2 and 3. This yielded 506 species and the distribution of tissue sampling shown in Figure 4.

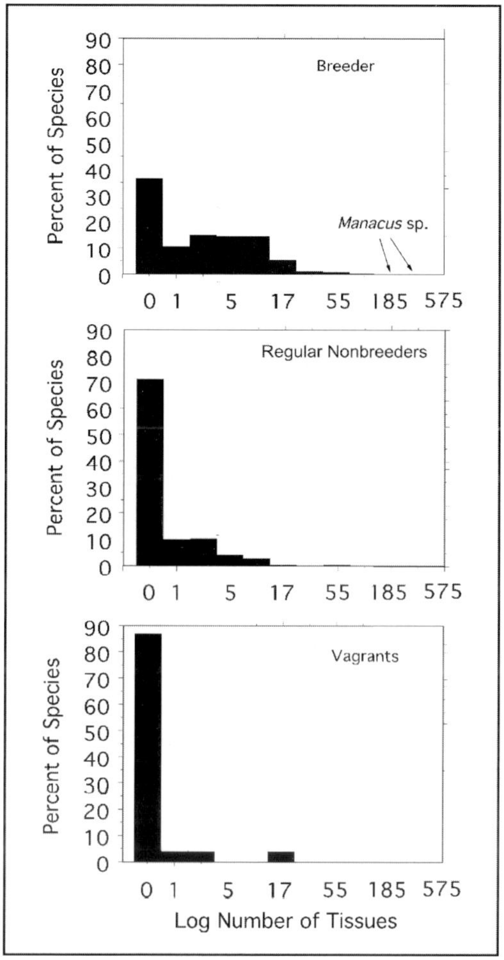

Figure 2. Percent of bird species occurring in Panama plotted by the number of tissue samples available from Panama. In this histogram the Panamanian avifauna was subdivided into breeders, regular non-breeders and vagrants, following Parker *et al.* (1996). The horizontal axis is plotted on a log scale because only a few of these species are represented in the world's collections by large numbers of tissues from Panama.

Not surprisingly, the percent of species that are not represented by even a single tissue sample drops still further in this summary to 33%. Nonetheless, it was surprising that just 23 of the 506 common breeding birds of Panama (less than 5%) were represented by 20 or more tissue samples from Panama. In most cases no one would attempt even a preliminary study of phylogeography without having at least 20 individual samples for a species, and without these samples being distributed across localities in different regions.

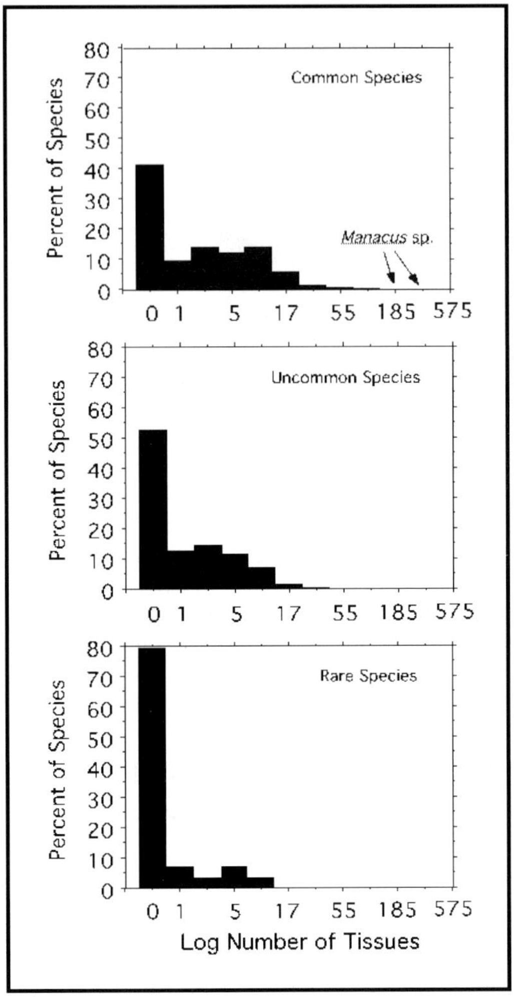

Figure 3. Percent of bird species in Panama plotted by the number of tissue samples available from the country. In this histogram the Panamanian avifauna was subdivided into common species, uncommon species and rare species, following Parker *et al.* (1996). The horizontal axis is plotted on a log scale because only a few of these species are represented in the world's collections by large numbers of tissues from Panama.

For a country the size of Panama, publishable phylogeographic analyses would typically include more than 50 specimens; yet only 6 of the 506 common breeding birds of Panama are represented by such large samples, and three of these species have been the subject of detailed studies with associated targeted collecting (Brumfield *et al.*, 2001; Gonzalez *et al.*, unpub. manuscript).

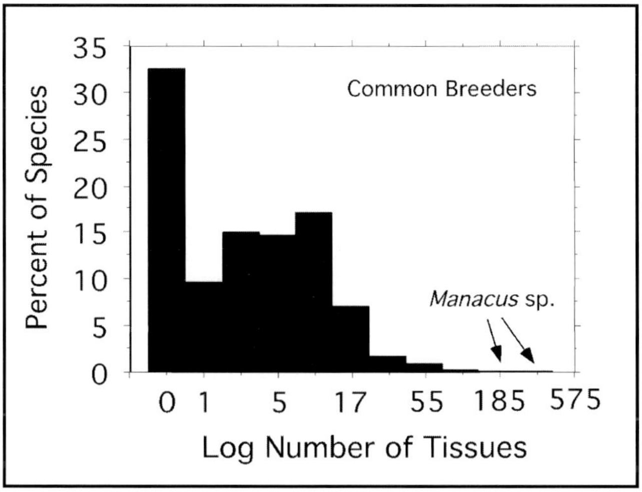

Figure 4. Percent of the Panamanian avifauna that consists of common breeders (following Parker *et al.,* 1996), plotted by the number of tissue samples available from Panama. This is the subset of Panamanian species for which phylogeographic studies should be most valuable. The X-axis is plotted on a log scale because only a few of these species are represented in the world's collections by large numbers of tissues from Panama.

3. GEOGRAPHIC DISTRIBUTION OF TISSUE SAMPLES FROM PANAMA

Phylogeographic studies are no better than the distribution of the sampling. Thus, the major sampling localities for tissue collections are plotted on the map of Panama presented in Figure 5. To reduce clutter and emphasize the regional distribution of samples, localities separated by less than 25 km have been combined and those combined sample localities from which less than 20 specimens were available have been eliminated. In general, sampling in Panama has been concentrated in four regions, Bocas del Toro, the Azuero Peninsula, the Panama Canal Zone region and the Darien. Large areas of Panama are unrepresented by even single localities from which more than 20 avian tissues have been collected, including the Pearl Islands, much of the Caribbean and Pacific coasts, and the interior of Veraguas. It is hoped is that this map will provide a useful guide to future areas that need to be targeted for general collecting.

4. THE UPPER RÍO CHAGRES COLLECTION

In the 12 days of field work in the upper Río Chagres–Río Chagrecito confluence at 9°21' N latitude and 79°19'W longitude, (ii) and at a site just below the confluence of the Río Esperanza with the upper Río Chages at 9°23'N latitude and 79°21'W longitude (see Fig. 1 of Chapter 6) These sites are referenced on the map in Figure 5 by their sample sizes of 102 and 113 specimens, respectively. The primary value of these collections is that they expanded the geographic coverage of collections in the region of the Canal Zone. Among the 215 specimens we collected were significant additions to the world's tissue holdings from Panama; first, second, or third specimens were added for 16 species (Table 1), and additional samples were added for 23 species previously represented by just 4-9 specimens from Panama (Table 1). Several of the additions we made to the holdings from Panama may be accounted for by the fact that our camps were located on reaches along the upper Río Chagres, which formed a break in the surrounding forest that allowed us to collect several species that are difficult to collect from the forest floor. For example, 9 specimens of *Neochelidon tibialisa*, a swallow that normally forages over rivers and streams, by collecting them as they passed over the Río Chagres region.

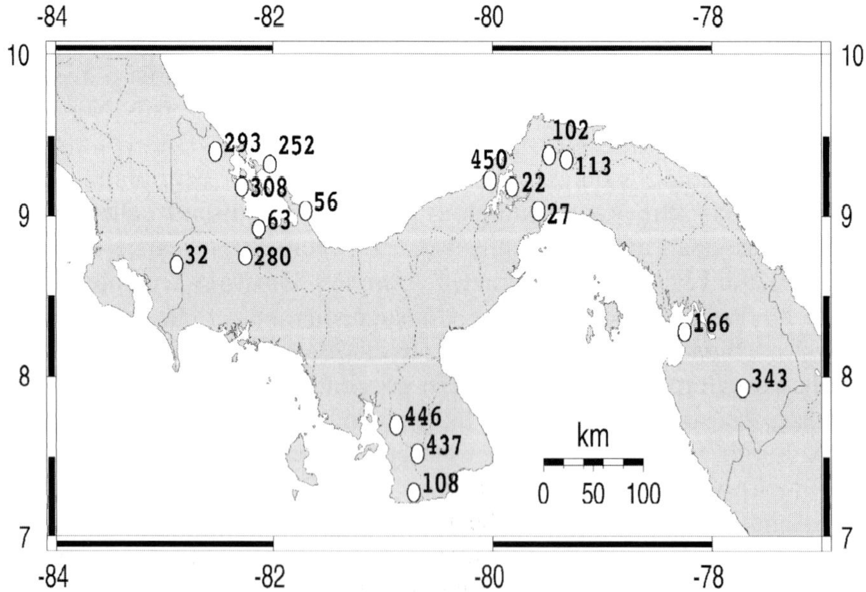

Figure 5. Distribution of Panamanian localities for which over 20 avian tissue samples are available in the world's museums. Numbers adjacent to each locality represent the numbers of tissues available from each of these places.

Similarly, the caprimulgid, *Lurocalis semitorquatus* is a nocturnal forest bird, which is rare in collections, but which was able to collected over a sandbar in the upper Río Chagres (Table 1). More generally, most of the significant additions we made to the world's tissue holdings from Panama were birds that are uncommonly encountered; as shown in Figure 3, these species are poorly represented in the world's tissue collections.

Four other species collected during the upper Río Chagres fieldwork are worth noting. The rare humid forest woodpecker, *Campephilus heamatogaster*, represents the first tissue specimen for Panama from outside Darien province. This may be the most northerly tissue held for the species, which ranges from western Panama to eastern Peru and comprises two subspecies (*C. h. heamatogaster* and *C. h. splendens*). The quail, *Rynchortx cinctus*, is very poorly represented in tissue collections and infrequently encountered; the specimens collected in the upper Río Chagres drainage probably represent the most northerly tissue samples in the world. The dove, Geo*trygon veraguensis*, is also noteworthy because the specimen may represent the first tissue sample from anywhere in the world.

ACKNOWLEDGEMENTS

Thanks are extended to the following individuals and institutions for providing electronic lists of their tissue holdings from Panama: F. Sheldon, R. Brumfield and D. Dittman at the Louisiana State University Museum of Natural Science; M. Braun, C. Huddleson and S. Olsen at the U.S. National Museum of Natural History; and, L. Joseph and N. Rice at the Philadelphia Academy of Natural Sciences. E. Bermingham of the Smithsonian Tropical Research Institute arranged our participation on the Chagres field program, encouraged this report, and provided a copy of unpublished work on Bay Wrens. V. Rohwer, S. Birks and K. Davis helped RF with the Chagres fieldwork. Logistical support for the field work was provided by the Tropical Regions Test Center (U.S. Army Yuma Proving Ground).

REFERENCES

Avise, JC, 2000, *Phylogeography*: Harvard Univ. Press, Cambridge, MA.

Brumfield, RT, Jernigan, RW, Mcdonald, DB, and Braun, MJ, 2001, Evolutionary implications of divergent clines in an avian (*Manacus*: Aves) hybrid zone, Evolution, 55: 2070–2087.

Emerson, BC, Paradis, E, Thebaud, C, 2001, Revealing the demographic histories of species using DNA sequences: Trends Ecol. Evol., 16:707-716.

González, MA, Eberhard, JR, Lovette, IJ, Olson SL, and Bermingham, E, 2003, Mitochondrial DNA phylogeography of the Bay Wren (*Thryothorus nigricapillus*) complex: unpublished manuscript.

Hewitt, GM, 1996, Some genetic consequences of ice ages, and their role in divergence and speciation: Biol. Jour. Linnean Soc., 58:247-276.

Hobson, KA, 1999. Tracing origins and migration of wildlife using stable isotopes: A review: Oecologia, 120: 314-326.

Marra, PP, Hobson, KA, and Holmes, RT, 1998, Linking winter and summer events in a migratory bird using stable carbon isotopes. Science, 282: 1884-1886.

Parke, TA III, Stotz, DF, Fitzpatrick, JW, 1996, Ecological and Distributional Databases for Neotropical Birds: in *Neotropical Birds: Ecology and Conservation* (DF Stotz, TA Parker III, JW Fitzpatrick, and DK Moskovtz, eds.), Univ. Chicago Press, Chicago, IL: 1-479.

Templeton, A, Routman, RE, and Phillips, C, 1995, Separating population structure from population history: A cladistic analysis of the geographical distribution of mitochondrial DNA haplotypes in tiger salamander, *Ambystoma tigrinum*: Genetics, 140: 767-782.

Chapter 19

ESTIMATION OF LANDSLIDE IMPORTANCE IN HILLSLOPE EROSION WITHIN THE PANAMA CANAL WATERSHED

Robert F. Stallard[1] and David A. Kinner[1,2]
[1]US Geological Survey, [2]University of Colorado

Abstract: This paper presents an approach for assessing the regional importance of landslides based on conventional daily-discharge and daily-sediment data from sub-basins within the Panama Canal Watershed. In many wet mountainous regions, sediment yields are controlled by both surficial erosion and deep, landslide erosion. Landslides require that rainfall (and by inference runoff) exceed a threshold. Runoff can be used to derive a parameter termed 'landslide days', with a suitable correction factor, to account for evapotranspiration, infiltration, and rainfall patchiness. The approach developed then uses runoff as the driver for a simple surficial-erosion model and landslide days as the driver for a landslide model. In a case study of the Panama Canal Watershed, this model describes spatial and temporal patterns of annual yields with a high degree of efficacy, demonstrating that simple daily data can be used to determine whether a river basin, such as the upper Río Charges basin, might be undergoing substantial landslide-related erosion.

Key words: Panama; Panama Canal Watershed; Río Charges; landslide erosion; erosion modeling

1. INTRODUCTION

Landslides represent an energetic mass-wasting process that erodes substantial quantities of solids in a short time. Typical prerequisites for landslides are steep slopes and either bedrock that is structurally unstable (relatively non-cohesive, sheared, or fractured) or, in the case of stable bedrock, degraded through chemical or physical weathering. The specific subject of this paper are soil-derived landslides, often referred to as 'soil avalanches.' which encompass a range of phenomena such as simple block

R. S. Harmon (ed.), The Río Chagres, Panama, 281-295.

slides and debris flows. Soil landslides are often associated with outbreaks that are triggered by events, such as large amounts of intense precipitation, typically exceeding some regional slide-inducing threshold (Starkel, 1972; Caine, 1980; Larsen and Torres-Sánchez, 1989; Scatena and Larsen, 1991; Larsen and Simon, 1993; Montgomery and Dietrich, 1994; Montgomery *et al.*, 2000; Reid, 1998; Crosta, 1998), or earthquakes (Simonett, 1967; Garwood *et al.*, 1979; Keefer, 1984, 2000).

Human activities, notably deforestation (Larsen and Santiago Roman, 2001; Larsen and Torres-Sánchez, 1998; Montgomery *et al.,* 2000) and road building (Larsen and Parks, 1997; Wemple, *et al*., 2001) increase the rate and frequency of soil avalanching. In turn, soil-avalanche outbreaks and associated debris flows are responsible for major loss of human life and property such as recently happened in Central America during Hurricane Mitch in 1998 (Molnia and Hallam, 1999) or in coastal Venezuela during the intense and prolonged rains of December, 1999 (Larsen *et al.,* 2001).

Retrospective studies of the sort that have taken place in the aftermath of deadly landslides triggered by intense rains, while extremely interesting post-mortems, do not represent a way of assessing landslide risk in regions that have not been hit by a severe storm in recorded memory. Other procedures, using relatively common types of hydrologic data and topographic maps need to form the basis of assessing whether a region is landslide-prone. One such approach is demonstrated here using data from the Panama Canal Watershed.

2. LANDSLIDE ESTIMATION WITH MULTI-YEAR DAILY SEDIMENT LOADS

The economic role of the Panama Canal in global commerce is well known, and because of its importance, the Panama Canal Watershed is particularly data rich, having been hydrologically-monitored, mapped, and variously characterized for more than a century.

The former Río Chagres basin (see Fig. 3 of Harmon, 2005a, this volume), which forms the majority of the Panama Canal Watershed, consists of upland in the northeast and southwest, with an extensive lowland in between. Half of the Panama Canal runs through Gatún Lake formed by flooding the lower course of the old Río Chagres (Fig. 1). The northeastern uplands drain a deeply exhumed oceanic volcanic terrain consisting of granites, microdiorites, and altered volcanic andesitic and volcaniclastic lithologies that have been intruded by gabbros and diorites (see Wörner *et al.,* 2005, this volume), veneered by thin soils (see Harrison *et al.,* 2005, this volume). The southwestern uplands are comprised of mostly younger volcanic rocks. The lowlands form a trough filled with marine and terrestrial sediments and some eruptive volcanic rocks. The best tropical forest cover is in upper portions of the Chagres National Park in the northeast and in Soberania National Park and the Barro Colorado Nature Monument along the Panama Canal (Condit, *et al,*. 2001; Ibáñez *et al.,* 2002). Elsewhere, land cover is a mosaic of pasture, second growth, forest patches, urbanizations, and roads. Hillslopes in both the lowlands and uplands are generally steep and straight and the river network demonstrates strong lithologic control, all features of a landscape undergoing weathering-limited (supply-limited) erosion (Stallard, 1995b). The Isthmus of Panama has a strong north-south (Caribbean-Pacific) rainfall gradient, with in excess of 3,000 mm in the north to about 1,500 in the south. More rain falls in uplands than the lowlands due to orographic effects.

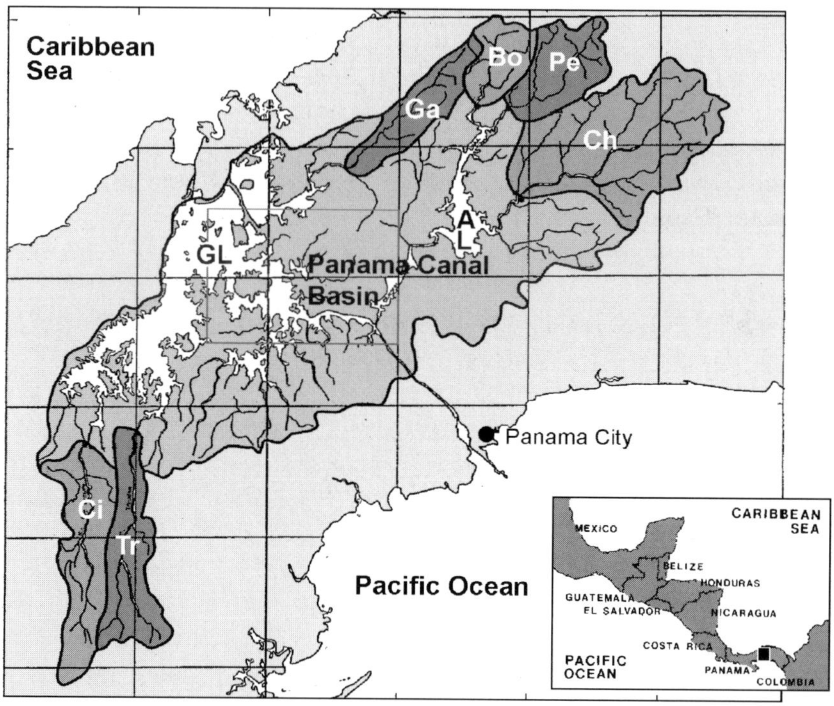

Figure 1. Location map for the case-study basins within the greater Panama Canal Watershed. Letter codes in black letters: AL = Lago Alhajuela, GL = Gatún Lake. Letter codes in white letters: Bo = Río Boquerón, Ch = upper Río Chagres, Ci = Río Ciri Grande, Ga = Río Gatún, Pe = Río Pequení, Tr = Río Trinidad.

Table 1. Basin properties and results of the hybrid surface erosion - landslide erosion model for major sub-basins of the Panama Canal Watershed

	Upper Río Chagres at Chico Gage	Río Boquerón at Peluca Gage	Río Pequení at Candelaria Gage	Río Gatún at Ciento Gage	Río Trinidad at El Chorro Gage	Río Cirí Grande at Cañones
Basin Properties[1]:						
Area (km^2)	414	91	135	117	174	186
Land Cover						
Forest	98.0	83.9 %	94.6 %	62.5 %	18.2 %	20.2 %
Second Growth	1.0	4.9 %	1.9 %	9.7 %	29.7 %	35.6 %
Cleared Land	1.0	11.2 %	3.4 %	27.5 %	50.9 %	42.5 %
Bare Soil	0.0	0.0 %	0.1 %	0.3 %	1.2 %	1.7 %
Population (1996)	145	455	180	2,303	3,110	3,000
Mean Slopes	29E	21E	25E	20E	13E	15E
Runoff (mm yr^{-1})	2579	2975	3491	1882	1157	1552
Landslide Days	5	48	30	6	0	3
Measured Yield (Mg/km/yr)	289	887	658	305	112	195
Equilibrium Yield (Mg/km/yr)	126	136	149	107	86	98
Mean Concentration (mg/L)	112	298	189	162	97	126
Equilibrium Concentration	49	46	43	57	74	63
Measured Equilibrium	2.3	6.5	4.4	2.8	1.3	2.0
Model: Surficial Erosion Plus Landslide Erosion: Yield = a▪(runoff)^b+c▪(landslide days with factoR =						
F	0.85	0.85	0.85	0.85	0.85	0.85
a	4.54▪	1.26▪1	8.20▪10^2	1.59▪10^5	7.86▪1	2.35▪1
b	1.1	1.0	1.0	2.2	2.0	1.8
C (Mg/km/slide day)	98.8	158.7	182.7	71.8	0.0	200.5
Degrees of Freedom	11	11	11	5	5	5
Correlation Coefficient	0.80	0.979	0.965	0.831	0.972	0.994
Surficial Erosion (Mg/km/yr)	258	411	316	261	112	135
Slide Erosion (Mg/km/yr)	31	476	342	43	0	60
Slide/Total Erosion (%)	11%	54%	52%	14%	0%	31%
1. Basin properties from PMCC (1999)						

The Panama Canal Watershed is subject to wet-season rains (April to December), and water storage is very carefully controlled at the end of the wet season to maximize water in storage within the two lakes of the Panama Canal - Gatún Lake and Lago Alhajuela- while using water in excess of this maximum for electric power generation during the wet season. Accordingly, this study uses data that has been collected for the operation of the Panama Canal (Fig. 1, Table 1) by the Autoridad del Canal de Panama

(ACP), formerly the Panama Canal Commission (PCC) and its predecessor the Panama Canal Company. These data were originally summarized by Stallard (1999) in PMCC (1999). A wide variety of hydrologic data has been collected. The longest data sets, some predating the construction of the Panama Canal, include rainfall, river discharge, and pan evaporation. Daily measurements of sediment in three rivers of the watershed - upper Río Chagres, Río Boquerón, and Río Pequení, - commenced in 1981 in response to concerns about loss of storage capacity in Lago Alhajuela, the dry-season water-supply lake for operation of the Panama Canal (Wadsworth, 1978; Larson, 1979; Robinson, 1985; Alvarado, 1985). In 1987, these measurements were expanded to include the other major gaging sites (Río Gatún, Río Trinidad, and Río Ciri Grande).

The ACP sediment-discharge data set is notable from the perspective of tropical rivers, where very few sites have such long-term daily sediment measurements. The procedures were largely adapted from the sediment sampling and processing techniques of the US Geological Survey (Guy, 1969; Guy and Norman, 1970). The methodologies have remained fixed for the entire duration of the data set (J. Tutzauer and L. Alvarado, ACP, pers.comm.); thus, trends that may be evident should not have been caused by changes in procedures.

Intra-annual variation is enormous, so water discharge and sediment discharge were totaled for each year of record. Because rains stop in December, calendar years and water years coincide. A helicopter-based examination of the watershed by Robinson (1985), and helicopter overflights and numerous site visits from 1996 to 2002, indicate that most channels have boulder beds with very little fine particle component and almost no developed floodplains, thus little storage of fine sediment is anticipated from one water year to the next. Accordingly, these totals (Figs. 2, 3). were divided by basin area to get runoff (mm/ yr) and sediment yield ($kg/km^{-2}/yr$). Sediment yield equates to 'denudation rate' or 'basin-averaged erosion rate,' rather than a 'local erosion rates.' The runoff pattern reflects the rainfall gradient, with the northern-most mountainous rivers (upper Río Chagres, Río Boquerón, and Río Pequení) having the most rain, and the more southerly and less elevated rivers (Río Gatún, Río Trinidad, and Río Ciri Grande) having the least.

For reference, Table 1 includes a model equilibrium sediment yield for chemical weathering of younger igneous and metamorphic terrains (Stallard, 1995a, b). Softer bedrock, such as many types of sedimentary rock, will naturally poduce higher rates of physical erosion than this equilibrium model predicts. All six rivers have sediment yields that are above the equilibrium model (Table 1). Assuming that the model is reasonable within a factor of 2 to 3, only the Río Boquerón and Río Pequení have yields that are substantially above the model predictions. Deforestation appears to be the most likely mechanism that would enhance sediment yields. According to Condit *et al.* (2001) and Ibáñez *et al.* (2002), as well as the characterization of the watersheds by Robinson (1985), only the upper Río Chagres basin is minimally affected by human activities. The sediment yield of the Río Boquerón basin is 3-times that of the upper Río Chagres basin, and the yield of the Río Pequení basin is over 2-times that of the upper Río Chagres basin.

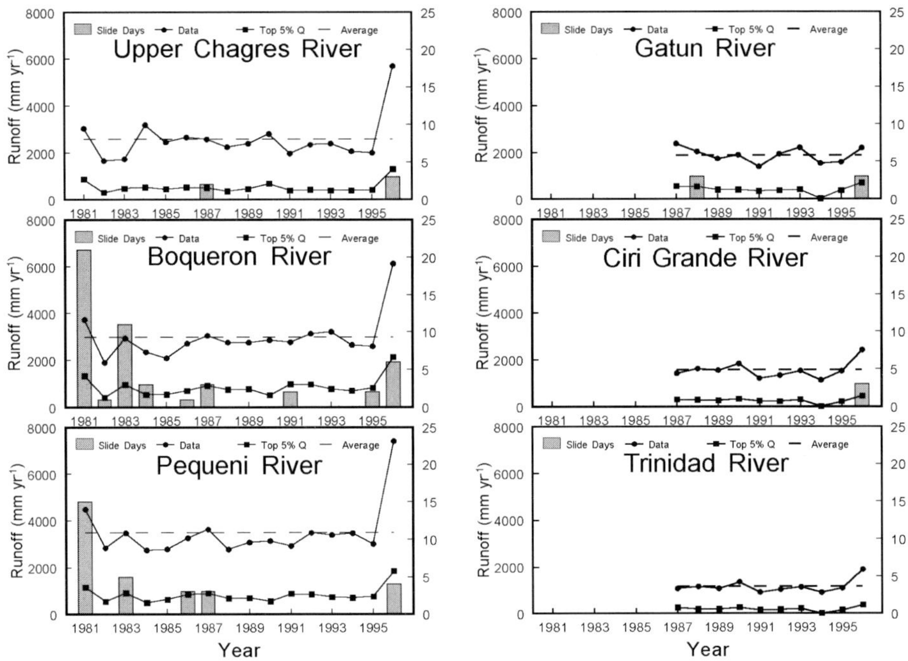

Figure 2. Illustration of the inter-annual variations in selected hydrologic properties for the sub-basins of the case-study within the Panama Canal Watershed. Landslide days were calculated as described in the text. The top 5% of flow is the total runoff for the 18 days each year with the greatest runoff. Neither the annual runoff nor the top 5% of days correlate well with the annual sediment yield presented in Figure 3. The average runoff is for the period of record used in this graph.

Sediment yields reflect contributions from both shallow surface erosion and deep landslide erosion. Surficial erosion includes sediment transport by raindrop splash, sheet wash, rill formation, and gullying. Although some gullying can be quite deep, most deep erosion is by landsliding. These physical-erosion processes operate in both natural and developed settings, but typically with greater intensities in the latter, when examined on human time scales.

Sediment yields generally declined from 1981 through 1995 (Fig. 3, but these declines are not matched by decreases in runoff (Fig. 2). The year 1996 was especially wet, among the wettest on record for each river. Sediment yields increased, but although the highest sediment yields of record would be expected if surficial erosion were the primary source of sediment, yields on the upper Río Chagres, Río Boquerón, and Río Pequení for 1996 are similar to or less than in 1981, the next wettest year.

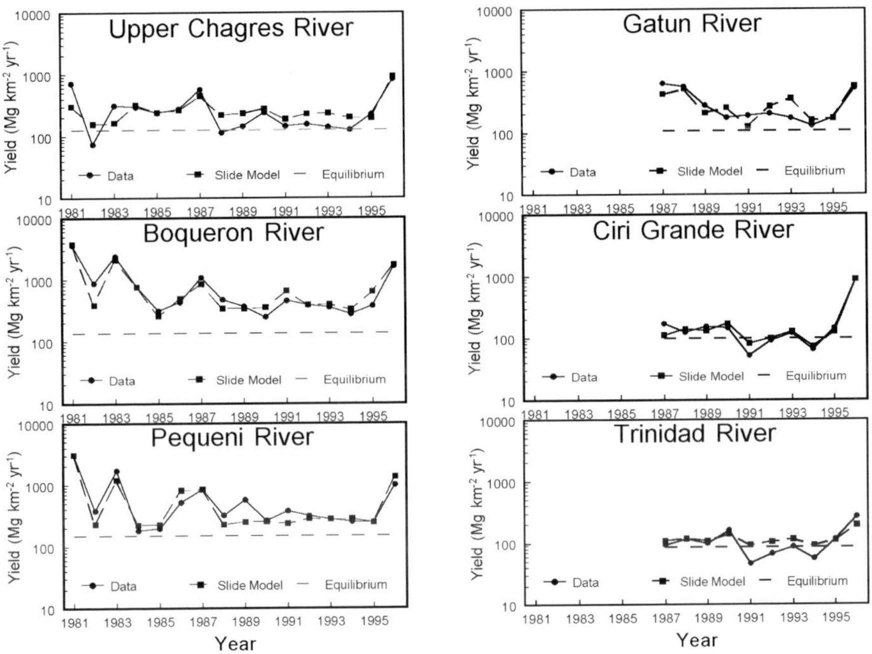

Figure 3. Annual sediment yield for the major rivers of the Panama Canal Watershed. The 'model' dash line is the sediment yield that might be expected for equilibrium erosion from a young mountainous terrain with the average runoff for the respective river basin over the period of record from Stallard (1995b).

3. MODELS AND MODELING APPROACHES

To model these data, a dual-mechanism sediment source (surficial erosion and landslides) was assumed. Surficial erosion is described using a simple and rather conventional formulation that relates annual sediment yield, Y (year), to annual runoff, R (year):

$$Y(\text{year}) = a \cdot R(\text{year})^b, \tag{1}$$

where a and b are regression coefficients. Landslides require a threshold amount of rainfall to be triggered. For tropical settings with the island-arc geology of Puerto Rico or Panama, the threshold amount of rainfall is described by the equation (Larsen and Simon, 1993):

$$P = 91.46 \cdot T^{0.18}, \tag{2}$$

where P is rainfall in mm and T is duration of rainfall in hours. For storms with a duration of 24, 48, and 72 hours, the threshold rainfall is 162, 184, and 197 mm, respectively, or roughly 200 mm.

Although there are numerous rain gages within the Panama Canal Watershed, the coverage is still inadequate to map daily precipitation and estimate the number of days per year in which landslides could be triggered. Therefore, instead of precipitation, this analysis used daily runoff data, R, calculated from the daily discharge data.

$$R = P \cdot A^{-1}, \tag{3}$$

where A is basin area. Each day of the year is characterized. A particular day is defined as a landslide day if:

$$R\ (24, 48, 72\ \text{hr}) > F@91.46 \cdot D^{0.18}\ (D = 24, 48, 72\ \text{hr}), \tag{4}$$

where F is an empirical factor between 0 and 1 that adjusts the threshold for two factors that reduce runoff relative to local rainfall – (i) evapotranspiration and (ii) infiltration. If F is 1, then it is assumed that runoff faithfully tracks rainfall. Rainfall patchiness, where parts of a watershed will be over the threshold, and other parts below the threshold, would tend to increase F. When rainfall is patchy, the largest rivers may have landslide-producing storms in a portion of their basins without producing a cumulative amount of runoff that exceeds the slide threshold. Accordingly, values of $F > 1$ were tested. For each river, and for each year of the data set, the number of landslide days, as defined by the above equation, were totaled and assigned this total per year to landslide days per year, N (year).

Thus, the final form of the surface-erosion, landslide-erosion model is:

$$Y(\text{year}) = a \cdot R(\text{year})^b + c \cdot N(\text{year}). \tag{5}$$

There are four adjustable parameters in this 'Surface Erosion-Landslide Erosion' model. The landslide threshold adjustment parameter, F, is assumed to be the same for all of the watersheds, and is optimized iteratively. The optimum value was 0.85, which indicates, in essence, that it can be assumed that $R = 0.85 \cdot P$ for large storms. The remaining coefficients were estimated iteratively using a non-linear regression procedure. For each river, the coefficients and 'quality-of-fit' information are given in Table (1). This model tracks inter-annual variations rather well (Fig. 4). The fraction of total physical erosion that can be attributed to landslides ranges from none for the Río Trinidad to more than 50% for the Río Boquerón and Río Pequení.

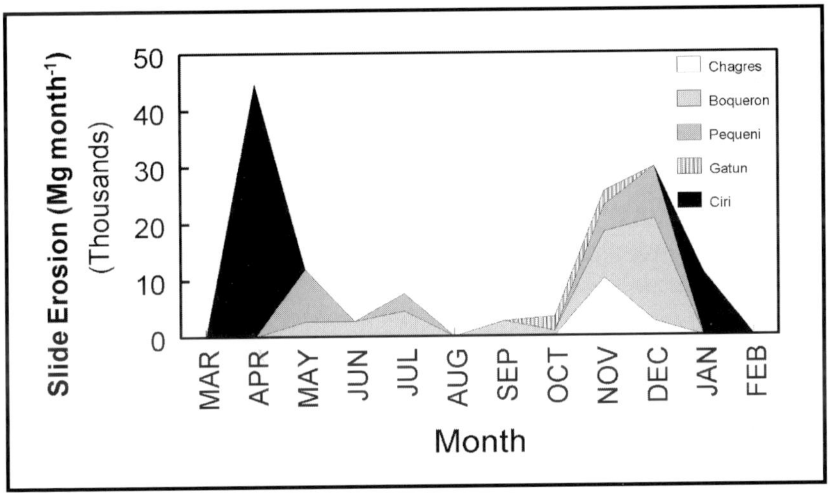

Figure 4. Monthly landslide yield for all of the case-study rivers. This was obtained by retabulating landslide days for the entire record for each river on a monthly basis.

The lesser sediment yields for 1996, as compared to 1981, despite the greater runoff of 1996, can be attributed to fewer landslide days in 1996. For rivers with many landslide days, the exponent, b, was low, near 1, while for rivers with few landslide days, the exponent was significantly greater. This difference may in part be due to an unresolvable cross-correlation between annual runoff and landslide days. Such a cross-correlation could be statistical or physical. For example the rate of surficial erosion on landslide scars could increase surficial erosion following slides (Larsen, *et al.*, 1998).

When re-tabulated on a monthly basis for the period of record, the distribution of landslide days throughout the year is distinctly bimodal (Fig. 4). The dry season typically runs from January through April. The wet season starts in May, often has a less stormy period in August, then peaks in November/December. No slide occurred in February, March, and August. On the east side of the Panama Canal, most of the slide days occur in the late wet season, whereas in the west (Río Ciri Grande), most of the landslides occur during the early wet season.

It might be argued that 'landslide days' could instead be 'channel-bank erosion days' or 'channel-bed erosion days', or possibly, 'freshly plowed farm-field days'. These options cannot be rigorously ruled out, but several aspects of the rivers examined suggest that these alternatives are unlikely. First, if the highest flows are considered as an indicator of channel mobilization, no effect is seen. In Figure 2, the total runoff for the 18 highest-runoff days per year (top 5%) was calculated. When these values are included in the regression equation, instead of 'landslide days', the quality of fit is significantly lower, because this parameter is too highly correlated with annual runoff. This indicates that phenomena that relate to extremely high flows are adequately embedded in the surficial-erosion term in Equation 5.

Second, regarding agricultural effects, within the Panama Canal Watershed, there is little mechanical agriculture, and land typically is cleared by burning. Within burned areas, smaller plots are tilled. Areal and satellite photography (Condit *et al.,* 2001) indicates that 1-5% of deforested land is cropland. Land preparation happens during the dry season. The driest sub-basins are also most agricultural (Río Ciri Grande and Río Trinidad in Table 1). These do not show exceptional sediment yields, indicating that direct agricultural effects do not dominate.

4. MODELING THE HUMAN OVERPRINT

The Panama Canal BWatershed is home for more than 100,000 people (Condit *et al.,* 2001), and, therefore, it is necessary to ask whether this may have skewed the results of this study. Human activities appear to have an effect in the amount of landslide erosion. Of the mountainous subbasins having landslides (upper Río Chagres, Río Boquerón, Río Pequení, and Río Ciri Grande), only the upper Río Chagres is mostly forested (Table 1), and the mass of sediment generated in the upper Río Chagres basin per landslide day, *c*, is about half that of the other, deforested watersheds.

Table 2. Comparison of estimated landslide frequency on forested and developed landscapes within the central Panama Canal Watershed.

	In Park Lands[1] (44%of land area)	Developed Lands (56% of land area)
Slope Class		
Slope <12	52.34	56.27
Slope >12	47.66	43.73
Aspect		
Facing Aspect (North)[2]	22.88	24.00
Lee Aspect (South)	24.51	23.41
Normal Aspect (East and West)	52.61	52.59
Land Cover		
Forest	93.98	50.29
Agriculture	5.71	47.80
Roads and Houses[3]	0.16	0.99
Urban Areas	0.15	0.92
Landslide Frequency (slides/km^2/yr)[4]	0.84	1.76

[1]Park lands refer to Soberania National Park and the Barro Colorado Nature Monument, both areas of limited development. For maps of boundaries, human populations, and land cover, refer to Condit *et al.* (2001).

[2]North aspects face most storms in central Panama

[3]All features were given a 10 m buffer

[4]Landslide frequency was computed using combinations of the above parameters and the model of Larsen and Torres-Sanchez (1998) developed for the Blanco region of Puerto Rico.

To assess the effect of deforestation and road building on sediment yields from soil avalanching, the empirical landslide erosion model developed for the Río Blanco basin in Puerto Rico by Larsen and Torres-Sanchez (1998) was applied to the central Panama Canal Watershed (central rectangle in Fig. 1). This region includes a wide range of land cover and land use, ranging from intact forests in Soberania National Park and the Barro Colorado Nature Monument to a mix of pasture, second growth, and urbanization. Although the model was developed in a region with hurricanes and frontal rainstorms, it is expected that the similarity in annual precipitation, bedrock type, and temperature make it relatively applicable to Panama. Topographic parameters–slope, aspect–were derived from a 1:25,000-scale, 10 m digital elevation map of the six 7.5 minute quadrangles surrounding Barro Colorado Island (PMCC, 1999). Because of the lack of mountainous areas in central Panama, only the parts of the Río Blanco basin model applicable to elevations <400 m were used. Land use was derived from LANDSAT imagery of the region (PMCC, 1999), and approximate locations of roads and rural dwellings were digitized from the original topographic maps and given 10 m buffers following the procedure of Larsen and Torres-Sanchez (1998).

The model results (Table 2) indicate that landslide frequency doubles outside of the protected confines of the nature preserves, due largely to the increase in agriculture (48% outside of the parks) and the greater number of roads. The aspect and slope class variables are remarkably similar in both locations, leaving land-use as the major factor in increasing landslide frequency. Despite the application to Panama of an empirical model developed for Puerto Rico, the estimate of 1 landslide per km^2 per yr seems entirely reasonable for the forested portions of the central Panama Canal Watershed. The factor-of-two difference between forested and non-forested settings is in general agreement with the results of the previous landslide-day model.

5. CONCLUSIONS

Because of the erosional significance of landslides and their importance as a hazard, global assessment of landslide-affected landscapes is important. Accordingly, an approach is proposed based on conventional daily-discharge and daily-sediment data, demonstrating that these data can be used to determine whether a river basin might be undergoing substantial landslide-related erosion. In such settings, sediment yields are controlled both by surficial erosion and deep, landslide erosion. Landslides require that rainfall (and by inference runoff) exceed a threshold. With a suitable correction factor, to account for evapotranspiration, infiltration, and rainfall patchiness, runoff can be used to derive a parameter we call landslide days. The model then uses runoff as the driver for a surficial erosion model and landslide days as the driver for a landslide model. In the example here, the Panama Canal Watershed, this model describes spacial and temporal patterns of annual yields with a high degree of efficacy.

Within the Panama Canal Watershed, the tributaries with the least runoff have few or no landslide days, and despite being deforested, they do not have an especially excessive sediment yields. In contrast, the tributaries with greater runoff and many landslide days had higher sediment yields, including one with intact forests, the upper Río Chagres. It is anticipated that if this approach is used worldwide that the transition to landslide-driven erosion would be 800 mm to 1000 mm. The transition would be lower in basins subjected to intense storms such as hurricanes.

Before concluding, it is important to note that the effects of landslides on people in the Panama Canal Watershed can be significant. The landscape erosion model identifies landslide-prone regions and times of the year. Such information can and should be used in risk assessments as the human population in the tropics continue to grow and as people move into more unstable areas.

ACKNOWLEDGEMENTS

Portions of the work described in this chapter were funded by the US Geological Survey, US Agency for International Development, and the Smithsonian Tropical Research Institute. Data and initial modeling are presented in Panama Canal Watershed Monitoring Project (1999).

REFERENCES

Alvarado K, 1995, La sedimentación del lago Alhajuela: in *Agonía De La Naturaleza*, (S Heckadon Moreno, and J Espinosa González, eds.), Instituto de Investigación Agropecuaria de Panama and Smithsonian Tropical Research Institute, Balboa, Panama: 103-123.

Caine, N, 1980, The rainfall intensity-duration control of shallow landslides and debris flows: Geogr. Annal.: 62A: 23-27.

Condit, R, Robinson, WD, Ibáñez R, Aguilar, S, Sanjur RA, Martínez, R, Stallard, RF, García, T, Angehr, GR, Petit, L, Wright, SJ, Robinson, TR, and Heckadon Moreno, S, 2001, The status of the Panama Canal Watershed and its biodiversity at the beginning of the 21st Century: Bioscience, 51: 389-398.

Crosta, G, 1998, Regionalization of rainfall thresholds: an aid to landslide hazard evaluation: Env. Geol., 35:, 131-145.

Garwood, NC, Janos, DP, and Brokaw, NVL, 1979, Earthquake-caused landslides: A major disturbance to tropical forests: Science, 205: 997-999.

Guy, HP, 1969, *Laboratory Theory and Methods for Sediment Analysis*: US Geol. Surv. Tech. Water-Resour. Inv., Book 3, Chapter C2.

Guy, HP, and Norman, VW, 1970, *Field Methods for Measurement of Fluvial Sediment*, US Geol. Surv. Tech. Water-Resour. Inv., Book 3, Chapter C2.

Harmon, RS, 2005, An Introduxtion to the Panama Canal Watershed: in *The Río Chagres: A Multidisciplinary Perspective of a Tropical River Basin* (RS Harmon, ed.), Kluwer Acad./Plenum Pub., New York, NY: 19-28.

Harrison, JBJ, Hendricks, JMH, Vega, D, Calvo-Gobbetti, LE, 2005, Soils of the Upper Río Chagres basin: in *The Río Chagres: A Multidisciplinary Perspective of a Tropical River Basin* (RS Harmon, ed.), Kluwer Acad./Plenum Pub., New York, NY: 97-112.

Ibáñez D., R, Condit, R, Angehr, GR, Aguilar, S, García, T, Martínez, R, Sanjur, A, Stallard, RF, Wright, SJ, Rand, AS, and Heckadon Moreno, S, 2002, An ecosystem report on the Panama Canal: Monitoring the status of the forest communities and the watershed: Env. Mon. Assess., 80: 65-95.

Keefer, DK, 1984, Landslides Caused by Earthquakes: Geol. Soc. Amer. Bull., 95: 406-421.

Keefer, DK, 2000, Statistical analysis of an earthquake-induced landslide distribution - the 1989 Loma Prieta, California event: Eng. Geol., 58: 231-249.

Larsen, MC, and Parks, JE, 1997, How wide is a road? The association of roads and mass-wasting in a forested montane environment: Earth Surf. Proc. Landf., 22: 835-848.

Larsen, MC, and Santiago Roman,A, 2001, Mass wasting and sediment storage in a small montane watershed: An extreme case of anthropogenic disturbance in the humid tropics: in *Geomorphic Processes and Riverine Habitat, 2001, American Geophysical Union Monographs*, (JM Dorava, F Fitzpatrick, BB Palcsak, and DR Montgomery, eds.), Amer. Geophys. Union, Washington, D.C.

Larsen, MC, and Simon, A, 1993, A rainfall intensity-duration threshold for landslides in a humid-tropical environment, Puerto Rico: Geogr. Annal., 75A: 13-23.

Larsen, MC, and Torres-Sánchez, AJ, 1992, Landslides triggered by Hurricane Hugo in eastern Puerto Rico, September 1989: Carib. Jour. Sci., 28: 113-125.

Larsen, MC, and Torres-Sánchez, AJ, 1998, The frequency and distribution of recent landslides in three montane tropical regions of Puerto Rico: Geomorph., 24: 309-331.

Larsen, MC, and Torres-Sánchez, AJ, and Concepción, IM, 1998, Slopewash, surface runoff, and fine-litter transport in forest and landslide scars in humid-tropical steeplands, Luquillo Experimental Forest, Puerto Rico: Earth Surf. Proc. Landf., 24: 481-502.

Larsen, MC, Vasquez Conde, MT, and Clark, RA, 2001, Landslide hazards associated with flash-floods, with examples from the December, 1999 disaster in Venezuela: in *Coping With Flash Floods, NATO ASI Series C: Mathematical and Physical Sciences* (E Gruntfest and J Handmer, eds.), Kluwer, Acad. Pub., Dordrecht, Holland: 259-275.

Larson, C, 1979, Erosion and sediment yield as affected by land use and slope in the Panama Canal Watershed: Proc. III World Cong. Water Resour., Int. Water Resour. Assoc., Mexico City, Mexico, Part III, 1086-1095.

Molnia, BF and Hallam, CA, 1999, *Open Skies Aerial Photography of Selected Areas in Central America Affected by Hurricane Mitch*, US Geol. Surv. Circ. 1181.

Montgomery, DR, and Dietrich, WE, 1994, A physically based model for the topographic control on shallow landsliding: Water Resour. Res., 30: 1153-1171.

Montgomery, DR, Schmidt, KM, Greenberg, HM, and Dietrich, WE, 2000, Forest clearing and regional landsliding: Geology, 28: 311-314.

Panama Canal Watershed Monitoring Project, 1999, *Report of the Panama Canal Watershed Monitoring Project*, 8 volumes, 21 CD-ROMS.

Reid, LM, 1998, Calculation of average landslide frequency using climatic records: Water Resour. Res., 34: 869-877.

Robinson, FH, 1985, *A Report on the Panama Canal Rain Forest:* Meteorol. Hydrograph. Branch, Eng. Div., Panama Canal Commission, Balboa Heights, Panama.

Scatena, FN, and Larsen, MC, 1991, Physical aspects of Hurricane Hugo in Puerto Rico: Biotropica, 23: 317-323.

Simonett, DS, 1967, Landslide distribution and earthquakes in the Bewani and Torricelli Mountains, New Guinea: A statistical analysis: in *Landform Studies From Australia and New Guinea* (JN Jennings, and JA Mabbutt, eds.), Australian National Univ. Press, Canberra, Australia: 64-84.

Stallard, RF, 1995, Relating chemical and physical erosion: in *Chemical Weathering Rates of Silicate Minerals*, (AF White, and SL Brantley, eds.), Rev. Mineral., 31: 543-564.

Stallard, RF, 1995, Tectonic, environmental, and human aspects of weathering and erosion: A global review using a steady-state perspective: Ann. Rev. Earth Planet. Sci. , 12: 11-39.

Stallard, RF, 1999, ed., Erosion and the effects of deforestation in the Panama Banal Basin: in *Report of the Panama Canal Watershed Monitoring Project*, Panama Canal Watershed Monitoring Project. Chapter II.8.

Starkel, L, 1972, The role of catastrophic rainfall in the shaping of the relief of the lower Himalaya (Darjeeling Hills): Geogr. Polonica, 21: 103-147.

Tutzauer, JR, 1990, *Madden Reservoir Sedimentation, 1984-1986*, Meteorol. Hydrograph, Branch, Eng. Div., Panama Canal Commission, Balboa Heights, Republic of Panama.

Wadsworth, FH, 1978, Deforestation - Death to the Panama Canal: *Proc. U.S. Strategy Conference on Tropical Deforestation,* US Dept. State and US Agency Int. Dev., Washington, D.C., 22-24.

Wemple, BC, Swanson, FJ, Jones, JA, 2001. Forest roads and geomorphic process interactions, Cascade Range, Oregon: Earth Surf. Proc. Landf., 26: 191-204.

Wörner, G, Harmon, RS, Hartmann, G, and Simon, K, 2005, Igneous Geology and Geochemistry of the Upper Río Chagres Basin: in *The Río Chagres: A Multidisciplinary Perspective of a Tropical River Basin* (RS Harmon, ed.), Kluwer Acad./Plenum Pub., New York, NY: 65-82.

Chapter 20

LONG-TERM SEDIMENT GENERATION RATES FOR THE UPPER RÍO CHAGRES BASIN:

Evidence from Cosmogenic ^{10}Be

Kyle K. Nichols[1], Paul R. Bierman[2], Robert Finkel[3], and Jennifer Larsen[2]
[1]Skidmore College, [2]University of Vermont, [3]Lawrence Livermore National Laboratory

Abstract: In situ-produced cosmogenic ^{10}Be was measured in 17 sediment samples to estimate the rate and distribution of sediment generation in the upper Río Chagres basin over the last 10 to 20 kyr. Results indicate that the upper Río Chagres basin is generating sediment uniformly. Nuclide activities suggest basin-wide sediment generation rates of 143 and 354 tons/km/yr (avg. = 234 ± 74 tons/km/yr; n = 7) for small tributary basins and 248 to 281 tons/km/yr (avg. = 267 ± 97 tons/km/yr; n = 3) for large tributary basins. The weighted average of all tributaries is 269 ± 63 tons/km/yr; n = 10). A sample collected upstream of Lago Alhajuela suggests that the entire basin is exporting sediment at a rate of 275 ± 62 tons/km/yr. These cosmogenic nuclide measurements all suggest that the upper Río Chagres basin (when considered on scales <5 km^2 to >350 km^2) is generating sediment at ~270 tons/km/yr. This long-term (1 -20 kyr) sediment generation rate that is equivalent to the estimate derived from suspended sediment yield measured below the upper Río Chagres- Rió Chico confluence from 1981-96 (289 tons tons/km/yr). Such similarity implies that decadal and millennial sediment yields are similar. Thus, short-term sediment yields and long-term sediment generations are in balance, implying steady landscape behavior over time. The background sediment yield suggests that it would take ~3,600 years to completely fill Lago Alhajuela, the reservoir for the Panama Canal. Taking into account the present day 2- to 3-fold increase in sediment yields for adjacent human-impacted Rió Boquerón and Rió Pequení basins, the filling time is reduced to ~2,000 years. However, it would only take between 250 to 600 years to reduce the reservoir capacity (69% of maximum) enough to drain the entire reservoir for precipitation conditions similar to the 1982 *El Niño* event. Such models highlight the importance of proper watershed management in order to reduce the sedimentation of Lago Alhajuela.

Key words: Panama; Río Chagres; cosmogenic isotopes; erosion; sedimentation; sediment yield

R. S. Harmon (ed.), The Río Chagres, Panama, 297-313.

1. INTRODUCTION

Lago Alhajuela, an artificial dammed lake at the outlet of the upper Río Chagres basin, provides up to 40% of the water necessary to operate the Panama Canal (Larsen and Albertin, 1984). Even though the storage capacity of the lake is vital to the operation of the canal and thus, the global economy, little is known about the rate and processes of sediment production in tributary drainage basins. Transportation of this sediment into Lago Alhajuela is steadily reducing its water storage capacity.

Little is understood about the geomorphology and hydrology of the upper Río Chagres basin and its headwater areas because the watershed is thickly vegetated and there are no established transportation routes (Fig.1). The Panamanian government protects the basin from development as the Chagres Nnational Park. Therefore, human disturbance within the basin is minimal compared to adjacent lands and recent disturbances are mostly confined to the lower elevations and to the Rió Piedras tributary in the southern portion of the watershed.

Total relief across the 466 km^2 upper Río Chagres basin is *ca.* 800 m. The basin is dominated by steep hillslopes (Fig. 2). Aerial and ground observations suggest that sediment is delivered to the channels both through biologically driven soil creep and by landslides. Field observations show that the rivers flow on bedrock throughout much of the basin, suggesting little sediment storage (Fig. 3). However, in the upper reaches of the Río Chagres, Rió Esperanza, and Rió Chagricito rivers, local areas have up to 2 m of boulders and alluvium overlain by floodplain deposits. Once sediment is delivered from the hillslopes to the channel, it is quickly transported out of the drainage basin as suggested by the extensive reaches of bedrock-floored channels and small aerial extent of sediment storage (Fig. 3).

Little is known about the geology of the inaccessible upstream most reaches of the upper Río Chagres basin. Available geologic information (Coates and Obando, 1996; Harmon, 2005, this volume) and maps and recent field study (Wörner *et al.*, 2005; this volume) suggest that the basin is a patchwork of igneous lithologies (including basalts, gabbros and granites) that have been accreted to the Central American landbridge. The mean annual precipitation for the Lago Alhajuela watershed is 2840 mm per year (Larson and Albertin, 1984). Most precipitation falls from mid-April to mid-December; January through March are the dry months.

The climate of central Panama over the past 14,000 years, inferred from analysis of sediment cores from two lakes ~200 km east of the Río Chagres basin, changed from drier to wetter near the Pleistocene–Holocene climatic transition ~10,000 years ago (Bush *et al.,* 1992). Additional dry periods (~3800 to 3700 yr BP, ~3400 to 2500 yr BP, and ~1900 yr BP to the present) may have occurred in central Panama during the Holocene as suggested by evidence from two swamps in the Darien province east of the Río Chagres watershed (Bush and Colinvaux, 1994). Although much of central Panama may have experienced limited fluctuations in climate over the past 10,000 years, dated sediment cores from lakes west of the upper Río Chagres basin suggest that sedimentation rates have remained constant except for a slight increase in the sedimentation rate between 7,500 to 5,000 years ago (Bush *et al.*, 1992).

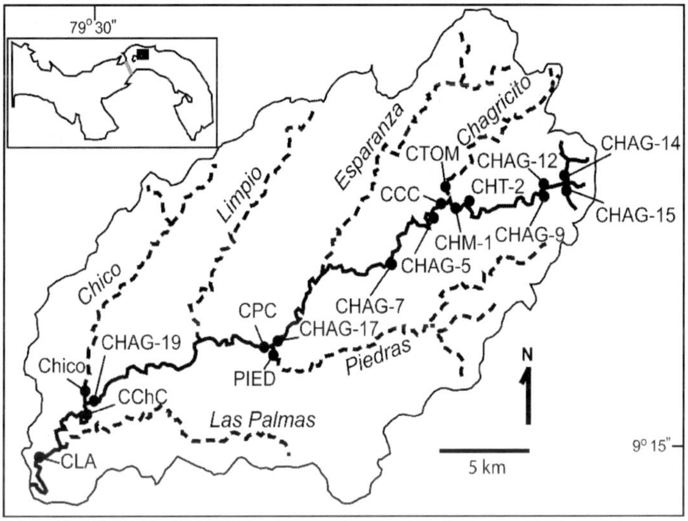

Figure 1. Upper Río Chagres basin. Solid black line represents the course of the upper Río Chagres. Dashed lines represent major tributaries; tributary names are in italics. Sample locations are shown by black dots. Small lines connect sample locations to sample names. Inset box shows Panama with gray line representing the Panama Canal and the black box representing the location of the upper Chagres basin.

At present, Lago Alhajuela ensures continued operation of the canal during the dry season and during years of drought. However, in recent decades there has been concern that the water storage capacity of Lago Alhajuela is decreasing due to the accumulation of sediment in the lake, the source of which is the surrounding watersheds (Wadsworth, 1978, Larsen, 1979; Larsen and Albertin, 1984). Others worry that future decreases in runoff (perhaps driven by human-induced climate change or by land use) might be more important than sedimentation (Condit *et al.,* 2001). In any case, decreased water storage in Lago Alhajuela due to either sedimentation or decreased runoff from the watershed could hinder canal operation.

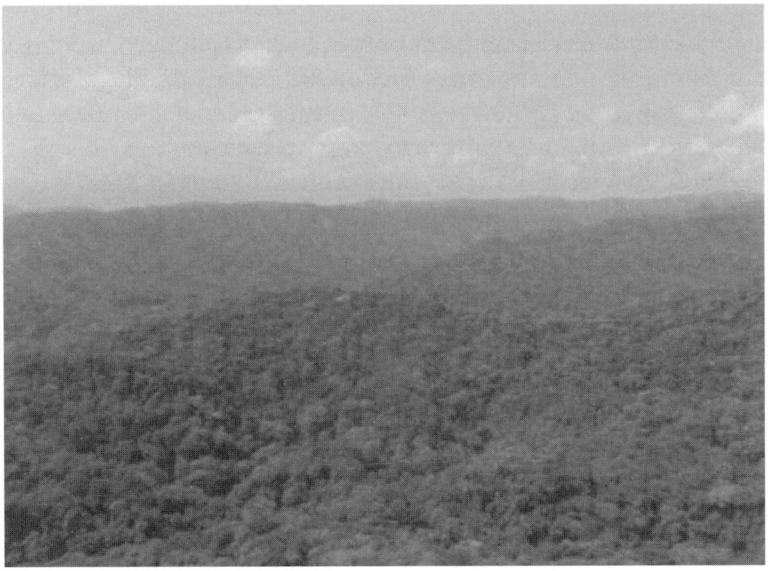

Figure 2. Aerial photograph of the upper Río Chagres basin. Note complete and dense tropical rain forest cover and signs of significant landsliding.

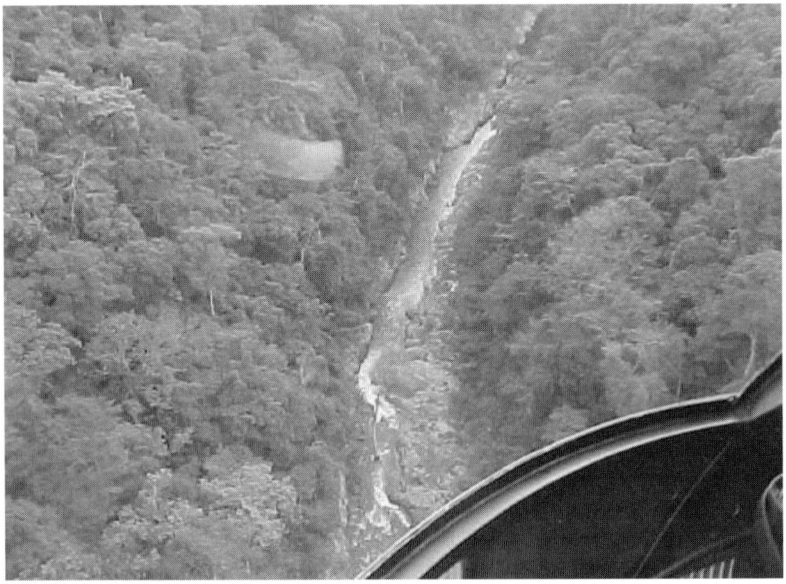

Figure 3. Aerial photograph in the of the upper Río Chagres basin showing dense vegetation extending all the way to channel margins. The channel bottom in this reach near CHAG-7, like much of the river, is dominated by exposed bedrock.

This paper presents cosmogenic nuclide data, gathered from 17 fluvial sediment samples collected in several of the largest drainage basins of the upper Río Chagres watershed that feed Lago Alhajuela. These nuclide data and interpretative models are used to estimate the long-term, baseline (natural) rates of sediment generation, which, because sediment storage in the basins is minimal, is interpreted as sediment yields and compare directly to suspended sediment data collected for the upper Río Chagres basin since 1981.

2. METHODS

A total of 17 fluvial sediment samples were collected (Fig. 1). and analyzed for cosmogenic ^{10}Be in the 250 μm to 850 μm grain size fraction. Seven samples are used to calculate sediment generation rates in small, steep headwater tributaries (≤ 5 km^2). At the confluence of three major tributaries (the Rió Chagricito, Rió Piedras, and Rió Chico), one sample was collected from the main stem of the upper Río Chagres, one sample from the tributary (to determine the sediment generation rates of large sub-basins), and one sample of the mixed sediment > 200 m downstream of the confluence (to determine the sediment mixing efficiency of the upper Río Chagres). A sample collected on the first sand bar upstream of Lago Alhajuela is used to determine the average sediment yield of the entire upper Río Chagres watershed.

All samples were sieved, etched in one HCl bath, etched in four HF and HNO_3 baths, and the remaining heavy minerals separated by density in order to isolate 30-40 g of pure quartz (Kohl and Nishiizumi, 1992). A beryllium carrier (250 μg) was added and Be was purified using chromatographic techniques. The $^{10}Be/^{9}Be$ ratios were determined at Lawrence Livermore National Laboratory using accelerator mass spectrometry. All sample ratios were corrected using two procedural blanks that were prepared and measured at the same time as each batch of six samples.

Basin-scale sediment generation rates were calculated using the sea-level, high latitude nuclide production rate estimates (5.2 atoms g^{-1} y^{-1}) from Bierman *et al.* (1996) and the established interpretive model described in Brown et al., (1995), Granger *et al.,* (1996), and Bierman and Steig (1996). Since there is no consensus that Lal's (1991) approach for scaling altitude and latitude is flawed (Desilets *et al.,* 2001; Dunai, 2001; Dunai, 2000), his calculations were used. However, the overall muon contribution to the production rate is only a few percent, is within the production rate error, and is insignificant to the overall conclusions of the paper thus, the calculations presented here were made for neutrons only. Basin average sediment production rates were calculated using a weighted average production rate based on 120 m bins of basin hypsometry. Equivalent rock lowering rates were calculated using an average density of 2.7 g cm^{-3}.

3. RESULTS

Analyses of ^{10}Be in upper Río Chagres basin sediment quantifies the long-term rates of sediment generation and, by inference, sediment yield within the watershed (Table 1). The nuclide based sediment generation rates are similar for small tributary basins, large tributary basins, and for the entire upper Río Chagres basin.

Table 1. ^{10}Be nuclide data for samples collected from the upper Río Chagres basin.

Sample	Northing	Easting	Basin Area (km^2)	^{10}Be Activity (10^5 atoms/g)	Sediment Generation ($tons/km^2/y^r$)	Inferred Bedrock Erosion Rate (mm/kyr)
CCC	683856	1035085	61	3.00 ± 0.17	254 ± 46	94 ± 17
CChC	664177	1024708	409	2.22 ± 0.15	324 ± 73	120 ± 27
CHAG-5	683828	1034712	<1	2.86 ± 0.15	248 ± 54	92 ± 20
CHAG-7	690811	1035999	1	4.55 ± 0.45	143 ± 32	53 ± 12
CHAG-9	689469	1035341	4	2.55 ± 0.15	270 ± 59	100 ± 22
CHAG-12	689832	1035755	1	3.78 ± 0.22	211 ± 46	78 ± 17
CHAG-14	690786	1035986	5	5.22 ± 0.28	149 ± 32	55 ± 12
CHAG-15	690786	1035986	4	2.95 ± 0.17	262 ± 57	97 ± 21
CHAG-17	674379	1027651	178	3.21 ± 0.21	227 ± 51	84 ± 19
CHAG-19	664043	1024825	367	2.79 ± 0.23	259 ± 59	96 ± 22
Chico	663969	1025076	42	2.41 ± 0.22	273 ± 62	101 ± 23
CHM-1	684345	1034940	38	3.71 ± 0.18	208 ± 54	77 ± 20
CHT-2	684551	1034226	<1	2.10 ± 0.15	354 ± 78	131 ± 29
CLA	661366	1022074	466	2.56 ± 0.16	275 ± 62	102 ± 23
CPC	674158	1027592	274	2.76 ± 0.17	270 ± 59	100 ± 22
CTOM	684284	1035285	24	3.04 ± 0.18	248 ± 78	92 ± 29
PIED	674386	1027396	96	2.72 ± 0.15	281 ± 62	104 ± 23

Northing and Easting are in UTM coordinates and NAD 27 Canal Zone grid. Sediment generation and erosion rates are calculated using sea level, >60° ^{10}Be production rates of 5.2 atoms/g/yr (Bierman *et al.*, 1996) scaled using only neutrons (Lal, 1991). ^{10}Be activity error is only analytic. Sediment generation and erosion rate uncertainties are fully propagated and include a 10% (1σ) uncertainty in nuclide production rates as well as uncertainty in rock density, carrier addition, and nuclide attenuation.

Table 2. ^{10}Be nuclide based erosion rates and sediment yields for suite of samples collected near the confluences of three major tributary systems of the upper Río Chagres basin.

Tributary System	Sample	Basin Area (km^2)	Sediment Generation (tons/km^2/yr)	Inferred Bedrock Erosion Rate (mm/kyr)
Rió Chagricito				
Main stem Río Chagres	CHM-1	38	208 ± 54	77 ± 20
Rió Chagricito	CTOM	24	248 ± 78	92 ± 29
Below confluence	CCC	61	254 ± 46	94 ± 17
Rió Piedras				
Main stem Río Chagres	CHAG-17	178	227 ± 51	84 ± 19
Rió Piedras	PIED	96	281 ± 62	104 ± 20
Below confluence	CPC	274	270 ± 59	100 ± 22
Rió Chico				
Main stem Río Chagres	CHAG-19	367	259 ± 59	96 ± 22
Rió Chico	Chico	42	273 ± 62	101 ± 23
Below confluence	CChC	409	324 ± 73	120 ± 27

Table 3. ^{10}Be-based and weighted average sediment yields and bedrock inferred erosion rates of small and large tributaries within the upper Río Chagres basin without upstream samples compared to the ^{10}Be-based sediment yield and erosion rate of sample CLA.

Tributary System	Sample	Basin Area (km^2)	Sediment Generation (tons/ km/yr)	Bedrock Inferred Erosion Rate (m/ kyr)
Headwater	CHAG-5	<1	248 ± 54	92 ± 20
Headwater	CHAG-7	1	143 ± 32	53 ± 12
Headwater	CHAG-9	4	270 ± 59	100 ± 22
Headwater	CHAG-12	1	211 ± 46	78 ± 17
Headwater	CHAG-14	5	149 ± 32	55 ± 12
Headwater	CHAG-15	4	262 ± 57	97 ± 21
Headwater	CHT-2	<1	354 ± 78	131 ± 29
Chagricito	CTOM	24	248 ± 78	92 ± 29
Piedras	PIED	96	281 ± 62	104 ± 23
Chico	Chico	42	273 ± 62	101 ± 23
Area Weighted Average			*269 ± 63*	100 ± 23
Entire Basin	**CLA**	**466**	**275 ± 62**	**102 ± 23**

The ^{10}Be activity of small (≤ 5 km^2) tributary basin samples ranges from 2.10 to 5.22 x 10^5 atoms/g (Table 1). These activities are consistent with sediment generation rates of 354 ± 78 to 149 ± 32 ton/km^2/yr, the equivalent of average basin-wide rock erosion rates of 131 ± 29 to 55 ± 12 mm/kyr.

Each set of three sediment samples collected both upstream and downstream of the confluences of three major tributaries have sediment generation rates (208 ± 54 to 324 ± 87 ton/km^2/yr) and thus, bedrock erosion rates that are within one standard deviation of each other (77 ± 20 to 120 ± 27 mm/kyr; Table 2). The sample collected closest to Lago Alhajuela (CLA) has an intermediate ^{10}Be activity and a basin-wide sediment generation rate that is statistically equal to the weighted average of the tributary basins lacking upstream samples (Table 3).

4. DISCUSSION

Cosmogenic nuclide analyses provide the first estimates of long-term sediment generation and bedrock erosion rates in the Panamanian highlands. Inferred bedrock erosion rates range from 53 to 131 mm/kyr and average about 100 mm/kyr. The ^{10}Be-based estimates are strictly applicable only to quartz-bearing lithologies (Bierman and Steig, 1996). At the local-scale in the upper Río Chagres basin, the distribution of quartz-bearing lithologies is poorly known (Wörner *et al.,* this issue). Recent fieldwork shows that granite is concentrated in the headwaters of the upper Chagres, Chagricitio, Piedras, and Esparanza rivers. The other basins, while quartz poor, still yield enough quartz to measure ^{10}Be. Although our samples estimate sediment generation for the quartz-bearing lithologies, mafic rocks likely erode at different rates over small spatial- and short temporal-scales. However, since there is no significant topographic relief between different lithologies within each basin, we assume that the entire basin is eroding at the ^{10}Be-based rates over the effective time-scale of ^{10}Be production in this rapidly eroding landscape (~10 – 20 kyr).

It is important to consider how different sediment delivery processes affect the results of models used to interpret ^{10}Be activities in terms of sediment generation rates. The two dominant sediment delivery processes in the greater Panama Canal Watershed area (see Fig 1. of Georgakakos and Sperfslage, 2005, this volume) are biologically driven soil creep and shallow landsliding (Stallard, 1999). Biologically driven soil creep effectively mixes sediment to a depth determined by how far down animals burrow and root systems penetrate, perhaps up to 1 m depth in this landscape. Such well-mixed soil profiles are attributed to surface processes (Nichols *et al.,* 2002) and/or bioturbation (Heimsath *et al.,* 2002; Perg *et al.,* 2003; Phillips *et al.,*

1998). Biogenic mixing does not require continuous activity over tens of thousands of years; recent and rapid mixing of soil also homogenizes the nuclide activity at depth. These biologic processes, which are very active in the upper Río Chagres watershed, should result in a well-mixed soil profile (up to 1 m deep) in which nuclide activity does not change.

Landslides in the upper Río Chagres basin are more common in the few areas that have been disturbed by human activity (Stallard, 1999; Larsen and Torres-Sánchez, 1998) such as the Rió Piedras tributary and down stream of the Rió Piedras-upper Río Chagres confluence where there is subsistence farming. Removing vegetation from hillslopes increases the frequency of landsliding. Field observations suggest that most of the landslides are relatively small and shallow (1 to 2 m depth). Such shallow landsliding does not affect the ^{10}Be-based sediment generation rates as indicated by the similar calculated sediment generation rates in the impacted Rió Piedras basin and the other undisturbed basins (Table 1).

The small basins ($\leq$ 5 km^2) appear to generate sediment, and thus erode, at a variety of different rates, a common observation (Matmon *et al.*, 2003; Bierman *et al.*, 2001b). However, the range of sediment yields (and inferred erosion rates) becomes smaller as basin area increases, reflecting the mixing of sediment in the fluvial system (Fig. 4). The sediment generation rate of basins 5 km^2 or smaller is 234 $\pm$ 74 tons/km/yr. The variation in erosion rates for the small basins is most likely due a range of different slopes within the small basins (Matmon *et al.,* 2003) and the spatial and temporal variability in sediment flux from deep (>2 m) landslides. Temporarily high sediment fluxes from deep landslides would cause ^{10}Be measurements to overestimate the sediment yield. In contrast to the range of sediment generation rates in small basins, the larger basins (>20 km^2) have more consistent sediment generation rates. The average sediment generation rate for the large basins is 267 $\pm$ 17 tons/km/yr.

The average sediment generation rate of the entire basin is represented by sample CLA just upstream of the upper Río Chagres-Lago Alhajuela confluence (Fig. 1). The average basin-wide sediment generation rates suggested by sample CLA is 275 $\pm$ 62 tons/km/yr. This value is similar to the weighted average of all other basins without upstream samples, 269 $\pm$ 63 tons/km/yr (Table 3). Such consistency, between sediment yield estimates for small headwater basins and large tributary basins suggests that the Río Chagres mixes sediment well, that there is no significant long-term sediment storage and/or evacuation (*c.f.,* Clapp et al., 2002) within the basin, and that the entire basin is eroding at a similar rate.

The nuclide-based bedrock erosion rates of tropical Panama are comparable to nuclide-based bedrock erosion rates of other high runoff and rainfall locales. Nuclide-based erosion rates in the granitic Icacos River basin (4000 mm runoff annually) in Puerto Rico is ~43 mm/kyr (Brown *et al.*, 1995). Although the Icacos basin denudation rate is near the low end of the upper Río Chagres basin erosion rates, the Icacos basin is only 3.26 km^2. Some small headwater basins in the upper Río Chagres basin also have similarly low erosion rates (Table 3). Another locale with similar erosion rates is the arkosic sandstone in the Drift Creek basin (180 km^2) in Oregon (USA). Drift Creek receives >2000 mm of rainfall annually and has a ^{10}Be-based erosion rate between 120 and 135 mm/kyr (Bierman *et al.*, 2001a). The long-term erosion rates in Drift Creek are similar to the long-term erosion rates in the upper Río Chagres basin.

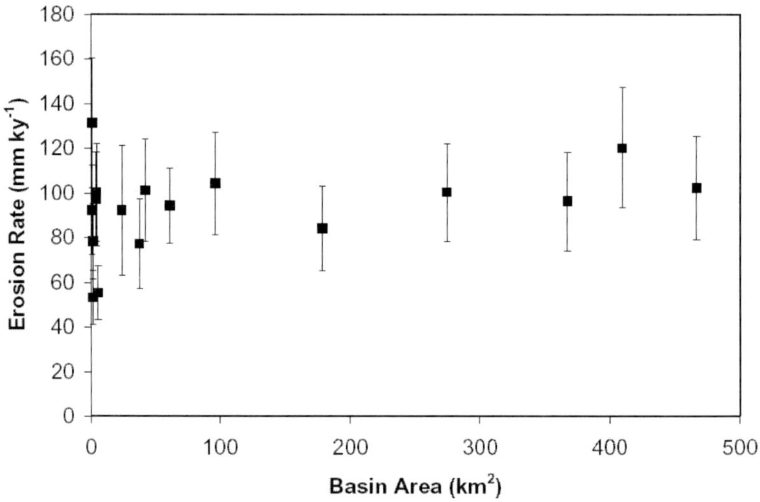

Figure 4. ^{10}Be-based erosion rates for each sub-basin in the upper Río Chagres watershed. Black squares represent model erosion rates. Bars represent uncertainty propagating both analytical error and 10% uncertainty in production rates.

Suspended sediment data have been collected since 1981 at the Chico gage station, which is located about a kilometer downstream of sample site CChC (Fig. 1). The available data (up to 1996) indicate that the average, contemporary sediment yield from the upper Río Chagres watershed is 289 ± 56 tons/km^{-2}/yr (Stallard, 1999); equivalent to an erosion rate of 107 ± 21 mm/kyr. The present-day sediment yield averaged over 16 years is consistent with the sediment yield of sample CLA averaged over millennia by ^{10}Be (275 ± 65 tons/km^{-2}/yr), suggesting that further basin management will not reduce the sediment yield.

4.1 Geologic Implications

The similarity between long and short-term sediment yields is striking. Perhaps, such similarity reflects the stability of climate in the region over at least the past 10,000 years (Bush and Colinvaux, 1994; Bush *et al.,* 1992), the lack of significant anthropogenic disturbance, minimal potential for sediment storage in the basin, and a thick forest cover that stabilizes many slopes. In any case, present-day sediment generation processes in the upper Río Chagres basin are probably representative of long-term sediment generation processes.

Previous research comparing present-day and ^{10}Be-based sediment generation rates demonstrate that sediment generation rates are similar at some sites, while at other sites they differ. In tectonically active areas or in densely populated regions, ^{10}Be-based sediment generation estimates exceed present-day measured sediment yields (Bierman *et al.,* 2001b; Schaller *et al.,* 2001). Such results imply that large, sediment transport events are missed by short-term sediment monitoring. For example, in Idaho, up to 84 years of suspended sediment yield data underestimates ^{10}Be data due to infrequent, and unsampled, large sediment transport events caused by either large storms or wide spread forest fires (Kirchner *et al.,* 2001). Such discrepancies may be less likely in tropical climates, such as Panama, that receive more homogeneous precipitation and less frequent widespread forest fires. Some other studies find that sediment yields exceed ^{10}Be-based sediment generation rates (Clapp *et al.,* 2000, 2001; Brown *et al.,* 1995) suggesting that sediment stored in the basin is being mined. Other studies find that sediment generation rates measured by both methods are similar (Matmon *et al.*, 2003; Granger *et al.,* 1996; Nott and Roberts, 1996), suggesting constant average erosion rates over time.

The ^{10}Be estimate of sediment yield, and thus mountain erosion, are representative over the 10^4 to 10^5-year time scale. Extrapolation to the longer time scales of landscape evolution (*ca.* 10^7 years) in Panama is uncertain. Furthermore, since there were several island chains in the Panama region, one cannot be sure when the rocks of the upper Río Chagres basin were exposed sub-aerially or what the paleotopography was before and soon after the closing of the Central American Landbridge some 3.5 My ago (Coates *et al.,* 1992). If uplift and exposure of Chagres region rocks is assumed at 3.5 Ma, then erosion rates were likely lower when relief was small, increased significantly during mountain uplift and basin formation, and then decreased to the measured long-term rates to maintain the present topography.

4.2 Modeling of Lago Alhajuela Storage Capacity

By using the ^{10}Be-based background sediment yield estimates, assuming a thick forest cover, and no anthropogenic disturbance, natural filling rate of the reservoir feeding the Panama Canal can be estimated. The original working capacity of the reservoir was 612 million cubic meters (Larson and Albertin, 1984). Using ^{10}Be-based average sediment generation rates of the Chagres basin (275 tons/km^{-2}/yr) for the entire 979 km^2 Lago Alhajuela watershed, and a sediment density in the reservoir of 1.6 g/cm^3, it would take on the order of 3,600 years for Lago Alhajuela to fill with sediment. However, two smaller basins to the north of the upper Río Chagres basin, Rió Boquerón (91 km^2) and Rió Pequení (131 km^2), have 16-year sediment yields that are 2-3 times higher than the 16-year Chagres sediment yield (Stallard, 1999). The higher sediment yields from the Rió Boquerón and Rió Pequení basins are most likely due to clearing of the forest cover from <20% the watersheds (Larson and Albertin, 1984). Correcting for the 2- to 3-fold higher current sediment yields of the Rió Pequení and the Rió Boquerón basins by assuming an average 2.5-fold higher sediment yield for the disturbed areas outside of the upper Río Chagres watershed, the reservoir filling time decreases to *ca.* 2,000 years. These estimates are for full sedimentation of the reservoir, not for when the reservoir would cease to provide adequate water for canal operation. The ^{10}Be-based estimates of reservoir filling are far shorter than earlier estimates of full sedimentation of the reservoir that ranged from *ca.* 5,000 years (from data collected in 1900) to 11,200 years (from data collected from 1929 to 1931; Adams, 1947).

To understand the importance of the water storage capacity of Lago Alhajuela, consider the following possible scenario. Presently, it takes an average of 191,000 m^3 of water to transport each ship through the Panama Canal, 40% of which is provided from Lago Alhajuela (Condit *et al.,* 2001; Larson and Albertin, 1984). On average, 37 ships pass through the canal per day (Larson and Albertin, 1984). At these rates, and based on the distribution of runoff throughout the year (Espinosa *et al.,* 1997), there is adequate runoff from the Lago Alhajuela basin to operate the canal at full capacity from May through December. The dry period from January through

Table 4. (overleaf) Water storage in Lago Alhajuela based upon &5% or normal precipitation and 69% of maximum capacity.

Month	Observed runoff (mm/d)	Adjusted runoff (mm/d)	Monthly runoff (m)	Monthly runoff volume (10^7 m^3)	Volume water used for ships (10^7 m^3)	Runoff available after canal use (10^7 m^3)	Water in Lago Alhajuela (10^7 m^3)
Jan	2.41	1.81	0.06	5.49	12.0	-6.56	35.7
Feb	1.05	0.79	0.02	2.16	10.9	-8.72	26.9
Mar	0.67	0.50	0.02	1.53	12.0	-10.50	16.4
Apr	1.65	1.24	0.04	3.63	11.7	-8.03	8.4
May	3.28	2.46	0.08	7.47	12.0	-4.58	3.8
Jun	4.33	3.25	0.10	9.54	11.7	-2.12	1.7
Jul	4.48	3.36	0.10	10.2	12.0	-1.85	*-0.2*
Aug	5.3	3.98	0.12	12.1	12.0	0.01	*-0.2*
Sep	5.38	4.04	0.12	11.9	11.7	0.19	0.0
Oct	6.91	5.18	0.16	15.7	12.0	3.68	3.7
Nov	8.3	6.23	0.19	18.3	11.7	6.62	10.3
Dec	4.93	3.70	0.11	11.2	12.0	-0.83	42.2

Observed runoff from Espinosa *et al.* (1997). Adjusted runoff based on 25% decrease in precipitation similar to 1982 *El Niño* event. Monthly runoff volume is based on Lago Alhajuela watershed area of 979 km^2. Water used by ships is based on 191,000 m^3 per ship, 37 ships per day (Condit *et al.*, 2001), and a sliding percentage of water need from Lago Alhajuela. At current runoff values, Lago Alhajuela supplies 40% of canal water. At 75% of current runoff, Lago Alhajuela would supply 55% of canal water (100%-(60%*75%)).

April, by contrast, does not provide adequate runoff and, therefore, storage of water in Lago Alhajuela is critical to canal operation. At lower precipitation rates and, therefore, runoff rates, the storage capacity of the reservoir becomes of paramount importance.

A likely scenario that includes 75% of normal precipitation (the value of the 1982 *El Niño* event; Condit *et al.*, 2001) and a reduction in reservoir volume to 69% of capacity would completely drain the reservoir in July and August (Table 4), stopping ship traffic. Such a situation of reduction in reservoir volume from sediment accumulation could take only 500 to 600 years. These calculations are conservative because Lago Alhajuela is also used for hydroelectric generation and as a water supply. Furthermore, land use could alter the runoff by decreasing dry period runoff (Condit *et al.*, 2001; Stallard, 1999) and thus, increase the importance of maximum storage capacity.

Recent data from the 1983 Madden Lake (previous name of Lago Alhajuela) Hydrographic Survey calculated that the reservoir capacity already was reduced by 5% over a period of ~50 years, more than three fold faster than the ^{10}Be-based estimates (Alvardo, 1985). At such sedimentation rates, the reduction to 69% capacity could take only an additional 250 years. From these estimates, it is evident that further reduction in reservoir capacity, from sedimentation combined with either successive dry years or from a change in climate to less precipitation (Espinosa *et al.,* 1997), would have significant effects on the canal operation and on the economy of Panama and possibly the world. Such filling of the reservoir, however, could be countered by expensive dredging to regain storage capacity. Thus, it is apparent that proper watershed management in the Lago Alhajuela basin is necessary to maintain sufficient water storage capacity.

This analysis does not predict when shipping would first be affected. In fact, during the *El Niño* year of 1997 - 1998, ships transiting the Panama Canal had to carry less cargo in order to transit the canal during low water (Espinosa, 2003). The analysis presented here is meant to highlight the importance of understanding background sediment yield rates to better predict the effective lifetime of reservoirs.

5. CONCLUSIONS

This paper provides the first ^{10}Be-based sediment generation rates for tropical Panama based upon the analysis of 17 sediment samples from the upper Río Chagres basin. This watershed is generating sediment at an average rate of 275 tons/ km/yr, the equivalent of rock erosion at *ca.* 100 mm/kyr. The ^{10}Be-based sediment yields are consistent with suspended sediment data collected since 1981. Due to little land disturbance and no significant climate change, the upper Río Chagres basin is eroding uniformly suggesting that the basin is steadily losing mass over the 10 to 20 kyr time frame. Adjacent basins, heavily impacted by agriculture, have significantly higher contemporary sediment yields and are thus, no longer exhibiting steady landscape behavior.

The water storage capacity of Lago Alhajuela is important to the operation of the Panama Canal. Lowered average annual precipitation combined with a modest additional loss of storage capacity could significantly affect the number of ships that can be conveyed through the canal. It is apparent that more intensive land use within the Lago Alhajuela watershed (and the accompanying increase in sediment yield) could have adverse effects on storage capacity and thus, on the economy of Panama and possibly the world.

ACKNOWLEDGEMENTS

Travel and analyses for research was funded by DEPSCoR grant #DAAD199910143 and by STIR grant DAAD 19-02-1-0436. The data were collected during the 2001 Río Chagres Expedition funded by the U.S. Army Tropical Research Center, the Yuma Proving Ground and the U.S. Army Research Office. R. Harmon, R. Stallard, E. Wohl, and S. Howe helped in sample collection. B. Copans purified the quartz. An anonymous reviewer provided helpful comments on an earlier version of the manuscript. A special thank you to S. Howe who spent countless pre-excursion hours arranging the logistics to make sure all went smoothly.

REFERENCES

Adams, HW, 1947, *Data on Sediment Transportation and Deposition in the Canal Zone:* Dept. Operation. Maint., and Spec. Eng. Div., Panama Canal Commission, Balboa Heights, Panama.

Alvardo, L.A. 1985. *Sedimentation in Madden Reservoir*: Meteorol. Hydrog. Branch, Eng. Div., and Eng. Const. Bureau, Panama Canal Commission, Balboa Heights, Panama.

Bierman, P, Clapp, E, Nichols, K, Gillespie, A, and Caffee, M, 2001a, Using cosmogenic nuclide measurements in sediments to understand background rates of erosion and sediment transport: in *Landscape Erosion and evolution Modeling,* (RS Harmon and WW. Doe, eds.), Kluwer Acad./Plenum Pub., New York, NY: 89-116.

Bierman, P, Pavich, M, Gellis, A, Larsen, J, Cassell, E, and Caffee, M, 2001b, Erosion of the Rio Puerco basin, New Mexico – First cosmogenic analysis of sediments from the drainage network of a large watershed: (abs) Geol. Soc. Am. Abs. Prog., 33: A-314.

Bierman, PR, Larsen, P, Clapp, E, and Clark, DH, 1996, Refining estimates of ^{10}Be and ^{26}Al production rates: Radiocarbon, 38: 149

Bierman, PR, and Steig, E, 1996, Estimating rates of denudation and sediment transport using cosmogenic isotope abundances in sediment: Earth Surf. Proc. Landf., 21: 125-139.

Brown, E, Stallard, RF, Larsen, MC, Raisbeck, GM, and Yiou, R, 1995, Denudation rates determined from the accumulation of in situ-produced ^{10}Be in the Luquillo Experimental Forest, Puerto Rico: Earth Planet. Sci. Lett., 129: 193-202.

Bush, MB and Colinvaux, PA, 1994, Tropical forest disturbance: Paleoecological records from Darien, Panama: Ecology, 75: 1761-1768.

Bush, MB, Poperno, DR, Colinvaux, PA, DeOliveira, PE, Krissek, LA, Miller, MC, and Rowe, WE, 1992, A 14,300-yr paleoecological profile of a lowland tropical lake in Panama: Ecol. Monogr., 62: 251-275.

Clapp, EM, Bierman, PR, Nichols, KK, Pavich, M, and Caffee, M, 2001, Rates of sediment supply to arroyos from upland erosion determined using in situ produced cosmogenic ^{10}Be and ^{26}Al: Quat. Res., 55: 235-245.

Clapp, EM, Bierman, PR, Schick, AP, Lekach, J, Enzel, Y, and Caffee, M, 2000, Sediment yield exceeds sediment production in arid region drainage basins: Geology, 28: 995-998.

Clapp, EM, Bierman, PR, Caffee, MW, 2002, Using ^{10}Be and ^{26}Al to determine sediment generation rates and identify sediment source areas in an arid region drainage basin: Geomorph., 45: 89-104.

Coates, AJ, Jackson, JBC, Collins, LS, Cronin, TM, Dowsett, HJ, Bybell, LM, Jung, P, and Obando, JA, 1992, Closure of the Isthmus of Panama: The near-shore marine record of Costa Rica and western Panama: Geol. Soc. Amer. Bull., 104: 814–828.

Condit, R, Robinson, WD, Ibáñez, R, Aguilar, S, Sanjur A, Martínez, R, Stallard, RF, García, T, Angehr, G, Petit, L, Wright, SJ, Robinson, TR, and Heckadon, S, 2001, The status of the Panama Canal watershed and its biodiversity at the beginning of the 21st century: BioScience, 51: 389-398.

Desilets, D, Zreda, M, and Lifton, NA, 2001, Comment on 'Scaling factors for production rates of in situ produced cosmogenic nuclides: a critical reevaluation' by TJ Dunai: Earth Planet. Sci. Lett., 188: 283-287.

Dunai, TJ, 2000, Scaling factors for production rates of in situ produced cosmogenic nuclides: a critical reevaluation: Earth Planet. Sci. Lett., 176: 157-169.

Dunai, TJ, 2001, Reply to comment on 'Scaling factors for production rates of in situ produced cosmogenic nuclides: a critical reevaluation: Earth Planet. Sci. Lett., 188: 289-298.

Espinosa, JA, 2003, The Climatology of Panama: in *International Scientific Symposium, The Rio Chagres: A Multidisciplinary Profile of a Tropical Watershed*: Gamboa, Panama.

Espinosa, D, Méndez, A, Madrid, I, and Rivera, R, 1997, Assessment of climate change impacts on the water resources of Panama: the case of the La Villa, Chiriquí, and Chagres river basins: Climate Change, 9: 131-137.

Georgakakos, KP and Sperfslage, JA, 2005, this volume, operational rainfall and flow Forecasting for the Panama Canal Watershed: in *The Río Chagres: A Multidisciplinary Perspective of a Tropical River Basin* (RS Harmon, ed.), Kluwer Acad./Plenum Pub., New York, NY: 323-333.

Granger, DE, Kirchner, JW, and Finkel, R, 1996. Spatially averaged long-term erosion rates measured from in-situ produced cosmogenic nuclides in alluvial sediment: Jour. Geol., 104: 249-257.

Harmon, R.S. this volume. The Geologic Development of Panama: in *The Río Chagres: A Multidisciplinary Perspective of a Tropical River Basin* (RS Harmon, ed.), Kluwer Acad./Plenum Pub., New York, NY: 45-62.

Heimsath, AM, Chappell, J, Spooner, NA, and Questiaux, DG, 2002, Creeping soil: Geology, 30: 111–114.

Kirchner, JW, Finkel, RC, Riebe, CS, Granger, DE, Clayton, JL, King, JG, and Megahan, WF, 2001. Mountain erosion over 10 yr, 10 ky, and 10 my time scales: Geology, 29: 591-594

Kohl, CP, and Nishiizumi, K, 1992, Chemical isolation of quartz for measurement of *in-situ*-produced cosmogenic nuclides: Geochim, Cosmochim. Acta, 56: 3583-3587.

Lal, D, 1991, Cosmic ray labeling of erosion surfaces: In-situ production rates and erosion models: Earth Planet. Sci. Lett., 104: 424-439.

Larsen, MC, and Torres-Sánchez, AJ, 1998, The Frequency and distribution of recent landslide in three montane tropical regions of Puerto Rico: Geomorph., 24: 309-331.

Larson, C, 1979, Erosion and sediment yield as affected by land use and slope in the Panama Canal watershed: Proc. III World Cong.Water. Resour., Int. Water Resour. Assoc., Mexico City, Mexico, Part III, 1086-1095.

Larson, CL and Albertin, W, 1984, Controlling erosion and sedimentation in the Panama Canal watershed: Water Intern., 9: 161-164.

Matmon, A, Bierman, PR, Larsen, J, Southworth, S, Pavich, M, and Caffee, M, 2003, Temporally and spatially uniform rates of erosion in the southern Appalachian Great Smoky Mountains: Geology, 31: 155–158.

Nichols, KK, Bierman, PR, Hooke, RL, Clapp, EM, and Caffee, M, 2002, Quantifying sediment transport on desert piedmonts using ^{10}Be and ^{26}Al: Geomorph., 45: 105-126.

Nott, J, and Roberts, R, 1996, Time and process rates over the past 100 my; A case for dramatically increased landscape denudation rates during the late Quaternary in northern Australia: Geology, 24: 883-888.

Perg, LA, Anderson, RS, and Finkel, RC, 2001, Use of a new ^{10}Be and ^{26}Al inventory method to date marine terraces, Santa Cruz, California, USA: Geology, 29: 879-882.

Phillips, WM, McDonald, EV, Reneau, SL, Poths, J, 1998, Dating soils and alluvium with cosmogenic ^{21}Ne depth profiles; case studies from the Pajarito Plateau, New Mexico, USA: Earth Planet. Sci. Lett., 160: 209-223.

Schaller, M, von Blanckenburg, F, Hovius, N, and Kubik, PW, 2001, Large-scale erosion rates from in situ-produced cosmogenic nuclides in European river sediments: Earth Planet. Sci. Lett., 188: 441-458.

Stallard, RF, ed., 1999. Erosion and the effects of deforestation the Panama Canal basin: in *Report of the Panama Canal Watershed Monitoring Project* (Panama Canal Watershed Monitor. Proj.: Chap. II.8.

Wadsworth, FH, 1978, Deforestation: death to the Panama Canal: in Proc. US Strat. Conf. on Tropical Deforestation, US Dept. State and US Agency. Inter. Devel., Washington DC: 22-24.

Wörner, G, Harmon, RS, Hartmann, G, and Simon, K, 2005, Igneous geology and geochemistry of the upper Río Chagres basin: in *The Río Chagres: A Multidisciplinary Perspective of a Tropical River Basin* (RS Harmon, ed.), Kluwer Acad./Plenum Pub., New York, NY: 65-82.

Chapter 21

ESTIMATION OF REGIONAL ACTUAL EVAPOTRANSPIRATION IN THE PANAMA CANAL WATERSHED

Jan M.H. Hendrickx[1], Wim G.M. Bastiaanssen[2], Edwin J.M. Noordman[2], Sung-Ho Hong[1], and Lucas E. Calvo-Gobbetti[3]
[1]New Mexico Tech, [2]WaterWatch, [3]Universidad Tecnológica de Panama

Abstract: The upper Río Chagres basin is a part of the Panama Canal Watershed. The least known water balance component of this watershed is evapotranspiration. Measurements of actual evapotranspiration rates on the ground are difficult and expensive. The objective of this study is to demonstrate a new inexpensive method for determination of regional evapotranspiration in the watershed. The method uses LANDSAT satellite images that are analyzed using the Surface Energy Balance Algorithms for Land (*SEBAL*). We use an image from March 27, 2000, for estimation of the distribution of the regional actual evapotranspiration in the Panama Canal Watershed and surrounding areas.

Key words: Panama Canal Watershed; evapotranspiration; *SEBAL* ; remote sensing

1. INTRODUCTION

The upper Río Chagres basin is a part of the greater Panama Canal Watershed (see Georgakakos and Sperfslage, 2005, this volume, Fig. 1). The least known water balance component of this watershed is evapotranspiration. Measurements of actual evapotranspiration rates on the ground are difficult, expensive,and therefore not usually included in operational water budget analyses. The objective of this study is to demonstrate a new and inexpensive method for determination of regional actual evapotranspiration across a watershed. The method uses LANDSAT satellite images that are analyzed using the Surface Energy Balance Algorithms for Land (*SEBAL*). As an example of the *SEBAL* potential, a LANDSAT image for Panama from 27 March 2000 is used to estimate the

R. S. Harmon (ed.), The Río Chagres, Panama, 315-323.

distribution of the regional actual evapotranspiration (ET) in the Panama Canal Watershed and surrounding areas.

2. SURFACE ENERGY BALANCE ALGORITHM FOR LAND (*SEBAL*)

2.1 Remote Sensing for Evapotranspiration

Remote sensing methods use surface reflectances and the radiometric surface temperature from satellite spectral measurements to estimate ET from local to regional scales. First, surface parameters such as albedo, surface temperature, and vegetation indices are derived for each image pixel. Next, these surface parameters, together with field data, are used to solve the energy balance and ET is taken as the residual term. Following partly Kustas and Norman (1996), four different groups of remote sensing methods are recognized: (i) statistical methods, (ii) numerical simulation models, (iii) land use maps combined with traditional ET equations, and (iv) physically-based analytical approaches. The statistical methods relate the difference between satellite observed surface temperature and air temperature to ET (*e.g.,* Jackson *et al.,* 1977; Nieuwenhuis *et al.,* 1985; Seguin and Itier, 1983). These approaches require few input data, but often assume all meteorological variables but surface temperature spatially constant. This limits their application to homogeneous regions. Numerical models solve the equations of the energy and mass flow processes in the soil-vegetation-atmosphere system (*e.g.,* Camillo *et al.,* 1983; Carlson *et al.,* 1994; Sellers *et al.*, 1992) and require many input variables describing soil and vegetation properties. Since such detailed data sets are rarely available on regional scales, these models are less suitable for many satellite remote sensing hydrology studies. Current methods to compute ET over the irrigated and riparian areas of river valleys and rangelands in the western United States use remote sensing and GIS tools to create land use maps. This information, together with standard meteorological measurements, becomes input into traditional ET equations. These procedures are often cumbersome, slow, and expensive to implement and can have large uncertainty.

Physically based analytical methods evaluate the components of the energy balance and generally determine the ET rate as the residual:

$$R_n + G + H = \lambda E \quad (1)$$

where R_n is the net incoming radiation flux density (W/m^2), G is the ground heat flux density (W/m^2), H is the sensible heat flux density (W/m^2), and λE is the latent heat flux density (W/m^2), which is the ET rate. The parameter λ in Equation (1) is the latent heat of vaporization of water (J/kg) and E is the vapor flux density (kg/m^2/s). In many remote sensing evaporation algorithms evaporation E includes not only bare soil evaporation but also canopy transpiration. This notation is followed in this paper.

The main challenge in the energy balance is to determine the partitioning of the available energy (R_n – G) into λE and H. The net radiation R_n is estimated from the remotely sensed surface albedo, surface temperature, and solar radiation calculated from standard astronomical formulae (Iqbal, 1983). The ground heat flux G is determined through semi-empirical relationships with R_n, surface albedo, surface temperature, and vegetation index. The most critical factor in the physically based remote sensing algorithms is to solve the equation for the sensible heat:

$$H = \rho_a c_p \frac{T_{aero} - T_a}{r_{ah}} \qquad (2)$$

where ρ_a is the density of air (kg/m^3), c_p is the specific heat of air (J/kg/K), r_{ah} is the aerodynamic resistance to heat transfer (s/m), T_{aero} is the surface aerodynamic temperature, and T_a is the air temperature either measured at a standard screen height or the potential temperature in the mixed layer (Brutsaert *et al.,* 1993). The aerodynamic resistance to heat transfer is affected by windspeed, atmospheric stability, and surface roughness (Brutsaert, 1982). The simplicity of Equation (2) is quite deceptive since T_{aero} cannot be measured by remote sensing. Remote sensing techniques measure the radiometric surface temperature T_{rad},which is not the same as the aerodynamic temperature. The two temperatures usually differ by 1 to 5°C. Unfortunately, a small uncertainty of 1°C in $T_{aero} - T_a$ can result in a 50 W/m^2 uncertainty in H (Campbell and Norman, 1998). Although many investigators have tried to solve this problem by adjusting r_{ah} or using an additional resistance term, no generally applicable method has been developed yet (Kustas and Norman, 1996). Therefore, Campbell and Norman (1998) conclude that a practical method for using satellite surface temperature measurements should have at least three qualities: (i) accommodate the difference between aerodynamic temperature and radiometric temperature, (ii) not require a measurement of near-surface air temperature, and (iii) rely more on differences of surface temperature over time or space rather than absolute surface temperatures to minimize the influence of atmospheric corrections and uncertainties in surface emissivity.

2.2 The Surface Energy Balance Algorithm for Land (*SEBAL*) Method

SEBAL is a practical method that meets the three requirements formulated by Campbell and Norman (1998). It overcomes the problem of inferring the aerodynamic temperature from the radiometric temperature and the need for near-surface air temperature measurements by directly estimating the temperature difference between a T_1 and a T_2 taken at two arbitrary levels z_1 and z_2 without explicitly solving the absolute temperature at a given height. The temperature difference for a dry surface without evaporation is obtained from the inversion of the sensible heat transfer equation with latent heat flux λE=0 so that $H=R_n-G$ (Bastiaanssen *et al.*, 1998a):

$$T_1 - T_2 = \Delta T_a = \frac{H\, r_{ah}}{\rho_a\, c_p}. \tag{3}$$

For a wet surface all available energy R_n-G is used for evaporation λE so that H=0 and ΔT_a=0. Field observations have indicated that land surfaces with a high ΔT_a are associated with high radiometric temperatures and those with a low ΔT_a with low radiometric temperatures. For example, in New Mexico and Idaho, moist irrigated fields have a much lower ΔT_a than dry rangelands. Field measurements in Egypt and Niger (Bastiaanssen *et al.*, 1998b), China (Wang *et al.*, 1998), USA (Franks and Beven, 1997), and Kenya (Farah, 2001) have shown that the relationship between T_{rad} and ΔT_a is linear, such that:

$$\Delta T_a = c_1\, T_{rad} - c_2 \tag{4}$$

where c_1 and $_2$ are the linear regression coefficients valid for one particular moment (the time and date the image is taken) and landscape. By using the minimum and maximum values of ΔT_a as calculated for the coldest and warmest pixel(s), the extremes of H are used to find the regression coefficients c_1 and c_2 which will prevent outliers of H-fluxes. Thus, the empirical Equation (4) meets the third quality stated by Campbell and Norman (1998) that one should rely on differences of the radiometric surface temperature over space rather than absolute surface temperatures, to minimize the influence of atmospheric corrections and uncertainties in surface emissivity.

Equation (3) has two unknowns: ΔT_a and the aerodynamic resistance to heat transfer r_{ah}, which is affected by wind speed, atmospheric stability, and surface roughness (Brutsaert, 1982). Several algorithms take a few field measurements of wind speed and consider these as spatially constant over representative parts of the landscape (*e.g.*, Hall *et al.*, 1992; Kalman and Jupp, 1990; Rosema, 1990). This assumption is only valid for uniform homogeneous surfaces. For heterogeneous landscapes a wind speed near the ground surface is required for each pixel. One way to overcome this problem is to consider the wind speed spatially constant at a height of 200 m above ground level. This is a reasonable assumption since at this height the wind speed is not affected by local surface heterogeneities. The wind speed at this height is obtained by an upward extrapolation of one wind speed measurement at 2 or 10 m to 200 m using a logarithmic wind profile. The wind speed at each pixel is obtained by a downward extrapolation using the surface roughness, which is determined for each pixel using an empirical relationship between surface momentum roughness z_{0m} and the Normalized Difference Vegetation Index (NDVI) or the Soil Adjusted Vegetation Index - SAVI (Huette, 1988). The end result of all these calculations is the determination of a r_{ah} and ΔT_a for each pixel which allows us to find the sensible heat flux for each pixel. After inserting R_n, G, and H into Equation (1) the latent heat flux λE or ET rate is derived for each pixel.

Is *SEBAL* 'old technology'? *SEBAL* has the three qualities that Campbell and Norman (1998) deem necessary for a practical method that uses satellite surface temperature measurements for determination of consumptive water use. At first sight *SEBAL* is quite similar to other ET methods that use T_{rad} and ΔT but with one significant difference. *SEBAL* uses an internal auto-calibration process that eliminates the need for actual measurements of T_{rad} and/or ΔT as well as for atmospheric corrections. *SEBAL* is automatically calibrated for biases through the regression calibration of Equation (4), which is based on a cold and warm pixel. Thus, the surface temperature T_{rad} is used as a distribution parameter for partition of the sensible and latent heat flux. ΔT_a floats above the land surface as it is indexed to T_{rad}, through calibration Equation (4), but it does not require actual measurements on the ground or atmospheric corrections.

2.3 Daily Actual Evapotranspiration

SEBAL yields an estimate of the instantaneous ET (mm/hour) at the time of the LandSat overpass around 11:00 am. This hourly ET rate needs to be extrapolated to the daily ET. The extrapolation is done using the evaporative fraction (*i.e.*, the ratio of latent heat over the sum of latent and sensible heat) that has been shown to be approximately constant during the day. Therefore, multiplication of the evaporative fraction determined from *SEBAL* with the total daily available energy yields the daily evapotranspiration rate.

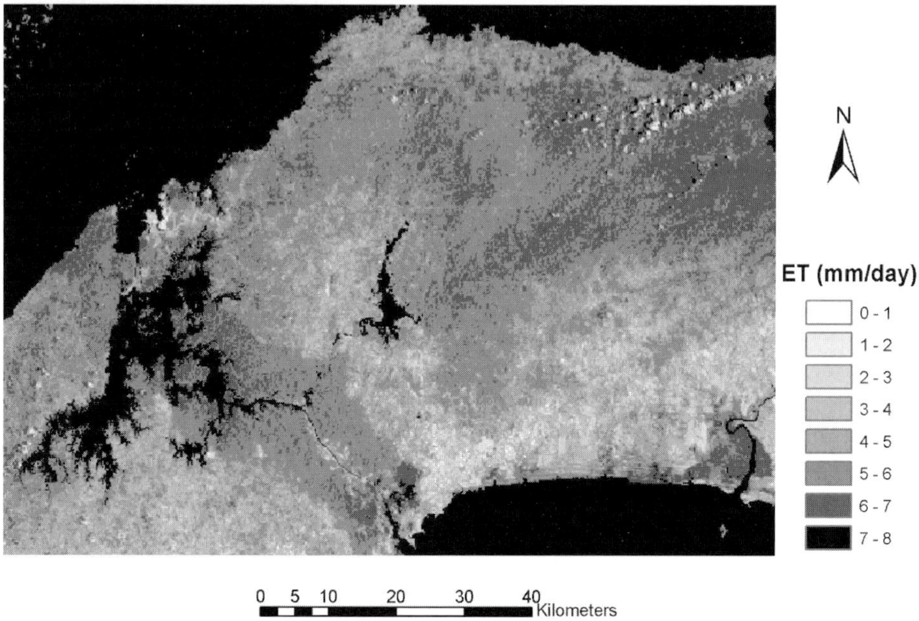

Figure 1. Daily actual evapotranspiration rates on 27 March 2000, in the Panama Canal Watershed and surrounding areas derived from *SEBAL* .

2.4 *SEBAL* Applications

SEBAL has only recently been validated (Bastiaanssen *et al.,* 1998a,b, 2002; Bastiaanssen, 2000) and appears rather insensitive for errors in parameters such as NDVI and atmospheric disturbances (Hendrickx *et al.,* 2002). *SEBAL* has matched latent heat flux measurements on the ground very well in Spain, Italy, Turkey, Pakistan, India, Sri Lanka, Egypt, Niger, and China (Bastiaanssen *et al.,* 1998a,b; Bastiaanssen and Bos, 1999; Bastiaanssen, 1995, 2000), Idaho (Allen *et al.,* 2001), and more recently New Mexico (Hendrickx,, web site: www.sahra.arizona.edu/research/TA2) and yields robust estimates of consumptive water use in large irrigated areas. Previous applications in the humid tropics of Sri Lanka and Kenya (Farah, 2001) confirm its potential for the Panama Canal Watershed.

3. THE APPLICATION OF *SEBAL* IN THE PANAMA CANAL WATERSHED

SEBAL has been applied to a LANDSAT image of 27 March 2000, which covers the entire Panama Canal Watershed, for determination of the regional actual evapotranspiration in the central Panama. The watershed includes lakes, tropical forests, agricultural lands, and bare soils. The evaporation rates vary from as high as 7 mm/day in the lakes to as low as 1 mm/day in urban areas. There is a striking difference between the undisturbed natural forest areas along the Canal and inside the upper Río Chagres watershed, with evaporation rates around 6 to 4 mm/day, and those of cleared lands used for agriculture, which exhibit rates around 4 to 2 mm/day. The deep-rooted trees have still access to sufficient root zone soil moisture to maintain a relatively high transpiration rate while the shallow rooted agricultural crops are suffering from water shortage at the end of the dry season.

The actual evapotranspiration rates derived from *SEBAL* seem quite reasonable. However, more study is needed to verify the energy components determined from remote sensing imagery using *SEBAL* with those measured on the ground with eddy covariance systems and scintillometers. After validation in the field, *SEBAL* holds promise to estimate evapotranspiration rates in the Panama Canal Watershed for a fraction of the costs needed for the installation of a watershed wide network of eddy covariance systems.

ACKNOWLEDGEMENTS

We appreciate the support for this research received from the Army Research Office, US Yuma Proving Ground Tropic Regions Test Center, New Mexico Tech, and the Universidad Tecnológica de Panama.

REFERENCES

Allen, RG, Bastiaanssen, WBM, Tasumi, M, and Morse, A., 2001, Evapotranspiration on the watershed scale using the *SEBAL* model and LandSat Images: Paper #01-2224, ASAE, Ann. Int. Meeting, Sacramento, CA.

Bastiaanssen, WGM, 1995, Regionalization of surface flux densities and moisture indicators in composite terrain: Ph.D. Thesis, Wageningen Agricultural Univ. (also appeared as Report 109, DLO Winand Staring Centre), Wageningen, The Netherlands: 273p.

Bastiaanssen, WGM, Menenti, M, Feddes, RA, and Holtslag, AAM, 1998a, A remote sensing surface energy balance algorithm for land (*SEBAL*), Part 1, Formulation: Jour. Hydrol., 212-213:198–212.

Bastiaanssen, WGM, Pelgrum, H, Wang, J, Ma, Y, Moreno, JF. Roerink, GJ, Roebeling, RA, and van der Wal, T., 1998b, A remote sensing surface energy balance algorithm for land (*SEBAL*), Part 2, Validation: Jour. Hydrol., 212–213:213–229.

Bastiaanssen, WGM and Bos, MG, 1999, Irrigation performance indicators based on remotely sensed data: a review of literature: Irrigat. Drain. Sys., 13:291-311.

Bastiaanssen, WGM, Ahmad, MD, and Chemin, Y, 2002, Satellite surveillance of evaporative depletion across the Indus Basin: Water Resour. Res., 38: 1273-1281.

Bastiaanssen, WGM, 2000, *SEBAL* -based sensible and latent heat fluxes in the irrigated Gediz Basin, Turkey: Jour. Hydrol., 229: 87-100.

Brutsaert, W, 1982, *Evaporation into the Atmosphere:* Reidel Pub., Dordrecht, The Netherlands.

Brutsaert, W, Hsu, AY, and Schmugge, TJ, 1993,. Parameterization of surface heat fluxes above a forest with satellite thermal sensing and boundary layer soundings: Jour. Appl. Meteorol., 32: 909–917.

Camillo, PJ, Gurney, RJ, and Schmugge, TJ, 1983m, A soil and atmospheric boundary layer model for evapotranspiration and soil moisture studies: Water Resour. Res., 19: 371–380.

Campbell, GS and Norman, JM, 1998, *An Introduction to Environmental Biophysics:* Springer-Verlag, New York, NY.

Carlson, TN, Gillies, RR, and Perry, EM, 1994, A method to make use of thermal infrared temperature and NDVI measurements to infer soil water content and fractional vegetation cover: Remote Sens. Rev. 52: 45–59.

Farah, HO, 2001, Estimation of Regional Evaporation Under Different Weather Conditions from Satellite and Meteorological Data. A Case Study in the Naivasha Basin, Kenya: Doctoral Thesis Wageningen Univ.

Franks, SW and Beven, KJ, 1997, Estimation of evapotranspiration at the landscape scale: a fuzzy disaggregation approach: Water Resour. Res., 33: 2929–2938.

Georgakakos, KP and Sperfslage, JA, 2005, Operational Rainfall and Flow Forecasting for the Panama Canal Watershed: in *The Río Chagres: A Multidisciplinary Perspective of a Tropical River Basin* (RS Harmon, ed.), Kluwer Acad./Plenum Pub., New York, NY: 323-333.

Hall, FG, Huemmrich, KF, Goetz, SJ, Sellers, PJ, and Nickeson, JE. 1992, Satellite remote sensing of the surface energy balance: success, failures and unresolved issues in FIFE: Jour. Geophys. Res., 97: 19,061–19,090.

Hendrickx, JMH, Hong, S-H, Miller, T, Small, E, Neville, P, Cleverly, J, and Bastiaanssen, WGM, 2002, Actual ET rates derived by *SEBAL* in the Middle Rio Grande Valley: (abs) Am. Geophys. Union Annual Meeting, San Francisco.

Huette, AR, 1988, Soil-adjusted vegetation index (SAVI): Remote Sens. Env.. 25: 89-105.

Iqbal, M, 1983, *An Introduction to Solar Radiation:* Academic Press, Toronto, Canada.

Jackson, RD, Reginato, RJ, and Idso, SB, 1977, Wheat canopy temperature: a practical tool for evaluating water requirements: Water Resour. Res., 13: 651-656.

Kalman, JD and Jupp, DLB, 1990, Estimating evaporation from pasture using infrared thermography: evaluation of a one-layer resistance model: Agr. Forest Meteorol., 51: 223–246.

Kustas, WP and Norman, JM, 1996, Use of remote sensing for evapotranspiration monitoring over land surfaces: Hydrol. Sci. Jour., 41: 495–515.

Nieuwenhuis, GJ., Schmidt, EA, and Thunnissen, HAM, 1985, Estimation of regional evapotranspiration of arable crops from thermal infrared images: Int. Jour. Remote Sens., 6: 1319–1334.

Rosema, A, 1990, Comparison of meteosat-based rainfall and evapotranspiration mapping of Sahel region: Remote Sens. Env., 46: 27–44.

Seguin, B and Itier, B, 1983, Using midday surface temperature to estimate daily evaporation from satellite thermal IR data: Int. Jour. Remote Sens., 4: 371–383.

Sellers, PJ. Heiser, MD, and Hall, FG, 1992, Relationship between surface conductance and spectral vegetation indices at intermediate ($100m^2$–$15km^2$) length scales: Jour. Geophys. Res. 97: 19033–19059.

Wang, J, Bastiaanssen, WGM, Ma, Y, and Pelgrum, H, 1998, Aggregation of land surface parameters in the oasis-desert systems of Northwest China: Hydrol. Proc., 12: 2133–2147.

Chapter 22

OPERATIONAL RAINFALL AND FLOW FORECASTING FOR THE PANAMA CANAL WATERSHED

Konstantine P. Georgakakos and Jason A. Sperfslage
Hydrologic Research Center

Abstract: An integrated hydrometeorological system was designed for the utilization of data from various sensors in the 3300 km^2 Panama Canal Watershed for the purpose of producing real-time, spatially distributed, mean areal rainfall estimates, and rainfall and flow forecasts. These forecasts are used by the Panama Canal Authority for water management. The system ingests raw data from a 10 cm weather radar, automated rain gauges and surface meteorological stations, streamflow gauges, radiosonde upper air profilers, and analysis and forecast fields from the operational 80 km Eta numerical weather prediction model of the US National Weather Service State estimators utilize all available data for cloud, soil and channel model state updating and rainfall and flow forecast variance generation. Merged radar and rain gage fields are produced in real time and are used to compute mean areal precipitation for each sub-catchment in the watershed. Results of real time operation for the years 2000 and 2001 show useful system forecasts during severe storm periods.

Key words: Panama; Panama Canal; hydrometeorological modeling; weather radar; rainfall-runoff; flow forecasting

1. INTRODUCTION

In 1998, as part of a science cooperation and technology transfer effort, the Hydrologic Research Center (HRC) and collaborators designed and implemented at the Panama Canal Authority (Autoridad del Canal de Panama, ACP) a prototype system for the real-time rainfall estimation and forecasting over a number of small sub-catchments of the 3,300-km^2 mountainous Panama Canal Watershed (PCW) in Panama (Fig. 1). The system (called *PANMAP*) uses as input *Eta* model forecasts (on an 80 km

R. S. Harmon (ed.), The Río Chagres, Panama, 325-335.

grid) and observations from surface hydrometeorological stations, upper air radiosondes, and a 10 cm weather radar, to produce mean areal precipitation estimates and forecasts within the PCW on scales of 90-735 km^2 with a maximum 12-hr lead time and with hourly resolution. The system design combines embedded cloud models and state estimators for data assimilation and uncertainty estimation (Georgakakos *et al.,* 1999).

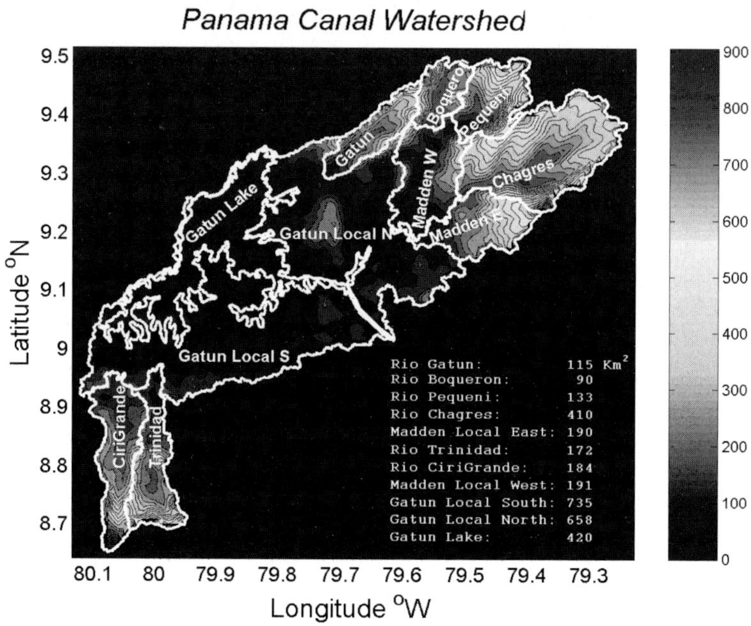

Figure 1. The Panama Canal Watershed showing terrain elevation (1 km DTM) and sub-catchments.

The rainfall forecasts and associated forecast variance are input to operational hydrologic models, implemented for each PCW sub-catchment within the framework of the *US National Weather Service River Forecast System* (*NWS-RFS*). The hydrologic model (*SS-SAC*; Sperfslage and Georgakakos, 1996) combines an adaptation of the Sacramento soil moisture accounting model with a robust state estimator for real-time updating from flow observations and forecast variance generation. In addition to the forecasts produced, the system also produces real-time estimates of mean areal rainfall for each of the sub-catchments of the PCW on the basis of merging radar and rain gauge data with an adaptive procedure for real-time radar-rainfall bias reduction. The ACP has been using the system operationally since October 1998. This paper outlines design features of the system and presents results from an evaluation of system performance using the operational data for the wet part of the years 2000 and 2001.

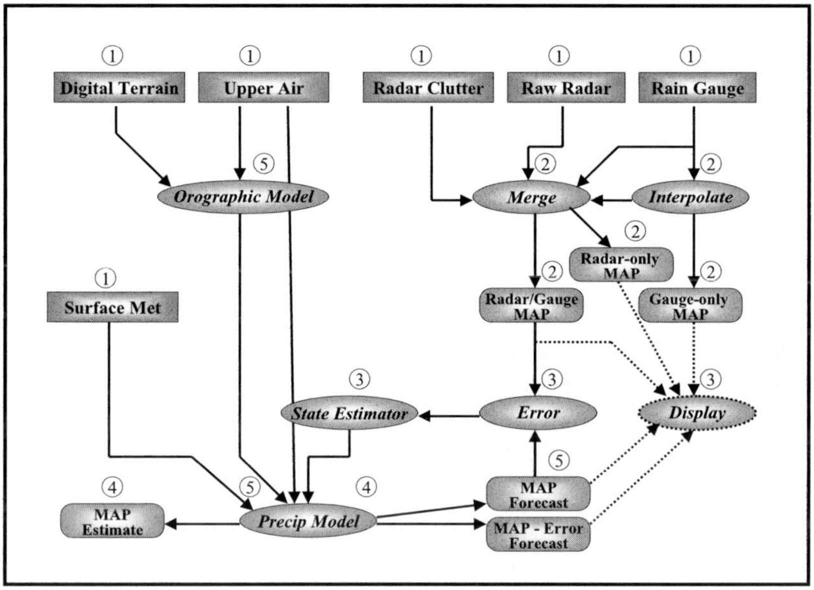

Figure 2. PANMAP system components and links.

2. INTEGRATED SYSTEM DESIGN

PANMAP is a prototype operational mean areal rainfall estimation and forecast system with a full uncertainty package. The main system components and links are shown schematically in Figure 2. The mean areal rainfall estimation component, designed and implemented in collaboration with University of Iowa researchers (see Georgakakos *et al.,* 1999), quality controls the radar reflectivity data, accounting for ground clutter and anomalous propagation, develops real time estimates of the radar-rainfall bias adjustment factor, merges hourly estimates of rainfall from radar low-elevation scans (mapped onto a 4x4 km^2 grid) with estimates from automated ALERT-type (event driven response) rain gauges, and computes mean areal precipitation over each sub-catchment. An adaptive Kalman Filter is used to estimate the values of the bias adjustment factor using intervals of 50 'wet' hours. The variance of the error in the merged estimates of mean areal precipitation for each sub-catchment is produced in real time.

Prior to the merging of radar and rain gauge data, spatial interpolation of the rain gauge data onto the 4x4 Km^2 analysis grid is done using kriging.

The precipitation forecast component is based on *(a)* potential theory air-flow models (*e.g.,* Tateya *et al.,* 1991) for determining the areas of significant updrafts generated by the three-dimensional interaction of the mountainous topography with the approaching 850 mbar wind, and *(b)* stochastic-dynamical cloud microphysical models (*e.g.,* Lee and Georgakakos 1996). The model developed is forced by operational *Eta* forecasts of upper-air boundary conditions on scales of 80 km on the side, and it is used effectively to generate and distribute rainfall in space and time on the basis of *Eta* operational forecasts. It is coupled to a state estimator to allow real-time updates of cloud- and rain-water from hourly mean areal precipitation observations (merged product of radar and rain gauge data) and to produce estimates of rainfall forecast variance in real time. Surface meteorological data are used to determine rapidly changing surface moisture conditions between *Eta* forecasts and twice-daily radiosonde launches are used to facilitate the production of important short-term rainfall forecasts of 1- to 6-hr duration. The components included in the parsimonious model formulation are:

(a) orographic updraft enhancement,

(b) convective updraft development,

(c) advection of storm cloud- and rain-water, and

(d) state estimation (error variance propagation and state updating from observed mean areal rainfall).

As implemented, *PANMAP* integrates 15-min raw polar data from the 10-cm weather radar located on the Engineers Hill in Panama City, hourly data from approximately 40 automated ALERT rain gages located throughout the Panama Canal Watershed, hourly data from 5 ALERT surface meteorological stations, data from radiosondes for upper air information launched daily or twice daily in Panama, and the operational mesoscale meteorological *Eta* model predictions produced at the US-NWS. Provision was made for varying real-time data availability. The system also integrates information from 1 km digital terrain elevation data for surface wind and rainfall analysis. The products of *PANMAP* are:

(a) detailed information on the current state of the atmosphere over each of the Panama sub-catchments, and

(b) current radar and rain gauge hourly rainfall maps, and forecast advisories for hourly rainfall amounts with a maximum forecast lead time of 12 hours.

Meteorologists and hydrologists of the ACP Meteorology and Hydrology Section use these products for operational diagnosis and prediction of severe events and day-to-day weather. A user's guide for *PANMAP* is given in Sperfslage *et al.* (1999). *PANMAP* rainfall forecasts and associated variance are fed into the streamflow prediction model, which generates flow forecasts and variances in real time for the outlet of each of the PCW sub-catchments. The streamflow model used is an adaptation of the US-NWS Sacramento soil moisture accounting model complemented with a kinematic routing model and running as part of the *NWS-RFS*. The state-space form of the model is used (called *SS-SAC*) as developed by Georgakakos *et al.* (1988), tested by Georgakakos and Smith (1990) in an official World Meteorological Organization (WMO) model intercomparison project, and implemented for national real-time operational use as part of the *NWS-RFS* by Sperfslage and Georgakakos (1996). The development of the final form of the model and tests with historical data from the PCW is documented in Georgakakos *et al.* (1999).

The integrated hydrometeorological system was tested with limited available historical data prior to operational use and during model development (during the period 1997-1998), and initial model parameter adjustments were made at that time. Since 1998, the system is run operationally without any parameter adjustments. The next section presents early results of the first evaluation of operational system performance performed since the time of system implementation.

3. FORECAST PERFORMANCE EVALUATION

Analysis of the *PANMAP* sub-catchment rainfall forecasts for the July-December 2000 and August-December 2001 periods was performed using criteria that are appropriate for the use of the rainfall forecasts for hydrologic forecasting. The error in forecasting the volume of rainfall of various durations was used as a bulk statistic for validation, but individual sub-catchment forecasts, with lead times from 1 to 12 hrs, were also evaluated during periods with significant observed storm rainfall. The analysis also examined the utility of a variety of input data such as the *Eta* forecasts of surface and upper-air fields (temperature, pressure, humidity, winds), the upper air radiosonde observations and the surface ALERT data. The validation effort was performed in close collaboration with the staff of the Meteorology and Hydrology Section of the ACP.

Figure 3 exemplifies dependence of the residual means on the observations means for three-hourly mean rainfall volume forecasts. Only periods with hourly rainfall observations greater than 6.35 mm/h (0.25 in/h) in at least one sub-catchment of the PCW were considered. Light symbols correspond to the July-September period and dark symbols correspond to the October-December period. The 50% bounds are also shown for the average residual means. The thick black line at the 0% residual mean value is the line of no bias. It is evident that the operational *PANMAP* forecasts tend to overestimate the light (<3 mm/h) amounts of three-hourly rainfall in all months of record and for all sub-catchments of the PCW. It is also evident that *PANMAP* reproduces most of the higher observed rainfall amounts with a bias less than ±50% and largely independent of season within the wetter half of the year.

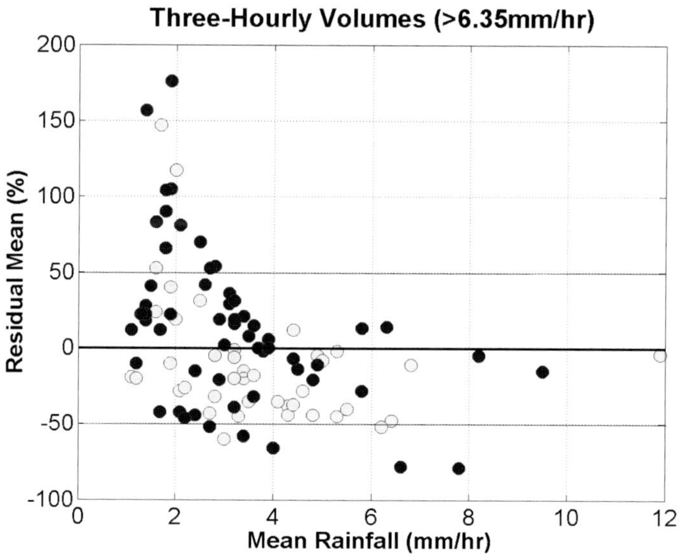

Figure 3. Forecast residual mean as a percent of the observed mean versus the observed mean for three-hourly average volumes of mean areal rainfall over sub-catchments in the Panama Canal Watershed.

The bias of the *PANMAP* 3-hourly mean forecasts for individual sub-catchments of the PCW is indicated in Figure 4. The results shown are for the mountainous northeastern sub-catchments. These sub-catchments typically receive higher mean areal rainfall than the rest of the sub-catchments (maximum observed 3-hourly mean areal rainfall of about 11.5 mm/hr for these sub-catchments compared to a maximum of about 4.5 mm/hr for other sub-catchments). For 3-hourly forecasts, about 70% of the forecast cases are within ±50% of the observed values with more than 95% of the cases being within the ±100% bounds. There are more cases with negative bias than cases with positive bias found for the period of record with significant rainfall (>3 mm/h). This is likely the result of Eta underestimation of the lower-level water-vapor influx into the basin. There are no significant sub-catchment bias trends across the Panama Canal Watershed.

PANMAP uses a variety of input sources to produce rainfall forecasts. To understand the utility of each data type (*e.g., Eta* model forecasts of wind, temperature, humidity; and upper-air radiosonde and automated surface meteorological observations) for rainfall volume forecasts, a number of sensitivity studies were conducted. The *PANMAP* system was re-run for the test period using a variety of input data configurations. Due to space limitations, detailed results are not shown but the next section contains our significant conclusions from these studies. In this section, we present an example of rainfall and flow hourly forecast performance of the integrated system for an individual significant storm event that occurred in late December 2000 over the PCW, and which caused flash floods in several sub-catchments.

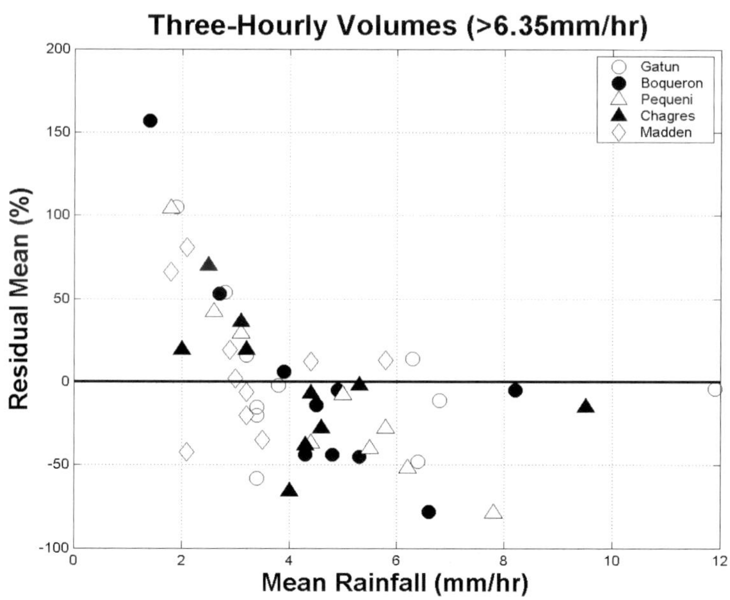

Figure 4. As in *Figure 3* but with results shown for individual northeastern sub-catchments for the wetter half of the years 2000 and 2001.

Figure 5 shows the hourly mean areal rainfall forecasts (dashed) and associated observations (solid) produced by *PANMAP* for each of four northeastern mountainous sub-catchments of the PCW for the period 28-31

December 2000. The results indicate that the short-term hourly-rainfall forecasts possess predictive skill for these sub-catchments with some time shifts present and with overestimation of lower rainfall rates in some instances.

The result of using *PANMAP* mean areal rainfall forecasts as input to the *SS-SAC* hydrologic forecast model for individual sub-catchments is exemplified in Figure 6 for the 154 km^2 Río Pequeni sub-catchment in the northeastern mountainous portion of the PCW (see Fig. 1).

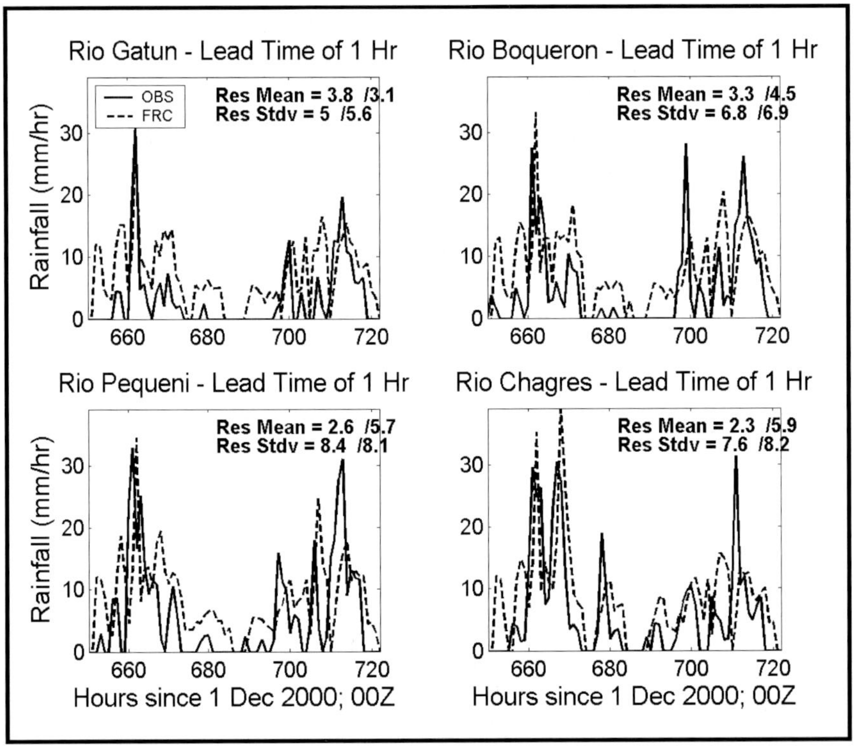

Figure 5. Hourly mean areal rainfall forecasts (dashed) and observations (solid) for the significant storm event of 28-31 December 2000 and for the northeastern mountainous sub-catchments of the PCW. The ratios of residual to observation means and residual to observation standard deviations are shown in each case for the storm period.

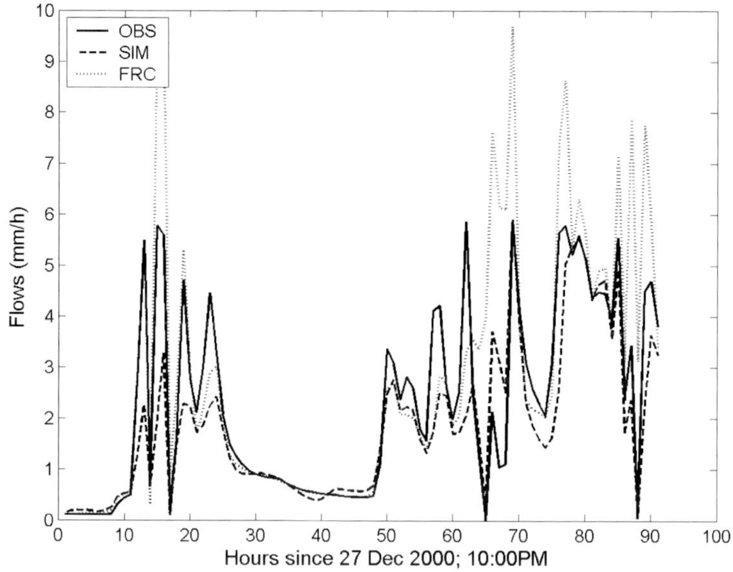

Figure 6. Hourly forecasts (dotted), simulations (dashed) and observations (solid) in mm/h of Río Pequeni flow for the period of 28–31 December 2000. Forecasts are for *PANMAP* forecast input and simulations are for observed rainfall input.

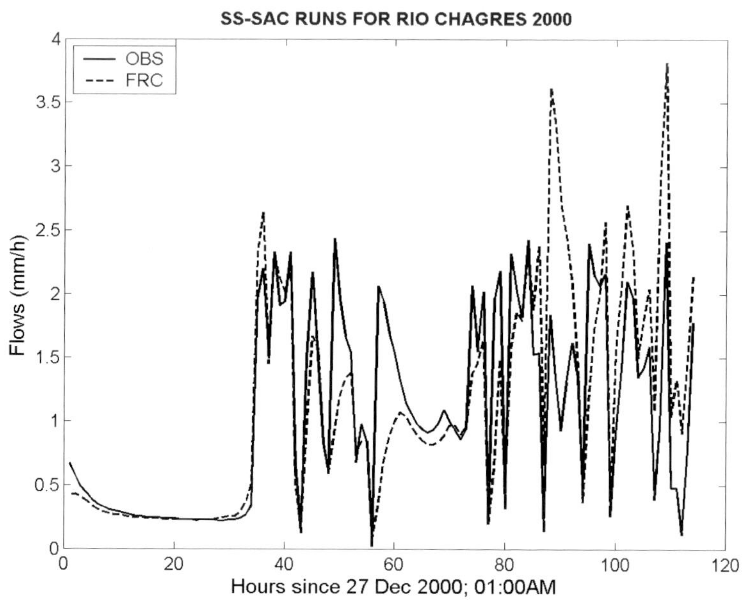

Figure 7. Hourly forecasts (dashed) and observations (solid) in mm/h of Río Chagres flow for the period 28–31 December 2000. *PANMAP* forecast input is used.

For intercomparison, the hydrologic model hourly flow forecast is also shown in Figure 7 when 'observed' mean areal rainfall is used as input. The results in both panels indicate underestimation of the early phases of the flash flood flow with more accurate predictions during the second wave of the event and with overestimation near the end of the storm period. This is likely due to erroneous hydrologic model initial conditions and/or the result of model parameter error. *PANMAP* 'forecast' forcing resulted in underestimation of the flood flows early in the second event compared to 'observed' rainfall forcing, with essentially accurate reproduction of the remainder of the flows. Figure 7 shows analogous 'forecast' results for Río Chagres, with the hourly flows reasonably well reproduced for the entire period.

4. CONCLUDING REMARKS

The primary conclusion from the performance evaluation effort is that the coupled system produced useful forecasts during times of heavy rainfall. The results of the evaluation effort obtained so far indicate that the *PANMAP* forecasts have lowest bias when radiosonde (RAOB) data are used to produce input to the rainfall prediction component for forecast lead-times out to 3 hr, and when new *Eta* forecasts are used to produce input to the rainfall prediction component for forecast lead-times from 6 to 12 hr. The use of surface ALERT data exclusively during storm periods yields reasonable hourly nowcasts, but results in significant underestimation of rainfall volume for longer lead-times. Overestimation of low rainfall amounts is persistent throughout the validation period, with *PANMAP* performing best for the heavier rainfall amounts. Forecast performance is best for the northeastern mountainous catchments of Río Gatun, Río Boqueron, Río Pequeni and Río Chagres and for the Lake Gatun area in the central region of the Panama Canal Watershed. Using the *PANMAP* mean and variance rainfall forecasts as input to the *SS-SAC* hydrologic model produced skilful short-term flow forecasts for several sub-catchments of the PCW.

ACKNOWLEDGEMENTS

The authors acknowledge the contributions of W. Krajewski and A. Kruger of the University of Iowa in the development of radar data quality control procedures, D. Tsintikidis and T. Carpenter of HRC in the development of optimal spatial interpolation estimates of rain gage rainfall,

C. Barrett and R. Jubach of the NOAA International Technology Transfer Office in coordinating the development work, and M. Cane of RTI in implementing the NWSRFS and calibrating the hydrologic model. Also, the many and varied contributions of the Staff of the Meteorology and Hydrology Section of the Autoridad del Canal de Panama, ACP (C. Vargas, M. Chandeck, J. Espinoza, M. Hart, M. Echevers and M. Vilar) are gratefully acknowledged. The comments of an anonymous reviewer helped improve the readability of the paper. The development work was sponsored by a NOAA grant. The performance evaluation work was sponsored by the ACP. The opinions expressed in this paper are those of the authors and do not necessarily reflect those of the sponsoring agencies.

REFERENCES

Georgakakos, KP, Rajaram, H, and Li, SG, 1988, On Improved Operational Hydrologic Forecasting of Streamflows: Iowa Inst. Hydraul. Res., Univ. Iowa, IIHR Report 325.

Georgakakos, KP and Smith, GF, 1990, On improved operational hydrologic forecasting - Results from a WMO real-time forecasting experiment: Jour. Hydrol., 114: 17-45.

Georgakakos, KP, Sperfslage, JA, Tsintikidis, D, Carpenter, TM (with Appendix by Krajewski, WK and Kruger, A), 1999, Design and Tests of an Integrated Hydrometeorological Forecast System for the Operational Estimation and Forecasting of Rainfall and Streamflow in the Mountainous Panama Canal Watershed: Hydrol. Res. Center, HRC Tech. Rept. 2.

Lee, TH and Georgakakos, KP, 1996, Operational rainfall prediction on meso-γ scales for hydrologic applications: Water Resour. Res., 32: 987-1003.

Sperfslage, JA, and Georgakakos, KP, 1996, Implementation and Testing of the HFS Operation as Part of the National Weather Service River Forecast System (NWSRFS): Hydrol. Res. Center, HRC Tech. Rept. 1.

Sperfslage, JA, Georgakakos, KP, Tsintikidis, D, Kruger, A, and Krajewski, WF, 1999, PANMAP v.1.0.1. A User's Guide: Hydrol. Res. Center, HRC Limited Dist. Rept. 10.

Tateya, K, Nakatsugawa, M, and Yamada, T, 1991, Observations and Simulation of Rainfall in Mountainous Areas: in *Hydrological Applications of Weather Radar* (ID Cluckie and CG Collier, eds.), Ellis Horwood, New York, NY: 279-295.

Chapter 23

PROJECTED LAND-USE CHANGE FOR THE EASTERN PANAMA CANAL WATERSHED AND ITS POTENTIAL IMPACT

Virginia H. Dale[1], Sandra Brown[2], Magnolia O. Calderón[3], Arizmendis S. Montoya[3], and Raúl E. Martínez[3]
[1]*Oak Ridge National Laboratory,* [2]*Winrock International,* [3]*Panama Canal Authority*

Abstract: Human occupation of the Panama Canal Watershed has affected its land cover for the past century. A rule-based model was developed and applied to estimate changes in land use and subsequent carbon emissions over the next twenty years in the Eastern Panama Canal Watershed (EPCW). Projections show that the highest percent change in land use for the 'new-road' scenario compared to the 'business-as-usual' scenario is for urban areas, and the greatest cause of carbon emission is from deforestation. Thus, the most effective way to reduce carbon emissions to the atmosphere in the EPCW is by reducing deforestation. In addition to affecting carbon emissions, reducing deforestation would also protect the soil and water resources of the EPCW, which has important implications for the long-term sustainable operation of the Panama Canal.

Key words: Panama; carbon baselines; carbon benefits; land-cover change; regional analyses; spatial projections; tropical deforestation;

1. INTRODUCTION

Completion of the Panama Canal in 1914 led to recognition of the importance of the Panama Canal Watershed that supplies the millions of gallons of water required for each ship to pass through the Canal, as well as providing potable water to the major urban centers of Panama City and Colón. Today, the watershed is home to some 30% of the people living in Panama. The watershed supports suburban life as well as agriculture, ranching, and forestry (Heckadon-Moreno, 2005, this volume). In addition,

R. S. Harmon (ed.), The Río Chagres, Panama, 337-345.

the Panama Canal Watershed is widely acclaimed for its ecological importance (Condit *et al.,* 2001; Perez *et al.,* 2005, this volume).

At the end of 1999, the United States turned over operation of the Panama Canal to Panama. The Autoridad del Canal de Panama (ACP) (formerly Panama Canal Commission - PCC) is now responsible for permitting land-use changes in the watershed that affect water resources. Portions of the watershed are undergoing rapid changes in land use. There is concern about the compatibility of urban and economic development with hydrological needs and concomitant requirements for conservation of the watershed (Condit *et al.,* 2001). Human activities such as those in the Eastern Panama Canal Watershed (EPCW) can affect future ecological resources, and thus the carbon storage potential. The analysis presented here is designed to project land-cover change through 2020 under 'business-as-usual' and 'new-road development' scenarios. This analysis provides a projected baseline to identify where opportunities exist for implementing potential projects to generate potential carbon benefits.

The storage of carbon has become a newly-recognized value of forests as concern increases over rising levels of atmospheric concentrations of carbon dioxide (Bloomfield *et al.,* 2000; Gitay *et al.,* 2001). To participate in the potential market for carbon credits based on changes in the use and management of the land, a country needs to identify opportunities and implement land-use based emissions reductions or sequestration projects. A key requirement of land-based carbon projects as articulated in the Kyoto Protocol (Article 12, also known as the 'Clean Development Mechanism') is that any activity developed for generating carbon benefits must be additional to business-as-usual baseline. A projection of the business-as-usual scenario of land-use change along with the resulting changes in carbon stocks on the land can be used to demonstrate this baseline requirement (*e.g.,* Brown *et al.,* 2000).

2. BACKGROUND

2.1 The Environment of the EPCW

The Eastern Panama Canal Watershed (EPCW), the focus of this analysis, contains 339,638 ha of largely forested land. This eastern portion of the basin is the historic watershed, but the legal watershed was defined more expansively in 1999. Forests currently cover 158,000 hectares (54%) of the EPCW. Most of the remaining area is pasture, agriculture, or scrubland. Some of the forest has been lost to establish urban areas. In the rural communities, forest land is being converted into agriculture land using fires to prepare a site for planting. However, because of the poor soil quality, some of these agricultural areas are reconverted to pasture land. Between the 1980's and 1998, satellite imagery shows that 1.7% to 3% of forests per year changed to pasture, agriculture, or scrubby vegetation, and 0.2% per year changed to urban areas (PCWMP, 1999).

There is great concern about the status of the forests in the watershed. LANDSAT Thematic Mapper images have been used to document that forests decreased by 43% between 1974 and 1991, from 275,549 ha to 157,063 ha. Tarté (1999) reports the rate of deforestation in 1999 as 573 ha/yr. Thus, the rate of annual clearing has declined from the 24-year average of 4,937 ha/yr. In 2002, 34% of the 375,000 ha of the EPCW was under some kind of protection, such as being maintained as a national park. Furthermore, the regional land-use plan provided by Panamanian Law 21 in 1997 mandates expansion of the protected area to 40% of the EPCW. Of the forest remaining in the EPCW in 2002, almost 69% were in protected areas, most of which had been established since 1980, when political decisions were made to preserve parts of the watershed by setting them aside in national parks and other protected areas. Most of the protected forests in national parks are primary, while those adjacent to the Panama Canal are secondary.

Commercial timber plantations began to be established in abundance in the watershed in 1998. As early as 1993, a series of Forestry-Incentive Laws were enacted, leading to cultivation of timber-yielding tree species. Tax deductions are allowed during the first five years of forest investments for plantations. The Interoceanic Region Authority (Autoridad de la Región Interoceánica, ARI) donates land-use rights to the private sector for reforestation of degraded lands to reduce erosion and sedimentation. However, in the absence of requirements to monitor these reforestation projects, management of some plantations will likely be abandoned. Anecdotal evidence suggests that some mature secondary forests were cut and replanted as plantations to receive tax deductions under the Forestry Incentives Law.

Historic sediment data suggests that deforestation in the EPCW is likely a source of excess sediment (PCWMP, 1999). However, the increasing protection and recovery of the forests is related to a gradual but constant decrease in soil erosion and rates of sedimentation in the rivers and lakes. Nevertheless, the quality of water is deteriorating (PCWMP, 1999). This decline is largely associated with the 1947 opening of the Trans-Isthmian Highway between the cities of Panama and Colón (Heckadon-Moreno, 2005, this volume). Much agricultural, industrial, and urban development occurs along the highway.

Vegetation regrowth is increasing on cattle farms. This reversion likely results from conservation and reforestation policies of the National Bank of Panama, as required by Panamanian Law 21. The regional land-use plan provided by Law 21 establishes a goal of reduction of cattle farms in the EPCW from 127,000 to 7,000 hectares by the year 2025. This plan will cause a dramatic transformation of land-use in the EPCW. Already tax incentives seem to have curtailed the expansion of cattle pastures that had occurred since the 1950's. Furthermore, the plan discourages population growth in the EPCW, although current policies of the Ministry of Housing do allow construction in two communities (Chilibre and Las Cumbres) within the EPCW.

2.2 Changes in the Human Population

Between 1950 and 1990, the population in the EPCW increased five-fold, from *c.* 22,000 to *c.* 113,000 that undoubtedly contributed to the need for more transportation routes (Tarté, 1999; PCWMP, 1999). By 1998, the estimated population was 142,000 (PCWMP, 1999). In recent decades, the annual population growth rate in the EPCW ranged from a high value of 4.5% for the period 1960 to 1970 to a low of 3.7% for 1970-80 (Prieto *et al.*, 1999). The rate of increase for 1980 to 1990 for the EPCW was 3.8%, compared to a 2.6% population increase for all of Panama (Prieto *et al.*, 1999). Geometric projections from 1990 using a 3.8% rate of growth indicate that population in the EPCW will increase to c. 407,000 people in 2020 with 24% of the growth in Colón and 76% of the growth in the province of Panama (Prieto *et al.,* 1999). There is a growing human population within the protected areas. For example, 2,712 people lived within the borders of Chagres National Park in 1990, with continued population pressure from outside the park likely to induce greater population growth within the park (Prieto *et al.,* 1999). The new Law 21 and Law 19 give the ACP the responsibility to regulate anything that might impact the hydrological resources of the watershed; however, no mechanisms exist for population control.

3. METHODOLOGY

A rule-based model has been developed to project land-cover dynamics in the EPCW that assumes current land-cover trends will continue into the future. The rules are described in detail in Dale *et al.* (2003) and include enforcement of environmental protection in the parks or other protected areas over the next 20 years. The projections map patterns of deforestation and reforestation based on current land-cover patterns, distance from permanent roads and population centers, population growth, and past land-use trends. Some factors that can exert pressure on the environment are not part of the current model (*e.g.*, economic and technology changes). The new-road scenario includes the establishment of the new bridge across the Panama Canal and completion of the Trans-Isthmian highway between Panama City and Colón. This analysis focused on projecting the effects that land use may have upon land-cover change and carbon storage in the EPCW.

4. RESULTS AND DISCUSSION

4.1 Land-Cover Change Projections

The projections result in major land-cover changes within the EPCW over the next 20 years for the urban areas, plantations, and the lands in pasture, agriculture, or scrub. The forest area gradually declines. Most of the land-cover change occurs where the majority of the roads and communities are located (Heckadon-Moreno, 4004, this volume). Most (80%) of the land that becomes urban derives from the pasture/agriculture/scrub category. At the same time, there is a consistent loss of native forest land that ultimately ends up as plantations.

Under the 'new-road' scenario, the greatest land-cover changes occur near the new highway (see Fig. 1B of Chapter 1), but there are relatively few differences in this case as compared to the 'business-as-usual' case. The greatest difference in land-cover changes for the two projections is the increase in urban lands and decline in plantations and pasture/agriculture/scrub for the new-road scenario (Fig. 1).

These projections of land-cover changes can contribute to an understanding of a variety of environmental issues. The model could provide a basis for estimating carbon stocks (Dale *et al.,* 2003) and for analyzing how different management practices of the land influence changes in carbon stocks. The analysis of different management practices requires spatially-explicit information on the distribution of ownership and better understanding of how different types of agricultural owners clear and farm the land, information that is now being collected. The model could also be used to analyze how management of the protected areas would influence land-cover change and carbon stocks. The effectiveness of various conservation measures and approaches could also be evaluated.

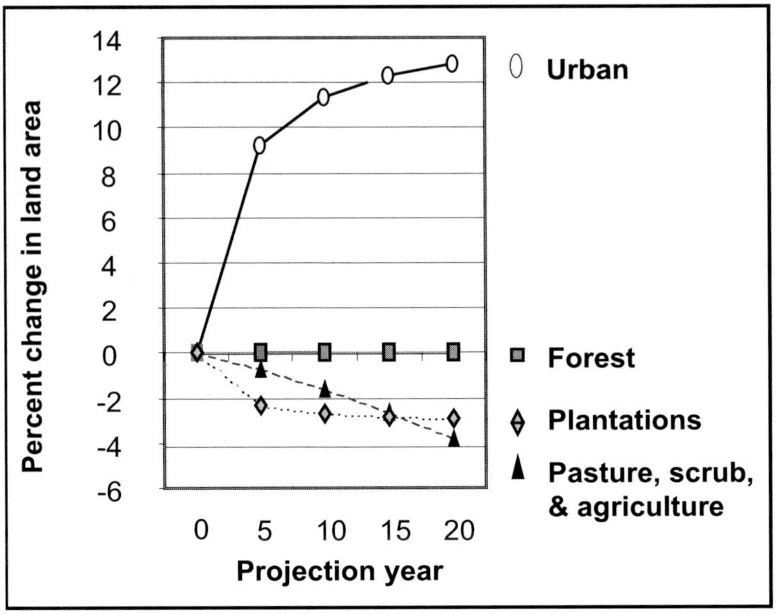

Figure 1. Change in percent land cover for the business-as usual scenario compared to the new-road scenario for the major land cover categories in the EPCW.

4.2 Changes in Carbon Stocks

The projected areas of each land-cover type for the two scenarios were combined with the carbon density data as described in Dale *et al.* (2003) to project the change in carbon stocks—decreases in carbon stocks are counted as emissions and increases in carbon stocks as removals (carbon sequestered). For the 'business-as-usual' scenario, carbon emissions from deforestation gradually decline over the 20-year period, from about 160,000 tons/yr during the first five years to about 130,000 tons/yr during the last five years (Fig. 2). Carbon emissions from deforestation could be lower if secondary forests were preferentially cleared over mature forests because the secondary forests have lower carbon stocks. Clearly, better identification of secondary forests and their land cover and carbon dynamics would decrease the uncertainty of the carbon emissions presented here.

The expansion and growth of plantations removes about 24,000 tons C/yr initially to 205,000 tons C/yr at the end of the 20-yr period (Fig. 2). The carbon balance for the EPCW represents a net source of carbon to the atmosphere, as the emissions from deforestation and conversion to agriculture/pasture/scrub lands exceed the removals by the growing and expanding plantations. The business-as-usual scenario results in net carbon emissions of 606,000 tons C over the whole 20-yr period.

The 'new-road' scenario and the various assumptions for carbon densities resulted in higher net emissions of carbon (676,000 tons C over the 20-yr period) than the 'business-as-usual' scenarios. The emissions from deforestation for the new-road scenarios were only slightly higher than those for the business-as-usual scenarios; most of the increase in net emissions was caused by a reduction in the area converted to plantations.

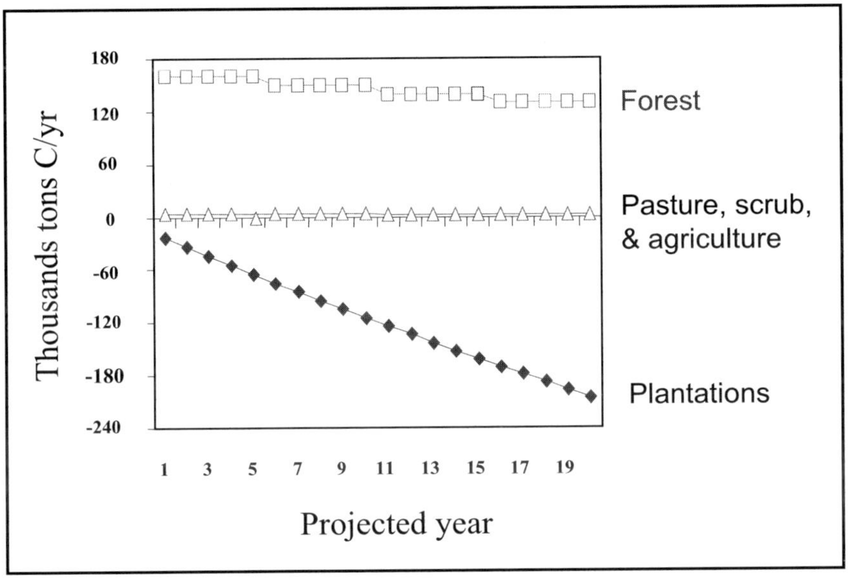

Figure 2. Changes in C emissions over time for three land-cover categories under the 'business-as-usual' scenario for the EPCW.

5. CONCLUSIONS

The small changes on forested land result in the largest source of carbon emissions in the EPCW. Thus, the most effective way to reduce carbon emissions is by reducing deforestation. The effect of forest removal is large because about half of the biomass in trees is carbon. Loss of mature forests contributes more to carbon emissions to the atmosphere than does the loss of secondary forest because mature forests typically contain many large trees and more carbon than trees that are smaller in size and that dominate secondary forests (Brown and Lugo, 1992; Brown *et al.,* 1997). However, under the current framework of the Clean Development Mechanism (CDM), only carbon benefits arising from reforestation are allowed.

Even after 20 years, carbon gained by reforestation in the EPCW is insufficient to offset the carbon emissions from the ongoing small rate of deforestation. The up-to-20 years of growth and carbon accumulation in the plantations scenario is inadequate to offset the high carbon stocks of established forests that were removed. However, planting larger areas to plantations than occurs in the 'business-as-usual' scenario would cause more carbon to be stored.

ACKNOWLEDGEMENTS

We appreciate the assistance of H. Cardwell, N. de Varela, R. Spadafora, and A. Sanjur. The support of the Autoridad del Canal de Panama was critical. Useful discussions occurred with S. Heckadon-Moreno of the Smithsonian Tropical Research Institute, S. Van der Ende and A. Eke of Futuro Forestal, and A. Sanjur. Data were provided by the Autoridad Nacional de Ambiente de Panama (ANAM), STRI, and the Autoridad del Canal de Panama (ACP). Editorial assistance of F. O'Hara and J. Smith is appreciated. The project was funded by a contract from U.S. Agency for International Development (USAID) with Oak Ridge National Laboratory (ORNL). ORNL is managed by UT-Battelle, LLC, for the U.S. Department of Energy under contract DE-AC05-00OR22725. Support for Sandra Brown was provided by Panama's Institutional Support for Sustainable Environmental Management of the Panama Canal Watershed under USAID's Environmental Policy and Institutional Strengthening Indefinite Quantity Contract (EPIQ) managed by International Resources Group, Ltd. This report does not represent the views of the PCA, the National Environmental Authority (ANAM), or the U.S. Agency for International Development (USAID).

REFERENCES

Bloomfield, J, Ratchford, M and Brown, S (eds.), 2000, Special edition on land-use change and forestry and the Kyoto Protocol: Mitigation and Adaptation Strategies for Climate Change, 5: 1-121.

Brown, S and Lugo, AE, 1992, Aboveground biomass estimates for tropical moist forests of the Brazilian Amazon: Interciencia, 17: 8-18.

Brown, S, Schroeder, P and Birdsey, R, 1997, Aboveground biomass distribution of US Eastern hardwood forests and the use of large trees as an indicator of forest development: Forest Ecol. Mgmt., 96: 37-47.

Brown, S, Masera, O and Sathaye, J, 2000, Project-based activities: in *Land Use, Land-Use Change, and Forestry; Special Report to the Intergovernmental Panel on Climate Change* (R Watson, I Noble, and D Verardo, eds.), Cambridge Univ. Press, Cambridge, UK: 283-338.

Condit, R, Robinson, WD, Ibanez, R, Aguilar, S, Sanjur, A, Martinez, R, Stallard, RF, Garcia, T, Angehr, GR, Petit, L, Wright, SJ, Robinson, TR and Heckadon, S, 2001, The status of the Panama Canal Watershed and its biodiversity at the beginning of the 21st century: BioScience, 51: 389-398.

Dale, VH, Brown, S, Calderón, MO, Montoya, AS, and Martínez, RE, 2003, Estimating baseline carbon emissions for the Eastern Panama Canal Watershed: Mitigation and Adaptation Strategies for Global Change, 8: 323-348.

Gitay, H, Brown, S, Easterling, W, and Jallow, B, 2001, Ecosystems and their Services: in *Climate Change 2001: Impacts, Adaptation, and Vulnerability. Contribution of Working Group II to the Third Assessment Report of the IPCC* (J McCarthy, O Canziani, N Leary, and D Dokken, eds.): Cambridge Univ.Press, Cambridge, UK: 235-342.

Heckadon-Moreno, S, 2005, Light and shadows in the management of the Panama Canal Watershed: in *The Río Chagres: A Multidisciplinary Perspective of a Tropical River Basin* (RS Harmon, ed.), Kluwer Acad./Plenum Pub., New York, NY: 29-44.

Panama Canal Watershed Monitoring Project (STRI – ANAM – USAID), 1999, Panama City, Panama.

Perez, R, Aguilar, S, Somoza, A, Condit, R, Tejada, I, Camargo, C and Lao, S, 2005, Tree species composition and diversity in the upper Chagres River Basin, Panama: in *The Río Chagres: A Multidisciplinary Perspective of a Tropical River Basin* (RS Harmon, ed.), Kluwer Acad./Plenum Pub., New York, NY: 227-235.

Prieto, C, González, B, Ortega, G, Monteza, E, González, F and Sanjur, A, 1999, Canal Watershed Monitoring Project: Human Population component: Panama Canal Watershed Monitoring Project (STRI – ANAM – USAID), Panama City, Panama.

Tarté, R, 1999, Panama Canal Watershed Climate Action/Conservation Project: The Nature Conservancy, Arlington, VA.

Index

Academy of Natural Sciences of Philadelphia 271
ACP 23, 41, 150, 212, 229, 285, 325-326, 328, 337, 340
Altos de Campaña National Park (*see* parks)
Albrook (Air Force Base) 39
ALERT 327-328, 334
Alhajuela basin 171
Alpha (α) diversity 259
Amazon 127, 228, 259-261, 265-267
ANAM 10, 30, 39-40, 230, 239
Andes 46, 58, 259, 266
andesite 69-70, 73, 79, 172, 175, 194-195, 206, 282
ARI 37-38, 339
Atatro Fault Zone 50, 59, 65
Australia (*see* Queensland)
Autoridad de la Región Interoceánica (*see* ARI)
Autoridad del Canal de Panama (*see* ACP)
Autoridad Nacional del Medioambiente (*see* AMAM)
Authority of the Interoceanic Region (*see* ARI)
avifauna 271-279
Azuero peninsula 48, 53, 275
back-arc basin 52
Bahamas 54-57, 59
Banco Nacional de Panama 38
Barbacoas bridge 30
Barbour, Thomas 39
Barro Colorado Island and Nature Monument 39, 228, 232, 261, 264, 283, 291
basalt 65, 69-70, 79, 298
basaltic andesite 65
Bayano basin 52
^{10}Be 297-310
bedrock channel 189-206
bedrock gorge 176, 182, 189-190
Belize 264
beta (β) diversity 227-229, 259-267
biological diversity 14, 16, 24, 38
Bocas del Toro 52, 277
Bocas del Toro basin 51
Burica peninsula 48, 53
Camino de Cruces National Park (*see* Cruces Trail National Park)
Campaña 228, 231, 233
Canal basin 51

Canal Fracture Zone 50, 59
Candelaria gage (*see* rain gage)
Carles, Ruben Dario 39
Carribean Large Igneous Province 67-68
Caribbean-Pacific seaway 48, 54, 77
Cayman trough 56-57, 59
Central American isthmus (*see* Isthmus of Panama)
Central American land bridge 3, 6, 48, 58, 65-66, 298, 307
Central Canal Fracture Zone 50
Cerro Brewster 239
Cerro Bruja 238
Chagres Formation 66
Chagres National Park (*see* parks)
Chico gage (*see* stream gage)
Chilibre 24, 36-37, 340
Chilibrillo 37
Chiriquí Province 34
Chocó block (terrane) 49-50, 52, 56-59,
Chocó region 34, 57
Chortega block (terrane) 48-50, 49-52, 56-57, 59-60
Chortis block (terrane) 50, 52, 55-59, 65
clay minerals 107-108
Clayton (*see* Fort Clayton)
Clean Development Mechanism 344
Coclé, Province of 10, 21, 34
Cocos Ridge 53, 60, 66
Coiba Island 7, 48
Colombia 32, 34, 45, 50, 52, 59, 65-67, 80, 115, 260-261, 264-265, 267, 283
Colón 10, 20, 30, 34-36, 39, 211, 337, 339-341
Colón, Province of 10, 21
continental-margin arc 46
convergent plate margin 46
Cordillera Central 7-8
Cordillera de Talamamca 7, 60, 66
Corredor Norte 41
cosmogenic isotopes
Costa Rica 5, 7-9, 45, 48, 50-53, 56, 60, 65-67, 80, 150, 261, 283
Cretaceous 45, 52-55, 65, 67, 75, 77, 80, 260
Cruces Trail National Park (*see* parks)
Cuba-Hispañola arc 55-57, 59
Culebra 22, 32
Curve Number, 134, 139, 140-146
Darcy-Weisbach friction factor 183, 185-186
Darien bridge (*see* land bridge)
Darien Mountains 7
Darien region 34, 296
deforestation 15, 19-20, 26, 41-42, 282
Del Rey Island 48
DEM 84-89, 172-173, 186, 193, 212, 218
digital elevation model (*see* DEM)
digital surface model (*see* DSM)
dike 70-73
diorite 65, 68-72, 79, 175, 282
divergent plate margin 46
Dos Cascadas 189, 191-206
DSM 85-87, 89-90, 92-94
East Pacific Rise 59
Eastern Panama Canal Watershed 335-342
ecotype 246
Ecuador 53, 264, 266, 268
El Niño 11, 23, 38, 297, 310
El Salvador 264
El Valle 8
elongate sedimentary basins 47, 49
Eocene 56, 58, 68, 260
erosion 20
Esperanza gage (*see* rain gage)
Eta model 325, 328-329, 331

evapotranspiration 113, 157, 281, 291, 315-321
exotic terrane 46, 49-50, 52-53, 55-60
felsic rocks 68, 205-206
fore-arc basin 52
fore-arc ridge 52
Forestry Incentive Laws 339
forestry plantations 38
former Canal Zone (*see* Panama Canal Zone)
Fort Clayton 39
Fort San Lorenzo 39
Fort Sherman 39, 232
Froude number 204
gabbro 65, 67, 69-72, 78, 171, 174, 194, 282, 298
Galapagos plume (hotspot) 45, 55, 59- 60, 67, 77
Gamboa 22, 166, 230, 233
Gatún 22, 34
Gatún basin 171
Gatún Formation 66, 261
Gatún Lake (*see* Lake Gatun)
Gatun Recreation Park (*see* parks)
Gatuncillo Formation 66
geography 4
geographic information system (*see* GIS)
geographic positioning system (*see* GPS)
Geological Time Scale 46
GIS 83-84, 92, 219, 316
GPS 83, 89-90
granite 65, 67-68, 70-73, 78-80, 99, 101, 105-106, 171, 175-177, 194, 282, 298
granodiorite 65, 68, 70, 72, 79
GRASS 219
Great American Biotic Interchange (GABI) 14, 16, 259-260, 262
Greater Antilles arc 54-57, 260
Grenada back-arc basin 56
Guatemala 49, 61, 265
Gulf of Chiriqui 7
Gulf of Mexico 54-59
Herradura peninsula 48, 53
Herrera Province 34
HEC-RAS 152, 192, 204
high field strength elements (*see* HFSE)
hillslope 97-98, 114, 116-119, 127-130
Hortonian overland flow 114-116, 124, 133, 153-154
hotspot 46
hydraulic geometry 169-184, 194
hydrographic analysis 139-146
hydrologic processes 114-121, 150, 157-159
hydrologic properties 125, 129, 141-143, 149, 174, 177, 183-184
Hydrologic Research Center 325
hydrophobic soil (*see* soil water repellency)
hydrophobicity (*see* soil water repellency)
HFSE 74-75
HYDICE 245-257
IFSARE 84-85, 87
INRENARE 40
interferometric synthetic aperture radar elevation survey (*see* IFSARE)
Isthmus of Panama 5, 9, 19, 22, 45, 48-49, 52, 60, 172, 212, 229, 247, 283
inter-tropical convergence zone (ITCZ) 12
Jamaica 55-57, 59
knickpoint 170, 173, 189-191, 196, 198-200- 201, 203, 205-207
Kyoto Protocol 338
La Línea 31-32
Lago Alhajuela 10, 20-21, 23-24, 26,

29, 33, 35, 42, 84, 86-87, 151, 171-172, 194, 232, 283-285, 297-299, 301, 304-305, 308-310
Lake Gatún 10, 19-21, 23, 29, 33, 40-42, 216, 282, 285, 334
Lake Miraflores 42
land bridge (*see* Central American Land Bridge)
land cover map 23
LANDSAT imagery 84, 246, 255, 291, 315, 319, 322, 339
landslides 26, 140, 174, 277-293, 304-305
landslide erosion model 288, 292
large-ion-lithophile elements (*see* LILE)
large woody debris 170, 175, 186
Las Cumbres 24, 340
Las Pavas 238, 241
Las Perlas Archipelago 6, 277
Lawrence Livermore National Laboratory 301
Lesser Antilles arc 46, 59
LILE 74-75,
Limon basin 51
Limpio gage (*see* rain gage)
Los Santos Province 34
Louisiana State University Museum of Natural Science 273
Luquillo Mountains 98
Madden dam 21, 35, 171, 231
Madden Lake (*see* Lago Alhajuela)
Madden Road Forest Reserve 39
mafic rocks 68
magmatic arc 52
major elements 74-75, 78
Manning's *n* value 174, 204
Mayan terrane 59
Mesoamerica 259-261, 263-265
Metropolitan Natural Park (*see* parks)
Mexican peninsula 54, 59
Mexico 52, 57-58, 264, 283
mid-ocean ridge basalt (*see* MORB)
Middle America Trench 52, 58-59
Miocene 49, 57-58, 66-67, 262, 264, 266
MORB 77, 80
Morrow, Jay 39
Mount Barú (*see* Volcán El Barú)
municipalizacion 40
National Aeronautics and Space Administration 215
National Bank of Panama 340
National Museum of Natural History 272- 273
National Space Development Agency of Japan 215
National Weather Service River Forecast System (*see* RFS)
NDVI 319
Nicaragua 8-9, 45, 49, 52, 265, 283
Nicoya peninsula 48, 53
Nishnabotna River basin, Iowa 87
Normalized Difference Vegetation Index (see NDVI)
North Panama Deformed Belt 50, 59, 66
Nueva Providencia 33
oceanic island basalt (*see* OIB)
Oceanic-island arc 46
Oceanic plateau 77
OIB 77, 80
Oligocene 52, 66, 80, 260, 262, 264
ophiolite 51-53, 56-57
Osa peninsula 48, 53
oxisol 99
Paleocene 57, 260
Panama
  biogeography 14-15
  birds 271-279
  block 48, 50
  climate 10-14, 22-23, 146, 152, 194, 212-213, 229-231, 246,

298, 308-309
climographs 13-14
continental divide 6, 23
forest protection 38-39, 42
forestry 37-39
land cover map 15
microplate 50, 58-59
National Legislature (*i.e.,* Legislative Assembly) 21, 37, 39, 41
paleoclimate 298-299
Presidents
Royo, Aristides, 39
Endara, Guillermo 39
del Valle, Eric A. 39
Province of 10, 21
Republic of 3, 5
relief map 8
river characteristics 9-10
socio-economic sketch 35-36
topographic map 21
volcanoes 9-10
Panama Canal 6, 8, 19, 26-27, 29, 32, 35, 38, 48, 139, 211-212, 216, 229, 233, 238, 282-284, 290, 297-299, 308, 310-311, 337, 339, 341
Gatun lock 19-20
Miraflores lock 20
Pedro Miguel lock 19-20
Panama Canal Authority (*see* ACP)
Panama Canal Commission (*see* PCC)
Panama Canal Company 284
Panama Canal Watershed 10, 19-26, 29-44, 83, 85, 92-94, 139-140, 227-229, 232-234, 240, 245-257, 259, 261-263, 266-267, 281-293, 315-320, 325-334,
Panama Canal Zone 24, 32, 35, 38, 39, 52, 77, 233, 277
Panama City 10, 20, 24, 30, 34-36, 39-40, 139, 211, 216, 229, 231, 247, 249, 251-254, 337, 339, 341
Panama-Colón Highway 37, 41-42

Panama-Costa Rica arc 45, 51, 55-58, 60
Panama Fracture Zone 66
Panama Railroad 30, 32, 37, 42
Panamanian Law 21 340
Pangea 53
PANMAP 325-334
parks
Altos de Campaña National Park 23, 39
Chagres National Park 10, 22-23, 25, 39, 132, 171, 230, 239, 283, 298, 340
Cruces Trail National Park 23, 39, 41
Gatun Recreation Park 39
Metropolitan Natural Park 39-41, 247-249, 251-253
Soberania National Park 23, 26, 39, 41, 283, 291
Parque Nacional Chagres (*see* Chagres National Park)
Parque Natural Metropolitano (*see* Metropolitan Natural Park)
PCC 285, 337
Pearl Islands (*see* Las Perlas Archipelago)
pedogenic horizon (*see* soil horizon)
pedogenesis 109
Piedras gage (*see* rain gage and stream gage)
Piedras-Pacora ridge 238, 241
plagiogranite 72
plate tectonic theory 45-47
PMCC 24, 30, 38, 40, 42, 238, 284-285, 292
pool-riffle 176-177, 182, 185-186, 189-190, 194
population growth 20, 24, 31-35

Proyecto de Monitoreo de la Cuenca del Canal (*see* PMCC)
Puerto Rico 55-57, 59, 98, 150, 288, 291-292, 306
Queensland, Australia 166
quickflow 153
rain gage 142, 144, 149, 151, 153, 160-161, 163, 167, 211-214, 219, 223-225, 327-329, 334
  Arca Soñia 160, 212-215, 224
  Candelaria 140, 145
  Chamon 160, 212-213, 222-224
  Chico 140, 145, 149, 160, 212-215, 222, 224
  Dos Bocas 160, 212-215, 222-225
  Esperanza 140, 145, 212-215, 222-225
  Limpio 140, 145
  Piedras 140, 145, 149, 160, 212-215, 224
  Vista Mares 140, 145, 160, 212-215, 222-225
rainfall-runoff 97, 113-121, 127, 210-211
rainfall-runoff modeling 113, 132-135, 149-165, 327
rare-earth elements (*see* REE)
REE 74-75
regolith 97, 99, 105-106, 109-111
RENARE 40
reservoir sedimentation 20
RFS 150, 160, 326, 329
rhyolite 99
Río Bayano 34, 48
Río Boquerón 39, 171, 232, 283-287, 289-290, 297, 308, 332, 334
Río Cano Sucio 41
Río Chagres 10, 19, 21, 29-31, 33, 35, 40, 42-43, 48, 282, 332-334
Río Chagrecito 69, 74, 84, 99-104, 107-110, 121-123, 126, 130-131, 134-135, 196, 230-233, 237-241, 278, 298, 301, 303-304
Río Chico 70, 84, 86, 195, 297, 299, 301, 303
Río Chilibre 36
Río Chilibrillo 36
Río Changuinola 48
Río Chucunaque 48
Río Ciri Grande 40, 283-287, 290
Río Cocle del Norte 41
Río Esperanza 72, 230, 232-233, 278-284, 298-299, 304
Río Gatún Fault 66
Rio Gatún 283-287, 332, 324
Río Indio 41
Río Las Palmas 299
Río Limpio 85-86, 195, 297
Río Piedras 85-86, 99-100, 104-107, 109, 114, 121-123, 126-128, 134-135, 140, 149, 151-154, 156, 160-165, 298-299, 301, 303-305
Río Pequení 39-40, 171, 232, 237-238, 283-287, 289-290, 297, 308, 332-334
Río Playa Grande 7
Río San Miguel 238
Río Trinidad 40, 283-285, 289-290
River Forecast System (*see* RFS)

runoff 19, 22-23, 27, 97, 113-119, 124, 128-129, 132-135, 139, 141-142, 144-146, 149-166, 172, 211-212, 281, 284, 286-287, 292, 308
runoff efficiency 153-158, 164
runoff model (*see* rainfall-runoff model)
Sacramento Soil Moisture Accounting Model (*see* SAM-SAC)
SAM-SAC (*see* rainfall-runoff modeling)

San Blas Islands 6
San Blas Mountains 7
San Miguelito 20
Santa Elena peninsula 53
Santa Elena fault system 50, 58-59, 65
Santa Rita 227-229, 231-233
Sapo Mountains 7
saprolite 97, 99-100, 109
SVAI 314
SEBAL 313-319
sediment yield 281, 283, 285-293, 297, 305-306, 310-311
Serranía de Tabasará 7
Sherman (*see* Fort Sherman)
Sierra de Veraguns 7
slash-and-burn agriculture 35
Smithsonian Tropical Research Institute (*see* STRI)
Soberania National Park (*see* parks)
soil
catena 98
chemistry 108-109
creep 104-105
development 108-109
erosion 100
horizons 99-100-108, 110, 125, 127, 129-130, 132
hydraulic conductivity 109, 119
soil hydrologic processes 114-121
hydrologic properties 98, 110, 113, 125
infiltration 97-99, 105-107, 110-111, 113-114, 119, 125
macroporosity (*see* porosity)
moisture storage 114, 134, 157-159, 163
morphology 98, 102, 106-108, 111
order 99
peds 100-101, 111
porosity 98, 100-103, 105-107, 110-111, 120-121, 123, 128, 131-132, 134, 173
profile 97, 100-107, 125
properties 97-98, 102, 104, 106-108, 125-126
saturation from below 116-117
texture 100, 102-106
water repellency 113, 115-116, 122-128, 133, 146, 150
water retention (*see* moisture storage)
Soil Adjusted Vegetation Index (*see* SAVI)
Soil Conservation Service 'Curve Number' (*see* Curve Number)
Soña peninsula 48, 53
South Panama Fault Zone 50, 58
step-pool 176-177, 182, 185-186, 189-190, 194
stream gage
Cañones 282
Chico 140, 142, 149-153, 155-156, 159, 162, 165, 173, 284, 306
Ciento 282
El Chorro 282
Peluca 282
Piedras 140, 149-153, 16
stream power 191, 204
STRI 39, 246
SS-SAC 328, 332-334
subduction 46-47
subsurface saturated flow 118-119, 127-130, 135
sub-volcanic intrusions 6
tectonic plates
African 54
Caribbean 6, 48, 50, 54-60, 66
Farralon 54-58
Cocos 6, 50, 55, 58, 60, 66
Nazca 6, 48, 50, 59-60, 66-67
North American 6, 54-59

tectonic plates (*cont.*)
Pacific 59
South American 6, 50, 54-59, 66
Taboga Island 7
Tertiary 45, 52, 61, 65, 67-68, 75, 77, 80, 172, 194, 260, 264
tonalite 65, 72
trace elements 75-77
Trans-Isthmian Highway (Transistmica) 35-36, 42, 339, 341
treefall 97, 100, 111, 123-124
tree rafting 100, 110
Tropical Rainfall Measurement Mission (*see* TRRM)
tropical rivers 169-171
tropical soils 97-111
tropical forests 14-15, 24, 26, 30, 32, 225-232, 84, 124, 146, 150, 165-166, 245-258,
TRRM 211, 215-222
Tuira-Chucunaque basin 52
ultisol 99
University of Iowa 327
University of Washington Burke Museum 271, 273
unsaturated subsurface flow 130-131,134
upper Río Chagres 20, 69, 71, 74, 84-85, 87, 89, 114, 134, 151-155, 159, 160-163, 170-172, 174-186, 189, 191, 194, 196-198, 202, 205-206, 229-231, 233, 237-241, 262, 265, 267, 278, 283-287, 290, 292, 297-298, 304-305
upper Río Chagres basin 19, 21-24, 65-79, 83-95, 97-111, 113-114, 121-135, 139-146, 149-165, 169-187, 189-206, 209-225, 227-234, 237-241, 245, 271-272, 278-279, 281, 286, 297-311, 315
upper Río Chagres basin, geological map 70
urbanization 24
USAID 31
USGS 283
US National Weather Service 326, 328
Veraguas Province 34
Vista Mares (*see* rain gage)
Volcán de Chiriquí (*see* Volcán El Barú)
Volcán El Barú 7-9, 46, 53
Volcán del Valle 48, 53
volcanic island arc 46-47, 52, 66
water retention curve 113
Yucatan 54-57
Yucatan back-arc basin 56
Zetek, James 39

Water Science and Technology Library

1. A.S. Eikum and R.W. Seabloom (eds.): *Alternative Wastewater Treatment.* Low-Cost Small Systems, Research and Development. Proceedings of the Conference held in Oslo, Norway (7–10 September 1981). 1982 ISBN 90-277-1430-4
2. W. Brutsaert and G.H. Jirka (eds.): *Gas Transfer at Water Surfaces.* 1984 ISBN 90-277-1697-8
3. D.A. Kraijenhoff and J.R. Moll (eds.): *River Flow Modelling and Forecasting.* 1986 ISBN 90-277-2082-7
4. World Meteorological Organization (ed.): *Microprocessors in Operational Hydrology.* Proceedings of a Conference held in Geneva (4–5 September 1984). 1986 ISBN 90-277-2156-4
5. J. Němec: *Hydrological Forecasting.* Design and Operation of Hydrological Forecasting Systems. 1986 ISBN 90-277-2259-5
6. V.K. Gupta, I. Rodríguez-Iturbe and E.F. Wood (eds.): *Scale Problems in Hydrology.* Runoff Generation and Basin Response. 1986 ISBN 90-277-2258-7
7. D.C. Major and H.E. Schwarz: *Large-Scale Regional Water Resources Planning.* The North Atlantic Regional Study. 1990 ISBN 0-7923-0711-9
8. W.H. Hager: *Energy Dissipators and Hydraulic Jump.* 1992 ISBN 0-7923-1508-1
9. V.P. Singh and M. Fiorentino (eds.): *Entropy and Energy Dissipation in Water Resources.* 1992 ISBN 0-7923-1696-7
10. K.W. Hipel (ed.): *Stochastic and Statistical Methods in Hydrology and Environmental Engineering.* A Four Volume Work Resulting from the International Conference in Honour of Professor T. E. Unny (21–23 June 1993). 1994
    10/1: Extreme values: floods and droughts ISBN 0-7923-2756-X
    10/2: Stochastic and statistical modelling with groundwater and surface water applications ISBN 0-7923-2757-8
    10/3: Time series analysis in hydrology and environmental engineering ISBN 0-7923-2758-6
    10/4: Effective environmental management for sustainable development ISBN 0-7923-2759-4
    Set 10/1–10/4: ISBN 0-7923-2760-8
11. S.N. Rodionov: *Global and Regional Climate Interaction: The Caspian Sea Experience.* 1994 ISBN 0-7923-2784-5
12. A. Peters, G. Wittum, B. Herrling, U. Meissner, C.A. Brebbia, W.G. Gray and G.F. Pinder (eds.): *Computational Methods in Water Resources X.* 1994 Set 12/1–12/2: ISBN 0-7923-2937-6
13. C.B. Vreugdenhil: *Numerical Methods for Shallow-Water Flow.* 1994 ISBN 0-7923-3164-8
14. E. Cabrera and A.F. Vela (eds.): *Improving Efficiency and Reliability in Water Distribution Systems.* 1995 ISBN 0-7923-3536-8
15. V.P. Singh (ed.): *Environmental Hydrology.* 1995 ISBN 0-7923-3549-X
16. V.P. Singh and B. Kumar (eds.): *Proceedings of the International Conference on Hydrology and Water Resources* (New Delhi, 1993). 1996
    16/1: Surface-water hydrology ISBN 0-7923-3650-X
    16/2: Subsurface-water hydrology ISBN 0-7923-3651-8

16/3: Water-quality hydrology ISBN 0-7923-3652-6
16/4: Water resources planning and management ISBN 0-7923-3653-4
Set 16/1–16/4 ISBN 0-7923-3654-2

17. V.P. Singh: *Dam Breach Modeling Technology.* 1996 ISBN 0-7923-3925-8
18. Z. Kaczmarek, K.M. Strzepek, L. Somlyódy and V. Priazhinskaya (eds.): *Water Resources Management in the Face of Climatic/Hydrologic Uncertainties.* 1996 ISBN 0-7923-3927-4
19. V.P. Singh and W.H. Hager (eds.): *Environmental Hydraulics.* 1996 ISBN 0-7923-3983-5
20. G.B. Engelen and F.H. Kloosterman: *Hydrological Systems Analysis.* Methods and Applications. 1996 ISBN 0-7923-3986-X
21. A.S. Issar and S.D. Resnick (eds.): *Runoff, Infiltration and Subsurface Flow of Water in Arid and Semi-Arid Regions.* 1996 ISBN 0-7923-4034-5
22. M.B. Abbott and J.C. Refsgaard (eds.): *Distributed Hydrological Modelling.* 1996 ISBN 0-7923-4042-6
23. J. Gottlieb and P. DuChateau (eds.): *Parameter Identification and Inverse Problems in Hydrology, Geology and Ecology.* 1996 ISBN 0-7923-4089-2
24. V.P. Singh (ed.): *Hydrology of Disasters.* 1996 ISBN 0-7923-4092-2
25. A. Gianguzza, E. Pelizzetti and S. Sammartano (eds.): *Marine Chemistry.* An Environmental Analytical Chemistry Approach. 1997 ISBN 0-7923-4622-X
26. V.P. Singh and M. Fiorentino (eds.): *Geographical Information Systems in Hydrology.* 1996 ISBN 0-7923-4226-7
27. N.B. Harmancioglu, V.P. Singh and M.N. Alpaslan (eds.): *Environmental Data Management.* 1998 ISBN 0-7923-4857-5
28. G. Gambolati (ed.): *CENAS. Coastline Evolution of the Upper Adriatic Sea Due to Sea Level Rise and Natural and Anthropogenic Land Subsidence.* 1998 ISBN 0-7923-5119-3
29. D. Stephenson: *Water Supply Management.* 1998 ISBN 0-7923-5136-3
30. V.P. Singh: *Entropy-Based Parameter Estimation in Hydrology.* 1998 ISBN 0-7923-5224-6
31. A.S. Issar and N. Brown (eds.): *Water, Environment and Society in Times of Climatic Change.* 1998 ISBN 0-7923-5282-3
32. E. Cabrera and J. García-Serra (eds.): *Drought Management Planning in Water Supply Systems.* 1999 ISBN 0-7923-5294-7
33. N.B. Harmancioglu, O. Fistikoglu, S.D. Ozkul, V.P. Singh and M.N. Alpaslan: *Water Quality Monitoring Network Design.* 1999 ISBN 0-7923-5506-7
34. I. Stober and K. Bucher (eds): *Hydrogeology of Crystalline Rocks.* 2000 ISBN 0-7923-6082-6
35. J.S. Whitmore: *Drought Management on Farmland.* 2000 ISBN 0-7923-5998-4
36. R.S. Govindaraju and A. Ramachandra Rao (eds.): *Artificial Neural Networks in Hydrology.* 2000 ISBN 0-7923-6226-8
37. P. Singh and V.P. Singh: *Snow and Glacier Hydrology.* 2001 ISBN 0-7923-6767-7
38. B.E. Vieux: *Distributed Hydrologic Modeling Using GIS.* 2001 ISBN 0-7923-7002-3

Water Science and Technology Library

39. I.V. Nagy, K. Asante-Duah and I. Zsuffa: *Hydrological Dimensioning and Operation of Reservoirs*. Practical Design Concepts and Principles. 2002 ISBN 1-4020-0438-9
40. I. Stober and K. Bucher (eds.): *Water-Rock Interaction*. 2002 ISBN 1-4020-0497-4
41. M. Shahin: *Hydrology and Water Resources of Africa*. 2002 ISBN 1-4020-0866-X
42. S.K. Mishra and V.P. Singh: *Soil Conservation Service Curve Number (SCS-CN) Methodology*. 2003 ISBN 1-4020-1132-6
43. C. Ray, G. Melin and R.B. Linsky (eds.): *Riverbank Filtration*. Improving Source-Water Quality. 2003 ISBN 1-4020-1133-4
44. G. Rossi, A. Cancelliere, L.S. Pereira, T. Oweis, M. Shatanawi and A. Zairi (eds.): *Tools for Drought Mitigation in Mediterranean Regions*. 2003 ISBN 1-4020-1140-7
45. A. Ramachandra Rao, K.H. Hamed and H.-L. Chen: *Nonstationarities in Hydrologic and Environmental Time Series*. 2003 ISBN 1-4020-1297-7
46. D.E. Agthe, R.B. Billings and N. Buras (eds.): *Managing Urban Water Supply*. 2003 ISBN 1-4020-1720-0
47. V.P. Singh, N. Sharma and C.S.P. Ojha (eds.): *The Brahmaputra Basin Water Resources*. 2004 ISBN 1-4020-1737-5
48. B.E. Vieux: *Distributed Hydrologic Modeling Using GIS*. Second Edition. 2004 ISBN 1-4020-2459-2
49. M. Monirul Qader Mirza (ed.): *The Ganges Water Diversion: Environmental Effects and Implications*. 2004 ISBN 1-4020-2479-7
50. Y. Rubin and S.S. Hubbard (eds.): *Hydrogeophysics*. 2005 ISBN 1-4020-3101-7
51. K.H. Johannesson (ed.): *Rare Earth Elements in Groundwater Flow Systems*. 2005 ISBN 1-4020-3233-1
52. R.S. Harmon (ed.): *The Río Chagres, Panama*. A Multidisciplinary Profile of a Tropical Watershed. 2005 ISBN 1-4020-3298-6